한국 내셔널리즘의 전개와 글로벌리즘

김영작 엮음

책을 내면서

　최근 글로벌화의 추세와 함께 지역협력이 강화되는 가운데 내셔널리즘의 장래에 대해서도 관심이 고조되고 있다. 특히 한반도는 남·북한 사이의 긴장이 이전보다 완화되었다고는 하지만 여전히 분단상태로 남아 있고 통일이 이룩되어야 할 민족적 과업으로 남아 있기에, 내셔널리즘에 대한 깊은 성찰이 그 어느 때보다도 크게 요구되고 있다.
　한국의 내셔널리즘은 지구적인 규모로 진행되고 있는 글로벌화와 동아시아에서 대두되고 있는 지역주의에 호응하면서 민족적 과업으로서의 통일을 달성해야 하는 중층적 과제를 짊어지고 있다. 이와 같이 한국 내셔널리즘에 부과된 대내외적인 과제는 19세기 후반 이래 오늘에 이르기까지 그 모습과 성격을 달리하며 아직도 해결되지 못한 채 민족적 과업으로 남아 있다.
　이 책의 목적은 바로 이러한 과제의 해결방안을 모색하기 위해 한·중·일 동아시아 3국의 내셔널리즘을 비교 분석하고(제1편), 지금까지 전개되어 온 한국 내셔널리즘의 유형과 실상을 고찰함으로써(제2편), 앞으로 도래할 글로벌시대에 바람직한 한국 내셔널리즘의 모습을 전망하는 데 있다(제3편).
　이 책이 기획되어 출판되기까지 2년 이상의 시간이 걸렸다. 2004년 봄 한국정치외교사학회의 몇몇 회원이 중심이 되어 기획위원회를 구성하고 단행본 출간을 논의했다. 수차례에 걸친 기획회의를 통해 집필의 방향과 내용을 협의하고 집필자를 선정했으며, 같은 해 가을에는 전체 집필자 회의를 통해 문제의식을 공유하고 구체적인 집필의 방향과 일정을 협의했다. 2005년 봄에는 세미나 형식으로 자체 발표회를 갖고 책 전체와 각 편 및

부 간 또는 각 부 내의 내용을 조율한 후 본격적인 집필에 착수했다. 2005년 9월에는 집필자들이 "한국 내셔널리즘과 21세기의 선택"이라는 주제로 한국정치외교사학회와 국민대학교 사회과학연구소, 그리고 아셈연구원이 공동 주최한 학술회의에서 논문을 공개 발표하고, 상호 비판과 논평을 교환함으로써 글의 완성도를 높였다.

이처럼 이 책은 한국정치외교사학회 회원을 중심으로 많은 연구자들이 참가하여 작성한 공동작업의 결과물이다. 기획과 집필, 편집과 출판의 과정을 거치면서 이루어진 집필자 간의 학문적 토론을 통해 각 집필자의 연구수준을 끌어올린 것은 물론, 지적 교류와 인간적 유대를 강화하는 또 다른 즐거움을 누렸다.

이 책의 발간계획과 취지를 듣고 기꺼이 옥고를 보내주신 일본인 학자들의 적극적인 참여에 의해 이 책이 국제적인 수준의 연구서가 되었다. 집필자 여러분, 특히 해외의 참여자 여러분께 심심한 감사를 드린다.

이 책을 통해 한국 학계의 높은 연구수준을 확인하고 한국정치외교사 및 사상사의 연구, 그리고 내셔널리즘 연구의 앞날에 새로운 희망을 발견할 수 있어 무한한 기쁨을 느낀다.

말미가 되었으나, 집필에 동참해 주신 모든 교수님들과 책의 기획단계부터 세심한 배려를 아끼지 않은 심지연, 김일영, 김동명 교수께 충심으로 감사를 드린다. 출판을 맡아준 백산서당에도 집필자 모두와 함께 진심으로 고마움을 전한다.

2006년 5월
김 영 작

한국 내셔널리즘의 전개와 글로벌리즘 / 차 례

책을 내면서 · 3

제1편 동북아 근대와 내셔널리즘

제1장 한국민족주의의 전체상: 사상사적 갈등구조를 중심으로 / 김영작 ····15
1. 머 리 말 · 15
2. 한말 내셔널리즘의 사상적 갈등구조— 체제관에서 '봉건 대 반봉건'과 가치관에서 '전통 대 근대'의 갈등 — · 20
3. 일제 치하의 반식민・저항민족주의(내셔널리즘)의 사상사적 갈등구조— 독립운동의 노선 및 민족국가 건설론(체제관)에 나타난 좌・우익 간의 사상적 갈등 — · 27
4. 해방 후 내셔널리즘의 사상사적 갈등구조— 체제관의 대립 및 체제관(이데올로기) 우선이냐, 민족주의(통일) 우선이냐의 갈등과 내셔널리즘의 공동화 — · 39
5. 맺 음 말 · 51

제2장 중국 민족주의와 중화주의: 모순과 변용의 이중주 / 이진영 ····57
1. 서 론 · 57
2. 본 론 · 59
   1) 국가민족주의 · 59
   2) 개혁개방기 중화주의와 국가민족주의 · 67
3. 맺 음 말 · 75

제3장 **일본의 내셔널리즘**: 마루야마 마사오의 내셔널리즘론을 중심으로
/ 飯田泰三 ················· 79

1. 머 리 말 · 79
2. 근대 내셔널리즘과 그 변질 형태 · 87
    1) 네이션과 내셔널리즘의 정의 · 87
    2) 근대 국민주의의 형성 · 88
    3) 내셔널리즘의 구성요소와 원형 · 89
    4) 내셔널리즘의 변용(변질) · 92
3. 유럽형 내셔널리즘과 비유럽 세계의 내셔널리즘 · 94
    1) 유럽형 내셔널리즘과 아시아형 내셔널리즘 · 94
    2) '제3세계'의 내셔널리즘 · 95
    3) 동서 '냉전체제' 붕괴 후의 내셔널리즘 · 96
4. 일본의 내셔널리즘과 천황제 · 97
    1) 해방론 및 양이론적 내셔널리즘: 전기적 내셔널리즘 · 97
    2) 근대 국민주의의 고전적 형성: 후쿠자와 유키치 · 100
    3) 정한론과 내셔널리즘 · 102
    4) 자유민권운동과 내셔널리즘 · 103
    5) 메이지 20년대의 '국민주의'와 '평민주의'의 경쟁적 공존 · 105
    6) 천황제국가의 성립 및 청일 · 러일전쟁 후 내셔널리즘의 변질 · 106
    7) 다이쇼데모크라시→쇼와파시즘: 초내셔널리즘화 · 107
    8) 패전→점령[내셔널리즘 부활]→부흥 · 고도성장[경제 내셔널리즘] · 110
5. 맺 음 말 · 111

제2편 한국 내셔널리즘의 유형과 사적 전개

제1부 한말기의 내셔널리즘

제1장 **개화파와 내셔널리즘** / 김현철 ················· 117
1. 머 리 말 · 117

2. 개화파의 서구 근대문명 수용과 한말 내셔널리즘의 대두 · 119
3. 개화파의 대외관과 자주독립의 모색 · 122
   1) 갑신정변 주도 개화파의 대외관과 자주독립 구상 · 122
   2) 갑오개혁 참여 개화파의 대외관과 자주독립 구상 · 125
   3) 독립협회 참여 개화파의 대외관과 자주독립 구상 · 128
4. 개화파의 근대국가 건설구상과 국민통합의 추구 · 130
   1) 갑신정변 주도 개화파의 부국강병 구상과 국민통합의 추구 · 131
   2) 갑오개혁 참여 개화파의 부국강병 구상과 국민통합의 추구 · 134
   3) 독립협회 참여 개화파의 부국강병 구상과 국민통합의 추구 · 136
5. 맺음말 · 137

제2장 동학의 민족주의적 성격 / 오문환 ······ 141

1. 민족, 국가, 민 · 141
2. 민족자주의 사상, 운동, 전쟁 · 144
   1) 자주의 학: 동학 · 144
   2) 민족자주의 운동: 척왜양 · 147
   3) 침략주의와의 전쟁: 제2차 동학농민전쟁 · 149
3. 민의 민족주의: 민의 사상, 민의 조직, 민의 혁명 · 152
   1) 민의 사상: 개벽 · 152
   2) 민의 조직: 접포제 · 154
   3) 민의 혁명과 자치: 제1차 동학농민혁명과 집강소 · 156
4. 한국민족주의의 한 원형 · 159

제3장 척사위정사상과 내셔널리즘 / 이재석 ······ 163

1. 머리말: 서양세력의 도전과 척사위정사상의 형성 · 163
2. 척사위정사상의 기본 사상체계 · 167
   1) 중화·이적의 계서적 세계관 · 167
   2) 내수외양책: 문명국가 보전을 위한 정책론 · 173
3. 척사위정의 실천운동 · 175

1) 척사상소 운동에서 의병운동으로의 이행 · 175
   2) 해외의 항일투쟁 · 182
 4. 척사위정사상의 좌절과 한계 · 183
   1) 척사위정사상의 이데올로기적 힘 · 183
   2) 도덕주의의 한계 · 186
   3) 새로운 체제에 대한 비전 결여 · 188

제2부 국권상실기의 내셔널리즘

제1장 민족주의 진영의 독립운동 노선과 대중운동 전략 / 김용직 ···197

 1. 서: 식민지시기 민족주의운동 연구 · 197
 2. 1920년대 초기 우파민족주의의 민족운동: 물산장려운동 사례 · 201
   1) 1920년대 초기 우파민족주의와 물산장려운동 · 201
   2) 춘원의 민족개조론과 '합법적 민족운동'으로서의 문화운동론 · 203
   3) 1920년대 초기 우파 민족주의자들의 독립운동 노선과 체제관 · 206
 3. 1920년 중기 우파민족주의의 정치운동 노선: 자치운동론 사례 · 209
   1) 1920년대 중기 민족주의 진영의 대중운동 모색 · 209
   2) 타협주의와 '친일'논쟁 · 212
   3) 국내운동과 해외운동의 연계 · 218
 4. 1920년대 후기 좌파 민족주의자들의 민족운동: 신간회운동 사례 · 222
 5. 결: 식민지 하 민족주의 대중운동: 전략과 한계 · 226

제2장 사회주의운동에 나타난 계급문제와 민족문제 인식 / 전상숙 ···235

 1. 머리말 · 235
 2. 저항적 민족의식과 '성공한 해방운동' 사회주의 · 238
 3. 1920년대 국내 사회주의운동의 실제화와 사회주의 민족해방운동 · 246
   1) 국내 사회주의운동 실제화의 의미와 민족 문제 · 246
   2) '민족협동전선' 방침과 사회주의혁명의 계급 인식 심화 · 251
 4. 1930년대 국내외 사회주의 민족해방운동의 민족·계급문제 인식의 편차 · 257

1) 코민테른 '12월테제'와 국내 전위당 재건운동의 계급성 강화 · 257
   2) '반파시즘인민전선론'과 국내외 사회주의 민족해방운동의 민족문제 인식의 편차 · 259
 5. 맺음말 · 265

제3장 **동화주의의 협력운동과 국가관·민족관 / 김동명** ················ 271
 1. 서론 · 271
 2. 참정권청원운동 · 275
   1) '신일본주의' 제창과 국민협회의 창립 · 275
   2) 참정권청원운동의 전개 · 277
 3. 내선융화운동 · 284
   1) 각파유지연맹의 결성 · 284
   2) 내선융화운동의 전개 · 287
 4. 척식성조선제외운동 · 291
   1) 일본정부의 척식성 신설 관제의 제안 · 291
   2) 척식성조선제외운동의 전개 · 293
 5. 결론 · 299

제3부 국가형성과 내셔널리즘

제1장 **건국과 내셔널리즘: 1940~50년대 / 심지연** ···················· 305
 1. 머리말 · 305
 2. 해방과 내셔널리즘의 대두 · 306
   1) 해방정국과 좌·우의 분열 · 307
   2) 좌·우의 대립과 내셔널리즘 · 309
 3. 내셔널리즘의 분화와 분단국가 형성 · 315
   1) 대내외적 환경 · 315
   2) 내셔널리즘의 분화 · 317
   3) 분단국가 형성 · 320
 4. 내셔널리즘의 충돌과 전쟁 발발 · 321

1) 남·북 내셔널리즘의 형성 · 321
  2) 내셔널리즘의 충돌과 한국전쟁 발발 · 325
 5. 내셔널리즘의 공고화 · 326
  1) 남한: 평화통일론 봉쇄 · 327
  2) 북한: 종파주의 청산 · 329
 6. 맺음말 · 331

제2장 박정희 시대와 민족주의의 네 얼굴 / 김일영 ·················· 335

 1. 국가와 민족의 시대 · 335
 2. 방어적 근대화 민족주의 · 338
 3. 통일지향적 민족주의 · 345
 4. 민족경제지향적 민족주의 · 351
 5. 반미 민족주의: 시작은 미약하나 끝은 장대하리라? · 359
 6. 국가와 민족 속에서 실종된 개인을 찾아서 · 363

제3장 소련과 북한: 1945-1956 / 下斗米伸夫 ·················· 369

 1. 소련 참전에서 건국까지 · 370
 2. 점령 권력과 북한 체제의 형성 · 376
 3. 북한 건국 후와 소련 · 379
 4. 조선전쟁의 원인과 과정 · 382
 5. 한국전쟁 후의 북한정세 · 386
 6. 스탈린 비판과 북한 · 390
 7. 8월 종파사건 · 392
 8. 이상조 대사의 김일성 체제 비판 · 395
 9. 소련공산당·중국공산당의 개입 · 397

제4장 북한의 체제이데올로기와 내셔널리즘 / 김영수 ·················· 403

 1. 서론 · 403

2. 주체사상 이전의 이데올로기 · 405
   1) 체제이데올로기의 보편성과 특수성 · 405
   2) 주체사상 이전의 체제이데올로기 · 407
3. 체제이데올로기로서의 주체사상: 체계화 과정과 이데올로기적 특성 · 413
   1) 주체사상의 체계화 과정 · 413
   2) 주체사상의 이데올로기적 특성 · 415
4. 체제이데올로기와 '우리민족제일주의', '민족공조' · 419
5. 결론: 체제이데올로기의 변화 전망 · 426

제3편 내셔널리즘과 글로벌리즘

제1장 내셔널리즘의 기원과 전개 / 박동천 ·········437

1. 서 론 · 437
2. 민족, 국가, 그리고 내셔널리즘 · 441
3. 내셔널리즘의 기원 · 448
4. 내셔널리즘의 전개 · 456
   1) 유럽의 내셔널리즘 · 456
   2) 유럽 바깥의 내셔널리즘 · 459
5. 맺음말 — 한국민족주의 담론에 대한 제언 · 464

제2장 글로벌리즘과 동아시아 지역질서, 그리고 대한민국 / 정윤재 ···469

1. 머 리 말 · 469
2. 약화되는 내셔널리즘과 국민국가 · 471
   1) '역사적 존재'로서의 국민국가: E. H. 카아 · 472
   2) 존립 자체가 도전받는 '거대' 국민국가들: P. 드러커 · 474
3. '세계국가'에의 비전과 그 가능성 · 477
   1) '국가의 역설'과 세계정부론: 칼 W. 도이치 · 478
   2) '지구국가'의 필요성: S. 탤보트 · 481
4. 글로벌리즘과 동아시아 지역질서: 중국과 일본의 움직임 · 484

1) 과거 '제국'의 복원을 꿈꾸는 중국 · 485
   2) 동아시아의 '맹주'가 되고자 하는 일본 · 488
 5. 몇 가지 생각들: 대한민국의 성공적인 적응과 생존을 위하여 · 490

제3장 **글로벌화에 대한 시점과 글로벌 공공 철학** / 山脇直司 ········495
 1. 서 론 · 495
 2. 글로벌화의 여러 국면과 사상적 대립축: 경제, 정치, 문화·종교 · 497
   1) 경제의 글로벌화와 사상적 대립의 축 · 497
   2) 정치의 글로벌화와 사상적 대립의 축 · 501
   3) 문화·종교의 글로벌화와 사상적 대립의 축 · 506
 3. 글로컬 공공철학의 이론과 비전 · 509
   1) 로버트슨의 글로컬라이제이션으론 · 509
   2) 글로컬 공공철학의 '자기(나)-타인(남)-공공세계'론: 응답적·다차원적 네트워크를 위하여 · 510
   3) 글로컬 공공철학의 학문론과 방법론: 상관사회과학적인 협동을 위하여 · 513

제4장 **변화하는 세계와 한반도의 선택** / 하영선 ·············517
 1. 뒤늦은 역사의 선택 · 517
 2. 변화하는 세계: 복합화 · 521
   1) 21세기 세계정치의 주인공 · 521
   2) 21세기 세계정치의 무대 · 529
   3) 21세기 세계의 연기 · 539
 3. 21세기 한반도의 선택: 매력국가 · 540
   1) 5중 그물망국가의 건설 · 541
   2) 지식기반 육각형 복합국가의 건설 · 543
   3) 한국적 세계화 세대의 양성 · 545

 ▷ 찾아보기 · 549

제1편

동북아의 근대와 내셔널리즘

제1장 **한국민족주의의 전체상: 사상사적 갈등구조를 중심으로**

김 영 작

1. 머 리 말

이 글은 개항 이후부터 해방 후에 이르기까지 한국 내셔널리즘(민족주의 또는 국민주의)의 사상적 갈등구조를 분석하는 데 목적이 있다.

5천 년의 유구한 민족적 전통을 지닌 우리 민족이지만, 근대적 내셔널리즘의 사상이나 운동이 발생하게 되는 것은 19세기 후반, 흔히 한말기(韓末期)라고 불리는 시기에 이르러서였다고 보는 것이 합당하다.[1] 다시 말하면 19세기 후반에 이르러 우리나라의 개항과 개국문제를 둘러싸고 밖으로부터의 충격, 곧 일본을 포함한 자본주의 열강으로부터의 외압(外壓)에 직면하여 비로소 '민족의 독립'이라는 대외적 과제와 이를 위한 '민족적(국민적) 통합'이라는 '대내적 과제'가 함께 문제시되는 근대적 내셔널리즘이 발생하였던 것이다.

그런데 이같이 한국에서의 근대적 내셔널리즘의 시원(始源)을 일단 19세

---

1) 이와 같이 보는 근거에 관한 보다 자세한 설명은 金榮作, 『韓末ナショナリズムの硏究』(東京大學, 1975), 2쪽. 김영작, 『한말내셔널리즘연구: 사상과 현실』(청계연구소, 1989), 11-12쪽 참조.

기 후반의 한말기로 잡고 나서도, 그로부터 오늘에 이르기까지의 한국 내셔널리즘을 분석하는 데는 역시 몇 단계의 시기구분이 필요하다.

그 이유는 일반적으로 말해 "몇 개의 서로 다른 복수의 내셔널리즘들(Nationalismen)이 존재할 뿐"이라는 보슬러(O. Vossler)의 지적[2])이 다음과 같은 세 가지 차원에서 두루 합당한 지적이기 때문이다.

"복수의 내셔널리즘이 존재한다"는 지적은 첫째로 서로 다른 정치적 공동체 사이의 대비에서 합당한 지적일 뿐만 아니라, 둘째로는 하나의 정치적 공동체의 여러 역사적 단계에도 해당되는 말이며, 셋째로 같은 정치적 공동체의 같은 역사적 단계에도 해당되는 말이다.

이 중 세 번째 차원의 문제는 한국 내셔널리즘의 각 시기마다의 사상적 갈등구조를 분석할 때 점차 명백해질 것이지만, 우선 두 번째 차원의 문제, 곧 하나의 정치적 공동체 안에서 역사적 여러 단계에 따라 내셔널리즘의 성격이 달라진다는 점을 생각할 때 내셔널리즘의 시기구분이 필요해진다.

부언하자면 "어느 민족의 민족주의론을 막론하고 그 민족사의 전개과정 자체와 밀착되지 않고는 민족주의의 흐름이나 성격을 도출해 낼 수 없다"[3])는 주장은 지극히 타당하며, 그것은 어느 민족의 '민족주의'건 그 '민족주의'가 추구하는 목적이나 그것이 가진 성격이 민족사의 시대적 단계에 따라 다르다는 것을 의미하고, '민족주의'의 시대구분 내지는 각 시대마다에 합당한 개념정립의 필요성을 인정한 말이라고 할 수 있다.

그러면 우리나라의 경우 19세기 후반의 한말 이후부터 오늘에 이르기까지 100년이 넘는 오랜 기간의 한국 내셔널리즘의 시기구분과 그 성격을 어떻게 설정할 것인가? 이에 관하여 필자는 크게 보아 대략 다음과 같은 세 단계와, 각 단계마다 우리 민족에 부과된 역사적 과제에 비추어 아래와 같은 내셔널리즘의 역사적 특성을 부여할 수 있다고 생각한다.[4])

---

2) O. Vossler, *Der Natinalgedanke von Rousseau bis Ranke* (München & Berlin: Oldernbourg, 1937), p.13.

3) 강만길, "독립운동과정의 민족국가 건설론," 송건호·강만길 편, 『한국민족주의론 I』(창작과비평사, 1982), 95쪽.

4) 강만길 교수도 대체로 필자와 비슷한 시기구분과 성격을 부여하고 있다. 강만길,

곧 첫째 단계는 한말기의 '반침략·반봉건(근대국가 형성) 내셔널리즘'의 단계이다. 19세기 후반(1860년대)부터 20세기 초(1905~10)까지의 한말 내셔널리즘이 이에 해당한다. 이는 우리나라가 압도적인 산업력과 군사력을 배경으로 한 서구열강 및 일본으로부터의 외압에 직면한 후 일제의 식민지로 전락(1905~10)하기까지의 시기에 전개된 내셔널리즘으로서, 그 기본 목표와 성격은 한편에선 열강의 침략으로부터 나라의 주권을 지키는 '반침략'의 과제가 제기되고, 다른 한편에선 '반침략'의 과제를 유효하게 수행하기 위해서 부국강병뿐만 아니라 정치·경제·사회적으로 '반봉건'의 개혁작업을 통해 '국민적 통합'을 이룩해 내야 하는 과업이 내셔널리즘 운동의 양대 기본과제로 부과되어 있던 단계이다. 간단히 집약해서 '반침략과 반봉건' 내셔널리즘의 단계라고 규정할 수 있겠다.

둘째 단계는 식민지 시기의 반식민·'저항 내셔널리즘(민족주의)'의 단계이다. 이는 우리나라가 일제의 식민지로 전락한 1910년 이후부터 1945년 해방을 맞이하게 될 때까지의 시기에 전개된 내셔널리즘(민족주의)으로서, 이 시기 내셔널리즘의 기본목표와 성격은 잃어버린 주권과 독립을 쟁취하는 데로 집약되는 반식민·저항 내셔널리즘(=민족주의)의 단계였다고 규정할 수 있다.

셋째 단계는 해방 이후 분단시대의 '통일 내셔널리즘' 단계이다. 해방이 민족과 국토의 분단을 수반해 온 상황에서, 한편에서는 민족과 국토의 통일을 추구하면서, 다른 한편에선 정치적 민주화와 경제적 근대화를 동시에 추구해야 하는 어렵고 복합적 과제를 지니고 있었다. 남한에서는 분단이 지속되는 상황, 곧 통일 민족주의가 좌절된 상황 속에서나마 정치적 민주화와 경제적 근대화에는 나름대로 성과를 거두어 왔다. 북한이 정치적 민주화에도 경제적 근대화에도 실패한 것과 현격한 차이를 보여주는 것이라 하지 않을 수 없다.

한국 내셔널리즘의 역사적 단계와 성격을 크게 보아 위와 같이 구분하고 규정하는 데는 대체로 큰 이견이 없을 것 같다. 그러나 우리가 한국 내

위의 글, 95쪽.

셔널리즘의 시기와 성격을 위와 같이 구분하고 규정해 놓았다고 해서, 그것만으로 각 시기 내셔널리즘의 구체적인 과제와 성격이 모두 밝혀진 것은 아니다. 특히 본고의 과제인 한국 내셔널리즘의 사상적 갈등구조가 밝혀진 것은 더더욱 아니다.

지적할 나위도 없이 위의 시기구분과 성격규정은 어디까지나 한국 내셔널리즘이 놓여 있던 각 단계의 객관적 상황의 특성과, 이러한 객관 상황에 비추어 본 내셔널리즘의 당위적인 역사적 과제의 성격을 지적한 것일 뿐이다. 한국 내셔널리즘에 대한 보다 구체적이고 실질적인 분석은 각 단계마다 역사과정에 실제로 나타난 내셔널리즘의 운동과 사상이 위에서 언급한 객관적·당위적 목표에 비추어 볼 때 어떠한 성질의 것이었는가를 밝혀야 한다. 그러할 때에 비로소 각 시기 한국 내셔널리즘의 실질적 성격을 구체적으로 밝힐 수 있고, 더 나아가 그 내셔널리즘 운동이 가진 한계성과 실패의 원인을 찾아내 그로부터 역사적 교훈을 얻을 수 있을 것이다.

더욱이 실제로 한말기 이후 오늘에 이르는 우리나라의 내셔널리즘은 역사적으로 부과된 내셔널리즘의 당위적 목표에 대해서 민족성원 모두가 같은 사상에 의해 통합된 내셔널리즘을 추진하지 못하고, 목표의 공통성에도 불구하고 다양한 사상적 갈등구조를 노정시키고 있었다. 말하자면 '내셔널리즘의 내셔널라이제이션'(nationalization of nationalism), 곧 '내셔널리즘의 국민적 확산 또는 민족적 확산'에 실패하고 말았던 것이다.

따라서 여기에서는 한국 내셔널리즘의 민족적 확산(또는 국민화)을 좌절시킨 각 시기 한국 내셔널리즘의 사상적 갈등구조를 구체적으로 밝히고, 그로부터 역사적 교훈을 찾고자 시도한다. 주어진 지면의 제약도 있고 하여 각 단계의 한국 내셔널리즘에 나타나는 사상적 갈등구조를 주로 체제관과 가치관(이데올로기)에 따른 거시적인 사상유형별 관점[5])에서의 갈등구조를 분석·정리하고자 한다.

---

5) 거시적 관점에서 분석하겠다는 의미는 각 시기의 내셔널리즘 운동을 추진한 사상 내용의 미시적인 진전과정이나 세부사항에 관한 분석이 아니라 그와 같은 세부적 변화와 진전에도 불구하고 체제관과 가치관(이데올로기)이라는 거시적 관점에서 사상유형별 특성에 따른 갈등관계를 살펴보겠다는 의미이다.

여기서 먼저 한국 내셔널리즘의 전체상을 사상적 갈등구조에 관한 도식으로 나타내면 다음과 같다.

한국 내셔널리즘의 전체상: 사상적 갈등구조에 관한 도식

제1기 한말기: 역사적 과제 = 반침략과 반봉건

	체제관	가치관	대외자세: ① 대(對)서양 · 일본 ② 대(對)중국
위정척사	봉건	전통	① 자주 ② 의존
개화	반봉건	근대	① 자주와 "의존의 갈등 ② 자주
동학(농민봉기)	반봉건	전통	① 자주 ② 자주와 의존의 갈등

제2기 식민지 시대: 역사적 과제 = 반 식민 · 독립

	체제관	투쟁방법	운동주체 설정
민족주의 진영(우)	민주공화주의	타협 또는 비타협	계급연합
사회 · 공산주의 진영(좌)	*소비에트제 *인민공화국 *부르주아민주혁명 *민주공화국 등	비타협	노동자 + 농민

제3기: 해방 후: 역사적 과제 = 민주적 통일정부 수립

	체제관	보편적 이데올로기 우선이냐 민족적 과제(통일)우선이냐	대외자세 ① 대(對)자유진영 ② 대(對)공산진영
남	자유 민주주의	우: 이데올로기 우선 중도: 통일 우선	① 의존 ② 자주
북	사회주의, 공산주의	좌: 이데올로기 우선 (사회주의 공산주의)	① 자주 ② 의존

2. 한말 내셔널리즘의 사상적 갈등구조
— 체제관에서 '봉건 대 반봉건'과 가치관에서 '전통 대 근대'의 갈등6) —

(1)

19세기 후반의 역사적 단계에서 우리나라의 내셔널리즘은 이중(二重)의 역사적 과제를 지니고 있었다. 그 하나는 당시 조선이 처해 있던 국제환경 속에서 자본주의 열강의 외압을 물리치고 '나라의 독립'을 지켜야 할 '대외적 과제'였고, 다른 하나는 대외적 민족독립을 수호하기 위해서라도 대내적으로는 '봉건적'7) 중앙집권제에 따르는 이른바 '사이비 통합성'8)을 지양하고 치자(治者)와 피치자 사이의 참된 '국민적 통합'을 도모해야 할 '대내적 과제'였다.

그러나 역사의 무대에 등장한 정치적 주체들이 이러한 이중의 과제를 어떻게 인식하고 수행해 나가는가에 따라서 한말기의 역사무대에는 위정척사, 개화 및 동학 등 서로 다른 내셔널리즘의 사상과 운동이 등장했다.

더욱이 이러한 사상과 운동의 주체들은 외부의 침략에 대처하여 독립을 지키겠다는 점에서는 공통의 목표를 갖고 있었으면서도, 그 목표를 실현

---

6) 한말 내셔널리즘에 관한 이하의 분석은 김영작, 앞의 책의 결론 부분인 "한말 내셔널리즘의 전체상"에 의거한 것으로서, 이같은 분석·정리의 근거가 되는 제반 역사적 사실과 사상적 내용에 관해서는 이 책을 참조하기 바람.

7) 조선조의 정치체제를 '봉건적 중앙집권제'라고 표현하는 데는 관점에 따라 이론이 있을 수도 있겠다. 하지만 비록 조선조가 전형적인 봉건제 국가였던 서구나 일본과는 달리 일단 일찍부터 통일적 중앙집권제를 형성하고 있었다고는 하나, 그 '지배형태'의 전근대성의 면에서는 유형을 같이하고 있었다고 할 수 있다. 여기에서 '봉건적'이라는 말은 모두 그러한 제한적 의미에서 쓰고 있다.

8) 무니에(Mounier)의 표현을 빌리면 '확립된 무질서'(established disorder)라고 바꿔 말할 수 있다. Maurice Duverger, *The Idea of Politics* (London: Melthuen, 1966), pp.189-191.

할 수단으로서 가치관의 선택 및 국내 체제관에서는 서로 대립하고 갈등 관계를 빚어냄으로써 결국 통합적인 내셔널리즘을 전개하는 데는 실패하고 말았다.

그리하여 다음과 같은 역설적 결과를 초래케 되었다. 곧 위정척사, 개화, 동학이라는 내셔널리즘의 여러 형태는 각각 '반봉건'－반침략 또는 그 양쪽의 운동을 전개하면서도 이들 운동이 전개되어 온 과정, 곧 열강의 침략과 이에 대한 조선조의 대응과정은 단순히 열강과 조선조의 대립과정에 그치지 않았다. 열강의 침략적 도전에 대한 조선조의 대응과정에는 불행히도 지배층 내부의 분열혼전과 민중과 지배층의 대립이라고 하는 중층적 내부분열이 수반되어 왔던 것이다. 열강의 침략에 대항하는 지배층 중 어느 한쪽의 특정 외세에의 지원요청이나 의뢰는 언제나 지배층 내부의 다른 세력과 다른 열강과의 결합을 수반함으로써, 결국 내셔널리즘의 진전과정이 지배층 내부 간의 대립에 열강간의 대립이 수반되어 오는 현상마저 초래하게 되었다. 따라서 "침략에 대한 대응이 국내분열과 외세의 개입으로 연결되는 모순"을 나타내게 되었던 것이다.

더욱이 이러한 내부의 분열갈등 과정은 반드시 새로운 체제로 지양해 가는 발전적 과정만도 아니었다. 예를 들면 갑신정변과 갑오개혁이 좌절된 뒤로 각각 10년에 걸쳐 보수반동정권이 지속된 사실에서 보듯이, 열강의 침략에 대한 대응과정은 반세기 동안 '진보와 반동' 사이를 오가다가 마침내 식민지화의 사태를 맞이해 버리고 마는 비극적 결말을 초래하였다.

(2)

무엇 때문에 열강의 침략에 대한 대응과정이 이와 같이 '진보와 반동' 사이를 오가면서 내부분열을 되풀이해 왔을까? 그 이유로는 첫째로 한말 내셔널리즘의 여러 운동형태 자체에 포함되어 있는 '내재적 요인'과, 둘째로 조선이 열강으로부터 받은 '외압의 특수성'을 지적할 수 있다.

그러나 두 번째 요인, 곧 조선조가 열강으로부터 받은 외압의 특수성[9]

---

9) 이 점에 관해서는 김영작, 앞의 책, 375-379쪽을 참조하기 바람.

은 여기에서의 분석시각을 벗어나는 것이므로 필자의 다른 논문에 맡기기로 하고, 여기에서의 과제와 직접 관련되는 첫 번째 요인, 곧 한말 내셔널리즘 내부의 사상적 갈등에 관하여 살펴보기로 하자.

침략에 대한 대응이 통일적인 형태로 전개되지 못하고 내부의 분열과 대립을 수반하게 된 것은 한말 내셔널리즘 자체에 내포된 결함에 의한 부분이 적지 않았다. 한말의 내셔널리즘 운동을 담당해 나간 위정척사사상, 동학사상, 개화사상 모두가 침략에 대한 대응책으로 등장하여 자주독립을 수호하려는 "궁극목표에서는 공통점을 가지고 있었으나" 궁극목표를 달성하기 위한 '구체적인 수단'이 될 '사상적 구성요인'은 각기 달리하고 있었다. 위정척사사상과 동학사상 및 개화사상은 '가치관'과 '국내체제관'에서 각각 다음과 같은 차이를 나타내고 있었다.

첫째, 그 사상이 '전통사상인가 또는 근대사상인가 하는 가치관에서의 차이점'이 대립의 요인이 되었다. 이 기준에서는 유교와 주자학에 뿌리를 두고 있는 위정척사론과 유교·불교·선교(仙敎) 등을 전수하여 종합한 동학사상은 서양적 외래가치를 배척하는 점에서는 공통점이 있어 전통사상인 데 반하여, 개화사상은 서양적 외래가치를 받아들이고 있는 점에서 근대사상이라고 파악할 수 있다.10)

둘째로, '세계관 및 국내 체제관에서의 차이'이다. 화이내외(華夷內外)의 변을 주장하는 위정척사론은 '화이·봉건'인 데 반하여 개화사상과 동학사상은 '반(反)화이·반봉건'이다. 따라서 가치관과 체제관 두 가지 기준을 겹쳐 놓으면 한말 내셔널리즘을 담당해 나간 세 가지 사상형태는 각기 서로 용납되지 않는 요인을 가지고 있었다. 위정척사사상과 개화사상은 전자가 '전통'과 '봉건'인 데 반하여, 후자는 '근대'와 '반봉건'이므로 전면적

---

10) 물론 위의 사상을 '전통'과 '근대'라는 범주로 구별하는 데는 문제가 있을 수 있다. 개화사상도 실학사상 등 그 이전의 전통(토착)사상의 유산을 계승하여 태어난 것이며, '동도서기론'에서 볼 수 있듯이 개화사상 가운데에도 전통적 요소가 포함돼 있다. 그러나 편의상 위정척사론 및 유교와 불교, 그리고 선교 등을 전습하여 발생한 동학사상을 일단 '전통'사상 범주에 넣고 이에 대해 서양에서 들어온 외래사상을 점차 받아들이고자 하는 개화사상은 '근대'사상의 범주로 구분하고자 한다.

으로 대립하게 된다. 또한 위정척사사상과 동학사상은 '전통'사상인 점에서는 공통되면서도 '봉건'인가 '반봉건'인가에서 대립된다. 뿐만 아니라 동학사상과 개화사상은 '반봉건'에서는 공통되어 있으면서도 '근대'인가 '전통'인가에서 대립된다.

가치관과 체제관의 차이에 의한 3자 사이의 대립은 한말기 정치사의 중요한 사건이 있을 때마다 현실적 대립으로 나타났다.

이와 같이 이들 세 가지 사상형태는 가치관이나 체제관을 달리함으로써 각각 독자적 운동을 전개하고 서로 대립하고 갈등을 일으킨 일은 있어도 결합하는 일은 없었다.

세 가지 사상형태가 서로 용납될 수 없는 요인을 내포하고 있었다고 해서 각 사상형태에 의한 세 가지 운동이 역사적으로 동일한 의의를 가졌던 것은 아니다. 이미 지적한 것과 같이 서양 자본주의 열강의 도전에 대한 최초의 반응이었던 위정척사사상은 개국 이전부터 반침략·민족적 자립의식을 강화해 왔음에도 불구하고, 궁극적으로는 화이관념을 극복하지 못하고 오로지 서양적인 것을 전면적으로 거부하고 복고적 부국강병론으로 일관함으로써 위기를 극복할 유효한 대응책이 될 수 없었다.[11] 또한 위정척사사상에 붙어 다니는 화이관념은 당연한 귀결로서 그 운동 속에 봉건적 체제관을 온존하고 있었다. 이러한 의미에서는 '위정척사사상의 전통적·봉건적 사상내용'은 그대로 '위정척사운동의 근대적 내셔널리즘으로서의 한계'를 나타내는 것이었다고 할 수 있다.

동학사상의 경우는 조선조의 지배이데올로기였던 주자학을 부정한 반체제·반봉건 사상이었다. 더욱이 반침략의 자존의식은 일단 화이적 세계관과는 무관한 것이었다.[12] 그러나 이와 같은 동학사상도 역시 전통적 가치에 집착하여 근대적인 문물을 거부함으로써 위정척사론과 같은 결함에서 벗어나지 못했다. 가치관과 체제관에 국한해서 보면 1876년의 개국을

---

11) 이 점에 관한 보다 자세한 분석은 김영작, 앞의 책, 40-45쪽의 "척사론적 위기의식의 한계성"을 참조하기 바람.

12) 이에 관한 자세한 언급은 위의 책, 187-210쪽의 제3장 제2절 "동학의 토착적 민족주체의식과 반침략성" 및 제3절 "동학의 반봉건체제적 성격"을 참조하기 바람.

전후하여 등장한 개화사상이 일단은 '반봉건·반침략'이라는 내셔널리즘의 역사적 이중과제를 가장 효과적으로 담당해 나갈 수 있는 사상형태였다고 할 수 있다.

그러나 위정척사사상과 동학사상 및 개화사상이 각각 담당해 온 '운동의 역사적 본질'은 위에서 서술한 것과 같이 '사상적 차원의 장단점만으로 일면적인 평가를 내릴 수 있는 성질의 것이 아니었으며, 현실정치 상황의 변화에 따라 각 사상이 주도한 운동의 본질과 역사적 의의가 크게 달라지는 것'이었고, 따라서 이들 세 가지 사상형태의 상호 관련도 동적(動的)인 변화양상을 나타냈다. '반침략'과 관련된 위의 세 가지 운동형태의 역사적 위상은 앞의 지적을 입증하는 좋은 실마리가 된다고 생각한다.

위에서 말한 세 가지 사상형태는 어느 것이나 일단 자주독립을 전제로 한 것이었으나 현실정치에서 각 운동이 갖는 역사적 의의는 반드시 그 운동이 '주관적으로 의도한' 자주독립이라는 목표와 모순 없이 연결된 것은 아니었다. 오히려 어느 한 편(열강)으로부터의 자주가 정도의 차이는 있으나 다른 한 편(다른 열강)으로의 종속이라는 역설적 경향을 나타내기 일쑤였다. 한말의 내셔널리즘이 이와 같은 딜레마에 빠지게 된 것은 편의상 사상 외재적 요인에 의한 경우와 사상 내재적 요인에 의한 경우로 나누어 고찰할 수 있다. 이 두 가지 요인은 때로는 한 가지 사태 속에 중복되어 작용하는 경우도 있었으나, 명백히 사상 외재적 요인에 의한 경우에 관해서는 이 글고의 성격상 생략하기로 하고,13) 여기서는 우선 사상 내재적 요인에 의한 경우만을 살펴보기로 하자.

위정척사사상과 동학사상 및 개화사상의 '자주의식'은 각각의 가치관에 의해 규제당함으로써 다음과 같은 문제점을 내포하고 있었다. 위정척사사상은 문화형태를 달리하는 서양 열강(일본도 포함됨)에 대해서는 더 없이 강한 자주성을 발휘하였으나, 중국대륙의 지배권력(청국)에 대해서는 자주성이 상대적으로 약했다.14) 한편 개화사상의 자주성은 중국대륙의 지배

---

13) 이 점에 관해서는 김영작, 앞의 책, 375-379쪽을 참조하기 바람.
14) 중국대륙의 지배자가 비록 이적(夷狄)으로 여겨졌던 청조(淸朝)라 하더라도 사정은 변함이 없다. 위정척사론자가 청조(만주족)는 '이적', 곧 '사람'이므로 관계를

권력에 대해서는 강렬하였으나 서양 자본주의 열강에 대해서는 상대적으로 약했다. 이 문제와 관련해서 보면 서양 열강에 대하여 반침략일 뿐만 아니라 탈중화(脫中華)를 표방한 동학사상은 위정척사사상에 견주어 균형이 잡혀 있었다고 하겠으나, 전통사상을 구성요소로 하는 동학사상은 결국 중국대륙의 지배권력에 대한 자주성이 뚜렷이 발휘되지 못하고 서양에 대한 반침략이 주류였다고 할 수 있다.

그런데 위에서 지적한 것과 같은 자주의식의 야누스적 양면성을 가장 선명하게 드러낸 것이 갑오개혁기의 개화사상이었다. 갑신정변 실패 뒤 10년 동안의 보수반동기를 거쳐 다시 현실무대에 등장한 개화사상은 부르주아 계몽사상의 체계화라는 점에서는 상당히 진전된 사상이었으나, 내셔널리즘의 실천적 이데올로기로서는 지극히 공허한 것이었다.

『서유견문』에 나타난 유길준의 사상에서 알 수 있듯이 이 시기의 개화사상은 '위로부터의 부르주아 개혁사상'의 개량주의적 본질 때문에 농민 대중의 에너지를 흡수할 수 없었고, 더욱이 '개화'의 척도만으로 바라보는 서양 열강에 대한 인식과 그에 따른 낙관적 국제관으로 말미암아 제국주의 열강의 침략적 본질을 파악하지 못하였으며, 따라서 올바른 대응책을 마련할 수 없었다.15)

갑오개혁의 과정에서 보듯이 이 시기 개화운동은 침략에 대해서 무감각·무방비였을 뿐만 아니라 오히려 침략을 방조하는 개혁운동이었다는 사실 때문에 봉건 통치자나 재야 위정척사론자들, 게다가 농민 대중으로부터도 배척을 당하게 되었다. 이 시기 개화적 내셔널리즘운동의 이같은 결함 때문에 일시적이기는 하나 위정척사론자와 농민군과의 결합이 이루어지게 되었다. 농민군이 척사론자와 결합한 기본적 의도는 '반침략'에 있었으나, 개화운동이 침략과 불가분리의 관계에 있었던 점이 척사론자뿐만 아니라 농민대중의 반개화적 경향을 더욱더 촉진시킨 중요한 요인의 하나였다고 할 수 있다.

가질 수 있으나, 서양은 '금수'(禽獸)이기 때문에 관계를 맺을 수 없다고 하는 궁색한 구별도 양자에 대한 자주의식의 강약과 무관하지 않다.
15) 이 점에 관한 자세한 내용은 김영작, 앞의 책, 258-271, 310-333쪽 참조 바람.

원래 동학사상은 개화사상 및 위정척사사상과 각각 공통점도 있었고 차이점도 있었다. 동학사상은 개화사상과는 '반봉건·반침략'에서 일치했다. 따라서 동학사상은 일반적 가능성으로서는 위정척사사상 및 개화사상과 각각 대립될 수도 있었으나 양자 가운데 어느 쪽과도 결합할 가능성 또한 있었다. 더욱이 '전통'인가 '근대'인가의 문제는 처음부터 그 자체가 목적이 아니라 어디까지나 반침략·반봉건이라는 목표의 달성을 위한 수단에 해당되는 문제였다. 따라서 동학농민운동은 운동의 목표로서는 위정척사운동보다는 개화운동과 결합할 가능성이 더 많은 성질의 것이었다고 볼 수 있다.

그럼에도 불구하고 현실적 정치과정에서 동학사상과 그 운동이 나타낸 추이는 '반침략'을 위해서 척사사상과 결합하는 일은 있었어도 '반봉건'을 위해서 개화사상과 결합하는 일은 없었다.

개화사상이 가치관이나 체제관을 전혀 달리하는 척사사상과 대립한 것은 피할 수 없었다고 하더라도, 농민대중을 흡수하기는커녕 오히려 그들과 대립하게 된 것은 단지 동학농민의 반근대성이나 열강의 침략이라고 하는 외적 요인 때문만이 아니라 개화사상 내부에 그럴 만한 약점을 내포하고 있었기 때문이기도 했다. 이와 같은 역사적 경험을 거쳐 개화운동이 더욱 대중적인 기반을 찾아 다양한 형태로 전개된 독립협회의 경우에도 그것은 재야의 유림이나 농민대중을 흡수하기까지에는 이르지 못했다.

다음으로 1896년의 의병투쟁에서 동학농민과 위정척사론자의 결합은 어떠한 성질의 것이었는가. 그 결합은 농민군이 일본의 침략에 즈음하여 반침략투쟁에 결집하기 위하여 당분간 '반봉건'투쟁을 유보함으로써 이룩된 결합이었다. 그러나 보수봉건정권이 민비 살해사건의 재조사와 단발령의 철회를 명하자 위정척사론자들은 즉각 투쟁을 중지하고, 그 뒤로는 '활빈당' 등의 농민집단만이 독자적으로 반봉건·반침략 투쟁을 전개하여 나갔던 사실에 나타난 것과 같이[16] 이들의 결합도 본질적으로는 일시적인

---

16) 이에 관한 자세한 내용은 위의 책, 361-368쪽, 제5장 제4절 "농민군집단의 투쟁 —활빈당 투쟁을 중심으로"를 참조하기 바람.

것에 지나지 않았다. 1896년의 의병투쟁에서 농민군과 척사론자의 결합은 1876년의 개국에서 1905년의 이른바 보호조약 성립에 이르는 오랜 역사 가운데 '극히 짧은 예외적인 현상'이었다고 할 수밖에 없다. 이 예외를 제외하고는 위정척사사상과 동학사상 및 개화사상은 각각 반침략이나 반봉건, 또는 그 양쪽 투쟁을 전개하면서도 운동이 결합되지 못한 채 어디까지나 개별적 운동으로 병존(竝存)하면서 때로는 다른 운동과 대립하는 사례는 있었어도 그때그때의 역사단계가 요구하는 내셔널리즘의 목표를 위해 통일적으로 결합되지 못했던 것이다.

이제까지 한말기 내셔널리즘의 사상적 갈등을 고찰해 온 우리가 다음으로 규명해야 할 과제는 지금까지 분열적·갈등적으로 병존하면서 각각 반침략·반봉건, 또는 그 쌍방의 투쟁을 전개해 온 한말 내셔널리즘의 세 가지 운동형태가 조선에 대한 일본의 식민통치가 추진되고 있었던 시기의 역사과정에서 어떻게 전개되어 가는가 하는 문제가 될 것이다.

3. 일제 치하의 반식민·저항민족주의(내셔널리즘)의 사상사적 갈등구조
― 독립운동의 노선 및 민족국가 건설론(체제관)에 나타난
좌·우익 간의 사상적 갈등 ―

(1)

일제 치하 민족주의운동의 최대 과제는 지적할 나위도 없이 빼앗긴 주권을 회복하는 것이었다.

1905년 을사보호조약으로 인해 우리나라가 일제의 실질적 식민지로 전락한 이후 1945년 해방을 맞이할 때까지 거의 반세기 동안 우리 민족은 빼앗긴 주권을 회복하고 독립을 쟁취하기 위한 투쟁을 전개해 왔다. 공산주의적·사회주의적 지향성을 갖는 좌익이건 일반적으로 '민족주의' 노선

으로 불리던 우익이건 간에 헤아릴 수 없을 만큼 많은 단체와 조직이 등장했다가 사라지기도 하고 발전적 확대를 거듭하기도 하면서 저마다 주권회복을 위한 독립운동을 전개해 왔다. 그러나 그 과정은 한말기 내셔널리즘운동에 못지않게 파란만장하고 우여곡절에 찬 것이었다.

이들 수많은 독립운동 조직과 단체들은 각기 역사적 단계에 따라 독립운동의 방법과 해방 후의 독립국가 건설에 관한 체제구상과 관련된 노선상의 변화를 되풀이하는 가운데, 때로는 심히 대립하고 때로는 합일점을 찾아 연합한 경우도 있었으며, 해방이 가까워 오는 1930년대 후반부터는 노선상의 합일성과 조직상의 연합에 박차를 가하기도 했다.

그러나 이러한 합일과 연합이 미처 완전한 하나로 결합되고 정착되어 독립투쟁에 있어서의 민족적 주체역량이 내외에 그 성과와 권위를 채 인정받기 전에 일본의 패배에 의한 '해방'을 맞이하게 되었다. 더욱이 이러한 타율적 '해방'은 미·소 양대국의 한반도 분할점령 하에 맞이한 것이었고, 일시적이어야 할 분할점령은 동서냉전의 심화와 더불어 민족분단으로 이어지고 말았다. 뒤에서 밝히겠지만 해방 후 민족분단의 고정화는, 그 당초의 계기는 열강 간의 '국제냉전'에서 기인한 것이었으나 분단이 고정화되어 가는 과정에는 '국제냉전' 못지않게 우리 민족주체 간의 '국내냉전'이 크게 작용하였음을 부인할 수 없다. 이같이 민족분단의 내인이 된 국내 정치주체 간의 '국내냉전'은 따지고 보면 그 연원이 일제 하 민족주의운동에 있어서 독립운동 주체들이 이념적으로나 조직상으로나 완전히 하나로 합일하지 못한 데서 그 뿌리를 찾지 않을 수 없다.

(2)

일제 40년간의 민족운동은 여러 단계로 구분할 수 있으나, 우선 크게는 1905년부터 3·1운동 전후의 시기까지와 그 이후의 시기로 대별할 수 있다. 민족운동 내부에 독립운동의 노선과 방법 및 체제관의 차이가 두드러지게 나타나고 그것이 전체로서 민족운동에 심각한 쟁점으로 등장하는 것은 3·1운동 이후의 양상이다.

이 글의 분석시각과 관련해서 볼 때 식민화 이후 3·1운동까지의 민족운동 과정은 '복벽(復辟)주의'와 '공화주의적' 민족국가론의 병존 양상에서 점차 공화주의론이 우세해지고 그러한 체제관으로 민족운동 주체들이 합일해 가는 과정으로 파악할 수 있다. 3·1운동 이전의 복벽주의론으로는 태을교 같은 유사종교집단에 의한 복벽주의적 독립운동이 있었는가 하면,[17] 독립운동 전략상 중국과 독일의 도움을 받기 위해 그들과 같은 군주체제를 택하려는 복벽주의도 있었다.[18] 3·1운동 후에도 대한광복단(단장 이범윤)의 복벽주의적 광복운동이 있었다.[19]

그러나 을사보호조약 이후 독립운동의 대세는 공화주의적 체제관이 우세하게 정착되는 과정이었다. 한말의 일군만민적 입헌군주론이 발전적으로 승화된 공화주의론은 독립협회기에도 나타났으나 군주론을 배제한 공화제론이 구체적으로 나타난 것은 '을사보호조약' 이후부터였다. '을사보호조약' 후 이같이 공화주의론이 두드러지게 나타나게 된 것은 아마도 일본이 황제를 협박하는 것만으로도 국민의 반대와는 관계없이 보호조약이 체결되는 것을 보고 주권재민의 필요성을 절실히 느끼게 되었고, 더욱이 조약의 체결은 황실이 스스로의 안전만을 위하여 국민을 배반한 결과가 되었으므로 국민 일반의 황실에 대한 인식이 달라지게 되었다[20]는 사실과 무관하지 않을 것이다.

이와 같은 공화주의적 경향은 3·1운동을 전후하여 더욱 대세로서 확산된다. 3·1운동 이전부터 만주와 요령지방의 교포사회에서의 민주적 자치제는 차치하고라도 3·1운동의 선구였던 동경의 "2·8선언"에서는 명백히 과거의 전제정치를 거부하고 "민주주의상에 선진국의 범을 취하여 신국가를 건설"[21]할 것을 이상으로 내세웠다.

"2·8선언"에 이어 국내에서 전국적·거족적으로 전개된 3·1운동이 공화주의적 체제구상을 하고 있었던 점은 민족대표 손병희의 진술[22]에서도

---

17) 金正明編, 『朝鮮獨立運動』 第1卷 分冊, 441쪽, "태을교 및 선도교의 유래" 참조
18) 위의 책, 277쪽, "조선보안법위반사건검거 1건" 참조
19) 姜德相編, 『現代史資料 27—朝鮮 3』, 11쪽, "광복단의 격문"(1920. 2. 20) 참조
20) 강만길, 앞의 글, 송건호·강만길 편, 앞의 책, 100쪽 참조
21) 국사편찬위원회 편, 『한국독립운동사』 제2권, 661쪽 소수, "2.8선언" 참조

분명하다. 또한 3·1운동 이후 독립운동의 모체로서 상해에 세워진 임시정부는 임시헌법에 비록 "대한민국은 구황실을 우대함"이라는 조항이 삽입되긴 하였으나, "대한민국의 주권은 대한인민 전체에 재함"이라 하여 주권재민의 공화정임을 명백히 하고 있다.

이로부터 우리나라의 독립운동은 국내외를 막론하고 공화주의에 입각한 반식민 민족운동이란 점에서는 그 원칙이 확고해지고 모든 민족운동 주체 간에 공통점이 발견된 셈이다. 그러나 이러한 원칙의 확인과 공통점이 민족주의운동의 사상적 통일이나 조직상의 합일을 의미하는 것은 아니었다.

(3)

그와는 반대로 3·1운동 이후부터 민족운동 내부에는 이념적으로나 조직적으로 더 많은 분파와 계열이 발생하였다. 먼저 그러한 계열을 대략 개괄해 놓기로 하자.

좌익계열에서 반식민 민족운동을 주도한 주요 조직은 한인사회당(1918) → 고려공산당(1921) → 조선공산당(1925) → 신간회(1927) → 조선공산당 해체 후 만주의 공산주의운동(중공당 만주성위 소속, 1931) → 재만한인조국광복회(1936) → 화북조선청년연합회(1941) → 화북조선독립동맹(1941) 등으로 이어졌다.

다른 한편 우익계열의 민족운동은 그 성격상 타협적 우파 민족운동과 비타협적 비공산계 민족운동으로 분류되는데, 전자는 1910년대 전반의 <동아일보>, <조선일보>의 애국운동, 물산장려운동, 민립대학설립운동 등의 계열에 속하는 것이고, 후자는 1920년대 전반의 국민대표자대회와 1920년대 후반의 민족유일당운동에 참가하였다가 그 실패 후인 1930년대에 주로 중국에서 비타협적 민족운동을 전개한 계열로 이는 다시 다음과 같은 두 계열로 분류된다.

그 하나는 한국대일(對日)전선통일동맹(1933) → 민족혁명당(1935) → 조

---

22) 金正明編, 앞의 책, 제1권, 802쪽, 大正 8年 7月 4日, "경성지방법원예심조사."

선민족전선동맹(1938)으로 이어지는 비공산 독립운동 계열이며, 다른 하나는 임정고수파가 결성한 한국국민당(1935) → 한국광복운동단체연합(1937)으로 이어지는 계열이다. 이 두 전선은 1939년에는 전국연합전선협회를 결성하여 연합전선을 형성하였다.

이와 같이 1920년대 이후 해방까지 우리의 민족운동은 수많은 분파와 계열이 발생하여 대립 → 협동 → 협동 와해 → 대립 → 연합의 파란 많은 곡절을 되풀이하였다.[23]

이러한 곡절을 낳게 한 식민지 시기 민족운동의 사상적 갈등 요인은 각 진영과 분파가 시기에 따라 노선상의 변천이 있었으나, 대체로 크게 보아 다음과 같은 세 가지 차원의 문제였다.

첫째는 체제관으로서, 이는 3·1운동 이후 공화주의가 대세로 정착하였다고는 하나 어떤 내용의 공화주의를 실현할 것인가 하는 공화주의 체제의 성격을 둘러싼 것이었고, 둘째는 위의 문제에서 파생된 것이지만, 반식민 독립운동을 누가 주도할 것인가 하는 문제와 관련하여 '계급노선'과 '민족노선' 대립의 문제이며, 셋째는 독립운동 투쟁방법의 문제로서 폭력을 포함하는 '비타협적 적극투쟁노선'과 '온건 타협노선'을 둘러싼 대립이었다.

이상의 세 가지 요소를 한데 겹쳐 놓으면 시기에 따라 정도의 차이는 있으나 일제하 독립운동의 여러 주체들은 상호 아래와 같은 차이로 인해 대립되고 있었다. 우선 공산주의·사회주의 계열의 민족운동과 비공산계의 민족운동은 다음과 같은 사상적 갈등 때문에 대립하게 되었다. 먼저 체제관 문제부터 보자.

좌익의 체제관도 단체와 시기에 따라 다양하다. 1920년대 초의 고려공산당과 1930년대 초반의 조선공산당 해체 후 만주의 공산주의운동에서 나타난 바와 같은 극좌적인 '소비에트정권 건설론'[24]에서부터 1920년대 후

---

23) 이 과정에 관해서는 강만길, 앞의 글, 송건호·강만길 편, 앞의 책, 107-139쪽 참조 바람.

24) 金正明 編, 앞의 책, 제5권, 1003쪽, "고려공산당 선언서·당 강령당규" 및 759쪽, "당의 현하의 정치적 임무에 관한 결의" 참조.

반의 조선공산당의 궁극목표로서 '인민공화국 건설론'25)과 당면목표로서 '부르주아 민주주의혁명론'26) 같은 중간적인 체제론, 1920년대 조선공산당 초기와 1930년대 후반, 중국 연안(延安)을 중심으로 한 화북지방의 '민족적 공화주의운동',27) 특히 1941년의 화북 조선독립동맹이 주장한 '민주공화국론'28)도 있었다.

이와 같이 좌익계의 체제관은 '민주공화국론'부터 극좌적인 '소비에트 건설론'까지 기복이 심한 것이었지만, 해방이 가까워 온 1940년 이후 조선독립동맹의 '민주공화국론'과 1925~1930년 조선공산당의 '민주공화국론'의 기간을 제외하면 대체로 극좌적인 프롤레타리아독재 소비에트 건설론이 주류를 이루고 있었다. 좌익 독립운동 계열이 프롤레타리아독재에 의한 '소비에트 건설론' 같은 극좌적 체제관을 내세울 경우 이러한 체제관이 비공산계 민족운동의 체제관과 대립하게 됨은 물론이고, 독립운동의 주체 확정에서도 반식민·저항을 위한 각 계급 간 연합을 주장하는 '민족노선'보다는 무산계급 중심의 '계급노선'을 전면에 내세우게 되어 타협·비타협을 막론하고 '민주공화국론'과 '민족노선'을 내세운 민족주의 진영과 사상적·정치적 갈등·대립이 불가피하게 되었다.

먼저 위와 같은 입장을 취하고 있던 시기의 좌익 독립운동과 타협적 민족운동과의 전면적인 사상적 갈등구조와 민족진영 내부의 분화요인을 살펴보자.

3·1운동 이후 애국계몽운동 중심의 민족운동을 전개해 오던 온건한 민족운동 진영의 체제관을 나타낸 대표적인 문서를 지적하기는 쉽지 않다. 그들의 입장을 종합하건대 그들은 임시정부와 마찬가지로 근대 시민계급

---

25) 김준엽·김창순, 『한국공산주의 운동사』 제3권, 청계연구소, 1984, 368-376쪽, "국제공산당에 보고하는 국내정세" 참조
26) 위의 책, 377-382쪽, "민족해방운동에 관한 논강" 참조
27) 坪江汕二, 『朝鮮民族獨立運動 秘史』, 120쪽의 표현을 빌렸다.
28) 梶村秀樹·姜德相 共編 『現代史資料 29—朝鮮 5』, 417쪽의 패연흠 원고 "조선공산당과 고려공산청년회 대옥기" 및 金正明 編, 앞의 책, 992쪽, "화북 조선독립동맹 강령" 참조

의 육성을 통한 부르주아민주주의 정치체제와 자본주의적 경제체제에 의한 국가건설론의 입장에 있었다고 할 수 있다.29)

따라서 그들의 체제관은 일단 자본주의·부르주아 민주공화국론이었고, 독립운동을 주도하는 계급적 노선은 일단 "유산자와 무산자의 집결과 민족적 대동단결 도모를 주장"30)하고 있었다는 점에서 '민족노선'을 표방하고 있었다고 할 수 있다. 따라서 '소비에트 건설론'과 '계급노선'기의 좌익계열과의 전면적 대립은 피할 수 없는 것이었다. 그러나 좌익이 '민주공화국론'과 '협동전선노선'을 표방한 시기에도 이들 온건 민족운동은 좌익과는 물론, 비타협적 민족운동 진영과도 합치되지 못하였다. 그 결정적 원인은 1920년대 중반의 물산장려운동(1923~)이 좌파 내지는 비타협적 민족운동 진영의 관점에서 볼 때 일제에 대한 투쟁의 소극성과 타협성을 노정시킨 것으로 비쳤기 때문이었다. 물산장려운동의 추진 이데올로기31)이자 우익 온건 민족운동의 이데올로기를 대변하고 있었다고 볼 수 있는 <동아일보>의 연속 사설 "민족적 경륜"32)의 이데올로기적 성격은 '정치훈련', '경제훈련', '교육훈련'을 통해 먼 장래의 독립을 준비하겠다는 '실력양성론'이었다. 이것이 좌파 및 비타협적 민족운동 진영에게는 이광수의 "민족개조론"과 맥락을 같이하는 것으로 비쳤다. 정치영역, 곧 식민통치에 대한 적극적 저항성이 결여되어 있어 반식민·저항 민족주의라기보다는 일제에의 타협 내지는 투항주의적 성격의 운동이라는 비판이 있었다.

"민족적 경륜"이 던진 파문은 당시 민족운동에 대한 이데올로기적 분화를 명백히 해 주는 이론적(사상적) 분화의 첫 시발33)이었으며, 이로부터 반

---

29) 예컨대 <동아일보> 1924. 4. 26-29에 실린 나공민의 물산장려운동 옹호론도 그러한 입장으로 파악할 수 있다.
30) 위의 <동아일보>, 나공민의 글.
31) 물산장려운동의 이데올로기적 성격에 관해서는 진덕규, "1920년대 국내민족운동에 관한 고찰," 송건호·강만길 편, 앞의 책, 140-159쪽 참조 바람.
32) <동아일보> 1924. 1. 2-5, "논설." 이 논설도 "민족개조론"의 필자인 이광수로 알려져 있다.
33) 진덕규, 앞의 글, 송건호·강만길 편, 앞의 책, 154쪽.

식민 민족운동은 ① 사회주의적 좌익계열과 ② 주로 해외의 비타협적·우파 민족주의 계열로 양분되었다

그러면 비타협적 우파 독립운동과 좌익 독립운동의 사상적 갈등구조는 어떠하였는가?

좌익 독립운동 주체들이 앞서 지적한 바와 같은 '소비에트 건설론'과 '계급노선'을 내세우고 있던 시기에는 '민주공화국론'과 '민족노선'의 입장에서 벗어나지 않고 있던34) 비타협적 민족운동 진영과 사상적·노선상의 통합은 불가능한 것이었다.

이런 양상은 예컨대 1920년대의 고려공산당 중심의 좌익 독립운동과 임시정부를 비롯한 '민족진영'의 갈등으로 나타났고, 또 1930년대에 들어서 코민테른의 "12월테제"(1928)35)와 중국공산당의 "이립삼(李立三) 코스"36)에 따라 행동하던 좌익계 독립운동과 1930년대 전반까지의 우익계 독립운동(한국독립당, 조선혁명당, 의열단 등 후일의 민족혁명당 계열과, 김구 등 임정 고수파의 한국국민당 계열을 모두 포함)의 사상적 갈등으로 나타났다.

그러면 좌익계열이 '민주공화국' 건설을 체제관으로 내세우던 시기에는 어떠하였는가. 후술하는 바와 같이 1930년대 후반의 '민족적 공산주의' 운동은 예외이지만 그 이전의 시기에 그들은 '민주공화국' 건설을 위해 도시의 소자본가, 지식인 내지 불만을 가진 부르주아지와의 동맹으로 '민족혁명 유일전선'을 형성할 것을 주장하였으나, 그것은 어디까지나 '노동계급을 기초'37)로 하는 것으로서 무산계급의 주도권을 포기한 것은 아니었다.

---

34) 1930년대 전반의 우익 민족운동단체인 한국독립당, 조선혁명당, 의열단 등이 통합한 '한국대일전선통일동맹'의 국가건설 구상은 분명치 않으나, 이 조직이 발전적으로 확대된 1935년의 '민족혁명당'의 정체관은 삼균주의에 입각한 '민주공화국'이었으며, 또 하나의 우익 독립운동 계열인 임정계 한국국민당 계열의 정체관도 '신민주공화국'이었다. 金正明編, 앞의 책, 제2권, 545-541쪽의 "민족혁명당 정강" 및 같은 책, 645쪽의 "한국국민당 당의" 참조

35) 김준엽·김창순, 앞의 책, 제3권, 383-390쪽 수록, "조선혁명농민 및 노동자의 임무에 관한 결의" 참조

36) 金正明編, 앞의 책, 제5권, 759쪽, "당의 현하의 정치적 임무에 관한 결의" 참조

37) 앞의 『現代史資料 29—朝鮮 5』, 421-422쪽에 실린 조선공산당의 강령적 자료 패연

이런 의도 때문에 조선공산당은 1927년 2월에 비타협적인 민족진영과 민족유일당 운동의 일환으로 신간회를 발족시키면서 "소비에트공화국을 건설하려는 것은 좌익소아병적 견해이며 부르주아공화국을 건설하려는 것은 우경적 견해"[38]라고 비판하면서, 다른 한편 종래의 '민주공화국론'보다 오히려 더 좌경적인 '인민공화국론'[39]을 주창하기에 이르렀다.

이처럼 좌익 독립운동 계열이 비타협적 민족진영과 협동전선을 형성하면서도 계속 공산당의 정치적 주도권을 앞세우고 따라서 '계급노선'을 잠복시킨 것은 '민족적 협동전선'의 앞날을 불안하게 하는 것이었다. 이러한 불안은 1930년대에 들어서자 드디어 현실로 나타났다. 좌익세력이 노선을 바꾸어 '협동전선'을 파괴하고 앞서 지적한 중국공산당의 "이립삼 코스"의 영향 하에서 제국주의 침략세력뿐만 아니라 '민족부르주아지'와의 투쟁을 선언하고 '프롤레타리아독재' 노선을 주장하였던 것이다.[40]

이로 인해 신간회가 파괴되었음은 물론, '적색노동조합'과 '적색농민조합'만을 중심으로 운동을 전개해 나간 좌익 독립운동과 비타협적 민족진영이 대립·갈등하게 되었다.

이상에서 살펴본 바와 같이 1930년대 전반 이전까지 우리나라의 민족독립운동은 해방될 조국의 체제관과 독립운동을 주도할 주체 및 방법·노선상의 차이로 인해 갈등·대립하고 있었다. 타협적 민족운동과 좌익 및 비타협적 민족운동의 갈등·대립은 어쩔 수 없는 것이었다 하더라도 식민지 하에서의 독립운동은 좌·우를 막론하고 반식민·저항 민족주의로 결집되는 것이 당위였다는 역사적 과제의 관점에서 보면, 좌익계의 독립운동과 비타협적 민족운동은 해방된 조국의 체제관과 주도권을 둘러싸고 사상적 갈등을 미리 표출시켜 대립하고 있었다.

이렇게 된 데는 양쪽 모두에 책임을 돌릴 수도 있겠으나, 역시 반식민·

홈의 원고, "조선공산당과 고려공산청년회 대옥기" 참조
38) 김준엽·김창순, 앞의 책, 377-382쪽, "민족해방운동에 관한 논강(테제)" 참조
39) 위와 같음.
40) 좌익세력이 노선을 바꾸어 협동전선을 파괴하게 된 상황적 배경에 관해서는 강만길, 앞의 글, 송건호·강만길 편, 앞의 책, 115-116쪽 참조.

저항 민족주의운동의 합당한 노선으로 보이는 신간회를 깨뜨린 좌익 쪽의 극좌 계급노선의 고수에 보다 큰 책임을 돌리지 않을 수 없을 것 같다. 왜냐하면 식민지 하 민족운동의 1차적인 과제는 무엇보다도 민족해방을 쟁취하는 반식민·저항 민족주의였어야 했음에도 불구하고, 1930년대 전반까지의 좌익은 공산주의혁명(계급모순의 해결)과 민족해방(민족모순 해결) 문제의 관계 및 우선순위를 잘못 설정하고 있었다고 할 수 있기 때문이다. '소비에트 건설론'과 '계급노선' 표방 시기는 물론이려니와 협동전선 시기의 경우에도 마찬가지 지적이 가능하다.

그 까닭은 이러하다. 곧 좌익도 민족해방을 사회주의, 공산주의 건설(그들이 말하는 '대성')의 전단계로 파악하고 있었다는 점에서는 민족문제 해결을 선차적 과제로 삼고 있었다고 할 수 있을지 모른다. 그러나 문제는 그러한 일반이론으로 민족해방 문제를 일차적 과제로 삼느냐 아니냐가 중요한 것이 아니다. 실질적인 문제는 식민지 하에서 명실 공히 일차적 과제가 되어야 할 민족해방을 실현하기 위하여 그 운동의 실천전략 면에서 민족모순의 해결을 계급모순의 해결보다 앞세우고 이를 위해 다른 계급과 주도권 싸움 없이 협동노선을 견지했느냐 그러지 못했느냐 하는 점이다.

(4)

이제 1930년대 후반 이후의 상황을 살펴보기로 하자. 30년대 전반까지 위에서 살펴본 바와 같은 사상적 노선적 갈등구조를 나타내던 식민지 하의 민족독립운동은 30년대 후반에 들어서면서 과거 어느 때보다도 체제관의 접근과 노선상·조직상의 연합노선을 지향하기에 이르렀다. 좌익과 우익의 독립운동은 각기 자체 내에서 괄목할 만한 조직상의 연합전선을 형성해 나갔을 뿐만 아니라 좌·우 양쪽이 모두 '민주공화제'의 체제관을 표방하고, 독립운동노선도 '민족노선'으로 합치되어 가고 있었다.

좌익 쪽의 이러한 변화는 1936년 '재만한인조국광복회'(대표 오성륜)[41]

---

41) 오성륜은 의열단원이었다가 공산주의자가 된 사람이며, 조국광복회는 김일성이 조직하였다는 북한의 주장과는 달리 오성륜이 중심이 되어 있던 조직이다. 김준엽·김창순 편, 앞의 책, 제5권, 62-63쪽 참조

가 조직되면서 구체화되기 시작하였다. 조국광복회의 체제관은 분명치는 않으나 우선 그 발기선언에서 계급·당파·종교의 차별을 묻지 않고 전민족적 노선을 형성하여 조국광복운동을 전개할 것42)을 주장하고, 실제로 천도교단 등 일부 종교세력과도 제휴하였다.43)

이와 같은 경향은 이 시기 연안을 중심으로 하는 화북지방의 공산주의 운동에서 더욱 뚜렷해져, 1941년 1월에 결성된 '화북조선청년연합회'는 그 선언문에서 임시정부계는 물론 한국독립당과 재미 독립운동단체 등 우익 독립운동 단체의 활동을 높이 평가하고 그들과의 연합전선을 표방하기에 이르렀다.44) 더욱이 '화북조선청년연합회'가 발전적으로 개편되어 조직된 '화북조선독립동맹'(1941. 10)45)에 이르러서는 드디어 '민주공화국' 건설을 강령으로 내세웠다. 이 화북조선독립동맹은 그 인적 구성으로 보나 46)체제관 및 독립운동 노선으로 보나 이미 일부 연구자들이 규정한 바와 같이 순수한 공산주의라기보다는 '민족적 공산주의운동'47) 내지는 '좌파 민족주의운동'48)의 성격을 갖는 것이었다.

한편 반식민·저항 민족주의노선으로의 결집은 우익 민족운동 진영에서도 일어나고 있었다. 이런 추세는 1933년의 한국대일전선통일동맹을 거쳐 1935년에 발족된 민족혁명당의 창당에서 획기적인 양상으로 대두되었다. 민족혁명당에 결집된 세력은 김구 등의 임시정부 고수파를 제외한 이 시기 중국의 우익 독립운동전선의 중요한 정당과 인물을 모두 망라한 것으로서 '좌우연합전선'적 성격을 갖춘 것이었다.49) 뿐만 아니라 민족혁명당의 정강은 '민주공화국' 건설을 체제관으로 표방50)하고 있어 1935년에

---

42) 姜德相 編, 『現代史資料 30—朝鮮 6』, 315쪽, "재만 한인조국광복회 선언" 참조
43) 위의 책, 294-297쪽 참조
44) 金正明編, 앞의 책, 제5권, 995-996쪽, "화북조선청년연합회 선언" 참조
45) 위의 책, 992쪽, "화북조선독립동맹 강령" 참조
46) 이에 관해 자세한 것은 김준엽·김창순, 앞의 책, 95-96쪽 참조
47) 坪江汕二, 『朝鮮民族獨立運動秘史』, 120쪽.
48) 김준엽·김창순, 앞의 책, 제5권, 95쪽.
49) 이에 관해서는 강만길, 앞의 논문 127쪽 및 129쪽 참조
50) 민족혁명당의 정강 내용은 金正明編, 앞의 책, 제2권 참조

결성된 임시정부 고수파 한국국민당의 '신민주공화국 건설론'51) 및 1941년 임정의 "건국강령"52)과도 궤를 같이하였으며, 앞서 고찰한 바와 같이 이 시기 좌익의 '민주공화국' 체제관과 합치되는 것이었다.

민족혁명당은 1937년에 이청천, 최동오 등의 이탈로 인해 일시 좌우합작적 성격이 약화되기도 하였으나, 1938년에는 휘하 여러 단체들을 통합하여 '조선민족전선연맹'을 성립시키고, '민족전선'의 입장을 더욱 명백히 하였다.

다른 한편 임정고수파의 한국독립당도 1937년에는 한국독립당(조소앙), 한국애국당(김구), 하와이국민연합회 등을 통합하여 '한국광복운동단체연합'을 결성하였으며, 곧 이어 1939년에는 이 두 갈래의 비공산계 독립운동전선이 하나로 합한 '전국연합진선협회'를 성립시키고 '민주공화제'론에 입각한 정강정책을 발표하였다.53) '전국연합진선협회'는 40년대에 들어와서는 임시정부 및 그 산하 광복군과도 합류하여서 1942년에는 민족혁명당의 주석 김규식이 임정의 부주석이 되고 김원봉은 국무부장이 되었으며 그 군사조직인 조선의열대가 광복군의 제1지대(支隊)로 편입되었다.

위에서 살펴본 바와 같이, 식민지시대 말기로 오면서 우리나라의 독립운동은 전선의 연합화를 확대하면서, 비타협적 우익 독립운동은 전국연합전선협회로 통합되어 임정과도 합류하였으며, 좌익은 대체로 만주에서의 공산주의운동, 국내의 공산당 재건 운동 그리고 연안의 조선독립동맹 등의 3계통이 산재하고 있었으나, 이는 지역적 격리성에 따른 분산성의 영향이 컸던 것으로서, 사상적 갈등에 의한 것은 아니었다고 보인다.

이같이 좌·우의 독립운동이 각기 자기 진영 내부에서 연합전선의 완성을 지향해 나가면서, 아직도 좌익과 우익 간에 조직적 연합은 나타나고 있지 않았으나, 양쪽 모두가 '민족전선'과 '민주공화국' 건설로 합치되어 가고 있었다는 점은 괄목할 만하다. 더욱이 이들의 민주공화국론은 그들의 정강정책에 나타난 경제정책·사회정책·교육정책 내용을 종합적으로 비

---

51) 위의 책, 645쪽, "한국국민당 당의" 참조.
52) 독립운동사편찬위원회 편, 『독립운동사』 제4권, 임시정부사, 834쪽 참조.
53) 전국연합진선협회의 정강정책 내용은 위의 책, 639쪽 참조.

교하건대, 좌·우 어느 경우에나, 일종의 '민주사회주의적' 공화제를 지향하는 점에서 일치되어 있었다고 볼 수 있다.54)

식민통치 하에서 민족모순과 계급모순을 아울러 체험하는 가운데 전개된 반식민·저항 민족주의운동이 도달한 하나의 결론이었다고 이해된다.

이상의 고찰을 통해 식민지 시대 좌우 독립운동의 전개과정에 나타난 사상사적 갈등구조와 그 변화과정 및 합일의 지향성과 추세를 살펴보았다.

그때까지의 과정의 우여곡절이 입증하듯이, 또 체제관과 노선상의 동일성을 나타내면서도 아직도 좌·우 양쪽에서 조직상의 연계와 합일에로의 실질적 연합이 미해결의 문제로 남아 있었다는 사실이 말해주듯이, 일제 말기 반식민·저항 민족주의의 앞날은 아직은 희망과 불안이 교차되어 있는 성질의 것이었다고 할 수밖에 없다. 말하자면 이같이 '하나됨'에로의 지향성을 가지면서도 아직은 그것이 완전히 정착되지 못한 상황에서 해방을 맞은 우리 민족은 독립운동시대의 유산으로서의 불안과 희망을 안은 채, 이제 반식민·저항 민족주의와는 다른 새로운 시대 곧 해방 정국 하에서의 민주적 통일 민족국가 건설이라는, 새로운 내셔널리즘의 과제를 떠맡게 되었던 것이다.

4. 해방 후 내셔널리즘의 사상사적 갈등구조
— 체제관의 대립 및 체제관(이데올로기) 우선이냐,
민족주의(통일) 우선이냐의 갈등과 내셔널리즘의 공동화 —

(1)

1945년 8월 15일 연합국에 의한 제국주의 일본의 패망은 우리 민족에게 적어도 내셔널리즘이라는 과제의 관점에서 보면, 일제 식민통치 상황 못지않게 힘들고 고뇌에 찬 새로운 과제를 안겨다 주었다.

---

54) 이에 관한 자세한 분석은 강만길 앞의 글을 참조 바람.

일제의 패망은 우리 민족의 기대와는 달리 즉각적이고 완전한 독립을 가져오지 못했다. 우리 민족이 맞이한 이른바 8·15'해방'은 또 다른 외세의 군사적 점령 하의 '해방'이었으며, 그것도 각기 이데올로기를 달리하는 미·소가 각각 남북을 분할 점령한 분단 속의 '해방'이었다. 말하자면 그 '해방'은 '점령'과 '분단'이라는 이중의 제약성을 갖는 '미완의 해방'이었으며, 따라서 8·15 이후 우리 민족의 역사적 과제는 '해방'에 따라붙은 분할과 점령이라는 이중의 제약을 제거하고 참다운 해방, 곧 독립과 통일을 달성하는 데 있었다. 집약해서 '민주적 통일민족국가'의 건설이라는 새로운 과제에 봉착하였다.

한민족의 '해방자'인 미·소가 과연 언제부터 우리 민족의 해방에 분할과 점령이라는 이중의 제약을 가할 정책적 의도를 갖고 있었느냐 하는 문제는 해방 후 초래된 결과적 현실 속에 나타난 한국민족주의의 사상적 갈등구조를 밝히려는 이 글의 관점에서 보면 이차적인 문제일 수도 있다. 38도선 확정에 관한 논쟁 및 분단의 기원논쟁으로 이어지는 이 문제[55]가 학문적으로 연구의 가치가 없다는 의미는 결코 아니고, 1945년 8·15 직후 미·소 양대국 군대가 '해방자'의 자격으로 한반도를 분할 점령한 시점부터 현실적으로 우리 민족에게는 분단(분할점령)을 극복하고 통일민족국가를 달성해야 하는 역사적 과제가 객관적으로 설정되었다고 보아야 하기 때문이다.

해방 후 우리 민족주의의 정치적·사상적 갈등은 우선 '해방자'인 미·소가 설정한 독립에 대한 설계와 '피해방자'인 우리 민족의 그것과의 차이 및 미·소의 설계에 대한 다양한 민족 주체들의 대응방법을 둘러싸고 발생하였다. 그 현실적 결과는 아직도 해결하지 못한 '분단의 고정화'라는 비극적 현실임은 우리 모두가 두루 아는 바이지만, 이와 같은 비극으로 연결된 주된 요인은 대략 아래와 같은 것이었다.

---

55) 이에 관한 대표적인 논쟁 및 연구로는 예컨대 이용희, "38선 확정신고: 소련의 대일참전에 관하여"(『아세아학보』, 1965); 최상룡, "분단점령과 신탁통치: 해방 한국의 두 가지 외압," 한국정치학회 편, 『현대한국정치론』(법문사, 1966); 조순승, "미국의 점령정책과 38선 탄생," 『분단 전후의 현대사』(일월서각, 1983) 등 참조

첫째, 해방된 나라의 건설의 틀이 될 새로운 제도가 일제 식민잔재를 청산한 민족적이고 민주적인 내용을 갖추고 그러한 세력에 의해 추진될 것이냐 아니냐 하는 문제, 곧 식민잔재의 완전청산이라는 의미에서 민족적・민주적 '혁명'의 과제였다. 둘째, 민족적・민주적 혁명의 내용으로서 체제관을 어떠한 이데올로기에 따라 확립할 것이냐 하는 문제, 그리고 셋째, 국제냉전에 편승하여 이데올로기의 선택을 중시할 것이냐, 아니면 국제냉전의 국내 냉전화를 거부하고 민족통일이라는 민족주의의 과제 실현을 우선할 것이냐 하는 문제로 집약할 수 있다. 이러한 갈등이 현실로 나타나는 역사적인 계기는 해방 직후 남북에서의 정치 주도세력의 확정과정과 1945년 12월의 모스크바삼상회의에서의 신탁통치안에 대한 '반탁' 대 '찬탁'의 대결, 그리고 남북 각각의 '단정(單政)수립'을 둘러싼 정치적・사상적 대립이었다. 이하 그 양상을 개괄해 보기로 하자.

(2)

위의 세 가지 문제는 상호 복잡하게 연관된 문제이지만, 분석의 편의상 우선 해방 후 민족주의의 사상적 갈등의 첫째 요인인 식민잔재 청산이라는 의미에서 민족적・민주적 과제를 둘러싼 갈등부터 살펴보자. 이 문제로 인한 사상적・정치적 갈등은 북한보다 주로 미군 점령지역인 남한에서 심각한 양상이 노출됐다. 이 과제에 관한 한 북한의 경우 북한정치의 방향을 결정해 간 소련 점령군의 입장이나 국내 정치세력인 공산계열 및 건국준비위원회 등의 비공산세력 모두가 일제 식민잔재와 그 세력을 청산한다는 입장을 명백히 하고 이를 실천해 나갔기 때문이다. 먼저 소련 점령군측의 이같은 정책은 북한에 진주한 소령군사령관 치스차코프의 포고문[56] 내용에서 분명하다. 뿐만 아니라 9월 20일 소련군 최고사령관 스탈린의 이름으로 내려진 북한 점령정책에 대한 지령[57] 제3항에서 "적군(赤軍)이 점령한 조선지역에서 반일적인 민주단체와 민주정당의 결성을 방해하지 않

---

[56] 『조선중앙연감』(국내편, 평양, 1949), 57-58쪽 참조.
[57] 이 자료는 1981년 발표된 자료집, 『소련과 조선인민과의 관계, 1945-80』(국토통일원 번역본이 있음)에서 처음 부분적으로 발표되었다.

으며 그 활동을 원조할 것"58)이라 했고, 제4항 (ㄱ)에서도 "적군은 일본 정복자를 분쇄하기 위하여 북한에 들어온 것"59)임을 분명히 밝힌 데서 잘 나타나 있다.

또한 북한에서 해방정국을 주도해 간 국내 정치주체들은 그 분파의 다양성에도 불구하고 모두가 식민잔재 청산을 기본으로 하는 세력이었다. 먼저 공산당은 9월 15일자 조선공산당 평안남도위원회 확대회의의 의결인 "정치노선에 관하여"60)에서 "일본제국주의의 잔재를 철저하게 숙청하기 위한 단일 민족통일전선" 추진의 필요성을 천명하였다. 공산당 안에도 국내파, 연안파, 소련파, 갑산파(만주파) 등 다양한 분파가 있었고, 또 건준의 조만식 등이 주도한 조선민주당 같은 비공산계열 정치세력이 있었지만 이들은 모두 스스로 일제 식민잔재의 청산을 표방하는 정치세력으로서, 앞서 지적한 스탈린의 지령이나 이에 입각해서 10월 12일 발표된 치스차코프 사령관의 "북조선지역에서 일본 침략주의 잔재를 영구히 소탕"한다는 성명내용61)과 입장을 같이하고 또 그러한 방향에서 현실을 정리해 나갔다. 따라서 북한은 식민잔재 청산이라는 차원에서만 보면 민족적·'민주적' 혁명에는 갈등이 존재하지 않았다고 볼 수 있으며, 그들이 추진한 혁명의 민족적·'민주적' 성격의 문제점은 뒤에 언급하는 바와 같이 다른 차원의 갈등과 관련된 문제였다.

그러나 남한의 경우는 해방 직후부터 해방 후 한국민족주의의 선결적인 과제인 '일제잔재 청산'이라는 의미에서 민족주의적 정통성의 확립에 갈등을 노출시키고 말았다. 이는 미국의 점령정책과 국내 정치세력이 상호작용한 결과였다.

일제가 항복한 직후 남한에는 적어도 반일 차원에서는 민족적 정통성을 지닌 정치 세력이 형성되었다. 일제의 항복과 동시에 출발한 여운형의 건

---

58) 위의 자료, 이 지령의 내용은 和田春樹, "소련의 대북한정책, 1945-46," 앞의 『분단 전후의 현대사』, 262쪽에도 소개되어 있다.
59) 위와 같음.
60) 이 결의는 <해방일보> 7호(1945. 10. 31)에 실렸다.
61) 和田春樹, 앞의 글, 273쪽 참조.

국준비위원회는 미군정 스스로가 평가하고 있듯이62) 초기 2~3주 동안 비교적 좌·우파를 골고루 포용한 한반도 전역에 걸친 사실상의 단일한 통치기구로 기능하고 있었다. 또 상해의 임시정부나 미국의 이승만 등이 민족적 정통성과 민족주의의 '신임장'을 지닌 세력이었다.

그러나 미국은 민족주의의 '신임장'을 지닌 세력을 인정하지 않았다.63) 미군정청은 출발과 동시에 임정과 건준을 모두 부인하고, 반면에 일부 항일 민족주의 세력을 포섭하기는 했으나 대체로 총독부의 관리와 경찰을 비롯한 친일 보수세력을 자신의 주요한 협력자로 끌어들였다. 이는 미 점령군 사령관인 하지가 한국에 도착한 후의 제1성으로 "점령정책을 원활히 수행하기 위하여 아베(安部) 총독 이하 일본인 관리를 당분간 유임시킨다"64)고 하였다가 한국인의 저항에 부딪쳐 3일 후 이를 취소한 뒤 그 제1성의 의도를 변형시켜 실천한 것이라고 볼 수 있다.

이러한 미국의 의도에 부응하듯이 건준의 좌경적 성향을 우려하여 미군이 도착한 뒤인 9월 16일 창당된 한국민주당65) 세력은 대체로 토지소유자, 자본가들로서 부일협력자를 내포하고 있었으므로 민족주의의 신용장을 지닌 세력은 아니었다.

한국민주당은 임시정부를 지지하고 건준이 세운 인민공화국과 마찬가지로 아직 귀국하지 않은 이승만과 김구를 당의 지도층으로 옹립하였다. 이는 한국민주당이 김구나 이승만의 후광을 이용하기 위한 것66)이었다.

미군정의 등장 이후 남한의 해방 3년간의 정치과정67)에서 임정과 건준 세력은 제거되고, 냉전의 격화와 더불어 공산주의자에 대한 탄압 속에서

---

62) E. Grant Meade, *American Military Government in Korea* (New York: Columbia University, 1951) 참조.
63) 결과적으로 이승만의 경우는 다르지만 그것도 이승만이 민족주의적 '신임장'을 지닌 인물이었기 때문이라기보다는 반공적인 인물이라는 점 때문이었다.
64) 村上薰,『朝鮮戰爭』(東京: 敎育社, 1985), 17쪽.
65) 이에 관해서는 심지연,『한국민주당연구Ⅰ』(풀빛, 1982) 참조 바람.
66) 김정원, "해방 이후 한국의 정치과정(1945-49)," 『한국현대사의 재조명』(돌베개, 1982), 151쪽.
67) 송남헌,『해방 3년사』(까치, 1985) 참조 바람.

이젠 더 이상 민족주의자라기보다는 반공·자유주의자로 나타난 이승만과 한민당이 대세를 장악해 나갔다. 남한의 민족주의는 식민잔재의 청산이라는 선차적 과제의 해결에는 실패하고 말았다.68)

이 점에 관한 한 남한의 경우 민족주의의 사상적 갈등이라고 하기보다는 오히려 '민족주의의 좌절'이라고 표현할 수밖에 없는 측면이 있다. 그러나 후술하는 바와 같이 북한에서는 일제 식민잔재를 성공적으로 청산한 데 반해, 남한에서는 식민잔재 청산에 좌절했다는 점만을 가지고 남북한 정권의 정통성을 논하거나 민족주체성 내지는 민주성을 평가하는 것은 합당치 못하다.

(3)

해방 후 우리나라의 민족주의는 단순히 "북한에서는 민족주의가 성공하고 남한에서는 좌절되었다"는 식으로 규정할 수 있는 성격의 것은 결코 아니다. 그것은 바로 앞서 지적한 한국민족주의의 두 번째 갈등요소와 관련하여 북한의 경우도 남한과 마찬가지로 민족주의의 공동화(空洞化) 현상이 초래되었기 때문이다. 모스크바3상회의 의결에 따른 신탁통치안에 대한 '반탁'·'찬탁' 대립부터 1948년 남북 각각의 단독정부 수립에 이르는 과정이 바로 남북한 모두에서 민족주의의 공동화 현상을 입증해 준다.

이 문제와 관련된 한국민족주의의 갈등과 공동화 현상은 우선 해방자(연합국)와 피해방자(우리 민족)가 갖고 있던 '해방의 본질'에 대한 인식의 차이와 완전한 독립국가를 설계하는 과정과 방법에 대한 견해차이에서 발생했다.

'해방자'가 인식한 해방과 독립의 설계는 우리 민족의 기대와는 달리 '즉각적인 완전독립'이 아니었다. 그것은 미·소에 의한 분할점령과 미소공동위원회 및 남북 정당·사회단체의 협의에 의해 '통일 한국임시정부'를 수립하고, 이 임시정부에 대한 미·영·중·소의 신탁통치라는 단계를

---

68) 이 점에 관한 자세한 분석은 Kim HakJoon, *The Unification Policy of South and North Korea, 1945-1976: A Comparative Study* (Seoul National University Press, 1977) 참조 바람.

거친 적어도 5년 이후의 독립이었다. 이러한 구상은 이미 1943년의 카이로 선언에 한국의 독립에 관해 '적당한 시기와 절차를 거쳐'(in due course)라는 단서가 붙은 데서 나타나지만, 해방 후 1945년 12월의 모스크바3상회의에서 구체화되었다. 해방 후 즉각적인 완전독립을 원하는 우리 민족 대다수의 '민족적 방식에 의한 즉각적 통일독립'에의 염원은 미·소, 특히 소련의 우선 임시정부를 수립하여 5년간의 신탁통치를 한다는 모스크바에서의 '열강의 구상'과 대립하게 되었다.

그러나 우리의 민족주의는 '신탁통치안 추진'이라는 '강대국 방식'에 '즉각 독립'이라는 '민족적 방식'의 저항이라는 형태로 결속되거나, 또는 그 반대로 신탁안 수립이라는 형태로 귀일[69]된 것도 아니었다. 모스크바에서 '강대국 방식'인 신탁통치안이 발표된 직후는 일시적으로 남북과 좌우를 막론하고 '반탁적' 입장이 대세였으나, 곧이어 '즉각 독립'을 주장하는 '민족적 방식'에 복잡한 분열과 갈등이 발생하였다. 남북한의 공산계열이 모두 '찬탁'으로 돌아서고 북한에서 신탁안에 반대하던 조만식은 소련군에 의해 연금[70]되고 조선민주당도 붕괴했다.[71]

한편 남한에서는 미군정이 신탁안의 실현을 위해 좌우합작을 추진하는 가운데 여운형, 김규식 등의 중간세력이 이에 호응한 반면 남로당은 물론 이승만, 김구 등의 우익 민족주의 세력은 이에 반대하였다.

'찬탁'·'반탁'의 차이의 문제는 본래 이데올로기나 체제관의 본질적 차이에서 나온 것이 아니었으며, 더욱이같은 '찬탁' 또는 '반탁'의 경우에도 각 정파에 따라 그 동기와 목적이 각기 달랐다. 같은 '찬탁'이지만 공산계

---

69) 학계 일부에서는 신탁안을 수용하였더라면 분열을 막고 통일국가를 형성하였을 것이며, 따라서 한국동란도 없었을 것이라는 분석도 있다. 예컨대 B. C. Koh, "Dilemmas of Korean Reunification," *Asian Survey*, Vol.XI, No.5 (May 1971), p.478. 그러나 필자는 이와 같은 가설적 주장에 특별한 의미를 부여하지 않는다.

70) 김병연, 『평양지』(1964), 56쪽; 오영진, 『하나의 증언: 소련군정하의 북한』(1952), 182쪽.

71) 이에 관한 자세한 과정은 和田春樹, 앞의 글, 앞의 『분단전후 현대사』, 293-299쪽 참조 바람.

열의 그것은 모스크바의 입장에 부응하여 국제냉전에 편승하면서 이데올로기적으로도 자파의 체제관에 의해 권력을 장악하기 위한 것이었고, 김규식·여운형 등의 '찬탁'은 이데올로기적 편집이 아니라 남북의 분단을 막고 좌우합작에 의한 통일을 시도하기 위한 것이었다. 또한 같은 '반탁'의 경우에도 김구의 그것은 민족의 즉각 독립을 실현하려는 '민족적 방식'의 관철을 위한 것으로서 국제냉전 편승과는 무관한 것이었음에 반하여 이승만의 반탁은 즉각적인 통일정부의 수립을 희생하게 될지언정 자유민주주의 이데올로기(체제관)를 관철하기 위하여 국제 냉전화를 예견하면서 이를 활용하려는 것이었다.72)

이같은 다양한 동기와 입장에서의 '반탁'·'찬탁'의 문제는 미소공동위원회의 결렬에 따라 자연스럽게 갈등의 초점에서 사라지게 되었고, 보다 본질적인 갈등의 초점인 이데올로기(체제관)의 대립이 전면에 부각되었다. 미소공위 결렬의 원인이 협의의 대상으로 삼을 정당과 사회단체의 '민주적 성격' 때문이었다는 사실에서 입증되듯이, 이제 미·소 양국도 이데올로기의 대립을 전면에 노정시켰고, 남북의 정치주체들도 이데올로기에 입각한 국내냉전을 촉진시키기 시작하였다.

(4)

미국이 언제부터 한반도의 통일보다는 남쪽에서만이라도 반공적 정부를 수립할 것을 확실한 정책으로 확정했는가는 논란의 여지가 많은 문제일 것이다. 하지만 적어도 미군이 한국에 진주한 지 한 달 후 맥아더의 참모들이 한국 내 주요지휘관들에게 점령의 제1차적 임무는 "공산주의에 대한 방벽을 구축하는 것"이라는 지시를 보낸 사실73)은 암시하는 바 크며, 실제로 남한의 미군정은 그러한 목적과 방향으로 추진되었다.

소련은 소련대로 점령 초기부터 '적색 통일정권'이 불가능한 경우에는

---

72) 김학준 교수도 그의 논문 "남북한에 있어서의 통일논의의 전개―한국민족주의의 시각에서"(송건호·강만길, 앞의 책 Ⅰ, 221-222쪽)에서 필자와 비슷한 관점에서 파악하고 있다.

73) E. Grant Meade, *op. cit*, p.52.

공산주의 체제에 입각한 북한만의 정권수립을 획책했던 것으로 보인다. 무엇보다도 스탈린의 지시 후 북한에서 소련 점령당국의 행동으로 미루어 보아 소련은 북한만의 정권적 조직 수립을 획책해 나갔음이 입증된다.74)

따라서 미·소 양국의 한반도에서의 외교관계가 돌이킬 수 없는 수준으로 악화된 것은 1947년 봄부터라고 하겠지만,75) 미·소 양국의 이데올로기에 대한 집착, 따라서 분단의 씨앗은 그 훨씬 이전부터 시작되었다고 보아야 한다.

이같이 미·소가 모스크바의 합의나 미소공동위원회의 추진 같은 '외형적 일치' 아래 실질적으로 미국은 '반공의 방벽구축'을 위해, 소련은 '북한만의 정권수립'을 위해 각기 국제냉전을 진행시키고 있는 가운데 남북한의 국내 정치주체들은 미·소의 국제냉전에 부응하는 국내냉전으로서의 이데올로기에 집착하면서 단독정부 수립을 추진하였다.

남쪽에서는 1946년 6월 "남쪽만이라도 임시정부 같은 것을 추진하자"는 이승만의 주장76)이 등장하고, 이어서 그 해 12월 이승만은 미국으로 건너가 같은 취지를 호소함과 동시에 유엔에 의한 한반도문제 해결을 제의했다.77) 그 후 갖가지 곡절이 있었지만 미국은 결국 1947년 9월 원래의 구상인 '모스크바 공식'을 포기하고 한반도문제를 정식으로 유엔에 이관하였다. 유엔에 의한 남북한 총선거로 통일된 독립정부를 수립한다는 것이 그 명분이었으나, 북한의 추세와 소련의 반응에 대한 예측을 감안할 때 그것은 한반도의 통일독립정부의 수립방안이라기보다는 남북분단의 고정화를 각오한 명예로운 책임분담책이었다고 보는 것이 타당할 것이다. 그 후의 현실 정치과정이 후술하는 바와 같이 남한의 단독선거와 반공적 단독정부의 수립으로 이어지는 것은 두루 아는 사실이다.

남한에서의 이같은 결과는 이미 언급한 바와 같이 북한에서의 소련점령

---

74) 和田春樹, 앞의 글, 262쪽.
75) 김학준, 앞의 글, 222쪽.
76) 1946년 6월 3일 이승만의 정읍 발언. "남북한 45년사," 『월간다리』(1990년 1월), 부록, 90쪽, 일지 참조
77) 김학준, 앞의 글, 222쪽.

군의 점령정책 및 북한 공산주의 집단의 이데올로기 집착에 따른 단독정권 수립동향에 대한 대응책이기도 했다. 그러나 남한에서 '통일'보다는 '자유민주주의'라는 이데올로기의 선택이 중시되고 단독정부가 수립된 것은 남쪽이 선택한 이데올로기가 좋은 것이었느냐 아니었느냐 하는 문제와는 별도로 '통일'이라는 민족주의의 과제는 일단 공동화되었으며, 한반도에서 국제냉전이 국내냉전으로 연계된 하나의 결정적 계기가 되었다.

북한에서의 과정 또한 남한 못지않게, 어떤 의미에서는 남한보다 더 철저하고 획일적으로 이데올로기를 우선하고 '통일'이라는 민족주의의 과제를 공동화시키는 작업이 추진되었다. 북한에서 소련점령군의 정책기조가 스탈린의 지령 및 그 후 소련의 정책으로 보아 북한에서만이라도 공산정권을 성립시키는 것이었다는 점[78]은 이미 지적하였지만, 북한의 국내 정치주체는 이러한 소련의 정책을 충실히 이행해 나갔다.

북한에서 초기의 군정실시 기관인 민정부의 설치에서 → 북한5도대회의 개최(1945년 10월 8~10일)에 의한 각급 인민위원회의 구성 → 서북5도책임자 및 열성자대회(1945년 10월 13일)에서 조선공산당 북조선분국의 수립 → 평양시민대회(1945년 10월 14일) → 신의주사건(1945년 11월 하순)을 거쳐 → 공산당 제3회 확대집행위원회(1945년 11월 17일)에 이르는 일련의 과정은 모두가 소련점령군의 정책에 가장 충실한 김일성[79]이 북한에서 제1권력자로 등장하는 과정이었음과 동시에 북한에서 단독정권을 수립하기 위한 과정이었고 정권의 하부기반으로서 인민위원회의 조직과정이었다.[80]

공산당 제3회 확대집행위원회(1945년 11월 17일)에서 제1비서가 되어 실권자가 된 김일성은 이 대회의 보고에서 유명한 '민주기지론'[81]이라는 신

---

78) 和田春樹 교수의 지적과 같이 미국이 아직 한반도 전역에 대한 관심을 표명하고 있었을 시점에서도 소련은 처음부터 자신의 정책목적에서 북한에만 관심을 집중시키고 있었다. 和田春樹, 앞의 글, 263쪽.

79) 김일성의 친소적 입장에 관해서는, 예컨대 평양시민대회 김일성의 연설(『조선중앙연감』, 1949에 요지 수록) 참조 바람.

80) 이 과정에 관한 자세한 것은 조대숙, "김일성의 권력장악 과정, 1945-48," 앞의 『한국현대사의 재조명』 수록; 和田春樹, 앞의 글, 특히 261-283쪽 참조

노선을 제기하여 '선 개혁·후 통일' 노선, 바꾸어 말하면 '선 공산주의 이데올로기 선택에 의한 정권 수립·후 통일' 노선을 표방하였다. 이는 남한에서 이승만이 단정수립을 주장한 1946년 6월의 정읍발언보다 실로 반 년 이상 앞서는 것이었으며, 아직 이데올로기보다는 남북통일에 집착하는, 말하자면 '선 통일·후 체제 확립'론자라 할 수 있던 조만식을 비롯한 남북의 모든 민족주의자들과의 합작을 폐기했다는 것을 의미하는 것이었다.

오해를 두려워하지 않고 일반화한다면 북한점령에서 모스크바3상회의를 거쳐 미소공동위원회의 개최와 결렬에 이르는 소련의 외교적 입장은 모두 늦어도 점령 직후인 9월 20일의 스탈린 지령을 고수하는 선에서 국제적 책임을 회피하면서 그 정치적 목적을 달성코자 하는 '외교적 분식'이었다고 할 수 있다. 또한 모스크바3상회의의 신탁안에 대한 '찬탁' 표명에서 북조선임시인민위원회의 결성(1946년 2월 7일)과 그 간부 구성에 이르는 과정은 모두 소련의 구상에 입각하여 국제냉전에 편승하면서 이데올로기의 선택을 앞세운 김일성을 중심으로 하는 실질적인 북한정권의 탄생을 의미하는 것이었다. 북한에서 정식으로 정부가 수립되는 것은 남한에서 단독정부가 수립된 후인 1948년 9월 9일이지만, '민족통일'보다 '이데올로기의 선택'을 앞세운 실질적인 정권의 성립은 1946년 2월의 북조선임시인민위원회의 성립에서였으며, 북한에서는 이 시점에서 이미 '민족주의의 공동화' 현상이 노정되었다고 하지 않을 수 없다.

학계 일부에서는 "미·소 합의로 수립된 신탁을 거친 후 한국의 독립통일안은 분단과 전쟁을 회피하기 위하여 한국민족에게 주어진 마지막 안이었다"[82]고 생각하는 견해도 있다. 신탁안이 성립될 무렵 이미 진행되고 있던 남북의 분단과 그 이후 점점 격화되는 미·소의 대립 및 현실적 분단 고정화를 생각하면 위의 지적을 충분히 이해할 수는 있다. 그러나 미·소가 마련한 신탁안이 과연 이데올로기를 초월하여 한 민족의 통일독립을 구상한 것인지, 또 신탁안을 수용하였더라면 그런 결과를 가져올 수 있었

---

81) 그 내용에 관해서는 김남식 편, 『북한연구자료집』 제1집, 35쪽 참조.
82) B. C. Koh, "Dilemmas of Korean Reunification," *Asian Survey*, Vol.XI, No.5 (May 1971), p.478; 和田春樹, 앞의 글, 293쪽.

을지는 지극히 의문스러운 일이다.

'반탁'을 이유로 조만식이 감금된 후 소련의 슈티코프 대장은 치스차코프에게 "동지 치스차코프여 경계하라. 조선의 동지들에게 좀더 계급투쟁의 본질을 가르쳐 주지 않으면 안 된다"[83]고 하였다. 이는 실질적으로는 김일성에 대한 지시였으며 그 이후의 사태는 김일성이 그 지시에 따라 행동했음을 입증해 주고 있다.

남북한에서 이같이 통일민족주의가 좌절되어 가는 과정에서 비록 실패는 하였지만, 통일민족주의의 좌절을 막기 위한 민족주의자들의 비장한 도전이 있었다. 김구와 김규식으로 대표되는 전통적 민족주의자들의 남북협상[84]은 미·소 양대국의 외세와 이에 편승한 국내 정치주체들로 인해 분단이 거의 움직일 수 없는 사실로 굳어져 가는 민족적 위기의 단애(斷崖)에서 국내정치의 냉전화를 거부하고 이데올로기의 선택에 의한 단독정부 수립=분열보다는 민족주의의 과제인 통일국가의 건설을 위한 몸부림이었다. 더욱이 김구와 더불어 남북협상에 임한 김규식은 초기의 '반탁' 입장에서 '찬탁'으로 입장을 바꾸고 좌우합작운동을 주도하였다. 그것은 국제환경과 외세를 이용하여 통일을 달성하기 위한 것이었다.[85] 그러나 김구와 김규식이 남북협상에 임하였을 때에는 이미 미·소 양국의 입장이 단정(單政)으로 기울어진 상황이었고, 또 남북협상을 정치적 공세로만 활용하려는 북한 공산주의자들의 전략 때문에 남북협상은 실패하고 김구와 김규식은 남한에서 그들의 정치적 지반만을 상실하고 말았다. 결국 1948년 8월과 9월에 남과 북에서 각각 국제냉전 편승주의자이자 이데올로기 중시자

---

83) 和田春樹, 앞의 글, 297쪽에서 재인용.
84) 이에 관한 자세한 분석은 Chong-sik, Lee "Negotiations Among Private Groups: The Case of the 1948 South-North, Consultative Conference," *The Journal of Asiatic Studies*, Vol.XIII, No.4 (Dec. 1970) 참조 바람.
85) 김구의 '반탁'에 대해 "그(백범)의 애국적 자의식 속에는 외세를 배척한다는 전략과 또 하나의 방법인 외세를 이용한다는 전략은 잊혀져 버리고 말았다"는 비평이 있다(백기완, "김구의 사상과 행동의 재조명,"『해방전후사의 인식』, 1979, 292쪽). 그러나 이 비평은 김규식이 '찬탁'이었음에도 불구하고 좌절된 정치가가 된 것으로 보아 김구가 '찬탁'만 하였다면 성공적일 수 있었다는 것을 의미하지는 않는다.

인 이승만과 김일성에 의해 주도되는 두 개의 정권이 탄생하였다. 그것은 '통일민족국가의 건설'이라는 과제에서 보면 한국민족주의의 공동화이자 극복되어야 할 현실적 난관이었다.

5. 맺음말

이상에서 19세기 후반 개국 전후의 시기부터 해방 이후 조국이 분단될 때까지 우리나라 내셔널리즘(민족주의 또는 국민주의)의 사상적 갈등구조를 고찰해 왔다. 그 결과 대략 다음과 같은 사실을 지적할 수 있을 것이다.

근·현대 한국 내셔널리즘의 첫 단계라 할 수 있는 개국 전후부터 식민지화된 시기(1860~1910)까지의 반침략·반봉건 내셔널리즘 시기에는 내셔널리즘 내부에 다음과 같은 사상적 갈등과 그로 인한 문제점이 있었다. 곧 열강의 침략적 도전에 대한 응전으로 등장한 위정척사운동, 개화운동, 동학운동이라는 민족운동의 주체들이 자주독립을 수호하려는 공통의 궁극 목표(반침략)를 가지고 있었으면서도, 이 목표를 실현할 수단으로서 가치관과 체제관을 달리하고 있었다. 곧 전통사상을 고집할 것인가 근대사상을 수용할 것인가 하는 가치관을 둘러싼 대립과 '봉건적 체제'를 유지할 것인가 '반봉건적 체제'로 전환할 것인가의 체제관을 둘러싸고 상호 갈등하고 대립하였다.

위정척사운동은 주로 '반침략'을, 동학과 개화는 각기 때로는 '반봉건'이나 '반침략'을, 또 때로는 그 양쪽의 운동을 전개하면서도 이들 운동이 앞에서 지적한 가치관과 체제관의 차이로 인해 상호 갈등하고 대립적으로 전개되어 왔다. 그 결과 내셔널리즘 운동이 통일적으로 전개되지 못하고 열강의 침략적 도전에 대한 조선조의 응전이 불행히도 지배층 내부의 분열·혼전뿐만 아니라 민중과 지배층의 대립이라는 중층적 내부분열이 오래도록 수반되어 왔다. 이처럼 침략에 대한 대응이 국내분열을 수반했던 것은 반침략·반봉건 내셔널리즘을 성공리에 수행하지 못하고 식민화의 비극을 맞는 내부 인이 되었다.

다음으로 일제 식민통치하 반식민·저항 내셔널리즘 시기에는 다음과 같은 갈등을 지적할 수 있다. 곧 주권을 빼앗기고 나서 3·1운동까지의 시기에 이르러 저항 내셔널리즘은 대체로 공화주의론에 입각한 독립국가 건설론으로 체제관이 정착된다. 그러나 3·1운동 이후 사회주의사상이 등장하고 나서는 좌익과 우익 사이에 독립될 국가의 정치체제를 '민주공화제'로 할 것이냐 '소비에트제'로 할 것이냐 하는 체제관을 둘러싼 대립과 독립운동의 추진방법 및 주체형성에 관해서도 '민족노선'과 '계급노선' 문제를 둘러싸고 때로는 접근하고 때로는 극심한 갈등·대립을 되풀이해 왔다.

1930년대 후반 이후 좌·우익의 체제관이 '민주공화제'로 합치되고 그 내용도 좌우가 모두 '민주사회주의적 내실'에서 합치되었다. 뿐만 아니라 독립운동 노선에서도 좌·우익이 각기 '민족노선'으로 합치되었을 뿐만 아니라 각 진영 내부에서 연합전선이 형성되었다. 이러한 동향은 식민통치 하의 반식민·저항 내셔널리즘 운동의 통일에 커다란 희망을 주는 것이었다. 그러나 좌우익 간에는 아직 조직상의 통합 움직임이 나타나지 않고, 좌우 각 진영 내부의 통합의 성과와 권위도 아직 정착되지 못한 상태에서 희망과 불안이 공존하는 채로 '해방'을 맞이하였다. 따라서 이러한 양면성의 극복은 '해방' 후의 과제로 넘겨졌던 것이다.

그러나 '해방' 후의 국내외정세는 우리 민족의 내셔널리즘에 더 큰 시련을 주었다. 해방 후 한국 내셔널리즘의 과제와 목표는 복합적인 것이었다. 해방을 독립으로 연결시켜야 하고 독립국가 체제를 세계사적 차원에서 대립하기 시작한 '두 개의 민주주의', 곧 '자유주의적 민주주의'와 '비자유주의적 민주주의'(사회주의 공산주의) 중 어느 한쪽에 의해 배타적으로 확립해야 하는 현실적 과제에 직면하게 되었다. 그것은 일제 패망에 의한 식민통치의 종식이 즉각적인 민족의 독립이 아니라 또 다른 외세의 분할점령을 수반함으로써 우리 민족주의에 부과된 역사적 과제였다. 만약 8·15 이후의 상황이 일본처럼 하나의 외세에 의한 일시적 점령이었더라도 우리 민족의 민족주의는 훨씬 덜 갈등적이었을 것이다. 그러나 우리의 경우 체제와 이데올로기를 달리하며 이미 냉전을 잉태하고 있던 미·소 모두가 상대방 체제에 의한 '통일된 한국'보다는 최소한 자국의 국가이익을 보장하는 '분단된 한반도'를 선호하는 정책을 추진하였다. 게다가 식민통치 시대에 완전히 합일되지 못했던 좌·우의 입장이 미소의 국제냉전에 편승하여 국내냉전을 수반하는 바람에 우리의 내셔널리즘(민족주의)은 체제관(이데올로기)을 둘러싼 갈등이 더욱 첨예해졌다. 그리고 드디어 통일보다는 이데올로기 선택을 우선하는 남북의 정치세력에 의해 각기 독자적 정부가 수립됨으로써 분단이 고정화되고 '통일 민족주의'가 공동화되었다.

분단 고정화 이후의 통일노력은 미·소에 의해, 그리고 스스로도 일익을 담당한 분단이라는 민족주의에 씌워진 멍에를 벗으려는 노력으로 볼 수도 있다.

제1공화국 이후 제3공화국에 이르기까지 남한이 제시한 각종 통일방안은 자유민주주의 체제에 의한 통일을 전제로 하는 것이었다. 그것은 냉전시대의 논리를 반영한 것이라는 점에서 한계성을 지적할 수도 있겠으나, 세계사의 흐름에 가까운 체제관이라는 점에서 타당성을 인정하지 않을 수 없을 것이다.

특히 탈냉전기에 들어와 남한의 통일논의가 통일에 접근하는 방법론만을 제시하고 있을 뿐 보다 본질적인 체제관의 차이를 어느 방향으로 극복해 갈 것인가에 관해서는 선명한 해답을 제공해 주지 못하고 있는 점을 고려할 때, 세계사의 흐름에 걸맞는 통일조국의 미래상을 명확히 해 놓을 필요가 있을 것이다.

남북 간 체제관의 차이를 극복하는 궁극적인 내용과 형태가 어떤 것이어야 하느냐는 또 하나의 작업을 요하는 과제이다. 하지만 우선 지적해 둘 수 있는 것은 오늘날 세계사의 흐름과 동구지역의 변혁에 유념할 때, 사회주의·공산주의 체제관이 통일조국의 체제관이 될 수는 없고 그렇게 되어서도 안 된다는 점이다. 다만 우리 남한의 자유민주주의가 완전한 것이 아니라는 점을 고려할 때, 통일된 조국의 체제관은 자유민주주의를 기저로 하되, 개인의 자유와 공동체적 가치가 조화를 이룬 '코뮤니테어리언 리버럴 데모크라시'(communitarian liberal democracy)를 지향하여야 한다고 필자는 주장해 왔다.[86]

참 고 문 헌

姜德相 編,『現代史資料 27―朝鮮 3』(東京: みすず書房, 1970).
姜德相・梶村秀樹 共編,『現代史資料 29―朝鮮 5』(東京: みすず書房, 1970).
국토통일원 번역본,『소련과 조선인민과의 관계 1945~80』(서울: 국토통일원, 1981).
<공립신문> 제84호(1908. 5. 27), "논설," 공립신문사.
김영작,『한말 내셔널리즘 연구: 사상과 현실』(서울: 청계연구소, 1989).
金正明 編,『朝鮮獨立運動』第1卷 分冊, 第1・2・5卷(東京: 原書房, 1966).
김준엽・김창순,『한국공산주의운동사』제3권 (서울: 청계연구소, 1984).
김병연,『평양지』(서울: 1964).
김남식 편,『북한연구재료집』제1집.
독립운동사편찬위원회,『한국독립운동사』제1, 2권(서울: 교육도서출판사, 1971).
돌베개사,『한국현대사의 재조명』(서울: 돌베개, 1982).
村山薫,『朝鮮戰爭』(東京: 敎育社, 1985).
송건호・강덕상 편,『한국민족주의론 Ⅰ』(서울: 창작과비평사, 1982).
송건호,『한국현대사론』(서울: 한국신학연구소, 1969).
송남헌,『해방3년사』(서울: 까치사, 1985).
심지연,『한국민주당연구 Ⅰ』(서울: 풀빛, 1982)
신한민보사, <신한민보> 제126호(1909. 3. 31, 8. 4), "논설."
진덕규,『독립협회연구』(서울: 일조각, 1971).
역사학회,『한국사의 반성』(서울: 신구문화사, 1969).
유길준,『서유견문(전)』(서울: 일조각, 1971).
오영진,『하나의 증언: 소련군정하의 북한』(서울: 중앙문화사, 1952).
日本國外務省,『日本外交文書』第21卷(東京: 日本國際聯合協會, 1951).
『분단전후의 현대사』(서울: 일월서각, 1983).
坪江汕二,『朝鮮民族獨立運動秘史』(東京: 嚴南堂, 1966).
한국정치학회 편,『현대한국정치론』(서울: 법문사, 1966).
해방일보사, <해방일보> 7호(1945. 10. 31).
『조선중앙연감』국내편 (평양: 조선중앙통신사, 1949).

---

86) 이에 관한 자세한 내용은 김영작, "통일조국의 미래상,"『국가와 전쟁을 넘어서』
    (법문사, 1994) 소수를 참조하기 바람.

『해방전후사의 인식』(서울: 한길사, 1979).
강만길, "독립운동과정의 민족국가건설론," 송건호 · 강만길 편, 『한국민족주의론 Ⅰ』(서울: 창작과비평사, 1982).
김영작, "통일조국의 미래상," 『국가와 전쟁을 넘어서』(서울: 법문사, 1994).
김정원, "해방이후 한국의 정치과정 1945~48," 『한국현대사의 재조명』(서울: 돌베개, 1982).
김학준, "남북한에 있어서의 통일논의의 전개: 한국민족주의의 시각에서," 송건호 · 강만길 편, 『한국민족주의론 Ⅰ』.
나공민, "물산장려운동옹호론," <동아일보> 1924. 1. 2~5.
독립운동사편찬위원회, 『한국독립운동사』 제1, 4권, "자료편"(서울: 교육도서출판사, 1971).
백기완, "김구의 사상과 행동의 재조명," 『해방전후사의 인식』(서울: 한길사, 1979).
서대숙, "김일성의 권력장악 과정, 1945~48," 『한국현대사의 재조명』(서울: 돌베개, 1982).
이용희, "38선 확정 신고: 소련의 대일참전에 관하여," 『아세아학보』, 1965.
和田春樹, "소련의 대북한정책, 1945~46," 『분단전후의 현대사』(서울: 일월서각, 1983).
진덕규, "1920년대 국내민족운동에 관한 고찰," 송건호 · 강만길 편, 『한국민족주의론 Ⅰ』(서울: 창작과비평사, 1982).
조순승, "미국의 점령정책과 38선 탄생," 『분단전후의 현대사』(일월서각, 1983).
최상용, "분단점령과 신탁통치: 해방한국의 두 가지 외압," 한국정치학회 편, 『현대한국정치론』(서울: 법문사, 1966).

B. C. Koh, "Dilemmas of Korean Reunification," *Asian Survey*, Vol.XI, No.5 (May 1971).
Chong-sik, Lee, "Negotiations Among Private Groups: The Case of the 1948 South-North Consultative Conference," *The Journal of Asiatic Studies*, Vol.XIII, No.4 (Dec. 1970).
E. Grant Meade, *American Military Government in Korea* (New York: Columbia University Press, 1951).
Hak Joon, Kim, *The Unification Policy of South and North Korea, 1945~76: A Comparative Study* (Seoul: National University Press, 1977).
Maurice Deverger, *The Idea of Politics* (London: Melthuen, 1969).
O. Vossler, *Der National Gedanke Von Rousseau bis Ranke* (München & Berlin: Oldenbourg, 1937).

제2장 **중국 민족주의와 중화주의: 모순과 변용의 이중주**

이진영

1. 서 론

  1978년 개혁개방정책 천명 후 중국경제의 발전속도는 '세계의 공장'이라 일컬어질 정도로 비약적이었다. 발전하는 경제와 함께 내부적 자신감의 성장과 대외관계 변화양상 역시 '세계 속의 중국'에 대한 인식을 새롭게 하는 계기로 작용하고 있다. 1990년대 전반에 '중국위협론'이 중국에 대한 서구, 특히 미국의 인식 중 하나였다면, 2000년 '기회와 위협론'은 한국의 중국에 대한 인식의 복잡한 심정을 대변한다.[1)]
  2004년 상반기 전개된 '미국보다 중국우선론' 논쟁도 한국사회의 변화된 인식을 나타내고 있다. 중국이 한국의 가장 큰 수출국이자 투자국으로 등장하면서, 그리고 북한핵 문제에서 중국의 중재와 6자회담이 성사되면서, 중국이 1992년 수교 10년 만에 한국의 장기적 국가전략 변화의 한 축이자 대안으로 등장한 것이다. 그러나 바로 이어진 '고구려사 왜곡'과 연

---

1) 중국위협론이 부상하는 중국의 군사적・전략적 강대국화에 따른 미국질서에 대한 위험이라면, 한국에서의 논쟁은 주로 경제적인 것이다. 즉 중국시장이 한국 제조업 및 유통업, 그리고 미래에 먹고살 시장으로서 기회라는 인식과, 기술적 격차의 감소에 따라 곧 한국을 추월한다든지 혹은 과도한 상호의존이 한국의 미래에 부정적이라는 견해 등이 위협론으로 나타났다.

관된 '동북공정' 논쟁은 한국 내의 긍정적인 중국관을 부정적인 것으로 바꾸면서 전통적 중화주의가 부활하여 동아시아에 등장하는 것이 아닌가 하는 의구심을 한국사회에 불러일으켰다.2)

그러면서 중국이 국력의 제약으로 그 동안 동남아와 동북아를 포함한 동아시아지역에 대한 독자적이고 체계적인 정책을 형성하지 못하였으나 이제는 가능하다는 견해3)부터, 동북공정은 물론 서남공정(티벳), 서북공정(위구르) 등 변강의 역사를 중국사에 편입하는 시도와 3황5제의 전설을 역사화하는 시도(中華文明 探源工程) 속에 대중화(大中華) 작업을 전개하고 있다는 시각 등은 중국의 중화주의 부활과 연관되어 최근 한국에서 논의되고 있는 내용이다.4)

이 글은 이런 개혁개방 이후 중화주의의 부활이라는 중국 민족주의의 특색을 중국 민족주의의 태생과 연결하여 고찰하는 데 목적이 있다. 필자는 "중국의 민족주의를 국가민족주의로 규정하고, 이 국가민족주의가 새로운 형태로 등장한 것이 개혁개방 후의 중국의 중화주의"라는 가설을 설정하고 있다. 특히 중화주의는 역사상 19세기 이래 중국의 국가민족주의에서 기본개념이었고, 시대적 변화에 따라 그 외피(外皮)를 달리하였을 뿐 근본적인 내용에는 변화가 없었다고 주장한다. 단 "변화의 요소는 국가민족주의에 대한 중국 내외의 도전이며, 중국의 국가 및 엘리트들은 최종적으로 국가민족주의를 택하여 왔다"는 보조적 가설을 설정하고 있다. 그 결과 개혁개방 이후 최근의 여러 사례를 고찰하고, 이 사례에서 모순과 분열의 모습을 관찰할 수 있으며, 이는 중국의 국가민족주의가 21세기에 어떻

---

2) 2004년 수교 12주년을 맞은 한국과 중국은 수교 당시 63억 달러에서 2003년 570억 달러로 교역액이 늘면서 한국무역에서 18%를 차지하는 제1의 교역대상국이 되었다. 인적교류도 매해 약 200만의 한국인이 중국을 방문한다. "통계로 본 한·중수교 12주년: 교역·교류 비약적 성장, 역사왜곡으로 냉각," <동아일보> 2004. 8. 24.
3) 김재철, "중국의 등장, 균형정책, 그리고 한반도," 『중소연구』 100: 17-44, 2003, 8쪽.
4) 이희옥, "동북공정 추진현황과 추진기관 실태," 고구려연구재단 제1차 국내학술회의, 2004, 45-98쪽; 윤휘탁, "이희옥 교수에 대한 토론," 고구려연구재단 제1차 국내학술회의, 2004.

게 전개될 것인가 하는 점을 시사하는 것으로 판단하고 있다.

2. 본 론

1) 국가민족주의

(1) 국가민족주의의 개념

국가민족주의란 "국가민족(state-nation)을 구성하는 이데올로기로 국가나 혹은 국가엘리트에 의해 형상화된 민족주의"를 가리킨다. 주지하다시피 민족주의 및 민족(nation, ethnic group, ethnic)에 대한 견해는 일치하지 않는다. 그러나 사회과학에서 기본적으로 받아들이는 민족 혹은 민족주의란 프랑스혁명(1789) 이후 발생한 부르주아 시민계급에 의한 국가형성으로 국민국가(nation-state)화 과정이라 할 수 있다. 이는 서구적 관점에서 바라본 아래로부터 위로의 국가형성으로, 민족이란 이 시기에 재창조된 것으로 생각하고 있다. 즉 때로는 종족적(ethnic) 기반을 가진 지방적 정체성(regional identity)에서 정치적으로 국민적(national) 정체성을 가지게 된 것을 민족(nation)으로 설명하고, 이 민족에 의한 국가형성을 민족국가-국민국가(nation-state)로 설명하는 것이다. 그러므로 민족주의란 근대적 현상이며, 국가에 귀속된 사람을 국민으로 형성하는 과정으로 이해된다.[5]

하지만 서구와 달리 동구나 기타 제3세계의 국민국가 형성은 다른 역사적 과정을 보여 온 것이 현실이다.[6] 즉 소수의 선각자적인 엘리트그룹이 서구의 국민국가 형성과 그 팽창에 영향을 받아 민족적 전통(ethnic tradition)

---

5) Anthony Smith, *Theories of Nationalism*, London: Duckworth, 1983, Part One.
6) Michael Mann, "Nation-states in Europe and Other Countries: Diversifying, Developing, Not Dying," originally in *Daedalus*, 1993, pp.115-140, in John Hutchinson and Anthony D. Smith (ed.), *Nationalism: Critical Concepts in Political Science*, Vol.1, London: Routledge, 2000, pp.353-374.

을 재발견하여 재창조(inventing traditions)하고[7] 이를 국민국가 형성의 원동력으로 사용하였다. 즉 식민상태에서 독립을 추구하든 혹은 자체적으로 공화정(republic)을 형성하든 그 근저에는 위로부터 엘리트에 의한 국가형성과 그 과정 속에 국민형성(national formation)이라는 특색을 보이고 있는 것이다.

국가민족주의란 후자, 즉 비서구지역에서 국민국가를 형성하려는 노력에서 보이는 것으로 국가(state)를 우선시하고, 거기에 국민(nation)을 환치시키는 근대적 동원과정으로 이해할 수 있는 것이다. 그러므로 국가민족주의에서 국가의 주권(sovereignty)은 중요한 요소이다. 이는 병렬적 주권을 가진 국가 간의 국제질서를 의미하는 근대적 국제관계 질서에서 한 단위로 일개 국가가 중시되는 요소임과 동시에, 때로는 식민에서 해방되어 독립하여 국제질서에 편입되는 국제사회에서 국가성립의 요체이다. 즉 외세에 대한 반대와 그 속에서 기존국가를 변경하든 새롭게 창조하든 독립의 과정을 의미하는 것이다.

문제는 여기에서 국민이란 재창조되는 것이라는 인식이다. 이는 민족 자체가 상상의 공동체(imagined community)라는 앤더슨[8]의 견해를 빌리자면 국민은 전근대부터 있던 종족집단(primordial ethnic group)을 중심으로 새롭게 창조되는 것이다. 이런 점은 소위 다종족 혹은 한국의 용어로 다민족(multi-ethnic)사회에서 국민(nation)을 형성하는 근대적 과정으로, 여기에서 국민통합(national integration)은 매우 중요한 요인으로 대두하게 된다.[9]

결론적으로 국가민족주의란 근대국민국가 형성과정에서 주로 제3세계

---

[7] Eric Hobsbaum, "Introduction: inventing traditions," originally in *The Invention and Tradition*, 1983, pp.1-15, in John Hutchinson and Anthony D. Smith (ed.), *Nationalism: Critical Concepts in Political Science*, Vol.1, London: Routledge, 2000, pp.375-387.

[8] Benedict Anderson, *Imagined Communities*, London: Verso, 1991.

[9] 이런 도구적 관점에서 국민(nation)이란 창조되는 것이라는 논의는 한국 같은 단일 민족 국가에게는 쉽게 인식되지 않는다. 이 관점에 따르면 한국은 하나의 종족집단(ethnic group), 두 개의 국민(nation)으로 나누어진 나라이다. 한국에서 이 관점은 nation을 번역하는 데 민족으로 번역할 경우 두 개의 민족이 되므로 오해의 소지가 생기게 된다.

로 칭해지는 지역에서 발생한 현상으로, 국가의 독립과 주권을 국제사회에서 주장하는 엘리트들이 자신의 전통을 재창조하여 국민개념을 형성하고 이를 국가에 투영하는 민족주의의 한 현상이라 할 수 있다. 여기에서 국가의 영토적 통일성이나 주권의 요소와 국민의 형성과 통합이라는 요소는 핵심적인 국가민족주의의 요소라고 할 수 있다.

(2) 중국 국가민족주의 역사적 양상

그렇다면 중국의 근대국가 형성과정을 국가민족주의로 보는 것은 왜인가? 그것은 중국 민족주의의 기원, 역할, 그리고 요소로 살펴볼 수 있다.

중국의 민족주의는 청말(淸末)에 발생해 신해혁명과 5·4신문화운동을 거치면서 그 형태가 성립된 것으로 이해되고 있다.[10] 그런데 이는 중국과 중국인의 개념을 '새롭게' 도입해 '창조한' 새로운 형태의 민족주의이다. 중국(中國)이라는 개념은 고정불변이 아니고 역사상 변화하였다. 역사상 '중국'의 왕조는 각기 개별 명칭을 사용하였을 뿐, 중국이 사용된 적은 없다. 중국이란 "무력을 가지고 있는 통치중심"이란 뜻으로 주나라 성왕 시대(BC 1166~1079)에 처음 사용되었고, 이후 경사(京師), 국경의 안(國中), 제하(諸夏)의 영역, 중등의 나라, 중앙의 나라 등으로 사용되었다 고한다. 또는 작은 지역의 의미로 황하 중류지역을, 큰 의미로 역사상 막연한 의미의 전국을 통일한 왕조를 가리키는 데도 사용됐다고 한다.[11] 즉 중국에는 지리, 문화, 종족의 개념이 중첩되어 있는 것으로 이후 그 개념의 범위의 확대가 있었으나, 기본적으로는 '주변에 대한 지리적·정치적·문화적 의미의 중심'이라는 의미로 사용되었다.

청말 1842년 아편전쟁의 결과 체결된 중·영 남경조약이 중국이라는 호칭이 사용된 최초의 문서이나 국호는 여전히 청이었다. 이후 양계초(梁啓超, 1873~1929)가 국호를 대중화민주국(大中華民主國)으로 제기하고(1902), 장

---

10) Joseph R. Levenson, *Confucian China and Its Modern Fate*, London: Routledge and Kegan Paul, 1958, pp.95-108.

11) 박병석, "중국 및 중국인의 호칭에 대한 고찰," 한국인문사회과학회·한국사회이론학회 공동주최 2004년 후기 학술대회 1-26, 2004, 3-8쪽.

병린(章炳麟, 太炎, 1869~1936)이 중화민국과 중화민족을 주장하였으며, 신해혁명 후 국호를 중화민국으로 하면서 중국의 개념이 국가의 이름으로 정착되었다. 즉 '중국'이란 이전의 중국 개념에서 '전통을 재창조'하여 국가 명칭으로 확정한 것이다. 특히 장병린은 만주인을 외래인으로 인식하여 그에 대항하여 중국인을 개념화하였는데,[12] "중국은 중외(中外)로써 지역을 구분하며, 중화(中華)는 화이(華夷)로써 문화적 족명(族名)이다"고 규정하여 중국과 중화민족을 범주화하였다. 즉 그의 얘기를 풀어 보면 중국은 지리적으로 변방을 배제하나, 중화민족에는 문화적으로 중화에 동화한 이민족도 포함될 수 있다는 것이다. 즉 정치적 국가개념과 문화적 민족개념이 혼재하고 있는 것이다.

그러나 반제국주의(反帝)와 반만주(反滿)에 기초하여 근대적 국민국가 중국을 형성하려는 노력은 국가민족주의적인 요소이며, 이는 계속 지속되는 중국의 한 특징적 요소이기도 하다.[13] 혹자는 이를 외세에 대항하여[14] 강한 국가로 부상하려는 '강국몽'(强國夢)으로 해석하기도 한다.[15] 문제는 엘리트들의 이런 시도가 중국의 국민형성과 국민 내부의 통합과정에서 모순을 일으키고, 이것이 중국의 국민국가 형성과정에서 원초적인 문제로 잔존하게 된 것이다. 즉 중국국민이 화이관(華夷觀)에 근거한 문화적 개념으로 위치되고, 그 결과 처음부터 사실상 한족(漢族) 중심으로 시작되는 것을 의미하였기 때문이다. 이는 문화적인 중국인의 개념을 근대에 들어 정치적으로 국민개념 및 민족개념으로 환치시킨 것이라 할 수 있다. 결론적으로 얘기하면, 근대적 의미의 중국 민족주의는 처음부터 대한족주의(大漢族

---

12) Kai-wing Chow, "Imposing Boundaries of Blood: Zhang Binglin and the Invention of the Han 'Race' in Modern China," in Frank Dikotter (ed.), *The Construction of Racial Identities in China and Japan*, London: Hurst & Company, 1997, pp.34-52.

13) Edward Friedman, *National Identity and Democratic Prospects in Socialist China*, Armonk: M. E. Sharpe, 1995, pp.90-92, 117-133.

14) Kwangsheng Liao, *Antiforeignism and Modernisation in China*, Hong Kong: The Chinese University Press, 1996, pp.7-14.

15) Yongnian Zheng, *Discovering Chinese Nationalism in China*, Cambridge: Cambridge University Press, 1999.

主義)에 기초한 새로운 형태의 중화주의(中華主義)로 시작한 것이다.

(3) 모순과 분열 그리고 재통합: 중국의 국가민족주의의 특색

중국 민족주의가 국가민족주의적 특징을 가지고 성립하였지만, 시초부터 중국 나름의 모순적 한계 속에서 출발한 것은 지금까지 지속되고 있는 특징이다. 그것은 사실상 국가와 국민에 대한 명확한 규정이 없는 상태에서 한족 중심으로 출발하면서 발생했다. 즉 민족중심주의(ethno-centrism)적인 대한족주의가 중국 국가민족주의의 원동력이자 핵심적 사항임에도 불구하고, 이 대한족주의가 규범적으로 가지고 있는 배타성을 어떻게 실천적으로 포용적 상황으로 만드는가 하는 것이 큰 숙제로 남게 되면서 괴리와 모순의 상황이 발생한 것이다.

전통적 중화주의는 야만의 이민족인 만주인에 의한 청의 건설로 상처를 입었다. 만주인 청황실에 굴복해 입조(入朝)하는가 하는 것은 청시기 학자 및 지식인들에게는 중대한 문제였다. 그들에게 만주와 청은 극복해야 할 대상이었다. 이런 상황에서 서구 제국주의와 일본이라는 외세의 진출은 청을 극복하고 새로운 중국을 건설하려는 엘리트들에게 두 가지 상반된 목표를 요구하였다. '상처 입은 중국의 치욕'을 극복하는 대상으로 반제(反帝)·반만(反滿)이 제시되었지만, 동시에 새로운 국가(중국)는 청의 강역과 청의 강역에 포함된 만주인을 포함한 이민족을 포용해야 하는 모순적 상황에 직면한 것이다.

이런 딜레마를 타결하고자 손문은 국민통합의 논리로 "한족에 비해 비한족인 자는 적으므로, 중국은 하나의 민족으로 이루어져 있다"고 주장하면서 비켜 가려고 하였다. 장개석은 역사적·문화적 요소를 무시하고 "중국에 사는 모든 거주민은 동일한 핏줄로 그들 간의 차이는 지역적·종교적 차이이지 종족이나 민족의 차이가 아니"라고 주장하였다.16)

이런 인식은 두 가지 점에서 기존의 전통을 무시하고 새로운 전통을 성

---

16) June Teufel Dreyer, *China's Forty Millions. Minority Nationalities and National Integration in the People's Republic of China*, Cambridge, MA.: Harvard University Press, 1975. pp16, 34-52.

립시키려는 시도였다. 즉 청 황실의 만주 귀족에게 건륭제(1736~1795) 시기부터 특히 민감하게 제기되어 왔던 한, 만, 몽, 장의 종족적 구별과 그 구별에 기초한 계승이라는 입장17)을 새롭게 혼합하여 통합하려는 시도였다. 또한 서구의 개념이 들어오면서 전통적으로 중국에서 사용되던 개념과 일본에서 수입된 개념을 사실상 구별하지도 인지하지도 않으면서 정치적으로 해석하려고 했다. 즉 족(族, lineage, clan), 종(種, seed, breed, type, race), 종족(種族, breed of lineage, type of lineage, breed, race), 족류(族類, type of lineage), 민족(民族, lineage of people, nationality, race), 인종(人種, human breed, human race)에 대해 사실상 구별하지 않고 정치적으로 사용하였다.18)

이는 정치와 문화의 구별 속에서 중국과 중화가 해석되는 현실에서 문화적 의미를 정치로 환치하여 정치화한 문화(politicised culture)를 형성하려는 시도이다. 즉 문화적 의미로는 한족과 기타 민족이 구별되고, 이에 대한 일각의 인식이 상존함에도 불구하고 정치적 목적에 따라 목표개념을 설정하고, 문화적 구분이 이에 복속하도록 처음부터 왜곡을 시도한 것이다.

그 결과 중화민국은 중국이나 중화보다는 민국(民國)이라는 약칭으로 불렀음에도 불구하고 청을 계승한 국토에 거주하는 '상상 속의 중국'과 '중화민족'을 창출하고, 그 근저에는 한족중심주의가 자리잡는 이중성을 보였다고 할 수 있다.

이런 이중적 모순은 국가민족주의 초기부터 지금까지 지속적으로 전개되어 온 중국 민족주의의 특징이다. 단지 이 과정에서 몇 가지 특징이 보이는바, 그것은 첫째, 문화에 대한 정치의 승리, 즉 국가로서 중국의 강조, 둘째, 국민통합의 이름 아래 국가를 위한 민족의 의무가 곧 한족 국가에 대한 의무로 환치되면서 소수민족은 '하나의 대상'으로 간주되고, 불평등적 요소가 상존하게 된 점이며, 셋째, 근본적으로 이런 모순의 해결이 부재한 상태에서 지속적으로 국가민족주의가 역사왜곡과 정치교육으로 강화

---

17) Pamela Crossley, "The Qianlong Retrospect on the Chinese-martial (Hanjun) Banners," *Late Imperial China* 10, 1989, pp.63-107.

18) Frank Dikotter (ed.), *The Construction of Racial Identities in China and Japan*, London: Hurst & Company, 1997, p.3.

되었다는 점이다.

즉 국민통합 과정은 근본적 논리로는 한족 국가에서 한족의 민족주의가 배타적으로 강조됨에도 불구하고 외연에는 다른 민족을 위치시키면서 강제적으로 통합하려는 시도로 나타났다. 이러한 모순은 일부 중국 지식인에게 정신분열 현상으로 나타난다고 할 수 있다. 인종적 중심주의 속에 과도하게 자리잡은 편견과 '대상의 주관화'는 줄곧 정치화과정에서 다른 민족집단에게 집단적 테러와 폭력을 행사하는 수단으로 작용하였다.

예를 들어 대중문화에서는 이런 현상이 더욱 두드러진다. 즉 아직까지 홍콩의 선상(船上)민족(탄카, Tankas)은 발가락이 6개 있는 사람들로 묘사된다. 하이난도의 원주민인 여족(黎族)은 꼬리가 있는 것으로 알려져 있었다.[19] 그러므로 전통적 중화주의에 기초한 중국의 국가민족주의는 현재 문화적 측면을 정치화한 모습의 외연으로 나타날 뿐 실제적으로 대중문화에서는 동일한 역사적 맥락을 가지고 있는 것으로 해석될 수 있다. 단 계속적인 집단적 국가민족주의의 내재화와 정치교육 속에서 국가목표로서 선전적 형태의 민족통합이 강조될 뿐이며, 사실상 대중문화에서는 그 실제적 차별 양상이 유지되는 것이다. 대만의 국민당 통치시기에 보인 민남어(閩南語)와 객가어(客家語) 및 족속문화에 관한 금지와 국어(國語) 및 중화민족교육의 강화는 국가민족주의의 외양을 설명한다. 이는 공산주의 중국에서도 동일한 현상이었다.

민국과 공산 중국에서 줄곧 새로운 형태의 사조가 나타나 국가민족주의와 모순되는 대립구조를 형성하기도 하였으나, 결과적으로는 국가민족주의의 승리로 끝났다. 국가의 영토적 통일성과 주권에 대한 강조, 국민통합이라는 명제는 시대적 요구를 초월해 중국의 존립근거로 주장되고, 그 결과 이질적인 요소는 수용되지 않고 배제되는 과정을 보여 왔기 때문이다.

또는 한족 중심의 인종중심주의에 근거하여 새롭게 해석하는 논리가 나타나 국가민족주의를 강화시키기도 하였다. 예를 들어 임어당(1895~1976)은 "의사에게서 들은 신뢰할 만한 것으로 중국 여성에게 무모(無毛)는 흔한

---

[19] *Ibid.*, p.19.

현상이다"고 기술하였는데, 이는 무모를 중국인의 순혈성(純血性)과 연관시키려는 시도였다. 또한 고고학자들의 중국중심 문명 기원론과 중국인 혹은 중국민족의 중국 내 기원설 등도 대표적인 인종중심주의적 발상이다.[20] 이는 황하 중심의 문명을 제외하고도 쓰촨성, 랴오닝성, 상하이 중심의 문화가 추후 발견되었음에도 불구하고 유지되는 '새롭게 창조된 신화'이다. 이런 신화는 민국 성립부터 학교교육을 통해 주입되어 그 기반을 유지했던 것이다.

  결론적으로 중국의 국가민족주의는 외세의 침략 속에 국가를 유지하고자 하는 한족 중심의 운동이 처음부터 지니고 있던 인종중심적 혹은 중화주의적 태도에서 출발해 근대 국민국가가 형성되는 과정에서 새롭게 전통을 창조하면서 이를 국가의 목표, 즉 주권과 국민통합이라는 강국몽 속에 편입시키면서 진행되었다. 그러므로 국민통합의 형식에서는 이민족에 대한 포용을 표시하나 내용에서는 사실상 배타적인 구조를 가지고 있었고, 이는 정치화하면서 왜곡의 길을 걷게 되었던 것이다. 이제 모순적 상황은 정신분열의 과정에 들어가, 일부 문화계 인사들에 의한 새로운 사조의 유입이 있다 하더라도 그러한 생각들은 국가민족주의의 이름 아래 무시되고 주류로 나타날 수가 없었다. 새롭게 왜곡된 정치화한 국가민족주의적 문화는 교육을 통해 또 다른 전통으로 새롭게 추가되어 만들어지는 것이다. 그리고 주류적 담론으로 국가사회에서 기능하게 되는 것이다.

  이런 인식을 이해해야만 가장 극좌적인 정치운동 기간이라는 문화혁명기에 왜 가장 우파적 민족주의인 대한족주의 현상이 강화되어 나타나고 소수민족을 더욱 탄압하였는가 하는 현상을 설명할 수 있다. 또한 문혁 때 버마에서 일어난 화교 폭동은 화교 중 좌파들이 화교들도 모택동배지를 달 수 있도록 하라고 요구하면서 발생한 것이다. 이는 거주국인 버마의 주권을 무시하는 처사임에도 자민족 중심적인 사고에서 출발한 것이다. 마찬가지로 티벳은 물론 몽골과 연변조선족자치주에서도 소위 지방민족주의(소수민족의 분열적 민족주의를 지칭함)에 대한 반대투쟁이 더욱 거셌다는

---

20) *Ibid.*, pp.19-21.

것은 이런 인식구조에서 설명될 수 있다.

2) 개혁개방기 중화주의와 국가민족주의

(1) 중화민족 개념의 대두

문제는 이러한 국가민족주의의 모습이 개혁개방 이후 새로운 외피를 쓰고 나타난다는 점이다. 이것은 중화주의에 대한 새로운 해석이라 할 수 있으며, 과거와는 다른 형태의 운동이자 교육(선전)이라 할 수 있다. 즉 중화민족 개념의 변용인 것이다. 원래 중화민족이란 개념은 손문이 1895년 홍중회(興中會)에서 "오랑캐를 몰아내고 화하(華夏)를 회복하자"는 구호가 중국과 중화로 수정되면서 시작되었다.21) 이후 일본에서 수입한 근대적 개념인 민족(minzoku)과 결합해 중화민족이 성립되는데, 이때 중화민족은 오랑캐와 대비되는 한족을 의미했다. 그러나 전술한 대로 손문이 중국인에 만, 한, 몽, 장, 회를 포함시켜 결합하면서 이 용어는 사용되지 않았다.

중국공산당은 이 개념을 광범위하게 사용하였으나 명확한 규정이 있었던 것은 아니다. 그러나 1988년 사회인류학자이자 정협(政協) 부주석인 비효통(費孝通)이 이 개념을 새롭게 정의하면서 중화민족 및 중화주의에 대한 논의는 새로운 단계로 접어들었다.22) 그에 의하면 중화민족은 "만들어진 하나의 자각적 실체"로 "지난 백 년간 중국과 서구 열강이 대립하는 과정에서 출현한 것이나, 기실 수천 년의 역사적 과정에서 형성되어 온 것"이라고 주장한다. 즉 다원일체(多元一體)과정으로 "지금부터 3천 년 전부터 황하 유역에 출현한 약간의 민족이 융합하면서 핵심을 형성한 후(화하로 칭함)" 허다한 민족이 "상호 융합하여 한족을 형성하였고, 이후 한족이 지속적으로 타민족의 성분을 흡수하거나 혹은 그 집거구에 이주하여" 다민족적인 실체를 형성했으며, 이것이 '민족자각'을 거치면서 중화민족이라 칭해지게 되었다는 것이다.

---

21) 박병석, 앞의 글, 24쪽.
22) 費孝通, 『中華民族多元一體格局』, 北京: 中央民族學院出版社, 1989, 1-36쪽.

비효통의 새로운 중화민족 개념은 역사상 한족으로 칭해진 중국인의 이주과정을 복합적으로 설명하면서, 한족이 중심이 되어 점차 변방의 기타 민족을 융합 혹은 상호 거주하다가, 근대 국민국가 시기에 정치적으로 자각하면서 중화민족으로 나타났다고 주장하는 것이다. 그러므로 중화민족은 전술한 근대 국민국가의 요소인 국민(nation)을 창출하는 과정으로서, 국민의 하위개념에 각각의 소수민족을 환치시키는 효과를 거두었다. 즉 손문과 장개석이 고민하던 중국인 및 중화민족의 국가형성과 민족통합의 모순성을 해결하는 시도인 것이다.

(2) 중화민족 개념의 확대와 변용

비효통의 중화민족 개념은 정치적으로, 역사해석에서, 개혁개방기의 민족단결의 수단으로, 그리고 여러 분야에서 확대되고 변용되었다.

먼저 정치적으로 중화민족론은 한족과 소수민족의 개념을 상호 모순 없이 해결하고 이를 정책의 원칙으로 기능하게 하였다. 중국정부는 공식적으로 중국이 '56개 민족대가정(民族大家庭)'으로 이루어졌다고 표현한다. 또한 이들 56개 민족으로 이루어진 중화민족은 중국공민임을 법적 체계나 외국에 대한 외교에서 사용하고 있다. 이는 민족에 대한 인식은 중국식으로 하되 외교적 표현에서는 민족개념을 사상시키고 표현하는 것이다.

새롭게 정의된 "중화민족에 기초한 중국의 민족개념"은 소수민족 정책과 당연히 밀접하게 연관되어 있고 화교정책과도 관련이 있다. "중화민족은 한족(漢族)을 주체로 하고 55개 소수민족을 포괄하는 56개 민족으로 구성"된 대가정이자 하나의 통일된 민족이다. 근대 서구 국민국가 형성에 있어서 민족주의는 주요한 역할을 하였고, 그러한 민족주의를 통해 형성된 국민의 통합이 국민국가의 기초가 되고 있다. 중화민족 개념은 중국에서 이러한 중국(China)이라는 국민국가가 새롭게 형성되는 과정에서 창조된 개념으로 인식되는 것이다. 이것은 흡사 British라는 새로운 개념을 만들면서 English를 중심으로 하고 정복 혹은 통합한 지역인 켈트계의 Welsh, Scottish 및 Irish 일부가 포함된 것과 유사하다. 즉 우리가 영국인이라고 알고 있는 것은 British이며, 그것은 근대적 국민국가인 영국의 국민을 의미함과 동시에 영국국민으로 새롭게 생성된 British민족의 통합과 일체감을 표현하고 있는 것이다.

중국에서는 이 관념을 독특하게 구체화하여 그것을 계서적(hierachical) 개념으로 만들었다. 여기에는 스탈린(Stalin)의 민족관념, 즉 민족소멸과 이후에 등장하는 과도기적 현대민족인 소비에트인(Soviets)이라는 개념이 영향을 주었다. 즉 공산주의 민족이론의 중국화가 진행된 것이다. 중화민족에 해당하는 것을 ren(런: 人)으로, 중화민족의 구성요소는 zu(주: 族)로 개념화하였다. 중국에서는 공식적으로 인은 nation으로, 족은 nationality로 번역하고 있다. 여기에서 인은 족의 상위개념이다. 또한 인은 근대 국민국가를 성립시키는 민족(혼동을 피하기 위해 중화민족으로 지칭된다)으로, 족은 아민족(亞民族) 혹은 하위민족(sub-nation)을 의미하고 있다. 예로 Chinese nation(인: 中華民族)과 Han nationality(족: 漢族)는 구별되는 것으로 별도로 표현된다. 우리가 알고 있는 중국인은 한족이며, 중국에서 중국인은 국민의 개념인 중화민족을 의미하는 것이다. 그러므로 중국동포들은 이제 더 이상 조선인도 한국인도 아니다. 그들은 "조국(中國)과 뗄래야 뗄 수 없는 중화민족의 일부인" 차오시앤주(朝鮮族)인 것이다. 또한 이러한 족들은 상위개념인 인을 향해 끊임없이 민족관계를 통한 민족융합을 이루어 나갈 것을 요구받으며, 그 결과 개체 민족은 미래에 소멸되는 것으로 간주하고 있다. 물론 이는 이론상의 얘기이고 실제로는 한족이 주체가 되는 국가에서 한족으로의 동화를 의미한다고 할 수 있다.

여기에서 중요한 점은 '인'의 개념이 단순하게 공민이나 국적을 의미하지 않는다는 것이다. 그것은 민족개념을 포괄하는 것이다. 즉 일반 민족을 넘어서는 상위 민족개념으로 중화민족을 창출하였다고 할 수 있다. 독특하다고도 할 수 있고, 정치적이고 작위적이며 자기중심적인 개념인 것이다. 한 예로 중화민족에 조선족을 포함시키는 것은 단순한 국적의 문제가 아닌 민족개념의 문제인 것이다. 이런 기초 하에서만 북한핵 문제 6자회담의 중국 측 대표였던 왕의(王毅) 주일대사(당시 외교부부부장)의 견해를 이해할 수 있다. 그는 "한국 언론과 사회 일각에서 조선족을 동포라고 표현하는데, 한중관계를 순조롭게 발전시키기 위해서는 이 문제를 정확히 처리해야 한다"고 주장하였다.23) 즉 중국동포는 중화민족으로 수렴되어 가는 과정 중의 '다민족 가정'인 중국인의 일원으로 인식하는 것이다. 즉 중화민족 개념은 중국 소수민족 정책의 기초인 셈이다.

그러므로 "각 민족의 관계는 사회주의 신형 민족관계로, 한족은 소수민족과 뗄 수 없고, 소수민족도 한족과 뗄 수 없으며, 소수민족 상호 간도 떨어질 수 없다"는 장쩌민의 '3개 불분리'(三個離不開) 정책이 제3세대 영도집단의 원칙으로 등장한 것이다. 이는 2세대 영도집단의 2개 불분리(소수민족과 한족)에서 변한 내용이다.24)

둘째, 역사 재해석에서 중화민족의 기능이다. 중화인민공화국 건립부터 시작하였으나, 중화민족론이 나타난 후 강화된 민족관계사의 재해석이 그것이다. 사회주의 신형 민족관계는 중국의 역사를 민족관계사에서 재해석하도록 요구하였다. 중국은 "세계 역사상 하나의 문명 고국으로, 중국 역사는 중국 경내에서 각 민족이 공동으로 창조한 것으로, 진(秦)·한(漢) 이래 2천 년간 중국은 통일적 다민족국가"였다는 인식이 그것이다. 이런 인식이 나타나게 된 주요원인은 역사상 각 민족이 관계를 맺는 형태가 부단한 융합과정에 있고, 이것이 중화민족 형성의 역사이므로, 다민족의 역사를 통일적으로 해석할 필요성이 있다는 것이다. 이민족이 세운 왕조도 전통적인 조공체제에 속해 있었고 중국은 고래(古來)로 다민족국가였으므로 이들 왕조는 중국 역사의 일부라는 주장이다. 또한 그들이 중국의 체계인 조공체제를 받아들였고, 그때의 중국은 문화적 중국이었으나 현재 신중국은 정치적으로 이를 계승한 중화민족의 중국이므로, 중화민족의 역사는 중국 역사로 파악하는 것이다.

그러므로 현재 중국 경내에 있는(本國, 國土) 중화민족 일원의 역사는 중국 역사의 일부분으로 해석되면서 용어상의 변경이 새롭게 등장한 것이다. 즉 고구려나 발해의 역사는 중국 지방에서 일어난 중화민족의 일원인 한 소수민족의 역사이므로 중국 지방사의 영역이며, 당이 고구려를 침공한

---

23) <조선일보> 2001. 7. 16.
24) 國家民族事務委員會政策研究室 篇, 『中國共産黨主要領導人論民族問題』(北京: 民族出版社), 1994, 238쪽.

것은 침략이 아닌 중화민족 상호 간의 내전이라는 것이다.25) 또한 이런 내전을 통하여 중화민족의 상호융합은 촉진되었고, 그 결과 한 족속이 지금의 중화민족으로의 편입이 가능하였다고 해석하고 있다.

이런 해석은 셋째, 정치교육과 선전에서 국가민족주의 구현수단의 하나로 기능하고 있다. "11기 3중전 이래 마르크스주의적 민족관계에서 새로운 진전을 이룬 중국에서 민족관계는 정책과 사업에서 중요한 결정기준"이 되었다. 4개 현대화를 달성하기 위해서는 '새로운 상호합작의 민족관계'가 필요하였고, 이는 '민족정책을 재교육하는데 있어' 가장 주요한 요소이자, '민족단결을 촉진하는' 요소로 작용한 것이다.26) 그 결과 "당의 민족정책이 광범위하게 침투하여 민족지구의 경제발전을 촉진하고 사회적 안정을 이루는 요소"로 중화민족론이 기능하는 것이다. 여기에서 중화민족론은 1990년대 소련 사회주의의 해체와 개방 초기의 부정적 유산을 대체하여 새로운 이데올로기로 기능하는 데 사용된 것을 알 수 있다. 그것은 국가민족주의적인 내용으로 새롭게 포장되어 공산당에 의해 공산주의를 대체하는 국가이데올로기의 기능을 행한 것이다. 문제는 여기에서도 기본적으로 국가(중국), 당(공산당), 한족이 주축을 형성하고 이에 근거하여 이론화를 시도했다는 점이다.

넷째, 중화민족론은 한족의 순혈성을 강조하는 방향으로도 사용되었다. 즉 중화민족은 고래로 중국이라는 영역에서 민족융합이 진행되면서 나타난 복합적 민족개념으로 주장되었지만, 사실상 여전히 한족 중심의 사고가 나타난다. 그것은 '주류민족'으로 한족을 위치시키고, 곁가지에 점차 소수민족이 위치되는 입장으로 나타났다. 일부는 한족을 황인종의 중심에 위치시켜 '순수성'을 의미하는 동시에 한쪽으로는 백인을, 한쪽으로 흑인을 위치시켰다. 그 결과 위구르인은 유럽인 같은 요소가 있지만, 황인종에 더욱 가까워 중심적인 한족과 더욱 밀접한 것으로 묘사하였다. 이는 중국인을 그 중심에 놓는 자기중심적 발상의 인종론이며, 그 중심에서 백인과

---

25) 『中國民族史關係論文集』(北京: 民族出版社), 1982.
26) 金炳鎬 主編, 『中國民族理論硏究二十年(1978. 12-1998. 12)』(北京: 中央民族大學出版社), 2000, 273-275쪽.

흑인 등의 색깔을 논했다는 점에서 소수민족 및 외래인에 대한 인종적 입장을 부각시킨 것이라 할 수 있다.

이런 한족 중심의 인종적 논리는 중화민족에 화교(華僑)를 포함시키는 문제로까지 발전하였다. 화교를 빼고 중국의 근대사를 논할 수 없으므로 이들의 역사도 중국의 역사라는 해석이 그것이다. 특이한 점은 초기의 화교개념에서는 한족의 이민 후예를 의미했으나, 최근에는 소수민족의 이민 후예도 포괄하고 있다는 점이다. 가령 회족(回族)의 화교문제가 논의된다. 더욱 중요한 요소는 중국 국내가 아닌 국외 화교사회의 흐름이다. 중국의 경제발전을 이끌면서 자신의 고향 등에 투자했던 화교들이 종족, 언어, 지방적 차이를27) 극복하고 이 시기 전 세계적으로 네트워크화하기 시작한 것이다. 1980년대에 객가인(客家人)들을 중심으로 세계객상대회를 개최했던 싱가포르의 이광요 수상은 전 세계 화교 기업인을 모아 1991년 제1차 세계화상(華商)대회를 출범시킨 것이다. 이후 격년제로 홍콩, 방콕, 오타와, 멜버른에서 열린 세계화상대회는 1990년대에 네트워크화를 공고히 하게 된다. 중국정부의 화상대회에 대한 초기의 관심은 공개적이지 않았다. 오히려 화교대회 및 중국과의 연결을 주장하는 학자들을 침묵시키는 조치를 취하였다. 외국, 특히 동남아 국가와의 마찰을 우려하고, 경제발전에 매진하면서 국내적 차원에서 중화민족론을 도입했기 때문이다. 그 결과 해외의 문제에 대해서는 유보적 입장을 취하였다. 그러나 2001년 남경에서 개최된 제6차 대회를 11억 달러를 지원하여 개최하면서 점차 적극적인 네트워크화 전략으로 나아가고 있다.28)

(3) 모순과 분열의 변증법

지금까지 개혁개방기 중화주의의 변용과 학술, 선전, 민족정책의 모습에 대해 고찰하였다. 그러나 개혁개방기 중화주의의 새로운 대두는 화교의 예에서 보듯 '국내적(domestic) 차원'에서 주로 이루어진 것이었다. 하지

---

27) 화교는 종족, 지역, 언어적으로 구별하여 크게 廣東人, 閩南人(福建人), 潮州人(潮仙人), 客家人, 海南人, 山東人 등으로 구별하고 있다.
28) 제8차 대회는 2005년 10월 한국 서울에서 열렸다.

만 중국의 개방이 확대되고 고도성장의 결과 중국의 국제적 위치가 강화되면서 1990년대 중반 이후 급속하게 국제화·네트워크화되기 시작하였다. 그러면서 중화주의가 추구하는 목표가 기존의 국제적 기준이나 인식과 충돌하기 시작하였다. 즉 분열적 양상이 시작된 것이다. 물론 중화주의의 변용에 따른 국제적 충돌은 1980년대부터 있어 왔다. 하지만 1990년대 들어 중국의 경제성장에 따른 양적 변화가 사회의 질적인 면으로 전환되고 각 부문에 대한 법제화(法制化)가 시작되면서, 국가민족주의에 기초한 중화주의의 통일적인 논리로는 감당하지 못하는 여러 양상이 나타난 것이다.

1980년대 말 중화주의의 인종 중심적인 태도가 모순점을 드러낸 대표적 사건이 있었다. 그것은 대학 기숙사에 거주하는 중국 여학생들과 사건 아프리카 유학생들에 대한 중국 학생들의 인종차별적 태도로 나타났다. 이후 중국, 아프리카 학생들 간의 유혈충돌로 이루어진 이 사건의 아이러니는 사건 발생 몇 주 후 동일한 이 중국 대학생들이 천안문에서 중국의 민주주의를 부르짖었다는 사실이다. 즉 국내적 민주화의 추구라는 과제는 국제적 인종차별과 상호 모순되지 않는 형태로 이들에게 인식되어 다가온 것이다. 이는 계속되는 당과 국가의 교육과 선전을 통해 국가민족주의적 가치관이 중심적 가치관으로 학생들에게 체화되는 과정을 거쳐 정착되었다가 계기적으로 분출되었기 때문이다. 그러므로 이 시기 대학생들에게 중국의 민주주의 진전과 '순혈의 중국 여학생'과 섞이는 이질적 요소에 대해 국가민족주의에 기초하여 반발한다는 것은 자연스런 일이고, 전혀 모순된다고 여겨지지 않은 것이다.

또 하나의 대표적 사례는 티벳에 대한 중국 지식인, 특히 민주인사들의 태도이다. 천안문사건이 있은 후 서구로 망명한 소위 민주화인사들의 티벳에 대한 태도는 국가민족주의에 기초한 중국정부의 주장과 하나도 다르지 않았다. "서장(西藏)은 고래로 중화민족의 영토로서 분리될 수 없는 조국의 일부"라는 주장이 지식인들에게 그대로 나타났다. 사실 이런 주장은 새로운 것도 아니다. 이미 국공내전 기간에도 일본에 대한 대응에서 분열적 모습을 보이고 상호 대립되었던 국민당과 공산당이 지금의 소수민족문제인 몽골이나 티벳의 독립적인 움직임이 나타나면 이데올로기적 차이를 벗고 일치되는 모습을 보인 것이다. 즉 영토적 통합과 국민적 일체감을 기초로 하는 국가민족주의의 구현은 중국의 근대에 있어 무엇과도 바꿀 수 없는 가장 중요한 요소였던 것이다.

문제는 지식인들의 국가민족주의에 대한 동조화 과정이 이제 분열적 모습을 보인다는 사실이다. 때로는 근거가 박약하더라도 그 근거가 없는 주장에 동조한다는 점이다. 아니면 사안에 따라 침묵을 택하기도 한다. 혹은 변형된 형태의 동조를 하여 국가민족주의의 외연을 넓히는 의외의 효과를 보이기도 한다. 그 용인이 무엇이었든 중국의 국내적 사항으로 머물면 큰 문제가 되지 않았다. 하지만 중국의 개방화와 외국과의 접촉, 그리고 전 세계적 규모의 세계화는 이런 인종 중심적 국가민족주의가 더 이상 쉽게 작동하지 않는, 자체적 모순이 나타나는 계기로 작용하였다.

여러 사례가 있으나, 대표적인 사례는 1990년대 군축협상과 국방현대화의 과정, 화교정책과 중화주의의 외연 확대과정, 그 연장선상의 대만문제에 대한 인식, 중국의 인권문제, 중국의 조선족 정책과 한·중 간 외교적 충돌, 그리고 최근의 동북공정이나 6자회담 과정 중의 외교적 분쟁에 대한 논쟁 등이다. 이는 중국이 새롭게 정착시키려는 국가민족주의가 국제적인 새로운 개념과 충돌하면서 그 설명력을 상실하고 있는 과정에서 발생하고 있다. 하지만 현재 중국의 대응은 이 충돌에 대해 다양하게 나타나고 있다.

즉 국가민족주의가 외국의 상황과 충돌하는 과정에서 중국의 안보와 존립을 위해서는 국가민족주의 고착화를 주장하는 측과, 국제사회에서 책임 있는 일원으로 그에 걸맞게 중국을 위치시켜야 한다는 주장으로 대별할 수 있다. 이를 단순화하면 중국파와 국제파로 대별할 수 있으나, 그렇다고 국제파가 국가민족주의 입장에서 크게 벗어나 존재한다는 것은 아니다. 왜냐하면 고도로 정치화한 문화가 새로운 외래적 요소와 충돌하였으나 그 논리적 기반은 여전히 문화보다는 정치에 존재하기 때문이다.

이런 점은 중국의 민주주의 논쟁이 개인의 권리라는 차원에서 진행되기에는 아직 요원한 것이 아닌가 하는 의구심을 불러일으킨다. 개인의 욕구가 집단, 특히 국가의 이름 아래 희생될 것을 강요하는 형태로 나타나 종국에는 국가민족주의적 태도가 승리하는 양상을 보여 왔기 때문이다. 여기에서 개인의 욕구란 최소한 정치화한 문화(politicised culture)와 연결된 욕구에 한정된다. 경제적 욕구나 일반 문화적 욕구는 국가민족주의적인 안정에 위협되는 요소가 아니다. 거칠게 얘기하면 1990년대 중국에서 정치화한 문화의 영역에서 개인의 욕구 및 민주주의적 요구가 일정 부분 지평을 넓힌 것은 사실이나, 그것이 국가민족주의가 추구하는 내용을 위협할 정도는 아니었다고 할 수 있다.

3. 맺음말

중국에서 국가민족주의에 대한 21세기의 도전은 세계화이다. 이전의 여러 논의는 결국 국가주의의 승리로 귀결되었다고 할 수 있다. 그러나 전 세계적 범주로 진행되는 세계화는 중국인들의 인식의 지평을 확대하고, 그 결과 변화를 유발할 수 있다. 특히 1990년대 이후 국제주의의 흐름 속에 성장한 보편주의자들이 국가민족주의적인 틀을 어떻게 받아들이고 이를 내재화 하는가 하는 점은 중국뿐 아니라 미래의 중국이 중요한 우리에게도 무척 중요한 일이다.

세계를 리드해 가는 나라로 중국을 위치시킨다면, 여기에서 종족 중심적 국가민족주의는 모순이 발생할 수밖에 없다. 국제질서에 편입하려면 중국과는 다른 국제적 규범과 과정에 중국이 적응해야 한다.

과연 중국은 적응할 것인가? 그 결과 국가민족주의의 여러 요소는 해체되거나 완화될 것인가? 아니면 새로운 형태의 변용이 나오면서 국가민족주의는 여전히 유지될 것인가? 최근 중국 외교정책의 화평굴기(和平崛起, 평화적으로 대국화한다) 논쟁은 이런 국가민족주의 적용에 대한 한 표현으로 해석된다. 화교공동체 및 화상대회에 대한 변화된 중국의 시각도 국가민족주의의 외연 확대로 해석 가능한 일이다. 하지만 북한을 전통적 우방 개념으로 파악하지 않고 국가이익에 근거한 주변의 일국으로 새롭게 모색하는 것, 혹은 동북공정을 지방적 차원에서 발생하는 문제로 치부하고 단지 당내의 일부 민족주의적 세력의 의도로 파악하는 것 등은 새로운 사고를 하는 집단이 중국에 등장할 수 있음을 의미하고 있다. 이들이 근대 이후 지속되어 이미 체질화되고 새롭게 전통과 연결되어 고착화된 국가민족주의의 틀에서 어느 정도 벗어날 수 있을지가 관심사인 것이다.

참고문헌

國家民族事務委員會政策硏究室 篇, 『中國共産黨主要領導人論民族問題』(北京: 民族出版社, 1994).
金炳鎬 主編, 『中國民族理論硏究二十年(1978. 12-1998. 12)』(北京: 中央民族大學出版社, 2000).
김재철, "중국의 등장, 균형정책, 그리고 한반도," 『중소연구』 100, 2003, 17-44쪽.
박병석, "중국 및 중국인의 호칭에 대한 고찰," 한국인문사회과학회, 한국사회이론학회 공동주최 2004년 후기학술대회 1-26, 2004.
費孝通, 『中華民族多元一體格局』(北京: 中央民族學院出版社, 1989).
윤휘탁, "이희옥 교수에 대한 토론" (고구려연구재단 제1차 국내학술회의, 2004).
이희옥, "동북공정 추진현황과 추진기관 실태" (고구려연구재단 제1차 국내학술회의, 2004), 45-98쪽.
『中國民族史關係論文集』(北京: 民族出版社, 1982).

Anthony Smith, *Theories of Nationalism*(London: Duckworth, 1983).
Benedict Anderson, *Imagined Communities*(London: Verso, 1991).
Chow, Kai-wing, "Imposing Boundaries of Blood: Zhang Binglin and the Invention of the Han 'Race' in Modern China" in Frank Dikotter (ed), *The Construction of Racial Identities in China and Japan* (London: Hurst & Company, 1997), pp.34-52.
Edward Friedman, *National Identity and Democratic Prospects in Socialist China* (Armonk: M. E. Sharpe, 1995).
Eric Hobsbaum, "Introduction: Inventing Traditions," originally in *The Invention and Tradition*, 1983, pp.115-140, in John Hutchinson and Anthony D. Smith (ed.), *Nationalism: Critical Concepts in Political Science*, Vol.1 (London: Routledge,

2000), pp.375-387.

Frank Dikotter (ed.), *The Construction of Racial Identities in China and Japan* (London: Hurst & Company, 1997).

Joseph R. Levenson, *Confucian China and Its Modern Fate* (London: Routledge and Kegan Paul, 1958).

June Teufel Dreyer, *China's Forty Millions. Minority Nationalities and National Integration in the People's Republic of China* (Cambridge, MA.: Harvard University Press, 1975).

Liao, Kwangsheng, *Antiforeignism and Modernisation in China* (Hong Kong: The Chinese University Press, 1996), pp.7-14.

Michael Mann, "Nation-states in Europe and Other Countries: Diversifying, Developing, Not Dying," originally in *Daedalus*, 1993, pp.115-140, in John Hutchinson and Anthony D. Smith (ed.), *Nationalism: Critical Concepts in Political Science*, Vol.1 (London: Routledge, 2000), pp.353-374.

Pamela Crossley, "The Qianlong Retrospect on the Chinese-martial (Hanjun) Banners," *Late Imperial China* 10, 1989, pp.63-107.

Yongnian Zheng, *Discovering Chinese Nationalism in China* (Cambridge: Cambridge University Press, 1999).

제3장 일본의 내셔널리즘: 마루야마 마사오의 내셔널리즘론을 중심으로

飯田泰三

1. 머 리 말

1951년 마루야마 마사오(丸山眞男)는 일본 내셔널리즘을 논할 때의 특이한 어려움에 대해 다음과 같이 말했다.

세계의 다른 나라들은 물론 일본 내부에서도 차후 일본의 내셔널리즘과 다른 극동지역의 그것을 단순히 일괄하여 논하는 것에 대해 망설임이 나타나는 이유는 무엇일까? 두말할 것도 없이 일본은 확실히 8·15 이전에 'ultra'라는 형용사가 따라다녔던 최고도의 내셔널리즘과 그 참담한 결말을 경험한 바 있기 때문이다. 일본은 아시아 여러 나라 중에서 이미 내셔널리즘에 대한 처녀성을 잃어버린 유일한 나라이다. 다른 극동지역의 내셔널리즘은 젊디젊은 에너지로 가득 찬 청소년기의 위대한 혼돈을 품고 있는 데 반해, 일본만은 그 발흥, 난숙, 몰락의 주기를 일단 끝냈다("일본의 내셔널리즘," 『중앙공론』, 1951. 1, 『마루야마 마사오집』 제5권 59항).

여기에서 언급하고 있는 '처녀성'은 일찍이 쇼와(昭和) 초년 사이토 모키치(齋藤茂吉)가 가키모토 히토마로(柿本人麻呂)나 마쓰오 바쇼(松尾芭蕉)를 평가해 "생이 끝날 때까지 처녀성을 잃지 않았던 사람"이라고 형용했을 때의 의미로서, "항상 처음으로 경험하는 것과 같은 감동과 경이를 간직하고, 처음으로 표현하는 것과 같은 고심과 어려움을 아쉬워하지 않는다"는 의미를 포함하고 있을 것이다(「短歌初學問 昭和8年, 西鄕信綱」『齋藤茂吉』에서 재인용). 요컨대 내셔널리즘이 '청년기'의 '진보성'과 '혁명성'을 가지고 있는 상태를 말함이다.

동시에 마루야마는 이 '내셔널리즘의 처녀성'이라는 표현을 통해 내셔널리즘――그것은 근대 내셔널리즘이지만――이 진보적 혹은 혁명적 역할을 다하는 것은 기본적으로 어떤 하나의 민족에게는 역사적으로 한 차례뿐, 즉 근대 국민국가 형성기(立國期 혹은 興國期)뿐이라는 이른바 '내셔널리즘의 일회성'을 말하려고 한 것 같다(더욱이 일단 성립한 이후의 국민국가라고 해도 '망국' 혹은 그것에 준하는 상황을 초래한다면 이야기는 달라진다).

1946년 10월 21일에 열린 역사학연구회 공개강연회에서 마루야마는 내셔널리즘이라는 단어는 거의 쓰지 않지만 '메이지국가의 사상'에 대해 논하면서 "메이지시대가 가졌던 건전함"을 강조했다("메이지시대 근대국가로의 발전과정에서 변질과 타락이 지적되지만, 그 후의 시대에 비하면 역시 메이지 전체로서 그곳에 무언가 근본적인 건전함이 있었다,"『마루야마 마사오집』제4권 94항).

그리고 1947년『중앙공론』2월호에 "구가 가츠난(陸羯南)――사람과 사상"을 기고하고, 그 '머리말'을 다음과 같이 썼다.

> 말 또한 운명이 있다. 일본의 정신이나 국수(國粹)라는 이름은 바로 조금 전까지 이른바 가치의 원천이었고, 모든 주장 혹은 운동은 그 이름에 있어 그 자신을 합리화하려고 경쟁하였는데, 이제 그것은 무지와 몽매, 과대망상과 동의어로서 모멸과 조소 속에 역사적 과거의 그분에게 유폐당하려 하고 있다. 오늘날 '일본' 이데올로기와 봉건적 반동의 결합은 거의 선험적인 것처럼 보인다. 그러나 어떤 흉악한 범죄인도 한번은 악의 없는 소년시절을 거쳐 온 것처럼, 일본주의 사상과 운동도 다이쇼(大正)에서 쇼와로 거슬러 올라가면 최근 일본형 파시즘의 실천과 입에 익은 단계와는 현저하게 달랐다. 오히려 사회적 역할에 있어서 정반대가 된다고 할 수 있을 정도의 진보성과 건전성을 가졌다는 결론에 이른다. 메이지 23년대의 일본주의 운동이 그것이고, 그 중 가장 빛

나는 이데올로기의 한 사람이 여기에 서술하려고 하는 구가 가츠난이다 (『마루야마 마사오집』 제3권 93항).

메이지시대, 유난히도 청일전쟁 전후까지의 메이지 전기에는 이른바 '건전한 내셔널리즘'이 일본사회의 근저를 지탱하고 있었다. 거기에는 내셔널리즘의 주장이 "일신독립을 이뤄 일국독립을 한다"(福澤諭吉)든가 "민권신장을 이뤄 국권신장을 한다"(자유민권운동)고 했던 것처럼 민주주의 혹은 자유주의와의 결합은 꼭 있어야 할 것으로 전개되었다.

하지만 청일전쟁──한국전쟁──의 '승리'를 경계로 그 내셔널리즘에 '변질'이 일어난다. 메이지 30년대에 다카야마 조규(高山樗牛)나 대일본협회 회원에 의해 내세워진 '일본주의'는 노골적으로 '국가지상주의'나 '제국주의'를 주장하기 시작했다. 한편 같은 메이지 30년대부터 고도쿠 슈스이(德水幸秋) 등 구민권파의 일부는 '사회민주당'을 결당(1901년, 즉시 결사금지)하여 '사회주의'를 내세움과 동시에 '제국주의' 비판을 명확히 한다. (『社會主義神髓』, 1903; 『廿世紀の怪物帝國主義』, 1901). 러일전쟁 시기에는 슈스이 등의 '평민사'(平民社) 그룹이 '비전론'(非戰論)을 내세우자 '비국민'(非國民)으로 여겨져 '체제의 아웃사이더'로 배척당하였다(1911년 '대역사건' 날조로 쇼스이 등 11명이 사형당함). 그리하여 메이지 전기의 '건전한' 내셔널리즘은 후기에 이르러 민주주의와의 결합을 잃고, 권력적인 국가주의와 제국주의의 성격을 드러낸 '천황제 내셔널리즘'으로 변질되어 간다.

동시에 다카야마 조규가 '미적 생활론'(美的生活論)을 주창하여 본능주의적 개인주의로 전환하는 메이지 34년경부터 "근대적 개인주의와는 다른 비정치적 개인주의, 정치적인 것으로부터 도피하는 혹은 국가적인 것으로부터 도피하는 개인주의 사조가 마침내 정치적 자유주의가 아니라 오히려 '퇴폐'를 품는 듯한 개인주의가 청일전쟁 이후 급속하게 만연해 갔다"(마루야마, "메이지국가의 사상" <원래 1946년 10월 역사학연구회에서의 공개강연>, 『마루야마 마사오집』 제4권 79항). 이러한 '개인주의적인 자아주의적' 의식에 눈뜬 러일전쟁 후 세대는 근대 천황제국가가 만들어 낸 체제적 위선(개인적 이기주의의 '공적' 의의 덧붙임에 의한 정당화)에 대해 반발을 드러낸다.

마루야마가 "초국가주의의 논리와 심리"(1946. 5)에서 인용한 나쓰메 소세키(夏目漱石)의 『그로부터』의 주인공 나가이 다이스케(長井代助)와 같은 경우였다.

> 아버지가 국가사회를 위해 몸을 바치는 것에 놀랐다. 18살 때부터 지금까지 계속해서 충성하고 있다니……. 국가와 사회를 위해 몸을 바쳐 아버지 정도만 돈을 벌 수 있다면, 나도 몸을 바치고 싶다(『마루야마 마사오집』 제3권 23항).

하세가와 뇨제칸(長谷川如是閑)이 "국가의 진화와 애국적 정신"(『현대국가비판』, 1920. 9 수록)에서 말한 것처럼 지금이야말로 '국정교과서류'가 "세끼 밥을 먹는 것조차 '국가를 위한' 것이라는 신조"를 밀어붙이려고 할 때, "해적, 조약파기, 배신, 배덕(背德), 적국의 인민 및 재산에 대한 잔학" 등 "국가를 위한 악사(惡事)의 수행"이 '도덕화'될 뿐만 아니라 "타인의 미간을 찌푸리게 하는 일을 시키게 하는 것," 예를 들어 '군국적인 의적'의 무리가 "국가를 위해서 감자를 캐라"는 식의 '국가지상주의 도덕'을 뻔뻔스럽게도 남용하고 있는 것이다. 즉 "'자신을 위해서'라고 말한다면 약간 문제가 될 것 같은 일을 '국가를 위해서'라며 방어선을 긋"는 것이다(飯田泰三, 『비판정신의 항적』, 82항에서 재인용).

그리하여 내셔널리즘을 둘러싼 이후의 상황은 소위 '다이쇼 데모크라시'라는 '초겨울의 따뜻한 날씨'(小春日和)의 한 시기를 거쳐 1931년의 '만주사변'을 전기로 쇼와 군국주의와 '천황제 파시즘'——마루야마는 그것을 '초국가주의'(ultra nationalism)라고도 불렀다——의 시기로 돌입해 간다.

결국 일본의 내셔널리즘은 "서구의 고전적 내셔널리즘과 같은 인민주권 또는 일반 부르주아 데모크라시의 모든 원칙과 행복한 결혼의 역사를 거의 알지 못했다. 오히려 그것은 …… 전기적(前期的) 내셔널리즘의 모든 특성을 농후하게 간직한 채, 그것을 근대 내셔널리즘의 말기적 변질로서 제국주의에 유착시켰던 것이다"("일본의 내셔널리즘," 『마루야마 마사오집』, 제5권 66항).

그런데 마루야마 마사오의 '내셔널리즘의 처녀성'론이 전개된 "일본의 내셔널리즘"은 1951년 『중앙공론』 1월호의 특집 "아시아의 내셔널리즘"에 기고된 것이었다. 왜 이 시기에 이런 특집이 논단 저널에 실린 것일까? 1947년 인도(수상 네루)의 독립을 시작으로 1948년에 대한민국(대통령 이승만)과 조선민주주의인민공화국(수상 김일성)의 성립이 잇달았고, 1949년 중화인민공화국(주석 모택동)이 성립하는 등 일련의 움직임이 배경에 있었다.

이는 "내셔널리즘과 혁명의 일관된 내면적 결합"("일본의 내셔널리즘," 『마루야마 마사오집』 제5권 65항)의 존재가 프랑스혁명으로 시작된 유럽형 근대 내셔널리즘의 경우와는 다른 새로운 '아시아형 내셔널리즘'의 전개로서 당시 지식인들에게 이목을 끌었던 상황이다(마루야마가 1952년 『일본정치사상사 연구』 "맺음말"에서 "겉멋이 든 근대를 경험한 일본과, 이에 실패한 중국에서 대중적 지반으로의 근대화라는 점에서 오늘날에는 확실히 역대비가 생겨나고 있다"고 말해, 옛 논문의 "중국의 정체성에 대한 일본의 상대적 진보성이라는 견지"를 자기비판한 것은 이 상황과 관계가 있다).

또 한편으로 이 시기는 동서'냉전'의 격화에 따른 GHQ의 점령정책 전환에 의해 '전범' 추방 해제와 함께 '레드 퍼지'가 시작되어 이른바 '역코스'가 시작되었다. 이로 인해 마루야마는 패전 직후의 "내셔널리즘으로부터의 '동원해제' 상황"——여기에는 인터내셔널리즘과 연결된 민주주의가 구가되는 한편, "무기력한 매춘부 근성이나 드러내는 이기주의의 추구"도 뚜렷하게 보였다고 말한다("일본의 내셔널리즘," 『마루야마 마사오집』 제5권 67항)——이 종언되고 '재군비'(경찰예비대, 보안대, 그리고 자위대의 발족으로)와 헌법 제9조(전쟁폐기조항) '개정'을 향한 움직임에 필적하는 '애국심'의 함양이 재차 요구되기 시작한다(이른바 '외압'에 영합하는 내셔널리즘 노선!).

이런 움직임에 대해 마루야마는 "내셔널리즘에 대한 처녀성을 모두 잃"은 일본——내셔널리즘이 민주화와 결부되지 않고 급속하게 제국주의로 전화함으로써 일단 타락을 경험한 일본——에는 이미 메이지 전기의 단계와 같은 순수하고 '건전한 내셔널리즘'이 없었고, 거기에서 내셔널리즘을 억지로 내세우려 한다면 그것은 허위의식 또는 악질적인 이데올로기에 지나지 않는다고 말하려고 한 것이다(더욱이 미군 점령 하의 '망국'적 상황에서 비군국주의화나 민주화라는 정책조차 GHQ의 '지령'을 받들어 추진되던 사태에 대해 국민적 '주체성'을 환기하려고 한 의도 또한 당시 마루야마의 내셔널리즘론 속에 없었다고는 할 수 없을 것이다).

게다가 이때 '일본공산당의 50년 문제'로 불리는 사건이 발생하였다. 사실 패전 직후 일본공산당은 미군을 '해방군'으로 규정한 적도 있고, '점령 하의 평화혁명' 노선을 택했다. 그러나 1950년 1월의 이른바 '코민포름 비판'에 의해 일본공산당은 도쿠다 규이치(德田球一) 등의 소감파(所感派)와 미야모토 겐지(宮本顯治)의 국제파(國際派)로 분열, 내부항쟁 끝에 주류파가 된 소감파는 '식민지적 수탈자'인 '미국 제국주의'와의 대결을 설명한 '코민포름 비판'을 받아들여 '민족 독립투쟁'을 전면에 내세웠다. 같은 해 6월 한국전쟁 발발 직전 맥아더는 공산당 중앙위원 24명의 공직추방령을 내리고(도쿠다 집행부는 잠적) 레드 퍼지에 의해 산업계에 대량해고가 진행되면서, 소감파는 일본 기지에서 한국으로 출병하는 미군의 후방교란을 꾀하고 '야마무라(山村)공작대' 파견이나 '화염병 투쟁'노선을 전개한다.

마르크스주의 역사학자가 중심이었던 역사학연구회(歷研) 등도 1951년 5월 대회의 주제를 '역사 속의 민족문제'로 하고, '민주민족 전쟁을 만들기 위해' '민족의 전통을 동원'하는 '국민적 역사학 운동'을 제창하였다(石母田正, 『역사와 민족의 발견』 등이 그 시기의 산물이다). 이 움직임에 대해 마루야마는 "그것(전통적 내셔널리즘 감정)은 원래의 모습으로는 결코 민주혁명과 결합한 새로운 내셔널리즘의 지주가 될 수 없다.…… 만약 진보적 진영이 적어도 그 단편적인 발현형태에 현혹되어 그것을 장래 민족의식의 맹아로 잘못 보거나 혹은 그 전기적 성격을 알면서도 그것을 눈앞의 정치적 목적으로 동원하려는 유혹에 끌린다면, 그것은 결국 혹독한 반작용이 되어 자신에게 돌아올 것이다"고 비판했다("일본 내셔널리즘," 『마루야마 마사오집』 제5권 제74-75항).

이런 좌우 양극에서 서로 문파를 달리하는 '내셔널리즘 복권(復權)' 움직임——'반공'과 '반미' 내셔널리즘——에 대해 비판적이던 마루야마는 1951년 1월 "일본 내셔널리즘"을 마지막으로 이후 내셔널리즘 범주를 사용하는 논의를 거의 하지 않게 된다. 그리고 대중적 사회현상과 결부된 파시즘의 현대적 양상이나 '스탈린 비판의 논리'를 논하면서, 최종적으로는 '영구적 혁명으로서 민주주의'론을 중심으로 연구한 것으로 보인다.

더욱이 1957, 58년경에는 고대 이래 일본의 사상을 통관(通觀)하고 문화 접촉에 의한 문화변용(acculturation)의 관점을 도입하면서, 이른바 정신구조로서 천황제의 원류를 찾아 '일본사상의 원형'이나 '고층'(古層), '집요저음'(執拗低音)에 대해 논하기 시작한다(그것도 대상을 내재적이면서 철저하게 종합적으로 대상화함으로써<인식해 버림으로써> 비로소 그 대상을 진실로 극복할 수 있다는 마루야마의 방법론에 의한 것이었다).

그러한 흐름 속에서 1949년 마루야마가 동경대학 법학부에서 한 동양정치사상사 강의는 막부 말부터 메이지 10년대까지 일본 내셔널리즘의 역사를 긍정적이면서도 포괄적으로 언급한 것으로 특별한 의미를 갖는 것이었다(마루야마의 동양정치사상사 강의 중에서도 처음부터 끝까지 이른바 '문제사' <問題史> 체재(體裁)로 일관되게 이루어진 유일한 것이다). 그 논의록은 마루야마 사후 미야무라 하루오(宮村治雄)에 의해 마루야마 자신의 강의 초고를 모체로, 여러 명의 청강생 필기 노트를 참고해서 복원되었다(『마루야마 강의록』 제2책, 동경대학출판회, 1999. 이하 같은 책에서 인용하는 것은 쪽수만 표시한다). 기본적으로는 이에 의지하면서 이하 사견을 넣어 가며 마루야마의 내셔널리즘론을 소개하겠다.

서설 — 네이션 및 내셔널리즘에 관한 예비적 고찰
1. '네이션'과 '내셔널리즘'의 정의
2. 근대 국민주의의 형성
3. 내셔널리즘의 구성요소와 원형
4. 내셔널리즘의 변용(Meta-morphose): 국가(지상)주의, 인종적 민족주의, 제국주의
5. 내셔널리즘의 유형: 유럽형 내셔널리즘과 아시아형 내셔널리즘의 역사적 유형의 차이, 서양형 내셔널리즘의 여러 유형

제1장 전기적(前期的) 내셔널리즘의 여러 형태
1. 해방론(海防論)의 등장
2. 부국강병의 제도적 개혁론: 혼다 도시아키(本田利明), 사토 노부히로(佐藤信淵)

3. 존왕양이론: 개관: 일반적·정치적 배경, 공무합체론 혹은 제후적(諸侯的) 양이론의 사상, 급진적 존왕양이론 '서생(書生)의 존왕양이론' 총괄

제2장 근대 국민주의의 고전적 형성
1. 전체적 문제 상황
2. 후쿠자와 유키치(福澤諭吉)

제3장 정한론(征韓論)과 정대론(征臺論)
1. 메이지유신 전후의 대한(對韓) 관계: 조의(朝議) 분열까지
2. 이데올로기로서의 정한론
3. 정한론이 야기한 반동: 테러리즘, 폭동반란, 민권운동, 정부의 반발(정대론)
4. 결론

제4장 자유민권론 속의 내셔널리즘
1. 메이지 10년대(1870, 80년대) 민권론의 세 가지 국제적 배경: 조선문제, 조약개정 문제, 국제적 환경
2. 자유민권론 속의 내셔널리즘: 이론과 실천 — 자유민권운동과 조선 문제, 자유민권운동과 조약개정 문제, 자유민권론의 국제정치론
3. 민권론의 내셔널리즘 속 이데올로기적 혼란: 무단적(武斷的) 침략주의와 내셔널리즘의 혼합, 민권적 내셔널리즘과 전근대적 국수주의의 혼합, 향토주의와 내셔널리즘의 혼합

부론(附論): 그 후의 역사적 개관

2. 근대 내셔널리즘과 그 변질 형태

1) 네이션과 내셔널리즘의 정의

"내셔널리즘은 본래 극히 감정적이면서 탄력적인 개념이기 때문에 추상적으로 정의하기는 어렵다. 그러한 사정은 민족주의, 국민주의, 국가주의 등 여러 가지로 번역되며, 이들 번역어는 각기 어느 정도 정당성이 있으면서도 또한 어느 것도 일면적인 번역어에 불과하다는 점에서도 알 수 있다. 내셔널리즘은 역사적 상황에 따라 때로는 동경 혹은 격려의 감정을, 때로는 증오 혹은 혐오를 불러일으킨다. 내셔널리즘이라는 같은 개념이 한편으로는 자유와 독립, 다른 한편으로는 억압과 침략이라는 의미를 가지고 있다. 하지만 굳이 정의를 내린다면, 내셔널리즘은 "한 국가의 통일, 독립, 발전을 지향하고 추진하는 이데올로기 및 운동"이다"(마루야마, "내셔널리즘," 『정치학사전』). 그러나 이 경우의 '국가'도 다의적인 개념이다. 넓은 의미로는 일본어의 クニ, 國에 해당한다. 하지만 예컨대 '애국'='나라를 사랑한다'고 할 때, 그것이 '국토'(山河) 혹은 '향토'(고향, country)를 사랑하는 것인지, '국가, state'(정부, government)를 사랑하는 것인지, 아니면 '국민'(우리 일본인민, our people)을 사랑하는 것인지 애매한 경우가 많다. 결국 좁은 의미의 'nation'은 '국민'이라는 번역이 가장 가까운 개념이다(영어에는 nation과 state의 구별은 있지만 state의 형용사형은 없고, 'national'이라는 말로 대신 사용<nationalization of industry[산업국유화]처럼>한다. 프랑스어인 étatisme에 해당하는 'stateism'이라는 단어도 없다). 요컨대 nation은 "공통의 nation에 소속해 있다는 의식(共屬 감정)으로 결합된 사회적 실체"로밖에 정의할 수 없다.

이것은 국민 내지는 민족의 '주관적' 규정이다. 즉 국민의식을 제외한다면 국민이란 존립할 수 없는 것이다. 바꿔 말하면 국민 혹은 민족의 '객관적' 규정(영토, 언어, 인종, 종교, 문화형태 등의 공동성에 의한 규정)만으로는 충분하지 않다. 이리하여 "동일한 국민에 속해 있다는 의식에 의해 결합된 집단"으로밖에 규정할 수 없는 '국민'이라는 것은 "국민이 되고자 하는 존재" 바로 그것이다('인민주권'의 '인민'도 마찬가지로 "인민이 되고자 하는 존재"를 가리키는 말이다).

2) 근대 국민주의의 형성

마이네케[1]는 『세계시민주의와 국민국가』에서 '문화국민'(공통의 문화로 결합되어 있는 국민)과 '국가국민'(공통의 정치제도에 의해 결합되어 있는 국민)을 구별했다. 말하자면 문화적 내셔널리즘과 정치적 내셔널리즘을 구별한 것이다. 그것은 오랫동안 '국가국민'이 되지 못한 채 '문화국민'으로만 존재해 왔던 독일 민족의 역사적 체험을 근거로 한 것이다. 그러나 특히 민족의식이 내셔널리즘이라는 하나의 이데올로기로까지 형성되기 위한 결정적인 계기는 정치적인 통일 혹은 정치적 독립——국민 내부에서의 정치적 통일(즉 공동의 정부 수립)과 타 국민과 구별되는 정치적 독립——이다. 그리고 '국민'의 형성은 자연발생적인 것이 아니라 어떤 계기로든 역사적 자각을 매개로 하는 것이다. 바꿔 말하면 오랜 기간 국민은 국민이 되고자 하기 이전에 자연적인, 이른바 식물적 생존을 계속해 왔다(그것은 안소니 V. 스미스처럼 '에스닉 아이덴티티의 역사적 축적'이라고 할 수도 있다). 거기에는 본능적 '향토애'는 있어도 그것은 자신의 외부환경에 대한 전습적(傳習的) 의존에 지나지 않을 뿐, 정치적 국민을 만들어 내는 힘이 되지는 않는다. 국민이 국가로 결집하는 것은 하나의 결단적 행위이기 때문이다. 따라서 오히려 국민주의는 그것이 형성될 때 먼저 국가적 질서와 국민 사이에서 양자의 직접적인 결합을 방해해 온 세력이나 기구(중간의 여러 집단이나

---

1) Friedrich Meinecke(1862~1954). 독일의 역사가. 베를린, 프라이부르크대학 교수를 역임. 정치사와 정신사의 종합을 지향, 1893~1935년 『역사잡지』를 주재하면서 학계를 지도함. 모든 사물을 역사적 연속성 속에서 파악하는 '역사주의'를 주창하고 정신사·이념사를 창시해 일반 사상계에도 큰 영향을 끼침. 주저로 『세계시민주의와 국민국가』, 『근세사에서의 국가이성의 이념』, 『역사주의의 성립』 등이 있음.

신분, 번, 촌락공동체, 가족공동체 등)를 배제한다.

국민은 일정한 역사적 발전단계에서 어떤 형태의 외부적 자극(특히 '外患'의 위기)을 계기로 종전의 환경적 의존에서 많건 적건 자각적인 전환에 의해 자신을 정치적 국민으로 승화시킨다. 동시에 지방적 할거성(割據性)을 극복하기 위해서는 내부적인 사회적 조건의 성숙이 필요하다. 국내에 상품생산·유통이 어느 정도 보편화되고(일국시장의 형성), 국민 상호간의 커뮤니케이션 수단이 상당한 정도 발달하는 것이 바로 그 조건이다.

로마나 중화제국의 중앙정부는 정연한 행정조직을 가지고 있었지만 내부 구성원에게 공속(共屬)의식(국민적 일체감)은 없었다. 또 중세부터 제1차 대전까지 독일 귀족은 자국의 농민보다 오히려 프랑스 귀족에게 연대감을 가지고 있었다. 그 모습은 잔 르노와르의 영화 "크나큰 환영"(1937)에서 슈트로 하임이 역을 맡은 독일 귀족 출신 포로수용소장이 포로인 프랑스인 대위(구 귀족가문 출신)에게 느끼는 기묘한 우정에 잘 그려져 있다.

요컨대 '네이션' 및 '내셔널리즘'은 넓은 의미의 '근대'적 소산이며, 그 중에서도 프랑스혁명을 획으로 해서 나타난 정치적 현상이다. 자신들이 만든 자신들의 나라(공화국 프랑스)를 자신들이 지킨다는 '국민군'의 성립과 관련된다. "Allons, enfants de la Patrie, Le jour de gloire est arrivé"(자, 조국 파트리의 새싹들이여, 영광의 날이 드디어 왔구나)로 시작되는 프랑스 국가의 제목인 '라 마르세이에즈'는 바로 조국방위 전쟁을 위해 남쪽 프랑스의 마르세유에서 의용군으로 참전해 파리로 행진한 병사들이 부른 노래였던 데서 유래했다. 이 점이 바로 그러한 사실(내셔널리즘이 근대적 산물이며 국민의 자발적 선택행위로 국가가 형성된다는 점)을 상징하고 있다.

3) 내셔널리즘의 구성요소와 원형

(1) 원시적 심정(자연적 기저)

a. 풍토, 산수에 대한 자연적 감정.

"고향에 있는 산을 바라보고 말이 없다. 고향의 산은 그리움 그것인가"(이시카와 다쿠보쿠).2)

b. primary groups(제1차 집단, 가족공동체, 촌락공동체)에 대한 애착. 그것은 때로 내셔널리즘 감정에 대한 반대작용으로 나타나기도 한다.

"아, 아우여, 너를 운다. 너 죽어서는 정녕 아니 된다"(요사노 마사코).3)

내가 '페이트리오티즘'(patriotism)이라고 부르는 것은 특정 장소와 특정 생활양식에 대한 헌신적 애정으로 그 장소나 생활양식이 세계 제일이라고 믿고 있지만, 그것을 타인에게까지 강요하려고 생각한 것은 아니다. 페이트리오티즘은 군사적으로도 문화적으로도 본래 방어적인 것이다. 그러나 내셔널리즘은 권력지향과 굳게 연결되어 있다. 내셔널리스트는 항상 보다 강대한 권력, 보다 강대한 위신을 획득하는 것을 목표로 한다. 그것도 자신을 위해서가 아니라 개인적 자신을 버리고 자신을 매몰시킬 대상으로 선택한 국가나 그러한 유형에 속하는 것을 위한 것이다(George Orwell, *Notes on Nationalism*, 1945).

(2) 고도의 자율적(자치적) 정신, 자기책임과 결단의 공동의식으로서, 타민족에 대하여 혹은 자국의 소수 지배자에 대하여 국가의 국민화를 요구한다

'네이션'(nation)을 만드는 것은 인종이나 종교, 언어, 국가제도, 경제적 이익이 아니다. '네이션'이라는 것은 과거에 치렀던 희생의식과 미래에도 또한 계속 희생을 감수하려는 마음가짐(각오)에 기초를 둔 위대한 연대인 것이다. '네이션'의 존재는 이른바 나날이 되풀이되는 일반투표와 같은 것이다.

---

2) 石川啄木(1886~1912). 시민 평론가. 1910년 반역(大逆)사건을 계기로 사회주의 사상에 몰두했으나, 폐병과 가난 속에서 사망하였다. 그의 사상은 그의 사후에 큰 반향을 일으켰다.
3) 与謝野晶子(1873~1935): 시인이자 가인(歌人). 남편인 요사노 뎃간(与謝野鐵管, 1901년 결혼)과 함께 낭만주의적 문예활동과 후진 양성에 주력함.

국체라는 것은 한 종족의 인민이 서로 모여 고락을 함께 하고, 타국인에 대해 자타의 구별을 만들어 자국인끼리는 타국인에 대해서보다는 호의적으로 대하며……, 한 정부 아래서 스스로를 지배하고 다른 정부의 통제를 받으려 하지 않으며, 화와 복을 스스로 함께 담당하며 독립하는 자를 말한다. 서양말에서 내셔낼리티라는 것이 바로 이것이다(福澤諭吉, "국체<내셔널리티>의 정의," 『문명론의 개략』, 제2장).

또한 내셔널리즘을 다른 이데올로기와 구별하여 진정한 내셔널리즘이 되게 하는 불가결한 계기로 다음 세 가지를 들 수 있다.

① 국민적 전통(national tradition).
② 국민적 이익(national interest).
③ 국민적 사명(national mission).

전통은 네이션을 과거와 연결하고, 이익은 현재와, 사명은 미래와 결합시킨다.

나아가 '국민적 사명'의 양상에 따라 내셔널리즘을 다음과 같이 유형화할 수도 있다.

i) 종교적 사명과 결합한 내셔널리즘(크롬웰, 러시아 슬라브주의).
ii) 철학적·문화적 사명과 결합한 내셔널리즘(독일, 중화의식).
iii) 정치적·도덕적 사명과 내셔널리즘(프랑스혁명 사상),
iv) 경제적 사명과 결합된 내셔널리즘(영국 '세계의 공장').

메이지유신 후의 일본은 동양의 정신(문화)과 유럽의 과학기술(문명)을 접합하고("동양도덕, 서양기술," 佐久間象山,[4] "동서 문명의 조화," 大隈重信),[5]

---

4) 佐久間象山(1811~1864). 막부 말기의 사상가. 동양도덕, 서양예술(기술)을 주창하고 스스로 양학, 양포 등을 배워 막부 말기의 수많은 개혁가(勝海舟, 吉田松陰, 坂本龍馬 등)를 가르쳤으며 『海防八策』을 제시하기도 했다.

또한 상무정신에 문화를 보태 전형적인 '전체적 사명'(로버트 미첼즈)을 만들어 냈다(서양식의 총에도 황국정신이 깃든다!). 이에 반해 중국의 전통적 화이사상은 오히려 '부분적 사명'(즉 문화의 우위성)이기 때문에 아무리 이민족의 무력침략을 받아도 중화의식에는 흔들림이 없다.

4) 내셔널리즘의 변용(변질)

'한 민족 한 국가'(one nation, one state)를 표방하며 프랑스혁명에서 민주주의와 함께 태어난 쌍둥이인 내셔널리즘은 개인의 자유와 평등을 내세우면서 동시에 각 민족의 자유와 평등을 강조했다. 국내와 함께 국제적으로도 heredity(세습)와 privilege(특권)를 부정한 것이다. '한 민족 한 국가'의 주장은 다음과 같은 세 가지의 구체적인 형태로 나타났다.

① every nation, a state
각 민족은 각자 하나의 민족국가를 형성해야 한다는 주장이다. 한 민족이 여러 개의 국가 혹은 정치단체로 분열돼 있었을 때, 그것을 통일하여 한 국가를 건설한 경우(독일), 타민족의 지배 하에 있던 민족이 독립하여 한 국가를 건설한 경우(발칸지역의 국가들) 등이 있다.

② the whole nation, a state
같은 민족에 속해 있는 모든 사람과 그들이 사는 토지가 하나의 민족국가로 편입되어야 한다는 주장이다(통일국가 건설 후 이탈리아의 휘우메 병합 주장 등).

③ only the nation, a state
국가는 같은 하나의 민족만으로 구성되어야 하며 타민족과 뒤섞여서는 안 된다는 주장이다(나치의 유대인 배척).

내셔널리즘에 내재된 이러한 비합리적 계기 때문에 내셔널리즘의 여러 가지 변형이 생겨난다.

---

5) 大隈重信(1838~1922). 메이지 말기의 일본 정치가. 1869년 대장상, 1882년 입헌개진당 창당, 1888년 외상, 1896년 진보당 결성, 1898년 헌정당 결성, 내각 조직, 1914년 제2차 내각 조직.

(1) 국가지상주의(étatism)

국민에 의해 주체적으로 운영되는 국가가 아니라 국민에게서 독립하거나 국민에 대해 권력주체로 군림하며 국가 자체를 절대화하고 신격화하는 이데올로기이다. 궁극적으로 그것은 정부숭배, 아파라트(apparatus, 장치)로서의 국가, 통치기구 그 자체의 절대화, 나아가서는 관부(官府)를 구성하는 군부, 대통령, 관리층 등 일군의 지배권력을 절대화하는 것으로 귀착된다.

공동체국가(res publica, commonweath)와 구별되는 기구(아파라트, apparatus) 국가(state) 개념이 성립하는 것은 르네상스 시기 이탈리아에서 'stato' 개념이 등장(특히 마키아벨리)하면서부터이다. 그것이 '국가이성'(마이네케)으로서의 합리성을 잃고 물신화(物神化)한 것이 '에타티즘'(étatism)인 것이다. 그것은 이미 민주주의와는 내면적 관련이 없을 뿐만 아니라 민주주의와 첨예하게 대립한다.

(2) 인종적 민족주의(racism, Folks als Rasse)

국가지상주의란 위의 '한 민족 한 국가'의 세 가지 방식 중 iii)을 극단화시키고 그 민족관념을 생물학적 인종개념으로 단순화하여, 모든 타민족을 선천적·유전적으로 자민족보다 열등하다고 여기고 혈통의 통일체로서 자민족국가를 절대화하는 주장이다. (1)이 기구로서 국가의 신격화라고 한다면 (2)는 인종으로서 민족의 신격화이다. 나치 민족주의와 같은 철저한 인종편견은 모든 민족의 평등과 독립의 존중이라는 이념 i)과는 도무지 양립할 수 없다. 세계 어디에서도 생물학적으로 순수한 단일 유전성을 가진 인종은 존재하지 않는다.

국가의 신격화라는 형태(1)든 민족공동체의 신격화라는 형태(2)든 그것은 결국 구체적으로 국민에 대한 통치권력의 신격화를 의미한다. 국민은 원래부터 개인의 산술적·기계적 집합이 아니지만, 개개의 인간에서 벗어나 어떤 추상적인 전체가 실체적인 가치를 부여받는 경우 그 순간부터 근대 내셔널리즘의 진보적인 측면, 다양한 여러 개인의 자발적 창의에 의해 지탱되는 내셔널리즘은 사라지게 된다.

(3) 제국주의(imperialism)

근대 민족국가가 국제적으로 우월한 지위를 획득하기 위해 대외적으로 자국의 정치적·경제적 세력범위를 확장하고 타민족을 지배하던 사상 혹은 그 실천이다. 다음 항목에서 설명할 19세기 유럽형 내셔널리즘은 결국 모두 20세기에는 제국주의로 변했다(아시아형으로 시작한 일본의 내셔널리즘도 그러한 전철을 밟다가 1945년에 파산했다). 제국주의는 내셔널리즘의 필연적인 발전인 동시에 그 부정인 것이다. 그리하여 제국주의적 실천이 결국 식민지 또는 반식민지 국가에서 민족해방운동을 불러일으켜 왔다는 것은 지금까지 세계사가 증명하고 있는 바와 같다. 오늘날 민족국가라는 정치적 단위가 글로벌 기술·경제·커뮤니케이션에서 상호 의존성 심화에 더 이상 적합한 것이 아니라 하더라도, 각 지역, 각 민족의 역사적 발전의 불균형이 존재하는 한 내셔널리즘은 계속 남게 될 것이다. 오늘날에도 반식민지적 상황으로부터의 해방운동이 민족주의운동의 형태로 전개되고 있는 것을 우리 모두가 목격하고 있다.

3. 유럽형 내셔널리즘과 비유럽 세계의 내셔널리즘

1) 유럽형 내셔널리즘과 아시아형 내셔널리즘

유럽형 내셔널리즘의 특징은 중세 신성로마제국의 해체과정에서 발생했다. 즉 중세의 보편적 세계(res publicana Christiana: 그리스도교 공동체)에서 여러 민족국가가 나온 것이며, 먼저 하나의 세계가 존재하다가 그것이 내부적으로 분열해 각각의 민족국가가 다른 민족국가에 대해 자신의 독자성을 자각해 가는 과정이 유럽 내셔널리즘의 성립과정이었다. 따라서 Corpus Christianum이라는 국제사회에서 국가평등 원리에 의한 근대국가가 성립하고 거기에는 국제법(만국공법) 질서가 존재한다.

이에 반해 아시아의 사정은 전혀 다르다. 아시아의 여러 민족은 국제사회 속에서 자신을 자각한 것이 아니라 외부로부터 유럽 제국주의에 의해 강제로 '개국'을 강요당하고 국제사회에 이끌려 나오면서 자신을 자각하게 된 것이다. 이 경우 국제사회로서 유럽세계와 아시아의 접촉은 전혀 이질적인 것의 접촉이었으며, 하나의 공통된 세계를 전제로 한 것이 아니었다(그때까지 '아시아'라는 명칭 자체가 유럽에서 나온 것이었고, 아시아 여러 민족의 자기의식 속에 "아시아는 하나"<岡倉天心>라는 인식은 전혀 없었다).

일반적으로 아시아의 내셔널리즘을 유럽과 비교하면 사회운동 혹은 사회개혁의 성격이 강하며, 국가자본에 의한 공업화, 문맹퇴치, 기술자 및 근대적 노동자의 양성, 농지개혁, 복지, 특히 위생설비의 확보라는 공통요소가 보인다. 요컨대 그것은 i) 제국주의에 대한 반항, ii) 빈곤에 대한 반항, iii) '서양'에 대한 반항이라는 세 가지 반항을 지렛대(계기)로 한 자주적 '근대화' 운동이었다.

2) '제3세계'의 내셔널리즘

제2차 세계대전 후 내셔널리즘에 새로운 상황이 나타났다. 아시아뿐만 아니라 아프리카, 라틴아메리카에서 구식민지가 차례로 독립하여 미소 중심의 동서 '냉전'체제에 대해 이른바 '제3세계'가 형성되었기 때문이다. 그 여러 나라의 독립은 모두 '내셔널리즘 혁명'이라 부를 만한 것에 의해 달성되었다. 먼저 중국혁명과 그에 이은 쿠바혁명이 제국주의 침략 혹은 식민지 상황으로부터의 해방과 독립을, 지주제 타도에 의해 농민(=소작인, 농노)을 해방시키는 사회혁명과 동시에 달성하는 '내셔널리즘 혁명'의 성격을 가지고 성립하여, 그것이 아시아, 아프리카, 라틴아메리카 여러 나라로 전면적으로 확대되었던 것이다.

그것은 프랑스혁명처럼 부르주아(중산계급)를 담당자로 한 것도, 일본의 메이지유신처럼 하급무사와 호농(하층지배계급+중간계급)을 담당자로 한 것도 아니었다. 기본적으로는 빈농(하층계급)을 담당자로 하고 선진 구미 여러 나라에서 배운 지식층을 리더로 하여 자주 군사독재(='개발독재')를 동반하면서 달성된 '내셔널리즘 혁명'이었다.

3) 동서 '냉전체제' 붕괴 후의 내셔널리즘

1989년 '베를린장벽' 붕괴 후 동서 냉전체제는 일시에 붕괴하고, 사회주의와 자유주의의 이데올로기 대립을 대신해 민족, 인종이나 종교와 관련된 분열, 대립, 폭력적 분쟁이 분출되어 왔다. 연방국가로부터의 민족 분리·독립(체코와 슬로바키아, 발트 삼국), 비극적인 민족공동체 간의 전쟁(유고슬라비아), 소련 붕괴 후 카프카스 지역에서의 애스노(인종) 내셔널리즘의 분출(그루지야, 나고르노 카라바흐), 러시아 내부의 내셔널 아이덴티티를 위한 투쟁(체첸), 포스트 식민지 시대 아프리카에서의 민족이나 씨족 간의 처참한 학살(르완다, 소말리아) 등이 있었다. 더욱이 울트라(ultra) 내셔널리스트로 변용된 공산당 아파라치키(지배계급)에 의한 '민족정화'(보스니아), 힌두 지상주의자에 의한 핵실험 과시(인도), 이슬람 과격파에 의한 테러리즘(9·11의 연속 자폭테러) 등이 눈에 선하다(그런데 9·11사태 등은 민중을 선동하는 정치가나 이데올로그들이 '글로벌리즘'을 내걸고 독선적 내셔널리즘으로 치닫고 있는 '아메리카 제국'에 대항하기 위해 인종적·민족적 아이덴티티에 호소하는 전략과 연계되어 있다).

어쨌든 '근대에 고유한 여러 조건의 산물'(E. 겔러[6])이자 '상상의 공동체'(B. 앤더슨)[7] 혹은 '만들어진 전통'(E. J. 홉스봄)[8]이 네이션과 내셔널리즘인데, 다른 한편 그것이 '공통의 신화와 역사적 기억'을 가지고 "몇 세대에 걸친 시간적 경과과정을 거쳐 결합된 것이며, 형성 이전부터 계속 존재하던 전통과 유산의 산물"인 한 지난날 많은 이상주의자가 생각해 왔던 네이션의 초월이나 내셔널리즘의 포기 등은 "우리들이 살아 있는 시대에는 일어날 것 같지도 않다"(A. D. 스미스). 그렇지만 근대 내셔널리즘과 불가분의

---

[6] Ernest Gellner, *Nation and Nationalism*, Basil Blackwell, Oxford, 1983 참조 바람.

[7] Benedict Anderson, *Imagined Communities: Reflections on the Origin and Spread of Nationalism*, Verso, 1983/(revised edition) 1991 참조 바람.

[8] Eric. J. Hobsbawm, *Nations and Nationalism since 1780: Program Myth, Reality*, Cambridge Univ. Press, Cambridge, (2nd edition) 1990.

관계에 있는 민주주의 혹은 인민주권 원리와의 결합을 상실하게 되면, 내셔널리즘은 언제든지 쉽게 단순한 국가주의, 인종주의, 제국주의로 전락할 것이 확실하다.

4. 일본의 내셔널리즘과 천황제

1) 해방론 및 양이론적 내셔널리즘: 전기적 내셔널리즘

(1) 마루야마 마사오가 말한 '전기적 내셔널리즘'("국민주의의 '전기적' 형성," 『일본 정치사상사 연구』) 단계인데, 그 제1단계가 해방론이다(林子平,[9] 『海國兵談』, 1786; 大原小金吾, 『北地危言』, 1797; 古賀精里,[10] 『極論時事封事』 등). 그 기원이 된 것은 러시아, 뒤이어 영국이 통상을 위해 내항하고, 러시아의 경우에는 일본 선박을 불태우는 등 무력적인 강압수단을 행하면서 통상을 요구한 것이다. '러시아의 위협'으로 대표되는 대외적 위협에 거국적으로 내셔널한 대응을 해야 한다는 것이 전기적 내셔널리즘의 출발점이었다.

외구(外寇)는 천하의 원수이며, 일국만의 적이 아니다(『北地危言』).

이때의 '일국'은 '일번'(一藩)을 가리키고, '천하'가 네이션인 것이다. 그런 의미에서 '천하'의 위기에 대해 '천하의 인재'와 '천하의 지력'을 모아 방어책을 수립해야 한다. 이것이 대외적 위협을 의식한 시기에 나타난 최

---

9) 林子平(1738~93). 에도 중기의 경세가. 막신 오카무라 요시미치(岡村良通)의 아들로 태어나 후에 센다이(仙台)의 번사가 되었다. 나가사키에 유학, 해외사정을 연구했다. 러시아의 남하정책을 경고하고 해방(海防)사상과 홋카이도 개척을 주장하였다.

10) 古賀精里(1750~1817). 에도 중·후기의 주자학자. 사가(佐賀)번의 유관(儒官)으로서 막부정치에 참가하였다.

초의 nation의식, 오히려 nation의 발견("일본국가의 출현," 竹越与三郎,11) 『신일본사』, 1892)이다. 또한 이러한 '거국적' 집결을 방해하는 요인으로 '상하격절'(上下隔絶), '언로옹폐'(言路壅蔽)의 폐단이 지적되어 '언로동개'(言路洞開)의 필요성이 요청되기에 이른다(『極論時事封事』).

(2) 뒤이어 나타난 것이 중상주의와 '부국강병'론이 결합한 제도개혁이다. 예컨대 혼다 도시아키12)는 "동양의 대일본, 서양의 대영국, 천하의 대세계에 두 개의 대부국, 대제국이 된다"(『西域物語』, 1798)고 하면서, 해외무역과 홋카이도 개발, 가라후토, 만주 등을 식민지로 만들자고 제창하였다.

더욱이 사토 노부히로는 『방해책』(防海策, 1808)에서 러시아에 대한 방해책으로 홋카이도에서 '캄차카', '오호츠크'로의 진출, 그리고 영국에 대한 방해책으로 류큐국(오키나와)에서 필리핀, 루손도(島) 등으로의 진출을 주장했다. 또한 분세이(文政, 1818. 4~1830. 12)에서 덴뽀(天保, 1830. 12-1844. 12) 시기에 이르면 『혼동비책』(混同秘策, 1823), 『수통비록』(垂統秘錄, 1848)에서 보듯이 이상국가 구상(사농공상을 폐지하고, 전 국민을 8민으로 나누고, 6부에 나누어 속하게 하고, 생산을 공영화하고, 자본·토지의 국유화를 이룬다는 일종의 사회주의 국가 구상)을 제시한다. 여기에는 "황대어국(皇大御國, 일본)은 세계 최초의 국가로서 세계 만국의 근본이 된다"(『混同秘策』)는 히라타 아쓰타네(平田篤胤)13)에게서 배운 국학적 '범(汎)재패니즘' 관념도 있었다.

(3) 전기적 국민주의의 최종 단계가 존왕양이론이다. 여기에도 2단계가 있는데, 1단계는 아이자와 세이시(合澤政志)14) 후지타 도코(藤田東湖) 등 후기 미토(水戶)학파의 '국체론'(國體論)에서 나타난다. 그 내용은 천황에게

---

11) 竹越与三郎(1865~1950). 신문기자, 정치가, 민간사론가. 1920년 이후 중의원의원, 귀족원의원 등 역임.

12) 本田利明(1743~1820). 에도 후기의 경제가. 서양서적으로 지리를 배우고, 경제면에서는 무역과 상업의 중요성을 강조하였다.

13) 平田篤胤(1776~1843). 에도 후기의 국학자. 국학(國學)을 종교화한 신학(神學) 체계를 만들고, 막말의 존왕양이 운동에 큰 영향을 끼쳤다.

14) 合澤政志(1782~1863). 에도 말기의 국학(水戶學)을 대표하는 학자. 주저 『신론』에서 존왕, 대의명분, 부국강병 등을 강조해 당시의 존왕양이 운동 지사에게 큰 영향을 미쳤다.

대외적 위기에 대처하기 위한 정치적 통일을 요구하는 동시에, 이른바 농병(農兵)제도에 의해 일종의 국방국가 체제로의 재편성을 요구하는 것이었다. 여기에서 국체론이 처음으로 구체적인 실무론과 연결되고 존왕론과 부국강병론이 일체화된 것은 이후 양이운동에 큰 영향을 준다. 그러나 그것은 결국 제후들의 '공무합체론'(公武合體論)15)에 머문 것이었다. 바꿔 말하면 후지타 도코의 『회천시사』(回天詩史)에서 보이는 '간민교이'(姦民狡夷)라는 단어가 상징하듯 국내의 '간민'과 국외의 '교이'가 같은 차원에서 적대시되었기 때문에, '양이'의 주체로서 '국민'은 상정되어 있지 않았다.

(4) 이를 타파하고 이른바 '과격파' 존이론(尊夷論), 도막(倒幕)적 존황양이론으로 내밀었던 것이 요시다 쇼인(吉田松蔭)16) 등의 움직임이었다. 당초 요시다는 막부타도의 실행주체로서 서남지역 유력한 번의 개혁파 제후들을 기대했다. 하지만 그들이 자신들 번의 실리를 우선시해 시세에 아첨하는 것을 보고 절망해, 이윽고 그 주체를 '민간의 지사' 혹은 '천하의 낭인' 중에서 찾게 된다. 존양의 담당자는 '두루 천하의 만민(萬民)' 중에서 찾는 길밖에 없다는 결론에 이른다.

> 보천솔토(普天率土: 天下)의 백성 모두 천하의 일을 자기의 임무로 여겨 죽음을 각오해 천자를 섬기고 귀천존비의 차별을 하지 않는 것, 이것이 신주(神州: 일본)의 나아갈 길이다(『丙辰幽室文稿』).

그리고 안세이 6년(1859) "현재의 정세에서 제후는 물론 분열하지 않고, 고위관직자로 나누기 어려우니 민간에 머물러야 한다. 그러나 민초도 힘이 있다. 천하를 두루 편력하여 농민봉기라도 발생하는 틈을 이용하는 기묘한 방책이 있어야 할 것인가"라고 적고 있다("野村和作宛"). 또한 "독립불

---

15) 에도 말기의 정치운동. 1858년 일미수호통상조약 체결 이후 동요하는 막부체제를 조정(朝廷·天皇)의 전통적 권위와 연결시켜 정국안정을 꾀한 정치운동.
16) 吉田松蔭(1830~59). 막말기의 지사, 사상가. 조슈(長州)번 하급무사 집안 출신이나 일찍이 존황양이 사상에 눈떴다. 1854년 페리가 두 번째로 일본에 왔을 때 해외로 밀항을 획책했으나 실패했다. 존황파 지사의 교육에 헌신했다.

기(獨立不羈), 삼천년 역사의 대일본이 일조(一朝)에 타국의 속박을 받는다는 것은 피와 근성이 있는 자라면 보고 견딜 수 없는 일이다. 나폴레옹을 깨워 자유를 부르짖지 않으면 배 아픔을 고칠 수 없다"고 하였으며("北山安世冤"), 같은 해 안세이의 대옥으로 사형되었다.

이리하여 내셔널리즘의 '전사'(前史)는 끝이 나고 "자유독립의 기풍을 전국에 충만시켜 나라 안의 사람들이 귀천 여하에 상관없이 나라를 자신의 몸으로 떠받치며, 지혜로운 자나 어리석은 자나 눈 먼 자나 눈 뜬 자도 나라의 백성 된 도리를 다해야 한다"(후쿠자와 유키치, 『학문의 권장』, 3편). 그리고 "전국 인민의 머리 속에 나라의 사상을 품게"(후쿠자와 유키치, 『통속국권론』) 하는 과제가 메이지시기 사상가들의 두 어깨에 달리게 되었다.

2) 근대 국민주의의 고전적 형성: 후쿠자와 유키치

메이지유신 전후에 배출된 크고 작은 여러 계몽사상가 중에서 후쿠자와 유키치만큼 일본의 국민적 독립이라는 명제에 모든 주장과 사색의 초점을 자각적으로 응집시킨 사상가는 없었다. "일신독립(一身獨立)으로 일국독립(一國獨立)한다"는 명제 및 "인민독립의 기풍확립"이라는 명제는 그의 주요 저서인 『학문의 권장』(1872~76)과 『문명론의 개략』(1875)에서 각각의 중심을 차지하고 있다. 그는 일본의 근대적 내셔널리즘을 정식화한 최초의 또한 어떤 의미에서는 최후의 사상가라고 할 수도 있다.

초기의 후쿠자와에게는 자유주의(개인의 해방), 국제주의(국민적 통일과 독립), 국가주의(개인 간의 자유평등 원리를 국제관계 사이에 적용)라는 세 가지가 말하자면 행복한 조화를 통해 결합되어 있었다. 바꿔 말하면 국내에서의 봉건적 압제의 타파와 국제적인 예속관계의 배제는 둘이면서 하나였다. 또 동양세계의 유럽에 대한 식민지적 예속의 타파 없이는 일본국가의 안전과 독립은 있을 수 없었으며, 역으로 일본의 근대국가 성립 없이는 동양 여러 민족의 해방은 있을 수 없는 일이었다.

일국의 자유를 방해하는 자가 있다면 세계 여러 민족을 적으로 삼게 되더라도 두려워 할 것이 없으며, 이 일신의 자유를 방해하는 자가 있다면 그가 정부의 관리라도 겁낼 것이 없다.

> 천리(天理)인도에 따라 서로 교류하고, 이(理)를 위해서는 아프리카의 흑인 노예도 겁낼 줄 알며, 도를 위해서라면 영국과 미국의 군함도 겁내지 않고, 나라가 취욕을 당한다면 일본국 인민의 마지막 한 사람까지도 목숨을 바쳐 나라의 위광을 떨어뜨리지 않음으로써 비로소 본국의 자유독립을 말할 수 있는 것이다(『학문의 권장』, 초편).

그러나 『문명론의 개략』 제10장 "자국의 독립을 논한다"를 쓴 시기부터 이 "일신의 자유독립"과 "일국의 자유독립"의 행복한 조화에는 균열이 생긴다. 바로 유럽 제국주의가 최고조에 달한 시기였다. 후쿠자와는 그 치열한 국제환경(약육강식의 다원주의적 상황)에서 이미 국제관계는 자유평등의 원리가 관철될 수 없다는 현실적 인식을 전면에 내세우기에 이른다.

> 화친조약이건 만국공법이건 지극히 아름다운 것 같지만, 오직 맹목과 의식에서만 그러하고, (만국) 교제의 실제는 권위를 다투고 이익을 확대하는 것에 지나지 않는다. 백 권의 만국공법은 수 문(數門: 몇 대)의 대포만도 못하고, 아무리 많은 수의 화친조약도 탄약 한 상자에 못 미친다. 대포와 탄약은 이로써 이미 있는 도리를 주장하는 도구가 아니라 없는 도리를 만들어 내는 기계(器械, 수단)인 것이다(『통속국권론』, 1878).

또한 후쿠자와의 『탈아론』(1885)을 보면 1960년대 이후 만들어진 그에 대한 통설적인 이미지는 후세의 오독(誤讀)에 의한 것이라는 점을 논하고 싶지만, 지금은 더 이상 언급하지 않겠다(또 이 점에 대해서는 마루야마 마사오, "후쿠자와 유키치의 '탈아론'과 그 주변: 일본학사원," 논문보고, 1990. 9. 12, 『마루야마 마사오 수첩 20』 및 "제78회 막스 베버회, 例會에서: 1992. 7. 11, 武藏野 公會堂," 『마루야마 마사오 수첩 32』 참조 바람).

3) 정한론과 내셔널리즘

정한론의 발흥(1870)에서 결말(1876)에 이르는 과정에는 그 후 일본의 대륙정책이 내포하고 있는 모든 문제가 압축되어 표현돼 있다고 할 수 있다.

(1) 내란을 외전으로, 내적 불만을 배외적 분위기의 고양으로 발산한다는 발상(지배층적 입장)

사절을 저 땅에 보내면 반드시 그가 경멸하는 행동을 나타낼 것이고 폭살하는 일도 결코 없지 않을 것이다. 그때에는 천하의 모든 사람이 일어나 그 죄를 벌해야 함을 알게 될 것이며, …… 내란을 일으키려는 마음을 밖으로 옮겨 나라를 흥하게 하는 원략이 되게 한다(西鄕隆盛, "板垣退助에게 보낸 서한," 메이지 6년 8월 11일).

(2) 외전(外戰: 국제분쟁)을 일으킴으로써 국내를 개조(改造)한다는 발상 (지배층 내의 반정부적 입장)

오늘날의 계획은 단연 무사정권을 펴고, 천하 유약경조의 기풍을 일변시키며, 국가의 독립을 지키기 위해 외국과의 일전도 불사한다는 각오를 상책으로 한다. 이것이 국가를 흥하게 하는 지름길이 된다. …… 지금이야말로 문명개화라 칭하고 미국을 어머니로, 프랑스를 아버지로 삼아…… 지금에 이르러 속히 이러한 큰 계획을 정하고 국가의 진로를 고치지 않으면, 이를 결행할 시기는 대사(이와쿠라 사절단)의 귀국 이전이어야 한다(육군소장이 메이지 6년 봄 西鄕隆盛에게 보낸 편지).

에토(江藤)[신뻬(新平)]의 심사를 한마디로 말하면, 밖으로 일을 벌려 삿조권력(메이지정부)을 타파하고 파벌(藩閥)적 정부를 세워 국민적 정부를 받으려 하는 데 있다(『大隈 佰昔日譚』).

(3) 정치의 군사에 대한 통제의 약함(야전군부의 강경론에 끌려다닌다)

(4) 조약개정을 위해, 더 나아가서는 국민적 독립을 위해 대외전쟁의 승리 또는 가능한 한 저항이 적은 해외진출로 국위선양을 이룬다는 발상

> 정한(征韓)이 이미 그 효과를 나타내고 나라의 명성이 해외에 떨치면 각국의 일본을 바라보는 눈이 지금과 다를 것이다(桐野利明[1838-1877], 『時勢論』).

(5) 동양에 대한 일본의 두 가지의 역할 의식(동아시아를 유럽 제국주의로부터 방위하는 역할→동아연맹론과 일본 자신이 유럽 제국주의와 나란히 동아시아로 진출한다는 의미[→동아맹주론])

4) 자유민권운동과 내셔널리즘

자유민권운동은 '국권확장'이 '민권신장'과 한 세트가 돼야 한다고 주장했다.

> 신(臣) 등 엎드려 방금 정권이 해야 할 일을 관찰하건대, 위로는 황실에 있지 않고 아래로는 인민에 있지 않으며 다만 유사(有司)에 귀(歸)함에 있다. 국회를 세워 천하의 공론을 신장하고 인민의 통의권리를 세워 천하의 원기를 고무하고, 이로써 상하가 가까워지고 군신이 서로 사랑하며 우리 제국을 유지하고 일으켜 세우면서 행복과 안전을 보하려 함이다("민선위원 건립건의서," 1874).

이와 같이 국권론과 결부된 민권론은 그 근대 내셔널리즘적 측면 때문에 처음으로 일본의 토양에 뿌리를 내릴 수 있었다고 할 수도 있다. 하지만 그 반면 적지 않은 이데올로기적 혼란도 수반되었다.

(1) 무단적(武斷的) 침략주의와 내셔널리즘의 혼합

> 외전이 발생하면 정부의 권력이 증대하지 않을 수 없고, 정부의 권력이 증대하면 인민의 권력은 감소하지 않을 수 없다(德富蘇峰의 비판, 『장래의 일본』).

(2) 민권론적 내셔널리즘과 전근대적 국수주의의 혼합
대동단결운동 진보파와 반동적 국수주의파의 제휴가 전형적인 예이다.

> 국권의 쇄함을 개탄하고 사해의 곤궁함을 걱정하는 자는 수구당, 개진당 여하를 막론하고 모두 대동단결하여 진격의 대오에 나서야 한다(『自由堂史』下).

> 미야자키 도텐(宮崎滔天)처럼 자유의 장사(壯士)인지 현양사(玄洋社)적 대륙낭인인지 전혀 구별이 안 되는 경우도 있었다(『三十年의 꿈』; 中江兆民, 『三醉人經綸問答』 속의 "東洋豪傑君" 참조).

(3) 향토주의와 내셔널리즘의 혼합
자유민권운동의 국민적 조직화를 방해한 요인으로 향당적 감정에 기초한 대립이나 질시가 있었다. 예를 들어 입지사(立志社)의 리더십을 둘러싼 지방적 대립이 그것이다.

> 민권의 고지(高知)가 원조라고 하면 정신은 규슈에서 벗어나는 것은 없다고 하며, 심한 경우에는 역(驛)과 동네가 다르면 편협한 마음을 일으켜…… 운운" (酒井忠誠, 『메이지 16년 각 정당 번창기』).

이런 향토주의는 도시를 기반으로 한 개진당(改進黨)보다 농촌을 기반으로 한 자유당에 보다 강하게 나타났다. 이 '농본주의'적 내셔널리즘은 도시와 중앙집권화에 대한 반항적 성격을 지니고 있었으며, 다이쇼(大正) 후기 이후 내셔널리즘이 파시즘으로 흘러들어 갈 때 한 요인이 되었다.
이리하여 자유민권운동에서 내셔널리즘과 데모크라시의 결합은 이론적으로나 실천적으로 실패로 돌아가고, 내셔널리즘적 동향은 메이지 후기 이래 제국주의·국권주의로 변모하였으며, 다른 한편 데모크라시적 동향은 사회주의적 인터내셔널리즘의 방향으로(中江兆民의 제자 幸德秋水 등) 각각 다른 길을 걷게 되었다.

5) 메이지 20년대의 '국민주의'와 '평민주의'의 경쟁적 공존

귀족적 유럽화(歐化)주의(鹿鳴館)적　：　관료적 국가주의(伊藤, 山縣 등)

→　→
←　←

평민적 구화(歐化)주의　　　　　　개명적(開明的) 국수주의
(평민주의)　　　　　　　　　　　　(국민주의)

- 民友社 그룹: 德富蘇峰, 山路愛山, 竹越与三郎 『國民新聞』과 잡지 『國民之友』 발행. 평민주의(武備기관→생산기관, 귀족사회→평민사회, 완력세계→평화세계).
- 政敎社 그룹: 陸羯南, 志賀重昻, 三宅雪嶺. 신문『日本』과 잡지『日本人』발행. 『國民主義』(陸羯南), 『國粹保存旨義』(志賀重昻).

　우리 국민론파가 구화주의에 맞서 일어선 것은 독일 국민론파가 프랑스의 압제에 맞서 일어난 것과 같을 따름이다. …… 국민적 정치(내셔널 폴리틱스)란 밖에서는 국민의 독립을 의미하고, 그리하여 안으로는 국민의 통일을 의미한다. 국민적 통일이란 본래 국민 전체에 속해야 하는 자는 반드시 이들 모두를 국민적(내셔널)으로 만드는 것을 말한다. 국민적 정치란 이 점에서는 즉 세상에서 말하는 여론정치라고 할 수 있다. 국민 전체로 하여금 국민적 임무를 나누어 담당케 하는 것은 국민론파 내치의 제일의 요지이다. 자유주의는 개인의 천부적 능력을 발전시켜 국민실력의 진보를 꾀하는 데 필요하다. 평등주의는 국가의 안녕을 유지하여 국민 다수의 지망(志望)을 충족하는 데 필요하다. 고로 국민론파는 이 두 가지 원칙을 정사(政事)상의 중요한 조건으로 여긴다 (陸羯南).

6) 천황제국가의 성립 및 청일·러일전쟁 후 내셔널리즘의 변질

　대일본제국 헌법의 공포(1889)와 교육칙어 반포(1890)를 계기로 이른바 천황제 국가체제가 성립된다. 여기에는 '일군만민' 사상에 의해 국민은

'신민'으로 규정되고, '애국'은 '만세일계'(萬世一系)의 '신성'한 천황에 대한 '충군'(忠君)과 연결되었다. 자유민권운동을 억압하면서 성립한 천황제 국가는 '민권'관념과 연계된 '국민'관념을 기피하고 천황에 대한 신민의 충성의식 배양에 의한 애국심 형성을 꾀했던 것이다.

그러나 이러한 천황제 이데올로기가 '도덕교육'을 통해 국민에게 침투하게 된 것은 청일전쟁 후 문부성이 주도한 '국민도덕운동'을 통해서였다. 이때 논단에서도 다카야마 조규(高山樗牛),17) 기무라 요타로(木村鷹太郞) 등의 '대일본협회' 멤버에 의해 주창된 '일본주의'는 구가 가츠난(陸羯南) 등과 달리 노골적으로 '국가지상주의'나 '제국주의'(예를 들어 새로운 식민지인 대만을 '同文同種' 등으로 생각하지 말고 철저한 권력 관계로 지배하자)를 주장하기 시작했다. 청일전쟁을 계기로 메이지 전반기의 '건전한 내셔널리즘'은 급속도로 색이 바랜 것이다.

> 청일전쟁은 국민사상의 전환을 촉진하고 소일본주의는 대일본주의로, 민권사상은 점차 국권사상으로 옮겨가게 되었다(『玄洋社史』).

이러한 '대일본주의'('세계 속의 일본'[竹越]으로서 '대일본 팽창론'[德富])로 '변질'의 배경이 된 것은 ⅰ) 일본 자본주의의 비약적 발전(경공업, 특히 방적업 중심. 청일전쟁 강화배상금 2억 냥에 의한 금본위제 확립), ⅱ) 세계 제국주의의 성숙, 특히 아메리카제국의 성립(필리핀 합병, 멕시코), ⅲ) 삼국간섭(德富미에게는 '제국주의의 복음', 또 山路愛山는 이를 계기로 라사르적 '국가사회주의'로 전향)이라는 여러 가지 사정이 있다.

더욱이 러일전쟁 후 또다시 새로운 상황이 펼쳐진다. 이쿠타 조코(生田長江)18)에 의하면, 메이지유신 대변혁의 '근본동기'(根本動機, Leitmotiv)는 '열광적인 대외적 애국심의 각성'인데, 그 후 그것은 "모든 생활의 최고원

---

17) 高山樗牛(1871~1902). 본명은 사이토 린지로(佐藤林次郞). 메이지 시기의 미학자, 문예평론가. 1895년 『帝國文學』을 창간. 1897년 『太陽』의 주간을 맡으면서 청일전쟁 후 국가주의가 고양되는 가운데 일본주의를 고창했다.

18) 生田長江(1882~1936). 평론가, 번역가.

리로서 일본인 모두의 머릿속을 지배"해 왔다. 그것이 '삼국간섭' 후 '극도의 애국적 긴장'상황에 있던 '와신상담의 10년'을 거쳐 러일전쟁의 '승리'를 이룬 결과 '겁나는 일반적 반동'을 초래하게 되었다는 것이다.

① 어쨌든 일본의 국제적 지위가 견고해져 반세기에 걸친 우국적 긴장도 어느 정도 사라지고 피로를 느끼게 되었기 때문에, ② 국가적 흥륭이 반드시 곧바로 국민 개개의 복리를 의미하지는 않는다는 것을 너무나 호되게 체험했기 때문에, ③ 산업계의 근대적 전개에 따른 자유경쟁과 생활불안으로부터 과감한 이기주의로 몰렸기 때문에, 메이지 40년경부터 일본인은 대체로 그때까지의 국가지상주의적 발상에 대해 반동적인 사상을 품고 지극히 개인주의적인 자아주의적 사고방식을 갖게 되었다("메이지문학개설," 1926).

이러한 '개인주의적 · 자아주의적' 의식에 눈뜬 러일전쟁 세대는 근대 천황제국가가 만들어 낸 '체제적 위선'(사적 에고이즘에 '공적' 의의를 부여한 정당화)에 대한 반발을 나타낸 것이다. 앞에서 말한 바와 같이 마루야마가 "초국가주의의 논리와 심리"에서 인용한 나쓰메 소세키[19]의 소설 『그 이후』(それから) 주인공의 이른바 "국가사회를 위해서 진력하여 돈을 번다"는 상황, 혹은 하세가와(長谷川如是閑)의 "'자신을 위해서'라고 말하면 어쩐지 문제가 될 듯한 일을 하고 있는 자가 '국가를 위해서'라는 방어선을 치고 있는" 상황에 대한 반발이다.

7) 다이쇼데모크라시→쇼와파시즘: 초내셔널리즘화

요시노 사쿠조(吉田作造)[20]가 "헌정의 본의를 말하며, 그 유종의 미를 거두는 방도를 논함"(『中央公論』, 1916. 1)에서 '민본주의'를 제창함으로써 시작되는 다이쇼(大正)데모크라시 사조는 요시노 자신은 명확하게 내셔널리

---

19) 夏目漱石(1867~1916). 근대 일본에서 가장 저명한 소설가. 1905년 이후 『吾輩は猫である』, 『坊ちゃん』 등 수많은 작품으로 널리 명성을 떨침.
20) 吉田作造(1878~1933). 정치학자, 사상가. 『中央公論』을 중심으로 기독교적 휴머니즘에 입각하여 문필활동을 전개함.

즘과 데모크라시의 결합을 의도했지만(飯田, "내셔널 데모크라시와 사회의 발견," 『비판정신의 항적』 참조), 제1차대전 후 그것이 아나키적 상디칼리즘이나 볼셰비즘으로 급격하게 경도돼 가면서 인터내셔널리즘적 성격을 강화한다. 그 움직임에 대항하는 형태로 내셔널리즘의 사상과 운동이 이른바 우익적인 방향으로 재응집해 간다. 그리하여 세계적인 파시즘운동의 흥륭과 호응하면서 '천황제 파시즘' 또는 '초내셔널리즘'(초국가주의)이라고도 불리는 것 속으로 우익 내셔널리즘의 움직임은 흘러들어 갔다. 여기에는 몇 가지 요인이 복합적으로 작용했다.

① 다이쇼 8, 9년경부터 대두해 왔던 사회주의나 무정부주의는 절대주의 국가권력에 정면으로 대치하기 때문에 일관해서 인터내셔널리즘에 치우쳐 내셔널 유니티(unity)에 대한 도전의 성격을 강화한 것. 이에 대한 반작용으로 같은 시기에 낭인회, 대정적심회(大正赤心會), 적화방지단(赤化防止團) 등이 등장한다.

② 대전 후의 만성적인 농업공황이 1929년의 세계공황에 의해 격화되고, 그것은 농민의 급진화, 특히 중소지주 출신인 청년장교들에 의한 5·15사건,[21] 2·26사건[22] 등의 궐기를 가져왔다. 그들의 의식은 인도주의적인 정의감과 범슬라브주의의 결합인 나로드니키의 그것과 가깝다.

③ 일본 자본주의의 발전과 그 제국주의적 팽창이 중국 내셔널리즘(항일운동)과 충돌한 것. 대중국 21개조 요구나 산동 반환 등 만주사변에 이를 때까지 중국 내셔널리즘과의 충돌이 일본 제국체제의 위기로 작용해 왔다. 특히 중국 내셔널리즘이 급격하게 공산주의로 전화하는 양상을 보인 것이 ①과의 연동 하에 일본에 역작용을 일으켰다.

④ 아메리카 극동정책의 변화. '문호개방과 영토보전'을 전통적 외교정책의 원리로 삼아 일본을 내세워 러시아에 대항하자고 했던 것이 워싱턴 조약 때부터 중국 내셔널리즘을 조장하자 일본 제국주의를 억제하는 방향

---

21) 1932년 5월 15일에 일어난 해군 급진파 청년장교를 중심으로 일으킨 쿠데타 사건. 오카와 슈메이(大川周明) 등이 개조정권 수립을 획책했으나 실패. 일본파시즘 대두의 계기가 된 사건.
22) 1936년 2월 26일에 발생한 황도파 청년장교들에 의한 쿠데타 사건.

으로 전환한다. 영토보전, 대중국 불간섭, 중국주권 존중을 주장한 9개국 조약이나 스팀슨주의(만주국 불인정) 등. 또한 다이쇼 13년(1923)의 배일 이민법 성립 이후 일본의 대미감정도 급속하게 냉각되어 간다.

⑤ 유럽의 파시즘 발흥. 스칸디나비아와 영국을 제외한 여러 나라에서 '가지지 못한 나라'라는 이데올로기를 내걸고 파시즘이 발흥하자 일본도 이에 편승한다. '전체주의'야말로 세계의 대세였다(나치=국민사회주의).

⑥ 제1차대전 후의 경제적 내셔널리즘 동향. 여러 가지 블록 경제주의로의 움직임, 대영제국 오타와회의(자족주의를 위한 고율 관세주의 채용) 등은 싼 가격의 노동력으로 지탱해 온 일본 자본주의에 엄청난 압박이 됐다.

이상과 같은 요인들로 인해 데모크라시를 버리고 파시즘으로 흘러들어 간 후 일본의 내셔널리즘은 네 가지 계통을 만든다.

a. 대아시아주의

오이 겐타로(大井憲太郎), 도야마 미쓰루(頭山滿), 미야자키 도텐(宮崎滔天), 우치다 료헤이(內田良平), 기타 잇키(北一輝), 오카와 슈메이(大川周明)로. 다이쇼 중기부터 우익단체의 원초적 형태는 '노장회'(老壯會. 滿川龜太郞 등). 주된 담당세력은 현양사의 대륙낭인과 현지에 나가 있는 군인들이었다.

b. 프로시아적 국가주의

호즈미(穗積八束), 우에스기(上杉槇吉) 등 동경제국대학 법학부를 중심으로 제국헌법을 반(半)관료적으로 해석함. 다이쇼 말기에 '경륜학맹'(經綸學盟) 등. 주된 담당자는 관료층.

c. 국가사회주의 사상

야마지(山路愛山)에서 시작돼 기타, 다카바(高畠素之), 아카마쓰(赤松克麿), 이시카와(石川準十郎) 등. 사상내용은 다양함. 일반 인텔리 중심의 운동(파시즘 이후에는 무산운동으로부터의 전향자가 많음).

d. 농본적 내셔널리즘

메이지시기에는 각지에 산재해 있었고 대표적인 이데올로그는 없었다. '밀'공동체를 기반으로 한 러시아의 범슬라브주의에 해당한다. 다이쇼시기에 들어와 곤도(權藤成卿)가 체계화함. 그는 a.의 아시아주의 계보와도 연결된다. 주된 담당세력은 중소지주, 자작농 및 하급장교.

8) 패전→점령〔내셔널리즘 부활〕→부흥·고도성장〔경제 내셔널리즘〕

한때 중국의 절반과 동남아시아 및 서남태평양 대부분을 제압했던 대일본제국은 패전에 의해 유신 초기의 보잘것없는 소(小)열도국가로 돌아갔다. '국체'는 국내외의 비판에 직면해 변혁됐고, 과거 국체에 따라 붙던 부수적인 여러 가지 심벌(신사, 히노마루, 기미가요)의 가치가 급격히 하락함으로써 내셔널리즘 의식도 그 중심적 지주를 잃고 급격하게 퇴조했다. 일반적으로 말하면 패전은 오히려 내셔널리즘의 불길을 당기지만(나폴레옹 정벌 후의 프로이센, 보불전쟁 후의 프랑스, 청일전쟁 후의 청국, 제1차대전 후의 독일 등) 일본의 경우에는 오로지 허탈감이 지배했다.

동시에 "국가(기구)의 몰락이 이상하게도 광명(光明)을 지니고 있다"는 발견도 있었다(藤田省三, 『정신사적 고찰』). 일본의 '전후민주주의'는 여기에서 출발한다. "나라가 파멸하자 생활이 있다"는 하세가와 뇨제칸(長谷川如閑)23)이 한 말인데, "타고 남은 터의 암시장"의 '자연상태'적인 생활 속에서 '아래에서부터'의 데모크라시 형성이 모색된다. 전후민주주의는 결코 점령군에 의해 '위로부터' '배급'된 것이 아니다.

그러나 전후민주주의 시기는 '짧은 봄'일 뿐이었다. 1949~50년 동서'냉전'의 격화, 중화인민공화국의 성립, 한국전쟁의 발발 등을 배경으로 GHQ의 점령정책은 전환되고, '전범' 추방해제와 함께 '레드퍼지'(공산주의자 숙청)가 시작돼 이른바 '역(逆)코스'가 개시된다. 이것에 의해 패전 직후 "내셔널리즘으로부터의 '동원해제' 상황"——여기에는 인터내셔널리즘과 연계된 데모크라시를 구가하는 한편 '무기력한 매춘부 근성이나 노골적인 에고이즘의 추구'도 나타나고 있었다(마루야마)——이 종언되고, '재군비'(경찰예비대, 뒤이어 보안대, 그리고 자위대로) 및 헌법 제9조(교전권 폐기조항)

---

23) 長谷川如閑(1875~1969). 자유주의 사상가, 저널리스트. 1919년 잡지 『我等』을 창간하고, 현대국가와 일본파시즘을 비판하는 언론활동을 함.

'개정'의 움직임과 더불어, '애국심의 함양'이 또다시 소리 높이 주창되기 시작했다(말하자면 '외압'에 영합하는 내셔널리즘 노선!).

그러나 '한국전쟁'과 뒤이은 '베트남특수'에 지탱된 일본경제가 '부흥'에서 '고도성장'으로 이륙하는 도중에 그 움직임은 오히려 '경제 내셔널리즘'의 그늘에 숨겨진 양상을 보였다. 동시에 민주주의도 '경제적 동물'이 돼 버린 '경제대국'의 '생활보호주의' 앞에서 빛이 바래버리고, 1960년대 중반에는 "전후민주주의를 '점령민주주의'라는 이름으로 일괄하여 '허망'한 것으로 취급하는 언설"도 등장한다(이에 대해 마루야마는 "나 자신의 선택을 말하자면 대일본제국의 '실재'보다 오히려 전후민주주의의 '허망'에 기대를 건다"고 말했다).

저성장시대에 들어선 1970년대 이후 한편으로 'Japan as No.1'이 선전되면서 '문화 내셔널리즘'이 재등장한다. 그러나 그것은 '국민적 나르시시즘'(로버트 N. 베라)의 성격이 강한 것으로, 과거 '메이지 시대의 건전한 내셔널리즘'과는 전혀 다른 성격의 것이었다.

5. 맺음말

40년 전쯤 "우리들 중국인민의 성립"이라는 제목으로 중국혁명을 논한 논문이 있었던 것을 기억한다(新島淳良). 중국혁명이 '내셔널리즘 혁명'의 측면과 불가분한 관련 속에서 전개된 양상을 밝히려고 한 것이었다. 그 의미로는 일본의 '혁명의 무연국(無緣國)'(木下尙江)에는 '우리들 일본인민'은 아직 성립되지 않고 있었다.

누차 말한 것처럼 본래적 의미에서 내셔널리즘(=국민주의)은 그것이 인민주권(=국민주권)의 원리와 결합하지 않을 때 단순한 '국가주의'(에타티즘)로 변하고, 더욱이 타국의 내셔널리즘에 대한 공감이 없는 '제국주의'로 전락한다. 이런 측면에서 대일본제국 헌법체제(=천황제국가)의 성립에 의해 일본 내셔널리즘의 '변질'은 결정적인 것이 돼 버렸다는 것을 다시 한번 확인할 필요가 있다. 거기에 청일전쟁 및 러일전쟁이라는 대외전쟁의 승리가 보태져, 분명히 그것은 제국주의 내셔널리즘으로 변한 것이다.

반대로 말하자면 민주주의와 반전 평화주의가 미숙한 상태로 끝나 버림으로써 성립한 '대일본제국의 실재(實在)'야말로 메이지 초기에 싹튼 일본 내셔널리즘의 '건전함'을 빼앗아 버린 것이 되었다. 그러나 그렇다 하더라도 40년 전과 같은 양상으로 '전후민주주의의 허망(虛妄)함'을 언급하고, 일본국 헌법의 빛나는 교전권 폐기조항을 부정하며 "전쟁이 가능한 보통국가"로 가고 싶다면서 지금 또다시 진행 중인 '히노마루, 기미가요'와 연관된 '내셔널리즘 부흥'의 움직임은 스스로의 역사('국민의 역사')에서 무엇 하나 배우지 못한 최악이자 가장 어리석은 시나리오임이 틀림없다고 말할 수 있겠다. 긴요한 것은 우리들이 기존의 '일본'이라는 나라를 사랑하고 여기에 몸을 바쳐야 하는지 않은지가 아니라, 사랑하고 몸을 바치고 싶다고 생각하는 '우리들의 나라'를 어떻게 해서 우리 자신이 만들 것인가이다. 정치학이라는 것은 이를 위한 학문인 것이다.

제2편

한국 내셔널리즘의 유형과 사적 전개

제 1 부

한말기의 내셔널리즘

제1장 개화파와 내셔널리즘

김현철

1. 머리말

　19세기 후반 이후 한국은 밖으로는 서구 제국주의 열강의 개방 및 통상 압력에 직면하고, 안으로는 오랜 왕조정치의 부패와 쇠락현상이 전개되고 있었다. 이러한 대내외적 위기를 극복하려는 한국 내 일련의 개혁사상과 운동을 설명하는 분석틀의 하나로서 '민족주의'는 당시 한국의 근대성을 부각시키면서 한국 근현대사의 시도와 좌절로 이어지는 정치변혁의 거대한 흐름을 부각시키는 하나의 접근방법이라 하겠다.
　'민족주의'에 대한 다양한 정의와 접근방법을 고려할 때, 그 동안 한국 근현대사에서 '민족주의'라는 용어를 사용하면서도, 또는 '민족주의자'라는 동일 인물에 대해 접근하면서도 그 평가는 다양하게 내려져 왔다. 특히 '민족주의', '국민주의', '국가주의' 등으로 불리는 일련의 개념 및 구호를 둘러싼 정치적, 국수주의적 오해의 여지를 고려할 때 그 대안으로 '내셔널리즘'이라는 용어의 사용을 통한 접근이 시도되고 있다.
　각국의 근대국가(nation-state)로의 형성・발전과정을 돌이켜보면, 일정한 역사적 단계에 처한 하나의 정치공동체 내에서 대내외적 위기를 극복하고 '국민적 독립'과 '국민적 통합'을 도모하는 변혁운동과 사상의 흐름을 '내셔널리즘'(nationalism)으로 바라볼 수 있다.

이러한 내셔널리즘은 그 특성상 대외적으로 '민족적 독립'을 추구함에 따라 외세의 간섭과 침탈위기에 있는 국가에게는 '자주독립'의 과제가 주어지게 된다. 또한 내셔널리즘은 대내적으로 봉건적 지배질서를 극복하고 민족성원 사이의 민족통합과 국민통합을 지향하는 사상과 운동을 포괄하는 것으로 바라볼 수 있다. 따라서 내셔널리즘은 '나와 남'의 구별을 통한 하나의 독립된 정치공동체 의식이 형성되는 과정에서 국민평등, 국민주권 및 구성원의 통합을 지향하며, 이와 관련된 일련의 민족주의적 운동을 포함하게 된다.[1]

결과적으로 돌이켜 볼 때 개항 이후 한국 내셔널리즘(nationalism)의 주요 과제로 국제사회에서 자주독립국가로서 생존과 번영을 추구할 수 있는 하나의 정치적 공동체로 근대국가(nation-state)의 수립을 들 수 있다. 서구 근대국가의 형성을 지향하는 슬로건으로 개항 이후 '자강', '문명개화' 또는 '부국강병'과 관련된 정치적 담론이 전개돼 왔다. 특히 '부국강병'의 경우에는 당시 개화파의 근대국가 건설을 상징하는 것으로 간주되었다. 이와 관련해서 '반외세'(또는 반침략), '반봉건' 및 '부국강병'의 측면에서 개화파 지도자들의 사상과 운동을 평가할 수 있을 것이다.[2]

이와 같이 1870년대 후반 개항부터 1890년대 독립협회 시기까지의 개화사상은 주로 외세의 침략적 진출에 직면하여 한국의 자주독립을 지키기 위한 '반침략' 사상 및 운동의 측면을 띠었다. 동시에 안으로는 내부의 '봉건적' 모순을 제거하고 근대적 '국민국가' 형성을 지향한 일종의 '건설적 내셔널리즘'의 성격을 띠고 있었다. 그리하여 개화파의 개혁구상과 활동은 '반침략' 및 '반봉건'의 성격을 띠면서 근대적 국민국가 형성을 지향했

---

1) 본문에서 원용하고 있는 '내셔널리즘'의 정의와 의미에 대한 좀더 자세한 설명은 김영작, 『한말 내셔널리즘연구: 사상과 현실』(청계연구소, 1991), 2-10쪽 참조 바람.
2) 내셔널리즘의 시각에서 한말 개혁운동을 살펴본 기존 연구의 대표적인 것으로 김영작(1991)을 들 수 있음. 그리고 姜在彦, 『한국의 개화사상』, 정창렬 역(비봉출판사, 1981)에서는 박영효 등 갑신정변 주도 개화파가 개화기 조선의 부르주아적 개혁(또는 혁명)운동의 선구이며 민족주의를 고취시킨 것으로 평가하고 있다.

으며, 서구문물의 수용을 통해 근대화의 구체적 비전을 제시하려는 변혁운동이었으며, 한국의 근대 민족주의와 자주적 근대화를 추구한 이념 및 운동으로 평가되고 있다.[3]

이에 이 장에서는 19세기 이후 한국의 국가건설 이념 및 정치개혁운동으로서 내셔널리즘(nationalism)의 전개과정에서 개화파들이 서구의 근대국가에 관해 파악하고 이를 한국 현실에 수용 및 적용시켜 개혁을 추진하는 과정에서 나타나는 특징과 시사점 및 그 제약요소들을 살펴보고자 한다.[4]

2. 개화파의 서구 근대문명 수용과 한말 내셔널리즘의 대두

'근대국가'라는 관념은 유럽이라는 특정한 사회에서 발달된 유형·관념으로서 이에 대응하는 양식과 제도 역시 특정한 역사적 시기에 전개된 특정한 정치양식 내지 제도였다.[5] 16세기 이후 국민국가가 유럽의 지배적인 권력구조가 되면서 근대 국민국가의 형성과정은 다음과 같은 방향으로 전개되었다. 즉 근대국민국가는 잘 한정된 그리고 지속적인 영토를 통제하

---

[3] 김영작·윤순갑, "개화파의 근대국가 건설 구상," 한국동양정치사상사학회 편, 『한국정치사상사: 단군에서 해방까지』(백산서당, 2005), 575-576쪽.

[4] 개화파의 정의와 분류에 대해 여기에서는 서양, 중국(청) 및 일본에서 전래된 근대적 정치제도와 문물을 견문하고 갑신정변, 갑오개혁 또는 독립협회 등에 참여해 조선을 서양의 문명국가, 근대국가와 같이 변혁시키려는 의지를 표현하고 이를 위해 정치적으로 활동한 지식인 내지 정치가들을 '개화파'라 부르고자 한다. 이들 개화파는 시기적으로 크게 김옥균, 박영효 등 갑신정변 주도 개화파, 유길준, 김윤식 등 갑오개혁 참여 개화파 및 서재필 등 독립협회 시기의 개화파로 구분된다.

[5] 서구의 역사발전 과정에서 '근대'의 시기는 대체로 16세기부터 프랑스대혁명에 이르는 전기와 프랑스대혁명 이후부터 20세기 제1차대전 시기까지의 후기로 구분되고 있다. 여기에서 언급하는 '근대국가'라는 특정한 관념은 대개 전기에 유럽에서 지배적인 것이 되었으며, 후기에 전지구로 퍼져 국제질서의 기본단위로 간주된 유형관념이다. 이용희, 『일반국제정치학(상)』(박영사. 1983), 100-101쪽.

며 상대적으로 중앙 집중화되었다. 그 과정에서 정부기구가 다른 조직체와 분화되었으며, 근대 국민국가는 영토 내에 집중화된 물리적 강제수단의 독점을 통해 자신의 요구사항을 관철시켜 나갔다.6)

서유럽국가들은 근대국가 형성과정에서 상비군, 국민군의 형성, 근대적 무기 제조기술의 발전, 대외적 팽창 및 국부관념의 형성 등을 거치면서 '군사국가'와 '경제국가'의 성격을 강하게 띠었으며, '부국강병'을 하나의 국가목표로 추구했다. 이 당시 식민지 개척은 독점시장 형성을 의미하며 국부에 이바지한다는 중상주의적 사상이 지배적이었다. 그리고 국가경제의 구조적 변화에 따라 군주정치는 의회정치의 방향으로 전환돼 갔다.7)

그 과정에서 근대국가 간의 대외관계는 국제적인 대치관계 또는 만성적인 우적관계의 양상을 띠었으며, 이에 기인하는 특정한 조국관념, 애국심, 민족의식 및 군국주의적 정신 등이 대두하게 되었다. 그리하여 근대국가의 발달과정에서 국가의 영토관념, 주권사상 및 국민관념 등 민족주의적 요소가 등장했다.8)

반면 19세기 후반 조선이 처한 현실을 돌이켜 보면, 1880년대 초 구미국가들과의 조약체결로 새로운 국제질서에 편입되었으나, 국제정치적으로 청, 일본을 비롯한 외세의 간섭과 침략이 전개되면서 국권상실의 위기상황에 처하게 되었다. 국내정치적으로는 민씨 세력과 대원군파 등 지배계층간 분열과 갈등이 지속되고 정치적 혼란과 무능력이 노정되었다. 부패한 관리들은 개인적 부귀영화만을 꾀하고 국가의 안위를 걱정하지 않는

---

6) Charles Tilly, "Reflections on the History of European State-Making," Charles Tilly, ed. (1975), *The Formation of National States in Western Europe*, New Jersey: Princeton University Press, p.27.
7) 이와 관련해서 서구 민족주의의 개념정의 및 변천과정에 대한 개괄적인 설명으로는 E. J. Hobsbawm, *Nations and Nationalism since 1780: Programme, Myth, Reality*, Cambridge: Cambridge University Press, 1990; 강명세 역, 『1780년 이후의 민족과 민족주의』(창작과비평사, 1994)를, 그리고 한국민족주의의 과제를 근대국가 형성과 연계시켜 설명하는 것으로는 이용희, "민족주의의 개념," 노재봉 편, 『한국민족주의와 국제정치』(민음사, 1983)를 참조하기 바람.
8) 이용희(1983), 앞의 책, 101, 116-146쪽.

상황이 전개되었다. 그리고 조선의 경제·사회·군사적 현실의 측면에서 보면 외세의 간섭과 침략에 대응할 만한 인적 자원 및 경제적 여력이 구비되지 못했다. 그리고 '민'(民)의 측면에서 볼 때도 대다수 '민'은 봉건적 제도 하에서 생활의 어려움을 겪었으며, 민란이 빈번히 발생했다.9)

이러한 대내외적 위기를 극복하기 위해 군주, 관료와 민 모두가 화합하고 단결해야 함에도 불구하고 조선의 현실은 국민통합이 이루어지지 못한 위기상황이었다. 이러한 조선의 현실에 직면하여 개화파는 국제사회에서 조선의 자주독립을 확보하며 기존의 왕조국가 체제를 19세기 당시 서구국가와 같은 근대문명국가로 변모시키며 조선의 민을 근대적 국민의 수준으로 계몽시킬 것을 구상했다.

개화파는 당시 세계 각국을 '야만→반개→문명'으로 3등분하는 문명론의 영향을 받아 조선이 당면한 개혁의 기본방향으로 '부국강병'과 '문명개화'를 지향했다. 1880년대 초 서구문명을 부분 수용하는 동도서기론이 대두되는 과정을 거쳐 1884년 갑신정변 주도 개화파를 중심으로 서구문명을 수용하는 '개화·자강'론에 공감하는 층이 확산되었으며, 그 수용의 폭과 대상의 층이 1890년대 후반에 들어서 <독립신문> 등을 통해 크게 확대되었다. 이러한 개화사상이 대두된 배경으로는 실학사상의 계승, 청국 양무운동의 영향, 메이지 일본의 충격과 후쿠자와 유키치의 영향, 미국 방문 시 서양문물의 수용, 그리고 불교의 영향을 비롯한 전통적 요소 등의 여러 측면이 복합적으로 작용한 것으로 볼 수 있다.

특히 1880년대 초 일본에 건너간 개화파는 당시 일본이 메이지유신을 단행하여 부국강병을 추구해 나가는 모습에 커다란 감명을 받았다.10) 이러한 외부세계 변화에 대한 인식은 이후 개화파로 하여금 안으로는 개혁

---

9) 朴泳孝, "朝鮮國內政ニ關スル朴泳孝建白書," 日本外務省 編, 『日本外交文書』 第21卷 (明治 21年 1月-12月間), 문서번호 106(이하 "1888년 상소문"으로 약칭함), 전문 및 제1조, 294-297쪽.

10) 朴泳孝, "甲申政變," 『신민』 제14호(1926. 6), 太學社 編, 『韓國近世史論說集: 舊韓末 編』 제1권(太學社, 1982), 219-220쪽; 井上角五郎, "漢城之殘夢," 한상일 역, 『서울에 남겨둔 꿈』(건국대 출판부, 1993), 224-227쪽.

정책을 적극 추진하며, 밖으로는 조선의 자주독립을 확보해야 한다는 일종의 내셔널리즘적 사고를 모색하는 커다란 계기가 되었다.

3. 개화파의 대외관과 자주독립의 모색

구한말 개화파가 직면한 내셔널리즘의 과제는 당시 국제질서의 변화를 파악하여 한반도를 둘러싼 열강의 침탈과 진출에 대처하여 자주독립 국가를 유지하는 것이었다. 당시 개화파로서는 외세, 즉 1894년 청일전쟁 이전까지는 주로 청으로부터, 그 이후 시기에는 주로 일본과 러시아로부터의 자주독립을 확보하는 것이 주요 과제였다.

1) 갑신정변 주도 개화파의 대외관과 자주독립 구상

19세기 후반 당시 조선이 처한 동아시아 국제질서는 서구 근대 국제질서 규범과 전통적 동아시아 국제질서 규범이 동시에 공존하는 양상을 띠었다. 이로 인해 조선에 간섭하려는 주변국가와 갈등과 긴장이 유발되었으며, 사실상 조선의 내정과 외교상의 자주독립성이 크게 제약되었다.

당시 개화기에 통용된 '자주'와 '독립'이라는 용어가 시사하는 바를 살펴보면 '자주'(自主, autonomy)의 경우 "외번(外藩)인 조선이 중국에 대하여 그 내정과 외국 교제는 자주에 임한다"는 의미로 파악되었다. 실제로 '자주'는 1870년대 후반까지 전통적 사대질서의 연장선상에서 조선이 중국(청)의 간섭으로부터 내정과 외교상의 자율성을 보존하려는 의도 하에 주로 원용되었다. 그리고 '독립'(獨立, independence)은 주로 근대 국제법질서 하에서 통용되는 용어로서 국제사회 내 구성원인 하나의 근대 주권국가의 속성을 특징짓는 의미로 사용되었다. 조선의 경우 1880년대 이후 서구 근대 국제질서체제에 편입되는 과정에서 '독립'이라는 용어가 청, 일, 러 등 외세의 침탈에 대해 국가적 주권을 보전하려는 의미로 사용되었다.[11]

개항 이후 조선이 국제사회에서 실제적인 자주독립국으로 인정받고 자주적으로 내정을 개혁하기 위해서는 기존의 전통적 사대질서 하에서 청·한관계의 재조정이 시급했다. 이러한 대외관계의 변천은 사상적으로 기존 중국 중심의 화이관 내지 중화사상으로부터의 탈피를 수반했다.

그 동안 조선에 대해 종주국을 자처해 온 청은 임오군란 당시 조선이 청의 속방임을 공포했으며, 1882년 양력 10월 체결된 '중조상민수륙무역장정'에서 조선을 청의 번 내지 속방으로 간주하고 통상분야에서 청의 배타적인 경제적 이득을 확보하고자 했다.[12] 갑신정변 주도 개화파에게 청의 이런 태도는 조선의 독립과 자주성을 침해하는 침략행위로서 규탄의 대상이 되었다. 이후 개화파는 조선에 대한 청의 간섭을 배제하며 조선의 자주성과 독립을 확보하는 것을 정치 외교활동의 최우선 목표로 삼았다.

1882년 임오군란 이후 수신사로 방일할 당시 박영효 일행은 영국, 미국, 독일, 프랑스 및 러시아 등 일본 주재 각국 외교관들과 접촉하면서, 청의 침략적 태도와 간섭의 부당함을 설명했다. 이를 통해 개화파는 조·청간의 상민수륙무역장정은 청의 강요에 의해 체결되었으며 조선은 근대적 의미에서 청의 속국이 아니라 하나의 독립국가임을 국제사회에 설명하고자 노력했다.

이후 청의 속국이 되어 가는 조선의 현실에 커다란 굴욕감과 수치심을 느낀 개화파로서는 독립국가의 체면을 바로 세우기 위해서는 정변을 통해서라도 청과 밀접한 연계를 갖는 정치적 반대세력을 제거하지 않으면 안된다고 판단했다.[13] 그리하여 개화파는 1884년 갑신정변 당시 혁신정강에서 "대원군의 조속한 환국과 조공·허례의식의 폐지"를 주창함으로써 조·청 간 조공관계를 폐지하고 청의 종주권 행사를 부정했다. 즉 청으로부터 조선의 독립을 선포하겠다는 갑신정변 주도 개화파의 반침략 및 반외세 내셔널리즘의 의지가 국내외에 표명되었다.[14]

---

11) 김용구, 『외교사란 무엇인가』(도서출판 원, 2002), 123쪽.
12) 『고종실록』 고종 19년, 1882년 7월 13일조와 10월 17일조.
13) 朴泳孝, "甲申政變," 222쪽.
14) 『甲申日錄』, 한국학문헌연구소 편, 『金玉均全集』(아세아문화사, 1979), 95쪽.

그러나 갑신정변 실패 후 일본에 망명한 개화파는 1885년 영국의 거문도 점령사건을 계기로 그 동안 우호적으로 바라보았던 영국 등 구미열강에 대해서도 비판적 태도를 견지하게 되었다. 이러한 현실에서 개화파의 반침략 내셔널리즘이 표출된 것으로 김옥균은 1886년 7월 9일(양)에 『東京日日新聞』에 게재된 "지운영사건규탄상소문"(池運永事件糾彈上疏文)에서 주변 열강의 침략주의적 성격을 지적하면서 조선 내 각성을 촉구했다. 그렇지만 조선이 기대를 걸었던 국제법(만국공법)이나 국제여론 역시 거문도 사건 당시 조선의 국권보전에 전혀 도움이 되지 못했다.15)

한편 일본 망명 중 박영효는 대원군에게 편지를 보내 일본 내에 조선을 침략해 청에 개전하려는 정치세력이 대두되고 있으며, 점차 이들의 구상이 구체화돼 가고 있음을 인식시키고자 시도했다. 박영효는 대원군에게 일본의 이러한 침략의도를 경계하여 대비하며 일본·청 등에 의존하지 말고 자주개혁을 추진할 것을 권고했다. 나아가 박영효는 대원군에게 대원군이 일본에 직접 왕림해 청·일 정부와 협의해 타협안을 모색할 것을 제의하는 등 청·일과 대등한 입장에서 자주외교를 전개하기를 희망했다.16)

박영효의 이러한 외교구상은 1880년대 청 등 주변 열강의 침략에 대한 저항적 내셔널리즘을 달성하기 위해 그 수단으로 일본 등 외세활용을 시도했으나 좌절하면서 그 한계를 절감한 데 기인한 것이었다. 또한 당시 박영효 등 일본에 망명한 개화파는 일본의 일부 정치세력이 대조선 진출을 위해 자신들의 정치적 개혁운동을 이용하려는 시도에 경계심을 표시했다.

일본에 망명한 박영효 등은 남은 개화파를 다시 결속해 나가는 활동을 시작하는 등 저항적 내셔널리즘을 계속 추구했다. 그리하여 박영효는 1889년 도쿄에서 조선인 청년들을 규합하여 '대조선청년보국회'를 조직했으며, "대조선청년보국회 서문(誓文)"을 작성해 독립의지를 표명했다.

청과 영국 등 외세에 대한 저항적 내셔널리즘의 좌절을 겪은 갑신정변 주도 개화파로서는 서구 근대 국제질서의 양상을 과거 중국 전국시대의

---

15) 『金玉均全集』, 143-146쪽.
16) 「朴泳孝侯の上書: 日本亡命中大院君へ」, 1891/02/19(陽), 태학사 편(1982), 第8卷, 19쪽.

혼란상에 비유했으며, 국제질서의 기본 성격을 강대국이 약소국을 자국의 식민지로 삼는 약육강식의 상황으로 인식했다. 나아가 개화파는 만약 조선이 러시아의 식민지가 된다면 조선의 민이 러시아의 지배에 안주할 가능성을 우려했다.[17)]

1880년대 후반 개화파는 갑신정변의 좌절과 국제정치 현실에서 조선의 미약한 위상을 고려해 조선이 취해야 할 현실 외교정책의 기본방향을 다음과 같이 제시했다. 즉 "청에 대해서는 공손함을 표시하고, 러시아와는 신중히 화합하며, 미국에는 의탁하며, 일본과 친교를 맺으며, 영국·독일·프랑스 등 구미 국가들과 연합관계를 결성하는 것"이었다.[18)] 이러한 외교정책 구상의 제시는 국제정치 현실에서 '힘의 정치'(power politics)의 중요성과 조선의 국력의 한계를 절감한 갑신정변 주도 개화파가 청, 러, 일 등 어느 특정 국가를 적대시하는 것이 당시 조선의 상황에서는 바람직하지 않다는 판단에서 나온 것이다.

이러한 대외관에 기반하여 갑신정변 주도 개화파는 국제사회에서 조선의 자주독립을 보전하기 위해서는 대외적으로 '만국공법' 및 '균세'(均勢) 등에 의존하지 않고 자립자존의 힘을 키우는 것이 급선무라고 보았다. 이와 더불어 대내적으로 정부가 앞장서서 민의 자립의지를 각성 및 배양시키는 것이 필요하다고 보았다.[19)]

2) 갑오개혁 참여 개화파의 대외관과 자주독립 구상

1884년 갑신정변 이후 위안스카이는 조선에 상주하면서 조선의 내정과 외교에 직접 간섭하여 사실상 식민지 총독 행세를 했다. 이러한 상황에서 하나의 주권국가로서 조선의 자주독립을 국제법에 의하여 어떻게 보전할 것인가가 당시 개화파의 시급한 과제였다.

갑오개혁시기 군국기무처에 참여한 유길준은 『서유견문』에서 1884년

---

17) "1888년 상소문," 제1조, 296쪽.
18) "1888년 상소문," 제7조, 309쪽.
19) "1888년 상소문," 제1조, 296쪽.

갑신정변 이후 청과 조선의 관계를 수공국(受貢國)과 증공국(贈貢國)의 관계에 비유하면서 '양절체제'(兩截體制)라는 용어로 설명했다.20) 즉 유길준은 근대 국제법에서 증공국(贈貢國)과 속국(屬國)을 구분하는 원리를 원용하면서 조선이 청에 증공국이 될지언정 속국은 아니라고 하여 자주독립 국가로서 조선의 국제적 위상을 설명했다. 그의 설명에 의하면, 속국은 조약을 체결할 권리가 없지만, 증공국(당시 조선 지칭)은 다른 독립 주권국가와 동등한 수호통상조약을 체결할 수 있으며 조약 상대국에 사절을 파빙할 권리가 있다. 그리고 유길준은 수호국 또는 증공국이라 해도 제3의 타국과 수호통상조약을 체결하면 하나의 주권을 가진 독립국가임을 당시 국제법에 의해 보장받음을 강조했다.21)

또한 유길준은 『국권』(國權, 1888~89년 추정)에서 조선이 자주독립국임을 입증하기 위해 서구의 주권개념을 수용하면서 한 나라의 주권은 만국공법에 의해 보장받는다고 설명했다. 그는 이 글에서 "주권이란 한 나라를 관제하는 최대의 권리"이며, "국내외적인 여러 관계를 자주적으로 결정하며, 외국의 지휘감독을 받지 않는 나라는 주권을 가진 독립국"이라고 강조했다.22)

반면 갑오개혁에 참여한 김윤식의 경우 1882년 체결된 조미수호통상조약의 조약문을 협의하는 과정에서 중국의 리훙장(李鴻章)이 "조선은 청국의 속국"이라는 항목을 삽입하려고 하자, 이를 '양편'(兩便) 또는 '양득'(兩得)이라는 논리로 수용했다. 1880년대 초 김윤식으로서는 조선이 중국의 속방임을 인정하더라도 외교와 내정의 자주권까지 박탈당하는 것은 아니며, 각국이 조선을 얕잡아보지 못하는 실리를 얻을 수 있다고 생각했다.23)

---

20) 兪吉濬全書編纂委員會, 『兪吉濬全書 1: 西遊見聞』(일조각, 1971) (이하 『兪吉濬全書 1』로 약칭), 117쪽.
21) 『兪吉濬全書 1』, 89-99쪽.
22) 유길준의 만국공법에 대한 인식과 국권론에 대한 자세한 설명은 정용화, 『문명의 정치사상: 유길준과 근대한국』(문학과지성사, 2004), 153-234쪽을 참조하기 바람.
23) 『陰晴史』上, 고종 18년 12월 26일자, 국사편찬위원회 편, 『陰晴史·從政年表 全』(탐구당, 1971), 52-53쪽.

1885년 영국의 거문도 점령사건을 겪으면서 유길준은 조선을 중립화시키는 것만이 조선의 자주독립을 지키고 러시아를 막는 방책이 되리라고 보았다. 그는 중국이 그 주창자가 되도록 요청해야 한다고 보면서, 만약 조선이 중립국이 될 경우 국제법상 독립국으로 승인되는 효과를 가져올 것으로 기대했다. 또한 김옥균도 1886년 "여이홍장서"(與李鴻章書)에서 중국과 조선을 '입술과 이의 관계'로 전제하고 청국을 맹주로 한 조선의 중립국화를 제시했다.24) 유길준 및 김옥균의 이러한 중립화 구상은 청국과의 직접 충돌을 피하면서 조선의 중립화 과정을 통해 국제사회에서 조선의 자주독립과 주권보전을 점진적으로 추구한 것이었다.

그리고 1880년대 중후반 조선정부는 상주 외교사절의 일환으로 초대 주미공사를 파견하는 과정에서 국제법 지식을 활용해 조선의 자주독립성을 주창했다. 박정양 초대 주미공사는 의전절차에 관한 중국의 간섭과 요구에 따르지 않았다. 이로 인해 발생한 '영약삼단(另約三端)사건'에 대해 조선정부는 유길준이 작성한 답서를 통해 조선의 상주사절이 자주적으로 행동할 수 있다고 설명했다.25)

이들 개화파의 자주독립 구상을 기반으로 1894년 청일전쟁 당시 조선정부는 외교권의 최종 권한이 청이 아닌 조선 군주에 있음을 대내외적으로 공포했다. 이 시기 개화파의 자주독립 의지는 1894년 갑오개혁 당시 홍범14개조에서 "청나라에 의지하려는 생각을 떨쳐 버리고 자주독립의 기초를 굳게 세운다"고 공포한 데서 잘 드러난다.26) 특히 이시기 개화파의 대청 자주독립 의식을 잘 보여주는 것으로 당시 내무대신으로 재직한 박영효는

---

24) 『金玉均全集』, 152쪽. 당시 김옥균과 유길준의 중립국화 구상에 대한 자세한 설명은 김현철·정용화, "개화파의 자주독립 사상," 한국동양정치사상사학회 편, 『한국정치사상사: 단군에서 해방까지』(백산서당, 2005), 538-542쪽을 참조하기 바람.
25) 주미공사의 파견을 전후한 시기의 조청관계의 전개과정과 만국공법을 활용해 조선의 자주독립을 주장하려는 시도에 대해서는 김수암, "1880년대 만국공법의 전파와 수용: 조청관계를 중심으로," 한국국제정치학회, 『2002년도 연례학술의 외교사분과 발표논문집』, 2002. 12. 12, 14-20쪽을 참조하기 바람.
26) 『고종실록』, 고종 31년 12월 12일조.

"내무아문 개혁훈시"에서 "명과 청을 떠받들지 말고 우리나라의 개국원년이 정해진 만큼 제반 문서와 계약서 등에 청나라 연호를 쓰지 말 것" 등을 지시 및 공포했다.27)

3) 독립협회 참여 개화파의 대외관과 자주독립 구상

앞에서 살펴본 갑오개혁 시기 조선의 개혁 및 자주외교 노력의 모색에도 불구하고 이후 청을 대신해 일본과 러시아의 조선에 대한 침탈 양상이 본격화돼 갔다. 이와 같은 국권상실 위기에 처해 독립협회에 참여한 개화파들은 한 나라의 자주독립을 확보하기 위해 전 국민의 단결을 촉구했다.28) 그리고 정부관료들도 그 동안 개혁이 제대로 실질적으로 이루어지지 못했음을 반성하면서, 조선이 자주독립국임을 국내외에 보여주기 위해 고종에게 황제에 등극할 것을 건의하기에 이르렀다. 그 예로서 1897년 9월 25일 권재형은 『公法會通』의 내용을 인용하여 자주국가로서 칭하지 못할 이유가 없으며 국제공법상 당연하다고 보면서 칭제할 것을 청했다.29)

이 시기 들어 조선의 국제적 위상에 대한 인식으로 독립협회 참여 개화파는 러·일 간에 조선을 보호국화하려는 논의가 있음을 소개하면서, 조선이 자주독립해야 하며 이를 위해서는 조선의 민이 각성하며 외국과 교제 시 조선의 국익을 먼저 고려할 것을 촉구했다.30) 그리고 <독립신문>에서는 일련의 논설을 통해 열강의 침탈에 만신창이가 된 조선의 현실을 지적하면서, 외국의 문물을 적극 수용하며 외국과의 적극 교제가 필요하다고 보았다.31) 즉 이시기 개화파들은 자주독립의 과제는 내정을 정비해 외국의 간섭을 받지 않는 한편, 외교에 힘써 통상권리를 외국인에게 뺏기지 말고 토지를 외국인에게 주지 말며, 정부를 조직하되 어진 사람과 능한 사

---

27) 『고종실록』, 고종 32년 1월 5일조.
28) <독립신문>, 1898. 4. 7, 논설.
29) 『고종실록』, 고종 34년 9월 29일조.
30) <독립신문>, 1896. 5. 16, 논설.
31) <독립신문>, 1896. 12. 8, 1897. 3. 16, 1898. 5. 19, 논설.

람을 신용해 외국 사람의 현혹한 말을 듣지 않는 데 있다고 설명했다.[32]

이 시기에 이르러 독립협회를 중심으로 서구적 모델의 근대화를 추구하면서, 약육강식이 지배하는 국제사회에서 패망을 면하기 위해서는 서구 근대문명을 도입하여 국력을 배양해야 된다는 사고가 확산되었다.

당시 러시아 등 외국인의 탄광개발, 산림벌채권 획득 및 조차지 시도 등 이권침탈에 대해 <독립신문>은 "제 나라 토지를 지키는 것이 우선"(1899. 11. 15) 등의 논설을 통해 그 현황을 지적 및 비판하면서 한국인의 자각과 각성을 촉구했다.

또한 독립협회 시기에 이르러 개화파들은 러시아의 남하와 한반도 진출에 커다란 위협을 느끼고, 러시아를 견제 내지 억제하기 위해 한·중·일 3국이 연대할 필요성을 강조했다. 그 예로 <독립신문>에서는 서구열강과 백인종의 진출위협에 공동 대응하며 자주독립을 보전하기 위해서는 아시아대륙에서 지리적 근접성, 인종 및 문화적 유사성을 보이는 한·중·일 3국간에 상호교류와 원조가 필요하다고 보았다.[33] 구체적으로 <독립신문> 1899년 3월 25일자 "동양풍운" 논설에서는 중국과 한반도 주변지역에 각국 군대가 집결해 긴장이 고조돼 감을 지적하면서 러시아의 대아시아 진출현황에 대해 설명했다. <독립신문> 1899년 10월 2일자 논설에서는 청국 서태후의 부덕함과 수구 정치세력의 부패 등으로 청국이 위태로운 상황에 처해 있음을 지적하면서 한·중·일 3국이 협력할 것을 주창했다.

나아가 이러한 아시아 연대의 필요 선상에서 <독립신문> 1899년 11월 9일자 논설에서는 당시 서구인의 침략을 경계해 인종 간 대결상황에서 동양 황인종의 단결을 촉구하면서 동양평화를 위한 일본의 역할을 강조했다. 이와 같이 1890년대 후반 들어서 일부 개화파는 당시 국제정치 현실을 백인종과 황인종 간의 대결구도로 파악하고 백인종의 침략으로부터 아시아를 방어하기 위해 황인종이 단결해야 한다는 '아시아 연대론'에 상당히 공감했다.[34]

---

32) <독립신문>, 1899. 2. 17, "자주독립은 세계의 큰 보배."
33) <독립신문>, 1898. 4. 7, 논설.
34) 전복희, "19세기말 진보적 지식인의 인종주의적 특성: <독립신문>과 "윤치호 일

4. 개화파의 근대국가 건설구상과 국민통합의 추구

서구 근대국가의 형성과정은 '군사국가'와 '경제국가'로 특징지어지며, 이는 '부국강병'이라는 구호로 상징화되었다. 조선에서도 이러한 부국강병 정책 추진 여부는 근대국가 건설 성공 여부를 좌우하는 주요한 요소 중의 하나였다.

부국강병 추진과정에서 일반적으로 다음과 같은 현실적 어려움이 예상되었다. 즉 첫째, 강병을 추진하는 데 필요한 막대한 재원의 창출, 둘째, 증세에 따른 민의 저항과 반발, 셋째, 경제제도의 개혁 등이 기득권층의 이익과 상치될 때 예상되는 반발과 저항, 그리고 넷째, 서구식 부국강병 자체에 대한 회의적인 여론의 대두 등이 예상되었다. 따라서 근대 국민국가를 지향하는 개화파로서는 현실정치에서 이러한 난관을 극복하기 위한 구체적인 개혁방안을 강구하지 않으면 안 되었다.

당시 부국강병 정책이 성공하기 위해서는 무엇보다도 징병과 납세의 대상인 민의 적극 참여 및 동원이 필수적이었다. 그 예로 서구 근대국가에서는 국가가 민을 부국강병에 동원하는 대가로 민에게 정치적, 경제적 및 사회적 자유를 부여하는 한편, 민의 권리를 신장시키는 일련의 개혁을 추진했다. 또한 부국강병을 추진하는 과정에서 현실 기득권층의 반발을 억제하기 위해 강력한 국가권력이 형성되고 행사될 필요가 있다는 측면에서 군주의 개명과 협력이 요청되었다.

이러한 부국강병을 추진하기 위해서는 기존의 봉건적 정치체제와 이에 부수되는 전통적 가치관을 지닌 민을 근대적 정치체제의 형성과 이에 적극 참여하는 애국심이 고양된 '국민'으로 변모시키는 것이 선결과제였다. 따라서 한말 내셔널리즘의 대내적 과제는 바로 근대 국민(nation)의 형성을

기"를 중심으로," 한국정치학회, 『한국정치학회보』 제29집 1호(1995), 127쪽.

위한 '국민통합'을 추진하는 것이었다.

1) 갑신정변 주도 개화파의 부국강병 구상과 국민통합의 추구

갑신정변 주도 개화파가 일본의 문명개화 상을 근대국가의 모델로 크게 고려한 점을 보여주는 사례로 <漢城旬報>제14호(1884년 음력 2월 11일)에서는 "일본 신문의 내용을 기술한다"는 기사를 게재하여, 과거 조선으로부터 문화를 전수받았던 일본이 이제는 조선보다 앞서 부국강병한 점을 소개하고 있다. 이와 같은 신문기사를 통해 개화파는 일본의 부국강병을 가능하게 했던 제요소, 특히 민의 개화를 위한 교육과 학문 등을 수용할 필요성을 언급하고 있다. 그리고 당시 김옥균 등은 일본의 부국강병에 자극을 받아 조선을 아시아의 프랑스와 같은 근대국가로 만들 것을 구상했다.35)

김옥균과 박영효 등 갑신정변 주도 개화파의 기본적인 개혁구상은 갑신정변 당시 발표된 혁신정강 14개조에 잘 나타나 있다. 즉 첫째, 문벌을 폐지하고 인민의 평등권과 재능에 따른 인재등용을 확대하는 일, 둘째, 전국의 지조법을 개혁하고 국가재정을 충실하게 하는 일, 셋째, 일체의 국가재정을 호조에서 관할하고 재정관청의 단일화를 이루는 일, 그리고 넷째, 4영을 합하여 1영으로 하고 장정을 뽑아 근위대를 설치하는 일 등이 시급한 것으로 제시되었다.

갑신정변 주도 개화파가 밝힌 부국강병 구상 중 근대 '국가건설'(state-building)의 측면에서 바라볼 수 있는 요소를 좀더 구체적으로 들면 다음과 같다. 첫째, 갑신정변 주도 개화파는 '중앙집권'(centralization)을 강화하기 위해 관료제의 정비, 상비군의 유지 및 조세제도의 개선 등을 구상했다. 그리고 정부 내 권력분립의 구체적인 방법으로 갑신정변 혁신정강에서는 왕실과 내각을 구분할 것을 제시했다.36) 그 후 "1888년 상소문"에서는 이

---

35) 徐載弼, "回顧 甲申政變," 이민수 외 역, 『한국의 근대사상』(삼성출판사, 1983), 254쪽.
36) 갑신정변 혁신정강의 제4·13·14번째 항목에서 기존의 內侍府를 혁파하며, 大臣과 參贊 등 주요 관료가 議政府에 모여 정무를 결정하여 시행하며, 六曹 이외의

를 좀더 구체화시켜 왕실과 내각을 분리시켜 군주의 위상을 왕실 및 종묘사직을 보호하는 업무에 관여하는 상징적 존재로, 그리고 행정부의 수반에 해당되는 직책으로 제한할 것을 제시했다.37)

그리고 박영효 등은 인재등용 제도를 개혁하여 부정부패한 관료들을 축출하고, 그 대신 국가에 충성하고 유능한 인재들을 등용하고자 구상했다. 관직매매와 뇌물수수 관행 등을 근절하고, 지방관리 및 자치기구의 권한을 축소하고 중앙에서 이들을 통제하고자 시도했다. 상비군체제를 유지하기 위하여 국방예산의 확보, 국민개병제 및 근대식 군장교의 육성 등을 구상했다. 또한 조세제도의 통폐합, 불필요한 정부의 간섭·규제의 배제 등을 통해 기존 조세제도를 개선하고 국가예산을 확보하며 재정을 확충할 것을 구상했다.38) 특히 애국심을 고취시키기 위해 박영효는 군인들의 충성을 이끌어 내며, 기존 군대의 통합 및 사기앙양을 강조했다.39)

둘째, 갑신정변 주도 개화파는 근대적 자립경제 기반의 형성을 추구했다. 이를 위한 구체적 방안으로서, 근대적 상업유통망의 확립, 식산흥업을 통한 각종 산업의 진흥, 근대적 화폐 및 금융제도의 도입, 그리고 대외개방과 무역진흥 등이 구상되었으며, 이를 뒷받침하기 위한 정부의 적극적 역할을 요청했다. 그리고 박영효는 부국의 출발점으로 근검절약을 강조했으며, 관리들의 재물 착취를 금지시키고자 했다.40)

또한 김옥균과 박영효 등 개화파는 서구 근대 시민사회의 형성과정에서 기존 절대왕정에 대항하는 개혁이념으로 대두된 자유민주주의의 주요 구성원리, 특히 자유와 민권개념을 수용했다. 개화파에게서 자유평등 관념의 수용은 현실정치에서 신분제도 등 각종 차별조치 철폐 주장과 연결되었다. 개화파는 1884년 갑신정변 혁신정강을 통해 문벌을 폐지하고, 민에게 평

불필요한 관청을 정리할 것을 제시하고 있다. 『甲申日錄』, 『金玉均全集』, 95쪽.
37) "1888년 상소문," 전문, 294쪽 하단.
38) "1888년 상소문," 296-308쪽.
39) "1888년 상소문," 제5조, 303쪽. 유길준의 『西遊見聞』에서도 나폴레옹 1세 시기 프랑스 내 군사개혁과 상비군제도를 소개한 점이 주목된다.
40) "1888년 상소문," 제3조, 298-299쪽.

등의 권리를 부여하며, 개인의 능력을 판단기준으로 삼아 관리를 선발할 것을 주창했다.41) 나아가 갑신정변 주도 개화파는 부분적으로 지방자치를 통해 민의 정치참여를 확대할 것을 구상했다.42)

박영효의 경우 민의 지식수준과 개명의 차이에 따라 정부의 폭정과 외국의 침략에 대한 저항 여부가 좌우된다며 다음과 같이 설명하고 있다.

> 미개무식한 사람들은 우둔하고 나태하기 때문에 압제의 폭정을 능히 견딜 수 있으며 그 안에서 안주합니다. 반면 개명하고 지식이 있는 사람들은 영리하고 강직하기 때문에, 자신을 속박하려는 정치에 복종하지 않으며 이에 대항하기 위하여 움직입니다.43)

이와 같이 개화파가 민의 개화 내지 계몽을 중시하게 된 배경에는 계몽된 민이 외국의 침략에 저항할 수 있으며, 전제군주의 폭정에 저항할 수 있는 정치적 의식과 능력을 갖추게 될 것이라는, 즉 내셔널리즘의 과제를 수행할 수 있을 것이라는 기대감이 크게 작용했다.

그리하여 갑신정변 주도 개화파는 근대적 국민형성의 과도기로 민의 정치적 위상을 향상하며 국민통합을 이루기 위해 다음과 같은 정책방향을 제시했다. 첫째, 서구의 근대학문을 수용하고 국민의식을 고취시키는 방향으로 교육개혁과 인재등용 방법을 개혁하고, 의무교육 제도를 도입하며, 특히 국사 및 국어, 국문학 등을 먼저 교육시킬 것을 제시했다. 둘째, 국민통합의 효과적인 수단으로 기독교 등 종교의 교육적 기능에 주목해 천주교와 기독교에 대해 포교의 자유를 부여할 것을 주장했다.44)

---

41) 『甲申日錄』, 『金玉均全集』, 95쪽. 그리고 金玉均의 "池運永事件糾彈上疏文"에서는 양반제도의 폐해와 그 철폐의 필요성을 좀더 적극적으로 주장했다.
42) 그 예로 개화파는 民意수렴 차원에서 과거 주요정책에 대해 각 지방의 유생들이 의논하고 이를 정부에 건의했던 정치적 관행을 '縣會'로 발전시킬 것을 건의했다. "1888년 상소문," 제7조의 12번째 개혁항목, 309쪽.
43) "1888년 상소문," 제6조, 306쪽.
44) "1888년 상소문," 제6조, 306-307쪽.

2) 갑오개혁 참여 개화파의 부국강병 구상과 국민통합의 추구

유길준 등 갑오개혁 참여 개혁파가 김옥균과 박영효 등 갑신정변 주도 개화파의 부국강병 구상을 계승해서 구체화한 근대국가 건설구상은 크게 다음과 같이 요약된다. 첫째, 정치개혁 구상으로 내각제 설립과 군권 제한을 통한 입헌군주제의 확립을 지향했다. 특히 국왕의 전제와 척족의 국정 간섭으로 인한 폐단을 시정하기 위해 갑오개혁 시기 일련의 제도개편을 통해 봉건적 군주전제를 제한하고 정부의 정책결정과정을 합리화할 수 있는 여건의 조성을 의도했다. 둘째, 사회개혁 구상으로 과거제도의 폐지와 문벌의 폐지를 통해 인민평등권의 확립과 고른 인재등용의 실시를 의도했다. 셋째, 경제개혁 구상으로 봉건적 수탈을 제거하기 위한 일련의 제도적 개편을 구상했다.[45]

당시 개화파에게 조선이 지향해야 할 정치체제의 모델로 '군민공치'(君民共治)로 표현되는 '영국형 입헌군주제' 또는 미국식 대통령제의 '공화제' 등이 관심의 대상이 되었다. 그 예로 1880년대 초 <한성순보>에서 서구의 정치체제상의 특징은 권력분립 형태를 취하면서 주권재민 원칙과 국민의 동의에 의거하여 권력의 정당성을 확보하는 것으로 소개되었다.[46]

위에서 살펴본 갑신정변 주도 개화파는 군주가 바로 국가라는 전통적 왕조국가 관념에서 벗어났지만, 군주를 민의 부모와 같은 존재로 설명함으로써 군민관계를 일종의 부자지간으로 파악하는 전통적 가족국가관에서 완전히 탈피하지는 못했다. 박영효의 구상에 의하면 근대국가로 나아가는 과도기에 군주의 위상과 존재는 대외적으로 국가와 왕실을 수호하는 상징적 존재이며, 대내적으로 행정부의 수반으로서 권력 분립된 정부의 업무를 총괄하는 입헌군주로 역할이 제한될 필요가 있다고 여겨졌다.

한편 유길준은 서구식 입헌군주제의 제도적 수용에 중점을 둔 '군민공

---

45) 김영작·윤순갑(2005), 앞의 책, 577-585쪽.
46) <漢城旬報> 제10호, 1884. 1. 30; 제11호, 1884. 2. 7; 제36호, 1884. 10. 9(『漢城旬報 번역본』, 166, 194, 693쪽).

치'를 주장했다. 유길준의 경우 1880년대 후반에 작성한 『서유견문』에서 세계 각국의 정체를 5가지 유형으로 분류하면서 당시 조선의 정체는 '군주명령체제'에 해당되는 것으로 설명했다.47) 그리고 유길준은 입헌군주제에 해당되는 '군민공치'로 나가는 과도기로 '근세천제군주제'(近世擅制君主制)가 당시 조선의 상황에 적절하다고 보았다.48)

이와 같이 갑오개혁 참여 개화파는 전근대적 군주제의 폐단을 시정하기 위해 '군민공치', 즉 '군'과 '민'이 함께하는 정치풍토를 조성하는 입헌군주제로의 개편을 의도했다. 이를 통해 갑오개혁 참여 개화파는 중앙집권적 국가기구의 형성을 도모하는 한편 정치참여의 확대를 도모했다.49)

갑오개혁 시기 내무대신으로서 개혁을 시도한 박영효의 경우 기존의 전제군주와 관료들에 의해 운영돼 온 전통적 정치양상을 정당과 일반시민이 중심이 되는 근대적 정치양상으로 변모시키기 위해, 위로는 군주의 개명화를 실시하고 밑으로는 민의 계몽을 추진하는 개혁을 구상했다. 그리고 정치개혁의 방안으로 개화파는 군주의 권한을 제한하고 상대적으로 민에게 정치적 자유와 권리를 부여함으로써 조선이 문명국가로 발전할 수 있다고 전망했다.50)

갑오개혁 시기까지 개화파는 조선의 민의 현실이 서구와 같은 상태가 아니므로 서구의 정치제도를 즉각 채택할 수 없다고 보면서, 민의 즉각적인 정치참여에 대해서는 회의적이었다. 그리하여 박영효 등 개화파로서는 조선의 현실에서 서구식 시민혁명을 추진하는 것은 시기상조이며, 민의 정치참여를 당장 확대하는 것에 대해서도 유보적인 태도를 취했다. 그 대신 개화파는 민의 잠재력을 키우고 정치의식을 각성시키는 일정 기간의 과도기를 거친 후에 점진적으로 정치참여를 확대하는 것이 바람직하다고 보았다.

동학농민봉기 당시 개화파는 현실정치에서 민란이 발생할 경우 기존의

---

47) 『兪吉濬全書 1: 西遊見聞』, 143-148쪽.
48) 『政治學』, 『兪吉濬全書』 IV, 552-553, 563-564쪽.
49) 김영작·윤순갑(2005), 앞의 책, 585-587쪽.
50) "1888년 상소문," 제6조, 306쪽 상단; 제8조, 309쪽 상단.

취약한 정부 자체가 붕괴되며 외세의 개입을 초래할 위험성이 큰 것으로 우려했다.51) 결국 갑신정변 주도 개화파를 비롯해서 갑오개혁 참여 개화파는 조선의 일반 대중에 대한 우민관적(愚民觀的) 인식과 태도로 인해 당시 동학농민군 등 밑으로부터 개혁을 추진하려는 정치세력과 결합하기가 사실상 어려웠다.

3) 독립협회 참여 개화파의 부국강병 구상과 국민통합의 추구

독립협회 참여 개화파 역시 일련의 <독립신문> 논설을 통해 일반대중에게 조선이 부국강병을 추구할 필요성을 적극 고취했다. <독립신문>에서는 부강을 달성하기 위해서는 민의 자발적 참여가 이루어져야 하며, 이를 위해서는 관료의 부패와 무능, 무법, 신분차별 및 남녀차별 등이 철폐돼야 함을 역설했다. <독립신문>에 의하면 나라를 개혁하는 것은 목수가 헌집을 고치는 것과 같은 이치이지만, 당시 조선의 현실은 서투른 목수가 새 기둥을 준비하지 않고 헌집 기둥만 빼 버린 것으로 비유했다. 그리고 조선이 문명개화하지 못하는 이유로 제일 약한 청국을 본받는 것을 비판했다. 이와 관련 <독립신문>에 실린 "나라의 부강은 실학의 숭상에서"(1898. 6. 14), "요긴한 일—교육과 인재의 양성"(1899. 6. 27), 그리고 "학교설립과 신학(新學)에 힘쓰자"(1899. 9. 20) 등의 사설 제목에 잘 나타나 있듯이 독립협회 참여 개화파는 좀더 근본적으로 조선의 변화를 위해 허학에서 실학으로 나갈 것을 주창했다.

또한 <독립신문>에서는 조선인들 모두 편 가르기를 하지 말며, 정부와 관리는 백성의 생명과 재산을 보호하는 일에 주력할 것을 강조했다.52) 그러나 이러한 개혁구상도 고종황제의 중추원 실시 등 개혁약속이 지켜지지 않음으로써 결국 좌절되었다.

---

51) 그 예로 1894년 동학농민군의 봉기 이후 일본군이 조선에 출병한 직후 박영효는 <讀賣新聞>과의 인터뷰에서 이들 東學農民軍을 조선정부와 개화파를 위협하는 하나의 반란군으로 보았다. <讀賣新聞> 1894. 7. 9.
52) <독립신문>, 1898. 12. 15, 논설, "민권론—백성에게 권리를 주는 것이 부강의 길."

특히 국민통합의 필요성과 관련해서 <독립신문>의 경우 국가의 성쇠는 정치가의 능하고 능치 못한 데 있다고 보면서, 당시 조선인들을 작은 개미에 비유하여 일심 합력할 것을 권고했다.53) 독립협회 참여 개화파들은 국민통합을 위한 관리의 역할을 구체적으로 다음과 같이 언급했다.

> 관찰사나 원은 임금이 백성에게 보내는 사신인즉 군민 간에 교제가 친밀히 되도록 힘쓸 터이요, 정부의 명령을 백성에게 자세히 전하고 백성의 사정을 자세히 기별하여 정부는 백성의 일을 알게 하고 백성은 정부의 일을 알게 하여, 정부와 백성이 서로 통정하게 되면 정부는 백성을 도와줄 생각이 스스로 생길 것이요, 백성은 정부를 사랑하는 마음이 생길 것이다.54)

5. 맺음말

이상 본문에서 한말 내셔널리즘의 한 흐름으로서 자주독립 및 근대 국민국가를 지향한 개화파의 구체적인 개혁구상 및 현실정치 개혁 시도과정을 살펴보았다.

1884년 "갑신정변 혁신정강"과 "1888년 상소문," 『서유견문』 및 <독립신문> 등을 통해 개화파는 국가적 차원에서 부국강병과 문명개화가 시급함을 역설했다. 이를 위해 개화파는 민을 계몽하는 한편, 궁극적으로는 밑으로부터의 참여를 통해 민이 정치의 주체가 되는 개혁을 지향했다. 이들 개화파의 사상과 활동은 밖으로는 국제사회에서 독립을 확보하고 청·일·러 등 주변 열강의 간섭과 침략에 대처하는 저항적 내셔널리즘의 양상을 띠었다. 그리고 개화파는 안으로는 봉건사회의 해체에 대처하기 위해 구체적인 근대화 프로그램을 통해 조선의 부국강병과 문명개화를 달성

---

53) <독립신문> 1899. 3. 2, 논설, "국가의 성쇠"; 1899. 7. 26, 논설, "힘과 지혜―작은 개미와 큰 벌레의 우화."
54) <독립신문> 1896. 4. 16, 논설, "원과 관찰사는 백성의 종."

하고자 했다. 그리고 당시 개화파의 민권향상 구상은 일반 민을 봉건적 신분질서로부터 해방시키는 한편, 국민통합의 측면에서 '민'의 중요성을 재인식하는 데 기여했다.

개화파가 이러한 자주독립 외교구상과 근대국가 건설 등 한말 내셔널리즘의 이념적·사상적 비전 및 구체적 개혁방안을 제시했음에도 불구하고, 현실정치에서 개화파의 내셔널리즘 구상이 실현되지 못했던 이유로 다음 몇 가지 제약요인을 지적할 수 있다.

첫째, 이들 개화파의 근대국가 구상 자체가 지니는 사상적 측면에서의 제약을 지적할 수 있다. 당시 조선에 서구의 근대 자유민주주의가 소개되면서 개화파는 입헌정체를 수용할 필요성을 크게 인식했다. 그렇지만 현실정치에서 개화파로서는 당시 조선의 현실을 감안해 군주와의 정치적 유대 내지 연계를 부정하지 못함에 따라 서구의 근대 국민국가 상에 다가가는 데 한계점을 노정했다.

둘째, 개화파는 근대국가의 이념·모델국가로 궁극적으로는 서구의 발전과정을 지향하면서도, 현실적으로 메이지 일본이 급속히 부국강병을 추진한 점을 염두에 두었으며, 청 또는 러시아를 견제하기 위해 일본을 활용하려고 시도했다. 그 결과 개화파는 한말 반외세 저항적 내셔널리즘의 과제로서 '반일'이 요청되는 상황에서 활동상의 제약을 드러냈다.

셋째, 한말 국민통합 추진과정에서 서구의 다민족 공동체에 비해 단일한 민족과 언어, 역사 및 풍속을 공유한 경험 등 국민통합에 유리한 이점이 충분히 활용되지 못하고, 오히려 국내 정치세력 간 분열과 갈등이 노정되었다. 개화파 역시 제한된 국내정치적 입지로 인해 현실정치에서 리더십을 발휘하여 국민통합을 추진하기에 역부족이었다.

넷째, 개화파가 민권향상과 계몽 등을 통해 내셔널리즘 추진세력으로서 기존의 민을 근대적 시민으로 계몽시킬 것을 구상했다. 그러나 개화파는 기존의 민에 대한 우민관적 태도 등으로 대중동원에 실패했으며, 동학농민군 등 밑으로부터의 개혁세력과 통합되지 못했다.

결국 한말 근대국가 건설이라는 정치적 이상과 약소국 조선의 낙후된 현실 사이의 간극에서 개화파의 시도와 좌절의 양상은 위로부터의 개혁의 성과 및 한계를 잘 보여주는 동시에, 이후 밑으로부터의 개혁과 내셔널리즘의 확산을 촉진하는 계기가 되었다.

참 고 문 헌

『高宗實錄』.
金玉均,『金玉均全集』, 한국학문헌연구소 편 (서울: 아세아문화사, 1979).
朴泳孝,「朝鮮國內政ニ關スル朴泳孝建白書」, 日本 外務省 編,『日本外交文書』第21卷 (明治 21年 1月-12月間), 문서번호 106.
兪吉濬,『兪吉濬全書』 총 5권, 兪吉濬全書編纂委員會(서울: 일조각, 1971).
徐載弼, "回顧 甲申政變," 이민수 외역,『한국의 근대사상』(서울: 삼성출판사, 1983).
국사편찬위원회 편,『陰晴史・從政年表 全』(서울: 탐구당, 1971).
井上角五郞,『漢城之殘夢』, 한상일 역,『서울에 남겨둔 꿈』(서울: 건국대 출판부, 1993).
博文局,『漢城旬報・漢城週報』, 원문과 번역문 3권(서울: 관훈클럽신영연구기금, 1983).
재단법인 송재문화재단,『독립신문 논설집: 1986.4-1899. 12』, 1970.
太學社 編,『韓國近世史論說集: 舊韓末編』, 전8권(서울: 태학사, 1982).
강재언 저, 정창렬 역,『한국의 개화사상』(서울: 비봉출판사, 1981).
김수암, "1880년대 만국공법의 전파와 수용—조청관계를 중심으로," 한국국제정치학회,『2002년도 연례학술회의 외교사분과 발표논문집』, 2002.12.12.
김용구,『외교사란 무엇인가』(인천: 도서출판 원, 2002).
김영작,『한말 내셔널리즘연구—사상과 현실』(서울: 청계연구소, 1991).
김영작・윤순갑, "개화파의 근대국가 건설 구상," 한국동양정치사상사학회 편,『한국정치사상사—단군에서 해방까지』(서울: 백산서당, 2005).
김현철・정용화, "개화파의 자주독립 사상," 한국동양정치사상사학회 편,『한국정치사상사—단군에서 해방까지』(서울: 백산서당, 2005).
정용화,『문명의 정치사상: 유길준과 근대 한국』(서울: 문학과 지성사, 2004).
이용희, "민족주의의 개념," 노재봉 편,『한국민족주의와 국제정치』(서울: 민음사, 1983).
_____,『일반국제정치학 (상)』(서울, 박영사, 1983).
전복희, "19세기말 진보적 지식인의 인종주의적 특성: <독립신문>과『윤치호 일기』를 중심으로," 한국정치학회, 『한국정치학회보』 제29집 1호(1995).
Hobsbawm, E. J., *Nations and Nationalism since 1780: Programme, Myth, Reality*, Cambridge: Cambridge University Press, 1990; 강명세 역, 『1780년 이후의 민족과 민족주의』(창작과 비평사, 1994).
Tilly, Charles, ed., *The Formation of National States in Western Europe* (New Jersey: Princeton University Press, 1975).

제2장 동학의 민족주의적 성격

오문환

1. 민족, 국가, 민

　민족국가는 근대성을 구성하는 중요한 한 요소이다. 한반도는 한 민족이 시민적 국가와 인민적 국가로 서로 대립하고 있다는 점에서 하나의 국민국가를 형성하고 있지 못하다. 근대적 국민국가 또는 민족국가는 한반도에서는 아직까지 미완의 과제로 남아 있는 것이다. 민족주의를 거론하는 또 다른 이유는 세계화에도 불구하고 국제정치에서 여전히 매우 중요한 정치행위자가 또한 민족국가이기 때문이다. 민족주의는 여전히 우리에게 유효한 정치학 개념인 것이다.
　국민국가를 먼저 형성한 뒤 아시아로 세력을 확장하던 제국주의가 팽배했던 19세기적 상황에서 보자면 부국강병적 국민국가는 조선이 취할 수 있는 당연한 응전이었다. 그러나 조선의 부국강병책은 그다지 성공적이지 못했으며 보다 근본적인 차원에서 전면적인 성찰과 대안이 요청되고 있었다. 동학은 그러한 시대적 요청의 산물이라 해도 좋을 것이다. 동학을 창시한 수운 최제우는 종교·철학적 성찰에서부터 독자적인 근대성의 길을 찾았으며 대외적 자주노선을 통해 자생적 근대국가 형성을 꿈꾸었다. 그러므로 민족주의로 동학의 정치사상을 접근하는 데는 큰 무리가 없다.

민족주의 개념은 다의적이다. 그러므로 동학을 민족주의로 접근하기 위해서는 개념적 정의가 요청된다. 여기에서는 민족주의를 근대 민족주의적 맥락에 따라 대외적 자주성과 대내적 국민형성으로 이해·정의하여 동학사상과 실천운동을 접근하고 분석하고자 한다.

대외적 자주성은 민족의 자기정체성 자각으로부터 시작된다. 자기정체성 자각의 중요한 계기 중 하나는 타자와의 관계이다. 조선의 실학자들은 이미 멸망한 명(明)의 중화주의를 추종하는 세력들에 대해 청(淸)의 현실을 직시하고 배우자는 현실주의적 자각을 통해 조선의 자기정체성을 중시했다. 실학자들은 중국 중심주의에서 탈피하고자 노력하고 조선의 경제상황과 지리적 현실을 강조했으나, 유가의 범주에서 벗어나지는 못했다. 뿐만 아니라 실학은 지식인의 학문운동을 넘어서지도 못했다. 이 점에서 타자와의 관계에서 조선의 자기정체성에 대한 종교적·철학적·실천적·정치군사적 인식은 동학을 통해 본격화되었다고 할 수 있을 것이다.

이 장의 일차적 목적은 이러한 민족자주의 종교적·철학적 연원과 정치운동적 전개를 동학사상과 동학운동에서 찾는 데 있다. 이를 위하여 이 글은 ① 동학이 제시하는 자기정체성의 종교와 철학의 원형을 수운을 통하여 분석하고, ② 대외적 자주성이 생활양식과 사회운동으로 표출되는 보은집회의 척왜양(斥倭洋) 운동을 분석하고, ③ 민족자주를 수호하기 위한 전쟁으로 발전하는 제2차 농민전쟁을 분석함으로써 동학이 타자와의 관계에서 정립하고자 했던 민족적 자기정체성이 무엇이며, 그 형성과정은 어떠했는지 분석하고자 한다.

조선은 근대 민족주의의 중요한 한 축을 이루고 있는 국가형성의 과업을 효율적으로 수행하지 못했다. 즉 대외적 자주성을 확보하고, 양도 불가능한 절대주권을 수립하며, 외적의 침략을 방어하는 국민의 군대를 창설하며, 안보와 경제, 문화 등의 실질적 주체로서 국민을 형성할 뿐만 아니라 감독·통제·관리할 수 있는 합리적인 관료기구의 정비와 효율적인 세제정책을 집행하는 국가도 건설하지 못했다. 조선정부가 시대의 요청에 부응하지 못했으므로 동학을 창시한 수운은 "보국안민(輔國安民)의 계책이 장차 어디로부터 나올 것"인지1) 크게 염려했다.

조선정부가 근대적 국민국가를 형성하는 데 실패한 근본적인 원인에는 여러 가지가 있겠지만, 그 가운데 중요한 한 가지를 든다면 아마도 국민형성의 실패라 할 수 있을 것이다. 즉 조선정부는 국민의 자발적인 노력이든 국가에 의한 작위적인 형성이든 국가의 주인이 국민이며 국민이 살아야 국가가 살 수 있다는 민의 형성에 실패했다. 국민 없이 국가 없다는 것은 비단 근대 국민국가뿐만 아니라 유가에서도 강조되는 정치의 근본이었다. 근대 민족주의는 근대적 시민형성 또는 국민의 형성과 긴밀한 관계가 있다. 시민형성이 시민의 자발성을 강조하는 민주주의적 민의 형성이라면 국민형성은 다분히 국가에 방점이 찍히는 권위주의적 민의 형성이지만, 중요한 것은 국가의 근본토대인 민의 형성이 19세기 말 조선에서는 동학에 의해 아래로부터 자발적으로 시작됐다는 사실이다. 이 점에서 동학은 서구 시민적 민족국가와는 또 다른 형태의 한국 민주주의의 발원처라 할 만하다.

아래로부터 형성되기 시작하는 민의 정치철학적 토대와 그 전개과정을 분석하는 것은 이 장의 두 번째 목적이다. 이를 위해 여기에서는 ① 개벽사상과 평등사상을 토대로 등장하기 시작한 정치적 주체로서 민의 등장과 신분제 철폐 등을 분석하고, ② 해월에 의한 접의 조직화를 통한 새로운 민의 형성과정을 분석하고, ③ 전봉준의 조세 저항적 고부봉기, 반봉건적 혁명운동과 전주 함락, 민에 의한 자치경험의 시기인 집강소 등을 민의 민족주의 맥락에서 분석하고자 한다. 그렇게 함으로써 수동적・피동적 정치 대상이었던 민이 어떻게 정치의 주체로 등장・형성하고 혁명운동을 했는

---

1) 수운, "포덕문" 8, 輔國安民 計將安出. 수운의 저작은 『동경대전』과 『용담유사』 癸未版을 저본으로 하는데, 본 계미판은 韓國學文獻硏究所 編 『東學思想資料集 壹貳參』, 亞細亞文化社, 1979에 영인돼 있다. 해월 최시형의 저술은 "內修道文," "內則," "遺訓"이 있으며 서울대 중앙도서관 奎章閣圖書 문서번호 17295 東學書 30책에 실려 있다. 愼鏞廈 교수가 『韓國學報』 12(1978), 198-202쪽에 전제하고 해설을 붙였다. 말을 孫天民이 한자로 옮긴 "理氣大全"도 해월의 저서다. 『韓國學報』 21(1980), 150-155쪽. 의암 손병희의 저서는 崔起榮・朴孟洙 編 『韓末天道敎資料集』 1・2(國學資料院, 1997)를 저본으로 한다. 수운, 해월, 의암의 저서는 『天道敎經典』 포덕 138년(1998)판을 참고로 한다. 이하에서 인용 출처는 호, 편명과 장으로 표기한다.

지를 밝힘으로써 동학은 민의 민족주의였음을 밝힐 것이다. 동학은 비록 민족국가 건설에는 실패했지만 아래로부터의 자발적인 민 형성을 통한 민족국가 건설노력이라는 점에서 정치사상적 의미가 있는 것이다.

2. 민족자주의 사상, 운동, 전쟁

1) 자주의 학: 동학

동학이라는 개념 자체에는 이미 민족자주의 에토스가 들어 있다. 동학이 시작된 19세기 말이라는 시대적 상황을 감안한다면 이 개념은 분명 서학(서도, 가톨릭, 천주학)을 의식한 대응적 개념임을 알 수 있다. 동학이 천주(天主) 개념을 사용한다고 하여 천주학의 영향을 강조하는 연구도 있지만, 천주란 한울님의 한자적 표현으로 보아야 할 것이다. 해월은 "두 글자(天主)를 보고 지목함이여, 어찌 서양 사람이 먼저 행한 것인가"[2]라고 하여 천주 개념이 서구에서 온 것이 아님을 분명히 하고 있다.

영불 연합군의 북경침략은 조선정부에게는 그야말로 충격 그 자체였다.[3] 수운은 "서양은 싸우면 이기고 치면 빼앗아 이루지 못하는 일이 없으니 천하가 다 멸망하면 또한 순망지탄이 없지 않을 것이라"[4]고 보았다. 무

---

2) 해월, "강서" 35-11, 二字之見指今 柰洋人之先行.
3) 철종은 영불 연합군의 북경함락 소식을 듣고 다음처럼 탄식했다. "천하를 장악한 중국의 거대함으로도 오히려 적을 막지 못했으니 서양의 무력이 표한(慓悍)함을 알 수 있다.…… 연경은 우리와는 순치(脣齒)의 관계이다. 연경이 위태로우면 우리나라라고 어찌 편안하겠는가. 또한 그들이 강화라고 한 것은 단지 교역에 관한 것 뿐만이 아니며, 윤상(倫常)을 없이하고 망치는 술(術)을 사해(四海)에 전파하려고 하는 것이다. 그러니 우리나라도 그 해를 면할 수 없게 되었다. 하물며 그들 선박의 우수함은 일순에 천리를 갈 수 있을 정도가 아닌가," 『철종실록』 권12, 철종11년 12월 무진.
4) 수운, "포덕문" 8.

력적인 압도적 타자의 등장은 동학이 자기정체성을 자각하는 중요한 계기가 된다. 수운은 파죽지세로 동양으로 밀려오는 서양 세력이 혹시 하늘의 뜻은 아닌지 궁금해했다. 그리하여 1860년 종교체험 때 수운은 한울님께 "서도로써 사람을 가르치오리까"5)라는 질문을 하게 된다. 수운의 잠재의식 속에 서학 또는 서도가 얼마나 강렬하게 잠재되어 있었는지를 보여준다. 그 대답은 "아니다"였다. 그리하여 서학과도 다른 독창적인 동학이라는 새로운 학을 선언하고 천도를 펴게 된다.

수운은 한울님으로부터 서도로 가르치는 것이 아니라 주문(呪文)으로 가르치고 궁을(弓乙)로 질병에서 민을 구하라는 말을 듣게 된다. 그리하여 동학이 탄생하게 된 것이다. 주문과 궁을 두 가지는 동학의 자기정체성을 규정짓는 중요한 잣대가 되며 서학과 뚜렷이 구분된다. 동학은 서학의 대안으로 제시되었다는 점에서 한국민족주의의 종교적 원형이라 할 수 있다. 이처럼 기존의 종교나 철학적 전통과는 완전히 다른 자기정체성을 자각한 것이다. 이러한 종교철학적 자각을 바탕으로 동학은 서학을 비판하고 일본을 경계하는 자주성을 세우게 된다. 이에 따라 동학에는 민족종교 혹은 민족사상이라는 이름표가 붙게 된다.

서학과 다른 뚜렷한 자기정체성의 선언과 함께 전통적 유가와의 차별성에도 유의할 필요가 있다. 즉 종교적 체험과 경전의 간행을 통하여 동학이라는 종교, 철학은 서학에 대한 대안에 그치는 것이 아니라 전통적 유가와 조선의 성리학에 대한 대안으로도 선언되고 있다. "유도불도 누천년에 운이 역시 다했던가"6)라는 언명이나 "요순지치라도 부족언이요 공맹지덕이라도 부족시라"7)는 언명은 유가와의 결별을 뜻한다. 수운은 노나라에서 나서 추나라에서 뜻을 펼친 공자의 추로지풍(鄒魯之風)과 달리 "우리 도는 이 땅에서 받아 이 땅에서 폈으니 어찌 가히 서라고 이름하겠는가"8)라고 하여 유가와도 다른 동학의 자기정체성을 분명히 했다.

---

5) 수운, "포덕문" 6.
6) 수운, "교훈가" 4.
7) 수운, "몽중노소문답가" 5.
8) 수운, "논학문" 10.

더욱 흥미로운 것은 후천개벽의 선언이다. 후천개벽이란 이른바 동양문명의 시조로 일컬어지는 천황씨의 문명 시작과 똑같이 동학에 의하여 새로운 문명이 열린다고 하는 선언이다. 그러므로 수운은 하늘로부터 "나도 또한 개벽 이후 노이무공 하다가서 너를 만나 성공하니"9)라 하여 5만 년의 운을 받았다고 주장한다. 이러한 주장은 모두 동학이 유학이나 중화주의를 넘어서는 새로운 문명을 표준으로 하고 있음을 보여준다. 동학은 동양문명의 시원이라 일컬어지는 천황씨의 운을 선언함으로써 새로운 시작을 알리고 있다. 새로운 자기정체성의 선언이라 할 수 있다.

동학이 완전히 중화주의에서 벗어나지 못했다고 하는 주장이 없는 것은 아니다. 이들은 수운이 명나라 신종이 임진왜란에 우리나라를 도와준 대가로 그 고마움을 표시하기 위하여 지은 대보단(大報壇)에 대한 수운의 언급을10) 그 이유로 든다. 그러나 수운이 대보단을 언급한 것은 일본의 임진왜란이라는 군사적 침략주의를 비판하기 위함일 뿐이다. 즉 한의 원수란 명나라를 멸망시킨 청나라를 뜻하며 곧 문명을 침략하는 야만의 일본을 상징하고 있다. 따라서 이 구절은 침략주의 세력에 대항하는 대외적 민족자주를 주장하는 것이다. 물론 수운은 명에 대해서는 우방으로서 호감을 보이고 있다.

동학은 서학, 서구의 모더니티, 중화주의, 일본의 침략주의를 비판하면서 민족자주의 정체성을 주장했다. 타자에 대한 비판과 함께 동학은 자기정체성을 확고하게 다지는 작업을 동시에 병행한다.11) "용담가"는 얼핏 보면 자신이 태어난 고향인 경주의 아름다움을 한껏 노래하고 있지만, 그 안에는 조선의 주체적 역사관과 지리적 중심주의가 뚜렷하게 드러나고 있다. 더욱 놀라운 일은 경주의 아름다움도 결국 자신이 있기 때문이라는 구

---

9) 수운, "용담가" 3.
10) 수운, "안심가" 8. "내가또한 신선되어 비상천 한다해도 / 개같은 왜적놈을 한울님께 조화받아 / 일야에 멸하고서 전지무궁 하여놓고 / 대보단에 맹세하고 한의원수 갚아보세 / 중수한 한의비각 헐고나니 초개같고 / 붓고나니 박산일세."
11) 서학과 유학에 대한 동학의 철학적 자기정체성의 정립에 대해서는 오문환, 『동학의 정치철학』, 모시는사람들, 2003, 93-130쪽.

절이다.12) 민족이라는 집단적 자기정체성을 확고하게 뒷받침하는 것은 결국 개인적 자기중심성이라는 점을 명료하게 말하고 있다. 자신을 중심에 놓을 수 있었던 것은 천주를 모시고 있는 위대한 인간의 발견이 있었기 때문에 가능했다고 하겠다.

종교성의 각성과 철학적 설명체계를 갖추면서 동학이라는 이름으로 독자적 자주성을 확고하게 정립한다. 그러나 학문적·사상적 자주성을 선언한다고 해서 곧바로 현실적 자주성을 확보하는 것은 아니다. 중요한 것은 현실세계에서의 실천이었다.

2) 민족자주의 운동: 척왜양

해월은 담론적 수준의 동학을 현실적 정치사회운동으로 발전시켰다. 해월은 철학적 수준의 동학을 생활의 언어로 설명했으며 생활을 안내하는 윤리로 발전시켰다. 1871년 영해 이필재 사변을 계기로 동학의 관에 대한 탄압이 가중되자 수운 당시의 동학은 거의 다 해체됐다. 무의 상태에서 출발한 해월은 강원도에서 활동하다가 1884년에 이르면 한편으로는 경전을 발행하고, 전통적 유가에 대비되는 독자적인 윤리규범과 행동강령 등을 정비하고, 다른 한편으로는 육임제를 정비하면서 민을 조직화된 세력으로 갖추어 활동반경도 강원도에서 충청도 일대로까지 넓혀 나가게 된다.13)

동학이 급속하게 확장하는 데 접이 큰 역할을 했다. 접은 인맥적 조직에 의하여 공동체를 형성하여 정보를 공유하고, 생활을 나누면서 유가적 생활양식에 대비되는 동학적 생활양식을 뿌리내리는 기초단위였다. 동학의 사회활동 영역이 넓어지면서 보다 상위의 조직체인 포가 형성되게 된다. 이처럼 접과 포라는 조직체는 1890년대에 이르게 되면 전국에 이르게 된다. 접포제는 동학을 현실화하는 데 중심적 역할을 했다.

수운은 이미 '여세동귀'(與世同歸)를 말하여 도가 세상을 떠나서 따로 있

---

12) 수운, "안심가" 8. "구미산수 좋은풍경 / 아무리 좋다해도 내아니면 이러하며 / 내 아니면 이런산수 아동방 있을소냐."
13) 오문환, 『해월 최시형의 정치사상』, 모시는사람들, 2003, 189-276쪽.

지 않음을 강조했으며, 해월도 이미 1875년 정선에서 최경상이라는 이름을 시대에 형통한다는 의미의 '시형'(時亨)으로 개명했다. 해월이 이끈 북접을 무위이화(無爲而化)를 강조하는 소극적·종교적·보수적인 세력으로 전봉준 등의 적극적·정치적·혁명적 남접과 대비시키는 관점은 비교적 오래되었지만14) 보은집회에서 나타나듯이 해월 노선은 결코 현실도피적인 종교주의로 단정하기 어려우며, 오히려 반침략주의적 민족자주 노선이라 할 수 있다. 이는 보은집회와 제2차 동학농민혁명이 반증하고 있다.

보은집회 이전에 이미 동학도의 집회는 1892년부터 여러 차례 있었다. 공주, 삼례, 원평, 금구 등에서도 취회가 있었고, 광화문 복합상소에서는 이미 외국세력에 대한 경계를 노출시켜 동학이 다른 나라에 알려지게 되는 계기가 되었다. 보은집회의 중요한 의미는 동학 내적 관심사보다 시대적·정치적 과제가 전면에 부각되었다는 사실이다. 수운의 신원이 아닌 '척왜양'(斥倭洋)이라는 시대적 과제가 전면에 내걸리게 된 것이다. 당시 도소에 내걸렸던 방문에서는 왜양의 침략으로부터 국가를 수호하기 위하여 초야의 민이 충군애국심을 집회로 표현한다고 하고 있다.15) 이는 해월과 동학 간부들이 당시 정국의 핵심적 모순으로 민족자주의 상실로 인식하고 있었음을 볼 수 있다. 그러므로 동학도는 이른바 왜양과의 주화(主和)는 곧 매국(賣國)으로 인식하고 있다.16) 이는 당시의 서구세력과 일본 및 청의 조선에 대한 정치적·경제적·사회문화적 간섭과 침탈에 대한 민의 저항적 여세를 반영한 결과라 할 것이다. 여기에서 동학의 저항적 민족주의의 성격을 볼 수 있다.

보은취회가 "오직 왜양을 공격하는 것을 주로 하여 충성을 다하여 국가를 돕겠다"(專主擊倭洋 盡忠扶國)17)는 것은 동학의 일차적 목적이 혁명에 의한 국가전복이 아니라 침략주의적 외적으로부터 국가를 보호하는 데 있다

---

14) 金庠基, 『東學과 東學亂』, 大成出版社, 檀紀 4280, 71쪽.
15) "聚語," 報恩官衙通告, 東學農民戰爭史料叢書編纂委員, 1996, 『東學農民戰爭史料叢書』 2, 史芸研究所, 28쪽. 이하에서는 『東史』로 약칭한다.
16) "聚語," 東學人榜 『東史』 2, 35-36쪽.
17) "聚語," 『東史』 2, 36-37쪽.

는 민족주의적 명분에 투철했음을 보여준다.[18] 시대적 과제를 제기함으로써 동학은 더 이상 종교, 철학, 사상에서 통제할 수 없을 정도로 정치화되게 된다.

보은집회를 통하여 동학은 급격하게 정치화되면서 조직적 분열상도 드러낸다. 결과적으로 동학은 다양한 민의 현실적 요구를 효과적으로 통제하지 못하게 된다. 정치운동화된 동학은 이미 만연해진 관리들의 부정부패와 혼란해진 국가기강에서 오는 온갖 부조리를 문제제기하고 시정할 수 있는 사회세력으로 성장했다. 이에 비해 동학의 조직 내적 통일성과 정치적 기능은 급격한 변혁에 대처할 만큼 성장하지 못했던 것 같다. 구체적인 국가혁명 프로그램이 부재한 상황에서 혁명운동으로 이끌리게 된 것이다. 그러한 가운데 고부군 조병갑의 탐학에 대한 전봉준의 봉기가 발생하게 되었다. 결국 조선정부와 충돌을 피할 수 없게 되었다. 그러나 해월은 이러한 반봉건투쟁에는 적극적이지 않았지만, 오히려 일본과 정부군의 연합세력에 대해 1894년 9월에 일어난 제2차 동학혁명에는 적극적으로 참여하게 된다. 해월의 민족자주 반침략주의 노선의 연속성을 볼 수 있게 된다.

3) 침략주의와의 전쟁: 제2차 동학농민전쟁

제2차 동학농민전쟁에서 주적은 침략주의적 일본이었다. 1894년 6월 21일 조선을 침략한 일본군은 무력으로 경복궁을 점령하고 청일전쟁을 도발하는 한편, 명성황후의 정권을 무너뜨리고 대원군과 개화파의 연립정권을 수립시켰다. 이어 갑오개혁이 추진되어 봉건체제에 대한 전반적인 개혁사업을 추진했다. 청일전쟁에서 승리한 뒤 일본의 조선침략은 노골화되었다. 청국을 물리치고 조선정부를 군사적으로 장악하고 친일정권을 수립한 일본은 동학농민군의 진압에 나서게 된다. 물론 일본은 동학농민군과의 전쟁에 성급하지는 않았다. 왜냐하면 이미 조선의 군대는 무장해제를 당한 상태였고 청일전쟁을 통하여 청국을 패퇴시킨 상황에서 조선인민을 군사

---

18) 金龍德, "東學思想硏究," 『중앙대논문집』 9, 219쪽.

적으로 억압한다는 인상을 국제여론에 줄 필요는 없었기 때문이라 하겠다. 일본은 동학농민군에 의한 내부혼란이 먼저 일어나게 되면 질서유지의 명목으로 진압할 적당한 기회를 보고 있었다고 할 수 있다. 그러던 차에 경북 문경에서 동학군에 의한 일본군 장교 살해사건이[19] 일어나자 이것이 일본군에 의한 동학군 진압의 한 도화선이 되었다.

경복궁 무단점령 이후 동학도의 침략주의 일본에 대한 저항은 강하게 표출되고 있었다. 특히 충청도의 이인, 서천, 청양, 연기, 한산, 공주, 보은 등지에서는 동학도의 일본군 침략에 항거하는 일련의 취회가 열리면서 일본 침략주의에 대한 항거의 움직임이 활발해졌다.[20] 이러한 동학도의 반침략주의의 움직임은 청일전쟁에서 일본의 승리가 확실해질수록 전국화되게 된다.[21] 동학도들의 이러한 움직임은 보은취회의 연장선상에 서 있으며 동학의 자주적 민족주의의 성향을 극명하게 보여주는 면이다.

반봉건투쟁을 선도했던 전봉준도 9월 기포의 성격을 "일본 도적이 틈을 타서 병력을 움직여 우리의 임금을 핍박하고 우리 백성을 흔들었기에 초야의 백성들이 충군애국(忠君愛國)하는 마음으로 의병을 일으켜 일본과 싸우고자 한다"[22]고 명확하게 민족자주를 선언했다. 이미 보은취회에서 '척왜양'(斥倭洋)의 기치로 국론을 결집시켰던 해월로서도 일본군과의 전쟁은 피할 수 없는 천명이었다. 그러므로 해월은 "스승의 숙원을 풀고 나라를 위급함에서 구하자"는 초유문을 내 죽음을 각오하고 나가서 일본의 침략주의에 대항하여 싸울 것을 명했다.[23] 해월은 의암 손병희를 대통령(大統領)에 임명하여 북접 동학군의 지휘를 맡겼다. 이에 따라 제2차 동학농민전쟁은 반침략주의 전쟁으로 치닫게 된다.

일반적으로 남접은 충청 서부와 전라도지역을, 북접은 충청 동북부와

---

19) 『駐韓日本公使館記錄』 1, " 東學黨의 再起와 日軍의 匪徒鎭壓에 따른 朝鮮政府의 협조요청," 132-133쪽.
20) 장영민, 『동학의 정치사회운동』, 경인문화사, 2004, 498-500쪽 참조
21) 장영민, 위의 책, 536-537쪽 참조
22) 『東學亂記錄』 下, "宣諭榜文立東徒上書所志等書," 383-384쪽.
23) 천도교중앙총부, 『天道敎百年略史』, 1981, 250쪽.

경기·강원 이북지역을 통괄한 것으로 나타나지만, 동학의 인맥조직상 남접에도 해월을 추종하는 접주들이 적지 않게 있었다. 이들이 침략주의에 대항하는 민족운동전선 통일에 앞장섰다. 부안지역의 김낙철은 대표적인 인물이었다. 남북접의 대화창구로 일컬어지는 오지영도 제2차 동학농민혁명이 가능하게 된 남·북접의 화해기록을 남기고 있다.24) 이들은 해월 아래에서 의암을 중심으로 형성된 북접과 전봉준을 중심으로 형성된 남접을 반침략주의적 민족주의로 소통시켰다고 하겠다.

수운에 의해 제기된 자기정체성의 종교·철학이 1894년 9월에 이르게 되면 민족자주를 수호하기 위한 침략주의자 일본과의 동학농민전쟁이 본격화된다. 부국강병을 통한 민족자주를 내걸었던 김옥균의 개화사상은 급진적 쿠데타를 통한 정권장악을 통하여 새로운 국가건설을 시도하여 3일 만에 실패한 뒤 일본군의 경복궁 침탈과 함께 들어선 제1·2차 김홍집 내각을 통하여 친일적 개화정권 수립으로 성공한 셈이다. 제2차 동학농민전쟁은 일본 침략주의 및 친일적 개화당 정권과의 전쟁이었다. 이 전쟁에서 동학농민군의 패배는 곧 조선에서 민족주의의 패배였으며 동시에 민의 자율성의 패배였다. 여기에 한국민족주의의 비애가 있다. 이후 한국사에서 자생적 근대화의 흐름은 단절되었으며 조선은 이른바 '식민지적 근대화' 또는 '국가 및 관 주도적 근대화'의 길로 접어들게 된다. 엄밀한 의미에서 개화정권의 근대화 정책은 국가안보에 대한 정책이 부재하고 있다는 점에서 근대적인 행정제도 개혁을 넘어서지 못했다. 개화파의 근대화는 국가안보가 빠진 근대성이었던 것이다. 반면 동학은 외세로부터 자주적 국가를 수립하는 것을 일차적 목적으로 설정하고 운동했다.

---

24) 吳知泳, 『東學史』, 永昌書館, 1939, 136-139쪽.

3. 민의 민족주의: 민의 사상, 민의 조직, 민의 혁명

1) 민의 사상: 개벽

근대 민족주의의 발원으로 일컬어지는 프랑스대혁명에서 인민의 정치권은 중요했다. 혁명 후 1795년 선포된 프랑스 인권선언(French Declaration of Rights)의 "각 인민은 그 구성수와 그들이 차지하는 영토에 관계없이 자립적이고 주권을 갖는다. 이 주권은 양도할 수 없는 것이다"25)에서 인민주권이 민족주의의 중요한 축임을 알 수 있다. 국가=민족=인민이라는 등식은 근대 민족주의의 중요한 논쟁거리였다. 민족을 국가로 이해하는 부류와 민족을 시민으로 이해하는 부류가 서로 경쟁·갈등하면서 근대 민족주의 개념은 형성되었다. 그러므로 "시민은 국가와의 관계에서는 인민이 되지만 대외적인 관계에서는 민족을 구성한다"26)는 정의도 나오게 된 것이라 하겠다. 우리에게 보다 중요한 것은 한국의 경우 민족의 구체적 구성원이라고 할 수 있는 정치적 권리를 주장하는 민이 어떻게 등장했느냐 하는 문제일 것이다. 이는 민주주의에서도 중요한 문제이다.

민이 정치적 주체로 등장해 역할하기 위해서는 민의 위상을 정립하는 정치철학이 필수적이며 아울러 민의 조직화 및 정치화가 필요조건이다. 동학은 민의 철학이자 조직화의 계기를 제공했다는 점에서 한국 민의 민족주의의 원형이라 할 수 있다. 조선에서 정치는 군주와 사대부의 독점물이었으며 민은 통치의 대상일 뿐이었다. 사농공상(士農工商)의 평등과 민이 정치공동체의 공적인 일에 참여할 수 있다는 발상이 동학에 의해 비로소 가능해진 것이다. 그리하여 국가사와 공무가 더 이상 왕과 사대부의 전유

---

25) E. J. 홉스봄, 『1780년 이후의 민족과 민족주의』, 강명세 옮김, 창작과비평사, 1994, 36쪽에서 재인용.
26) 보다 자세한 논의는 위의 책, 40-60쪽 참조.

물이 아니라 민의 관심사가 될 수 있었던 것이다.

동학은 일반 민도 왕과 사대부처럼 똑같이 도와 덕을 터득할 수 있으며 천명을 받을 수 있다는 것을 "누구나 천주를 모시고 있다"(侍天主)는 철학을 통하여 정당화하게 된다. 이러한 철학으로부터 사람은 누구나 천주를 모시고 있기에 신성한 존재로 공경해야 한다는 사회사상과 윤리가 나왔다. 이러한 세상을 구현하기 위해서는 우선 유불선과 같은 이른바 선천종교나 철학에서 해방되어 원만한 인격으로 새로 태어나는 인심개벽을 해야 하며, 이들이 모든 존재를 한울님처럼 공경하는 새로운 후천개벽(後天開闢) 세상을 열어 나간다는 개벽이라는 변혁사상이 나오게 된다. 이때 개벽은 현실의 고통을 극복하는 미래세계의 희망으로 제시된다.27) 개벽사상은 평등을 실현하는 변혁사상으로 작동했다. 평등사상은 동학혁명기에 실제로 행해졌음을 유생(儒生)의 기록을 통해서도 확인할 수 있다.28)

누구나 천주를 모시고 있으며(侍天主), 사람을 천주로 섬기라(事人如天)는 윤리, 새로운 인간과 새로운 문명사회의 도래(다시開闢)라는 동학의 메시지는 서구의 휴머니즘, 천부인권론, 사회계약설과는 또 다른 맥락의 자생적·근대적·혁명적 사상이었다.

또한 동학의 서얼차별 철폐와 신분제 폐지운동은 유가의 기본질서를 근본바탕부터 붕괴시키는 생활세계로부터의 혁명이었다. 수운은 하녀 둘을 각각 며느리와 양딸로 삼는 혁신을 보여주었으며, 해월은 "성인이란 별다른 존재가 아니라 요순과 공맹처럼 마음을 쓰면 누구나 요순과 공맹이라" 선언하고 실천했다. 해월은 지역민의 격심한 반대에도 불구하고 지역적 연고도 없을 뿐만 아니라 천민 출신의 남계천을 호남편의장이라는 중책에 임명하기도 했다. 29) 신분은 더 이상 문제되지 않았으며 오직 덕성과 능력이 중요하게 평가받았다. 동학은 이러한 새로운 정치주체들이 '아국운수'

---

27) 金榮作, 『韓末내셔널리즘 硏究』, 청계출판사, 1989, 203쪽.
28) 부여의 유명했던 유생 소정(小亭) 이복영(李復榮)이 남긴 일기에 의하면 동학도가 들어간 곳에서는 "노비와 주인간에도 서로 접장으로 부르고, 똑같이 집에 들어가 동석하여 앉았으며, 말도 서로 공경했다"고 한다. 「南遊隨錄」, 『東史』 3, 221쪽.
29) 『天道敎百年略史』, 159-160쪽.

를 먼저 개벽하여 문명의 새로운 장을 열 것이라고 했다.

2) 민의 조직: 접포제

　유교 정치이념과는 다른 동학의 사상과 생활양식을 받아들이는 민이 늘어나면서 자연스럽게 새로운 공동체 질서가 창출되게 된다. 동학이라는 새로운 도덕과 생활양식을 공유하기 위해 인맥으로 형성된 접(接)이 1870년대에는 강원도, 1880년대에는 충청도와 경기도, 1890년도에는 전라도 전역과 북으로는 평안도와 함경도까지 광범위하게 등장하게 된다. 접을 통하여 조직화된 민은 정치적 문제에 대하여 발언하기 시작했다.
　접은 새로운 공론의 발생지였던 셈이다. 이러한 접을 분석하기 이전에 먼저 조선의 사회통제 장치를 살펴볼 필요가 있다. 조선의 정치를 왕과 사대부가(士大夫家)의 연합과 갈등관계로 볼 때 사대부가의 위치는 매우 중요하다. 사대부가는 지역을 통솔하는 사회적 중심지였고, 도통(道通)이라는 사회규범의 실질적 근거지였으며, 지역의 지주로서 경제적 중심지의 역할을 했다. 또한 향약(鄕約)은 사대부들이 지역민을 다방면에서 조직하여 통제하는 도구였으며, 서원(書院)은 인근 지역의 사대부가들이 연대하는 일종의 연합기구였다. 흔히 조선시대에는 국가와 가(家)만이 있었고 사회가 없었다고 하지만 조선에서 사대부는 사회의 역할을 하고 있었다. 사대부가는 정부 관료의 실질적 배출지였으며 국가행정의 보필자이면서 동시에 견제자였다. 동학의 접은 이러한 조선왕조 체제의 사회적 기초인 사대부가를 대체하는 역할을 하게 된다.
　접은 동학의 기본조직체로 수운에 의해 1863년도에 창설되었고, 1879년 해월에 의해 다시 개접되어 1890년대에 이르면 거의 전국에 걸쳐 형성되었다. 50~60호 단위로 형성된 것으로 알려지고 있으며 일정 규모를 넘어서면 새로이 접을 만들었다고 한다. 그리하여 큰 접에는 몇 개의 작은 접이 있기도 했다. 동학농민혁명의 핵심적 지도자는 모두 대접주였다. 여러 개의 접을 거느린 대접주를 일컬어 포(包)라고 했다. 동학도는 접을 통해 새로운 가치관을 공유했고, 경제적으로 상호 부조했고 다른 동학도와 연계했으며 공동으로 수행했다.

 동학은 접을 통해 사대부가의 역할을 상당부분 무력화시켰을 것으로 보인다. 접은 사대부가, 향약, 서원의 대안적 조직이었던 것이다. 동학의 접에서 모든 사람은 한울님을 모신 존엄한 존재로 서로 공경을 미덕으로 했을 것이며, 계서적인 효를 대신해서 천지부모에 대한 효도가 강조되었고, 차별적인 여필종부(女必從夫)라는 가정질서를 대신해서 평등적인 부화부순(夫和婦順)이 강조되었을 것이다. 아마도 조선의 현실정치에 대한 비판과 함께 후천개벽이라는 새로운 이상세계에 대한 꿈도 함께 나누었을 것이다. 또한 "빈궁한 자는 상호 부조하라"는 가르침에 따라서 조합이나 계(契) 같은 공동의 경제활동도 이루어졌을 것이다. 동학의 접은 농촌지역에서 조선민의 삶의 양식을 바꾸는 실질적인 공동체적 조직이었을 것이다.

 이는 근대 서구사회가 경험한 민의 정치화 과정과는 사뭇 다르다고 할 수 있다. 접은 우선 근대 자유민주주의가 주장하는 천부인권의 자유로운 개인의 계약에 의한 결사체적 성격과는 달리 천주를 모신 자유로운 인격체의 수행적 결사체 성격을 가진다. 하버마스 등이 주장하는 부르주아적이고 자유주의적이고 민주주의적인 공공영역(public sphere)과는 달리 접은 농민적이고 공동체적이고 민주적인 공공영역이었다고 할 수 있을 것이다. 또한 접은 이념적인 노동계급의 성격보다는 보다 보편적이고 민족주의적인 성격이 강한 가치지향적인 모임이었다고 하겠다. 물론 접은 접주 또는 대접주의 지향성에 따라서 성격이 균일하지는 않았다. 동학혁명기에 대접주의 정치적 지향성에 따라 서로 대립하기도 하고 때로는 분열적인 모습을 보이기도 했다. 이는 동학혁명의 실패원인으로 지적되곤 한다. 그러나 대체로 접은 수행공동체 성격을 띠며 정치사회적인 역할은 가변적이었다.

 1890년대부터 변혁지향적인 민의 세력이 대거 동학과 관련되면서 정치사회 지향성이 크게 확대·강화되었다. 접포제는 민회의 성격을 띠게 된다. 양호선무사로 파견되었던 어윤중은 동학의 보은집회를 '민회'(民會)로 표현했으며,30) 청일전쟁 초기에 충청감사가 보낸 별감에도 '민회소'(民會

---

30) "聚語," 宣撫使再次狀啓, 『東史』 2, 68쪽.

所)로 표기하고 있다.31)

3) 민의 혁명과 자치: 제1차 동학농민혁명과 집강소

접으로 조직화된 민의 힘이 사회변혁을 주도하는 정치세력으로 바뀌는 것은 시간과 상황의 문제였다. 그러나 면밀한 혁명 기획이 불분명한 상태에서 지방관의 조세징수 문제로부터 동학의 정치화가 촉발되었다.

고부봉기(1893. 12)는 극심한 가뭄에 따른 흉작, 조병갑의 탐학, 가혹한 조세정책 등이 불러온 지방 수준의 봉기였다. 잘 알려진 '사발통문'(沙鉢通文)에는 "전주성을 함락하고 경사(京師)로 직향"할 것이라고 기록되어 있으나 전봉준 등의 지도세력들은 체계적인 혁명전략 하에서 고부관아를 점령한 것은 아닌 듯하다. 고부봉기는 동학농민혁명을 알리는 서막이었다.

고부봉기를 농민계급 주도로 주장하는 이견이 없는 것도 아니나, 주도세력은 개벽이라는 새로운 사상과 접으로 조직화돼 있던 동학도였다.32) "전봉준 공초"에서 전봉준은 스스로 동학접주임을 뚜렷이 밝혔다. 고부봉기 이후 정부의 대응을 지켜보는 소강상태를 지난 뒤 약 3천 명의 동학도가 격문에 호응해 원평에서 모여 전봉준을 대장으로 추대하고 태인을 거쳐 무안으로 향했다. 3월 20일 무안에서 손화중 포의 협력을 얻어33) 초야의 유민이지만 국가위기를 좌시할 수 없어서 창의하게 되었다는 포고문을 선포하게 된다.34) 이렇게 조세저항에서 시작된 동학농민혁명은 군의 경계

---

31) "錦藩集略," 『東史』 4, 50-52쪽. 1894년 청일전쟁 발발기에 충청감사였던 이헌영은 이인민회소(利仁民會所)에 세 차례 별감(別甘)을 보냈으며, 사대부들의 유회(儒會)에도 별감을 보냈다.

32) 동학 주도설과 농민 주도설에 대한 보다 자세한 논의는 장영민, 앞의 책, 311-321쪽 참조. 농민 주도설은 사실보다는 계급론적 입장이 강하게 작용하고 있다고 할 수 있다. 운동의 지도체제는 동학의 대접주들이었으며, 조직적 동원이나 사상적 결속 또한 동학을 통하여 이루어졌다.

33) "林下遺稿"에서 부안 유생 김방선은 무장의 손화중 포로부터 5~6천 명 동학도의 지원에 힘입어 무장에서 보국안민의 기치를 내걸고 창의했다고 기술하고 있다. 金邦善, "林下遺稿," 『東史』 4, 22쪽.

를 넘어 혁명으로 발전하게 된다.35)

　동학농민혁명을 마치 동학과 농민란의 연합으로 보는 입장(신용하, 김혜승)은36) 동학접주들과는 또 다른 농민운동의 이념과 지도체제를 규명해야 할 것이다. 단지 동학농민혁명 참여자의 대다수가 농민이었다는 사실이나 창의문 등에서 수운의 신원과 관련된 항목이 없다는 사실은 결합론을 뒷받침하기 어렵다. 조선시대에 걸쳐 끊이지 않았던 농민란의 흐름은 동학혁명의 배경은 될 수 있지만 동학혁명군과 연합하는 또 다른 정치사회적 세력으로 농민을 설정하기는 어렵다.

　전주성을 함락시킨 뒤 내건 폐정개혁안의 핵심은 조선 수탈경제의 모순에 대한 개정안이었으며 정치권력 구조의 개혁이었다. 동학혁명운동은 이미 보은집회부터 조선민의 현실적 문제를 운동의 전면에 내걸기 시작했다. 폐정개혁안을 분석하면 조세징수 체제의 모순과 일본의 미곡시장 침탈을 경계하고 있음을 볼 수 있고, 봉건적 사회관습의 개혁을 제시하고 있으며, 이러한 경제적·사회적 모순은 명성황후 척족에 의한 파행적 정치와 긴밀한 관계가 있음을 인식하고 있다.37) 대원군을 이러한 경제적·정치적 모순을 해결할 수 있는 대안으로 보는 정치적 단견을 보이고 있다는 점에서

---

34) "全羅道東學輩布告文 茂長縣" 『東史』 4, 138, 158쪽.
35) 고부에서 시작되어 무장에서 혁명운동으로 발전하는 과정에 대해서는 황선희, "동학농민혁명의 발상지와 무장봉기," 『동학학보』 제8호, 2004, 66-80쪽.
36) 김혜승, "동학정치사상과 甲午東學農民運動" 『정치사상연구』 11집1호 2005. 5.
37) 오지영, 『동학사』, 1940, 126-127쪽. ① 동학교도와 정부의 숙원을 없애고 공동으로 서정(庶政)에 협력할 것, ② 탐관오리의 죄상을 자세히 조사 처리할 것, ③ 횡포한 부호를 엄중히 처벌할 것, ④ 불량한 유림과 양반을 징벌할 것, ⑤ 노비문서를 불태울 것, ⑥ 칠반천인(七班賤人)의 대우를 개선하고 백정의 머리에 쓰게 한 평양립(平壤笠)을 폐지할 것, ⑦ 청상과부의 재혼을 허가할 것, ⑧ 무명의 잡부금을 일절 폐지할 것, ⑨ 관리채용에서 지벌(地閥)을 타파하고 인재를 등용할 것, ⑩ 일본과 상통하는 자를 엄벌할 것, ⑪ 공사채(公私債)를 막론하고 기왕의 것은 모두 면제할 것, ⑫ 토지는 균등하게 분작(分作)케 할 것 등이다. 1894년 전라도지역 동학도가 순변사 이원회(李元會)에게 올린 폐정개혁에는 1894년 5월조에 제1차로 14개항, 제2차로 24개항이 제시되고 있다. 민의 일상생활과 관련된 상세한 개혁안이 기술되고 있다. 자세한 사항은 金允植, "沔陽行遺日記," 『東史』 4, 330-332쪽 참조

혁명을 통한 새로운 정치질서의 창출까지는 나아가지 못하는 한계도 보였다. 이러한 혁명전략의 부재와 모호한 국가건설안은 동학농민혁명의 분명한 한계였다. 뿐만 아니라 호남의 대접주조차 일사불란하게 조직적으로 움직이지 않았다는 사실도 정치권력을 장악하려는 혁명의도를 의심할 수 있게 하는 점이다.

전주성 점령 이후 시행된 집강소는 짧은 기간 보여준 민 자치체의 모습이다. 집강소는 민의 자율적 지방통치 기구였다. 민이 정치주체로서 형성한 최초의 자치기구였으며 자치경험이었다. 집강소는 혁명운동의 지도자 가운데 대접주가 일정 지역의 행정, 사법, 치안까지 담당하던 기구를 이르는 용어였다. 집강소는 "농민의 자치기관이었으며 농민혁명의 지방정권의 일 형태"38)라 하겠다. 오지영의『동학사』는 집강소가 전라도 53주에 걸쳐 설치되어 관리들의 도움을 받아 위에서 말한 폐정개혁 12개조를 실시했다고 기록하고 있다.39) 집강소를 지방자치체로 보는 적극적인 시각을 비판하면서 "폐정개혁 요구가 기존의 행정체계를 통하여 도정에 반영될 수 있도록 하려는 조직이었다"40)는 소극적인 평가도 있다. 그러나 이러한 소극적·협의적 평가도 집강소는 폐정개혁을 관철시키기 위하여 민이 자발적으로 형성한 우리나라 최초의 민의 자치체임은 인정하고 있다.41)

고부봉기에서 집강소 설치까지 비록 짧은 기간이었지만 민은 자신들의 정치적 요구를 혁명적 운동을 통하여 표출했다. 이 점에서 동학농민혁명은 민의 민족주의적 성격을 보여준다. 안민(安民)하여 보국(輔國)하고자 하는 민의 민족주의인 것이다. '진충보국'(盡忠保國) 같은 용어를 사용하면서 왕정을 혁명코자 하는 발언을 찾을 수 없다는 이유로 동학을 '유교주의'나 '복구주의'로 해석하려는 시각은42) 동학이 전략전술 차원에서 사용했던

---

38) 慎鏞廈, "甲午農民戰爭 時期의 農民執綱所의 活動,"『東學과 甲午農民戰爭硏究』, 일조각, 1993, 251쪽.
39) 오지영,『동학사』, 126-127쪽.
40) 노용필,『동학사와 집강소 연구』, 국학자료원, 2000 190쪽.
41) 집강소의 자치행정에 대해서는 황묘희, "동학에 나타난 시대개혁론,"『동학학보』제6호, 2003, 343-346쪽 참조.

유가적 용어에 지나치게 집착해 사상과 대세를 간과한 단견일 뿐이다.

민의 정치운동으로서 동학농민혁명은 근본적 한계를 가지고 있었다. 김영작 교수가 이미 지적했듯이 민에 의한 새로운 정권창출이라는 비전이 불명확했으며 구체적 혁명전략이 없었다.43) 이는 동학사상과 동학조직이 전면적으로 가동돼 혁명운동이 시작된 것이 아니라 고부접주였던 전봉준에 의해 지방관에 대한 조세저항에서부터 혁명운동이 시작돼 정부군의 대응에 따라서 전개되었다는 태생적 한계에서 기인한다고 할 수 있다.

4. 한국민족주의의 한 원형

계급주의와 자본주의의 상위 범주에 민족을 위치시키는 백범 김구의 입장44)에 동의하지 않더라도 민족은 언어, 인종, 문화, 정치, 경제, 사회, 예술, 역사 등의 복합적 성격을 갖기 때문에 계급이나 자본보다 훨씬 복잡한 것만은 분명하다. 그러나 여기에서 다루는 민족은 근대 정치학적 맥락에서 이해되는 민족주의이다. 민족(nation)은 때로는 국가로, 때로는 민으로 이해될 정도로 모호하기는 하다. 동학의 경우에는 민족자주에 의한 국가보전과 민에 의한 민족보전을 둘 다 중시했다.

국가가 강조될 경우 다분히 민족자주, 국가안보, 군대를 강조하는 민족주의가 된다. 갑신정변을 주도한 엘리트들은 동학과 똑같이 민족자주를 주장했지만 개화파는 국가안보나 군대에 대해서는 일본 의존적이었다. 반면 동학은 민족자주와 국가안보의 자주까지 주장하여 결국 일본 침략주의와의 전쟁으로까지 나아가게 된다. 동학농민혁명 실패 이후 갑오개혁을 통해 개화파는 주로 행정제도나 사회제도 근대화의 길을 걷게 됨으로써

---

42) 유영익, "갑오농민봉기의 보수적 성격," 한국정치외교사학회 편, 『갑오동학농민혁명의 쟁점』, 집문당, 1994.
43) 김영작, 1989, 앞의 책, 211-222쪽.
44) 김구, "나의 소원," 『백범일지』, 도진순 주해, 돌베개, 2004, 424-245쪽.

조선은 국가 민족주의 형성에 실패하고 국가를 보전하지 못하게 된다. 국민개병제에 의한 상비군 확보에 실패함으로써 근대적 민족주의 건설을 이루지 못한 것이다. 척사위정파는 여전히 청국의 중화주의적 그늘을 선호했기 때문에 독자적인 안보체계를 갖춘 민족국가는 생각조차 하지 않았다고 하겠다.

민의 형성에 대한 개화파와 척사위정파의 입장은 동학과는 정반대였다. 개화파가 일본과 서구를 유람하면서 근대 민족국가의 바탕에는 민이 있으며 일본처럼 국가가 앞장서서 형성을 하든지 혁명을 경험한 서구와 미국처럼 시민이 앞장서서 국가를 형성한 경험을 간파하지 못했다는 것은 특이하다. 만약 개화파가 이 점을 간파했다면 동학과 협력하여 민의 형성에 보다 적극적이었을 것이다. 동학과 근대적 개화파 간 민의 형성에 대한 의견일치는 국가가 멸망한 일제치하에서 3·1운동에 가서야 이루어지게 된다. 국가 민족주의 형성의 실패는 민에 의한 국가형성의 가능성을 열어 주었다는 점에서 의미가 없지 않다. 동학혁명 이후 민에 의한 근대국가 형성은 시민과 인민으로 분화되는 양상으로 전개되었다. 이는 서구 근대성의 강력한 영향 때문이었다고 하겠다. 소비에트혁명 이후 1920년대부터 동학의 민은 시민민주주의와 인민민주주의의 영향력으로 분열되는 양상을 빚어 한국민족주의는 단절되게 된다.

비록 민족국가 건설에는 실패했지만 동학은 한국민족주의의 원형이라 할 만하다. 민이 주동이 되어 침략주의적 세력과 전쟁을 했다는 사실 자체에서 자주국가의 민족주의를 보여주었다고 할 수 있다. 더욱 의미 깊은 것은 동학이 '민 민족주의'의 원형이라는 점이다. 민이 정치적 주체가 되어 조직화하여 새로운 국가를 형성하기 위한 혁명운동을 전개했다는 점에서 한국 민 민족주의의 기원이라 하겠다. 시민과 인민의 대립으로 말미암아 한국민족주의는 분열되었지만 동학은 자유시민과 인민평등을 통합·수렴하는 원형으로서도 역할할 수 있는 가능성이 없지 않다.

동학을 민족주의로 분석했지만 동학에는 민족주의를 넘어서는 면도 또한 있음을 간과하기 어렵다. 동학의 시천주(侍天主), 무극대도(無極大道), 무위이화(無爲而化), 다시개벽(蓋闢) 등의 개념은 민족자주의의 민족주의나 민의 혁명 등으로 한정시키는 데는 무리가 따른다. 왜냐하면 동학의 이러한 측면은 근대적 민족주의를 넘어서는 인류 보편적 가치의 문제를 다루고 있기 때문이다. 19세기 당대에는 동학의 민족주의적 성격이 중요했다면 앞으로는 동학의 보편주의적인 종교·철학적 성격에 대한 연구가 보다 중요하게 될 수 있다.

참고문헌

1. 일차사료

『林下遺稿』
『全羅道東學輩布告文 茂長縣』
『錦藩集略』
『동경대전』
『東學亂記錄』
『용담유사』
『이기대전』
『駐韓日本公使館記錄』I
『철종실록』
『聚語』
東學農民戰爭史料叢書編纂委員, 『東學農民戰爭史料叢書』 2(史芸研究所, 1996).

2. 연구문헌

E. J. 홉스봄 지음 / 강명세 옮김, 『1780년 이후의 민족과 민족주의』(창작과비평사, 1994).
金庠基, 『東學과 東學亂』(大成出版社, 단기4280).
金榮作, 『韓末내셔널리즘 硏究』(청계출판사, 1989).
金龍德, 「東學思想硏究」, 『중앙대논문집』 9.
김구 / 도진순 주해, "나의 소원," 『백범일지』(돌베개, 2004).

김혜승, "동학정치사상과 甲午東學農民運動,"『정치사상연구』11집1호, 2005.5.
노용필,『동학사와 집강소 연구』(국학자료원, 2000).
愼鏞廈, "甲午農民戰爭 時期의 農民執綱所의 活動,"『東學과 甲午農民戰爭硏究』(일조각, 1993).
오문환,『해월 최시형의 정치사상』(모시는사람들, 2003).
오문환,『동학의 정치철학』(모시는사람들, 2003b).
吳知泳,.『東學史』(永昌書館, 1939).
유영익, "갑오농민봉기의 보수적 성격," 한국정치외교사학회편,『갑오동학농민혁명의 쟁점』(집문당, 1994).
장영민,『동학의 정치사회운동』(경인문화사, 2004).
天道敎中央總部,『天道敎百年略史(上)』(未來文化社, 1981).
天道敎中央總部,『天道敎經典』(天道敎中央總部出版部, 1993).
崔起榮·朴孟洙 編,『韓末天道敎資料集』1·2(國學資料院. 1997).
韓國學文獻硏究所 編『東學思想資料集 壹貳參』(亞細亞文化社, 1979).
황묘희, "동학에 나타난 시대개혁론,"『동학학보』제6호, 2003.
황선희, "동학농민혁명의 발상지와 무장봉기,"『동학학보』제8호, 2004.

제3장 척사위정사상과 내셔널리즘

이 재 석

1. 머리말: 서양세력의 도전과 척사위정사상의 형성

19세기 전통 한국사회는 안으로는 세도정치, 삼정의 문란, 신분제의 동요 등 정치체제의 이완과 밖으로부터는 서양세력의 도전(西勢東漸)으로 동요하고 있었다. 특히 이 시기 변동요인은 안팎으로부터 온 복합적 요인이었으므로, 그 충격은 더욱 크고 변동은 급격했다. 이런 변동 속에서 당대 조선조 최대의 과제는 서양과 일본의 도전이란 외압으로부터 체제를 방위하고 시대변화에 따라 조선사회를 근대화하는 일이었다.

일반적으로 한 사회의 안팎에서 나타나 작용하는 변동의 요인은 기존 사회를 규제하던 신념체계에 동요를 가져오고, 기존의 사상이 변화하는 상황에 적응하기 위해서 변화되거나, 사회를 규율할 새로운 사상이 대두하곤 한다. 19세기 말 조선조에 대두한 척사위정(斥邪衛正)사상은 변화하는 현실을 규율할 주자학적 정치사상의 한 양태로 하나의 사상적 기능을 수행했다. 척사위정사상은 서세동점의 양태인 서학의 전파, 양물(洋物)의 유입, 그리고 서양과 일본의 도전과 침략을 주자학적 사유의 테두리 안에서 사(邪)로 보고 물리쳐서 정(正)이라고 본 주자학과 중화란 유교문명국가 조선을 방위하려는 신념과 이론체계로서, 현존하는 정치사회의 질서를 유지·강화하려는 사상이었다. 그러나 척사위정사상은 단순한 사상을 넘어 주창자와 신봉자들에 의해 의병운동 같은 구체적인 행동으로 실천되었다.

척사위정사상의 기본논리는 "숭정학벽이단 존중화양이적"(崇正學闢異端 尊中華攘夷狄)1)으로서, 공자로부터 출발하여 도학적 전통에 따라 계승된 "숭정학벽이단"과 "존중화양이적"의 논리가 19세기 상황에서 결합된 것이다. 유교적 전통에서는 학문적 차원에서 정통과 이단, 정치적 차원에서 왕도와 패도, 문명적 차원에서 중화와 이적을 준별한다. 이런 준별은 주자학에서 더욱 엄정해졌고, 주자학적 정치이념에 따라 성립한 조선에서도 준별은 엄정했다. 또한 이런 준별은 단순한 구분이 아니라 이단에 대해 정통을, 패도에 대해 왕도를, 이적에 대해 중화를 우위에 두고 숭정학벽이단, 존왕천패(尊王賤覇), 존중화양이적의 논리로 정학과 왕도, 문명을 옹호하여 부지하는 데 본령이 있다. 그러므로 이단, 패도, 이적은 그 자체로는 이단과 패도, 이적일 수 있으나, 정학과 왕도, 중화와 첨예하게 갈등적인 상황에서는 사(邪)로 규정되고, 정치적으로는 적(敵)으로 규정된다. 18세기 말 이래 중국을 통해 전래된 종교적 측면의 서학이 이론적 연구를 넘어 신앙으로 수용되고 확산되면서 유교적 윤리체계와 마찰을 빚게 되면서 척사론이 형성되기 시작해 1860년대 이후 서양 물품의 유입, 서양의 군사적 침략 등 서양의 도전에 대한 위기의식이 고조됨에 따라 척사위정사상은 점차 위기에 대응하는 논리체계를 갖추게 되었다.

조선 후기 대다수 정통 주자학자들이 서양과 일본의 도전에 대해 척사위정의 입장을 견지했지만,2) 그 가운데 화서학파(華西學派)는 척사위정을 주창하고 행동으로 척사운동을 실천하는 데 가장 적극적이었다. 학파의 종장인 화서 이항로(華西 李恒老, 1792~1868)를 필두로 그의 저명한 문하인 중암 김평묵(重菴 金平默, 1819-1891), 성재 유중교(省齋 柳重敎, 1832-1893), 면암 최익현(勉菴 崔益鉉, 1833-1906), 의암 유인석(毅菴 柳麟錫, 1842-1915)은 19세기 후반기부터 20세기 초에 이르기까지 위기상황 때마다 지속적으로 척

---

1) 李能和, 『朝鮮基督教及外交史』, 朝鮮基督教彰文社, 1928, 3쪽.
2) 권오영, 『조선후기 유림의 사상과 활동』, 돌베개, 2003 참조.

사위정을 주창하고 그 운동에 나섰다. 화서가 1830년대 척사문제에 관심을 보이기 시작한 후 그와 그의 문하는 1866년 병인양요의 위기를 맞아서는 어양론(禦攘論)을, 1876년 조선의 일본에 대한 개국이 현안으로 등장했을 때에는 개국 반대론을 주창했다. 또한 1880년대 조정의 개화정책에 대응해서 개화정책 반대 신사(辛巳)척사운동, 1890년대 이후 일본의 침략이 가속화되면서 을미사변, 단발령의 시행, 을사조약의 체결 등에 대응하여 이를 저지하거나 상실된 국권을 회복하려는 의병운동을 전개했다. 이런 과정에서 이들이 보인 척사위정사상의 성격은 초기 서학을 배척하고 정학을 옹호하려는 학문적 노력(崇正學闢異端)에서 유교문명국가 조선을 야만세력인 서양과 일본으로부터 방위하려는 정치적 노력(尊中華攘夷狄)으로 이행하게 되었고, 척사위정사상은 한국 내셔널리즘,3) 즉 저항적 민족주의의 선구가 되었다고 하겠다.

현재까지 척사위정사상과 운동에 관해 많은 연구가 이루어졌으나,4) 학

---

3) 내셔널리즘은 일반적으로 국가주의, 국민주의, 민족주의로 번역하지만(이에 대해서는 차기벽, 『민족주의원론』, 한길사, 1990 제2, 3장 참조), 여기서는 민족주의란 의미로 사용한다.

4) 정치학과 사회학 등 사회과학계의 연구에서 대표적인 것으로는 崔昌圭, 『近代韓國政治思想史』, 一潮閣, 1982; 金榮作 「한말 내셔널리즘의 연구」, 청계연구소, 1989, 제1장; 文昭丁, "衛正斥邪運動에 관한 知識社會學的 硏究," 『韓國學報』 36·37, 1984, 朴忠錫, 『韓國政治思想史』, 三英史, 1982, 제3장 2절; 李澤徽, "朝鮮後期 政治思想研究" 서울大學校 博士學位論文, 1984; 陳德奎, "斥邪衛正論의 民族主義的 批判認識," 『論叢』, 梨大韓國文化硏究院, 1978; 鄭載植, "開化期 韓國社會 變動에 대한 主體的 認識" 韓國精神文化硏究院 社會硏究室課題, 1981 등이 있고, 직접적으로 斥邪衛正論 분석만을 목적으로 한 것은 아닐지라도 姜光植, "西學의 衝擊과 傳統的 政治文化의 反應," 『仁谷 黃性模博士 華甲記念論叢 社會構造와 思想』, 仁谷 黃性模博士 華甲記念論文集刊行委員會, 1986; 具範模 "開化期의 政治意識狀況" 『韓國政治學會報』 3, 1969; 金大煥 "斥邪와 開化의 思想史的 照明," 『仁谷 黃性模博士 華甲記念論叢 社會構造와 社會思想』, 仁谷 黃性模博士 華甲記念論文集刊行委員會, 1986; 金榮國, "韓末 民族運動의 系譜的 研究." 『韓國政治學會報』 3, 1969, 金榮國, "韓末 義兵運動의 思想的 考察," 『社會科學論叢』 10, 韓國社會科學院 1969; 柳根鎬, "韓末 對外觀의 特質," 韓國政治外交史學會 編 『朝鮮朝政治思想研究』, 평민사, 1987; 陳德

계에서 척사위정사상을 한국민족주의로 인식하는 데 있어서는 견해가 상반된다. 척사위정사상을 한국민족주의의 전통이나 원형으로 인식하는 입장5)은 척사위정사상을 외세의 침략에 대한 대응논리란 점을 높이 평가하여, 외세 침략의 저지와 국권을 수호하는 이념으로 강조한다. 반면 척사위정사상을 민족주의의 범주에 포함시키는 것을 거부하는 입장6)은 척사위정사상이 유교적 정통성이론으로 외부의 충격과 내부의 사조를 외면하는 배타적이고 폐쇄적인 보수적 이념으로 기능했을 뿐, 민족주의로 볼 수 있는 내용이 없다고 본다. 이런 상반된 입장은 전자의 경우처럼 척사위정사상이 외세에의 대응논리란 점을 과도하게 강조하거나 후자의 경우처럼 대내외적 변화를 거부하는 유교적 정통성을 옹호하는 측면을 과도하게 강조하기 때문인 것으로 보인다.

19세기 초 근대 서구에서 전개된 근대국가를 기초로 한 민족주의를 이념형으로 상정해서 척사위정사상을 바라볼 때 척사위정사상에 대한 평가

奎, "韓國政治社會의 權力構造에 關한 硏究," 延世大學校 博士學位論文, 1978 등이 있다. 史學界와 哲學界의 연구 중 대표적인 것을 살펴보면 洪淳昶『韓末의 民族思想』, 探求堂, 1982이 대표적이다. 또한 姜大德, "華西 李恒老의 生涯와 思想基盤"『關東史學』第二輯, 關東大學, 1984; 權五榮, "金平默의 斥邪論과 聯名儒疏,"『韓國學報』55, 1989년 여름; 金度亨, "毅菴 柳麟錫의 政治思想硏究,"『韓國史』25, 1979; 朴敏泳, "毅菴 柳麟錫의 衛正斥邪運動"『淸溪史學』3, 淸溪史學會, 1986; 朴成壽, "舊韓末 義兵戰爭과 儒敎的 愛國思想,"『大東文化硏究』6·7, 成均館大學校 大東文化硏究院. 1970; 宋炳基, "辛巳斥邪運動硏究,"『史學硏究』37, 韓國史學會, 1983; 李離和, "斥邪衛正論의 批判的 檢討,"『韓國史』18, 韓國史硏究會, 1977; 吳瑛燮,『華西學派의 保守的 民族主義 硏究』, 翰林大學校 博士學位論文. 1996; 具玩會,『韓末의 堤川義兵』, 집문당, 1997; 琴章泰, "東西交涉과 近代韓國思想의 推移에 관한 硏究" 成均館大學校 博士學位論文, 1978; 尹用男, "華西 李恒老의 斥邪衛正論에 대한 哲學的 解釋,"『國學硏究』2, 國學硏究所, 1989; 崔根德, "西學의 傳來와 斥邪衛正論," 成均館大學校 大東文化硏究院 編『韓國思想史大系(性理學思想篇)』, 1984 등 많은 업적이 있다.

5) 이 입장의 대표적인 예는 洪淳昶, 崔昌圭, 吳瑛燮 견해
6) 이 입장의 대표적인 예는 李離和, 文昭丁의 견해이며, 陳德奎, "斥邪衛正思想의 民族主義的 批判認識"도 여기에 포함될 수 있다.

는 비판적일 수 있다. 그러나 동질적 문화를 기초로 한 민족의 단위와 국가의 단위가 일치해야 한다는 민족주의 개념7)을 수용한다면 오랜 역사에서 동질적 문화를 기초로 민족적 동질성을 유지해 왔던 한민족이 기존의 국가를 자기 국가로 인식하고, 그 국가의 보전과 발전을 추구하고자 한 척사위정사상을 민족주의로 인식하는 데 큰 무리가 없다고 본다. 여기에서는 이와 같은 입장에서 19세기 후반 서양과 일본의 도전에 직면해 중화라는 유교문명과 조선이라는 문명국가를 방위하기 위해 전개된 척사위정의 사상과 운동을 사상의 기본체계, 운동의 실천, 그리고 운동의 좌절과 사상적 한계를 중심으로 살피기로 한다.

2. 척사위정사상의 기본 사상체계

1) 중화·이적의 계서적 세계관

주자학적 정치사상은 유교적 보편주의를 지향하지만, 조선조 주자학적 정치사상은 대륙에서 명에서 청으로 왕조가 교체된 이후 조선을 중화라고 봄으로써 보편주의적 세계상 속에 조선을 특수화한다. 그러므로 이러한 주자학적 정치사상의 맥을 이은 척사위정사상에서 핵심이 되는 개념은 정학(正學)과 중화(中華)이다. 척사위정사상에서 정학이 그 자체로 출발점이었으므로 18세기 말부터 19세기 중엽까지는 정학이 중심이었으나, 1860년대 이후에는 서양문명이 중화에 대한 도전의 실체로 대두했기 때문에 19세기 말의 척사위정사상에서는 주자학을 지칭하는 정학보다 문명, 문명국가를 지칭하는 중화가 더 중심적인 개념이 되었다. 척사위정사상에서 중화는 중원이란 의미의 지리적 개념이라기보다 문명, 문명국가라는 문명적, 정치적 개념으로 인식된다.

---

7) 에네스트 겔너, 『민족과 민족주의』, 이재석 역, 예하, 1988 참조

(仁義禮智, 義親別序信의 四德五常) 이것은 모두 성인들이 만세의 큰 법으로 세워 만세의 표준을 만든 것입니다. 그러므로 華夏라고 한 것이니, 화하란 문명이란 뜻으로 곧 그 典章과 법도가 찬란하게 문명했음을 말합니다.8)

라고 했듯 문명을 가리키며, 이때 문명의 주요기준은 윤리도덕이다. "4단의 덕과 5품의 윤리, 예·악·형·정(禮樂刑政)의 가르침은 사람다운 것이 되고 나라다운 것이 되는 바"9)라고 보기 때문이다.

중화는 또한 유교문명에 따라 왕도정치를 시행하는 국가를 의미하고, 특히 현실태로는 조선을 가리킨다. 화서에게 "이적이라도 문명으로 진출하면 문명국으로 여겨 주는 것이 타당"10)한데, 조선은 고려시대부터 존주(尊周)의 의리를 알게 되었고, 이적을 변이(變夷)시켜 조선왕조에 이르러서는 순수하게 되었고 또한 도통을 계승하게 되어 문명화했다고 보기 때문이다.11) 더구나 조선은 용하변이(用夏變夷)의 표준이고 세계에 한 줄기 남아 있는 유일한 문명국가, 즉 도덕국가로 인식된다.12) 이처럼 척사위정사상은 조선에 대해 주체적인 자기인식을 하고 있다.

척사위정사상에서 문명국가의 정치·사회질서는 계서적이어야 한다. 그것은 군신, 부자, 부부, 장유의 계서, 군자와 소인의 계서, 치자와 피치자의 계서로 이루어지고, 각각 전자의 후자에 대한 서열상의 우위를 확립하도록 함으로써 사회질서의 안정을 지향13)할 수 있기 때문이다. 이 질서를

---

8) 최익현,『국역면암집』1, 민족문화추진회, 1982, 178쪽.
9) 金平默,『重菴集』下, 宇宗社, 1975, 756쪽.
10) 李恒老,『華西先生文集』下, 景仁文化社, 1983, 1160쪽.
11) 위의 책, 1160쪽.
12) 柳重教,『省齋集』下, 同文社, 1974, 640쪽.
13) 농경사회에서는 산업사회와 달리 차별을 강조함으로써 사회를 안정시키는 것이 특색인데, 유교에서도 차별질서를 강조함으로써 안정을 유지한다고 하겠다. 正名主義로 지칭되는 유교적 윤리와 이론체계가 그 차별질서를 강화한다. 정명주의 또는 정명사상에 관해서는 全世營, "孔子의 政治思想에 關한 研究," 중앙대학교 博士學位論文, 1990, 117-125쪽; 守本順一郎,『동양정치사상사 연구』, 김수길 옮김, 동녘, 1985, 92-94쪽 참조

정당화하는 규범은 예 또는 윤리도덕이고, 그것이 바로 중화문명의 중요한 내용을 이루고 있다. 화서는 계서적 사회상을 이렇게 말한다.

> 성왕의 제도에 사민은 각기 일정하게 거처할 것이 있어서 서로 섞여 어지럽지 않고, 정해진 業을 지켜 서로 침탈하지 않는다. 민생은 그렇게 되므로 각기 일정한 뜻이 있게 되어 그 업을 쉽게 이루며 司도 일정해진 이름이 있어 쉽게 공을 생각하게 되므로 상하가 서로 안정되어 지치를 이루게 된다.14)

중화와 달리 이적은 유교적 윤리도덕이 없는 중국 변방의 야만상태와 야만국가를 가리킨다. 그들은 부자·군신·부부·형제·사우의 도리를 알지 못하고, 그들의 일용사물(日用事物)은 형기를 배양하는 것뿐이다.15) 이적 지역은 천지의 지극히 치우친 곳에 있고 산천과 풍기가 고르지 못해 사람들은 정대한 면은 적고 교사(巧詐)가 많으며, 나름대로 인륜은 있으나 윤리가 주밀하지 못해 행동이 금수와 다름없으므로 이적이라고 한다.16)

서양은 그런 이적보다도 더 저열하다. "서양의 종속에 이르러서는 또한 이적만도 못하니, 곧 금수로서 사람의 얼굴만 지닌"17) 것이다. 서양이 이적만도 못한 존재인 것은 동방의 인류가 성명(性命)의 선에 이른 것과 달리 서방인은 대부분 형기(形氣)의 사(私)에 이르러"18) 서양은 "도리에 밝지 못하고 윤상예제(倫常禮制)에 어긋나"19)기 때문이라 한다.

그러면 척사위정사상에서 중화와 이적의 관계는 어떻게 설정되는가? 화서는 "이적과 중화를 구분하는 것은 천하의 대세"20)라고 중화와 이적/금수, 즉 문명과 반문명/야만으로 나누어 본다. 중화, 이적의 구분은 하늘의 음양, 땅의 강유, 사람의 남녀 구분처럼 천지의 최대 구분 중 하나21)로

---

14) 李恒老, 앞의 책, 1147쪽.
15) 金平默, 『重菴別集』, 10-11쪽.
16) 최익현, 앞의 책, 177-179쪽.
17) 최익현, 앞의 책, 96-97쪽.
18) 李恒老, 앞의 책, 1156쪽.
19) 柳麟錫, 『毅菴 柳麟錫의 思想』, 서준섭 외 역, 종로서적, 1984, 6쪽.
20) 李恒老, 앞의 책, 1154쪽.

서 불변적인 자연질서처럼 명백한 것으로 본다.

중화와 이적은 구분되어야 하며, 중화는 이적을 교화하고, 이적은 중화문물, 특히 윤리를 본받아야 한다.22) "사이팔만(四夷八蠻)이 중화의 문물을 모방하는 것 자체가 당연해서 바꿀 수 없는 이치"23)이다. 그러므로 중화, 이적 사이에는 중화를 상위에, 이적을 하위에 두는 계서적 질서가 성립하며, "중화를 사해 안으로 하고 이적을 사해 밖으로 하는 것은 천지의 변함없는 법칙"24)이므로 중화와 이적은 각각 분수를 지켜야 한다. 분수를 지키는 이적에 대해서는 중화의 법도 밖에 두도록(置之度外) 하지만, 이적이 침입할 경우 "중화를 높이고 이적을 물리쳐야 하는, 천지가 다할 때까지 지켜야 하는 대원칙"25)에 따라서 물리쳐야 한다. 한편 이적은 자신의 분수를 지켜야 하거나, 아니면 중화를 본받기만 해야 한다.

전통사회는 지위를 차별화함으로써 안정을 유지하려 한다. 척사위정사상은 앞에서 보듯이 중화와 이적을 준별해 중화를 상위에 두고 이적을 하위에 두는 계서적 세계관을 갖고, 이 위상을 굳게 차별화함으로써 안정을 추구한다. 화서의 이런 계서적 관계는 입장은 그나 그의 문하의 이수기역(理帥氣役)과 이존기비(理尊氣卑)의 주리이원론적 이기론26)에 의해 철학적으로 뒷받침된다.

> 理를 主로 하고 氣를 役으로 한다면 이가 순하고 기가 바르게 되어 만사가 질서정연해지고 천하가 평안할 것이지만, 기를 주로 하고 이를 그 다음으로 여긴다면 기가 강해지고 이가 약해져서 만사가 어지럽게 되고 천하가 위태로워질 것이다.27)

---

21) 李恒老, 앞의 책, 1155쪽.
22) 李恒老, 앞의 책, 1157-1158쪽.
23) 李恒老, 앞의 책, 1155쪽.
24) 金平默,『重菴集』上, 宇宗社, 1975, 101쪽.
25) 李恒老, 앞의 책, 1154쪽.
26) 裵宗鎬,『韓國儒學史』, 延世大學校出版部, 1985, 126-127쪽 참조.
27) 李恒老, 앞의 책, 1056쪽.

중화, 이적의 계서적 관계는 변할 수 없는 질서이다. 따라서 중화와 이적의 관계는, 이적은 최소한 중화가 설정한 관계를 유지하여 현상에 자족해야 하거나 중화를 본받으려 해야 한다. 그러나 19세기 말의 서세동점은 금수에 불과한 최하위 문명=야만상태의 서양이 계서적인 중화·이적의 상하관계를 거부하고, 도리어 중화를 지배하려는 역전된 관계를 강요한다는 것을 의미했다. 주자학적 신념체계상 결코 이것은 받아들일 수 없는 것이었다.

> 오늘날의 일은, 저들은 사특하고 우리는 바르며, 저들은 굽고 우리는 곧으며, 저들은 금수이고 우리는 인류이다. 사특한 것이 바른 것을 침범하고, 굽은 것이 곧은 것에 저항하며, 금수가 인류를 핍박하는 것은 천지가 미워하는 바이고, 귀신이 노하는 바이다.28)

서세동점이라는 서양의 도전은 서학(천주교), 서양상품, 서양의 군사적 도전과 일본의 침탈로 계속되지만, 그것은 어느 형태든 유교문명과 유교문명국가 조선의 존망을 가르는 위험한 것이었다. 척사위정사상의 신봉자들에게 서양의 도전은 이단의 정학에 대한 도전, 형기의 도리에 대한 도전, 야만국가의 문명국가에 대한 도전이었다.

첫째, 서학은 이론상 상제(上帝) 개념, 천당지옥설, 영혼불멸설 등의 이론이 조리가 없고, 윤리상 무부무군(無父無君)과 통화통색(通貨通色)의 반윤리적인 이단으로 인식되고 있다. 서학의 전파는 윤리를 해치는 것이고 정학에 대한 도전이므로 위험하다.

둘째, 서양상품은 도덕적 관점에서 형기를 주로 하는 기기음교(奇技淫巧)한 것으로서 민생의 일용에 무익할 뿐만 아니라 도리를 해치는 상품으로 화가 된다. 그러므로 서양상품은 교역의 형태가 아니라 세공(歲貢)의 형태로 바쳐진다 해도 받아들일 수 없는 것이다.29) 현실적으로도 서양상품과 우리 상품의 교역은 부등가교환이므로 교역을 할 경우 조선에 불리하다.

---

28) 金平默, 『重菴集』 下, 宇宗社, 1975, 758쪽.
29) 李恒老, 『華西先生文集』 上, 京仁文化社, 1983, 92쪽.

서양의 물품은 손으로 생산해 내는 물건이므로 날마다 여유가 있고, 우리의 물품은 땅에서 생산되는 물품이므로 해마다 부족함이 있습니다. (저들의) 남는 것과 (우리의) 부족한 것을 교역한다면, 우리가 어찌 곤란하지 않겠읍니까? 날마다 생산되는 수량으로 한 해나 걸려 생산되는 수량을 상대하니, 저들이 어찌 넉넉하지 않겠읍니까?30)

특히 교역을 하게 되면, "서양인이 자급자족하고 왕래가 무상하며, 민간에 섞여 거처하며 몰래 그 교(敎)를 펴게 되어, 온 나라 백성들이 곤궁해지고 재물이 고갈되어 나라가 나라꼴이 아니고, 예의를 지키던 족속들이 재물과 여색에만 몰려들어 금수(禽獸)로 타락해"31) 갈 위험이 있다.

끝으로 서양에 이어 계속된 서양화된 일본의 침략은 이권과 국권을 탈취하고 인종의 멸절을 초래하는 국가적·민족적 위기를 가져온다. 먼저 나라의 재원과 이권이 금, 은, 구리, 쇠, 탄광과 인삼밭, 철도, 어업의 이권에서 베, 비단, 기구 등속에 이르기까지 탈취당해 국가재정과 민생에 쓸 수 있는 이권이 남아 있는 것이 없고,32) 강제로 을사조약을 체결케 해서 "이제 나라가 있다는 것은 허울에 지나지 않고 폐하가 계시는 것도 허위(虛位)에 불과하며, 종묘와 사직을 보전할 길이 없고 민생은 어육(魚肉)이 될 날만 있을"33) 지경에 이른 위기상황으로 시국을 인식한다.

이처럼 척사위정 주창자에게 서양과 일본의 도전으로 인한 위기는 도전 양태에 따라 문명적 위기인식으로부터 국가와 민족 존망의 위기의식으로 변하고 있다. 이런 변화를 시대적으로 정리하면 다음과 같다. 먼저 1860년대 이전에 위기의 핵심은 종교로서의 서학, 즉 천주교의 확산으로 인한 예와 도의 문제였다. 그러나 1866년의 병인양요, 1876년의 개국, 1880년대의 개화정책, 1895년의 을미사변과 을미개혁에 대한 위기인식은 도, 경제적 침탈, 군사적의 피침 등 복합적인 문제였다. 그러나 1905년 을사조약 체결

---

30) 李恒老, 『華西先生文集』 上, 京仁文化社, 1983, 92쪽.
31) 최익현, 앞의 책, 99쪽.
32) 최익현, 앞의 책, 211쪽.
33) 최익현, 앞의 책, 235-236쪽.

후의 위기의식은 국가와 민족의 존망과 생사로 심화된다. 이런 가운데 척사의 주 대상도 척양에서 척왜로 변화하지만, 방위의 대상도 유교문명 중화에서 문명국가 조선으로 전이하게 된다.

2) 내수외양책: 문명국가 보전을 위한 정책론

척사위정사상에서 서양의 도전과 일본의 침략에 대한 대응은 위기의식과 시국에 따라 2단계로 다르게 나타나고 있다. 1860년대부터 1895년 을미사변이전까지 첫 단계는 상소운동단계로 개인적으로 또는 연명으로 집단적 상소를 통해 척사를 추구했다. 이 단계에서는 병인양요 때와 같이 대외위기에 대해 조정과 사림의 입장이 일치하거나, 개국과 개화정책 추진시대처럼 입장이 다르더라도 극단적 위기의식을 갖지 않았기 때문에 사림은 상소를 통해 내수외양책(內修外攘策)을 제시함으로써 조정을 통해 문제해결을 기도했다. 1895년 을미사변과 을미개혁 이후에는 척사위정사상의 신봉자들이 심화된 위기의식을 갖게 되어 의병운동이란 직접적인 군사행동으로 실천하고자 나서게 되었다.

내수외양책에서 내수책은 내정개혁을 주장하는 내용을 담고 있고, 외양책은 유교문명과 국가 조선의 보전을 위한 척사의 대책을 내용으로 하며, 내수-외양의 관계는 유교적 본말의 관계로 파악할 수 있다. 또한 내수외양책은 척사위정사상가들이 개인적 차원에서 행한 저술을 통한 서학비판론을 넘어, 조정차원에서 행할 서양과 일본에 대한 정책론이란 의미를 갖는다.

> 정학을 힘써 개인의 사사로움을 극복하며, 편안함을 경계하여 근검을 다하며, 현명하고 유능한 사람을 관리로 임명하여 조정을 바르게 하고, 기강을 세워 예의를 밝히고, 위에서 덜어 아래에 더해 주며, 민생을 배양해서 兵食을 다스린다.[34]

---

34) 『重菴集』上, 104下右.

이와 같은 내용의 내수외양책은 다소 내용상 차이를 보이지만 대부분의 정통 주자학자의 척사위정사상에서 공통적으로 제시되었다. 그러나 다음에서 보게 되듯이 선왕지도(先王之道)가 허용하는 범위 안에서 행할 정책론이었다.

> 先王의 정치에는 富國의 방법이 있으니, 근본을 힘쓰고 말단을 억제하며 수입을 헤아려 지출하는 것입니다. 또한 强兵의 방법이 있으니, 忠孝를 길러 주고 절의를 장려해 임금과 가깝도록 해서 長을 위해서라면 죽을 수도 있게 하면 器械의 불리함이나 技藝의 세밀하지 못함을 우려할 것이 없습니다.…… 외부의 夷狄을 방어하는 데에도 방법이 있으니 나라를 다스리는 것을 생각하는 사람은 정치에서 중대한 三綱五常, 융성한 예악문물 및 올바른 도학의 연원을 부식시키고 脩明시켜 宗國의 명맥을 보전합니다.35)

그러므로 척사위정사상에 나타난 서양과 일본의 도전에 대응해 제시된 내수외양책은 기본논조가 전통적인 주자학적 정책론을 답습하고 있다. 이 점은 척사위정 사상가보다 앞선 세대의 율곡과 우암의 다음과 같은 정책론과 비교해 보면 그대로 드러난다.

> 가령 성상의 뜻을 안정시킴으로써 실질적인 효과를 추구하고, 道學을 숭상함으로써 사람들의 마음을 바로잡고, 機微를 잘 살핌으로써 士林을 보호하고, 大禮를 신중히 함으로써 配匹을 소중히 하고, 紀綱을 떨침으로써 조정을 整肅하게 하고, 節檢을 소중히 함으로써 나라의 경제를 여유있게 하고, 言路를 넓힘으로써 여러 계책을 모으고, 현명하고 재능있는 사람들을 수합함으로써 하늘의 직책을 함께 수행하고, 폐단이 있는 법을 개혁함으로써 民生을 구제하는 것과 같은 이 아홉 가지 일들은 모두가 폐하께서 마땅히 힘써야 할, 하나라도 빠뜨려서는 안 될 것들입니다.36)

> 이 일(정사를 닦고 이적을 물리치는 일: 필자)은 더욱 전하의 한 마음으로 근본을 삼지 않으면 안 되니, 반드시 자신을 극복하여 마음을 바르게 가져 집

---

35) 『省齋集』 上, 38쪽 下右.
36) 『國譯栗谷全書』 2, 韓國精神文化硏究院, 1984, 41쪽.

안을 다스려 忠直에 접근하게 하고, 公道를 넓혀 체통을 밝히고, 기강을 떨쳐 財用을 절약하고, 사치를 혁파하여 민력을 펴게 함으로써 지모가 勇明하고 기세가 충만하게 한 다음에야 이 일을 말할 수 있읍니다.37)

내수외양책은 근본이 되는 내수책과 말단이 되는 외양책으로 구분해 다음과 같이 정리된다. 내수책은 군주의 수신과 솔설수범을 주요 내용으로 하는 군주의 통치론, 덕성이 있고 현명한 관료의 등용을 주장하는 관료체제 정비론, 토목역사의 중지와 정전제로 토지제도를 개편하자는 사회·경제 개혁론을 포함한다. 외양책은 서학서적을 소각시키고 서학교도를 단속하자는 서학금절론(西學禁絶論), 서양상품의 판매와 거래자를 단속하되 임금부터 양물배척의 모범을 보이자는 양물금단론(洋物禁斷論), 연안 방어와 의병을 동원하자는 어양론(禦洋論), 서양 배척의 논리에 따라 일본을 배척하자는 척왜론(斥倭論) 등을 담고 있다.38)

그러나 1876년 조정이 개국을 단행하고, 1880년대 초 개화정책을 추진하며 조정과 척사위정 사상가들이 제시한 정책을 채택하지 않음으로써 내수외양책은 개국 이후에까지 유효한 정책은 아니었다. 1895년 을미사변에 이어 추진된 을미개혁과 단발령 시행을 계기로 척사위정 사상가들은 최종적 수단으로 의병운동을 전개하기에 이른다.

3. 척사위정의 실천운동

1) 척사상소 운동에서 의병운동으로의 이행

척사위정사상이 의병운동으로 발전될 가능성은 1866년 병인양요 때 화

---

37) 『국역송자대전』 1, 민족문화추진회, 1981, 275쪽.
38) 이에 대한 자세한 내용은 한국동양정치사상학회 편, 『한국정치사상사』, 백산서당, 2005, 526-535쪽 참조.

서가 올린 상소에서 개진한 의려책(義旅策)에 나타났다.39) 이후 도와 국가의 위기가 가중되자 척사론자들의 독자적인 대응노력으로 전개되어, 1895년의 을미의병, 1906년의 병오의병, 1907년의 정미의병 등 지속적인 항일투쟁으로 발전되고 있었다.40)

을미의병 때 위기의식을 불러일으킨 것은 명성황후 피살사건과 을미개혁의 하나로 시행된 단발령이다. 그러나 을미의병을 지도했던 의암 유인석에게는 을미개혁을 통한 단발령 시행에 대한 위기의식이 더 컸다. 그 이유는 을미개혁이 중화를 단절시키는 개혁이란 점 때문이다. 조선이 중화로 인식돼 온 것은 유교문물 때문이었으나, 을미개혁은 단발, 복제개혁, 태양력 사용, 주군(州郡)의 제도개편 등인데 이런 개혁은 서양의 문물제도에 따르는 것으로서 곧 중화문물의 소멸 조처를 의미했다. 유교적 관념에서 춘추정신(春秋精神)의 존왕양이(尊王攘夷)란 대일통론(大一統論)은 "왕은 반드시 천명을 받은 후에 왕 노릇을 하고, 정삭(正朔)을 개정하며, 복색을 바꾸며, 예악을 제정해 천하를 통일시킨다"41)는 것이다. 그러므로 춘추정신을 따르는 척사위정사상의 신봉자들로서 화이관을 갖고 있는 사림의 입장으로는 중화인 조선의 문물을 외국에서 받아들여야 되는 일이지, 중화가 외국의, 그것도 최야만으로 간주해 온 서양의 문물을 채용할 수는 없는 일이다. 그럼에도 불구하고 시행된 을미개혁 정책은 곧 변이(變夷)가 아니라 변화(變華)의 정책이고, 문화적 관점에서 중화를 소멸시키는 일이며, 특히 의발중제(衣髮重制)는 그것을 상달의 도리가 드러난 조건으로 가시적인 중화의 상징으로 보는데,42) 단발령의 시행은 중화문물의 소멸이자 효의 부정이므로 심각한 위기의식을 주는 것이었다.

병오의병운동이 발발하게 된 것은 을사조약으로 조선이 외교권을 상실

---

39) 李恒老, 『華西先生文集』 上, 京仁文化社, 1983, 86-87쪽 上右-上左

40) 이에 대해서는 金義煥, 『義兵運動史』, 博英社, 1976; 金鎬城, 『韓末義兵運動史研究』, 고려원, 1987; 尹炳奭, "抗日義兵,"『한국사』 19, 국사편찬위원회, 1981.

41) 賴炎元, "春秋尊王攘夷," 戴君仁等著, 『春秋三傳研究論集』, 臺北: 黎明文化事業股分有限公司, 1981, 47-53쪽 참조

42) 서준섭 외 역, 앞의 책, 12쪽 참조.

함으로써 사실상 일본의 지배로 들어가게 된 사실 때문이다. 그러므로 병오의병의 대표적인 지도자인 면암 최익현은 나라의 존재가 명목상으로만 있고, 그로부터 장래는 일본의 야욕이 국권의 탈취, 이권의 강탈, 강제적 이민정책의 시행에까지 나아갈 것이라고 본다.

> 안팎 도적들이 합세하여 임금을 협박하고 강제로 조약을 꾸며 침탈을 강행하니, 이제 나라가 있다는 것은 허울에 지나지 않고 폐하가 계시는 것도 虛位에 불과하며, 종묘와 사직을 보전할 길이 없고 민생은 魚肉이 될 날만 있을 뿐입니다.…… 이제 저 왜놈들은 마침내 인종마저 바꿀 독한 꾀를 써서 移民의 條例를 만들어 불일내로 시행한다 하옵니다.[43]

면암의 이와 같은 위기인식은 의암이 갖고 있는 위기인식과 성격상 다르다. 즉 의암의 위기인식이 '문물'에 강조점이 있음에 비해 면암의 경우는 국권의 상실에 있다. 또한 면암은 그만큼 위기가 막바지에 이른 것으로 보고 있다. 당상(堂上)의 제비와 솥 안의 물고기처럼,[44] 즉 자기 집을 지어놓은 집이 불타오르는 곳에 있는 제비와 끓어오르는 솥 안에 든 물고기처럼 모두 죽게 된 상황으로 시국을 본다.

위와 같은 위기상황에 직면해서 의암은 "큰 화가 여기에 이르렀으니, 우리가 처신할 길이 셋이 있다. 곧 하나는 거의소청(擧義掃淸)이고, 둘째는 거이수지(去而守之)이며, 셋째는 자정(自靖)하는 것이니, 각자 뜻대로 할 수가 있을 것이다"[45]며 처변삼사(處變三事)를 제시하고, 자신은 처음에는 거수(去守)의 길을 택하고자 했으나 도중에 방향을 바꾸어 거의(擧義)로 나서 의병운동을 적극적으로 전개한다고 했다.[46] 면암의 경우는 을사조약 체결에

---

43) 『국역면암집』 1, 235-236쪽.
44) 『국역면암집』 2, 234쪽.
45) 李正奎, "從義錄," 독립운동사편찬위원회 편, 『독립운동사자료집』 제1집: 의병항쟁사 자료집, 619쪽.
46) 이에 대해서는 朴敏泳, "毅菴 柳麟錫의 衛正斥邪運動," 『淸溪史學』 3, 淸溪史學會, 1986; 李東宇, "義兵將 柳麟錫의 義兵運動考," 『史林』 2, 成大, 1977; 吳瑛燮, 『華西學派의 保守的 民族主義 硏究』, 翰林大學校 博士學位論文, 1996; 具玩會, 『韓末의 堤川

즈음해서 "바로 의병을 일으켜야 할 것이요 많은 말이 필요 없다"47)고 하고 행동으로 옮겨 의병운동을 전개했다.48)

의암은 본래 처변삼사 중 '거수'를 택하고자 했으나, '거의'를 주장한 실곡 이필희(實谷 李弼熙), 하사 안승우(下沙 安承禹), 조은 이범직(釣隱 李範稷) 등이 먼저 의병을 일으킨 후 주장(主將)이 되어 줄 것을 요청하자, 그 요청에 부응해서 거수에서 거의로 입장을 바꾸어 창의대장을 맡게 되었다.49) 의암은 1895년 12월 15일 의병진을 개편하고 전열을 가다듬어 전투에 임하게 되는데, 의암이 중심이 되어 전개한 의병활동은 충주전투, 제천전투, 그리고 서행(西行)으로 크게 구분될 수 있다.50)

충주전투는 1896년 1월 5일 이루어졌는데, 초기에 전력상 열세였음에도 정신적으로 무장한 의병이 진격하여 일시 충주성을 점령할 수 있었다. 그러나 1월 6일부터 관군의 공격이 시작된 후 11일 이춘영의 수안보 공격 실패, 17일부터 단양, 영월로부터 관군과 왜군의 공격과 봉쇄로 방어할 수 없게 되어 충주성을 포기하고 25일 제천으로 퇴각했다.

의병진은 제천에 근거를 정하고 힘을 길러 진출할 계획을 세웠다. 따라서 청풍 북창나루, 충주 강령의 길목, 단양 경계, 개천과 원주의 길목 파수 등으로 방어를 하는 한편 군세를 확장하는 데 힘썼다. 이런 기반 위에서 이범직과 한동직(韓東直)이 심상희(沈相禧)와 연합하여 장호원 및 가흥을 공격하도록 계획하여, 신지수(申芝秀), 원규상(元奎常), 이인영(李麟永)이 가흥을 공격하기도 했으나 함락시키지 못했다. 그 후 장기렴(張基濂)이 이끄는 관군이 진격해 와 결국은 남산성이 함락됨으로써 의병진은 단양으로 퇴각

義兵』, 집문당, 1997 참조.
47) 『국역면암집』 2, 231-232쪽.
48) 이에 대해서는 崔根默, "勉菴 崔益鉉의 義兵活動," 『百濟研究』 14, 忠南大, 1983 참조.
49) 이에 대해서는 李正奎, "從義錄," 독립운동사편찬위원회 편, 『獨立運動史資料集』 1, 16-23쪽 참조.
50) 의암의 이러한 의병운동에 대해서는 독립운동사편찬위원회 편, 위의 책, 위의 글; 朴貞洙, 위의 책, "下沙安公乙未倡義事實"; 元容正, 위의 책, "毅菴柳先生의 西行 大略"에 의한 것이다.

하게 되었다.

그러나 의암은 여기서도 좌절하지 않고 서북지방으로 가서 의병운동을 계속하고자 기도하게 되었다. 그의 서행(西行)은 기질이 강하고 용감하며 무예에 능한 서북인을 의병으로 충원해서 의병운동을 계속하려는 의도에서 이루어진 것이다. 그는 제천 패배 후 의진을 단양, 영월, 평창, 정선 등을 거쳐 마침내 초산까지 이동시켰다.51) 그러나 서북지방에서 인심의 호응을 얻으리라는 그의 기대와 달리 의병운동은 지지를 받지 못했다. 서북지방에서 전개하고자 한 의병운동이 좌절되자 의암은 요동으로 가서 의병운동을 계속할 방법을 모색하게 되었다.

한편 면암 최익현도 을사조약 체결로 외교권의 박탈 등 사실상 국권을 상실하는 상황이 발생하자, 이를 저지하기 위해 몇 가지 행동으로 맞섰다. 첫째는 국왕에 대한 상소로 11월 3일의 "청토오적소"(請討五賊疏)와 11월 14일의 "재소"(再疏)를 통해 5적신을 처단하고 조약을 무효화시켜 국권을 회복해야 할 것임을 밝혔다. 둘째로는 11월 말 "포고팔도사민"(布告八道士民)이란 격문을 통해 나라가 멸망하는 상황에 이르렀음을 밝히고, 5적신을 처단하고 일본에 대한 비협조 정책을 통해 저항할 것을 제안했다. 셋째로는 12월 25일 노성궐리사(魯城闕里祠)에서 강회를 하고 맺은 "서고조약"(誓告條約)을 통해서 도(道)를 부지하고 중화(中華)의 맥을 보존하며 종국(宗國)을 보호하고 원수를 없애는 대책을 제시했다. 그러나 이런 방법을 통해 국권을 회복할 수 없는 상황임이 판명되자, 면암은 병오년에 의병운동으로 행동을 전환하게 되었다.52)

면암은 1906년 의병을 일으킬 계획으로 판서 이용원(李容元), 김학진(金鶴鎭), 관찰사 이도재(李道宰), 참판 이성렬(李聖烈), 이남규(李南珪), 면우 곽종석(俛宇 郭種錫), 간재 전우(艮齋 田愚)에게 편지를 보내 국난을 구할 것을 제의했으나 호응을 얻지 못했다. 그러나 태인 사람 임병찬(林炳瓚)의 호응을 얻어, 남으로 내려가 영호남을 일깨워 이미 의병을 일으킨 민종식(閔宗

---

51) 金祥起, 앞의 글, 122-130쪽 및 원용정, 위의 글 참조
52) 이러한 면암의 의병운동은 崔濟學, "勉菴先生倡義順末," 독립운동사편찬위원회 편, 『獨立運動史資料集』 2, 56-103쪽 참조

楠의 홍주의병과 성원하려는 계획을 세우고 남하했다. 그 결과 1906년 윤4월 13일 무성서원(武城書院) 강회와 더불어 의병의 기치를 내걸고 행동으로 돌입하게 되었다. 이때 인원은 80여 명으로 시작해 정읍 내장사(4월 14일)→순창 구암사(15일)→곡성(17일)→순창(19일)으로 이동하면서 군사를 모집하고 군수와 병기를 수집했다. 의병진은 마침내 순창에서 전주관찰사 한진창(韓鎭昌)과 순창군수 이건용(李建鎔)이 이끄는 군대와 대진하게 되었으나, 이들 군대가 왜병이 아니고 전주와 남원의 진위대임이 판명되자 교전을 피하기 위해 면암은 중군에 해산명령을 내렸다. 결국 의병진은 일차로 해산하고 100여 명이 잔류했으나, 잔류의병도 진위대의 공격을 받아 일부가 해산됐다. 끝까지 잔류한 면암과 그를 따른 12명은 체포·압송되고 면암은 대마도에서 순사했다. 이로써 창의(倡義)의 기치를 내걸고 거의한 면암의 병오의병운동은 종결되고 말았다.

을미의병과 병오의병은 10년 정도의 시차가 있지만, 의암과 면암이 벌인 의병운동의 목표를 비교해 보면 이 기간 국권의식의 성장을 볼 수 있다. 1895년의 위기가 명성왕후 살해사건과 을미개혁에서 비롯된 것이기 때문에, 을미의병운동은 나라의 원수에 대한 복수와 도의 보존이란 목표를 갖고 있었다. 의암이 "이제 이 의거는 두 가지 목표가 있으니, 하나는 성인(聖人)의 도(道)를 보존하는 것이요, 하나는 국가의 원수를 갚는 것이다"53)고 했듯이 복수와 도의 보존을 목표로 삼고 있다. 의암은 자신의 의병운동에 관한 입장을 밝히는 상소문에서 다음과 같이 구체적으로 설명하고 있다.

> 적을 토벌하여 원수를 갚겠다는 것을 말씀드리면 장차 우리 전하가 분하게 여기는 자들을 없애 하늘에 계신 국모의 영혼을 거의 위로해 드리며, 세자의 땅을 치는 정한을 풀어 드리자는 것입니다. 중화를 존대하고 오랑캐를 물리치자는 것을 말씀드리자면 장차 국가의 옛 제도를 따르게 함으로써 거센 풍조에 무너졌던 것을 돌려놓고 미약한 陽脈이 마지막 없어지려는 것을 기어이 보존하려는 것입니다.54)

---

53) 元容正 外, "毅菴柳先生西行大略," 독립운동사편찬위원회 편, 『獨立運動史資料集』 1, 515쪽.

을미의병운동의 두 가지 목표인 중화의 보존과 복수 중에서 더 중심되는 목표는 중화의 보존에 있는 것으로 보인다. 의암이 국모가 화를 입은 것은 조정에 있는 신하의 일이지 재야에 있는 백성의 일이 아니며, 조정에 있는 신하들이 임금을 속여 난에 이르도록 해 놓고 편안히 앉아 있는데, 재야의 궁벽한 곳에 있는 천한 사람들이 나서서 수고로움을 맡는 것은 충성이 지나치다고 밝히고 있기 때문이다.55)

반면 병오의병 때 면암의 거의의 목표는 일본침략의 저지, 즉 국가자주권의 회복이었다. 그는 "창의토적소"(倡義討賊疏)에서 이렇게 밝히고 있다.

> 먼저 倡義하는 깃발을 세우고 동지를 독려하여 서울로 올라가 서면으로 伊藤博文과 長谷川好道 등 여러 왜놈들을 부르고 각국 공사, 영사와 우리 정부의 여러 대신들을 한데 모아 담판을 크게 벌여 작년 10월의 강제조약을 돌려받아 찢어 없애고, 각 부에 있는 소위 고문관을 파면하여 쫓아 보내고, 국권을 침탈하며 민생을 해롭게 한 여러 가지 잔악한 억지조약을 일일이 만국공론에 붙여 없앨 것은 없애고 고칠 것은 고쳐, 반드시 나라의 자주권을 찾아 생민의 종자를 바꾸는 화를 면하는 것이 신의 소원이옵고, 진실로 세력을 헤아리지 않고 민중을 멋대로 선동하여 강한 오랑캐와 목숨을 다투려 함은 아니옵니다.56)

여기서 면암의 목표는 조약을 무효화시켜 국권을 회복하는 것이고, 그 방법이 의병을 이용해 국제공론의 담판을 통해 조약을 무효화시키려는 것이었다.

이처럼 의병운동의 목표는 의암과 면암에 있어 달리 표방되고 있다. 즉 의암의 경우는 복수와 중화의 보존이, 면암의 경우는 국권의 회복이 목표로 제시되고 있다. 이것은 의암이 을미년의 을미사변과 단발령 등의 위기상황에서, 면암이 을사조약 체결로 국권, 즉 외교권이 상실된 위기상황에서 의병운동을 일으켰기 때문에 나타나는 차이이다. 따라서 의암의 을미의병운동에서 면암의 병오의병운동으로의 이행을 통해 의병운동의 목표

---

54) 『毅菴集』 上., 景仁文化社, 1973, "西行時在旌善上疏" 79쪽 下右.
55) 『昭義新編』 券2, "雜錄" 41쪽 참조.
56) 『국역면암집』 1, 237쪽.

는 문화적 관점에서 정치적 관점으로, 즉 문물의 보존이란 문제에서 국가 보위의 문제로 변하는 것이라고 할 수 있다. 의암이 도 내지 중화의 보존에 중심을 둔 데 비해 면암은 국권의 회복에 비중을 두고 있다는 점에서 진일보한 논리를 전개한다고 볼 수 있다. 그것은 그만큼 시대의 추이에 따라 위기의 내용이 달라졌고, 그에 따라 국권에 대한 의식도 성장했기 때문이라고 할 수 있다.

2) 해외의 항일투쟁

의암 유인석은 1896년 제천지역의 의병활동과 서북지역의 의병운동이 관군의 토벌과 호응의 부진으로 좌절되자, 압록강을 넘어 중국으로 건너갔다. 이후 그는 중화의 맥을 보전하고 항쟁을 계속하는 해외 항일투쟁을 시작하게 되었다. 그는 1896, 1898, 1908년 3차례에 걸쳐 망명했으나 모두 순탄치는 않은 과정이었다.[57]

1896년의 망명과정에서 서상렬(徐相烈)과 이범직 등 선발부대가 피살되고, 국경을 넘어서는 중 파저강(波瀦江)에서 무장해제를 당했다. 시세가 부득이했으므로 그는 심양을 거쳐 통화현에 거처를 마련하고 청국의 지원을 요청하여 중화의 맥을 보존하는 한편 항일운동의 근거를 확보하여 항일투쟁을 계속하기로 했다. 그 후 1897년 고종의 귀국명령에 따라 일시 귀국했다가 1898년 제2차로 망명하여 요동 통화현 오도구에 이주하여 향약을 실시하고 저술활동을 하며 도를 보전하면서 보냈다. 그러나 이런 활동은 의암에게 한편으로는 중화를 보전하는 거수행위이지만, 다른 한편으로는 일본에 복수하기 위한 토대를 구축하려고 한 일이었다.

그러나 중국에 의화단사건이 발생하자, 그는 1900년 8월 다시 귀국하여 황해도, 평안도지역을 순회하면서 존중화양이적의 척사위정사상을 전파했다. 1905년 을사조약으로 조선이 외교권을 상실하자 그는 1908년 다시

---

57) 의암의 해외활동에 대해서는 『毅菴集』下, 景仁文化社, 1973, 643-712쪽, 부록 및 강재언, 『근대한국사상사연구』, 미래사, 1986, 197-201쪽; 具玩會, 『韓末의 堤川義兵』, 집문당, 1997, 220-230, 382-389쪽 참조.

망명길에 올랐다. 연해주지역을 망명지로 선택해 러·청 접경지역인 연추에 터전을 마련하고, 1908년 의병규칙, 1909년 관일약(貫一約)을 제시하여 의병의 행동지침을 만들었다. 이 과정에서 의암은 분산된 항일의병 세력을 통합하고자 결성된 십삼도의군 도총재에 추대되어 의병운동을 이어가는 한편, 합병 후 블라디보스톡의 한인들이 조직한 성명회 회장으로 추대되어 합병 무효선언 등 외교활동을 전개했다. 그러나 일본과 러시아의 타협으로 박해를 받아 의암은 다시 중국의 홍경현 난천자로 이주해 저술활동을 하면서 자정(自靖)을 하다 1915년 74세를 일기로 생을 마감했다.

의암의 해외활동은 거수(去守)라는 처변삼사의 한 길로 중화의 도를 보전하는 방편이었지만, 다른 한편으로 일본에 대한 항전을 계속하려는 항일투쟁의 일환이었던 것으로 해석된다.58) 면암 최익현과 의암 유인석처럼 척사위정사상의 신봉자들은 유교문명과 유교문명국가의 보전과 회복을 위해 생을 다할 때까지 진력했으니, 그들은 척사위정사상에 가치합리적으로 행동한 도의 순교자라 할 만하다. 그럼에도 불구하고 그들이 끝내 의도한 목표를 달성하지 못한 이유는 일정부분 그들이 주창하고 신봉한 척사위정사상의 한계에 있음도 부인할 수 없다고 본다.

4. 척사위정사상의 좌절과 한계

1) 척사위정사상의 이데올로기적 힘

정치사상은 정치에 대한 목적이나 주체, 행태에 대한 처방이나 정당화를 가치판단을 전제로 하여 규범적 차원에서 체계적인 사유로 전개한다. 체제의 호오, 목적의 정당성 여부나 통치자의 정당성 여부 같은 규범적 판단을 주제로 하고 있으므로, 정치사상은 인간의 지성과 감정을 홍분시키는 요소가 가미되어 정치적 행동과 연결될 수 있다. 그러나 사회가 정치·

---

58) 강재언, 위의 책, 191-210쪽 참조.

사회·경제적으로 급격한 변화에 대처해서는 그 위기의 해결을 위해 다수 성원의 적극적 참여와 행동을 필요로 한다. 그러므로 정치사상은 대중의 존재와 힘을 인식한 상태에서 대중의 참여를 설정된 목표의 방향으로 이끌어 동원하는 인위적 규범과 신념체계로 나아가는 데까지 이른다. 이것을 정치사상과 구분하여 정치이데올로기라고 할 수 있다. 이데올로기는 다음과 같은 특징을 갖는다. 즉 첫째, 이데올로기가 지향하는 목표는 유토피아적이다. 둘째, 이데올로기는 과도하게 단순화된 우적개념을 토대로 하고 있다. 셋째, 이데올로기는 인간의 진보에 대한 낙관성을 갖는다.59)

19세기의 척사위정사상을 이데올로기의 관점에서 보면 거기에서도 이런 특징을 찾아볼 수 있다. 척사위정사상은 유교적 사회를 이상적 사회로 지향하고 있다. 정-사, 화-이의 이분논리를 바탕으로 우적관계를 설정하고 있다. 주자학은 천도와 부합하는 도로서 '정' 입장에 있다고 하는 믿음에서 오는 낙관성과 유교사회의 실현과 재현에 대한 확신을 내포하고 있다.

척사위정사상은 조선조 말 주자학적 정치사상의 변용이었지만, 이데올로기적인 특징을 잘 구비하고 있다. 이데올로기가 지향하는 사회상이 유토피아적인데, 척사위정사상이 가지고 있는 중화란 유교문명국가 사회상이다. 고대중국의 3대 사회를 이상으로 삼고, 조선조 중엽 이래 조선이 문명국가가 되어 이제 세계에서 유일한 유교문명국가란 것이다. 비록 조선의 현실이 결코 상상적인 3대 사회와 같은 이상사회일 수는 없겠으나, 외세의 침략 앞에서는 지켜야 할 유토피아로 보고, 그렇게 믿었다.

우적관계라는 이데올로기의 두 번째 특징에서도 척사위정사상은 정과 사, 중화와 이적이란 명료한 관념을 가지고 있었다. 더구나 그와 같은 관계설정과 적의 배척논리는 주자학의 전통상 오래 전부터 전해 내려온 "숭정학벽이단, 존중화양이적"의 논리로 확립되어 있었다. 그러므로 그 논리에 의거해 변화하는 상황에 따라 달라지는 외세를 적으로 규정할 수 있었다. 숭정학벽이단의 논리가 엄정했던 만큼 척사위정사상은 비타협적 이데올

---

59) F. M. 왓킨스, 『근대정치사상사』, 이홍구 역, 을유문화사, 1973, 3-12쪽 참조

로기로 오래 기능할 수 있었다.

척사위정사상은 낙관성이란 이데올로기적 특징도 구비하고 있었다. 유교의 자연주의적 낙관성을 물려받았고, 더구나 조선 주자학이 우주와 인간사회를 일관하는 도의 학문이었으므로, 신봉자들의 주자학에 대한 믿음은 종교적일 만큼 강했다. 신봉자들은 물론 서구 기계문물의 우수성을 현실적으로 인정해야 했지만, 천리와 인욕을 준별하고 도리를 숭상하고 형기를 천하게 여기는 주자학적 입장에서 서구문물이 우수하기는 하지만 가치가 있다고 여기지는 않았다. 그러므로 그들은 조선의 예악문물에 대한 자부심을 갖고 세속적 이익보다 도덕적 의리를 높이 평가했다. 의병운동 같은 투쟁에서도 춘추대의에 따라 이(利)가 아니라 의(義)를 택한다는 사실만으로 스스로의 행동을 정당화하게 되었다. 이런 이념적 입장을 취할 때 승패는 문제가 되지 않고 의·불의가 문제가 된다. 그러므로 의병진은 빈약한 군세에도 '창의'의 기치를 높이 내걸게 되었다. 이런 특징은 척사위정사상의 이데올로기적 힘이라 생각된다.

척사위정사상은 이런 이데올로기적 특징을 구비하고 있었으므로, 상황이 변함에도 불구하고 오랫동안 이데올로기로 기능할 수 있었던 것으로 보인다. 새로이 대두되는 위기 때마다 시국을 해석하고, 종사(宗祀)나 도(道), 사(士)의 직위란 차원에서 자기주체를 명확히 규정하고, 위기에 대한 처방으로 내수외양책을 제시했다. 그리고 을미년의 개혁과 을사년의 조약 체결처럼 도와 종사의 위기에는 도를 부지하고 종사를 보위하기 위해 의병운동이란 행동에 구성원을 동원할 수 있었다. 그러므로 척사위정사상은 기능적 관점에서도 이데올로기의 힘을 가지고 있었다고 할 수 있다.[60]

그러나 척사위정사상은 하나의 이데올로기로 기능했고, 특히 외압에 저항하는 저항적 민족주의의 원형으로 기능했을지라도, 다음과 같은 사상적 한계 때문에 민족주의로서 한계를 지닌 것 또한 부인하기 어려워 보인다.

---

60) 이재석, "척사위정론의 이데올로기적 특성," 한국동양정치사상사학회 편, 『동양정치사상사』, 2002, 138-155쪽 참조

2) 도덕주의의 한계

척사위정사상은 조선조의 도학적 전통에 따라 학문적 차원에서 정과 사를 판별하고 문명적 차원에서 화와 이를 판별해서, 기존의 학문인 주자학을 정학으로, 기존의 정치사회인 조선조를 중화, 즉 문명국가로 보고 그것을 지키고자 했다. 그러나 서양과 일본의 도전을 맞아 그 도전을 일차적으로 문명적 관점에서 보았고, 그에 대한 대응도 먼저 학문적·도덕적으로 접근하게 되었다. 그러므로 초기의 대응은 학문적 차원의 서학에 대한 이념적 비판으로 출발해 서양과 일본의 침략에 맞서 전통적인 정책론에 입각한 내수외양책으로 나타났다. 후기에 일본의 침략으로 위기가 가속화되자 신봉자들은 의병운동을 전개하지만, 그것조차 거의(擧義) 또는 창의(倡義)란 말처럼 도덕적인 동기주의적 행동이었다. 의암의 의병운동은 이런 성격을 잘 보여주고 있다.

> 일의 成敗와 무기의 利鈍은 예측할 바가 아니고, 의리를 판단해서 이 길을 취하므로, 輕重과 大小가 여기서 구분되는 것이니…… 仁者無敵이란 말을 의심하지 맙시다.[61]

> 의리의 정당한 길이 있으므로 삶이 죽는 것보다 욕됨이 있고 죽음이 삶보다 명예로움이 있는 것이며, 禍福이란 스스로 정해진 분수가 있으므로 죽음을 고수하는 자가 반드시 다 죽는 것은 아니요 삶으로 피하는 자가 다 사는 것도 아닙니다.[62]

이 때문에 비길 데 없는 무기의 열세에도 불구하고 전투의 승패를 떠나 의병운동을 격렬히 전개하게 됐다고 할 수 있다.

면암에게도 의암과 같이 동기지향적 태도와 명분을 중시하는 태도를 볼 수 있다. 그것은 춘추대의란 이념에 입각해서 행동에 나섰다는 공통된 지

---
61) 『毅菴集』下, "檄告八道列邑," 357쪽 上左.
62) 위의 책, "檄告內外百官," 358쪽 下右.

적 배경으로 볼 때 그러하다. "오직 믿는 것은 군사를 일으킨 명분이 정대하니 적의 강함을 두려워하지 말라,"63) "국가의 은혜를 잊을 수 없으며, 실패하든 성공하든 미리 헤아릴 일이 아니다"64)라 하듯 명분의 정당성에 따라서 행동으로 나선다. 그러나 면암은 전주, 남원의 진위대와의 교전 직전에 같은 동포라는 이유로 항전을 포기하고, 차라리 명분을 밝히면서 죽음을 기다리려고까지 한다. 면암은 추종자들에게 이렇게 말한다.

> 이제 우리들은 반드시 모두 죽고 말 것이다. 그러나 표지가 없이 서로 포개어 죽으면 누가 누군지 알 수 없다. 뿔뿔이 흩어지지 말고 죽음을 명백하게 해야 하니, 성명을 한 통씩 벽에 써 붙이고 각자 제 이름 밑에 앉아라.65)

의암과 면암의 이런 명분적 행동은 관군을 거느리고 의병 토벌에 나선 참령 장기렴(張基濂)의 다음과 같은 인식과는 정반대되는 위치에 있다.

> 상대방도 잘 알고 자신을 잘 알아서 백번 승리할 계책이 섰다면 혹시 可하거니와, 승패와 화복을 가리지 않는다는 것은 부녀자의 편벽된 소견이요 대장부의 달관하는 말은 아닙니다. 일신상으로 보아 뒤에 끼칠 꽃다운 영예는 있을지 모르지만, 이 나라의 존망에 있어서는 조금도 영향을 끼치는 바가 없으니, 자기 몸은 가볍고 나라는 소중하다는 그 義를 장차 어디서 찾겠읍니까?66)

이런 도덕적인 동기주의적 성격은 실제로 목표를 성취하는 데 필요한 힘의 배양을 경시함으로써 신봉자들이 힘으로 밀려오는 외압에 효과적으로 대항할 수 없었던 것으로 보인다. 자연 그들은 척사위정사상의 궁극목표로 삼은 문명의 보존이나 문명국가 조선의 보전을 이룰 수 없었다.

---

63) 『국역면암집』, 2, 235쪽.
64) 위의 책 2, 238쪽.
65) 위의 책 3, 184쪽.
66) 독립운동사편찬위원회 편, 위의 책 1, 127쪽.

3) 새로운 체제에 대한 비전 결여

척사위정사상의 세계관은 국제적으로 중화・이적의 차등적 질서였고, 대내적으로 사농공상의 계서적 사회이고, 유교적 도덕국가였다. 그러므로 척사위정사상에서 사회상은 중국 고대의 삼대사회를 이상으로 삼았지만 선왕제도 문물을 부지하는 한 현존하는 제모순에도 불구하고 조선조의 제도문물은 지킬 만한 것이었다. 그러므로 척사위정사상은 기존 왕조체제의 일탈된 제도를 시정해야 한다는 입장을 견지했지만, 새로운 체제에 대한 비전을 제시하지 않고, 새로운 문물의 수용에 소극적인 태도를 보여주었다. 먼저 체제구상을 보도록 한다.

척사위정사상의 전개 당시 현실은 계서적인 화이질서가 동요하고, 수평적인 평등한 국제질서의 수립이란 방향으로 변화가 모색되는 추세였다. 그러나 척사위정사상은 중화와 이적의 구분을 불변적인 또한 변해서도 안 될 법칙으로 보아, 화이질서의 유지를 목표로 삼고 그것을 위해 노력한다. 20세기 초 을사조약의 체결로 외교권 상실위기를 맞아 면암이 만국공법에 의존하는 방책을 척왜의 방법 중 하나로 거론하고는 있지만, 그가 근대적 국제질서를 온전히 이해하고 만국공법을 잘 알고 만국공법에의 의존을 주장한 것으로 보기는 어렵다. 그의 만국공법에의 의뢰 주장은 척왜의 한 방편일 뿐이며, 진정으로 근대적 국제질서로의 자발적 참여로 보기 힘들다. 따라서 외국과의 동맹을 체결할 것을 언급하고 있는 "궐외대명소"(闕外待命疏)의 "사소"(四疏)에서, "우리는 진실로 세계열국과 더불어 동맹조약을 맺어 국제공법을 통용해야 할 것입니다. 그렇게 하여 각국에 통첩해서 상호 담판을 하면 세계의 공론을 어찌 구하지 못하겠습니까?"[67]라는 주장 역시 척왜의 방법으로서 갖는 수단적 성격이 근대적 국제질서에의 참여란 성격보다 크다고 본다.

의암 역시 실제 중화적 세계질서가 붕괴하고 이제 국가와 국가의 힘에

---

67) 『국역면암집』, 1, 227쪽.

의한 쟁패가 현실이었던 20세기 초에조차 중국을 중심으로 한 세계질서를 이상으로 여기고 그 질서를 구축해야 함을 역설하고 있다. 그는 한국, 중국, 일본 3국의 연대를 주장하는데, 이 동양삼국 연대론은 서구에 대해 공동으로 대처하는 방법으로 주장하는 것이면서도 중국을 중심으로 결속한다는 것을 전제하고 있다.

>지금 동양, 서양의 황인종, 백인종 사이에 큰 전쟁이 있을 것이라고들 한다. 서양이 **虎視耽耽** 동양을 넘겨다보고 백인이 황인을 **稜蔑**하는 것이 진실로 그러하다. 동양이 된 자는 마땅히 잘해 나갈 것을 생각해야지 잘못하면 안 된다.…… 이런 까닭으로 동양의 세력 중에 아직 서양처럼 하지 않는다면 다행이지만, 만약 서양식으로 되면 지혜 있는 사람의 말을 빌리지 않아도 참 두렵고 한심한 노릇이다.…… 동양 3국이 이와 같이 하나가 되고 강해져서 중국이 종주국이 된다면 비단 3국뿐만 아니라 실로 세계의 종주국이 될 것이다. 이렇게 중국이 종주국이 되면 명분이 바로 서고 세력도 강해져서 한때의 강약으로 計較를 부리지 못할 것이다. 몽고와 서장의 경우도 3국이 하나가 되면 어찌 다른 마음을 낼 것이며, 이미 패망한 안남 등의 나라도 따라서 생기를 발할 것이다. 진실로 이와 같이 하면 서양도 반드시 스스로 물러날 생각을 할 것이니, 동양이 스스로 영원히 존립할 것이다.68)

이런 계서적 국제체제 속에서 척사위정사상이 지향하는 국가상은 유교문명 '중화'에 의한 도덕국가이며, 이 국가는 전통적 정치체제를 가지며, 사회질서는 계서적인 사농공상의 직업적 신분제를 지향하는 체제이다. 이미 다양한 사상이 분출하고 현실정치가 세속적이었음에 비추어, 그리고 독립협회를 중심으로 의회설립 운동이 모색된 바도 있고, 노비제가 폐지되어 사민평등이 추세인 현실에서 척사위정사상이 제시하는 정치체제 구상은 현실과 유리되어 있다. 그러므로 대중적 지지를 담보하기 어려울 수밖에 없었다.

척사위정사상은 유교문명을 지고지선으로 보기 때문에 서양의 근대문물 수용에도 소극적이었다. 힘의 대결 결과 서양문물의 우세를 인정할 수

---

68) 서준섭 외 역, 앞의 책, 20-23쪽.

밖에 없는 상황에 이르러서야 비로소 한정된 범위 내의 척왜 또는 중화의 보존을 위한 방편으로 채서(採西)를 용인한다. "우리 전국의 사민들은 한마음으로 서로 맹세하여, 군기와 총포를 제외하고는 일체 저들의 물건을 쓰지 말고, 기계의 편리한 것이라도 본국 사람이 제조한 것이 아니면 사서 쓰지 말 것,"69) "지금부터 재능과 지혜가 있는 선비로서 혹 나와서 세계의 형세를 살피고 저들의 기예를 배우고자 하는 자는 모름지기 먼저 본령(本領)을 세워서 혹시라도 새로운 것을 좋아하고 기이한 것을 숭상하여 와신상담(臥薪嘗膽)을 잊지 말 것"70)이라는 면암의 주장은 제한적 채서를 보여주고 있다.

의암의 서양문물 수용태도 역시 열강이 힘으로 쟁패하는 현실을 인정하는 데서 나온 결과이다. "오늘날의 시세는 무력을 숭상하지 않을 수 없게 되었다. 서양의 전쟁기술과 병기와, 그 밖의 장점을 취하고, 또 그런 방식으로 계속하여 서양의 것들을 취하는 일은 실로 부득이한 일"71)이라고 하는 언급은 이를 나타낸다. 그러므로 그는 사실상 서양문물의 수용은 "취할 만한 좋은 점이 있다면 마땅히 저들의 실체를 이해하고 교류하여 꼭 해야 될 일은 앞서 내가 말한 바와 같이 사람을 뽑아 한계를 정해 실시하되, 어떤 사람은 그 나라에 보내기도 하고 어떤 사람은 본국에서 따로 장소를 만들어 (신학교를) 설치하는 것이 좋을 것이다"72)고 하듯이, 선별적으로 이루어져야 한다고 본다. 그러므로 사회변동에서 그의 서구문물 수용론은 제한적인 것이었다.

부분적·제한적 채서 주장은 무조건 서양문물을 배척하던 19세기의 척사론과 대비해 볼 때, 서양과 일본을 '힘'의 관점에서도 볼 수 있게 되었기 때문에 진일보한 것은 분명하다. 그러나 어떤 사상에서나 중요한 것은 그 사상이 먼저 제시되어 사회를 규율하게 되거나 결정적으로 영향을 미치든가 하는 점에 의미를 부여할 수 있다. 이런 점에서 본다면, 척사위정사상은

---

69) 『국역면암집』, 2, 218쪽.
70) 위의 책, 220쪽.
71) 서준섭 외 역, 앞의 책, 38-39쪽.
72) 위의 책, 50-51쪽.

변화한 현실을 불가피하게 인정하기는 했으나 한국사회의 변화를 선도하는 역할은 수행하지 못했다. 이처럼 척사위정사상은 외래문물을 적극 수용하는 확·발전(擴·發展)의 이론과 신념체계가 되지 못하고 방어적이고 폐쇄적인 신념체계에 머무른 채 비타협적인 대결로 자기가치를 지키려고만 했다. 그러므로 척사위정사상은 저항적 한국민족주의의 원류로 자리매김할 수는 있지만, 지키고자 한 자기가치와 조선조를 지키는 데 한계를 가질 수밖에 없었던 것으로 보인다.

참 고 문 헌

姜光植, "西學의 衝擊과 傳統的 政治文化의 反應," 『仁谷 黃性模博士 華甲記念論叢 社會構造와 思想』, 仁谷 黃性模博士 華甲記念論文集刊行委員會, 1986.
姜大德, "華西 李恒老의 生涯와 思想基盤," 『關東史學』, 第二輯(關東大學, 1984).
강재언, 『근대한국사상사연구』(서울: 미래사, 1986).
姜在彦, 『조선의 西學史』(서울: 民音社, 1990).
權五榮, "金平默의 斥邪論과 聯名儒疏," 『韓國學報』, 55, 1989, 여름.
권오영, 『조선후기 유림의 사상과 활동』(서울: 돌베개, 2003).
具範模, "開化期의 政治意識狀況," 『韓國政治學會報』, 3, 1969.
具玩會, 『韓末의 堤川義兵』(서울: 집문당, 1997).
金大煥, "斥邪와 開化의 思想史的 照明," 『仁谷 黃性模博士 華甲記念論叢 社會構造와 社會思想』, 仁谷 黃性模博士 華甲記念論文集刊行委員會, 1986.
金度亨, "毅菴 柳麟錫의 政治思想硏究," 『韓國史』, 25, 1979.
金榮國, "韓末 民族運動의 系譜的 硏究," 『韓國政治學會報』, 3, 1969.
金榮國, "韓末 義兵運動의 思想的 考察," 『社會科學論叢』, 10, 韓國社會科學院, 1969.
金榮作, 『한말내셔널리즘의 연구』(서울: 청계연구소, 1989).
金平默, 『重菴集』, 上, 下(서울: 宇宗社, 1975).
金平默, 『重菴別集』.
김혜승, 『한국민족주의』(서울: 비봉출판사, 1997).
琴章泰, "東西交涉과 近代韓國思想의 推移에 관한 硏究," 博士學位論文, 成均館大學校, 1978.
文丞益, "韓國民族主義와 主體性," 『亞細亞硏究叢書』 2(亞細亞政策硏究院, 1977).

文昭丁, "衛正斥邪運動에 관한 知識社會學的 硏究," 『韓國學報』, 36,37, 1984.
朴敏泳, "毅菴 柳麟錫의 衛正斥邪運動," 淸溪史學會, 『淸溪史學』, 3, 1986.
朴成壽, "舊韓末 義兵戰爭과 儒敎的 愛國思想," 『大東文化硏究』, 6·7, 成均館大學校 大東文化硏究院, 1970.
朴忠錫, 『韓國政治思想史』(서울: 三英史, 1982).
裵宗鎬, 『韓國儒學史』(서울: 世大學校出版部, 1985).
부남철, "조선 유학자가 佛敎와 天主敎를 배척한 정치적 이유: 鄭道傳과 李恒老의 사례를 중심으로," 한국정치학회편, 『한국정치학회보』, 제30집 1호(한국정치학회, 1996).
宋炳基, "辛巳斥邪運動硏究," 『史學硏究』, 37(韓國史學會, 1983).
신복룡, 『한국정치사상사』(서울: 나남, 1997).
愼鏞廈, 『韓國近代民族主義의 形成과 展開』(서울: 서울대학교출판부, 1987).
안소니 D. 스미스,이재석 역, 『세계화시대의 민족과 민족주의』(서울: 남지출판사, 1997).
에네스트 겔너저, 이재석 역, 『민족과 민족주의』(서울: 예하, 1988).
吳瑛燮, "華西學派의 保守的 民族主義 硏究," 翰林大學校 博士學位論文,.1996.
柳根鎬, "韓末 對外觀의 特質," 韓國政治外交史學會編, 『朝鮮朝政治思想硏究』(평민사, 1987).
元容正外, "毅菴柳先生西行大略," 독립운동사편찬위원회편, 『독립운동사자료집』 1(서울: 독립운동사편찬위원회, 1984).
유미림, 『조선후기의 정치사상』(서울: 지식산업사, 2002).
柳麟錫, 『毅菴集』,上(서울: 경인문화사, 1973).
柳麟錫, 『昭義新編』(서울: 국사편찬위원회, 1975).
柳重敎, 『省齋集』,上, 下(서울: 同文社, 1974).
유인석저,서준섭, 손승철, 신종원역, 『의암 유인석의 사상』(서울: 종로서적, 1984).
李能和, 『朝鮮基督敎及外交史』(서울: 朝鮮基督敎彰文社, 1928).
이상익, 『서구의 충격과 근대한국사상』(서울: 한울아카데미, 1997).
尹用男, "華西 李恒老의 斥邪衛正論에 대한 哲學的 解釋," 『國學硏究』, 2 (國學硏究所, 1989).
李離和, "斥邪衛正論의 批判的 檢討," 『韓國史』18(韓國史硏究會: 1977).
이재석,김석근,김영수외, 『한국정치사상사』(서울: 집문당, 2002).
이재석, "조선조의 중화사상연구," 한국정치외교사학회편, 『한국정치사상의 조명』.
李澤徽, "朝鮮後期 政治思想硏究," 博士學位論文(서울大學校, 1984).
이택휘, 『한국정치사상사』(서울: 전통문화연구원, 1999).

李恒老, 『華西先生文集』 上,下(서울: 京仁文化社, 1983).
장현근,"중화질서 재구축과 문명국가건설:최익현,유인석의 정치사상," 한국정치사상학회편, 『정치사상 연구』 9 (한국정치사상학회, 2003).
鄭載植, "開化期 韓國社會 變動에 대한 主體的 認識," 韓國精神文化硏究院 社會硏究室課題, 1981.
陳德奎, 『現代民族主義의 이론구조』(서울: 지식산업사, 1983).
陳德奎, "斥邪衛正論의 民族主義的 批判 認識," 『論叢』(梨大 韓國文化硏究院, 1978).
차기벽, 『민족주의원론』(서울: 한길사, 1990).
崔根德, "西學의 傳來와 斥邪衛正論," 成均館大學校 大東文化硏究院編, 『韓國思想史大系』, (性理學思想篇), 1984.
최익현, 『국역면암집』 1, 2(서울:민족문화추진회, 1982).
崔昌圭, 『近代韓國政治思想史』(서울: 一潮閣, 1982).
洪淳昶, 『韓末의 民族思想』(探求堂, 1982).

제 2 부

국권상실기의 내셔널리즘

제1장 민족주의 진영의 독립운동 노선과 대중운동 전략

김용직

1. 서: 식민지시기 민족주의운동 연구

　식민지시기를 겪은 한국민족주의는 자신감을 상실하고 내부적으로 분열된 자아관을 가졌다. 그러나 소련과 사회주의권이 붕괴한 지도 벌써 십수 년에 이르고 해방이 된 지도 어언 60년이 지난 오늘날 우리는 과거 식민지시기를 컴플렉스에서 벗어나 객관화시켜 보아야 한다. 여기에는 과거 식민사관은 물론이고 사회주의적 민족해방론의 편견도 시정하려는 노력이 과감하게 이루어져야 한다. 이는 진보사관 등장 이전 1970년대까지의 사관으로의 복귀를 의미하는 것이 아니라, 보다 성숙한 세계사적 인식을 가지고 우리의 과거사를 균형 있고 심층적으로 조명해 보려는 학문적 자세를 의미하는 것이다.
　이 장에서는 1920년대 민족주의 진영의 민족운동을 좌파와 우파의 활동 모두를 포괄하며 공통된 이론적 분석틀로 균형적으로 다루어 보려 한다.[1] 그 동안 식민지시기의 민족운동 연구가 보수, 진보로 분열된 학계의 두 개

---

[1] 민족주의 사상과 운동에 대한 연구는 단순한 한 개인이나 한 지식인의 사상과 활동에 대한 연구가 아니다. 이것은 근대국가 형성에 관한 연구이며 일제시기의 경우에는 당연히 독립운동에 관한 연구가 된다.

의 전혀 다른 관점에서 배타적 방식으로 각기 기술되었던 것은 어떻게 보면 냉전기 역사연구의 한계였는지 모른다. 그러나 탈냉전기에 우리는 이를 한 차원 높게 통합할 필요가 있다.

한국의 민족주의는 시민혁명을 거친 서구형 민족주의 모델의 경로를 밟지 않고 그 대신 선발국가들이 제국주의 단계에 접어들어 지구적 팽창을 겪을 때 이에 저항하며 발전해 온 비서구형 저항민족주의 모델의 경로를 통해 발전해 왔다.2) 민족주의의 일반적 발전단계와 유형론에 따르면 한국의 민족주의는 식민지민족주의(anti-colonial nationalism) 단계를 거쳐 발전해 왔고 그 과정에서 저항민족주의적 전통이 강하게 자리잡았다고 할 수 있다. 3·1운동 이후 전 민족적 저항의 상징이 당연시되었던 보수역사학의 해석이 1980년대 이후 등장한 소장 사학자들에 의해 의문시되면서 우리의 저항민족주의의 전통을 놓고 보수·진보 사학자들 간에 해석이 달라지며, 이것은 해방 이후 국가수립에 있어서도 논쟁과 상이한 대립적인 해석의 연장선으로 이어지는 경우의 사례가 적지 않았다.

일제시대 민족주의운동도 역사적·실증적·객관적 접근을 통해 좌파와 우파의 운동을 공히 종합적으로 이해해야 한다. 개화기의 동학, 위정척사, 개화운동 등 3대 민족주의운동의 흐름이 각기 다른 성격을 가지고 있기는 하지만, 나름대로 한국민족주의의 발전에 기여한 점을 우리 학계에서 대체적으로 인정한다고 볼 수 있다. 개화기와 차이가 있다면 민족주의 운동의 명분을 강력하게 부인하는 정치 이데올로기적 세력(공산주의)의 영향력이 운동의 외적 한계, 즉 민족주의의 범위를 설정한다는 사실이다. 문제는 1970년대까지 보수 역사학계가 민족운동에 사회주의 진영의 공을 부인했던 것처럼 1980년대 이후의 이른바 소장 진보 사학자들은 대부분 민족주의 진영의 공을 전면 부인하거나 민족개량주의라고 폄하하여 민족해방운동의 주류는 사회주의운동이라는 편향된 주장과 결정론적인 해석을 내놓는다는 점이다.

---

2) 이러한 관점은 차기벽, "저항적 민족주의의 문제: 그 대외면," 노재봉 편, 『한국민족주의와 국제정치』(민음사, 1983), 16, 19쪽; 김용직, "문명전파와 동아시아 근대이행" 『한국근현대정치론』(풀빛, 1999) 참조.

〈표 1〉 식민지시기 조선의 독립운동 유형

성향 \ 이념	민 족 주 의	사 회 주 의
온건/ 비폭력 중시	(1) 문화운동론 (2) 정치운동론(자치운동)	(5) 민족주의적 사회주의 (신간회)
급진/ 폭력 중시	(3) 직접투쟁론(의열단) (4) 좌파민족주의(신간회)	(6) 공산주의 노선

　이러한 한국 학계의 진보·보수 사학논쟁은 경험적 연구에 의해 해소돼야 한다. 즉 이들의 민족운동에 대한 해석은 관념적 이론이나 추상적 모델을 적용하는 수준을 넘어 일제 식민통치의 성격을 구체적으로 밝히고 아울러 민족운동 활동의 함축적 의미를 더 깊이 있게 따져 보아야 한다.
　이 장은 식민지시대의 민족주의와 독립운동에 대한 연구이다. 이 장은 일제시대 국권상실기에 민족주의 진영이 한국의 내셔널리즘 발달과 독립운동에 기여한 것과 그 한계는 무엇인가 하는 근본적인 문제를 제기한다. 특히 민족주의 진영의 민족운동이 변화하는 식민지 상황에서 어떠한 사상과 전략을 가지고 독립운동을 이어 나가려 했는지를 그 노선과 대중운동 전략을 중심으로 살펴보려 한다.3) 그 대상에는 먼저 1920년대 전반기의 송진우와 춘원 등의 <동아> 계열의 초기 '문화민족주의 운동'과 중기 '자치운동' 모색의 사례와 1920년대 후반 신석우, 안재홍 등과 '조선' 계열의 '신간회운동' 사례를 비교·고찰하고자 한다. 여기에서는 이들 사례가 식민지시대 한국민족주의의 가능성과 한계를 보여준다는 점에서 민족주의 진영의 민족운동에서 가장 중요한 사례로 간주하고 분석을 시도했다.
　여기에서는 민족주의 진영의 개념을 협소하게 정의하는 방식[(1)+(2)]에 비해 보다 넓게 정의하는 방법을 택했다. 즉 민족주의운동의 범위를 (1)+ (2)+ (3)+ (4)+ (5)로 잡았다. 이를 위해 폭력노선의 중시 여부에 따라 비폭

---

3) 이러한 관점의 개관적 글로는 김영작, "한국민족주의의 사상사적 갈등구조(개국에서 해방 전까지)," 『한국민족주의와 민주주의의 갈등구조』, 한국정치외교사학회논총 7집(평민사, 1990); 강만길, "독립운동 과정의 민족국가 건설론," 송건호·강만길 편, 『한국민족주의론 1』(창작과비평사, 1982).

력노선을 보다 중시하는 우파 민족주의와 그렇지 않은 노선의 민족주의, 즉 좌파 민족주의 대별이 가능한 것으로 간주했다. 여기에서 민족주의 진영 독립운동의 범위를 <동아>와 '기독교계', 그리고 '문화민족주의자' 뿐 아니라 일부 '정치운동론자'와 민족해방을 위해 폭력투쟁 노선을 중시하는 일부 무정부주의 성향의 민족주의자와 사회주의와 연대, 제휴의 필요성을 강조하는 좌파 민족주의자들까지 포함시켰다.4) 즉 1920년대 초기 식민지 조선의 민족주의운동을 계몽·자유주의노선을 중심으로 한 언론, 학교, 민족종교계(기독교, 천도교)의 지도자들이 중심이 되어 이끌었다고 한다면, 좌파 민족주의는 1920년대 후반 <조선일보>를 중심으로 신석우, 안재홍, 권동진 등의 사회주의 진영과 연합전선을 형성하려는 일군의 민족주의자에 의해 형성되었다고 할 수 있다. 이들이 민족주의 진영에 포함된다고 보는 것은 이들이 계급적 정체성보다 민족적 정체성을 우선시했다고 간주하기 때문이다.5) 물론 이에 맞지 않는 반대의 경우는 사회주의 진영의 운동 또는 공산주의 계열의 운동으로 간주한다. 여기에서는 1920년대와 30년대 독립운동의 시대적 배경의 가장 중요한 요인인 총독부 정책이 근본적으로 전환되었기에 양 시기 독립운동의 상황이 근본적으로 다르다고 보고, 일단 연구의 범위를 1920년대로 제한한다. 또한 민족주의 진영 내의 급진적 흐름인 의열단운동은 무정부주의 사상을 기반으로 '민중 직접혁명'을 추구했는데, 이에 대해서는 편의상 여기에서 제외한다.6)

---

4) 본 연구에서는 문화주의자와 자치주의자를 구별하는 것이 가능하다고 본다. 다만 <동아>그룹의 자치주의 노선이 일반적으로 알려진 것과 달리 기본적으로 정치운동론이라는 점을 강조하고자 한다(3절).
5) 이 표에서 민족주의적 사회주의자들의 경우는 민족주의와 사회주의의 목표를 상충하지 않는 것으로 인식하는 잠정적 단계의 경우이다. 이들 사회주의자가 이 두 가지 운동의 목표를 갈등적인 것으로 보고 사회주의적 목표를 우선시하는 입장을 분명히 한 경우 이들의 운동은 더 이상 민족주의운동으로 간주될 수 없다. 이 점은 4절을 참조할 것.
6) 의열단운동에 대해서는 김영범, 『한국 근대민족운동과 의열단』(창작과비평사, 1997); 김창수, 『한국민족운동사 연구』, 개정증보판(교문사, 1998)을 참조할 것.

2. 1920년대 초기 우파민족주의의 민족운동: 물산장려운동 사례

1) 1920년대 초기 우파민족주의와 물산장려운동

한국민족주의는 부르주아·시민민족주의로 이행하지 못하고 식민지적 상황에 접어들었지만, 3·1운동으로 해외에 독립운동의 거점인 임시정부가 형성되었다. 국내 우파민족주의자들은 해외 망명정부의 활동을 지지하며 상해임시정부의 정통성을 따르는 노선을 취했다. 따라서 국내 우파민족주의자들은 해외 망명정부와의 관계를 전제로 하여 '전방'에 나아가 직접 무력투쟁이나 외교전의 일선에서 활약하는 독립운동가들을 지원하기 위한 후방 지원사업의 일환으로 인재양성과 산업 및 교육운동을 위주로 한 이른바 문화적 민족주의 노선을 택했다.

3·1운동의 강력한 충격으로 1920년대 일제의 지배정책은 이전의 '무단통치'에서 '문치'를 표방하는 '문화정치'로 바뀜에 따라 유화적 국면으로 접어들었다. 저항민족주의의 전통이 약화될 위험은 있지만 대중운동의 합법적 노선을 허용하는 새로운 정책에 적응하여 우파민족주의자들은 문화운동을 통한 민족주의의 대중화를 추구했다. 1920년대 초반 대표적인 우파 민족주의운동의 사례로 물산장려운동을 살펴보도록 하자.

1920년대 전반부에 이른바 실력양성론으로 알려진 우파민족주의 진영의 운동은 <동아일보>를 중심으로 전개되었다. <동아>는 1923년 연초부터 연속 사설을 게재하여 국산장려운동을 위한 단체의 결성을 촉구하고, 1월 9일 20여 개 단체의 대표 및 유지 30여 명이 결성한 '조선물산장려회' 운동을 강력하게 후원했다. 이 운동은 서울의 '물산장려주식회사', 평양의 '조선물산장려회', 연희전문의 '자작회' 등이 주축이 되었다. 산업장려, 애용장려, 경제적 지도를 3대 활동방침으로 창립된 조선물산장려회는 강연회를 개최했는데, 2천여 명이 참석해 성황리에 시작했다. 불과 1개월 만에 각 지역 청년회와 지회를 중심으로 토산장려 운동과 국산애용 행렬이 폭발적으로 벌어졌고, 이에 당황한 일제는 2월 14일 서울 시가행렬 금지방침을 통보해 대중운동에 대해 탄압을 가해 왔다.

한편 급진사상을 받아들인 청년회에서는 물산장려운동을 비난하고 나왔는데, 이들은 이 운동이 "소부르주아 개량주의운동이며" "프롤레타리아의 반제 혁명의식을 약화시키는 것"이라며 반대했다.7) 물산장려운동은 민족자본 축적과 민족기업 육성에 목적이 있는 것이고 민족국가 수립을 위한 역량을 키우는 새로운 민족운동이었다. 운동 추진과정에서 배일의식 고취와 일본상품 불매운동이 퍼져 나갔는데, 일제는 이를 적극 방해하는 조치를 취했다. 좌파가 이런 물산장려운동을 계속 비판하는 것에 대해 사회주의 이론가로 알려진 나공민은 당시 <동아일보> 지상에서 벌어진 반대파와의 논쟁에서, 이 운동이 반제운동이며 이는 "정치적 압박에 당하여" 있는 조선민족이 "정치적으로 전 민족이 누구든지 공통한 이해관계를 가졌음"으로 "정치적 해방"을 얻기 전에 "국부적으로 이를 구하는" 것이라고 하면서 이는 "사회주의와 하등 저촉되는 바가 없을" 것이라고 밝혔다.8)

물산장려운동 노선이 부르주아의 좁은 이윤을 추구하는 범위에 머무는 것이 아니라는 점을 총독부는 알고 있었다. 1920년대 한국의 문화민족주의자들을 연구한 로빈슨은 이 점에 대해 물산장려운동이 합법적 수단을 통한 경제발전을 의도하는 운동이었지만, 일제는 다음과 같이 경계하고 있었다고 지적했다.

> 그 운동이 함축하는 바는 틀림없이 정치적 독립이라는 거시적인 목표여서 일본의 이익을 위협하는 것이었지만, 그러나 이 운동이 일본상품에 대한 공식적인 거부운동이 아니었기 때문에 조선총독부는 직접적인 통제를 가하지 않고 조심스럽게 방해할 수밖에 없었다.… 일본은 또한 그 운동이 한국민족주의의 정치적 목표와 연계된 것임을 직접 표현한 신문광고를 검열했으며, 프로그

---

7) 조기준, "조선물산장려운동의 전개과정과 그 역사적 의의," 『한국근대사론Ⅲ』 (지식산업사, 1977), 68쪽, 83쪽.
8) 조기준, 85쪽 재인용.

램 안내장에 공공연하게 정치노선을 드러낸 데 대해 운동 지도자들에게 경고했다.9)

1920년대 초반 우파민족주의 진영에서 역점을 둔 또 하나의 사업은 민립대학 설립운동이었다. 이는 1922년 11월 이상재, 송진우, 한용운, 이승훈, 장덕수 등 40여 명의 인사가 '민립대학기성준비회'를 조직하고, 1923년 3월 29일부터 3일간 발기인 470명이 모여 '민립대학기성발기준비회'를 구성하면서 본격적으로 출범한 교육분야의 민족주의운동이었다. 그러나 기성회 집행위원들의 열성적인 선전활동에도 불구하고 기부금 실적이 대단히 저조해 1년 동안 목표액 1천만 원 중 100만 원도 채우지 못했다.10) 일제는 오히려 조선인의 민립대학 건립운동을 방해하고 이를 무산시키기 위해 '조선관립대학'을 체제 개편해 1924년 5월에 '경성제국대학'을 설립했다. 민족주의 진영의 민립대학 설립운동은 민간사회의 충분한 호응을 얻지 못하고 일제의 방해를 받아 아무런 결실을 보지 못하고 실패로 끝나버렸다.

이상과 같이 1920년대 초반 문화운동 노선의 업적은 미미한 것이었다고 할 수 있다. 이러한 우파 민족운동 노선에 대해 좌파들은 이것이 당초부터 타협주의적인 것이었다고 비판한다. 그러나 이것은 다음 절에서 살펴보듯이 적어도 1924년까지 구체적인 타협주의적 운동이 문제가 된 것이 아니라 근본적인 우파민족주의 노선에 대한 반대의 의미를 갖는 표현으로 사용된 좌파들의 용어인 것으로 보인다.

2) 춘원의 민족개조론과 '합법적 민족운동'으로서의 문화운동론

1922년 총독부는 춘원 이광수의 수양동맹회와 박영효의 민우회 두 개의 계몽주의 단체를 인가해 주었다. 당시 춘원은 2.8독립선언문을 기초한 후 상해에서 2년간의 망명생활과 상해임정 망명 독립운동을 청산하고 귀국해

---

9) 마이클 로빈슨, 『일제하 문화적 민족주의』, 김민환 역(나남, 1990), 155쪽.
10) 동아일보, 『동아일보사사(1920-1945)』 1권(동아일보사, 1975), 220쪽.

국내에서 활동을 재개했다. 당시 춘원은 상해임시정부의 활동 중에 크게 영향을 받은 도산의 '준비론' 사상을 식민지 조국의 대중들에게 뿌리내리려는 의도를 가지고 귀국했다.11)

국내 우파민족주의 진영의 가장 대중적인 필력을 자랑하는 논객인 춘원은 국내에서 흥사단 조직을 건설하기 위한 노력으로 '수양동맹회'를 결성하고 이를 통해 실력양성 계열의 문화운동을 적극 주장했다. 춘원은 귀국하는 과정에서 총독부 아베와의 교분을 적극 활용해 정치에 간여하지 않는다는 조건으로 총독부의 처벌을 받지 않고 자유롭게 활동할 수 있도록 허가를 얻었다.12)

1921년 11월에 발표된 춘원의 민족개조론은 주로 개인 차원에서 개인의 내적 변화를 추구하는 인격개조론에서 문화운동의 출발점을 찾았다. 이것은 잘 알려진 바와 같이 '청년학우회 운동'에서 출발한 도산 안창호의 실력양성 노선과 해외 민족운동, '흥사단운동' 노선의 특징이기도 하다. 그러나 춘원의 민족개조론은 도산의 독립운동 노선과는 상당한 차이를 보이기 시작했다.

민족개조론에서 춘원은 민족개조를 위해 비정치운동을 해야 한다고 극구 주장했다. 그는 독립협회의 실패 원인을 당시 이 운동이 정치적 색채를 띤 것에서 찾았다. 도덕적 개조, 정신적 개조를 위한 이상적 형태를 청년학우회에서 찾은 춘원은 1922년 5월의 글에서 개조 동맹단체의 결성을 제안했다. 그는 민족개조는 실력양성을 달성할 것이며 독립은 그 후에 자동적으로 이루어지는 '법적 수속' 절차에 불과한 것이라고 주장했다. 춘원의 개조론은 정치투쟁을 포기한다는 점에서 식민통치 당국의 호감을 사는 노선이었다. 춘원은 "절대적으로 정치와 시사에 관계함이 없고 오직 각 개인의 수양과 문화사업에만 종사하는" 단체로서 "가장 조직적, 영구적, 포괄적인 문화운동"으로서 개조동맹의 결성을 주장했다.

이러한 춘원의 민족개조론 주장은 도산의 역할분담론이나 상황 적응론

---

11) 김윤식, 『이광수와 그의 시대』 2권 (솔, 1999), "1장 귀국: 방랑의 끝과 민족개조론" 참조
12) 참고 "아베 · 총독 서신"(1921. 11. 29), 『사이토 마고토 문서』, 고려서림.

으로서 문화운동 노선의 식민지 민족운동론을 원래의 구상을 비정치적이고 온건한 순종적인 무저항적 민족운동으로 변질시킬 위험이 있다는 점에서 논란과 오해의 소지가 다분히 있는 해석이었다. 춘원의 지나친 수양론 강조와 정치운동 배제에 관한 언급은 식민지에서 현상유지를 위한 것이 개조운동이며 이는 타협주의를 추구하거나 패배주의를 대변한다는 오해를 충분히 받을 소지가 있어 보인다. 그러나 도산은 정치투쟁을 포기한 적이 없다. 또한 그는 독립운동의 포괄적인 역할분담을 강조했고 전체 독립운동의 다각적인 활동구도 속에서 문화주의운동이 한 부분으로 역할해야 한다고 보았다. 이런 춘원의 주장은 초기 개화파와 독립협회의 계몽적 활동이 당시 수구정치 엘리트들과의 강력한 투쟁의 기반 위에서 전개되었고, 독립협회의 해산에 일제가 깊이 간여한 것을 전혀 이해하지 못한 천박한 주장이었다. 독립운동과 민족주의운동에서 문화적 계몽도 정치적 비판과 불가분의 긴장관계를 유지해야 한다는 도산의 전략적 이해가 춘원에게는 극히 희박하거나 거의 결여되어 있다는 점이 춘원이 제기한 '민족개조론'이 가지고 있는 가장 심각한 약점이자 오류였다.

도산 안창호는 외교론과 무장투쟁론을 대립된 것으로 이해하지 않고 큰 독립운동의 연대 안에서 역할을 분담하는 관계로 이해했다. 이 점은 도산이 밝혔듯이 조선의 독립운동에는 "1. 군사운동, 2 외교운동, 3. 재정운동, 4. 문화운동, 5. 식산운동, 6. 통일운동"이 총 망라돼야 하는 것이고, "각각 나의 자격과 경우에 따라서 군사운동이나 외교운동이나 기타 어느 운동이나 이 여섯 가지 가운데 무엇이든지 하나씩 자기에게 적당한 것을 분담"해야 한다고 천명했다.13) 즉 도산이 주창한 노선을 만일 <동아>나 문화운동자들이 따랐다면 이것은 당연히 도산이 밝혔듯이 총체적인 독립운동의 한 역할을 분담한 것이지, 문화운동이 그 자체로서 독립적이거나 절대적인 의미의 방법론이었던 것은 아니다.

"경륜론 사설" 파동으로 어려운 지경에 빠진 춘원이 1924년 봄 북경의

---

13) 안창호, "정부에서 사퇴하면서"(1920. 5. 17, 시국대연설), 『안도산전서 중』(범양사, 1990), 160쪽.

도산을 방문했을 때에 도산이 구술해 주었다는 글에서 도산은 민족운동의 방안을 논함에 있어서 '합동과 분리'의 장단점을 지적했다. 도산은 "합동하면 서고 분리하면 넘어진다"는 미국 독립운동 당시 북미 13주 간의 단합에 대해 지적하면서 합동, 즉 연합운동의 의미를 논한다. 도산은 "우리 민족의 공통된 큰 목적은 이미 세워진 것이니까 이에 대해서는 다시 세우자 말자 할 것도 없다"고 하면서, "합동은 각개 분자인 인민[개인]으로 구성된 것"이고 "인민[개인] 각개의 방침과 계획이 모이고 하나가 되어서 비로소 공통적인 방침과 계획, 즉 합동의 목표가 생기는 것"이라고 설명했다. 이때 다수의 지지를 받는 여론이 형성되는 것이고, "결코 어떤 개인이나 어떤 단체에 맹종"해서는 안 된다고 했다.14) 이를 위해 도산은 공통적 신용을 세워 민족적 협동을 이루어 나가야 한다는 점을 강조하며 독립운동의 분열을 경계했다.

3) 1920년대 초기 우파 민족주의자들의 독립운동 노선과 체제관

대체로 서구의 시민혁명과 민족주의 노선에 가까운 사상적 입장에서 민족주의 문제를 인식한 이가 바로 도산 안창호였다. 도산이 직접 산파 역할을 한 상해임시정부는 1919년 대대적인 민족 사회운동인 3·1운동과 임시정부 통합운동을 통해 제시된 근대 정치적 민족주의의 원형이라고 할 수 있다. 즉 3·1운동과 초기 임시정부 운동을 주도한 독립운동가들은 계몽적 자유주의와 민족주의를 통한 한민족의 공화주의 근대국의 수립을 제시했다.15) 그러나 강고하게 존재하는 일제 강점 하 조선총독부 체제라는 냉엄한 현실 아래에서 국내 우파 민족주의자들의 활동이 공식적으로 추구할 수 있는 목표는 정치경제의 근본적 변혁은 아니었다. 그렇기 때문에 문화주의가 민족운동의 큰 기조로 제시된 것이다. 따라서 1920년대 조선의 민족주의자들이 제시한 문화주의는 식민지 법률이 정치운동을 원천적으로

---

14) 안창호, "동포에게 고하는 글"(1924년 봄), 『안도산 전서 중』(범양사, 1990), 9-10쪽.
15) 김용직, "3·1운동의 정치사상," 『동양정치사상사』 4권 1호, 2005. 4.

배제한 상태에서 이를 대체하는 성격으로 등장했기에, 기능적으로 정치운동의 역할도 어느 정도 대변하는, 사실 광의의 문화운동이며 이는 조선총독부가 주창한 민족운동과는 다른 것이라고 할 수 있다.

궁극적으로 근대 시민계층을 육성하는 것을 목적으로 한 애국계몽운동을 계승한 우파 민족주의운동은 당연히 국민형성과 국민주권을 목표로 하는 자유주의적 근대국가 건설노선을 추구했다. 우파 민족주의자들의 주장은 사실 유럽의 부르주아·시민 민족주의 노선과 같은 취지의 것이 많지만, 이들이 처한 식민지 상황과 유럽의 근대 민족주의 발달과정은 근본적으로 상이한 것이었다. 주지하다시피 서유럽의 경우는 역사적으로 근대사회 형성의 주역인 시민계층과 부르주아계급이 일치되지만, 비서구 경우는 이들 양자가 분열되었다. 식민지 조선에서 '정치적 의미의 시민'과 시민권은 인정되지 않았으며, 따라서 우파 민족주의자들의 자유주의적 민족주의 혹은 개혁적 민족주의 주장은 정치부분이 희석되고 나머지 반쪽의 아이덴티티인 부르주아지의 이미지로 축소되어 해석될 여지가 있었다.

그러나 이런 취약점을 가지고 있었음에도 문화운동은 분명히 3·1운동과 임시정부의 노선을 대전제로 한 것이며, 그 체제관은 공화정적 근대 민족국가라 할 수 있다. 좌파와의 대립의 진정한 이유는 문화운동 노선이 친일적이거나 타협주의라서가 아니었다. 그 참된 이유는 문화운동 노선은 기본적으로 점진적 개혁주의 노선이고, 이것은 식민지의 각종 사회적·정치적 현안에서 급진주의를 선택하는 이들과는 상이한 노선이었다는 데 있었다. 직접적인 투쟁이나 갈등을 각오하는 대중적 운동보다는 교육과 계몽사업에 주력하고 출판활동을 통해 비판하는 것이 문화운동 노선의 주된 방식이었다.[16]

우파 민족주의자들에게 '개조노선'은 혁명을 포기하는 것이 아니라 개인의 내적 의식의 변화를 추구함으로써 혁명적 주체 또는 중추적 계급의 형성을 모색한다는 의미였다. 계몽주의자들이 혁명가로 변신하는 경우를 우리는 얼마든지 다른 사회나 역사에서 발견한다. 마찬가지로 식민지 조

---

16) 마이클 로빈슨, 『일제하 문화적 민족주의』, 김민환 역(나남, 1990), 121-122쪽.

선의 계몽적 문화주의 노선이 투쟁을 포기한 것을 의미한다는 주장은 결코 논리적으로 타당한 것으로 간주하기 힘들다. 이들의 방법론이 개체의 변화에서 시작하는 시발점을 찾는 것이지, 사회적 변혁이나 정치적 변혁을 완전히 배제한다는 것을 의미하지는 않는다. 총독부와의 접촉에서 문화주의를 비정치적인 것으로 설명한 것이나 신문 검열을 통과하기 위해 정치적 운동을 추구하지 않는다는 표현을 쓴 것은 당시 상황에서 충분히 있을 수 있는 전술적 대응 차원에서 이해할 필요가 있는 것이다.

문화운동 노선은 교육과 정신개조를 강조한다. 그러나 좌파들은 점점 더 마르크스주의 이론에 빠져들었고 마르크스, 레닌과 엥겔스의 유물사관을 받아들여 정신의 독자성을 부인하는 노선을 취했다. 이런 좌파의 관점에서는 인간개조를 주장하는 문화운동 노선의 유심론적 정신개조론은 그 취지가 제대로 이해되기 힘들었다. 마르크스·레닌주의 사상이 강력한 유물론적 인식론에 기초하고 있고 이들은 정신세계를 결정하는 것은 물질세계라고 믿기 때문이다.

1920년대 우파 민족주의자들의 민족운동 노선이 독립운동에서 탈락한 민족개량주의 운동이라는 일부 급진좌파의 사회주의적 해석은 과연 타당한 것인가? 민족개량주의라는 좌파 사회주의적 해석은 우선 그 용어설정부터 결코 객관적인 개념을 채택한 것으로 볼 수 없다. 이것은 사회주의, 마르크스주의적 개념, 즉 계급론적 사관을 반영한 것으로 계급혁명을 포기하는 노선을 비판하는 특수한 관점의 용어에 불과한 것이다. 민족주의 비교연구의 대가인 브루어리는 식민지시기 민족주의에서 인간의 주체성이 구조적 요인에 비해 덜 중요하다는 경제결정론을 비판한다.

> 어떤 설명의 경우에는 식민지 사회의 반응은 이러한 구속요인에 대한 현실적 적응이나 아니면 부질없는 투쟁으로 예단되는 것 같다. 이것은 경제력을 물화할 뿐 아니라 그것은 식민지 상황의 복잡성에 대한 적절한 이해를 하지 못하는 것이다. 그러한 접근은 유용한 일반적인 문맥을 제공할 수도 있지만, 그러나 그들은 우리로 하여금 정치적 선택과 가치를 포함한 그 과정의 세부사항을 이해하는 데 도움을 주지 못한다.[17]

계급론은 사회주의권 붕괴 이후 더 이상 역사발전에 맞지 않는 해석이었음이 극명하게 입증됐다. 이들은 제국주의도 중심부 자본주의의 경제적 팽창으로 해석한다. 민족주의 진영의 민족운동을 부르주아적 운동, 개량주의적 운동이라고 비판하는 이들은 사실 경제결정론을 맹목적으로 신봉한 것에 지나지 않는다. 그러나 20세기 냉전체제의 붕괴는 세계 역사가 마르크스주의적 경제법칙에 의해 발전하는 것이 아니라 오히려 다양한 정치적 역동성이 개별 사회와 국제사회에서 경제적 요인보다 더 중요한 역할을 수행하는 것임을 보여준다. 민족주의 정치운동 그 자체가 다른 어떤 것, 특히 경제적 요인에 비해서도 무시될 수 없는 보다 더 강력한 독립적인 요인이라는 사실을 확인할 필요가 있다.

3. 1920년 중기 우파민족주의의 정치운동 노선: 자치운동론 사례

1) 1920년대 중기 민족주의 진영의 대중운동 모색

비록 문화운동이라고 하더라도 대중을 염두에 둔 운동이라는 점에서 볼 때, 이것이 결코 단순한 비정치적인 운동으로 성공할 수 없다는 것을 점차로 우파 민족주의자들은 깨닫기 시작했다. 대중적 운동의 창출에는 끊임없는 대중의 참여, 동원, 그리고 이들로부터의 지지가 필요한 것이었다. 1923년경 식민지 조선에 사회주의의 거센 바람이 불어와 문화운동 노선이 점점 더 대중으로부터 유리되기 시작할 때에 이들은 새로운 노선의 운동을 모색하지 않을 수 없다는 절박한 인식을 하게 되었다.

1924년 1월에 발생한 춘원의 "민족적 경륜" 사설 파동은 우파민족주의 진영의 고민이 극에 달했을 때에 돌출적으로 식민지 조선의 민족주의 운동진영을 강타했다. 비록 그것이 우파민족주의 진영을 대표하는 글이든

---

17) John Breuilly, *Nationalism and the State* (New York: St. Martin's Press, 1982) pp. 132-133.

아니든 간에 결과적으로 "민족적 경륜" 사설은 이후 우파민족주의 운동의 운명을 바꾸어 버리는 결정적인 계기가 되었다.18)

춘원은 1924년 1월 7일 "민족적 경륜(2)" 사설에서 이전의 입장과는 달리 정치적 결사와 운동을 주장했다. 일찍이 <동아>는 사설을 통해 인민의 3대 공권의 하나로 참정권을 지적하고 인민의 의사가 국가의 의사가 되어야 한다며 인민의 정치적 권리로서의 참정권을 인정해 줄 것을 요구한 적이 있다(1922. 3. 15). <동아>의 1923년 11월 3일자 "대란에 처하는 도리" 사설에서 춘원은 문화민족주의의 침체를 극복하기 위해 정치적 운동의 필요성을 암시하기 시작했다. 특히 1924년 1월 연속사설에서 그는 "조선 내에서 허하는 범위 내에서 일대 정치적 결사를 조직해야 한다"고 주장하여 기존의 어떠한 운동과도 다른 새로운 정치운동을 제창했다. 새로운 정치운동은 "조선인을 정치적으로 훈련하고" "장래의 영구한 정치운동의 기초"를 만드는 것이라고 하여 그 성격을 모호한 상태로 제안했고, 그 구체적 목적에 대한 언급은 회피했다. 이후 연재되는 사설에서 춘원은 산업적 결사와 교육적 결사를 논하고 정치적 결사의 내용은 전혀 논하지 않으면서, 다만 이 3자를 동시에 추진할 것을 주장했다. 춘원은 자세한 논의를 지면에서 할 수 없는 이유를 "주권조직의 정치적 방면"에 대한 언급의 자유가 없기 때문이라고 했는데, 이는 이런 정치적 결사운동의 목표가 주권을 추구한다는 점을 암시하는 것이었다.19) 아울러 이런 정치운동은 <동아>가 중심이 되는 민족운동 정치세력을 육성하는 것을 목표로 하는 것으로 우파민족주의의 독립운동 노선인 독립과 공화정 수립을 추구하는 것이었다.

당시 경륜론 사건의 배후에 우파 민족주의자들이 모여 세칭 연정회라는 모임을 가진 것으로 일반적으로 알려졌다. 이들이 영국의 인도 자치 허용이나 아일랜드의 자치운동에 관심을 가졌다는 것이지만, 당시에는 자치운동 주장을 아직 공개적으로 내놓지 못하고 있는 상태였다. 즉 <동아>를 중

---

18) 이에 대한 자세한 내용은 다음을 참조할 것. 김용직, "1920년대 일제 '문화통치기' 민족언론의 반패권 담론투쟁에 관한 소고," 한국정신문화연구원 편, 『식민지근대화론의 이해와 비판』(백산서당, 2004).

19) 김용직, 위의 글, 175쪽.

심으로 하는 우파 민족주의자들은 공식적으로 자치운동을 제기하지 못했고, 경륜론 사설 어디에도 자치운동이 명시적으로 표현되지 못했다. 우파 민족주의자들이 정치운동으로의 전환을 모색하는 것에 대해 좌파들은 이러한 춘원의 제안이 타협주의적인 자치운동을 의미한다고 일제히 비난·매도했고 이후 불매운동을 벌였다.

그런데 경륜론 사설이 당시 <동아>그룹의 민족주의자들이 본격적으로 자치론 노선의 공식운동을 제기한 것이라는 해석은 좀 지나친 확대해석이다. 우선 이를 객관적으로 입증할 수 있는 자료나 충분한 근거가 제시되지 못했다. 당시의 상황에서 자치론을 총독부가 정략적으로 활용하려고 노력한 것은 사실이지만 아직 총독부가 본격적으로 제안한 상태는 아니었다. 본격적인 자치론은 이후 1926년에 가서야 비로소 <경성일보> 사장 소에지마에 의해 제안되었다.[20]

당시는 총독부에서 자치를 허용한다는 공식입장을 천명한 것도 아닌 상태였고, 자치운동의 가능성에 대한 일제와 대중의 반응을 테스트하기 위해 먼저 민족주의 진영이 의도적으로 좀 애매한 표현으로 '합법적 정치운동'을 제안한 것이다. 당시에 <동아일보> 중심의 문화민족주의자들의 회동석상, 일반적으로 연정회 모임으로 알려진 자리에는 다양한 노선의 민족주의계 인물들이 합석했다. 이후 신간회운동의 주역이 되는 안재홍이나 신석우, 그리고 이승훈 등의 좌파 민족주의자들이나 기독교 민족주의자들도 동석하고 있었다.

춘원이 '민족적 경륜' 사설에서 제기한 합법적 운동이란 결코 당시 민원식의 국민협회 등의 친일파들이 주장하는 식의 독립운동을 포기하는 동화주의 노선을 추구하는 것이 아니었다. 다만 이것이 합법적 운동을 강조할 경우 타협주의로 해석될 소지는 다분히 있었다. 초기의 문화운동이 이런 오해를 받았던 것과 같이 중기의 정치운동론도 합법성을 과도하게 강조할 경우 이런 오해를 충분히 받을 수 있었다. 결국 <동아>의 이런 자기 제한

---

20) 김동명, "지배와 독립의 접점—소에지마 미쯔마사의 '자치론' 제창의 정치과정론—,"『한국정치외교사논총』 21집 1호, 1999.

적 노선에 반기를 드는 좀더 급진적 성향의 소장 언론인들이 <조선일보>로 대거 이직했고, 이후 1926년경부터 <조선일보>가 사회주의자와의 연대 하에 비타협적 민족운동의 추구의 구심점이 되어 신간회운동을 전개한 것이다. 합법적 운동이 대중집회 시에 종종 과격한 주장의 모임으로 변하는 경우가 있었다. 이런 <동아>의 사설에 대해 식민당국이 제재를 가하지 않고 있던 것은 당시 양자 간에 일시적인 전략적 공통이해 부분이 존재한다는 계산이 있었기 때문이다. 즉 사회주의 세력의 급성장에 큰 위기감을 느끼고 있던 <동아>와 총독부는 새로운 '정치운동'에 대한 논의를 제기하고 이를 지켜볼 필요성에 공감했다고 볼 수 있다.

전년도 11월 3일자 사설에서 춘원은 "조선민족의 정치적 의지를 대표할 만한 단체"는 정치적 단위가 되기 위한 것임을 암시했고, 이는 당시 총독부가 부추기는 자치운동을 의미하는 것으로 해석될 수 있었다. 그러나 당시 상기 사설이 압수되고 이에 <동아>가 다시 11월 5일자에 항의사설을 기재한 것을 다시 총독부가 압수한 것은 당시 <동아> 진영의 새로운 정치운동에 대한 불허방침이 유지되고 있었던 까닭으로 보인다. 즉 "민족적 경륜" 사설은 총독부와의 타협에 의한 것이라기보다는 민족운동 침체에 돌파구를 마련하기 위해 <동아>그룹의 대표적 논객인 춘원이 개인적으로 제기하는 일종의 '국면에 대한 정면돌파' 카드 성격이 강한 것으로 보인다.

일제는 당시 조선의 정치운동을 내선융화 단체운동으로 규정하고 있었다. 따라서 당시까지 조선에서 정치운동의 일반적 의미는 기존 친일단체의 운동을 의미하는 것이었다. 1920년대 초반의 정치운동 단체에는 국민협회, 유민회, 동광회, 민우회, 대동동지회 등 본격적으로 친일을 선언한 단체가 해당되었고 일제는 이러한 단체만 정치단체로 구분했던 것이다.[21]

2) 타협주의와 '친일'논쟁

1924년 1월경 <동아>그룹의 민족주의 진영은 김성수, 송진우 등과 천도

---

21) 조선총독부 경무국,『조선치안적요』, 1922, 151쪽.

교의 최린, 이종린 기독교의 이승훈, 조만식, 언론인 신석우, 안재홍 등의 16~17인이 이른바 '연정회'(研政會) 설립을 논의했던 것으로 알려졌다. 연정회는 앞의 "경륜 사설"이 게재된 직후 범우파 민족주의자들이 회동한 가운데 제기된 단체라는 점에서 경륜론 노선에 동조하는 노선과 이른바 자치운동의 추진을 위한 모임이라는 추측을 낳았다. 당시 모임이 합법적 정치운동을 하기 위한 결사조직을 만들려고 했다고 할 수도 있지만, 자치운동에 대한 반발로 이런 시도가 좌절되었던 것으로 보인다. 당시 모임의 핵심적 인사였던 송진우는 이 모임은 일회적 모임에 불과했고, 자치에 대한 논의를 본격적으로 하지도 않았다고 증언했다.22)

당시 <동아>그룹의 민족주의 진영이 타협주의적 자치운동을 모색한 것이라는 좌파의 비판은 타당한 주장인가? 우리는 1920년대 중반 이후 우파 민족주의가 독립운동에서 탈락한 변절한 노선이라고 해석할 수 있는가 하는 문제를 고찰해 보도록 하자.

먼저 이것이 자치론을 의미한다는 '타협주의' 논쟁의 핵심에 해당하는 진보적 학계의 주장을 살펴보자. 이들의 비판적 주장은 "민족적 경륜" 사설이 우파 민족주의자들이 타협주의적인 자치운동을 하려는 의도를 드러낸 것이라고 한다. 즉 일부 좌파적 해석을 따르는 학자들은 민족개량주의란 용어를 특별한 구체적 타협을 한 것이 아니라 우파민족주의 노선, 즉 급진혁명을 시도하지 않고 점진적 개혁을 추구하는 것 자체가 본질적으로 '개량주의적인 것'이며 타협적이라고 비판하는 것이다.23)

그런데 도대체 그럼 우파들이 무엇을 타협했다는 것인가? 이들은 이 시점부터 노골적으로 우파 민족주의자들이 독립을 포기하고 '친일'을 했다고 주장하는 것인가? 그렇지 않다고 생각된다. 우선 우파 문화민족주의자들이 합법적 민족운동을 하는 행위가 일본의 통치권, 주권을 인정하는 행

---

22) 송진우, "해외동포와 번역," 『삼천리』, 1930. 5.
23) 민족개량주의 용어에 대해서는 서중석, 『한국 현대민족운동 연구』(역사비평사, 1991), 142-143쪽 참조. 서중석은 민족개량주의가 "대지주, 예속자본에 계급적 기초를 둔 민족독립 부정의 사상"이고 민족주의 사상이 아니라고 주장했다. 서중석, 『한국근현대의 민족문제연구』(지식산업사, 1989), 188쪽.

위라는 것이 비판의 주된 논점인 경우가 있다. 그런데 사회주의자들과 민족주의자들이 연대·제휴한 '신간회운동'은 당시 합법적 단체로 정치운동을 추구하는 것이었는데, 그렇다면 이 운동을 주도한 이들을 '비타협적 민족주의자'로 부른다는 것은 모순이 된다. 이런 점에서 볼 때 타협주의란 절대적 기준에 의거한 과학적 개념이 아니라 일제에 대한 상대적인 거리감을 반영하는 주관적 관념에 가까운 것으로 생각된다.

우파 민족주의자들을 개량주의자라고 비난하는 이들은 금과옥조로 주장하는 논거로 총독부의 자료, 『고등경찰요사』를 근거로 든다.24) 이들은 이런 총독부 자료에 따르면 도산이 우리 민족의 현 단계 실력으로는 도저히 독립을 달성할 수 없다고 말했다고 하면서, 일제를 자극하지 않는 문화운동을 택하거나 자치운동을 택해야 한다는 합의가 우파 민족주의자들에게 공통적으로 있다는 논리를 제기한다.25) 여기서 일제 경찰 자료의 성격을 주의 깊게 살피고 이에 대한 엄밀한 사료비판을 해야 한다. 그런데 흥미로운 것은 이들이 여기서 총독부가 제공하는 사료의 성격에 대해서는 어떠한 문제도 제기하지 않고 침묵으로 일관한다는 것이다.26)

어쨌든 중요한 것은 총독부의 자료가 역사적 실상을 재구성하는 목적에 충실한 것만은 아니라는 점을 인식해야 한다. 즉 필요에 의해 얼마든지 자의적으로 총독부가 우파 민족주의자들의 입장을 왜곡·조작한 자료를 생산하는 것은 식민지 상황에서는 얼마든지 가능하다는 것은 자명한 사실이다. 특히 도산 안창호와 같이 우파민족주의 운동의 거두의 활동이나 영향력을 제한하거나 약화시키려는 것은 조선총독부 활동의 기본목표라는 점

---

24) 이러한 해석의 입장을 취하는 대표적인 사람으로 강동진(1980), 서중석(1989), 박찬승(1992)을 들 수 있다.
25) 서중석, 『한국근현대의 민족문제연구』(지식산업사, 1989), 175쪽.
26) 이런 '고도로 정치적인' 총독부 사료는 일제가 독립운동 전선 분열을 책동하기 위한 정치적 의도에서 임의로 '조작한 자료'였을 가능성을 배제할 수 없다. 그러나 진보적 학자들이 이 점에 대해 애써 침묵을 지키는 것은 이 부분이 총독부와의 사이에서 <동아> 계열의 우파민족주의 약화라는 공통의 정치적 이해관계가 형성되었다는 의구심을 제기케 한다.

은 이미 알려진 사실이다. 따라서 총독부측의 자료에 기반해서 우파민족주의 진영의 사상이나 노선을 해석하는 것은 바로 일제의 의도된 치밀한 분할통치 노력에 대해 승인서를 써 주는 의미가 될 수 있다. 최악의 경우 이러한 것이 사실이라고 판단한다면, 어떤 독립적인 근거에 기반해서 이런 해석을 따르는지를 분명히 밝힐 수 있어야 할 것이다.27)

어떤 이들은 2·8독립선언서 초안을 작성한 춘원이 처벌도 받지 않고 귀국, 활동한 것은 석연치 않으며, 분명히 일제 총독부와 내통해 독립운동이 아닌 타협주의운동을 할 것을 약속한 타협주의자라고 비판한다. 또 다른 이들은 우파 문화민족주의자들이 총독부의 특혜 허가를 받은 상층 부르주아지이며, 김성수의 경우 경성방직을 경영하면서 타협을 했다고 비판한다. 과연 이런 사례가 설령 부분적으로 사실이라고 할지라도 민족주의 우파 전체의 민족운동 노선이 이와 동일한 것이라는 논리가 성립한다고 확대 주장할 충분한 근거는 되지 않는다고 할 수 있다. 3·1운동 이후 언제 민족주의 우파진영 전체가 모여 독립을 포기하고 타협주의운동을 하기로 공동 결정을 내린 적이 있는가? "민족적 경륜" 사설의 주장은 오히려 이전까지의 문화주의운동을 방향 전환하여 정치운동을 전개하여 우파민족운동의 일제에 대한 협상력을 제고하려는 전략적 구상에 기초한 것이었다.

독립투쟁 노선을 포기하고 자치노선을 택했다는 것을 비판하려 한다면 그 대상은 <동아> 진영이 아니라 국민협회의 민원식이나 각파연맹의 박춘금이 되어야 한다. 사회주의자들은 한번도 제대로 시행단계에 들어간 적이 없는 총독부와 <동아> 진영간의 복잡한 갈등관계에 대한 인식은 아예 하려 하지 않고 이를 막연한 밀월관계로 오해하고 있다. 이것은 곧 이어 1924년 봄에 총독부가 각파유지연맹의 박춘금을 동원해 <동아>를 핍박한 '식도원 사건'에서 확인된다. 즉 총독부는 기관지 <매일신문>을 통해 박춘금의 피스톨 강요에 의해 강제적으로 <동아일보> 사장 송진우가 써 준 각서를 만천하에 공개해 <동아>의 명성에 타격을 가했다. 그러나 이 사건의

---

27) 이런 점은 이명화, "도산 안창호 연구의 성과와 과제," 『한국근현대사연구』 6집 1997, 272쪽 참조

중요성은 <동아>가 친일한 것을 입증하는 것이 아니라 이 사건을 통해 1924년 시점에 <동아>와 총독부의 관계는 화해가 불가능한 심각한 '적대적 관계'라는 점이 확인된다는 것이다.

1920년대 중기의 우파민족주의가 타협주의나 동화주의를 전제로 한 자치론에 불과했다면, 일제는 우파에 대한 대대적인 지원을 아끼지 않았을 것이다. 그러나 실상은 그 반대였다. 우파 민족주의자들이 이 시기에 추구한 것은 초기 문화운동 노선의 한계에 대한 각성과 이로 말미암은 정치운동 노선으로의 전환 시도였다. 여기서 말하는 정치운동이란 식민지 정치권력을 장악하고 있는 총독부에 대한 비판을 포함하고 있다. 창간 이래 일제 통치정책에 날카로운 비판을 금하지 않았던 <동아>의 논조가 이를 말해 준다. 즉 당시 <동아> 진영의 자치운동 모색 노력은 친일파논쟁의 차원에서 볼 것이 아니라 독립운동의 연장선에서 이해돼야 한다. 즉 일제 통치정책의 변화를 끌어내려는 우파 민족주의자들이 제국주의와의 투쟁에서 전술적 변화를 모색한 것이라는 차원에서 접근돼야 한다.

좌파의 운동이 당시에 공개된 운동으로 전개되는 우파의 운동에 비해 상대적으로 제약이 적었던 것은 우선 그들의 이데올로기적 입장에서 비롯되었다. 하지만 다른 한편 이들의 활동이 비공개적 투쟁방식을 택해 잘 노출되지 않았기 때문에 가능한 점도 있다. 반면에 신문이나 잡지를 통해 일반 독자층에 접근해야 하는 우파 문화민족주의자들의 투쟁방식에는 늘 "검열을 통과해야 하는 문제"가 있었다. 즉 일제가 공개된 공간에 부가하는 식민지 실정법의 적용을 통과해야 지속적으로 활자화된 주장과 활동을 전개할 수 있다는 구조적 한계가 존재했다.28)

일제는 민족언론에 대해 거의 절대적인 검열권을 가지고 있었으며 이를 1920년대 중반부터 강력하게 행사하기 시작했다. 이는 일제시대에 압수된 기사와 논설의 사례에서 잘 입증된다. 일제가 특히 우파민족주의 진영의

---

28) 춘원이 강조하는 "식민지에서 허하는 범위"라는 표현은 식민지 대중뿐 아니라 검열관에게도 암묵적으로 전하는 이중적 메시지이다. 물론 이것은 매우 위험하고 오만한 시도이기도 하다. 그에게는 외줄을 타는 서커스의 피에로와 같은 처지에 있는 민족운동가의 위험한 상황에 대한 깊이 있는 성찰의 모습은 보이지 않는다.

민족운동을 늘 약화시키기 위해 애쓴 것은 다름 아닌 검열제도였다. 잦은 압수, 삭제, 발행정지 등의 조치는 문화 민족운동 주장의 정치적 색채를 변질시키는 데 기여했다. 투쟁적이며 도발적인 비판은 가장 먼저 출판된 지면에서 사라져야 했다. 그러나 덜 도발적이거나 또는 일제의 이익에 부합되거나 정면으로 배치하지 않는 주장은 늘 그대로 방치되었다. 이것이 반복됨에 따라 우파 민족주의자들의 정치적 주장은 반일적인 원래의 모습이 누그러져 보다 친일적인 것으로 왜곡되어 식민지 대중들에게 전달되게 되었다. 물론 정치적 판단력과 정보가 충분한 고급독자들은 이런 행간의 스토리를 감안하여 판단했겠으나, 그렇지 못한 다수의 독자들은 왜곡된 메시지를 그대로 받아들였을 것이다.

그러면 당시 우파 민족주의자들은 공식과 비공식, 표면적 활동과 궁극적 목표의 이원적 요소를 가지고 있지 않는 단선적인 운동만을 추구했을까. 독립이라는 목표를 달성하기 위해 합법적 수단과 비합법적 수단, 그리고 표면적 운동과 비밀운동이 복합적으로 필요하다는 것은 독립운동가들 사이에서는 굳이 설명이 필요 없는 당연한 진리가 아닌가. 이것은 1900년대 도산 안창호의 활동에서도 볼 때에 '105인사건'에서 이미 드러났듯이 공식적 수준에서는 계몽주의 노선을 표방하는 도산의 실력양성론이 기실은 폭력적 수단을 배제하지 않았고 지하운동인 신민회운동으로 동시적으로 전개되었다.

사실 당시 좌파 운동가들도 좌파적 방식으로 독립운동의 전선에서 대단한 위업을 달성한 것도 아니었다. 이들의 지하활동, 비합법적인 활동이 얼마나 대중적 영향력이 있었으며 전체 독립운동에 가시적인 성과를 냈는가? 1925년 치안유지법 공포 이후 연속해서 공산당 검거사건이 발생했고, 이 때문에 급진좌파는 급격하게 활동이 얼어붙었고 대대적인 사회주의자 검거사태가 이어졌다. 결국 사회주의자들이 신간회운동에 뛰어든 것도 이 때문이었다. 좌파들은 식민지 상황에서 공개적인 운동을 하는 것이 얼마나 어려운 것인가에 대한 이해를 굳이 감추었다. 이들은 우파의 몰락이 좌파의 득세라는 분파주의적 계산에서 집요하게 "경륜 사설"을 문제로 삼고 공격하여 <동아일보> 불매운동을 벌였고, 민족주의 진영에 큰 타격을 가하는 데에 결정적인 역할을 했다.

3) 국내운동과 해외운동의 연계

국내 실력양성 운동계로 알려진 우파 문화민족주의 진영의 문화운동 노선을 이해하는 데는 해외 독립운동과의 연계가 중요하다. 3·1운동 이후 등장한 우파민족주의 진영의 문화운동은 기실 해외 임정과의 연계에서 역할분담이 중요한 것이다. 대표적인 사례가 도산과 춘원의 관계이다. 3·1운동과 임시정부에서 가장 중심적인 역할을 수행한 도산 안창호라는 해외 민족운동의 가장 뛰어난 지도자 중 한 사람인 도산이 춘원에게 준비론적인 사상적 구도에서 흥사단의 국내지부 건설을 부탁한 것은 널리 알려진 사실이다.

"민족적 경륜" 사건이 민족운동에 막대한 파장을 미쳐 우파민족주의 운동에 대한 식민지 내의 비판여론이 일파만파로 번져 나가던 1924년 봄 4월경에 춘원은 북경에 있는 도산을 방문한다. 춘원이 이틀 동안 꼬박 도산이 구술한 것을 적은 것으로 알려진 도산의 민족운동에 대한 고언 "동포에게 고하는 글"은 이듬해 <동아>에 게재되었지만, 당시에도 일제의 압력으로 일부는 삭제되었고 3회만 게재되고 더 이상은 연재금지 처분을 받아 중단되었다. 도산의 독립운동과 민족주의에 관한 총체적인 사상을 담고 있는 글은 1926년 상해 삼일당에서의 연설문이다. 도산은 민족혁명을 제안하면서 민족적 감정과 이해타산과 사활문제를 감안할 때 민족혁명의 대명제가 성립한다고 주장했다.29) 그는 자신이 주장하는 운동을 초기 우파 민족주의자들의 문화운동과 중기 자치운동론자들을 구분하여 그 오류를 분명하게 지적했다: "나의 리상은 자치운동을 하자는 문화운동에 있지 않습니다. 내가 말하는 교육이나 식산운동은 독립운동의 일부분 보조되는 것이외다." 그는 문화와 식산의 진흥은 정치·경제적 압박의 상황을 해결한 이후

---

29) 이명화, "자료: 대혁명을 조직하자 림시정부를 유지—1926년 7월 8일 상해 삼일당에서의 안창호 연설—,"『한국근현대사연구』 8집, 1998, 220쪽.

에 가능한 것이며, 이를 위해 민족적 혁명을 해야 한다고 민족주의 좌파와 우파의 대동단결을 주문했다. 아마도 1924년 4월 북경에서 도산은 춘원에게도 같은 취지의 민족운동의 대동단결을 강조했을 것으로 생각된다.

도산이 언제 독립을 포기한 적이 있었는가? 만일 그가 독립을 도저히 실현 불가능한 것이라고 판단했다면 아마도 조기에 귀국하여 친일운동에 앞장섰을 것이다. 그가 독립운동의 일선을 진두지휘하면서 상해임정 활동에서 겪은 여러 가지 어려움을 주위의 독립운동 동지들과 논의했다. 그는 막연한 낙관론이 아니라 비장한 태세로 임해야 한다는 취지에서 독립운동의 장기화를 논하고 현실적 어려움을 호소한 적은 있을 것이다. 그러나 행동으로 표출된 도산의 독립운동 활동과 노선은 끊임없는 독립 추구로 나타났다. 초기 3·1운동의 임시정부 운동이 여러 갈래의 흐름으로 제기됐을 때 이를 하나의 운동으로 통합한 이가 바로 도산 안창호였다. 도산은 1920년대 중반기 국내 민족운동의 위기를 타개하는 데에도 도움을 주기 위해 북경에서 유일당 운동을 전개해 원세훈과 타협, 협력을 추구했다.30)

사실 국내 사회주의자들의 운동이 결국 해외 공산주의운동과 연결되었다는 사실은 다음절의 '신간회운동' 해소논쟁에서 분명하게 드러난다. 마찬가지로 국내 우파 민족주의자들의 국내 민족운동이 해외의 임시정부 지도부와 연계하여 전개된 것이라는 점 역시 중요하게 받아들여야 한다. 3·1운동 이후 이미 임시정부를 국내외에 선포했고 이를 또한 국내에서도 지지하기로 결정한 것은 당시 1919년 한국인들의 압도적인 컨센서스였다. 또한 이것은 적어도 1920년대 초 태평양회의가 열릴 즈음에도 비슷한 우파 민족운동 지지자들 사이에 광범위한 공감대로 작용했다. 일제는 이러한 우파 민족주의자들과 해외 임정 간의 고리를 차단하기 위하여 국제뉴스에 대해 거의 상시적으로 검열을 실시해 나갔다.31)

---

30) 도산이 독립이 불가능하다고 주장했다는 일제의 자료는 엄밀한 사료비판이 필요한 것이다. 재판기록이나 기타 활동에 대한 보고와 실제 도산 지인들의 해석과는 상당히 다른 감이 존재한다. 일제가 도산의 실력양성론의 근본취지를 왜곡 선전하여 우파 민족주의자들의 활동을 순치시키려고 했을 가능성이 높고, 이런 목적으로 도산에 관한 기록들이 왜곡되었을 수 있다.

임시정부와 국내 우파민족주의 운동의 연계를 보여주는 중요 사례의 하나는 안창호와 이광수가 만난 사실이며, 다른 하나는 송진우와 이승만이 만난 사건이다. 송진우가 1926년경 하와이를 방문한 후에 발표한 세계정세에 대한 연속 논설은 우파민족주의 운동이 해외 이승만계의 독립운동과 관련이 있음을 보여준다. 혹자는 이를 이승만이 자치운동을 추진한 것으로 또는 일제와 타협한 것으로 해석하려 하지만 이것은 잘못된 해석이다.

일제가 이승만의 독립운동을 후원한 것도 아니고 이승만이 결코 독립을 포기하고 일제에 투항해 본 적도 없다. 일제는 늘 국내 민족주의운동의 분열을 조장하고 이를 이용해 개개의 민족운동이나 급진운동을 약화시키려고 노력했다. 미주 하와이에 근거지를 확보한 이승만 세력이 하와이 현지 일본인들과 일정한 협력관계를 가진 것은 미주 안에서 아시아계 이민들 간의 관계이었으며, 아시아 현지의 한일관계와는 성격이 다른 것이었다. 다만 이승만이나 한인들이 해외로 여행을 할 경우 미국 국적을 취득하지 않은 한인의 경우에는 망명비자를 발급받아야 하거나 아니면 최소한 일본 영사관의 협조가 있어야 하는 문제가 있었던 것이다.

1925년 태평양회의가 하와이에서 개최되었을 때 이승만을 방문한 한국의 방문단에 이승만을 지지하는 우파 민족주의자들이 상당수 포함되어 있었고, 이를 대표하는 이가 송진우 동아일보 사장이었다는 것은 널리 알려진 바이다. 국내 민족운동에서 열세에 몰린 우파민족주의 인사들이 이승만을 만나려 한 의도는 쉽게 이해가 간다. 급변하는 국제정세와 동북아정세에 대한 장단기 전망을 듣고 우파민족주의와 독립운동의 대응방안에 대한 자문을 듣고자 했던 것이다.

이승만이 우파 민족주의자들을 만난 것은 단기적인 자치운동의 고려에서 촉발된 것이라기보다는 장기적인 고려에서 당연히 필요한 사항으로 이해되었을 것이다. 1890년대부터 1920년대까지 러시아의 극동에서의 영향력과 한반도에서의 활동이 실제로 어떻게 장기적으로 우리 민족의 진로에

---

31) 이런 검열사례는 다음을 참조. 정진석 편, 『일제시대 민족지 압수기사모음』 1·2권 (LG상남언론재단, 1998).

작용하는지 가장 잘 알고 있던 이승만은 국제정치적 전략적 판단에서 한국의 국내 민족지도자들과 미국과의 유대를 중시했다.32) 이것은 이승만 자신의 정치적 판단이자 독립운동의 노선이기도 했기에 이승만은 자신을 지지할 것을 호소했겠지만, 그가 빠지지 않고 강조한 것은 미국과 서방 진영이 장기적인 문명사에서 러시아의 공산주의 노선을 압도할 것이라는 동아시아 국제정세에 대한 장기적 전망이었다.33) 이러한 이승만의 영향은 귀국하여 <동아일보>에 게재한 송진우의 연속 시사논설에서 워싱턴회의 이후 영일동맹이 폐지된 점이나 중국이 반일로 돌아선 점들을 언급하며 향후 동아시아에서 미일 간 충돌의 발생과 "태평양을 중심으로 한 세계적 풍운이 야기될 것"을 예측한 부분에서 잘 나타난다.34)

이승만에게는 국내 우파 민족운동가들과의 각별한 개인적 연분이 있었다. 대한제국 감옥에서의 동지들도 있고 한성정부 계열의 3·1운동 지도부 결성과 관련해서 직접, 간접적으로 연락을 취하던 신흥우, 현순, 이상재 등의 기독교계 동지가 많았다. 우남 이승만과 도산 안창호가 개인적으로 민족운동에서 경쟁관계에 있었지만, 이들은 대한독립이라는 대의명분을 놓고 늘 타협했다. 1918년 대한인국민회의 운동에서부터 3·1운동의 단일정부 수립, 그리고 미주 내에서 지지세력 간의 경쟁에서 여러 가지 알력과 투쟁이 있었지만, 또한 독립이라는 대의명분에 관해서는 서로 직접적인 공격을 자제했다. 이들은 자신들이 일제에 대항하여 전개하는 독립운동의 싸움이 길고도 어려운 과정을 겪어야 된다는 점을 잘 알고 있었고, 일차적인 적과의 싸움을 위해 늘 협력관계를 유지하고 필요하다면 역할분담을 해야 된다는 것을 인정했다. 이런 점에서 해외 임정의 독립운동이 전방의

---

32) 3·1운동기와 임시정부 초기부터 이동휘 등 공산주의자들과의 정치투쟁을 몸소 경험한 이승만은 이미 20년 전에 반러 민족운동으로 투옥되어 7년간 수감생활을 한 전력이 있었다.
33) 이런 입장은 이승만이 초기 반러운동으로 시작한 정치활동과 후기 친미·반일적 외교론에 일관되게 흐르는 주제이다. 이승만, 『독립정신』(정동출판사, 1993); 이승만, 『일본군국주의 실상』, 이종익 역(나남, 1987).
34) 송진우, "세계대세와 조선의 장래," <동아일보>, 1925. 8. 29~9. 10.

투쟁사업이며 국내 민족주의자들의 운동이 후방의 지원사업이 되어야 한다는 것은 우파 민족주의자들 간의 잠정적 컨센서스였던 것으로 보인다. 이런 연계를 무시하고 일방적으로 우파민족주의 운동이 단기적인 투쟁성이 저조하다고 해서 민족독립을 포기한 것으로 간주하는 것은 좌파의 의도적인 정치공세로밖에는 볼 수 있다. 누구보다도 해외 공산주의 세력의 지원에 크게 의존한 전력이 있는 좌파 사회주의자들이 경쟁상대인 국내 우파 민족주의자들이 해외 대한민국임시정부와 연계해서 활동한다는 것에는 별 주의를 기울이지 않는다는 점이 그 이유이다. "민족적 경륜" 사설 사건을 비판해 <동아>를 개량주의로 비판하고 불매운동을 결의한 것은 4월 20일 조선노농총동맹 결성대회에서였고, 이 날의 <동아> 불매운동은 서울청년회계에 대항해 조선노동연맹계의 김종범이 제안하고 주도한 것이었다.35)

4. 1920년대 후기 좌파 민족주의자들의 민족운동: 신간회운동 사례

1925년 이후 일제의 치안유지 정책과 공산당 검거사건이 발생하여 식민지 조선에서 민족운동의 정세는 매우 어려워졌다. 1926년에는 그런 중에도 순종의 승하를 계기로 민족정서가 고취되어 이를 기회로 대규모의 민족운동 6·10만세사건이 발발했다.

한편 1926년 일본에서 귀국한 화요파가 중심이 되어 좁은 경제투쟁에서 넓은 정치투쟁으로 노선변경과 방향전환을 선언한 정우회 선언이 등장했다. 이 즈음에 공산당 검거파동으로 사회주의 세력의 괴멸을 우려한 코민테른은 부르주아 민족주의자들과 협력할 필요성을 인정한 '협동노선'을 지시했다.

---

35) 자세한 내용은 김준엽·김창순, 『한국공산주의운동사』 2권(청계문화사, 1986), 96-97쪽.

1927년 2월 홍명희, 신석우, 권동진, 안재홍, 한용운, 최익환, 신채호, 박동완, 박래홍 등은 민족단일당 민족협동전선이라는 표어 아래 신간회를 발족했다. <조선일보> 간부 신석우가 주도한 이 움직임은 당초 <동아>의 자치운동에 반기를 들고 모인 민족주의자들, 세칭 '비타협주의적 민족주의자'들에 의해 결성됐다.36) <동아> 중심의 세칭 '자치주의자'들보다 일제체제에 더 저항적, 더 비타협적 노선을 천명한 이들의 모임이 주류 민족주의자들과의 차이를 보인 것은 사회주의자들과 연합을 시도한 것이라는 점이다. 또한 1920년대 전반기와 중반기에 각각 물산장려운동과 자치운동 노선이 <동아일보>를 중심으로 제기되었다면, 신간회운동은 1920년대 후반기에 <조선일보>를 통해 제기된 민족운동이라는 것이 차이일 따름이다.

신간회운동이 그렇다고 해서 민족주의자들에게 이전 운동과는 다른 근본적으로 새로운 노선과 체제를 제기한 것은 아니었다. 대중운동의 활성화와 투쟁력의 고취를 위해 사회주의자들과 일시적, 잠정적으로 통합적 연합운동을 추진하기로 한 것이며, 이를 민족주의자들은 민족단일당으로, 사회주의자들은 민족협동전선으로 불렀다.

신간회운동에서 사회주의를 용인한 상태이기는 하지만 이것은 일시적, 전술적 제휴이지, 근본적으로 노선을 변경한 것은 아니다. 즉 우파와 좌파 민족주의자는 현실적으로는 경쟁적 분파세력이었지만, 이들이 사회주의자에 비해서는 민족운동의 궁극적 목표로 민족국가 수립을 추구했다는 점에서는 별 차이가 없었다. 즉 전술적 차이 외에 근본적인 차이가 발견되지 않는 동질적 운동노선과 체제목표를 추구하는 동질적 민족주의 세력이었다. 즉 양자 간 활동의 배경의 차이는 민족주의 합법노선의 한계를 극복하기 위해 사회주의 세력과 일시적 연대와 제휴, 즉 협력노선을 추구하는 급진적 성향의 민족주의 집단이 형성되었다는 새로운 시대적 상황이 가장 큰 변수였다고 할 수 있다.

---

36) 조지훈, "신간회의 창립과 해소," 『신간회연구』(동녘, 1983), 9쪽. 안재홍은 이들을 '비타협적' 좌파 민족주의자들이라고 불렀다. 그러나 이런 분류가 반드시 학문적 타당성을 지닌 것인지는 간단히 판단하기 쉽지 않다. 좌파민족주의는 당시 사회주의자와 연대·제휴하려는 민족주의자들을 지칭한 것으로 보인다.

운동의 공통된 특성은 식민지 조선의 민족주의자와 사회주의자라는 두 이질적인 정치·사회세력 간의 이견이 좁혀지고 공통의 이익이 우선시될 때 대중적 민족운동이 위력을 발휘하며 파급효과를 가진다는 사실이다.

식민지 시기 민족주의 대중운동의 성공은 3가지 변수에 의해 좌우된다고 할 수 있다. 첫째는 민족주의 진영의 결집과 지지를 극대화해야 한다는 민족주의 진영 내의 결속과 운동의 활성화라는 요인을 들 수 있다. 둘째는 가급적 좌파 사회주의 진영의 지지도 규합하고 확보할 필요성이라는 연대적 요인을 들 수 있다. 셋째는 일제 총독부의 간섭과 방해를 최소화해야 대중적 민족운동을 전개할 수 있다는 현실적 제한요인을 지적할 수 있다.

민족주의적 목표를 추구한다는 점에는 변화가 없지만 운동의 지지층과 동원층을 확대하려 한 점에서 신간회 창건을 주도한 민족주의자들은 사회주의자들과의 연대와 협력을 중시했다.

1927년 민족주의와 사회주의 진영이 연합한 신간회운동은 연합적 민족운동으로 간주될 수 있다. 물산장려운동이나 신간회운동, 그리고 중기 우파의 정치운동론(자치운동론)은 공히 민족주의 대중운동의 사례로 간주될 수 있다. 비록 그 주도세력은 달랐지만 결성 당시 주도세력은 기본적으로 민족주의자라고 할 수 있다. 신간회와 1920년대 전반 민족운동과의 차이는 이질적 존재인 사회주의자들과 연대를 추구했다는 점이다. 물산장려운동 계열과는 달리 자신들을 비타협적 운동으로 규정하려 했지만 일제의 탄압으로 이것이 쉽지는 않았다. 1929년 11월에 광주학생사건이 발생했을 때 신간회의 조사단은 이를 민족봉기의 기회로 인식하고 12월 13일 독립운동을 지향하는 민중대회를 개최하려 했다. 그러나 일제는 권동진, 홍명희, 김병로, 조병옥 등 신간회원 47명과 자매단체 근우회 등의 인사 47명을 대거 검거해 신간회와 대중운동의 연계를 차단했다.37) 일제는 1928년 말 경 신간회가 지회 수 143개, 회원 수 약 2만 명, 이듬해에는 회원수 약 4만 명에 육박하는 비약적인 발전을 거듭하자 큰 위협을 느꼈다. 일제는 1928년과 1929년의 신간회 전국대회를 보안법 2조에 의거해 "불온 과격하여

---

37) 조지훈, 위의 글, 22쪽.

안녕질서를 해친다며" 금지했다.

신간회의 분열은 1929년 6월 말의 전체복대표대회에서 중앙집행위원장 허헌이 예상 외로 민족주의자 권동진을 제치고 당선되고 중앙집행위원과 조사위원의 다수를 좌익이 석권하면서 예고됐다. 신간회는 민족주의자들의 광범위한 재결집에 의존했으며 합법운동의 한계를 벗어나지 않았다는 점에서 이전 시기의 대중 민족주의운동인 물산장려운동과 큰 차이가 없었다. 그러나 일제는 이러한 한인 민족운동가의 결집을 경계했고, 우파의 활동을 은밀히 지원하는 방식을 통해 좌파를 견제하려 하기도 했다.

1928년 7월 잇단 조선공산당 검거사태 이후 당이 거의 와해된 상태에서 코민테른은 한국 공산주의자들에게 "12월테제"를 전달했는데, 이미 당시부터 독립운동의 목표를 혁명적 인민공화국이 아니라 프롤레타리아트가 주도하는 '노농 소비에트정부' 수립으로 할 것을 명했다.[38] 이것은 이전 공산주의자와 민족주의자의 협동노선을 추구하던 코민테른이 6차 세계대회부터 좌경화하여 부르주아와의 연합전선을 배격하기로 한 결정 때문이며, 이것이 결국 신간회의 해소론이 등장하게 된 근본 이유였다.[39] 1931년 5월의 전체대회에서 부산, 인천, 동경지회의 신간회 해소 긴급동의안이 제출되었고, 충분한 토의 없이 신속히 가결되어 민족유일당 운동은 해산되게 되었다. 신간회의 해산은 민족주의자들의 의도에 반한 것이며, 사전에 사회주의자들이 치밀한 계획으로 의도된 것이고 일제가 동시에 이를 주도했다는 특징을 가졌다고 할 수 있는데, 이런 점은 앞의 물산장려운동의 실패나 경륜론 파동 등의 사례와 매우 유사한 공통점이라고 할 수 있다.

---

38) 박경식, "한국민족해방운동과 민족통일전선," 『신간회연구』(동녘, 1983), 52쪽.
39) 김명구, "코민테른의 대한정책과 신간회, 1927-1931," 『신간회연구』(동녘, 1983), 272쪽.

5. 결: 식민지 하 민족주의 대중운동: 전략과 한계

　식민지 상황에서 제국주의와 민족주의는 근본적으로 적대관계를 벗어나기 힘들다. 1920년대 한국민족주의는 일본제국주의와 사회주의라는 두 가지 정치이념적 세력에 의해 둘러싸이게 되어 그 발전과정에서 구조적인 장애물에 조우했다. 중국과 비교해 조선의 민족운동은 일제의 분할책에 더 크게 좌우될 수밖에 없는 열악한 환경이었다. 그러나 조선의 민족주의자들은 일제의 탄압과 기만술에 한편으로 대응하면서 다른 한편으로 사회주의의 도전 앞에서 다시 민족운동을 추슬러 나가려 노력했다. 1920년대 민족주의 진영에서 다양한 민족운동을 시도했던 것은 그만큼 당시 민족이 처한 상황이 하나의 대응방식에 의해 쉽게 해소될 수 있는 간단한 것이 아니었기 때문이다.

　물산장려운동, 자치운동, 신간회운동이라는 1920년대의 세 가지 민족주의 대중운동은 궁극적으로는 주권과 독립을 쟁취하기 위한 것이라는 목표에는 변화가 없었다. 다만 민족운동의 주된 형태를 초기에는 문화운동을 중시하다가 중기에는 정치운동노선, 즉 자치운동을 모색했다. 또 후기에는 <조선>이 중심이 되어 민족주의적 사회주의자와 범민족운동 연대노선을 추구했다. 비록 각기 운동의 방법과 전략은 약간씩 차이가 났지만, 이들은 민족운동이라는 공통의 범위에서 전개되었다. 그간 학계에서 이들의 차이를 너무 강조한 나머지 각기 다른 대중운동의 환경요인에 대응하기 위한 전술적 차이에 의해 다양성과 개별성을 갖게 되었다는 점을 간과한 면이 많이 있다. 그러나 이를 운동의 내부적 차이보다는 상황적 변화와 사회주의 진영의 전략이라는 민족운동 바깥의 변수를 더 유의해 보아야 한다.

　일제의 초기 '문화통치'에 대항한 전략으로 물산장려운동은 민족진영의 물적 기반을 강화하려는 목적에서 등장했다. 개화기 이래의 대외무역 역조에서 일본산 면직물의 의류시장 석권 현상이 두드러졌다. 물산장려운동의 배경은 정치적 지배가 경제적 지배로 이어지고 있었으며, 회사령으로 일본 기업인의 투자자유화가 이루어졌고, 이에 민족자본은 큰 위협을 느껴 민족주의자들과 연대의 움직임을 보였던 것이다.

일제는 당시 점진적 민족주의자들과 막후 접촉을 하여, 이광수와 최남선에 대한 회유로 이들에게 언론활동을 허가해 주었다. 춘원은 1920년대 초에 귀국하여 『개벽』이나 <동아일보>에 "민족개조론"을 비롯한 일련의 글에서 점진주의적 노선을 천명했다. 식민당국은 이런 우파 민족주의자들의 활동이 민족운동을 온건하게 이끌 수도 있다는 낙관과 기대를 가졌다. 그러나 민족주의자들이 대중운동을 통해 민족적 요구인 독립운동을 활성화하는 것이라는 의심이 갈 때에는 일제는 민족주의자들의 운동에 뚜렷한 제한과 속박을 가했다. 1923년 2월 서울의 대중집회와 가두행진 계획에 대해 일제는 원천 봉쇄했다.

1920년 평양에서 조만식은 조선물산장려회를 결성했고, 1922년 이광수는 자작회를 결성해 수입상품 배격운동을 벌이고 소비자조합을 개설했다. 그러나 물산장려운동은 그 애국적 동기에도 불구하고 대중 문화운동으로서 실패의 길로 접어들었다. 일시적으로 민족적 동기에 의해 국산품에 대한 수요가 올라갔지만, 그 과정에서 국산품의 가격이 올라가 수입품의 질에 비해 뒤떨어지는 국산품의 소비에 역효과가 나타났기 때문이다.

문화운동 중심의 민족주의 우파의 활동은 당시 일제 하의 국내정세가 독립을 위한 정치운동을 허용하지 않는 상황이었기 때문에 불가피하게 대중노선으로 문화운동 노선을 강조한 것이었다. 이들은 정세에 전술적으로 적응하는 차원에서 문화운동을 전면에 내세운 것이지만, 결코 독립운동 자체를 포기한다는 생각을 해 본 적은 없다. 우파 민족주의자들은 궁극적 체제관으로 3·1운동과 임시정부 운동에서 제시된 것을 그대로 받아들였기 때문이다.

일제는 1923년 경성방직에 보조금을 지급함으로써 그 대가로 문화민족주의자와 한국기업의 연대를 차단하고 물산장려운동을 약화시킬 수 있었다.[40] 한편 좌파는 민족주의자들의 운동이 일부 자본가들의 이익만을 도모하는 것이며 대중은 이에 희생될 뿐이라고 비판함으로써 대중의 참여의

지에 찬물을 끼얹었다. 즉 민족 전체의 이익보다는 계급이익을 우선시하는 좌파들의 비판으로 민족주의운동의 지도층이 분열하기 시작했고, 그 대중적 지지계층 기반도 좌우로 분열・약화된 것이다.

1923년 가을 일본에서 간토대지진이 났을 때 한국인 학살사태가 발생했다. 이에 식민지에도 민심이 흉흉해지고 소요의 조짐이 나타나며 총독부의 지배에 대해 불만이 고조되게 되었다. 특히 이때 조선에는 노동, 농민, 청년, 사상, 등 각종 방면에서 좌파단체가 속출했다. 일제는 좌경사상의 급격한 확산과 사회주의운동의 강력한 성장을 막기 위해 민족주의 진영인 <동아일보>에 회유책으로 유화적 대응을 보였고 협상제의를 암시하는 접근을 했다. 그러던 즈음 1924년 초에 <동아>의 "경륜 사설" 사건이 발생한 것이다. 춘원의 정치운동 전환론이 자치론을 암시하는 색채를 띠자, 좌파들의 반발이 제기되었고 <동아>의 급진적 성향의 기자들은 단체이적을 단행했고, 엎친 데 덮친 격으로 '식도원 사건'과 각서파동, 그리고 노농자동맹대회에서 <동아> 비난과 불매운동이 발생한 것이다.

이와 같은 사태에서 일제 총독부는 전혀 방관자가 아니었고 적극적 개입자로 변모했다. 경륜 사태로 인해 <동아>에 대한 여론이 악화되자 이를 기회로 포착한 총독부는 한편으로 본격적으로 <동아>를 약화시키기 위한 탄압책을 구사하면서, 다른 한편으로는 어용단체를 규합하여 '각파유지연맹'을 결성하고 내선융화운동을 본격적으로 전개했다. 이를 통해 눈엣가시 같았던 <동아>를 중심으로 하는 민족주의 진영에 대한 효과적인 분할통치술이 성공을 거두었다. 이후 일제는 치안유지법 공포(1925년)를 계기로 좌파에 대한 조직적 탄압을 시작하여 일련의 공산당 검거사건을 통해 사회주의 진영에 철퇴를 가하기 시작했다.

1931년 사회주의자들은 신간회에서 탈퇴하지 않고 지도부 교체에 개입해 이를 해체시킴으로써 민족주의 협력자들을 완전히 배반했다. 사회주의자들은 어정쩡한 상태에서 신간회가 남아 있는 것보다는 이를 해체하고 이전 상태인 민족주의자와의 대치상태로 돌아가는 것을 선호한 것으로 보

---

40) 1921년 조선산업 경제조사회에서 한국 기업인들이 보조금지급을 요청한 바 있다.

인다. 신간회 해소는 일제의 민족운동에 대한 해산 획책이 또다시 성공한 사례이다. 일제는 민족주의자와 사회주의자의 대립과 갈등을 이용해 해소를 종용할 수 있었고, 이런 상황에서 마침 1928년경부터 협동노선 폐기를 요구하는 입장으로 정책을 선회한 코민테른 노선의 좌경화로의 정책변경은 신간회 해소에 결정적으로 작용한 것이다.

우파 민족주의자들의 민족운동은 공화주의적 민족국가 수립이라는 궁극적 체제관의 범위와 틀에서 전개되었다. 다만 정치적 상황에 따라 1920년대 전반기에는 문화운동 노선을 택했고 중반기부터는 정치운동 전환을 모색했다. 그 과정에서 자치운동에 관심을 가졌던 것으로 보이지만, 이것을 가지고 결코 동화주의적 타협주의 노선으로 기울어진 것이라고 볼 수는 없다. 오히려 인도나 아일랜드 등 해외 다른 제국주의와 식민지의 투쟁 사례를 원용하여 일제 통치의 허점을 찾아 민족운동의 활로를 새롭게 개척해 보려는 시도로 이해해야 할 것이다.

급진좌파들의 민족주의 독립운동 노선에 대한 비판은 민족주의자들이 지속적이며 효과적으로 식민지 대중의 지지를 확보하는 데 결정적인 차질을 빚었다. 이들은 정치적 독립이 없는 식민지에서 우파 민족주의자들의 문화운동 노선과 이들이 전개했던 대중적 활동을 계급론의 관점에서 비판했다. 즉 언론활동, 교육사업, 경제사업, 종교사업 등에 늘 의문을 제기했고 민족운동을 분열·약화시키는 데 기여했다. 좌파 민족주의자들이 협동노선의 일환으로 주도적으로 제기·출범시킨 범민족운동인 신간회운동도 1920년대 후반기에 민족운동의 중요한 일익을 담당했지만, 결국 사회주의 진영의 방해와 일제의 탄압으로 얼마 안 되어 해체되게 되었다. 1920년대의 3대 민족운동은 각각 다른 대중운동 전략을 추구해 외형상으로는 상당한 차이가 있는 듯하지만, 그럼에도 불구하고 이들은 민족주의운동으로서 공통의 노선과 목표, 즉 체제관을 공유했던 것이다.

참고문헌

『개벽』 1920-1928.
<동아일보> 1920-1929.
『일제하 잡지발췌 식민지시대자료총서』, 제4권 정치편 (계명문화사, 1992).
『일제하 잡지발췌 식민지시대자료총서』, 제15권 언론편 (계명문화사, 1992).
도산안창호선생전집편찬위원회, 『도산안창호 전집』, 전14권 (중앙 M&B, 2000).
독립기념관 한국독립운동사연구소, 『도산안창호자료집』, 1-3권 (1990-1992).
연세대학교 현대한국학연구소편, 『우남 이승만문서: 동문편』, 18책 (국학자료원, 1998).
『제등실 문서』, 민족운동편 9-10권 (고려서림, 1992).
『항일운동관계 도산안창호자료집』, 1-2권 조선총독부경무국소장 비밀문서 (국회도서관, 1997, 1998).
이광수, 『도산 안창호』(우신사, 1992).
이광수, 『민족개조론』(우신사, 1993).
강동진, 『일제의 한국침략정책사』(한길사, 1980).
강만길 외, 『통일지향 우리 민족해방운동사』 (역사비평사, 2000).
_____, 『일본과 서구의 식민통치 비교』 (선인, 2004).
고석규, "다시 생각하는 한국의 식민지 근대성과 민족주의," 『문화과학』 31호.
고정휴, 『이승만과 한국독립운동』 (연세대 출판부, 2004).
권희영, 『한인사회주의운동연구』 (국학자료원, 1999).
김동명, "1920년대 조선에서의 일본제국주의의 지배체제의 동요," 『일본역사연구』 8집, 1998.
_____, "1920년대 식민지조선에서의 정치운동연구," 『한국정치학회보』 32집 3호, 1998.
_____, "지배와 독립의 접점-소에지마 미찌마사의『자치론』제창의 정치과정론-," 『한국정치외교사논총』 21집 1호, 1999.
_____, "일제하 동화형협력운동의 논리와 전개-최린의 자치운동의 모색과 좌절" 『한일관계사연구』 21집.
김동택, "식민지 시대 연구의 쟁점과 과제," 한국정치학회 편, 『한국정치연구의 쟁점과 과제』 (한울, 2001).

김영범,『한국 근대민족운동과 의열단』(창작과비평사, 1997).
김영작, "한국민족주의의 사상사적 갈등구조(개국에서 해방전까지),"『한국민족주의와 민주주의의 갈등구조』한국정치외교사학회 논총 7집 (평민사, 1990).
_____,『한말 내셔널리즘 연구－사상과 현실』(청계연구소, 1989).
김영준, "한국민족주의운동과 공산주의,"『북한』144호.
김용직, "한국민족주의의 기원: 정치운동과 공공영역"『한국근현대정치론』(풀빛, 1999).
_____, "1920년대 일제 '문화통치기' 민족언론의 반패권 담론투쟁에 관한 소고," 한국정신문화연구원 편,『식민지근대화론의 이해와 비판』(백산서당, 2004).
_____, "식민지 시대 한국의 자유주의 연구－ '식민지 자유주의론' 서설," 동아일보 창립 85주년 기념학술회의 발표논문, 2005. 5. 29.
_____, "3·1운동의 정치사상,"『동양정치사상사』4권 1호, 2005. 4.
김윤식,『이광수와 그의 시대』1-2권, 개정증보판 (솔, 1999).
김준엽, 김창순,『한국공산주의운동사』전 5권 (청계연구소, 1986).
김창수,『한국민족운동사연구』개정증보판 (교문사, 1998).
김학준,『고하 송진우 평전』(동아일보사, 1994).
노재봉,『한국민족주의와 국제 정치』(민음사, 1983).
마이클 로빈슨,『일제하 문화민족주의』김민환역 (나남, 1992).
박만규, "한말 안창호의 근대국민 형성론과 그 성격"『전남사학』11집, 1997.
박성진,『한말~일제하 사회진화론과 식민지사회사상』(선인, 2003).
박섭,『식민지의 경제변동－ 한국과 인도』(문학과지성사, 2001).
박지향, "아일랜드, 인도의 민족운동과 한국의 자치운동 비교,"『역사학보』182집, 2004.
_____,『제국주의－신화와 현실』(서울대 출판부, 2000).
박찬승,『한국근대정치사상사연구－ 민족주의 우파의 실력양성운동론－』(역사비평사, 1992).
_____, "민족해방운동사론,"『한국사인식과 역사이론』(지식산업사, 1997).
_____, "일제하 안재홍의 신간회 운동론," 한국사연구회 편,『근대 국민국가와 민족문제』(지식산업사, 1995).
박현채, 조동걸 외,『일제식민지시대의 민족운동』한길역사강좌 11권 (한길사, 1988).
서중석,『한국근현대의 민족문제연구』(지식산업사, 1989).
_____,『한국현대민족운동연구』(역사비평사, 1991).
스칼라피노, 이정식,『한국공산주의 운동사』1권, 식민지시대편, 한홍구역 (돌베개, 1986).

_____ 외,『신간회 연구』(동녘, 1983).
신용하,『한국 근대민족주의의 형성과 전개』(서울: 서울대학교 출판부, 1987).
신일철, "한국독립운동의 사상사적 성격,"『아세아연구』59호.
심재욱, "1920~30년대 초 고하 송진우의 사상과 활동," 한국민족운동사연구회,『한국
    민족운동과 민족문제』(국학자료원, 1999).
양호민, "한국의 민족주의와 사회주의－이조말기에서 5.16정변까지,"『한국민족주의
    와 민주주의의 시련』(효형출판, 1995).
역사문제연구소편,『한국의 근대와 근대성비판』(역사비평사, 1996).
_____,『민족해방운동사－ 쟁점과 과제』민족해방운동사 연구반 (역사비평사, 1990).
연세대 국학연구원 편,『미주 한인의 민족운동』(혜안, 2003).
_____,『일제의 식민지배와 일상생활』(혜안, 2004).
오미일, "1920년대 부르주아민족주의계열의 물산장려운동론,"『한국사연구』112집,
    2001.
유근호, "한말개화자강운동과 민족주의,"『근현대사강좌』9호.
유병용, "한국의 중도파 정치사상에 대한 일고찰－ 안창호의 정치사상을 중심으로,"
    『한국정치학회보』29집 4호, 1995.
유영익 편,『이승만연구』(연세대출판부, 2000).
윤해동, "한국민족주의의 근대성비판,"『역사문제연구』4호.
윤해동,『식민지의 회색지대－ 한국의 근대성과 식민주의 비판』(역사비평사, 2003).
이균영,『신간회 연구』(역사비평사, 1993).
이만열 외,『한국기독교와 민족운동』(종로서적, 1986).
이명화,『도산 안창호의 독립운동과 통일노선』(경인문화사, 2002).
이수일, "1920년대 중후반 유석 조병옥의 민족운동과 현실인식,"『실학사상연구』15-6
    집, 2000.
이용희, "한국민족주의의 제문제"『국제정치논총』6집, 1967.
_____,『한국민족주의』노재봉 편 (서문당, 1977).
이정식,『한국민족주의운동사』(미래사, 1982).
이현주, "일제하 수양동우회의 민족운동론과 신간회,"『정신문화연구』26권 3호, 2003.
인촌기념회『김성수전』(1976).
임경석, "3·1운동 전후 한국민족주의의 변화,"『역사문제연구』4호.
장규식,『일제하 한국기독교민족주의 연구』(혜안, 2001).
장동진, "식민지에서 '개인', '사회', '민족' 관념과 자유주의: 안창호의 정치적 민족주
    의와 이광수의 문화적 민족주의,"『한국철학논집』16집, 2005.
전상숙, "물산장려운동을 통해서 본 민족주의세력의 이념적 편차",『역사와 현실』47권.

_____, 『한국 사회주의 지식인 연구』 (지식산업사, 2004).
정병준, 『우남 이승만 연구-한국 근대국가의 형성과 우파의 길』 (역사비평사, 2005).
정윤재, "민족생존의 정치사상: 민족개조론과 민족문화건설론," 『한국정치사상사』 (집문당, 2005).
정태헌, "카터에커트의 한국민족주의 인식 비판," 『역사비평』 2002년 여름호.
조기준, "조선물산장려운동의 전개과정과 그 역사적 성격," 『한국근대사론Ⅲ』 (지식산업사, 1977).
조동걸, 『한국민족주의의 성립과 독립운동사연구』 (지식산업사, 1989).
조동걸, 김창순외, 『일제하식민지시대의 민족운동』 (풀빛, 1981).
조지훈, 『한국민족운동사』 (나남, 1993).
주요한, 『안도산전서 (상)』 (범양사, 1986).
진덕규, "1920년대 국내 민족운동에 관한 고찰," 송건호, 강만길 편, 『한국민족주의론 1』 (창작과비평사, 1982).
_____, 『한국 현대정치사 서설』 (지식산업사, 2000).
최민지, 『일제하 민족언론사론』 (일월서각, 1978).
한국동양정치사상사학회 편, 『한국정치사상사—단군에서 해방까지』 (백산서당, 2005).
한상일, 『제국의 시선- 일본의 자유주의 지식인 요시노 사쿠조와 조선문제』 (새물결, 2004).
한일관계사연구논집 편찬위원회편, 『일제 식민지지배의 구조와 성격』 (경인문화사, 2005).
_____, 『일제강점기 한국인의 삶과 민족운동』 (경인문화사, 2005).
Breuilly, John, *Nationalism and the State* (New York: St. Martin's Press, 1982).
Eckert, Carter, *Offspring of Empire* (Seattle: University of Washington Press, 1991).
Kohn, Hans, *The Idea of Nationalism* (New York: Collier Books, 1944).
Meyers, Ramon H. & Mark Peattie, eds., *The Japanese Colonial Empire, 1895-1945* (Princeton: Princeton University Press).
Schmid, Andre, *Korea Between Empires 1895-1919* (New York: Columbia University Press, 2002).
Shin, Gi-Wook & M. Robinson, eds., *Colonial Modernity in Korea* (Cambridge: Harvard University Press, 1999).
Smith, Anthony D., *Theories of Nationalism* (London: Duckworth, 1983).
Wells, Kenneth, *New God, New Nation: Protestants and Self-Reconstruction Nationalism in Korea 1896-1937* (Honolulu: University of Hawaii Press, 1990).

제2장 사회주의운동에 나타난 계급문제와 민족문제 인식

전상숙

1. 머리말

　여기에서는 일제시기 사회주의운동에 나타난 계급문제와 민족문제에 대한 인식을 고찰하여 식민지 한국사회에 수용된 사회주의 실천운동이 민족독립운동에서 갖는 의미를 제고하고자 한다. 일제시기 한국사회는 주권이 상실된 가운데 실질적인 근대적 변화가 일어나고 있었다. 후발 산업국가 일본의 식민지로서 일제의 편의적인 필요에 따라 근대적인 요소가 편입되며 근대적인 변환이 이행되고 있었다. 그러한 가운데 근대사상의 하나로 사회주의가 수용되었다. 사회주의는 러시아혁명의 영향을 받아 예속된 민중의 해방운동으로 받아들여졌다. 따라서 사회주의는 식민지 한국사회의 항일 민족의식과 친화력을 발휘하며 식민지 민족의 독립과 독립 이후 수립할 새로운 이상사회를 제시하는 것으로 급속히 보급되었다.
　그러므로 일제하 사회주의운동에서 나타난 민족문제에 대한 인식은 자본주의적 근대에 대한 대안으로 등장한 사회주의가 자본주의적 발전에 기초한 제국주의에 대한 전근대적인 식민지사회의 민족적 저항의식과 결부되어 민족독립·해방의 이념으로서 근대적인 이상사회를 지향하는 이념으로 기능하게 되는 일면 모순적인 식민지 사회의 내셔널리즘과 과도기적인 근대의 특성을 보여준다고 할 수 있다.

식민지 사회주의 민족해방운동의 제국주의에 대한 민족모순의 인식 곧 민족문제에 대한 인식은 계급문제로 상징될 수 있는 근대 사회주의혁명의 국제주의와 갈등적인 것이다. 식민지 사회의 근대적인 이상사회를 지향하는 발전의 문제는 전근대적이고 반봉건적인 식민지사회의 성격상 식민지 사회 내부의 계급갈등을 문제시하지 않을 수 없기 때문이다. 이는 곧 사회혁명의 국제주의와 직결되는 것이지만 식민지사회의 민족모순을 해결하기 위한 민족독립운동과는 갈등하게 된다. 그럼에도 불구하고 모순적인 식민지사회의 민족문제와 계급문제를 일거에 해소하고 근대적인 신사회의 상을 제시한 것이 러시아혁명 이후 세계혁명전략 구상 속에서 정립된 사회주의 '민족해방'의 이념이었다. 제국주의에 예속된 민중의 해방운동으로 식민지사회에 전파된 러시아혁명과 혁명정부의 민족자결 선언, 그리고 코민테른의 식민지 민족해방운동에 대한 지원 방침 등은 사회주의의 내용을 이루는 것으로 받아들여져 식민지 사회의 저항적 민족의식과 결합되었다. 그리하여 식민지 민족독립운동선상에서 받아들여진 사회주의는 민족 독립의 민족모순을 해결하고 동시에 민족간 그리고 민족 내부의 계급모순을 일거에 해소할 수 있는 새로운 신사회의 상을 제시하는 것으로 여겨졌다. 이렇게 받아들여진 식민지 사회의 사회주의는 곧 민족의 독립과 전근대적이고 반자본주의적인 사회혁명을 동시에 달성할 수 있는 '민족해방'의 이념이었다.

그와 같이 사회주의를 식민지 민족해방의 이념으로 수용한 사회주의운동의 민족문제와 계급문제에 대한 인식을 고찰하는 것은 일제하에서 수용된 한국 사회주의의 의미와 특성을 제고하는 의미를 갖는다. 또한 항일 민족독립운동선상에서 전개된 사회주의 민족해방운동의 특성과 의미를 제고하는 것이기도 하다. 나아가 일제시기 한국사회의 정치・사회적 인식의 수준과 해방 이후 독립국가 건설의 구상을 가늠할 수 있는 작업의 일환으로서도 의미가 있다. 다른 한편으로는 식민지시기 한국사회의 근대적 민족의식의 일면을 밝히는 작업으로서도 의미가 있다고 할 수 있다.

기존 연구를 통해서 일제시기 사회주의운동이 민족독립운동 선상에서 갖는 의미는 충분히 논의되었다고 할 수 있다.[1] 그러한 가운데 사회주의

세력의 민족해방운동론이나 민족문제에 대한 연구도 진행되었으나2) 일제하 전 시기에 걸쳐서 앞서 언급한 '민족해방'의 이념 속에 내포되어 있던 사회주의 계급문제와 민족문제의 상관관계와 그것이 일제하 사회주의 실천운동, 민족운동에서 어떠한 의미로 활용되었는지에 대해 천착한 글은 드물다3). 그러므로 이 글에서는 기존 연구의 성과를 기초로 하여 일제시기 사회주의 민족해방의 이념 속에 내재되어 있던 민족문제와 계급문제에 대한 인식을 고찰하여 식민지 한국사회에 수용된 사회주의운동이 민족독립운동에서 갖는 의미를 제고하고자 한다. 이러한 의미에서 이 글은 일제시기 사회주의운동에 나타난 계급문제와 민족문제에 대한 인식을, 국내외에서 식민지 민족의식에 기초하여 민족해방의 이념으로 받아들여진 사회주의의 의미와 이후 국내에서 전위당 조직 활동으로 전개된 사회주의 민족해방운동, 그리고 12월테제 이후 전위당 재건운동기에 드러난 국내·외 사회주의 민족해방운동의 편차를 고찰하고자 한다.

---

1) 일제하 사회주의운동에 관한 기존 연구의 성과에 대해서는 전상숙, 『일제시기 한국 사회주의 지식인 연구』(서울: 지식산업사, 2004), 31-41쪽 참조.
2) 김경일, "일제하 노동운동에서의 민족주의와 민족문제," 『한국학보』 64, 일지사, 1991; 김준, "1920~30년대 노동운동에서의 민족문제와 계급문제," 『한국사회사연구회논문집 25—일제하의 사회운동과 농촌사회』, 문학과 지성사, 1990; 김형국, "1920년대 한국 지식인의 사상분화와 민족문제 인식 연구," 韓國精神文化研究院 박사학위논문, 2003; 류준범, "1930~40년대 사회주의 운동가들의 민족혁명에 대한 인식," 『역사문제연구』 4, 역사문제연구소, 2000; 서중석, 『한국근현대의 민족문제 연구』, 지식산업사, 1989; 신주백, "1930년대 국내 사회주의자들의 민족해방운동론," 『역사비평』 8, 역사문제연구소, 1990; 윤종일, "1920년대 중반까지 국내 사회주의자들의 민족문제 인식변화에 대하여," 『한국민족운동사연구』 6, 한국민족운동사연구회, 1992; 이균영, "코민테른 제6회 대회와 식민지 조선의 민족문제," 『역사와현실』 7, 한국역사연구회, 1992; 장상수, "일제하 1920년대의 민족 문제 논쟁," 『한국의 근대국가형성과 민족문제』, 문학과지성사, 1986.
3) 전상숙, "일제강점기 사회주의운동계열의 '민족문제'인식," 『나라사랑 독립정신』 (서울: 국가보훈처, 2005).

2. 저항적 민족의식과 '성공한 해방운동' 사회주의

일본의 강점과 식민통치가 한국인의 민족의식을 촉진한 것은 주지의 사실이다. 식민지배는 지배 민족에 대한 피지배 민족의 동질성과 국가주권을 이루기 위한 독립과 자결 의식을 각성시켜 식민통치에 대한 저항적 민족의식(주의)을 고조시켰다. 그리고 이는 식민지 민족독립운동의 핵심 동력이 되었다. 일본에 병합되어 겪게 된 무단통치는 국가를 잃는다는 것 곧 국가 주권 상실의 의미와, 그러한 가운데 살아가는 민족 생활의 문제를 체험적으로 깨닫게 함으로써 근대적인 국가 주권의 의미를 자각하게 했다. 이는 곧 민족의식의 공고화와 민족독립의 열망에 기초한 반일 독립운동으로 전개되었다. 그러나 식민지라는 조건에서 반일민족독립운동이, 일제의 강점으로 와해되어 형해화된 전근대적인 지배체제를 대체할 체계적인 독립운동의 지도체계를 수립하고 독립 이후 전근대적인 사회질서와 식민통치를 대체할 사회체계를 상정하며 전개되는 데는 한계가 컸다. 따라서 반일민족독립운동과 유기적으로 연관된 구체적인 민족적 독립의 실천 방안이나 독립 민족국가의 상에 대한 통일적인 전망을 갖기 어려웠다.4) 그리하여 일제의 식민지배에 대한 저항과 독립의 민족적 의지의 발현인 민족독립운동은 국내외에서 분산적으로 전개되었다.

주체성과 핵심역량이 결여된 채 자연발생적인 군중운동의 단계에 머물러 있던 민족독립운동이 전 민족적인 범위로 팽배한 민족의식에 기초하여 거족적인 운동형태로 전개된 것은 3·1운동을 통해서였다.5) 이런 의미에서 3·1운동은 일제하 민족독립운동사에서 획기적인 거사였다. 3·1운동은 윌슨의 민족자결 선언에 고무되어 민족적 역량을 결집하는 데 힘을 모은 민

---

4) 전상숙, "일제강점기 사회주의운동계열의 '민족문제'인식," 『나라사랑 독립정신』 (서울: 국가보훈처), 2005, 303-304쪽.

5) 김준엽·김창순, 『한국공산주의운동사』1, 청계연구소, 1986, 19-20쪽.

족 지도세력의 서구 자유주의 국가에 대한 맹목적인 환상과 기대를 반영한 것이기도 했다. 다시 말해서, 3·1운동 당시 민족 지도세력이 서구 자유주의 진영에 기대했던 민족독립운동에 대한 지원은, 일본보다 앞선 근대화를 이룬 서구 자유주의 국가의 지원으로 상대적으로 약세인 일본의 식민 지배를 종식시키고 근대적인 독립 민족 국가를 건설할 수 있다는 것이었다. 그러한 막연하고 맹목적인 민족 지도세력의 서구 자유주의 진영에 대한 기대는 곧 그들이 서구와 같은 근대적 산업화에 기초한 자유민주주의 국가를 지향했다는 의미이기도 하다.

그러나 그러한 기대는 좌절되었고 새로운 방향을 모색하지 않을 수 없었다. 3·1운동의 실패는 민족의 독립이 외세의 지원이나 비조직적인 만세운동으로는 성취될 수 없다는 중요한 교훈을 남겼다. 이후 민족독립운동은 운동세력의 조직화와 실질적인 실력 양성의 방안을 모색했다. 그리하여 국내외에서 임시정부를 비롯한 민족 지도자들은 외교적인 노력을 전개하거나 민족의식을 조직적으로 결집하여 직접적인 저항운동의 힘을 육성하려는 항일 무장투쟁운동을 도모하는 한편, 식민지하에서도 점진적으로 민족의 실력을 양성하여 독립의 기회를 준비하는 방안 등을 강구했다.

3·1운동은 다른 한편으로 러시아혁명의 성공으로 세계사조의 하나로 광범위하게 보급되고 있던 사회주의가 국내에 본격적으로 수용되는 계기가 되었다. 동경유학생들의 2·8독립선언서에는 이미 사회주의혁명을 성공시킨 러시아에 대해 "노국은 이미 군국주의적 야심을 방기하고 자유와 정의를 기초로 한 신국가 건설에 종사한다"고[6] 긍정적으로 평가되고 있었다. 그러한 사회주의혁명과 러시아에 대한 이미지는 그대로 국내로 유입·확산되었다. 3·1운동 당시 적기(赤旗)가 등장하는가 하면[7] 일반 민중 가운데 "대통령이 선출되면 국민전체에 걸쳐 재산을 균분하게 될 것이라

---

6) 동아일보사 편, 『3·1운동 50주년 기념논집』, 1969. 3, 160-162쪽.
7) "3월 5일 경성 제2차 학생독립시위에는 로씨야 노동계급이 투쟁마당에서 홀린 붉은 피를 의미한 붉은 기를 들고 일본제국주의를 반대하는 시위운동을 진행"했다. 김승화, "三·一運動前夜의 國際政勢," 『러씨야사회주의十月革命三十二주년 기념 朝鮮民族解放鬪爭史』, 김일성종합대학, 1949, 242쪽.

하여 사회주의적 언사를 농하는 자"도 있었고, "조선 독립시에는 재산을 평등하게 나눠줄 것이므로 빈곤자로서는 무상의 행복이 될 것이라며 독립의 실현을 기대하는 정황이 있었다."[8]

민족 지도세력의 서구 자유주의 진영에 대한 기대와 마찬가지로 막연하기는 했지만 러시아혁명의 소식은 민중에게 전해져 민족의 독립과 자유롭고 평등한 신사회에 대한 전망을 제시했던 것이다. 러시아혁명은 제국주의체제에 예속된 민중이 구세계의 지배세력에 대항해 일으킨 봉기가 성공한 해방운동으로 여겨졌다.[9] 그리고 사회주의는 그것을 가능하게 한 정치이념으로 받아들여졌다. 따라서 러시아혁명과 사회주의에 대한 호감과 기대는 급속히 확산되었다. 게다가 3·1운동을 통해서 깨어진 서구 자유 민주주의 국가에 대한 기대와 환상은 그만큼의 좌절과 실망을 안겨주어 러시아혁명을 성공시킨 사회주의와 소비에트체제에 대한 관심을 고조시켰다.

더욱이 사회주의는 3·1운동의 실패를 통해서 드러났듯이, 민족주의 진영의 운동이 비체계적이고 실질적인 국권회복의 방안을 갖고 있지 않은 데 반하여 이론적인 체계는 물론이고 구체적인 국권회복의 방안과 국제관계의 동맹·후원세력을 갖고 있었다. 민족진영이 비체계적이고 막연한 애국과 독립의식을 강조한 반면에 사회주의는 식민지 상황에 대한 구체적인 분석을 통해서 민족 독립의 방안과 독립 국가의 사회상까지 설정하고 있었다. 또한 민족진영이 국제관계에서 고립무원이었던 것과는 대조적으로, 사회주의는 신생 소비에트 러시아를 필두로 한 국제적 연대 조직의 강한 지원을 받고 있었다.[10]

그러한 사회주의 해방운동에 대한 기대는 러시아혁명을 성공시킨 레닌의 민족자결론의 영향으로 증폭되었다. 레닌의 민족자결론은 자본주의적

---

8) 그러므로 일제는 과격파 또는 사회주의자들이 이 기회를 틈타 은밀히 주의 선전에 노력하고 있는지 깊이 의심하고 경계했다. 姜德相·梶村樹水 편, 『現代史資料』25, みすず書房, 1977, 388쪽, 418-419쪽.

9) 디트리히 가이어, 『러시아혁명』, 이인호 역, 민음사, 1990, 238쪽.

10) 진덕규, "1920년대 국내 민족운동에 관한 고찰," 송건호·강만길 편, 『한국민족주의론』 I, 창작과비평사, 1982, 143쪽.

산업화가 미발달한 식민지·피압박 민족의 절대 다수를 차지하는 농민과 노동자를 부르주아 지배체제로부터 벗어나 혁명의 동력으로 만드는 것이 급선무라는 전략적인 사고에서 고안된 것이었다. 그것은 세계대전을 통해서 발달한 식민지·피압박 민족의 민족운동을 자극해 민족해방의 열망을 고취시켜서 소비에트 러시아를 중심으로 한 국제 사회주의혁명의 연대를 강화하기 위한 현실적인 전략이었다. 그 영향으로 고조된 세계 혁명운동은 식민지 민족해방투쟁의 반제국주의적 성격이 강화된 것이었다.

그러한 레닌의 민족자결론이 동아시아 식민지 민족해방투쟁의 반제국주의적 성격을 강화하는 것으로 확장된 것은 1919년 3월 볼셰비키 정부가 세계혁명의 완수를 위해 볼셰비키 강령에 동조하는 각국 사회주의자들을 독려하여 창립한 제3인터내셔널(코민테른) 제2차 대회에서부터였다. 코민테른은 1920년을 고비로 유럽의 혁명 열기가 퇴조하는데 가운데 일본을 제외한 동아시아 각국이 반식민지·식민지 상태에 있다는 사실에 주목했다. 그리하여 억압민족과 피억압민족을 구분하고 피억압민족의 부르주아 민주주의운동을 원조한다는 방침을 제시한 "민족·식민지 문제에 관한 테제"를 결의했다.[11] 레닌의 민족자결론은 혁명정부의 안정과 국제혁명의 유대를 공고히 하기 위한 현실주의적 외교 전략 속에서 제창된 것이었지만 식민지 약소민족에게는 사회주의의 내용을 이루는 것으로 받아들여져 반제 민족해방운동을 고무시켰다. 혁명 직후부터 서구 자유주의진영과는 대조적으로 식민지 민족의 자결권을 실천하며 서구 제국주의에 대한 식민지 민족의 독립을 주창한[12] 볼셰비키정부의 사회주의는 제국주의에 예속된 약소민족 대중의 성공한 해방운동이자 이념으로서 식민지 민족의 기대와 공감을 흡수하며 제국주의에 대한 저항적 민족의식과 강력한 친화력을 발휘했다.

그러한 정황은 식민지 한국에서도 마찬가지였다. 3·1운동으로 변화된 '문화정치' 하에서 제한적이나마 허용된 언로를 통해서 그와 같이 전해진

---

11) 전상숙, 『일제시기 한국 사회주의 지식인 연구』(서울: 지식산업사, 2004), 109-110쪽 참조.
12) 아시아 아프리카문제연구소 편, 김태일 역, 『민족해방운동사』, 71쪽.

혁명 러시아의 소식과 사회주의는 새로운 민족 독립의 '복음'과 같이 여겨져 급속하게 확산되었다.13) 식민지 한국사회에서 사회주의가 본격적으로 수용·논의된 것은 3·1운동의 실패를 직접적인 계기로 해서였지만 그보다 앞서 국외 한인사회에서 볼세비키혁명을 통해 사회주의를 접하고 있었다. 볼세비키혁명은 동부 시베리아와 만주에 산재한 한국인 이주자들을 혁명의 소용돌이에 휘말리게 했다.14) 특히 일제의 병합 이후 정치적인 이유로 인접한 러시아 연해주로 이주하여 귀화하지 않는 불이익을 감수하며 한국인으로 생활하고 있던 사람들에게 볼세비키혁명과 그에 대한 일본의 시베리아 출병은 항일 민족의식과 사회주의가 접점을 이뤄 항일 민족독립운동 선상에서 국외 사회주의운동이 활성화되는 계기가 되었다.15)

시베리아에서 고전하며 동맹군을 필요로 하던 볼세비키에게 일본의 병참으로 주권을 박탈당하고 국외로 이주한 후에도 항일운동을 끊이지 않는 한국인들은 볼세비키의 시베리아 항일 전선에 동원하여 활용할 좋은 역량이었다. 또한 노령과 만주지역에서 항일무장투쟁을 전개하던 일부 민족독립운동가들에게 민족자결을 주창·실천하고 시베리아에서 일본과 대치하고 있는 볼세비키정권은 항일 민족운동을 지원해 줄 유력한 세력이었다. 민족운동의 동지들이 아직 방향을 정하지 못하고 있을 때 볼세비키와 손을 잡은 이동휘가16) 대표적이었다.

1911년 조선통감 데라우찌(寺內) 암살미수 음모사건으로 한국을 떠나 만주·노령지역에서 항일 무장독립운동을 주도하던 이동휘는17) 러시아혁명의 성공으로 신정부가 성립된 것을 "우리 동포가 재활동의 기회"를18)

---

13) 전상숙(2005), 312쪽.
14) 스칼라피노·이정식, 『한국공산주의운동사』1, 한홍구 옮김(서울: 돌베개, 1986), 37쪽; 김준엽·김창순, 『한국공산주의운동사』1(서울: 청계연구소, 1986), 82쪽.
15) 김준엽·김창순(1986), 87-107쪽 참조.
16) 김준엽·김창순(1986), 110쪽.
17) 林賴三郎, 『鮮人獨立運動に關する狀況調査報告書』, 1920. 6. 18, 119-120쪽; 이영일, 『리동휘 성재 선생』, 서굉일·동암 공 편저, 『間島史新論』(서울: 우리들의 편지사, 1993), 46-47쪽.
18) 姜德相 編, 『現代史資料(25)』 三·一運動編(一)(東京: みすず書房, 1967) 37-38쪽.

얻은 것으로 받아들였다. 치열한 독립사상을 견지하며 지속한 항일운동의 경험으로 독립을 이루기 위해서는 어느 유력한 정부의 원조를 얻는 것이 불가피하다고 여기던 이동휘에게 볼세비키정부의 실천적 민족자결방침과 식민지 민족운동에 대한 지원 방침은 좋은 기회가 아닐 수 없었기 때문이다.19) 이동휘는 볼세비키정부의 수립을 항일운동을 재활성화시킬 수 있는 기회로 여겼다. 그래서 1918년 3월 일본군의 시베리아출병에 대한 대책을 강구하기 위해 '조선인정치망명자회의'를 개최하고 그 석상에서 볼세비키당과 같은 무산계급정당을 조직하여 민족해방운동을 전개할 것을 제안했다. 그 결과 뜻을 같이 하는 사람들과 최초의 한국인 사회주의 정당인 한인사회당을 창당했다. 이동휘의 한인사회당 창당은 반일독립의 숙원을 달성하고자 유력한 정부의 원조를 얻으려는 민족운동세력과 한인 민족운동세력을 소비에트 방위전선에 이용하고자 한 볼세비키 한인정책의 결합이라고20) 할 수 있다.

국외 항일 민족운동의 지도자 이동휘가 볼세비키와 제휴하여 창당한 한인사회당은 친볼세비키 공산당이었지만 기본적인 지향은 민족의 독립에 있었다. 1919년 4월 한인사회당 대회에서 채택된 강령을 보면, 투쟁의 목표를 "일본 제국주의의 압제 및 자본주의적 착취로부터 조선을 해방하는 것"으로 규정하고, 소비에트체제를 조선의 노동계급의 이해에 가장 적합한 권력형태라고 선언했다.21) 사회주의에 대해 알지 못하는 이동휘는22) 계급혁명에 대한 이해가 부재한 가운데 식민지 민족해방운동을 지원하는 볼세비키의 소비에트체제관을 수용했다. 그것은 일본 제국주의의 전면적

---

19) "이동휘 일파는 …… 지난날 허다한 실패를 거듭한 나머지 …… 적어도 어느 유력한 정부의 원조를 얻지 않고는 불가능하다 하여 내심 그 기회를 포착하기에 심려하던 중 때마침 노농정부의 공산주의 선전에 온갖 유리한 조건이 제공된다 함은 호기인지라 ……"(朝鮮總督府警務局, 高警 第4105號, "高麗共産黨及全露共産黨の便改," 1923. 1. 15. 553-554쪽).
20) 김준엽·김창순(1986), 165쪽.
21) 姜德相, 『現代史資料(26)』 三·一運動編(二)(東京: みすず書房, 1967), 208-209쪽.
22) 『呂運亨調書』, 510-511쪽.

인 지배하에 있는 한국사회가 자본주의 단계로 편입된 것으로 보고 일제에 대한 민족적 대립을 계급적 대립과 일체로 여긴 볼세비키의 사회주의 혁명노선을 따른 것이었다. 이는 일제의 압제와 자본주의적 착취로부터의 해방을 당면목표로 설정한 것으로도 알 수 있다. 볼세비키의 지도자 레닌은 이동휘가 사회주의자가 아니라는 것을 알고 있었지만 극동의 제국주의 일본과 대치하고 있는 상황에서 한인의 동력을 반제 세계혁명전선에 활용하여 볼세비키 정권의 안정을 꾀하고자 적극 지원했다.[23] 이동휘에게 사회주의는 일제에 예속된 민중을 해방시켜 민족의 독립을 이루게 할 민족운동이었으며 볼세비키정부는 그러한 민중 해방운동을 스스로 성공시키고 이제 기타 민족의 해방과 식민지 독립운동을 지원하는 유력한 정부였다. 그러므로 이 대회에서는 중앙 소비에트정부와 코민테른의 지원을 받기 위해 코민테른에 가입할 것과 레닌정부에 대표를 파견할 것도 결의되었다.[24]

볼세비키혁명 직후 국외 항일 민족운동세력의 그러한 사회주의 인식과 친모스크바노선은 일반적인 현상이었다. 서구 자유주의진영에 대한 기대가 무산된 가운데 식민지 민족의 자결을 주창하며 반제민족해방운동을 지원하는 볼세비키정부의 사회주의가 성공한 민중의 민족해방운동의 이념으로서 반제 민족의식과 접합되어 민족 독립의 새로운 가능성으로 광범위하게 전파되었기 때문이다.

3·1운동 이후 사회주의에 대한 관심은 성공한 러시아혁명을 통해서 증폭되어 서구 자유주의에 대체할 새로운 민족독립의 이념으로 받아들여졌다. 3·1운동의 경험은 조직적인 집회와 결사의 정치·사회적 의미와 효과 그리고 국제정세의 역동적인 역학관계에 대한 인식을 각성시키는 한편으로 세계적 사상사조와 소통하는 계기가 되어 초보적이지만 민족과 계급에 대해 인식하게 했다. 그리하여 문화통치 아래서 제한적으로나마 허용된 공론의 장에서 종래의 민족주의자들과 새로운 사상 사조를 수용한 사회주

---

23) 金弘壹, "自由市事變前後,"『思想界』, 1965. 2, 219-220쪽 참조
24) 姜德相,『現代史資料(29)』朝鮮(五)共産主義運動(一) (東京: みすず書房, 1972), 453-454쪽.

의자들이 함께 하며 신사회·신문명·평등 등을 논하며 합법·비합법 단체를 조직하여 사회적 실천운동에 임하게 되었다. 특히 식민지 민족의 처지를 걱정하며 민족의 독립과 장래에 고심하던 청년들에게 사회주의의 영향은 지대했다. 앞에서 언급했듯이 사회주의는 이론적인 체계와 국권회복의 방안은 물론 후원세력까지 갖고 있었기 때문이다. 청년지식인들은 사회주의적 언사를 논하며 청년회를 결성하여 활발한 조직 활동을 전개했다. 그리하여 계몽적인 문화운동 단계에 머물러 있던 청년운동은 1920년대 초 체계적이고 조직적인 활동을 전개하며 전국적인 조직 기관(조선청년회연합회)을 결성하기에 이르렀다. 청년지식인들은 민족·사회주의를 불문하고 민족운동의 공통된 지향 아래 함께 했다.25)

　이와 같이 러시아혁명은 제국주의에 예속된 민중의 성공한 해방운동으로 전파되어 식민지 민족의 독립에 대한 희망과 반제 민족의식과 접합되어 사회주의가 광범하고 급속하게 수용되는 계기가 되었다. 사회주의는 예속된 민중의 해방을 성공하게 한 정치이념이었으며, 그러한 혁명운동을 성공적으로 주도하여 수립된 소비에트체제는 제국주의를 부정하고 대체한 정권으로서 반제 민족독립운동을 지원하는 유력한 정부였다. 이는 서구 자유주의진영의 지원에 기대를 걸고 감행한 3·1운동의 좌절로 상실된 국외 유력한 독립지원 세력과 지향이념을 대체하기에 충분했다. 자력으로 독립을 달성하기 어렵다는 판단에서 국외에서 반일독립운동을 지원해줄 유력한 세력으로 여겼던 서구 자유주의 진영에 대한 기대의 좌절은 자본주의적 성장에 기초한 제국주의에 대해 새롭게 인식하는 계기가 되었다.

　3·1운동 당시 서구 자유주의진영에 걸었던 기대는 일본과 서구자유주의진영을 분리해서 인식한 것으로, 한국을 식민지화할 만큼 자본주의적 발전을 이룬 제국주의 일본으로부터 독립하기 위해서는 그보다 앞선 자본주의적 성장을 이룬 제국주의 국가의 도움을 받아야 한다는 것으로 모순이 아닐 수 없었을 뿐만 아니라 국제정치의 현실에 대한 무지를 드러낸 것이기도 했다. 그러나 3·1운동의 경험과 러시아혁명으로 촉발된 사회주

---

25) 전상숙(2005), 313쪽 참조.

의의 유입은 초보적인 형태로나마 제국주의로 전개된 자본주의적 발전의 모순과 결함을 인식하게 했다. 그것은 반일민족독립운동은 곧 반제·민족독립운동으로서 세계사적인 반제·반자본주의운동의 일환이 되며 이는 또한 반자본주의 계급해방운동으로서 볼세비키정부의 사회주의가 말하는 민족해방운동의 일환이 되는 것이었다. 그러므로 일제에 대한 민족해방운동은 반일민족독립운동이면서 동시에 반제민족해방운동으로서 민족독립의 숙원과 자본주의의 모순을 극복할 반자본·반제 계급혁명운동으로 받아들여졌다.

일제에 대한 식민지 민족문제의 모순이 당면한 민족 독립운동의 지향 아래 사회주의혁명의 계급모순과 중첩되어 일원적으로 받아들여진 것이다. 1920년대초 국내외 민족운동선상에서 수용된 사회주의는 그와 같은 민족해방의 이념으로서 일제에 대한 민족적 저항의식과 직결되어 받아들여져 계급혁명 곧 계급문제에 대한 인식은 반제·민족해방 속에 용해되어 있었다.

3. 1920년대 국내 사회주의운동의 실제화와 사회주의 민족해방운동

1) 국내 사회주의운동 실제화의 의미와 민족 문제

초기 사회주의 수용과정에서 일제에 대한 반제·민족독립의 이념 속에 혼재되어 있던 민족문제와 계급문제에 대한 인식은 극동 정세의 변화와 국내 민족운동에서 표출된 계급갈등을 계기로 항일민족독립운동 진영이 분리되면서 분화되었다. 1921년말에서 1922년초에 쟁점이 된 '사기공산당사건'[26)]으로 대립하기 시작한 국내 민족주의세력과 사회주의세력은 1922

---

26) 1921년 가을부터 국내로 들어온 이동휘계에게 지원된 코민테른의 자금이 사회주의자를 가장한 조선청년회연합회의 장덕수 등 민족주의자들의 손에 들어가 일부는 청년회운동에 사용되고 대부분은 그들이 유용한 사건("김철수 친필 유고," 『역

년 1월에서 2월에 걸친 '金允植사회장' 찬반논의27)를 거쳐 1923년 '물산장려논쟁'28)을 정점으로 하여 이념적·조직적으로 결별하고 독자적인 단체 결성을 도모하여 국내 민족독립운동 진영을 양분시켰다. 김윤식사회장문제와 물산장려논쟁은, 전근대 사회적인 봉건적 유재와 식민지사회의 생산력증진운동은 중산계급의 계급이익을 위한 것이라 하여 모두 극복의 대상으로 비판한 사회주의세력의 계급문제인식이 민족주의세력과 대립하며 민족 내 계급갈등을 표출·대립시켰기 때문이다.

  이들 논쟁을 통해서 사회주의 수용과정에서 항일민족운동으로 일원화되어 있던 민족문제와 계급문제에 대한 인식의 분화가 촉진되고 항일민족독립운동 역시 분리되었다. 그리하여 지배·피지배민족간의 민족모순과 일체화되어 극복의 대상이 되었던 일제에 대한 반제·반자본주의 계급모순이 상존하는 가운데 식민지 민족 내부의 계급모순이 사회주의운동의 주요 쟁점이 되었다. 사회주의세력은 세계혁명의 전략적 구상에서 식민지·반식민지 민족해방운동의 차원에서 식민지 민족독립운동을 적극 지원하는 코민테른의 영향을 받으며 민족주의세력에 대한 사상투쟁을 치열하게 전개하며29) 민족독립운동에 혁명적 계급의식을 계몽했다.

  한편, 1922년 10월 일본군이 시베리아에서 철수한 후 일본과 국교정상화 교섭을 시작한 소비에트정부는 한인정책을 수정했다. 시베리아에서 일제와 대립할 당시 사회주의를 받아들인 항일민족독립운동세력은 소비에트 방위전선에 동원할 유용한 인적자원이었다. 그러나 일본군 철병 이후 그들은 일본과 수교하는 데 갈등을 재현시킬 위협요인이 되었다. 그리하

    사비평』, 1989 여름호, 352쪽; 배성룡, "조선사회운동소사,"『조선일보』, 1929. 1. 17 참조).
27) 박종린, "'김윤식사회장' 찬반논의와 사회주의세력의 재편,"『역사와현실』제38호. 2000. 12 참조.
28) 박종린, "1920년대 전반기 사회주의사상의 수용과 물산장려논쟁,"『역사와현실』제47호. 2003. 3; 이태훈, "1920년대 전반기 일제의 '문화정치'와 부르주아 정치세력의 대응,"『역사와현실』제47호; 전상숙, "물산장려논쟁을 통해서 본 민족주의세력의 이념적 편차,"『역사와현실』제47호 참조.
29) 배성룡, "조선사회운동소사,"『조선일보』, 1929. 1. 6.

여 소비에트정부는 영내 한인의 소비에트화를 적극 장려하는 한편 한인 사회주의운동세력에게 국내로 들어가 사회주의운동의 전위당을 건설하는 데 집중할 것을 지시했다.30) 이후, 국외에서 민족독립운동선상에서 수용된 사회주의는 그 활동공간을 국내로 이동하여 항일 민족해방운동의 일환으로 이를 지도할 전위당을 국내에 건설하기 위한 활동을 중심으로 하여 전개되었다.

이와 같은 시기에 코민테른 제4회 대회에서 채택된 "동양문제에 대한 일반테제"는 제2회대회의 결의사항인 식민지 민족해방운동 곧 부르주아 민주주의운동에 대한 지원방침을 공산당의 임무로 구체화한 '반제통일전선' 슬로건을 주창했다. 그것은 민족주의·부르주아민주주의 진영의 모든 모순을 이용하여 민족해방운동에서 계급인식을 강화하라는 것이었다.31) 그와 함께 정치적 요구로 노·농 독립 민주공화국 건설의 임무가 결의되었다. 이는 코민테른의 민족해방운동 지원 전략의 기획의도와 중요성을 일층 강화한 것으로32) 1920년대 전반에 걸쳐 지속되었다.

이와 같이 상황이 변화하는 가운데 국내에서 반제·민족독립의 지향 아래 민족·사회 양진영이 함께하면서 혼재되어 있던 양 진영의 민족인식과 계급인식의 차이가 표출되었던 것이다. 특히 민족 내부의 계급문제에 대한 인식의 차이로 양 진영의 분리는 불가피했다. 1922년을 기점으로 국내에서 민족주의세력과 결별하고 계급혁명을 표방한 사회주의세력의 조직활동과 소비에트정부의 국내 한인 사회주의운동의 전위당 건설 지시가 맞물려 1923년부터 국내 사회주의운동이 '실제화'되었다.33)

국내 사회주의운동의 실제화는 국내외에서 전개되기 시작한 한인 사회주의운동의 중심이 국내로 이동하여 사회주의 전위당 건설 운동이 활성화

---

30) 전상숙(2004), 68쪽 각주 76 참조.
31) "東洋問題二關スル一般テゼ," 村田陽一, 『コミンテルン資料集』第2卷(東京: 大月書店, 1979), 314-315쪽.
32) "執行委員會ノ報告二對スル決意"(1924. 6). 村田陽一(1979) 第3卷, 39.
33) 朝鮮總督府警務局, 『勞農運動槪況』, 1924. 6, 이재화·한홍구 편, 『韓國民族解放運動史資料叢書』2(서울: 경원문화사, 1988), 7쪽.

된 것을 말한다. 이는 또한 그간 항일 민족독립운동 속에 미분화되어 있던 민족문제와 계급문제에 대한 인식의 분화를 의미하기도 한다. 일제에 대한 항일독립운동은 반제·반자본주의운동으로서 민족독립운동이자 민중의 계급해방운동이었다. 처음 사회주의를 수용한 한국인들에게 우선적으로 받아들여진 것은 반일 곧 반제 민족 해방, 다시 말해서 민족의 독립에 대한 지향과 지원이었다. 사회주의 '민족해방'에 대해서는 막연히 이상적인 신사회의 상만을 갖고 있었을 뿐이었다고 할 수 있다.

그러나 사회주의 전위당건설 활동은 민족내부의 계급혁명의 문제를 직접적인 대상으로 하지 않을 수 없는 것이었다. 이는 곧 식민지 민족 내부의 계급적 갈등을 대상화하여 투쟁의 상대로 하는 것이었다. 그러므로 민족문제와 계급문제가 혼재된 민족해방운동 속에서 막연하게 민족의 독립과 이상적인 민족독립국가의 상을 기대하며 사회주의를 받아들였던 사람들은 민족문제와 계급문제의 차이를 인식·구별하여 선택해야 할 기로에 서게 되었다. 민족독립국가의 상을 자본주의적 근대의 모순을 극복할 사회주의에서 찾아 계급문제를 선택한 것이 사회주의자들이었다.

그러나 식민지사회에서 계급문제를 선택한 사회주의자들의 선택은 궁극적으로 지향하는 가치의 우선순위의 선택이었지 민족문제를 방기하는 것일 수 없었다. 그들의 계급문제 인식에는 전근대적 봉건적인 사회질서를 만민 평등의 근대적인 사회로 바꾸어야 한다는 한국사회변혁의 의식과 이를 위해 일제하 식민지로부터 벗어나 독립 국가를 건설해야 한다는 항일 식민지 민족해방의 정치적 변혁의식이 공존하고 있었다. 그러므로 민족 내부의 계급적 차이와 그에 따른 계급문제 인식의 차이로 부르주아민족주의세력과 결별한 사회주의운동의 실제화는 혁명적 계급인식에 기초한 민족 변혁운동으로서 민족해방운동이 전개된 것이라 할 수 있다.

사회주의세력은 청년 지식인들 간의 결속을 다지며 1924년 4월 전국적 조직인 조선청년총동맹을 결성하고 타협적 민족운동을 배척한 무산계급의 해방을 표방했다.[34] 조선청년총동맹의 강령은 대중 본위의 신사회의

---

34) "2. 민족자결 및 민족독립은 오늘날 무용이다. 무산계급의 해방을 제1의 급무로 한

건설과 민중 해방운동의 선구가 될 것을 선언했다.35) 반제 민족모순에 내포되어 있는 계급해방의 지향 곧 혁명적 민족해방의 지향을 명시한 것이었다. 또한 갖은 압박과 구속으로 무자유·무권리한 존재로 살아야 하는 식민지 민족현실의 암담함과 그럼에도 불구하고 갈등적으로 존재하는 민족 내부 계급모순의 극복도 함께 지적한 것이었다. 그러나 여기서 사회주의세력의 민족문제와 계급문제에 대한 인식은 억압 민족과 피억압 민족에 대한 구별이 분명하지 않은 가운데 식민지 민족의 저항의식을 매개로 결부되어 있었다. 그리하여 타협적 민족운동과 부르주아세력을 배척하는 계급혁명노선을 지향했지만, 혁명적 민족운동과는 제휴하는 사회운동과 민족운동의 병행을 표방했다.36) 물론 이는 코민테른의 민족협동전선 방침에 일치하는 것이었지만 억압·피억압 민족에 대한 구별이 분명하지 않아 코민테른의 민족협동전선방침에 대한 이해가 불명확한 것을 알 수 있다.

'신사회의 건설'이라는 목표는 민족 내부의 계급모순에 대한 인식이 강조되기 이전단계와는 다른 새로운 '무엇'을 찾지 않을 수 없어 고투를 치르고 찾아낸 계급혁명의 목표였다.37) 사회주의세력의 민족문제와 계급문제에 대한 인식은 사회주의 민족해방의 이념이 항일 민족의식 위에 받아들여져 계급적 저항의지로 결집되어 표출된 것이었다고 할 수 있다. 당시 사회주의세력의 계급문제와 민족문제에 대한 인식은 근본적으로 식민지 민족의 독립을 추구한 민족해방과 분리될 수 없는 것이었다.38)

다"(1923년 3월 전조선 청년당대회의 민족문제에 대한 토의 사항); "타협적 민족운동은 절대 배척하고, 혁명적 민족운동은 찬성한다"(1924년 4월 조선청년총동맹 임시대회 토의 사항); "계급관계를 무시한 단순한 민족운동을 부인한다"(1924년 11월 북풍회 집행위원회에서 채택한 강령).
35) <東亞日報>, 1924. 3. 2.
36) <東亞日報>, 1924. 11. 29
37) <東亞日報>, 1924. 4. 21 사설.
38) 전상숙(2005), 317쪽.

2) '민족협동전선' 방침과 사회주의혁명의 계급 인식 심화

그러한 사회주의세력의 인식은 1925년에 결성된 한국 사회주의운동의 전위당 조선공산당을 거치며 코민테른의 민족협동전선 방침에 대한 이해와 함께 억압·피억압 민족에 대한 인식이 구체화되고 그에 따라 사회주의운동의 차원에서 계급문제를 분명하게 인식하게 되는 모습을 보인다. 조선공산당의 강령과 '당면문제슬로건'[39])은, "타도 일본제국주의, 타도 일체의 봉건세력, 조선민족 해방 만세, 국제공산당 만세," "제국주의 약탈전쟁을 반제국주의 혁명으로"라고 하여 반일·반제 민족해방과 계급해방의 사회주의혁명을 병렬적으로 열거하며 주창했다. 일제에 대한 민족독립 투쟁이 반봉건과 계급해방을 수반한 사회주의혁명으로 나가고, 그렇게 되어야 한다고 역설한 것이다.[40]) 그리고 민족해방투쟁 속에서 "민족개량주의와 사회투기자의 기만을 폭로할 것"을 실천 전술로 제시했다. 이는 민족부르주아세력에 대한 비타협적인 계급인식과 적극적인 혁명운동의 전개를 강조한 것이었다. 이 시기 민족해방의 슬로건 속에는 항일 민족역량을 결집해야 한다는 협동전선적인 민족문제인식이 내포되어 있으면서 동시에 민족 내 계급인식을 심화시켜야 한다는 사회주의 계급문제에 대한 인식 또한 강화되었음을 알 수 있다.

그러한 계급문제와 민족문제에 대한 인식은 이른바 조선공산당 제2차 당에서 보다 현실적이고 실질적인 민족운동으로 현재화되었다. 민족주의세력과 함께하는 국민당을 조직하기 위한 노력이 그것이었다.[41]) 그것은 종전의 민족문제와 계급문제에 대한 인식을 현실의 실천적 전략의 차원에서 수정하여, 식민지 민족은 자본주의적 제국주의에 대해 "총체적으로 무

---

39) 具然欽, "朝鮮共産黨ト高麗共産黨大獄記," 김준엽·김창순 편, 『韓國共産主義運動史 資料篇』I, 고려대학교 아세아문제연구소, 1979, 71쪽, 417-431쪽 참조
40) 전상숙(2005), 318쪽.
41) 第3回 朝鮮共産黨中央執行委員會會錄, 高等法院檢事局思想部, "朝鮮共産黨事件重要書類登據物," 『朝鮮思想運動調査資料』 第1輯, 1932, 2쪽.

산계급"이라는 논리를 정립한 위에 전개된 것이었다. 다시 말해서 제국주의와 식민지 민족의 억압・피억압 관계에 대한 민족적 구별의식을 명확히 하고, 그에 준하여 실질적이고 전략적인 사회주의 실천운동의 방안으로 제시된 것이었다. 이때 식민지 민족의 해방은 곧 민족의 독립과 함께 이루어질 계급해방으로서, 민족적으로뿐만 아니라 개인적으로도 정치적 주권을 갖게 되는 것을 의미했다. 따라서 그것은 정치의 해방이고 또한 경제적 주권의 주체가 되는 경제의 해방이었다.42) 그러므로 그 결과는 제국주의와 식민지 민족 간의 민족모순과 계급모순이 극복됨과 동시에 민족 내부의 계급모순도 함께 극복될 것이었다.

　따라서 민족해방의 차원에서 전개된 국민당(민족협동전선)에서 사회주의자와 전위당의 임무는 민족문제와 계급문제를 함께 극복한 사회주의혁명을 달성하기 위해서 노동자와 농민을 지도하여 반제・반봉건 부르주아민주주의혁명의 주체로 만드는 것이었다.43) 그러한 당시 사회주의세력의 민족문제와 계급문제에 대한 인식의 병존은 '반제민족협동전선'의 실천운동론으로 정립되었다. 그것은 당시 사회운동의 단계를 궁극적으로 사회주의혁명으로 나가기 위한 전단계의 부르주아민주주의혁명으로 보고, 노동자와 농민을 주축으로 지식인과 부르주아지 등 모든 반제국주의세력이 동맹하여 민족해방운동에 함께하는 것이었다. 부르주아민주주의혁명에서 노동자와 농민 대중이 주축이 되어 다음 단계의 사회주의혁명으로 나가자면 노・농의 계급의식의 확산과 강화가 전제되어야 했다. 그것이 곧 위에서 지적된 사회주의자와 전위당의 임무였다. 이러한 혁명운동의 구상 아래 사회주의자들은 국가 최고의 그리고 일체의 권력이 국민에게 있는 '민주공화국'체제를 지향했다.44) 민주공화국의 주축은 노・농대중이지만 반제민족협동전선에 함께한 모든 사람들의 동등한 권리가 인정되는 국가형태였다. 당시 사회주의자들의 반제민족협동전선론을 근간으로 한 민주공화

---

42) "식민지 민족해방은 곧 계급해방이며 정치해방이고 경제해방"이다(京城地方法院 檢事局, "第二次朝鮮共産黨事件檢擧二關スル報告綴," 1926, 5-7쪽).
43) 구연흠, 앞의 글, 참조.
44) 具然欽, "朝鮮共産黨ト高麗共産黨大獄記," 김준엽・김창순 편(1979), 419쪽, 421쪽.

국 건설의 지향은 코민테른의 민족・식민지문제에 관한 방침과 맥을 같이 하는 것이었다.

이와 같이 1920년대 전반 사회주의세력은 민족적 저항의지를 실제적인 민족해방운동을 통해서 조직화하여 민족내외의 계급모순과 민족모순을 일거에 극복하고자 했다. 현상적으로 그것은 식민지 민족의 현실을 전략적으로 고려하지 않은 채 사회혁명의 계급혁명을 일제에 대한 민족해방으로 즉자적으로 받아들였던 모호한 계급과 민족문제인식이, 식민지 민족운동의 현실을 사회주의혁명의 전략적 차원에서 인식하여 명료화해 민족해방이라는 슬로건을 통해서 실천적으로 적용된 것이라고 할 수 있다. 이때 사회주의세력의 민족해방운동론은 계급해방의 사회주의혁명을 달성하기 위한 혁명 전략의 의미를 갖는 것이었다. 그러나 식민지사회에서 그것은 민족의 독립과 해방을 위한 실천적 민족독립운동의 의미를 갖는 것임에 분명했다.

사회주의세력의 계급문제인식의 변화 속에서 보이는 민족 내부 문제에 대한 전략적・실천적인 사고는 1926년 11월, 정우회선언을 계기로 급진전되어 전선적 민족협동체인 신간회의 결성으로 결실을 맺었다. 정우회 선언에서[45] 나타난 계급문제에 대한 인식은, 종래 비타협적 민족주의자들만을 협동의 대상으로 하던 관념적 경직성에서 벗어나 적극적으로 부르주아민족주의세력과 협동하여 민족의 독립과 해방을 추진할 실질적인 역량을 증진시키자는 것이었다. 그리하여 '대중의 개량적 이익'을 위해서도 비타협적인 태도를 버리고 투쟁할 것을 주장했다. 이 역시 노동자와 농민을 반제・반봉건 부르주아민주주의혁명의 주체로 상정한 것에서 알 수 있듯이 민족협동전선 내부에서 사회주의운동의 역량을 확대・강화한다는 전제에서 제기된 것이었다. 그것은 민족해방운동의 외연을 확대하여 부르주아민주주의혁명을 달성하고 그 과정에서 역량이 확대・강화된 노동자와 농민 대중이 계급혁명까지 이루어낼 것을 상정한 것이었다.[46]

---

45) <朝鮮日報>, 1926. 11. 17. 참조.
46) 전상숙(2005), 320-321쪽.

민족 내부의 계급문제에 대한 적극적인 전략적 사고 속에서 변화된 계급문제에 대한 인식은 정우회선언을 통해서 억압·피억압 민족문제에 대한 혁명적 민족문제인식을 강화하고 민족 내부의 계급간의 타협적인 계급문제인식으로 전화되어 민족협동전선을 달성했다. 조선공산당을 중심으로 한 사회주의세력의 민족협동전선운동은 식민지 민족의 문제가 계급혁명 과정의 민족해방운동을 통해서 해결된 후 한국사회주의 혁명운동으로 나가는 것이었다. 민족통일전선은 일제의 민족운동에 대한 탄압이 강화되는 데 따라 항일운동의 역량을 모아야 한다는 공감대가 형성된 데 힘입어 결실을 맺을 수 있었다.47)

정우회선언 이후 국내 사회주의운동세력이 함께하여 결성된 '통일' 조선공산당48)의 운동방침은 종전과 같이 혁명운동의 단계를 부르주아민주주의혁명으로 설정하고 민족협동전선을 일층 확대한 '전선(全鮮)적 협동전선론'이라고 할 수 있다.49) 사회주의세력은 전선적 협동전선을 통해서 "조선의 절대독립과 인민공화국 건설"을50) 추구했다. '인민공화국'은 노농민주독재는 아니지만, 정치권력의 주도권은 노농계급에게 있는 정치체제였다.51) 부르주아민족주의계급과 노농계급의 정치권력을 동등하게 인정했던 민주공화국에 비해서 인민공화국은 프롤레타리아의 헤게모니가 내용상 전취된 정치체제를 의미했다. 민족 내부의 계급문제에 대한 인식이 현실적으로 긴박한 억압·피억압 민족간의 민족문제인식을 강화하여 민족 내부의 계급문제에 대해서 타협적·절충적으로 접근하여 민족협동전선을 달성하기는 했지만 계급혁명의 계급문제인식을 약화시킨 것은 아니었다.

---

47) 전상숙(2004), 119-120쪽 참조.
48) 박종린, "1920년대 '통일'조선공산당의 결성과정," 『한국사연구』, 1998. 9 참조.
49) 전상숙(2004). 124-125쪽 참조.
50) 京城地方法院檢事局, "第3次朝鮮共産黨並高麗共産靑年會檢擧ノ件," 418-420쪽, 김준엽·김창순(1986) 3권, 226-227쪽 재인용.
51) 강만길, "독립운동과정의 민족국가 건설론," 『한국민족주의론』I(서울: 창작과비평사, 1982), 111-112쪽; 임경석, "일제하 공산주의자들의 국가건설론," 『대동문화연구』 제27집, 1992. 12. 213-214쪽.

인민공화국 체제관에서 나타나듯이 민족문제와 계급문제에 대한 현실적·실천적인 접근은 프롤레타리아의 헤게모니를 실질적으로 전취할 것을 상정한 것으로 사회주의 계급혁명 구상에 전략적으로 한발 더 다가간 것이라고 할 수 있다. 이 시기 사회주의세력은 코민테른의 민족·식민지문제에 관한 기본 방침에 입각하면서 식민지 한국의 현실 정세를 파악하고 실천적인 혁명론으로 발전시켜갔던 것이다.

그러나 일제의 강력한 단속과 검거로 조선공산당은 반복적으로 궤멸·재조직되어 일관된 계급혁명적 조직체계를 갖출 수 없었다. 그리하여 이를 쁘띠부르주아 지식인 중심의 운동 때문이라고 비판하고 조선공산당에 대한 코민테른의 지부 승인을 취소하고 전위당의 재건을 지시한 코민테른의 '12월테제'는 사회주의세력의 민족과 계급문제에 대한 인식의 변화를 초래했다.52) 1928년 11월 코민테른 제6회대회에서 채택된 '식민지·반식민지 제국의 혁명운동에 대한 테제'에53) 기초하여 조선공산당을 비판적으로 평가하고 코민테른 지부 승인을 취하한 12월테제의 핵심은 프롤레타리아의 지도 아래 혁명적 활동가의 실질적인 동맹을 조직하라는 것이었다. 12월테제의 재건방침은 민족혁명운동에 계급성을 부여하여 프롤레타리아 혁명운동을 강화하라는 것이었다.54) 12월테제는 혁명투쟁에 필요하다면 민족해방운동과의 잠정적인 제휴나 동맹은 허용하지만, 그것은 민족해방의 대중조직 속에서 노동자와 농민을 끌어들이기 위한 볼세비키적 대중작업을 수행하기 위해서이지 결코 사회주의운동과 부르주아혁명운동의 연합이 되어서는 안된다는 점을 명시하여, 종래의 부르주아 민족주의세력과의 통일전선운동을 부정했다.55)

12월테제는 민족 내부의 계급문제와 계급혁명에 대한 인식의 전환과 그

---

52) 전상숙(2005), 326쪽.
53) "植民地·半植民地諸國にをける革命運動について," 村田陽一 編譯 『コミンテルン資料集』第四卷, 大月書店, 1981, 414-449쪽.
54) "To the Revolutionary Workers and Peasants of Korea", Dae-sook Suh, *Documents of Korean Communism 1918-1948*, New Jersey: Princeton Univ. Press, 1970, p.250
55) 전상숙(2004), 158-162쪽 참조.

에 따른 실천운동 방향의 전환을 요구한 것이었다. 그것은 국제 혁명운동의 일부로서 의미를 갖는 식민지 민족해방운동의 계급혁명으로서의 의미를 재인식하고 강화할 것을 촉구한 것이었다. 사회주의가 민족해방의 이념으로 수용된 이래 식민지·약소민족의 자결을 강조하며 민족운동을 지원한 코민테른과 그 방침은 한국 사회주의세력이 실천운동을 전개하는 근간이었다. 조선공산당에 대한 코민테른의 지부 승인의 취소는, 그러한 코민테른의 방침을 받아들여 이루어 놓은 한국 사회주의운동의 성과를 부정하고 새로이 사회주의 계급혁명의 본질에 충실한 실천운동, 사회주의운동의 실천성을 강조한 것이었다.56)

일제하 한국 사회주의세력은 식민지 민족의 독립과 해방, 그리고 해방 이후에 수립할 독립 한국사회의 새로운 상을 사회주의에서 구하고자 했다. 사회주의는 식민지 민족의 독립과 해방은 물론이고, 독립된 국가를 식민지 이전의 전근대적이고 반봉건적인 질서에서 벗어나 정치·경제·사회 등 모든 면에서 동등한 개인이 자유로운 권리를 행사할 수 있는 근대적인 이상사회에 대한 상을 제시하는 것으로 받아들여졌다. 사회주의세력의 사회주의 신사회에 대한 상은 관념적·이상적으로 형상화된 것이라고 할 수 있다. 그러나 그것은 이미 혁명을 통해서 전근대적인 신분제 사회의 체제를 변혁시킨 소비에트 러시아의 존재와 그것이 표방한 사회주의 이념 및 세계 사회주의 혁명운동과 민족해방운동을 적극 지원하는 코민테른의 지원과 방침에 힘입어 형성된 것이었다. 따라서 사회주의운동은 물심양면으로 소비에트 러시아와 코민테른에 크게 의존했고, 의존하지 않을 수 없었던 것이 현실이었다. 그러므로 코민테른의 민족해방운동에 대한 지원 방침이 식민지 민족의 현실에 대한 적실성과는 무관하게 사회주의 계급혁명의 원칙에 보다 규율적으로 바뀌어도, 사회주의 신사회 건설에 대한 지향 의지를 포기하지 않는 한, 사회주의자들은 그에 따르지 않을 수 없었다.

---

56) 전상숙(2005), 327쪽.

4. 1930년대 국내외 사회주의 민족해방운동의 민족·계급문제 인식의 편차

1) 코민테른 '12월테제'와 국내 전위당 재건운동의 계급성 강화

코민테른의 12월테제 이후 국내 사회주의 전위당 재건운동 방식은 '민족해방'보다 '조선혁명'·'민족혁명'을 강조하며 혁명운동의 계급성을 강조했다.[57] 식민지 민족의 독립을 전제로 한 민족해방의 슬로건이 식민지 민중의 민족의식과 갖는 친화력에 힘입어 제국과 식민지 민족 간의 민족문제에 대한 인식이 강화되는 반면, 민족모순과 중첩된 식민지 민족의 계급문제의 의미가 감소되어 궁극적으로 지향하는 사회주의 계급혁명의 성격이 약화되는 현상을 경계한 것이었다. 조선혁명·민족혁명에 대한 강조는 종래의 민족문제에 대한 인식이 계급혁명과 직결되도록 민족해방운동에 계급성을 부여하여 전위당을 결성할 기반을 강화하는 전략이었다. 부르주아민족주의세력과의 협동전선을 부정한[58] 것도 그러한 이유에서였다. 그에 따라 민족해방운동은 노동계급의 패권 아래 반제반봉건과 민족자본가와의 투쟁을 강화했다. 민족 내부의 계급모순이 강조된 것이다. 이제 민족문제와 계급문제는 프롤레타리아 세계혁명의 계급혁명으로 일원적으로 통합되어 식민지 민족해방운동의 계급성을 강화하고 사회주의 혁

---

57) 李鐵岳, "조선혁명의 특질과 노동계급 전위의 당면 임무," 『階級鬪爭』, 1929. 5; 朝保秘 第300號, "朝鮮共産黨再建設整理委員會事件檢擧の件," 1931. 4. 18, 姜德相·梶村秀樹 編 『現代史資料』第29卷, みすず書房, 1982, 305쪽.

58) 李鐵岳(1929. 5) 앞의 글, 24쪽; "民族解放協同戰線に關するテゼ," 앞의 글, 310쪽; "朝鮮無産階級運動の現段階," 姜德相·梶村秀樹 編(1982), 앞의 책, 313-314쪽; "工作要項," 京東警高秘 第325號, 『中國共産黨滿洲省委員會東滿洲特別委員會朝鮮內工作事件檢擧に關する件』, 김준엽·김창순 편(1979), 앞의 책 자료편 제2권, 518-519쪽 참조

명을 완성시켜야 했다.

12월테제 이후 그러한 사회주의 민족해방운동의 방침 변화는 곧 사회주의세력의 민족문제와 계급문제에 대한 인식의 변화를 수반했다. 앞에서 언급했듯이 일제하 사회주의자들은 코민테른의 방침을 근간으로 하여 실천운동을 전개했다. 다시 말해서 코민테른의 방침이 바뀌면 코민테른의 승인과 지원이 절실한 사회주의자들은 그 바뀐 내용을 한국사회에 맞추어 적용하며 실천운동을 추진했다. 이제 사회주의자들은 전근대적인 식민지사회의 특성상 민족해방의 당위성을 부정한 것은 아니었지만, 민족해방운동은 계급성을 강화하여 노동자·농민 대중이 헤게모니를 전취하는 과정에서만 용인했다. 제국·식민지 민족간의 민족문제에 대한 인식은 계급혁명의 주도세력이 될 노·농대중이 계급의식과 계급혁명의 역량을 육성하는 과정에 한해서 민족해방운동을 지원하는 것이었다. 반면에 계급문제에 대한 인식은 노·농대중이 식민지 민족 내부의 계급모순에 대해서 자각하고 민족모순과 함께 타파하기 위하여 사회혁명운동의 헤게모니를 전취하는 데 필요한 동기이자 사회혁명의 궁극적인 목적으로서 강화되어야 했다.

그러나 민족해방운동의 계급성이 강조되어도 식민지 민족의 특성상 혁명의 단계는 반제·반봉건의 부르주아 민주주의혁명 단계에 머물 수밖에 없었다. 그것은 소비에트연방의 지지와 연합으로 민족자산가계급 측에 투쟁하면서 노동계급이 헤게모니를 전취하여 농민과의 혁명적 결합을 주도해 사회혁명을 발전시키는 것이었다.59) 계급혁명으로 가는 과도기의 혁명운동 형태였다. 12월테제 이후 그러한 과도기적 조건에 필요한 체제로 제시된 것은 '노농민주독재', 프롤레타리아와 농민의 민주독재였다.60) 그것은 계급성이 강화된 반제민족해방운동에서 프롤레타리아의 헤게모니 아래 부르주아민주주의혁명이 사회혁명으로 전화되는 과도적인 정부형태였다. 사회주의 실천운동에 계급성을 강화할 것을 요구한 12월테제를 기본방침으로 하여 전개된 국내 전위당 재건운동에서는 계급성이 강조되는 것

---

59) "民族解放協同戰線に關するテゼ," 姜德相·梶村秀樹 編(1982), 310쪽; "現下の朝鮮情勢と革命の特質に關するテゼ," 위의 책, 305-306쪽.

60) "現下の朝鮮情勢と革命の特質に關するテゼ," 위의 책, 306쪽.

과 비례하여 사회주의자들의 식민지 민족문제에 대한 인식은 계급혁명을 위한 계급문제 인식에 예속되는 경향이 현저해졌다.

2) '반파시즘인민전선론'과 국내외 사회주의 민족해방운동의 민족문제 인식의 편차

파시즘의 공세가 격화되던 1935년 코민테른 제7회 대회에서는 제6회 대회의 결정사항을 극좌적인 것으로 비난하고 파시즘의 공세를 극복하기 위하여 '반파시즘인민전선'방침을 결의하여 다시 민족협동의 통일전선방침을 강조했다.61) 코민테른 제6회 대회에서 민족해방전선에서 배제한 부르주아민족주의세력 가운데 반파시즘·반제국주의적인 부분을 다시 포함시키고, 반제·프롤레타리아 통일전선·인민전선을 결성하는 것이 식민지·반식민지 사회주의자들의 임무로 규정되었다. 파시즘 국가들이 약진하며 제휴·연대하여 공산주의에 대한 사상통제와 반격을 강화하는 데 대하여 코민테른 제6회대회는 계급성을 강조한 식민지 민족해방운동방침에서 후퇴하여 '초당파적 계급적 통일전선'을 결정한 것이다.

반파시즘인민전선방침은 12월테제를 기본원칙으로 하여 전위당 재건운동을 전개한 사회주의자들에게 일정한 과도기를 거쳐62) 1938년 4월 적색노동조합 원산좌익위원회에서부터 국내 사회주의운동에 이식되는 모습을 보였다.63) 그것은 일제의 파쇼적 탄압이 강화된 한국 사회주의 실천운동에 실질적인 적실성을 가지며 전면적으로 수용되었다. 코민테른 제7회 대회의 반파시즘인민전선론을 계기로 당재건운동의 민족협동전선정책이 전

---

61) "ファシズムの攻勢と, ファシズムに對し勞動者階級の統一をめざす鬪爭における 共産主義インタナショナルの任務(決議)," 村田陽一 編譯, 앞의 책, 第六卷, 1983, 160-176쪽 참조.

62) 李載裕, "朝鮮に於ける共産主義運動の特殊性と其の發展の能否,"『思想彙報』第11號, 1937. 6, 125쪽.

63) "咸鏡南道元山府を中心とする朝鮮民族解放統一戰線結成立支那事變後方攪亂事件の槪要,"『思想彙報』第21號, 1939. 12, 180쪽.

면 재검토되었다. 그리하여 반파시즘인민전선론은, 파시즘지배체제와 침략전쟁의 본질을 이해하고 반제 반파시즘 세력을 결집하는 이론적 지침으로 활용되어 정치체제관의 변화까지 초래하며[64] 해방 직전까지 사회주의 민족해방운동의 전략으로서 민족해방과 계급혁명의 동시적 목적 수행에 적용되었다.[65]

파시즘기 사회주의운동에 전면적으로 수용된 코민테른의 반파시즘인민 전선의 내용은 1939년 4월 이강국과 최용달 등이 조직한 적색노동조합 원산좌익위원회와 일제말기까지 사회주의운동을 청산하지 않은 사람들을 운동선상에 총궐기시킨 것으로 평가되는 경성콤그룹에서[66] 잘 드러난다. 그것은 혁명의 단계를 과거의 봉건적 잔재를 일소하고, 봉건적 잔재를 일소하는 데 핵심이 되는 토지문제를 해결할 혁명 곧 부르주아 민주주의혁명으로 인식하고 일본제국주의 타도를 당면한 기본 과제로 삼아 민족해방운동을 전개하는 것이었다.[67] 일제타도투쟁은 반제투쟁이면서 반봉건투쟁이고 동시에 반파시즘투쟁으로 복합적으로 논리화되었다. 그리고 항일 투쟁은 '조선'의 피가 흐르고 있는 전 인민이 공동으로 일어나 반파시즘운동으로 수행해야 하는 것으로 이해되었다. 따라서 노동자와 농민뿐만 아니라 도시빈민과 쁘띠부르주아 지식인은 물론 토착 부르주아지까지 함께 하는 전민족적・전인민의 투쟁이 강조되었다. 당면 과제로 설정된 부르주아 민주주의혁명단계의 일본제국주의 타도는 곧 전 인민이 통일전선을 결성하여 함께할 것을 역설한 것이었다.[68]

---

[64] 이애숙, "반파시즘 인민전선론," 방기중 편, 『일제하 지식인의 파시즘체제 인식과 대응』(서울: 혜안, 2005), 363쪽.

[65] 전상숙(2005), 334쪽.

[66] 장복성, 『조선공산당파쟁사』, 1948(서울: 돌베개, 1994 복간), 38쪽.

[67] "咸鏡南道元山府を中心とする朝鮮民族解放統一戰線結成並支那事變後方攪亂事件の槪要," 186-188; "日中武裝衝突と朝鮮勞動階級の任務,"『勞動者新聞』7, 이재화・한홍구 편, 『한국민족해방운동사자료총서』4, 경원문화사, 1989, 492-511쪽; "當面中心問題の件數-鬪爭目標を正しい定めよ,"『勞動者新聞』33, 1938. 9. 17, 위의 책 5, 635-640쪽; 이애숙(2005) 참조.

[68] "日中武裝衝突と朝鮮勞動階級の任務" 참조.

현상적으로 보면 반파시즘 인민전선전술을 수용한 사회주의운동의 초당파적 통일전선은 민족해방운동의 계급성을 강화한 제6회대회 이전의 전선적 통일전선 방침과 민족 및 계급문제 인식을 같이 하고 있는 듯이 보인다. 그러나 반파시즘 통일전선 방침을 적용하며 전위당 재건운동을 추진했던 사회주의자들은 1920년대의 사회주의자들과는 달리 모스크바에서 사회주의 이론을 학습하거나 훈련을 받은, 소련에 귀화한 한인 사회주의자들이었다.[69] 그들은 항일민족적 저항의식보다는 사회주의이념과 사회주의 신사회의 이상을 궁극적인 가치로 지향한 사회주의자들이었다. 때문에 그들은 비록 시공간적인 과도기를 거치기는 했지만, 상호 모순적이고 전략적인 코민테른의 제6회대회 결의와 제7회대회의 결의를 받들어 충실히 실행할 수 있었다. 그것은 곧 1920년대의 목숨을 담보로 한 식민지 한인 사회주의 민족해방운동의 궤적을 부정하고 새로운 방침에 입각하여 전면적으로 전위당을 재조직하라는 지시에 순응한 것이었다고 할 수 있다.

반파시즘 인민전선전술에 따른 민족주의세력과의 초당파적 통일전선은 파시즘의 공세로부터 사회주의운동진영을 방어하기 위한 현실적인 전략이었다. 사회주의자들의 민족문제나 계급문제에 대한 인식의 변화가 반영된 것이라고는 할 수 없었다. 경성콤그룹이 혁명의 단계로 설정한 부르주아민주주의혁명은 반제반봉건적 토지혁명을 주요 내용으로 하는 것으로서 프롤레타리아의 헤게모니 아래 농민·소시민과 동맹하고 모든 반제국주의적 요소를 끌어들여 일제와 봉건지주를 대상으로 한 투쟁이었다.[70] 민족주의세력과의 초당파적인 협동전선은 파시즘의 공세로부터 사회주의운동을 방어하기 위한 전략적 전술일 뿐 혁명운동의 계급성을 강화하기 위한 프롤레타리아의 헤게모니의 유보를 뜻하는 것은 아니었다. 따라서 종전과 같이 프롤레타리아의 헤게모니가 관철된 인민전선정부로서의 노농민주독재 체제관이 견지되었다. 그것은 프롤레타리아의 지도 아래 농민·소시민과 동맹하고 모든 반제국주의적 요소를 인입하여 구성되며, 토

---

[69] 전상숙(2004), 230-239쪽 참조.
[70] 이애숙(2005), 289-291쪽.

지혁명을 주요 내용으로 하는 부르주아민주주의혁명을 수행하는 통일전선정부로서, 노농민주독재체제로 나가는 과도기적인 성격을 지닌 것이었다.71)

이와 같이 12월테제 이후 전위당 재건운동기의 사회주의자들은 코민테른의 세계혁명전략의 구상 속에서 결의된 혁명운동노선을 충실히 따르며 민족문제보다는 계급문제에 대한 대중적 인식을 고조시켜 계급혁명의 역량을 증진하여 계급혁명의 목적을 달성하고자 했다. 따라서 국내의 전위당 재건운동에서 드러난 사회주의자들의 민족과 계급에 대한 인식은 식민지 민족문제에 대한 인식이 계급혁명의 계급문제인식에 예속되는 경향과 코민테른 방침에 추수하는 경향이 현저해졌다.

국내 사회주의세력이 코민테른 방침에 추수하여 민족협동전선을 부정하고 1931년 신간회 해소를 촉진하는 등 노농계급의 계급문제 인식의 강화에 주력할 당시 국외 사회주의 민족해방운동의 유력한 세력 가운데 하나인 의열단의 김원봉은 코민테른의 방침과는 자율적으로 만주사변 이후 고조된 중국지역의 항일운동에 힘입어 민족해방운동의 통일전선을 추진했다. 3·1운동 직후 만주로 망명하여 의열단을 조직해 활동하던 중 사회주의를 수용한 김원봉(金元鳳)은 12월테제 이후 만주를 거점으로 시작된 조선공산당재건설동맹에 참여하며 국외에서 전위당 재건운동에 합세하는 한편, 1932년 11월 중국지역 항일민족운동세력의 통일전선단체 '대일전선통일동맹'의 결성을 주도했다.72) 이후 김원봉은 민족운동전선을 통일하기 위한 연합전선적 성격을 갖는 '대일전선통일동맹'을 민족통일전선 정당으로서의 강력한 결속력과 통제력을 갖는 신당으로 재결성할 것을 추진하여 동맹을 해체하고 '조선민족혁명당'의 결성을 주도했다. 조선민족혁명당은 당시 의열단과 함께 중국지역 민족운동에 가장 큰 영향력과 세력을 갖고 있던 한국독립당의 일부 세력이 임시정부의 해체와 김원봉의 사회주의적 성격에 반대하여 불참함으로써 당초 기획했던 완전한 항일운동 통일전선

---

71) 이애숙(2005), 394쪽.
72) 강만길·성대경 엮음, 『한국사회주의운동인명사전』(서울: 창작과비평사, 1996), 102-103쪽.

을 구축하지는 못했지만 일제 파시즘체제에 대응한 국외 민족해방운동 전선 통일의 큰 계기가 되었다.73)

조선민족혁명당의 결성을 주도한 김원봉 등 의열단계 사회주의 세력은 민족해방투쟁은 프롤레타리아정권 없이 진정한 한국혁명은 이룰 수 없다고74) 할 정도로 사회혁명을 지향했다. 그러나 한국혁명의 완성은 민족운동을 기본으로 하고 해외보다 국내운동에 주력해야 한다는75) 민족운동의 입장을 견지했다. 대일전선통일동맹을 결성하고 조선민족혁명당으로 재조직한 것도 그러한 민족운동의 입장을 관철시키기 위해서였다. 그들에게 식민지 한국의 민족문제는 사회혁명의 계급문제보다 우선하는 것이었다. 때문에 사회혁명선상에서 항일 민족해방투쟁을 이해하고 지향하면서도 그 기본은 계급운동이 아닌 민족운동이라고 여겼다.

그러한 김원봉 등 의열단계 사회주의세력의 입장은 그들이 주도한 조선민족혁명당의 당의와 정강·정책에도 반영되어 조선민족혁명당은 사회주의적 경제정책과 민주공화국 건설을 주창했다.76) 조선민족혁명당은 '黨義'에서 "국토와 주권을 회복하고 정치·경제·교육의 평등을 기초로 한 진정한 민주공화국을 건설하여 국민 전체 생활의 평등을 확보하고 나아가 세계인류의 평등과 행복을 촉진한다"고 밝혔다. 그리고 '黨綱'에서는 이 당의 정치적 목적이 "민족의 자주독립"에 있다고 명시하고, "봉건세력과 일체의 반혁명세력을 숙청하여 민주집권제 정권을 수립한다"고 하여 민주집권제적 방식으로 민주공화국을 건설할 것을 제시했다. 그것은 강령에서 "국민은 일체의 선거권과 피선거권을 갖는다"고 한 바와 같이 모든 국민이 동등한 주권을 갖고 당의 단일한 강령·규약·권위에 의해 유지되는

---

73) 강만길, 『증보 조선민족혁명당과 통일전선』(서울: 역사비평사, 2003), 56-64쪽 참조.

74) 의열단장 강연요지 "朝鮮情勢와 本團의 任務," 이재화·한홍구 편(1989) 3권, 503-504쪽.

75) 『高等警察報』第5號. 86쪽.

76) 朝鮮民族革命黨 黨義·政綱·政策·黨章, 『高等警察報』第5號, 87-92; 金正明 編, 『朝鮮獨立運動』II(東京: 原書房, 1967), 540-544쪽 참조.

정치체제였다.77)

1930년대 국내 사회주의 전위당 재건설기 국외 사회주의세력의 그러한 민족해방운동에 대한 인식은 기본적으로 민족의 자주독립을 실천하는 식민지 민족문제에 대한 인식 위에 민족해방 이후 사회주의적 민주공화국의 민족국가 건설을 상정한 것이었다. 그러한 민족문제와 계급문제 인식은 사회경제정책과 사회주의 민주집권제 주장 등에서 보이는 바와 같이 사회주의경제정책과 정치체제에 대해서 보다 이론적으로 학습되어 받아들여진 것이었지만, 1920년대 전반 민주공화국 체제관을 피력했던 국내 사회주의세력의 민족문제 인식과 정서적으로 상통하는 것이라고 할 수 있다.

국내 사회주의운동세력이 사회주의 이론과 실천운동이 축적되면서 사회혁명운동의 계급문제인식의 강화가 강조되고 코민테른에 추수하는 경향이 커간 반면, 국외 사회주의운동세력은 식민지 민족문제에 대한 인식을 더욱 결속·강화하며 국외 민족해방운동의 통일전선결성에 노력을 경주했던 것이다. 그리하여 조선민족혁명당은 1937년 조선민족전선연맹의 성립과 조선의용대를 조직했고, 비록 결렬되기는 했지만 1939년에는 綦江 七黨통일회의를 개최하는 등 한때나마 한국국민당의 김구와 통일하여 전국연합진선협회를 구성하기도 했다. 그리고 1942년에는 조선민족혁명당을 중심으로 하는 조선민족전선연맹계가 임시의정원에 참가함으로써 통일전선 의정원을 구성하여 그것이 발전하여 임시정부를 통일전선정부로 만드는 데 기여했다.78)

1930년대 국외 사회주의운동세력은 국내 사회주의운동세력과는 달리 코민테른 방침에서 자율적인 민족통일전선운동을 지속하며 사회혁명의 계급문제인식보다 식민지 민족문제에 대한 인식을 급선무로 한 민족해방운동을 전개했다. 국외 사회주의세력이 사회혁명의 지향을 분명히 하면서도 그러한 민족문제인식을 견지한 것은 국외라는 지리적 조건이 민족 내부의 계급적 갈등보다는 식민지 민족의 현실을 더욱 통절하게 하여 민족

---

77) 표트르 로디오노프, 『민주집중제란 무엇인가』, 편집부 옮김(서울: 백산서당, 1989), 14-15쪽 참조.
78) 강만길(2003), 21-22쪽.

의식을 결속하게 한 것이 주요 요인이었다고 할 수 있다. 또한 만주사변 이후 고조된 중국지역의 항일 민족운동과 일제의 파시즘화는 영내 한인 민족해방운동세력의 민족의식과 투쟁의지를 자극했다. 특히 중국지역 항일 민족해방운동의 주도세력은 대부분 3·1운동의 실패 이후 지리적으로 인접한 만주 등지로 망명하여 항일무장투쟁에 활동하다 사회주의를 받아들인 사람들로 민족해방투쟁의 이력과 의식이 특히 강한 사람들이었다. 그러므로 그들 역시 당시 민족해방운동선상에서 사회주의를 수용한 이상 코민테른의 영향에서 완전히 자유로웠다고 할 수는 없지만, 계급문제보다는 식민지 민족의 문제가 우선할 수밖에 없었다고 할 수 있다.

5. 맺음말

식민지 한국사회에서 사회주의는 러시아혁명의 성공과 3·1운동의 실패의 영향을 받아 서구 자유주의진영에 대한 맹목적인 환상과 기대가 깨지며 생겨난 공백을 채우며 새로운 민족 독립의 이념으로 급속히 수용되었다. 러시아혁명의 성공은 사회주의를 예속된 민중의 해방운동이자 이념으로 받아들이게 하는 친화력을 발휘했다. 그리고 현실 사회주의체제의 식민지·약소민족의 자결과 민족해방운동에 대한 지원은 곧 그것이 사회주의라고 하는, 사회주의의 내용을 이루는 것으로 받아들여졌다. 그리하여 반제·반자본주의를 강조한 사회주의 계급해방의 이념은 반제·민족독립의 열망과 결부되어 민족해방의 이념이 되어, 초기 사회주의자들의 사회혁명에 대한 인식에는 식민지 민족문제에 대한 인식과 사회혁명의 계급문제에 대한 인식이 혼재되어 있었다.

혼재된 민족·계급문제에 대한 인식은 민족독립운동선상에서 상호 소통할 수 없는 민족 내부의 계급문제에 대한 입장의 차이로 민족·사회 양 진영이 조직적·이념적으로 분열되면서 분화되었다. 민족주의세력과 결별한 사회주의세력은 전위당 조직운동을 전개하며 계급혁명을 표명했다.

그러나 그들의 계급문제와 민족문제에 대한 인식은 근본적으로 식민지 민족의 독립을 추구한 민족운동과 분리될 수 없는 것이었다. 그러한 사회주의세력의 입장은 조선공산당이 결성된 뒤에도 마찬가지였다. 그러나 이전과는 달리 제국과 식민지 민족의 억압・피억압 관계에 대한 민족적 구별의식이 분명해지는 한편으로 계급문제에 대한 인식 역시 정립되어 갔다. 그리하여 제국주의와 식민지 민족 간의 민족모순과 계급모순의 극복과 동시에 민족 내부의 계급모순을 극복할 것도 사회주의혁명의 목적의식 아래 강조되었다. 이때 사회주의세력의 민족해방운동은 항일독립운동이면서 동시에 계급해방운동이었다.

민족 내부의 계급문제에 대해 적극적이고 전략적으로 사고하기 시작한 사회주의자들의 계급문제에 대한 인식은 정우회선언을 통해서 억압・피억압 민족문제에 대한 혁명적 민족문제인식을 강화하고 민족 내부 계급간의 타협적인 계급문제인식을 강조하며 민족협동전선을 달성했다. 조선공산당을 중심으로 한 사회주의세력의 민족협동전선운동은 식민지 민족의 문제가 계급혁명 과정의 민족해방운동을 통해서 해소된 후 한국사회주의 혁명운동으로 나가는 것이었다. 민족통일전선은 일제의 민족운동에 대한 탄압이 강화되는 데 따라 항일운동의 역량을 모아야 한다는 공감대가 형성된 데 힘입어 결실을 맺을 수 있었다. 1920년대 국내 전위당 조직운동은 코민테른의 민족・식민지 문제에 관한 기본 방침에 입각하여 현실정세를 파악하면서 실천적인 혁명론으로 발전되어갔다.

그러나 조선공산당에 대한 지부 승인을 취소하고 계급성을 강화한 당재건운동을 지시한 코민테른의 '12월테제'는 이론적 실천적으로 코민테른에 의존할 수밖에 없던 당시 사회주의자들의 민족통일전선노선에 불가피하게 변화를 초래하여 실천운동노선의 변화와 인식의 변화를 수반했다. 그리하여 사회주의세력은 식민지 민족운동의 계급혁명으로서의 성격과 민족 내부의 계급문제에 대한 인식을 강화한 실천운동의 계급성을 강조했다. 그와 비례해서 사회주의자들의 민족문제에 대한 인식은 계급문제인식에 예속되는 경향이 현저해졌다. 그러나 이 역시 민족해방운동의 일정한 의의를 근본적으로 부정하는 것은 아니었다. 한편, 파시즘의 공세가 강화된

1935년 코민테른 제7회대회의 반파시즘인민전선 결의는 다시 사회주의세력이 민족통일전선을 주창하며 항일 대중을 결집한 사회주의 민족해방운동을 전개할 조건을 제공하여 해방 직전까지 사회주의세력의 민족해방운동은 지속되었다.

그러나 12월테제 이후 국내 전위당 재건운동기 사회주의자들은 계급문제를 식민지 민족의 문제보다 강조하게 되었다. 따라서 사회주의 민족해방운동은 식민지 민족의 문제보다는 코민테른의 세계혁명전략의 구상 속에서 결의된 혁명운동운동의 계급문제를 강조하며 혁명적 계급역량을 증진하는 과정에 더 큰 의미를 두게 되었다고 할 수 있다. 국내의 전위당 재건운동에서 드러난 사회주의자들의 민족과 계급문제에 대한 인식은 식민지 민족문제에 대한 인식이 사회혁명의 계급문제에 예속되고 코민테른 방침을 추수하는 경향이 강해졌다. 반면에 국외 사회주의 민족해방운동의 유력한 세력 가운데 하나인 의열단의 김원봉을 중심으로 한 국외 사회주의세력은 국내 사회주의운동세력과는 달리, 코민테른 방침과는 자율적으로 민족통일전선운동을 지속적으로 전개하며 사회혁명의 계급문제보다 식민지 민족의 문제를 우선으로 한 민족해방운동을 전개하는 민족문제인식의 차이를 드러냈다.

일제하 사회주의운동세력은 식민지 민족의 현실에서 강화된 민족적 저항의식을 계급해방의 근대적 신사회에 대한 희망과 결합시켜 민족해방운동을 조직화하고 사회혁명운동을 전개했다. 그들에게 민족해방운동은 민족독립운동이면서 동시에 전근대적인 식민지사회 혁명운동이었다. 민족의 독립과 해방은 궁극적으로 사회혁명을 추진하는 과정에서 당연히 추구되고 또한 이루어질 것이었다. 사회주의세력의 민족문제에 대한 인식은 세계혁명운동 지도기관인 코민테른의 식민지·민족운동방침에 따라 민족해방이라는 슬로건으로 강조되었다. 그러나 사회주의 학습과 실천운동의 경험이 축적되고 일제의 파시즘화로 식민지 민족의 현실이 더욱 악화되었음에도 불구하고 국내 사회주의세력의 민족문제에 대한 인식은 독자적인 식민지 사회혁명노선과 실천전략으로 체계화되기보다는 코민테른에 추수하는 경향이 오히려 강해져 세계혁명전략의 계급혁명 속으로 예속되는 모습을 보였다. 그렇다고 해서 사회주의세력의 계급문제인식이 식민지 민족의 민족문제를 부정하거나 방기한 것은 아니었다. 계급혁명운동은 식민지 민족의 독립 곧 식민지 민족의 총체적인 해방을 실천하는 과정이었다.

그러므로 일제하 사회주의자들의 식민지 민족해방의 열망은 실천운동과정에서 현상적으로 드러난 민족문제인식과 계급문제인식의 길항적 표현관계 속에서도 민족 독립의 지향을 내포하며 견지되었다. 이는 국내 사회주의운동세력이 사회혁명의 계급문제인식을 강조하며 코민테른에 추수하는 경향을 드러낸 반면 국내 전위당 조직운동과는 별도로 국외 사회주의세력이 코민테른방침과는 상대적으로 자율적으로 식민지 민족의 문제에 우선한 민족통일전선운동을 지속적으로 전개하며 사회주의 민족해방운동을 전개한 것을 통해서 알 수 있다. 요컨대 일제하 사회주의운동은 단지 그것이 일제에 저항했다는 의미에서뿐만 아니라 사회주의자들의 민족문제인식을 통해서 알 수 있듯이 그 자체로서도 항일민족독립운동의 의미를 갖는 것이었다.

참고문헌

姜德相·梶村樹水 編,『現代史資料』25(東京: みすず書房, 1967).
姜德相·梶村樹水 編,『現代史資料(26)』三·一運動編(二)(東京: みすず書房, 1967).
姜德相梶村樹水 編,『現代史資料(27)』三·一運動編(一)(東京: みすず書房, 1970).
姜德相·梶村樹水 編,『現代史資料(29)』朝鮮(五)共産主義運動(一)(東京: みすず書房, 1972).
강만길, "독립운동과정의 민족국가 건설론,"『한국민족주의론』I(서울: 창작과비평사, 1982).
강만길,『증보 조선민족혁명당과 통일전선』(서울: 역사비평사, 2003).
강만길·성대경 엮음,『한국사회주의운동인명사전』(서울: 창작과비평사, 1996).
김경일, "일제하 노동운동에서의 민족주의와 민족문제",『한국학보』64, 1991.
김승화, "三·一運動前夜의 國際政勢,"『러씨야사회주의十月革命三十二주년 기념 朝鮮民族解放鬪爭史』(평양: 김일성종합대학, 1949).

김영작, "한국민족주의의 사상사적 갈등구조",『한국민족주의와 민주주의의 갈등구조』, 한국정치외교사학회논총 제7집(서울: 평민사, 1990).
金正明 編『朝鮮獨立運動』II(東京: 原書房, 1967).
김 준, "1920-30년대 노동운동에서의 민족문제와 계급문제",『한국사회사연구회논문집 25 — 일제하의 사회운동과 농촌사회』(서울: 문학과지성사, 1990).
김준엽·김창순,『한국공산주의운동사』1-5(서울: 청계연구소, 1986).
김준엽·김창순 편,『韓國共産主義運動史 資料篇』I, II(서울: 고려대학교 아세아문제연구소, 1979).
김형국, "1920년대 한국 지식인의 사상분화와 민족문제 인식 연구", 한국정신문화연구원 박사학위 논문, 2003.
김홍일, "自由市事變前後,"『思想界』, 1965. 2.
동아일보사 편,『3·1운동 50주년 기념논집』(서울: 동아일보사, 1969. 3).
<東亞日報>, 1924. 3. 2.
<東亞日報>, 1924. 4. 21
<東亞日報>, 1924. 11. 29
디트리히 가이어,『러시아혁명』, 이인호 역(서울: 민음사, 1990).
류준범, "1930-40년대 사회주의 운동가들의 민족혁명에 대한 인식",『역사문제연구』4, 역사문제연구소, 2000.
박종린, "1920년대 '통일'조선공산당의 결성과정,"『한국사연구』, 1998. 9.
배성룡, "조선사회운동소사,"『조선일보』, 1929. 1. 6.
서중석,『한국 근현대의 민족문제연구』(서울: 지식산업사, 1989).
신주백, "1930년대 국내 사회주의자들의 민족해방운동론",『역사비평』8, 역사문제연구소, 1990.
스칼라피노·이정식,『한국공산주의운동사』1, 2, 한홍구 옮김(서울: 돌베개, 1986).
아시아 아프리카문제연구소 편,『민족해방운동사』, 김태일 역(서울: 지양사, 1985).
윤종일, "1920년대 중반까지 국내 사회주의자들의 민족문제 인식변화에 대하여",『한국민족운동사연구』6, 한국민족운동사연구회, 1992.
이균영, "코민테른 제6회 대회와 식민지 조서느이 민족문제",『역사와현실』7, 한국역사연구회, 1992.
이애숙, "반파시즘 인민전선론," 방기중 편,『일제하 지식인의 파시즘체제 인식과 대응』(서울: 혜안, 2005).
이영일,『리동휘 성재 선생』, 서굉일·동암 공 편저,『間島史新論』, (서울: 우리들의 편지사, 1993).
李載裕, "朝鮮に於ける共産主義運動の特殊性と其の發展の能否,"『思想彙報』第11號

1937. 6,

이재화・한홍구 편,『韓國民族解放運動史資料叢書』2, 3, 4, 5(서울: 경원문화사, 1988).

李鐵岳, "조선혁명의 특질과 노동계급 전위의 당면 임무,"『階級鬪爭』, 1929. 5.

임경석, "일제하 공산주의자들의 국가건설론,"『대동문화연구』제27집, 1992. 12.

Dae-sook Suh, "Documents of Korean Communism 1918-1948", New Jersey: Princeton Univ. Press, 1970.

林賴三郎,『鮮人獨立運動に關する狀況調査報告書』, 1920. 6. 18.

장복성,『조선공산당파쟁사』, 1948(서울: 돌베개, 1994 복간).

장상수, "일제하 1920년대의 민족문제 논쟁,"『한국의 근대국가형성과 민족문제』(서울: 문학과지성사, 1986).

전상숙,『일제시기 한국 사회주의 지식인 연구』(서울: 지식산업사, 2004).

전상숙, "일제강점기 사회주의운동계열의 '민족문제'인식,"『나라사랑 독립정신』(서울: 국가보훈처, 2005).

『朝鮮日報』, 1926. 11. 17.

朝鮮總督府 警務局保安課,『高等警察報』第5號, 1936.

진덕규, "1920년대 국내 민족운동에 관한 고찰," 송건호・강만길 편,『한국민족주의론』I (서울: 창작과비평사, 1982).

村田陽一,『コミンテルン資料集』第2, 3, 4, 6卷(東京: 大月書店, 1979).

표트르 로디오노프,『민주집중제란 무엇인가』, 편집부 옮김(서울: 백산서당, 1989).

"咸鏡南道元山府を中心とする朝鮮民族解放統一戰線結成立支那事變後方攪亂事件の概要,"『思想彙報』第21號, 1939. 12.

한국동양정치사상사학회 편,『한국정치사상사 ― 단군에서 해방까지』(서울: 백산서당, 2005).

제3장 동화주의의 협력운동과 국가관·민족관

김동명

1. 서론

일본제국주의의 식민지 지배에 대해 조선인 정치세력들은 다양한 형태의 운동을 전개했다. 그들은 일본제국주의의 지배 이념과 정책의 전개에 대응해서 각각 목표를 설정하고 그것을 달성하기 위해서, 지배 권력에 협력과 저항·투쟁을, 그리고 운동세력 간의 대립과 경쟁·분열을 반복하면서 복잡하게 전개했던 것이다.

일반적으로 제국주의 지배에 대한 식민지민의 정치운동은 저항(resistance)운동과 협력(collaboration)운동으로 이분된다. 그런데 일본제국주의는 지배이데올로기로 동화주의를 채택했다. 조선인·조선민족의 일본인·일본민족·일본국민에의 동화를 지배의 궁극적 목표로 설정하고 이에 입각해서 지배정책을 실시해 식민지 지배를 지속하려 했던 것이다. 따라서 조선인의 정치운동은 동화주의지배체제와 관련해서 전개되지 않을 수 없었다. 이 때문에 조선인 정치운동은 저항운동에 더해서 협력운동을 동화주의에 입각한 것('동화형협력'운동)과 자치주의에 입각한 것('분리형협력'운동)으로 구분해야 한다. 즉 세 가지 유형을 상정하는 것이 필요하다.[1]

---

1) 이에 관해서는, 김동명, "1920년대 식민지 조선에서의 정치운동 연구—일본제국주

우선 '동화형협력'운동은 지배 권력과의 전면적 타협을 통해서 일본제국주의의 동화주의지배체제를 지지하고 영구적인 식민지 지배를 인정했다. 다음에 '분리형협력'운동은 지배 권력과의 부분적 타협을 통해서 동화주의지배체제에 반대하고 자치주의지배체제로의 전환을 요구하면서 일본제국주의의 일시적 지배를 허용했다. 마지막으로 저항운동은 지배 권력과의 투쟁을 통해서 일본제국주의 지배의 즉시 철퇴를 요구했다.

본고는 이들 조선인 정치운동 중에서 '동화형협력'운동의 전개와 논리에 관해 특히 국가관 및 민족관에 초점을 맞추어 분석하려 한다. '동화형협력'운동에 관한 기존 연구의 주요 문제점은 다음 두 가지로 압축된다. 우선 하나는, 일본제국주의와 조선인의 다양한 정치운동세력에 의해 전개되는 식민지 조선의 정치과정 속에서 '동화형협력'운동의 논리나 행동을 구체적으로 파악하지 못하고 있다는 것이다. 이는 일본제국주의의 물리력에 대표되는 지배 권력을 과대평가함으로써 '동화형협력'운동의 존재를 단지 지배정책에 의해 일방적으로 만들어진 정책적 산물로만 바라보았기 때문이다.2) 그러나 '동화형협력'운동을 포함한 일본제국주의 지배에 대한 조선인 정치운동의 실태를 해명하기 위해서는, 일본제국주의와 조선인 정치운동세력이 각각 여러 가지 모순과 문제점을 안은 채 식민지 현지에서 다양한 방향성을 갖고 전개되는 복잡한 정치과정 속에서 운동의 전개 및 논리를 분석하지 않으면 안 된다3).

의의 지배에 대한 저항과 '협력'의 변증법," 한국정치학회, 『한국정치학회보』 제32집 제3호, 1998년 참조.

2) 이러한 연구 경향은, 강동진, 『일제의 한국침략정책사』, 한길사, 1980년에 대표되는 지배정책 연구에서 전형적으로 나타나며, 이후 조선인 운동 연구에도 지대한 영향을 끼쳤다.

3) 로널드 로빈슨은 식민지 현지에서의 정치과정을 제국주의 지배 분석의 대상으로 해야 한다는 연구 시점을 제시하고 있어 많은 시사를 받았다. Robinson, Ronald, "Non-European Foundations of European Imperialism: Sketch for a Theory of Collaborations," R. Owen and B. Sutcliffe, eds., *Studies in the Theory of Imperialism* (London; Longman, 1972), pp.117-142; W. M. Roger Louis ed., *Imperialism: The Robinson and Gallagher Controversy* (New York; New Viewpoints, 1976), pp.128-148.

다른 하나는, 동화형협력운동의 논리를 분석하는 데 그들의 국가관 및 민족관에 관해서 거의 관심을 갖지 않았다는 것이다. 이는 나중에 살펴보는 바와 같이 저항운동과 분리형협력운동 등 당시의 다른 조선인 운동이 동화형협력운동을 조선인의 정치운동으로 인정조차 하지 않았고, 이러한 시각이 해방 이후의 연구자들에게 그대로 계승되었기 때문이다. 그들은 독립을 지향한 '민족·계급 운동'의 입장에 철저히 섬으로써 동화형협력운동을 조선인의 정치적 대응의 한 형태로 보는 것을 기피하고 그들의 행위만을 지탄의 대상으로 삼았다. 따라서 그들의 운동을 떠받치고 있는 국가관이나 민족관 등 내재적 논리에는 관심을 보이지 않았던 것이다. 그러나 제국주의의 식민지 지배에서 나타나는 절대모순인 민족모순은 동화형협력운동에게도 피할 수 없는 것이었다. 더구나 전근대사회에서 오랜 동안 국가를 유지하고 조선사람이라는 의식이 존재했던 식민지 조선사회에서 모든 운동세력은 국가 또는 민족 문제를 도외시하고는 일반 민중에게 다가설 수 없었다. 따라서 동화주의 협력운동의 국가관 및 민족관에 주목하는 것은 바로 당시 조선인 정치운동세력이 안고 있던 어려움과 일본제국주의가 직면했던 문제점을 밝히는 단서가 될 것이며, 식민지 지배의 실태에 좀 더 접근하는 길이 될 것이다.

한편 여기서는 1920년대에 한해서 분석한다. 이유는 이 시기가 일본제국주의에 대한 동화형협력운동을 비롯해 다양한 조선인 정치운동의 전개 및 논리를 잘 파악할 수 있기 때문이다. 주지하는 바와 같이 1919년 발발한 3·1운동에 의해 충격을 받은 일본제국주의는 조선인에게 정치적 활동

로빈슨 등의 제국주의의 정치이론에 관해서는, 高橋進(다카하시 스스무), "帝國主義の政治理論," 岩波講座 『近代日本と植民地』1 (東京, 岩波書店, 1992); 김동명, "일본제국주의의 정치이론," 한국일본학회, 『일본학보』 제43집, 1999 등을 참조. 또한 나미키 마사히토(並木眞人)는 식민지 시기 정치사의 관점에서, "통치측, 운동측 각각이 안고 있는 문제 상황 중에서의 복잡한 정치과정이야말로 식민지에서의 정치사가 연구대상으로서 설정해야" 한다고 말하고 있다(並木眞人, "植民地期朝鮮人の政治參加―解放後史との關聯において," 朝鮮史硏究會編, 『朝鮮史硏究會論文集』 第31集, 東京, 綠蔭書房, 1992).

을 허용하고 그들의 협력을 최대한 끌어내어 지배를 지속하려는 '문화정치'로 전환했다. 조선인은 3·1운동 이후 비로소 정치운동에 필요한 활동공간을 확보하고 일정한 제한 하에 다양한 정치운동을 활발히 전개할 수 있었다. 이는 언론 출판 집회 결사의 자유 등 정치활동이 일체 허용되지 않은 1910년대와, 특히 전시체제 하에서 조선인의 정치운동이 극도로 억압된 채 일방적인 협력만이 강요되었던 1930년대 이후와는 매우 다른 상황이었다.4)

이상과 같은 문제의식과 기존 연구의 문제점을 해결하기 위해, 이 글에서는 1920년대에 조선에서 전개된 동화주의에 입각한 여러 협력운동의 전개와 논리를 특히 국가관 및 민족관에 초점을 맞추어 분석함으로써, 식민지 시대 동화형협력운동의 실태와 역사적 성격을 자리매김하고 당시 일본제국주의가 식민지 조선에서 안고 있던 문제점을 해명하려 한다.

1920년대 전개된 동화형협력운동에는 참정권청원운동, 내선융화운동, 척식성조선제외운동 등이 있다. 참정권청원운동은 일본국민으로서 일본본국과 똑같은 참정권을 조선에 부여할 것을 요구했다. 다음에 내선융화운동은 일본인과 조선인과의 '융화'를 실현하려 했다. 그리고 척식성조선제외운동은 조선은 일본제국의 식민지가 아니라며 척식성 관할에서 조선을 배제할 것을 주장했다.

한편, 기술의 편의를 위해 조선, 조선인, 조선민족 등의 용어는 당시의 표현을 그대로 사용한 점에 대해 미리 양해를 구하고자 한다.

---

4) 한편 미야다 세츠코(宮田節子)는 내선일체는 중일전쟁에서 태평양전쟁에 걸친 시기의 '최고 통치목표'였을 뿐만 아니라 한일병합 이래 조선 지배의 기본방침이었던 '동화정책의 극한화'였다고 보고, 이 시기 동화주의자들은 민족적 차별로부터 탈피하기 위해 조선사람이 완전한 일본민족이 되어야 한다는 논리에 입각해서 일본제국주의에 협력했다고 분석하고 있다. 그는 이러한 논리에도 '도착된 민족의식'이 있었다는 점을 지적하고 있어 많은 시사를 받았다(宮田節子, "內鮮一休の構造," 『朝鮮民衆と皇民化政策』, 未來社, 1985, 한글판, 이영랑 역, "일본의 조선지배정책의 본질," 『조선민중과 황민화정책』, 일조각, 1997).

2. 참정권청원운동

1) '신일본주의' 제창과 국민협회의 창립

동화주의에 입각한 조직적인 협력운동으로서 처음 모습을 드러낸 것은 참정권청원운동이었다. 이 운동은 조선인에게 일본국민으로서의 정치적 권리를 일본 본국에서의 그것과 동등하게 부여할 것을 요구한 것이다. 운동을 전개한 중심단체는 '국민협회'였으며 핵심인물은 민원식(閔元植)이었다.5) 1920년 1월, 국민협회는 협성구락부를 개칭하고 '신일본주의'를 전면에 내걸며 새로운 취지서와 강령을 발표했다.6) '신일본주의'는 1919년 10월, 민원식이 3·1운동과 같은 지배 반대 운동을 막기 위해 제창한 것으로 주요 내용은 다음과 같다.

> 조선독립운동과 같은 것은 …… 개인생활을 완전하게 하고 집단생활과 협조하는 것이 국가 최고의 목적이라는 현대의 사상과 너무나 동떨어진 것이고 …… 우리들은 독립국가의 가치를 경시하려는 것이 아니다. 인류의 복지는 각각 국가에 의해서 보장받고 있으니 우리 조선민족은 실로 일본제국의 신민으로서 생활의 안장을 보장받고 있다 …… 독립운동은 도저히 행복과 광영을 우리 동포에게 가져오는 길이 아니다. 아니 병합에 의해서 대일본제국은 일선민

---

5) 국민협회에 관한 본격적인 연구로서 松田利彦, "植民地期朝鮮における參政權要求運動團體'國民協會'について"(淺野豊美, 松田利彦 編, 『殖民地帝國日本の法的構造』, 東京, 信山社, 2004, 한글번역(김인덕 역), 『일제시기 참정권문제와 조선인』(국학자료원, 2004, 제2부)을 들 수 있다. 이 논문은 특히 국민협회의 회원의 추이, 간부의 구성, 회장·부회장의 경력, 청원·건백 일람 등에 대한 자세한 자료와 함께 참정권 요구운동에 관해 식민지 전 시기에 걸쳐 실증 분석하고 있다. 그러나 국민협회 운동의 전개 및 논리를 당시의 지배체제 또는 다른 조선인 운동과의 관련 속에서 자리매김하는 데는 부족하다.

6) <京城日報>, 1920년 1월 21일.

족 공동의 국가가 되었으니 …… 조선민족은 대일본제국국민이다. 따라서 합리적이고 합법적인 노력으로 민권의 신장을 기하나, 반국가적 사상을 품거나 조선의 독립을 계획하는 것 등은 대의를 거스르고 명분에 반할 뿐 아니라 1천 7백만 국민의 복지를 저해하는 폭거에 불과하다 …… 7)

민원식은 우선 당시 조선민족의 안정·행복·광영·민권·복지 등이 필요함을 주장하고 그것을 보장하는 것이 국가임을 인정했다. 그러나 그 국가는 조선민족에 의해 수립된 단일민족국가가 아니라, 한일병합에 의해 조선민족과 일본민족이 함께 세운 새로운 다민족국가인 '신일본'제국이라고 주장했다. 따라서 조선민족에 의한 독립국가 수립을 주장하는 저항운동을 포기하고 '신일본제국'의 국민으로서 합법적인 노력에 의해 조선민족의 권리를 획득할 것을 제창한 것이다.

이와 같이 민원식이 일본제국주의의 영구지배를 승인하고 조선의 독립을 포기하며 조선민족의 일본국민화=동화를 인정하고 일본국민으로서의 권리획득을 주장한 것은, 일본제국주의의 동화주의 지배논리를 그대로 인정하고 그 실현을 촉구했다는 점에서 동화형협력운동의 전개를 선언한 것으로 볼 수 있다. 그런데 그가 지배권력을 분점받기 위해 바겐력을 증대할 수 있는 기반은 조선사회였다. 따라서 그는 이민족의 제국주의 지배에서 절대적 나타나는 민족모순이 존재하는 조선사회에서 운동을 전개하기 위해서는 조선민족의 입장에서 논리를 전개하지 않을 수 없었던 것이다.

이러한 '신일본주의'의 주장은 국민협회의 취지 및 강령에서도 발견된다. 우선 취지에서 국민협회는, 국제적으로는 국가 간의 경쟁이 점점 격렬해지고 국내적으로는 생활문제, 노사문제, 사상문제 등 사회개조의 목소리가 선전되는 불안한 상황이라는 인식에 섰다. 그리고 이러한 상황을 타개하기 위해서 '일선 양 민족'의 국가인 신일본제국은 제도적으로 조선과 일본 본국과의 구별을 없애고 조선민족의 문화를 향상시키고 행복을 증진시켜 국력발전에 이바지할 것을 호소했다. 또한 강령으로서 국민 일치의 정

---

7) <京城日報>·<매일신보>, 1919년 10월 19일, 21일. 國民協會宣傳部編『國民協會運動史』(國民協會本部, 1931년), 3-5쪽, 이하『國民協會運動史』라고 줄여 씀.

신을 발양시켜 국가의 기초를 견고히 할 것, 국민의 자각을 호소하고 선도해서 국가의 강녕과 개인의 행복을 도모할 것, 입헌사상의 발달과 민권의 신장을 꾀해 참정권 행사시기를 촉진할 것 등을 들었다.8)

2) 참정권청원운동의 전개

1920년 1월, 국민협회는 민원식 외 105명의 연서로 제42회 통상국회에 청원서 "중의원선거를 조선에 시행할 건"을 사이토 게지(齋藤圭二)·마키야마 고조(牧山耕藏) 두 의원의 소개로 제출했다.9) 청원서 중에서 국민협회는, 당시 조선의 민심이 우려할 정도로 악화되어 일본제국과 조선민족의 장래가 불안하다고 주장했다. 그리고 이러한 민심 악화의 원인은, 조선인이 한일병합에 의해 일본제국의 국민이 되었음에도 불구하고 일본제국주의가 조선인에게 헌법이 정한 국민의 가장 중요한 권리인 참정권을 부여하지 않아 조선인이 일본제국의 국민이라는 자각을 갖지 못했기 때문이라는 것이다. 따라서 안정된 민심을 수습하고 국가 관념을 확립하기 위해서 조선인에게 참정권을 부여할 것을 요구했다.10)

> 우리들은 참정권의 부여로써 조선인 동화의 근본의(根本義)로 삼음과 동시에 현재의 민심을 수습할 매우 긴요한 대책으로써 조선에 중의원 선거법을 시행할 것을 절실히 바란다 …… 이로써 조선민족의 전도에 광명을 비춰 조선민족을 도야해서 견실한 일본국민화함으로써 국운의 융창에 이바지하고 더불어 일본국민으로서의 행복을 향락하게 하는 데 있다.

여기서도 앞의 '신일본주의' 및 취지와 강령에서 드러난 국가관과 민족관이 관철되고 있다. 특히 주목해야 할 것은 국민협회가 주장하는 조선인

---

8) 『國民協會運動史』, 7-9쪽, 『京城日報』 1920년 1월 21일.
9) 1920년 2월 5일 제출, "衆議院選擧ヲ朝鮮ニ施行ノ件"(『帝國議會衆議院請願 文書表報告』 902, 日本國立國會図書館 소장), 이하 "衆議院請願"이라고 줄여 씀. 번호는 문서번호, <京城日報>, 1920년 2월 6일.
10) 『國民協會運動史』, 10-13쪽.

동화는 조선인의 일본인화 또는 조선민족의 일본민족화, 즉 전자의 소멸이 의한 일본인 또는 일본민족화를 의미하는 것이 아니라는 점이다. 이것은 어디까지나 일본국민으로서의 동화를 의미하는 것이었다. 물론 당시 일본제국주의는 조선인·조선민족의 일본인에의 동화를 주장하는 경우가 많았으며, 특히 저항운동과 분리형협력운동 등의 조선인 정치운동세력은 국민적 동화가 곧 민족적 동화를 의미하는 것으로 인식했다. 이는 그들이 동화형협력운동에 반대하는 가장 큰 이유였던 것이다.

예를 들면, 당시 <동아일보>는 조선인의 참정권청원운동이 '조선인을 일본인화하는' 것이라며 "조선인이 장구한 역사적 생명에 의하여 일본인에게 동화되지 못한다"고 주장했다.11) 이에 대해 국민협회의 중요 간부 중 한 사람인 고희준은 다음과 같이 반론하고 있다.

> 조선인의 권리 의무를 일본인의 그것과 동등하게 부여한다고 하루아침에 다수의 조선민족이 일본민족화된다 함은 도저히 믿을 수 없는 공상이다. 장구한 역사와 고유한 문화와 언어와 풍습 관습이 특수한 조선민족이…… 타민족화되지 못함은 인류역사가 증명하는 바이다…… 한일병합은 국가의 병합이요 민족의 병합은 아니다…… 조선민족의 보존과 존영을 제1요건으로 함은 당연하다. 국가의 병합이 결코 목적이 아니요 민족의 보존 및 발전이 유일한 목적이다…… 두 민족이 공동국가를 경영하여 공존동영을 도모함에 하등의 불가한 이유가 없을 뿐 아니라 정치상의 기회의 균등을 요구함이 지당함은 누구도 거부하지 못할 공리공도이다…… 12)

고희준은 조선민족의 유구한 역사와 고유한 문화 등에 근거하여 특수성을 인정하고 일본민족화되는 것을 부정했다. 그에게 한일병합은 서로 다

---

11) <동아일보>, 1922년 3월 4일. 이것은 일본인 정우회 국회의원 다키 구메지로(多木常[久米]次郞) 등이 "조선 거주민에게 참정권을 부여할 것을 바란다"는 건의안을 중의원에 제출한 데 대하여, 동아일보가 "조선인의 참정권문제—내지연장주의의 가부"라는 제목의 사설을 게재한 것이다.

12) 고희준, "참정권 요구에 대한 동아일보의 오해를 변(辨)함(1),(2),(3),", <매일신보>, 1923년 1월 8일-10일.

른 두 민족이 다민족국가 일본제국을 공동 운영하기 위해서 같은 국민으로서 통합한 것이었다. 따라서 그는 근대국가에서 당연히 누려야 할 국민으로서의 정치상의 권리를 요구하고 민족간의 차별 철폐를 주장한 것이다. 이것은 하라의 내지연장주의에 보이는 근접성에 기초한 동화가능성과는 상이한 것이었다. 특히 병합의 목적이 조선민족의 보존과 발전에 있다는 '도착된 민족주의'의 모습을 보여준다.

이러한 국민협회의 청원에 대해서 일본 본국 정계는 큰 관심을 표시하지 않고 제국의회중의원도 이 청원을 채택하지 않은 채 참고로서 정부에 송부했다.13) 같은 해 7월 국민협회는 다시 같은 내용의 청원서를 제43회 특별제국의회에 제출했다.14) 그러나 일본 본국의 반응은 변함없이 차가웠다. 예를 들면 수상 하라는 귀족원 예산위원회에서의 답변에서, 조선인을 제국의회에 참여시키는 것은 종국의 목적으로 "일시동인의 성지(聖旨)"에도 적합하지만 "오늘 바로라는 것은 어떠한 청원이 있더라도 동의할 수 없다"며, 즉시 조선인에게 참정권을 부여하는 데는 반대했다.15) 결국 국민협회는 조선인의 일본국민에의 동화을 촉진하기 위한 조치로서 조선인에게 참정권을 부여할 것을 요구했으나, 일본제국주의는 조선인의 일본국민에의 동화가 달성되기 전에는 참정권을 부여할 수 없다고 주장한 것이다.

한편 당시 조선의 상황은 3·1운동 직후로서 민심이 심하게 동요하고 있었고, 민중들은 국민협회의 참정권 청원운동에 관해서 아무런 흥미를 느끼지 못하고 오히려 '친일적 굴욕운동'이라고 공격하거나 이면에 '관헌의 기만적 회유책'이 개재되어 있다고 역선전했다. 특히 민원식을 가리켜 '국적'(國賊)이라고 손가락질하는 사람들이 많았다.16) 즉 많은 조선인들은 동화주의에 입각한 운동을 조선인의 '민족운동'으로 인정하지 않은 것이다.

---

13) 1920년 2월 5일 제출, "衆議院選擧ヲ朝鮮ニ施行ノ件"(『衆議院請願』902), <京城日報>, 1920년 2월 6일.
14) 1920년 7월 8일 제출, "衆議院選擧ヲ朝鮮ニ施行ノ件"(『衆議院請願』 144).
15) <京城日報>, 1920년 8월 7일.
16) 조선총독부 재무국장, "제85회 제국의회설명자료"(朝鮮史研究會, 『朝鮮近代史料研究集成』 第1号, 友邦協會, 1959년 수록), 80쪽.

그러나 국민협회는 자신들의 참정권청원운동을 다른 조선인 운동과 같은 민족운동으로서 동렬에 놓고 '민족'의 입장을 강조하고 있었다. 민원식의 다음 연설은 이를 잘 보여준다.

> …… 우리 동포의 이상을 발현하려는 데 있어, 조선의 독립을 주장하는 갑론이 있거나, 자치를 희망하는 을론이 있거나, 또는 현 국가를 시인하고 현 제도 하에서 행복을 구하려는 병론이 있다. 각각 그 주장과 주의를 달리하므로 따라서 그 수단과 방법을 달리하지 않을 수 없지만, 우리 조선민족의 최상의 행복과 최상의 지위와 최상의 번영과 최상의 명예를 구하려는 그 근본의 정신과 목적은 서로 일치하는 것임을 알아야 한다.17)
> 나 민원식은 신일본주의를 말하지만…… 조선인은 조선을 위해 도모할 뿐, 결코 타(他)를 위해 도모할 이유는 없지 않겠는가. 나도 또한 선조의 분묘를 조선의 땅에 모셨고…… 조선의 산하와 조선의 민족을 사랑하는 참된 마음은 결코 제군에게 뒤지지 않음을 단언한다.18)

조선민족의 '행복'과 '번영' 등을 추구하는 면에서는 참정권청원운동이 다른 조선인 운동과 다르지 않으며, 신일본주의도 충실한 민족애에 바탕하고 있음을 강조하는 민원식의 주장은, 바로 국민협회의 협력운동이 식민지 지배에서 절대적으로 존재하는 민족모순에 바탕하고 있음을 보여준다. 즉 그는 조선민족의 이익옹호를 내걸고 일반 조선인에게 일본제국주의 지배에 협력할 것을 호소하고 있을 뿐 아니라, 그것을 가지고 지배 권력을 얻기 위한 바겐력의 원천으로 삼고 있는 것이다.

1921년 2월, 일본 국내와 조선사회로부터의 냉담한 반응 속에서 국민협회 회장 민원식은 다시 도쿄(東京)에 들어갔다. 이번에는 참정권 청원서를 국회에 제출하기 전에 각 정당을 방문하고 청원 채택을 위한 활발한 로비활동을 전개했다. 정우회와 헌정회는 민원식의 청원운동에 "적극적인 동감과 양해"를 표시했으며, 국회의원 중에서도 이 운동에 적극적으로 참가하는 사람이 생겨났다. 그 후 그들은 청원서 제출 준비를 진행하여19), 같

---

17) "신일본주의(1) 민원식 최후의 연설," <京城日報>, 1921년 2월 19일.
18) "신일본주의(3) 민원식 최후의 연설," <京城日報>, 1921년 2월 22일.

은 달 15일 3,226명의 연서로 오오카 이크조(大岡育造) 외 16명의 소개의원을 통해서 재차 중의원에 참정권 청원서를 제출했다.20)

그런데 제출 다음 날, 민원식은 도쿄역 호텔에서 조선인 고학생 양근환(梁槿煥)에게 단도에 찔려 사망했다.21) 일본 본국 내에서의 민원식의 죽음은 그가 일본제국주의의 지배논리를 그대로 추종하고 그 실천을 외쳤던 만큼 일본 정계에 큰 충격을 던졌다. 그 결과 같은 해 3월 18일, 조선에 중의원 선거법을 실시할 것을 요구하는 청원을 다루는 중의원 청원위원총회가 열려 국민협회의 청원서는 만장일치로 이의 없이 채택되고22), 25일의 본회의에서도 채택되었다.23)

그러나 국민협회는 민원식의 사망에 의해서 부진한 상태에 빠지고 기관지 <시사신문>마저도 휴간하지 않을 수 없는 상황이 되었다. 이에 국민협회는 청원서가 국회에서 채택됨으로써 민원식의 본래의 뜻이 달성되었다고 판단하고 참정권 획득 시기를 촉진하기 위한 활동으로 전환하여 협회의 재생을 꾀했다. 1921년 4월, 회원 150명이 참가해서 총회를 열고 김명준(金明濬)을 회장에, 중추원 참의 정병조(鄭丙朝)를 부회장에 선출했다.24) 또한 구체적인 활동안으로서, ① '지방자치의 정신'을 함양하고 '입헌정치의 흥상(興想)'을 고취하기 위해 유세단을 조직해서 조선 각지에서 순회연설회를 열고 이에 의해서 '정치적 방면'의 연구와 훈련을 쌓을 것, ② 일본시찰단을 조직해서 일본의 시초손(市町村) 제도 및 중의원 선거에 관한 실정을 조사 연구함과 동시에 국민협회의 주의를 선전하고 세력 확장을 꾀할 것, ③ 기관지 <시사신문>에 의한 언론활동을 행할 것 등을 제시하고 이를 실천할 것을 결의했다.25)

---

19) <京城日報>, 1921년 2월 21일.
20) 1921년 2월 15일 제출, "衆議院選擧ヲ朝鮮ニ施行ノ件"(『衆議院請願』, 1982).
21) <京城日報>, 1921년 2월 17일, 3월 2일.
22) <京城日報>, 1921년 3월 21일.
23) <京城日報>, 1921년 2월 27일.
24) <京城日報>, 1921년 4월 12일.
25) <매일신보>, 1921년 3월 26일.

이러한 제국의회와 국민협회의 움직임에 대해서, 민원식 사망 직후에는 그의 죽음은 "참으로 아깝고 불쌍하"며 "주의 주장을 위해서 순사했다"고 짤막하게 언급하는 데 머물렀던26) 총독 사이토가 마침내 국민협회를 적극적으로 지원하게 되었다. 동화주의지배체제의 실현을 표방하고 있던 사이토는 동화'주의'의 구현을 위해 '순사'한 민원식과 같은 동화형협력운동세력에 대해서 지금까지와 같은 무관심만으로 일관할 수는 없었던 것이다. 1921년 4월 27일, 중추원 관제개정과 함께 새로 임명된 27명의 중추원 의원 가운데 국민협회 회원은 8명에 이르고 있고, 특히 새로 설치된 13명의 지방대표 중 국민협회 회원은 무려 6명에 달하고 있다.27) 사이토는 동화주의지배체제의 담당자의 하나로서 국민협회를 선택하고 협회의 세력 확대를 방관 또는 후원하기 시작한 것이다. 동화형협력운동을 전개해 온 국민협회는 총독부와의 구체적인 바게닝에서 일단은 성공했다고 할 수 있다.

　이렇게 해서 민원식이 '조난'당했을 당시는 회의 유지와 결속조차 어려울 것이라던 국민협회는 제국의회에서의 청원 채택과 총독부의 원조를 배경으로 재기의 계기를 잡았다. 김명준 회장체제는 그가 "다년간 사회에서 얻은 지위와 신용 및 그 외 그의 독특한 수완"에도 힘입어 눈에 띄게 회의 기초를 다진 결과, 1922년 1월 정기대회가 열린 시점에서는 1만 명을 넘는 회원과 지부 20여 개소를 설치하기에 이르렀다.28) 3·1운동 이후 동화형협력을 내건 국민협회는 전성기를 맞이하는 것같이 보였다.

　그러나 그 후 국민협회의 세력은 확대되기는커녕 곧 쇠퇴해 버렸다. 그 원인으로서는 다음의 두 가지를 들 수 있다. 하나는 지배측의 정책에 관한 것으로, 당시 총독부는 국민협회 활동의 중심인 "참정권 행사시기의 촉진" 운동에 관해서 여전히 명확한 참정권 행사의 시기를 제시하지 않았다. 이

---

26) <京城日報>, 1921년 2월 19일.
27) "中樞院議員ニ關スル調査," 1924年 2月 末日 現在, 『齋藤實關係文書』74-5 (日本國立國會圖書館 憲政資料室 소장), (영인본, 高麗書林, 1990), 2卷, 239-245쪽. 이하, 『齋藤實文書』로 줄여 씀. 그리고 문서번호는 日本國立國會圖書館 憲政資料室 소장번호이며, 권수 및 항수는 영인본에 의함.
28) <京城日報>, 1922년 1월 20일.

때문에 국민협회는 운동단체로서의 존립기반이 약하게 될 수밖에 없었다. 즉 총독 사이토는 조선에서의 참정권 행사의 전제로서 "우선 내용의 충실을 꾀하지 않으면 안 된다. 실질을 갖추지 못하면 오로지 운동만 해도 전혀 의미가 없다"는 것을 국민협회에게 전했다.29) 그는 '일시동인'의 지배방침에 의한 장래의 참정권 부여는 '당연한 일'이며 '이상'이라고 말했다. 그러나 지방자문기관 등의 훈련을 통해서 조선의 '진보'가 인정되었을 때 비로소 일본과 똑같은 참정권 부여가 가능하다고 주장했던 것이다.30) 이러한 조선에서의 참정권 부여에 대한 지배측의 소극적 태도는 지배측의 논리에 입각한 정치단체로서의 국민협회의 세력확대를 크게 제한했던 것이다.

또 하나의 원인은, 당시의 다른 조선인 운동과 관련된 것이다. 국민협회 이외의 많은 조선인 정치운동세력은 총독부가 시행하고 있던 동화주의 지배체제를 일본인 중심의 지배체제이며 조선인의 생존을 위협하는 것으로 간주하고 명확히 반대했다. 그들은 참정권청원운동이 조선인을 일본인에게 동화시키는 것, 조선을 일본제국의 연장으로서 위치시키는 것이라며 반대하고 일본인과 분리된 조선인의 입장에서 조선인 본위의 정책실시와 조선인의 권리획득을 요구하는 조선인 권리획득운동을 활발히 전개했던 것이다. 또한 사회주의 사상이 점차 퍼져가는 가운데 사회주의운동세력도 서서히 조선인운동의 전면에 등장해 유산계급중심의 총독부 정책에 반대했다. 이러한 다른 조선인 정치운동의 활발한 전개는 지배측의 논리에 입각한 국민협회 운동과의 대립을 초래하고 나아가 세력 확대를 저지했던 것이다.

이상과 같이 국민협회는 조선 민족의 독자적인 독립국가 수립을 포기하고 양 민족에 의해 새롭게 건설된 일본제국의 국민으로서의 권리로서 참정권을 청원했다. 그러나 그들의 운동은 공교롭게도 중의원에서 청원이 채택됨으로써 바겐력을 상실하고 정치운동으로서 그 의미를 상실한 것이

---

29) <京城日報>·<매일신보>, 1922년 1월 26일.
30) <京城日報>, 1922년 3월 2일.

다. 이후 국민협회는 내각 및 제국의회 등에 국회가 채결한 조선에서의 중의원선거법을 가능한 한 빨리 시행할 것을 요구하는 '건백(建白)운동'을 1922년부터 전개했다. 그러나 그것도 매년 봄에 내각 등에 "건백서"를 제출하는 정도에 머물렀던 것이다.31)

3. 내선융화운동

1) 각파유지연맹의 결성

국민협회의 참정권청원운동 등의 동화형협력운동이 크게 진전되지 못하고, 조선인권리획득운동과 사회주의운동 등의 저항운동이 확대해 가는 가운데, 1923년 10월 초순, 국민협회, 조선소작인상조회(이하 소작인상조회), 조선경제회(이하 경제회)의 간부 12명은 시국에 대처하기 위해 '지도단체'를 조직해서 "공산, 독립 등의 불온한 시류사상"을 일소할 것을 협의했다.32) 이어 다음 해 1월 소작인상조회, 경제회, 국민협회, 동광회, 유민회, 노농회 등 6개 단체 대표자 20명으로 구성된 '각파 유지발기인'은 각 단체의 의사를 밝히고 5개의 '실행조건'을 표방하며 각파유지연맹 결성에 착수했다. 그들은 우선 '문화정치'가 시행되어 4년이 경과했는데도 조선의 민심이 전혀 안정되지 않은 데 대해 유감을 표시하고 다음과 같이 의사를 표명했다.33)

전부터 내려온 일체의 감정과 당파적 관념을 내던지고 일대 자각하여 관민일치의 노력에 의해 민족주의 사상에 기초한 독립사상과 공산주의에 의한 과격사상에 대한 선도방법을 강구하여 일단은 시국을 바로잡는 데 힘쓰려 한다.

---

31) 『國民協會運動史』, 19-38쪽.
32) 朝鮮總督府警務局, 『高等警察關係年表』(1931년 1월), 135쪽.
33) "思想善導ニ關スル實行條件"(『齋藤實文書』 104-42, 14권), 699-704쪽.

각파유지연맹은 각기 다른 분야에서 운동·연구해 온 각 단체가, 총독부의 동화주의지배체제와 대결할 것을 표방하고 독립운동이나 사회주의 운동을 전개하는 분리형협력운동 내지는 저항운동의 세력 확대에 대항하기 위해서, 총독부와의 협조노선을 내세우며 결집한 것이다.

이어서 각파유지연맹은 실행조건으로서, ① 각파유지연맹의 "선언서"를 발포할 것, ② 각 단체 및 '유지연합 대강연회'를 수시로 개최할 것, ③ '내선인 융화'에 필요한 연극과 음악을 만들 것, ④ '내선인 관민 유지 간담회'를 수시 개최할 것, ⑤ 일본 본국에 각파의 '유력자'를 수시로 파견해 '내선인 간의 각종 오해'를 해소할 것 등을 제시하고, 연맹 결성의 목적이 조선인과 일본인과의 '융화' 실현에 있음을 명확히 했다.

1924년 3월 25일 각파 유지들은 각파유지연맹의 선언식을 열고 "선언"과 "강령"을 발표해서 본격적인 활동을 개시했다. 이 각파유지연맹 결성에는 1월의 발기단체 중에서 노농회를 제외한 5개 단체에, 조선노동상애회(이하 상애회), 교풍회, 유도진흥회, 청림회, 동민회, 대정친목회 등의 6개 단체가 새로 가세하여 11개 단체 대표 34명이 발기인으로서 참가, 다음과 같은 취지를 선언했다.34)

> …… 현재와 같이 조선인의 저열한 문화와 빈약한 경제를 가지고 어떻게 장래에 선처해서 생존을 보지하고 번영을 기대할 수 있을까 …… 한일병합은 시대의 요구에 따라서 양 민족이 혼연일체를 이루어 안으로는 민생의 행복과 국가의 융운을 증진하고 밖으로는 동양평화를 보장함으로써 세계의 진운에 순응하기 위한 것이다…… 우리 조선인은 여러 해 이래 가공적 독립운동으로써 수많은 생명과 재산을 희생하고…… 공산주의와 같은 과격사상을 초래하고…… 경거망동을 한다…… 관민이 일치 협력해서 각반의 시설 및 개선을 행해서 사회의 건전한 발달을 도모하고 내선융화를 철저히 해서 양 민족의 공존공영의 열매를 거두어 노자(勞資)가 협조해서 일반국민의 생활기초를 확고히 해서 국가 백년의 대계를 수립하지 않으면 안 된다.

각파유지연맹에게 조선민족의 생존과 번영을 위해 조선인의 문화·교육·

---

34) <京城日報>, 1924년 3월 28일; <매일신보>, 1924년 3월 29일.

경제 등의 발전은 바라는 바였다. 그런데 그 발전을 저지하는 것이 한일병합의 정당성을 부정하고 조선민족의 자결권에 의해서 독립 국가 수립을 주장하거나 계급해방을 외치는 사회주의운동과 같은 일본제국주의의 식민지 지배에 반대하는 저항운동세력이라고 각파유지연맹은 주장했다. 그들은 어디까지나 일본제국의 국민으로서의 자각을 가지고 조선민족과 일본민족과의 '융화' 실현을 희망했다. 이는 앞의 참정권청원운동과 마찬가지로 한일병합으로 일본과 조선 양 민족에 의해 수립된 다민족국가인 일본제국의 정당성을 인정하고 조선민족의 단일국가 수립을 포기한 채 일본국민에의 동화를 주장한 것으로 '동화형협력'에의 결집을 호소한 것이다.

한편 각파유지연맹은 표면적으로는 다양한 성격을 가진 세력의 연합에 의해서 결성되었다. 즉 정치(국민협회, 동광회), 경제(유민회, 경제회), 노농(소작인상조회, 상애회), 사회(대정친목회, 동민회, 교풍회, 유도진흥회), 종교(청림회) 운동 등 서로 다른 부문의 운동단체가 모였고, 근대적 사상단체와 전통적 사상단체(유도진흥회), 유산계급의 이익을 요구하는 단체와 무산계급의 이익을 추구하는 단체(소작인 상조회, 상애회), 조선인단체와 일본과의 합동단체(동광회, 대정친목회, 동민회), 민간단체와 관민단체(교풍회, 유도진흥회)가 각각 혼재되어 있었다.

이러한 다양한 세력들을 연계시킨 각 단체에 내재하는 주요 요인은 각각의 세력이 쇠퇴로부터 탈출하기 위해서 총독부의 보호와 원조를 구하지 않을 수 없는 정치적 상황의 존재였다. 당시 각파유지연맹에 참가한 기존 단체는 당시의 민립대학설립운동이나 조선물산장려운동 등 조선인 권리운동의 활발한 전개, 그리고 사회주의운동의 대두에 따른 노농운동의 급격한 조직화 등의 저항운동세력의 확대에 의해서 세력이 축소되지 않을 수 없었고 그를 만회하기 위하여 총독부의 원조를 필요로 했던 것이다. 그 결과 총독부의 논리에 입각한 정치운동을 전개한 국민협회는 말할 것도 없고 조선인의 입장에서 총독부의 지배정책에 비판적이었던 동광회, 조선경제회, 유민회 등의 정치·경제단체도, 그리고 지배측의 논리를 적극적으로 지지하면서도 직접 정치문제에 관여하지 않았던 대정친목회, 유민회, 동민회, 교풍회, 유도진흥회 등의 사회단체나 소작인상조회, 상애회 등의 노농단체도 '당파관념'을 넘어 서로의 '소이'(小異)를 버리고 정치성을 강하게 띤 각파유지연맹을 결성했던 것이다.35)

2) 내선융화운동의 전개

이와 같이 각파유지연맹은 저항운동과 분리형협력운동에 대항해서 동화주의에 입각한 협력운동을 적극적으로 전개할 것을 공식적으로 선언한 것으로, 일본제국주의가 주장하는 동화주의지배체제로의 결집을 의미하는 것이었다. 이 때문에 다른 조선인 운동과의 충돌을 피할 수 없었다. 당시 합법적 정치운동을 제창하고 있던 <동아일보>는 각파유지연맹의 강령 및 선언에 대해 다음과 같은 비판을 퍼부었다.

> 이는 감히 민중운동에 거슬리고자 한다는 것보다도 당국에 대한 효용설명이다…… 말하자면 "우리는 일선융화를 표명하고 선전하고 알선할 터이니 그 보수(報酬)를 좀 주시요" 하는 말에 불과하다…… 총독정치의 선전기관으로 성립된 그들이 당국의 구문(口吻)을 그대로 옮겨 놓은 것에 대해서는 다시 말할 필요도 없다…… 3·1운동 이후 민중의 흘린 피를 거꾸로 이용하여 당국에 아부하던 일부 사람들이…… 궁여지책의 하나로 이 연맹의 형식으로 출현시킨 것이다.36)

말하자면 <동아일보>는 동화형협력운동은 일본제국주의의 지배논리를 그대로 추종하고 그 대가로서 개개인의 권리를 꾀하는 직업적인 행동에 불과하다면서 조선인의 운동으로서의 성격조차 인정하지 않았다. 이 신문은 각파유지연맹을 단지 '총독정치의 선전기관'으로 간주했던 것이다.

그러나 각파유지연맹에 대한 <동아일보> 등의 강렬한 공격은 또한 각파유지연맹으로부터의 반격을 유발했다. 상애회의 박춘금(朴春琴), 소작인상호회의 채기두(蔡基斗), 국민협회의 김명준, 동광회의 이희간(李喜侃) 등

---

35) 각파유지연맹의 "선언." <京城日報>,1924년 3월 28일을 참조
36) 사설 "소위 각파유지연맹에 대하여," <동아일보> 1924년 3월 30일.

각파유지연맹 간부들은 <동아일보>의 각파유지연맹을 비판하는 두 번째 논설이 게재된 4월 2일에, 이 연맹에 가입 직후 탈퇴를 선언한 교풍회의 유문환(劉文煥)을 구타하고, 다음날에는 당시의 <동아일보> 사장 송진우(宋鎭禹)와 김성수(金性洙)를 불러내 욕설을 퍼붓고 구타하며 맥주병과 음식접시를 던지고 권총을 겨누어 협박하는 등의 폭행을 가했다.37)

이러한 폭행사건에 대해 경찰당국은 사건발생 5일 후에 처음 수사에 착수하는 등 소극적인 방관적 자세를 취하고 있었다. 이에 대해서 4월 9일, 이종린(李鐘麟), 안재홍(安在鴻) 등 40명의 유지가 모여서 각파유지연맹을 '부정단체'로 규정하고 규탄하며 나아가 폭행사건에 대한 총독부 당국의 태도를 비판하기 위한 민중대회를 개최할 것을 결정하고 발기준비회를 열었다.38) 그런데 경찰당국은 민중대회는 한일병합의 '정의'(正義)를 그대로 실행하려는 각파유지연맹에 반대하는 집회이며 또한 폭행사건은 사법권의 관할이라는 것을 이유로 대회 개최를 금지했다.39) 총독부는 동화형협력운동을 전개하는 각파유지연맹의 행동을 보호하고 이에 반대하는 세력을 탄압하는 행동을 취한 것이다.

<동아일보> 등의 반대운동세력으로부터의 공격을 폭력이나 총독부의 비호로 물리친 각파유지연맹은 '내선융화'운동을 본격적으로 개시하여, 다음달 3일에는 7백 명이 참가한 가운데 강연회를 열어 3대강령—① 관민일치 시정개선, ② 대동단결 사상선도, ③ 노자(勞資)협조 생활안정—을 선전했다.40) 먼저 국민협회의 김명준은 제1의 강령에 관해서 연설했는데, 조선에서의 '일시동인'의 실현과 일본과의 '동일제도'의 실시를 위해서는 조선의 산업개발이나 교육보급 등 조선인의 '실력양성'이 전제조건이라면서 그를 위해서는 일본 '정부를 부인'하거나 '총독부 정치'를 배척하지 말고 관민이 일치해서 노력해야 한다고 주장했다.

---

37) <조선일보>, 1924년 4월 28일; <동아일보>, 1924년 4월 11일.
38) <조선일보>, 1924년 4월 11일, 사설 "민중대회발기준비회," <조선일보>, 1924년 4월 12일.
39) <조선일보>, 1924년 4월 24일.
40) <매일신보>, 1924년 5월 5일.

다음에 국민협회 간부 고희준은 제2의 강령에 관해서 말하기를, 각파유지연맹의 '주의'(主義)에 반대하는 '독립론자와 공산주의자'의 주장은 "단지 학설을 동경하여 이론에 급급한 사실로부터 동떨어진 무효한 논리"라고 비판하면서, 조선이 독립국을 경영해 나가기 위해서는 20만 톤의 군함과 20개 사단의 군대가 필요한데 당시 조선의 재정상 그것은 불가능하다고 주장했다. 그리고 그는 조선인이 한일병합에 의한 일본제국주의의 조선 '통치'를 인정하고 일본국민으로서의 당연한 권리를 획득해 나갈 것을 호소했다.

마지막으로 소작인상조회의 채기두가 제3의 강령에 언급하여, 소작인과 지주 사이의 분쟁, 또는 공장노동자의 분쟁 등 조선에서의 노동문제가 "점차 중대해져 가는 형세"이며 그를 해결하기 위해서는 노자의 협조가 "가장 긴급한 일"이라고 지적했다.

그런데 이러한 각파유지연맹의 내선융화운동은 뚜렷한 실적을 거두지 못하고 내부 분열을 일으켜 일부세력은 지지 세력을 획득하기 위해 직접 민중에 접근했다. 1925년 1월 채기두, 고희준 등 각파유지연맹 발기인 34인 중 11명이 종교단체 보천교와 연계해서 시국대동단을 결성했다. 시국대동단은 일본인과 조선인의 '정신적 결합'을 공고히 하고 대동단결로써 '문화'를 향상할 것 등을 고창하고 지방순회강연회에 나선 것이다.[41]

지방강연 중에서 정읍(井邑) 보천교 총리원장 임경호(林敬鎬)는 일본사람과 조선사람이 "참마음으로 서로 결합하여 화평한 가정의 친형제간 같이 지내지 아니하면 우리는 살 수 없다"면서 양 민족이 "융화만 하면 이 세상에서 떠드는 공산주의나 사회주의가 다 자연히 쓸데없고 우리(조선인-필자)는 참으로 잘 살 수 있다"고 주장했다. 또한 시국대동단 간부 채기두는 조선인이 "정말로 일본인 노릇만 하면 우리(조선인-필자)도 총리대신도 될 수 있다"는 의미의 말을 한 후, 그를 위해서는 "첫째 독립사상을 버리지 아니하면 아니 될 것이요, 둘째 사회주의 사상을 없애버리지 아니하면 아

---

41) 사설 "시국대동단의 신성립," <매일신보>, 1925년 1월 11일; <조선일보>, 1925년 1월 17일.

니 될 것이다"고 주장했다.⁴²⁾

그러나 일반 조선인을 직접 상대로 한 시국대동단의 동화형협력운동세력을 확대하기 위한 이러한 활동은 대구, 군산, 광주, 포항, 강화 등 조선 각지에서 청년회를 비롯해 일반 조선인의 강한 반대에 부딪혀 동원된 보천교도마저도 강연내용에 실망할 정도로 거의 성과를 거두지 못했다. 많은 청중에게 시국대동단은 동화형협력운동을 제창한 '민원식의 후신'이고 '직업적으로 친일을 선전하는' 자에 불과했던 것이다.⁴³⁾ 그 후 각파유지연맹은 자금줄이 끊기고 간부간의 결속도 약화된 채 아무런 활동도 못하고 유명무실한 존재가 되었다.⁴⁴⁾

이상 보아 온 바와 같이 각파유지연맹은 총독부가 동화주의지배를 행하는 가운데 그에 반대하는 분리형협력운동 내지는 저항운동세력의 확대에 의해서 쇠퇴하지 않을 수 없었던 다양한 세력이 각파의 세력을 만회하기 위해서 총독부의 적극적 보호와 원조를 요구하며 결성한 것이었다. 그들은 참정권청원운동과 마찬가지로 조선민족의 독립국가 수립을 거부하고 일본제국의 국민으로서 조선민족과 일본민족이 일본제국의 국민으로 융화할 것을 주장했다.

각파유지연맹은 일본제국주의의 동화주의지배체제를 적극적으로 지지하고 '내선융화'의 실현을 표방하여 총독부의 후원을 받아 당시 쇠퇴하고 있던 많은 단체를 결집할 수 있었다. 그러나 각파유지연맹의 '내선융화'운동은 당시의 분리형협력운동이나 저항운동세력의 비난의 표적이 되고 일반민중에의 접근도 실패로 끝났다. 그렇게 되자 총독부의 원조도 계속되지 않았다. 동화형협력운동이라고 하더라도 다른 운동단체의 '대항적 반대기분'을 유발하고 그것이 총독부에 대한 공격으로 돌아오는 것은 바람직하지 않은 것이었다.⁴⁵⁾ 이리하여 참정권청원운동에 이어 '내선융화'운동으로서 재등장한 동화형협력운동은 또 다시 쇠퇴해갔다.

---

42) <조선일보>, 1925년 1월 12일, 14일.

43) <조선일보>, 1925년 1월 12일, 13일, 16일.

44) "정치운동," 『治安狀況』(1927년, 不二出版復刻版, 1984년), 13-14쪽.

45) 朝鮮軍司令部, 『不逞鮮人ニ關スル基礎的硏究』(1924년 6월), 58쪽 참조.

4. 척식성조선제외운동

1) 일본정부의 척식성 신설 관제의 제안

1929년 4월 13일 당시의 수상 다나카 기이치(田中義一)는 귀족원과 중의원의 협찬을 얻은 척식성 신설 관제를 추밀원 정사(精査)위원회에 제안, 자문을 구했는데, 신관제의 취지에 관해서 다음과 같이 설명했다.

> 점차 제국이 발전함에 따라서 조선, 대만 등 각 식민지의 행정사무도 복잡해지고 있어 수상이 그 감독을 겸무하기는 좀처럼 어렵고 또한 그들 각 지방을 연결하여 본토와의 공존공영을 도모하기 위해서는 반드시 중앙에 통일된 하나의 성(省)이 필요하다고 믿어 신설하는 바이다.46)

수상 다나카는 대만 등 다른 식민지와 마찬가지로 조선도 하나의 식민지라는 인식에서 주로 식민지 행정상의 관점으로부터 각 식민지를 통할하는 중앙기관으로 척식성을 설치할 것을 제안한 것이다. 이는 그 동안 일본제국주의가 조선은 식민지가 아니라 본국의 연장으로서 조선인은 일본인과 똑같은 일본제국의 국민이라는 지배논리를 스스로 부정하는 것이었다.

한편 척식성 신관제는 1924년 12월에 내각 부속국의 하나로서 설치된 척식국을 바꾼 것이었다. 척식국은 외국(外局)으로서의 지위조차 부여되지 않았고 국장은 내각총리대신의 보조기관의 기능만을 갖는 것으로 되어 있었다. 이에 대해서 신관제의 원안에서는 우선 신설 척식성 대신이 모든 식민지의 사무를 통리(統理)한다는 원칙 하에, 조선에 관해서도 다른 식민지와 똑같이 사무를 통리하도록 되었다. 또한 이에 대응해서 조선총독부관제도, 조선총독은 내각총리대신을 경유하여 상주(上奏)하거나 재가를 받는

---
46) <京城日報>, 1929년 4월 14일; <매일신보>, 1929년 4월 15일.

다는 규정을, 조선총독은 '탁무대신으로부터' 내각총리대신을 경유하여 상주하거나 재가를 받는다고 개정하려 했다.47) 즉 신관제의 주된 내용은 조선을 다른 식민지와 똑같이 취급하여 조선총독의 권한을 변화시키는 것이었다.

이러한 척식성 신설 관제에 관해서 수상 다나카가 추밀원정사위원회 석상에서 설명한 데 대해서 약8년간 조선총독을 역임한 추밀원 고문관 사이토는 다음과 같이 질문하여 정부안에 반대를 표명했다.

> 조선통치에 관해서는 다른 식민지에 대한 것과 원래 다르다고 생각하기 때문에 그 행정사무도 점차 내지와 똑같이 해야 한다고 생각하는데, 신설 척식성의 통치방침은 [조선을 다른] 식민지와 똑같이 일괄 통치해 나갈 방침인가. 혹은 조선만 떼어서 척식성의 관할 외로 할 것인가.48)

여기서 사이토는 조선을 다른 식민지와 구별하고 지금까지 자신이 주장해 온 '내지연장주의'의 입장에서 척식성 신설안에 반대했다. 즉 사이토는 많은 조선인이 일본의 식민지로 간주되는 것을 싫어하고 있다는 것을 8년간에 걸친 체험을 통해 누구보다도 잘 알고 있었다. 당시 조선이 일본의 식민지가 아니라는 인식은 일본국민으로서의 자각을 가진 '동화형협력'운동세력에 머무르지 않고, 한일병합을 일본제국주의의 무력에 의한 강제점령으로 간주하는 저항운동세력에도 존재했던 것이다.

사이토의 질문에 대해서 수상 다나카는 척식성 신설은 "종전대로 총독에 무게를 두고 통치하려는 것으로 다른 것과 혼동하는 것은 아니다. 따라서 조선만을 떼어서 [척식성의] 관할 외로 하는 것은 생각하지 않는다"고 대답했다.49) 다나카는 신관제에서 조선총독의 권한이 변하지 않는 것을 이유로 들어 척식성 신설은 행정상의 형식적 문제로서 그 내용에 있어서는 하등의 변화가 없다고 설명한 것이다.

---

47) 山崎丹照, 『外地統治機構の硏究』, 高山書院, 1943年, 23-25쪽.
48) <京城日報>, 1929년 4월 14일; <매일신보>, 1929년 4월 15일.
49) 위와 같음.

정부는 같은 달 16일에 각의를 열고 법제국장관으로부터 추밀원정사위원회의 경과보고가 있은 후 대책을 협의한 결과 다음과 같은 각의 결정을 했다.50)

一. 조선을 척식성에서 떼어내는 것은 척식성 설치의 의미에 맞지 않기 때문에 추부(樞府)측의 요망에는 반대한다. 二. 척식성의 명칭에 관해서는 좋은 안이 있으면 변경해도 좋다. 三. 관제 중 식산, 경리, 탁무 3국의 관장에 관해서는 추부측의 의견에 따라 이를 지방별로 조선을 1국으로, 그 외의 대만, 관동주, 남양, 사할린을 2국으로 관할하게 하는 것에 동의한다.

말하자면 정부는 조선을 탁무성 관할 외로 하자는 사이토 등의 추밀원측의 요구를 명백히 거절했다. 그 대신에 조선을 식민지로 간주하지 않는 명칭으로 변경하고 조선을 다른 식민지와는 별도의 국에서 관장할 것을 제안했다. 이것은 조선을 다른 식민지와 일괄해서 독립된 중앙기관에서 취급하게 하려는 정부원안의 골격을 그대로 유지한 것이었다. 즉 정부는 척식성의 형식만을 변경함으로써 내용을 그대로 관철하려 했던 것이다.

2) 척식성조선제외운동의 전개

일본정부의 척식성 관제안의 내용과 그에 대한 사이토의 반대 등이 조선에 전해지자 조선사회에 큰 반향을 불러일으켰다. 물론 한일병합을 일본제국주의의 물리력에 의한 강제점령이라면서 조선이 일본제국의 식민지는 아니라고 주장하는 저항운동세력은 직접 행동을 보이지 않고 침묵을 지키고 있었다. 그러나 조선은 일본제국의 식민지가 아니라 하나의 지방이라면서 동화주의지배체제의 완전한 실현을 요구하는 동화형협력운동세력은 격렬하게 반발했다. 우선 4월 16일에 동민회부회장 박영철 이하 13명의 간부는 동민회로부터 탈퇴할 것을 선언했다.51)

---

50) <京城日報>, 1929년 4월 17일; <매일신보>, 1929년 4월 18일.
51) 重藤末彦, "拓殖省問題と5団体の反對運動 附……朝鮮は植民地なりや否や"(『朝鮮

현 내각에서 척식성을 설치해서 조선총독을 척식대신 관하에 두는 것은 메이지대제의 병합조서, 타이쇼 천황의 일시동인의 조서에 반하며 명확히 조선을 식민지로 삼는 것으로서 동민정신에 어긋나는 것이다.52)

박영철 등은 정부의 척식성 관제안에서 조선총독을 척식대신의 관하에 두는 것은 다른 식민지의 행정수뇌보다 우위에 있는 조선총독의 지위를 격하시키는 것이라고 생각했다. 그래서 그것은 명확히 조선을 다른 식민지와 똑같이 취급하는 것이며, 이는 한일병합 이래 조선은 식민지가 아니라 일본제국의 하나의 지방이라는 지배방침에 따라 동화형협력운동을 전개하는 동민회의 창립정신에 반하는 것이라고 보고 탈퇴를 선언한 것이다.
다음에 국민협회는 4월 19일에 결의문을 발표했다. 결의문에서 국민협회는 일본정부의 척식성 설치안은 "조서의 정신에 반해 조선을 식민지로 간주하는 것으로서 일시동인의 국민으로서 참을 수 없다"고 하면서 절대 반대의 의사를 표시하고 같은 결의문을 일본 내의 관계당국에 타전(打電)했다.53) 나아가 국민협회는 4월 21일자로 내각총리대신 및 추밀원의장 앞으로 다음과 같은 "척식성 관제 반대 진정서"를 보내고 '반성'을 촉구했다.

……척식성 관제안은……긴 역사와 오랜 문화를 가진 조선인을 식민지의 토인으로서 취급하여……내선융화의 계기를 근저로부터 파괴하는 것으로서, 이는 명백히 조칙의 본의에 어긋나고 또한 조선통치에 관한 특별한 천황의 마음을 몰각하는 것이라고 믿는다. 만약 이 관제가 실시된다면 조선에 심대한 악영향을 끼치고 마침내 수습할 수 없는 난국이 될 것이다.

여기서 국민협회는, 정부의 척식성 관제안은 긴 역사와 오랜 문화를 가진 조선의 존재를 무시하고 다른 식민지와 똑같이 취급하고 있기 때문에 지금까지 일본이 표방해 온 동화주의지배체제에 반하는 것이며, 조선에서 매우 불안정한 지배 상황을 초래한다면서 반대를 표명한 것이다. 이는 앞

公論』第17卷 6号, 1929년 6월호), 2의 7-8쪽, <每日申報>, 1929년 4월 20일.
52) 重藤末彦, 앞의 논문, 2의 8쪽으로부터 재인용.
53) 重藤末彦, 앞의 논문, 2의 8쪽, 『國民協會運動史』, 46쪽.

에서 살펴본 참정권청원운동 당시의 국가관과 민족관에 기초한 것이었다.

갑자구락부는 4월 18일에 간사회를 열고 우선 조선이 척식성의 관할이 되면 그것은 조선도 식민지가 되는 것이라며 '내지연장주의의 견지'에서 절대로 반대하지 않을 수 없다고 결정했다.54) 이어서 같은 달 20일 갑자구락부는 임시총회를 열고 척식성 소관문제는 '조선 전체의 문제'이기 때문에 국민협회, 동민회 등의 각 단체가 일치단결해서 대처하지 않으면 안 된다고 판단하고 동민회와 교섭할 것을 결정했다. 또한 조선을 척식성 소관에 두는 것은 '내지연장주의'에 반하는 것이라고 보아 절대 반대한다는 결의문을 내각총리대신과 추밀원의장에게 타전했다.55)

나아가 국민협회, 동민회, 대정친목회, 교육협성회, 갑자구락부 등 5개 단체는 '척식성조선제외동맹'을 조직하고 4월 24일에는 반대연설회를 개최해서 연대운동의 깃발을 들었다. 또한 당일 밤 척식성조선제외동맹은 각 단체대표자로서 박영철, 최덕(崔悳), 조병상 등을 도쿄에 파견할 것을 결정했다.56)

이와 같이 일본정부의 척식성관제안에 대한 동민회, 국민협회, 갑자구락부 등 조선 내의 각 단체의 반대 이유는 조선의 식민지 취급과 조선총독의 지위 저하라는 데 중점이 놓여 있었다. 이미 본 바와 같이 이들 단체는 참정권청원운동이나 내선융화운동 등의 동화형협력운동을 전개해 왔다. 특히 동민회, 갑자구락부, 대정친목회는 일본인과 조선인과의 합동단체였던 것이다.

한편 척식성 관제에 대해서 조선 내에서 반대운동이 퍼져 가는 가운데 조선총독 야마나시 한조우(山梨半造)는 같은 해 5월 2일부터 3일간 열린 중추원회의에서 같은 관제에 관해서 다음과 같이 '설시'(說示)했다.

> 조선은 대만 등과 현저히 사정을 달리하여 소위 식민지가 아닌 것은 말할 것까지도 없는 것으로 당시의 조서에 명시되어 영원히 변함이 없고 이 정신이

---

54) <매일신보>, 1929년 4월 20일.
55) <京城日報>, 1929년 4월 21일.
56) 重藤末彦, 앞의 논문, 2의 7쪽.

척식성의 설치에 의해서 영향 받지 않음은 물론입니다……조선총독과 이들 (대만, 관동주—필자) 지방의 총독 또는 장관과의 사이에 현저히 상이한 관계상 조선을 타 지방과 똑같이 취급하는 것은 있을 수 없는 일입니다. 그 때문에 척식성이 설치되어도 같은 성과 본부의 관계는 종래의 척식국과 본부의 관계와 하등 다르지 않고 조선총독의 권한 및 조선의 지위에도 조금도 변하는 것이 없을 것입니다.57)

총독 야마나시는 척식성의 설치는 반대운동세력이 주장하는 바와 같이 조선을 다른 식민지와 똑같이 간주하는 것이 아니고, 또한 조선총독의 권한 및 지위에도 실질적인 변화를 가져오는 것이 아니라고 주장했다. 그는 척식성 설치는 단지 형식상의 조직으로 조선에 관한 내용 그 자체는 변함이 없다고 하는 정부의 견해를 그대로 대변하고 척식성 설치에의 이해를 구한 것이다.

이러한 상황 속에서 4월 24일에 서울을 출발한 척식성조선제외동맹의 대표들은 도쿄에 도착하여 '조선중앙협회'를 비롯해 각 신문사, 내각, 추밀원, 각 정당 등을 방문해서 조선의 '사정'을 진술했다. 또한 이하와 같은 내용의 "진정서" 수천 매를 각계에 배포하고 신설 척식성으로부터 조선을 제외할 것에의 양해를 구했다.58)

생각하건대, 동양사 속에서 다른 국토와 민중을 병합해서 식민지의 이름을 가지고 한 선례가 과연 어느 나라에 있을까. 저 영국의 아일랜드・이집트・인도에 대한, 미국의 큐바・필리핀에 임하는, 프랑스의 베트남에서의, 지리적 관계, 역사적 요인 모두 똑같지 않고, 문화의 계통, 언어, 관습, 풍속이 전혀 달라 단지 전쟁과 기만으로 나라와 백성을 빼앗은 것인데, 어찌 내선의 관계를 그것에 비유할 수 있겠는가. 동아의 맹주인 일본으로서는 오히려 거꾸로 그들 백인 각국에 대해서 전혀 무력을 사용하지 않고 예의를 갖추어 평화리에 양국의 대등한 합방을 완성한 세계에서 특이한 대업을 제시해서 피비린내 나는 전쟁 이외에 정복 피정복의 관계에 의하지 않은 이러한 인도적 합방이 존재함을 국제

---

57) <京城日報>・<매일신보>, 1929년 5월 6일.
58) 『國民協會運動史』, 47쪽, <京城日報>, 1929년 5월 21일.

적으로 교훈삼아야 함에도 불구하고, 덩달아 백인의 흉내를 내어 일부러 조선에 식민지의 호칭을 사용하는 것은 결코 해서는 안 된다.59)

여기서 척식성조선제외동맹은 특히 일본과 조선의 관계가 영국, 미국, 프랑스 등의 서양제국주의국가들과 각 식민지의 관계와는 달리, 조선은 일본의 식민지가 아님을 강조하고 있다. 즉 한일병합은 일본과 조선 사이에 지리・역사・문화・언어・관습・풍습 등의 근친성을 기초로 해서 양국의 합의에 의해서 하나의 국가를 창출한 것이라고 척식성조선제외동맹은 주장한 것이다.

그러나 척식성조선제외동맹의 일본 내에서의 운동은 커다란 성과를 거둘 수 없었다. 척식성조선제외동맹의 대표는 정부측의 의향을 듣고 신설 척식성에서 조선을 제외하는 것은 '도저히 불가능한 상태'라는 판단을 내렸다. 이 때문에 같은 해 5월 13일 수상 다나카와의 회견 때에는 중앙조선협회장 남작 사카타니 요시로(坂谷芳郞)를 통해서 다음과 같은 '희망요건'을 제시하는 데 그쳤다.60)

一. 척식성의 명칭을 변경할 것, 二. 관제내용 중 조선만은 별도의 부문을 두어서 취급하고 그 외는 사무별로 할 것, 三. 관제발포와 동시에 총리대신으로부터 조선을 식민지 취급하는 데에 있지 않다고 하는 성명을 발표할 것.

척식성조선제외동맹의 대표는 조선이 일본의 식민지가 아니라는 것을 수상 성명으로 밝힐 것을 요구했다. 그러나 앞서 말한 일본정부의 각의 결정에 의한 정부안의 내용은 그대로 인정하지 않을 수 없었던 것이다. 이에 대해서 수상 다나카는, ① 명칭과 내용을 바꾸는 것은 전혀 지장이 없고, ② 관제 발포와 동시에 '조선을 식민지 취급하는 것이 아니라는 취지'의 유고 또는 훈시를 발표하는 것도 지장이 없고, ③ 장래는 조선총독도 폐지

---

59) 拓殖省朝鮮除外同盟, "陳情書"(1929년 4월, 『國民協會運動史』, 50-51쪽, 『齋藤實文書』 104-56, 16卷, 733-735쪽.

60) 『國民協會運動史』, 47쪽; <京城日報>, 1929년 5월 21일.

해서 조선을 일본 내와 동등하게 해야 한다고 믿으며 이를 위해 노력한다는 것 등을 언명했다.61)

결국 척식성조선제외동맹의 대표에 의한 일본 내에서의 운동은, 대표가 스스로 밝힌 바와 같이 '그 목적을 충분히 관철할' 수 없었다. 그들은 일본의 각 계에 '상당한 주의'를 환기시키는 게 고작이었고, 조선이 일본의 식민지가 아니라고 하는 '명확한 언사'를 얻었을 뿐이었다.62) 한편 일본정부는 척식성 설치가 조선 지배에 미치는 '악영향'을 고려하여 조선으로부터의 요망을 '말'로만 받아들이고 원안의 핵심적 내용은 그대로 두는 데 성공했던 것이다.

이리하여 5월 23일에 척식성 관제 수정안 등에 관한 추밀원정사위원회 제3회가 개최되어 정부는 척식성 관제 수정안으로서, ① 성명을 탁무성으로 할 것, ② 2국 외에 조선부를 특설하고 탁무대신의 관하에 둘 것, ③ 총독의 상주권은 종래대로 총리대신을 경유하는 것 등을 제시하고 추밀원은 이를 승인했다.63) 이어서 5월 29일에 척식성 관제안이 정례 중추원 본회의에서 가결되자,64) 정부는 6월 10일에 탁무성 관제를 정식으로 공포함과 동시에 수상의 담화를 발표했다. 수상 담화는 탁무성 설치에 관해 일부 조선 재주자 사이에 '오해'가 있었음을 지적하고 "조선의 인민은 다 같이 제국신민으로서 일시동인 추호의 차이가 없으며," "원래 조선을 식민지시하려는 데에 있지 않다"는 한마디를 덧붙였다.65)

이와 같이 신설 탁무성 관제는 추밀원과 조선 내의 정치운동단체로부터의 반대를 무시할 수 없었기 때문에 명칭을 변경하고 조선총독의 권한을 유지한다는 내용은 담았지만 정부의 원안은 거의 그대로 확정되었다. 정부는 신설 탁무성에 조선부를 특설했지만 탁무대신의 조선총독부에 대한 감독권을 인정하는 것에 의해서 조선도 탁무성의 관할 하에 놓이는 식민

---

61) 『國民協會運動史』, 47쪽.
62) <京城日報>, 1929년 5월 21일.
63) <京城日報>, 1929년 5월 24일; <매일신보>, 1929년 5월 25일.
64) <京城日報>, 1929년 5월 30일.
65) <京城日報>, 1929년 6월 11일.

지의 하나로서 자리매김한 것이다. 결국 일본제국주의는 공식적 지배이념인 동화주의에 입각한 내지연장주의를 스스로 부정하는 격이 되었다.

이상과 같이 동화형협력운동세력은 척식성조선제외운동을 통해서 조선 내에서의 정치운동의 주도권을 잡아 쇠퇴한 세력을 만회하려 했다. 그들은 조선은 일본제국의 식민지가 아니라 하나의 지방이라고 주장했다. 즉 한일병합은 일본제국주의가 조선을 강제로 식민지한 것이 아니라, 양국(양민족)의 합의에 의해서 새로운 일본제국을 건설한 것이므로 다른 식민지와는 함께 취급될 수 없다는 것이었다. 그러나 그들은 본국정부에 일부 요구를 받아들이게 하는 데는 성공했지만 그 이상의 구체적 행동을 계속하지 못하고 더 이상의 세력 확대에는 실패했다. 일시적으로 달아오른 동화형협력운동은 또 다시 그 한계를 노출한 채 식어버리고 말았던 것이다.

5. 결 론

1920년대 조선에서 전개된 동화주의 협력운동은 조선에서 제국의회 중의원의원 선거를 실시할 것을 요구하는 참정권청원운동, 일본인과 조선인과의 '융화' 실현을 주장하는 내선융화운동, 일본정부의 척식성 관할에 조선을 두는 것에 반대하는 척식성조선제외운동 등을 중심으로 세력 확대를 꾀했다.

이들 운동을 전개하는 과정에서 '동화형협력'운동은, 일본제국주의가 조선 지배를 정당화하기 위해서 표방한 이데올로기를 그대로 인정하고 그에 따라 행동했다. 즉 그들은 조선은 일본의 식민지가 아니라 '신일본'제국의 하나의 지방이라면서 조선인·민족만에 의한 독립국가의 존재를 필요로 하지 않고 일본에 의한 조선의 영구 지배를 승인했다. 그들은 개인의 생활을 보장해 줄 근대 국가의 필요성을 인정했는데, 그 국가는 조선민족에 의한 단일민족국가가 아니라 한일병합에 의해 일본민족과 공동으로 수립한 다민족국가 일본제국이라고 생각한 것이다. 그래서 그들은 조선인에게 일본제국의 동일국민으로서의 권리를 부여해 줄 것을 요구했다. 또한 일본인과 조선인과의 융화를 촉구하고 조선을 다른 식민지와 구별해서 일본 본국과 똑같이 취급할 것을 요구하는 등의 활동을 전개했다.

그러나 '동화형협력'운동이 총독부의 지배정책에 무조건적이고 일방적으로 '협력'한 것은 아니다. 그들은 지배 측의 논리를 인정했지만 그 실행을 촉구함으로써 정치운동세력으로서의 바겐력을 가진 것이다. 즉 당시 일본제국주의는 동화주의지배체제를 표방하고 있었음에도 불구하고 그에 입각한 정책들을 완전히 실행할 수 있는 능력이 없었다. 이는 강한 조선인의 저항세력에 의해 크게 규정받는 것이었다. 또한 일본제국주의도 지배논리에 입각한 동화형협력운동세력의 무한한 확대를 허용한 것은 결코 아니다. 일본제국주의에게는 어떤 세력이든 과대하게 확대하는 것은 바람직하지 않았기 때문이다. 이는 민족모순이 절대적으로 존재하는 동화형협력운동의 경우에도 예외가 아니었다. 조선민족의 입장에서 일본제국의 똑같은 국민으로서의 권리를 주장하는 동화형협력운동세력도 경계되었던 것이다. 여기에 일본제국주의의 고민이 있었다.

이러한 동화형협력운동은 일본제국주의의 조선에 대한 영구지배에 반대하고 조선인의 일본인에의 동화가능성을 부정하며 조선의 독자적인 국가건설을 주장하고 있던 당시의 다른 조선인 운동과 대립하고 충돌하지 않을 수 없었다. 분리형협력운동과 저항운동세력은 동화형협력운동이 일본제국주의의 지배논리를 그대로 추종하고 그 대가로서 개개인의 권리를 꾀하는 단지 직업적 행동이라고 간주하고 조선인의 정치운동으로서의 성격조차 인정하지 않았던 것이다.

이와 같이 지배세력 및 다른 운동과의 관계 때문에 동화형협력운동은 쇠퇴하고 말았다. 따라서 동화형협력운동의 논리와 그 전개는 동화주의 지배이데올로기가 식민지 현실에 의해 모순이 드러나 형해화되고 있었음에도 불구하고 그에 집착할 수밖에 없었던 일본제국주의의 고민과 함께, 저항운동세력이 강했던 조선인 정치운동의 특징을 잘 보여주는 것이다.

참 고 문 헌

國民協會宣傳部編, 『國民協會運動史』(國民協會本部, 1931).
<京城日報>, <동아일보>, <매일신보>.
『齋藤實關係文書』(日本國立國會圖書館 憲政資料室 소장, 영인본, 高麗書林, 1990).
朝鮮軍司令部, 『不逞鮮人ニ關スル基礎的硏究』(1924年 6月).
朝鮮總督府警務局, 『高等警察關係年表』(1931년 1월).
『帝國議會衆議院請願 文書表 報告』(日本國立國會図書館 소장).
『治安狀況』(1927년, 不二出版復刻版, 1984).
강동진, 『일제의 한국침략정책사』(한길사, 1980).
김동명, "1920년대 식민지 조선에서의 정치운동 연구—일본제국주의의 지배에 대한 저항과 '협력'의 변증법," 한국정치학회, 『한국정치학회보』, 제32집 제3호, 1998.
_____, "일본제국주의의 정치이론," 한국일본학회, 『일본학보』, 제43집, 1999.
_____, "일제하 동화형협력운동의 논리와 전개," 한일관계사학회, 『한일관계사연구』, 제18집, 2003.
Robinson, Ronald, "Non-European Foundations of European Imperialism: Sketch for a Theory of Collaborations," R. Owen and B. Sutcliffe, eds., *Studies in the Theory of Imperialism*, London: Longman, 1972. W. M. Roger Louis ed., *Imperialism: The Robinson and Gallagher Controversy*, New York: New Viewpoints, 1976.

松田利彦, "植民地期朝鮮における參政權要求運動団体 '國民協會'について"(淺野豊美 松田利彦編, 『殖民地帝國日本の法的構造』, 東京, 信山社, 2004年; 김인덕 역, 『일제시기 참정권문제와 조선인』(국학자료원, 2004).
宮田節子, "內鮮一体の構造," 『朝鮮民衆と皇民化政策』(未來社, 1985年); 이영랑 역, "일본의 조선지배정책의 본질," 『조선민중과 황민화정책』(일조각, 1997).
並木眞人, "植民地期朝鮮人の政治參加 —解放後史との關聯において"(朝鮮史硏究會 編, 『朝鮮史硏究會論文集』, 第31集, 東京, 綠蔭書房, 1992年).
重藤末彦, "拓殖省問題と5団体の反對運動 附……朝鮮は植民地なりや否や"(『朝鮮公論』, 第17卷 6号, 1929년 6월호); 高橋進, "帝國主義の政治理論"(岩波講座 『近代日本と植民地』1, 東京, 岩波書店, 1992年).
山崎丹照, 『外地統治機構の硏究』(高山書院, 1943年).

제 3 부

국가 형성과 내셔널리즘

제1장 건국과 내셔널리즘: 1940~50년대

심지연

1. 머리말

　해방과 동시에 한민족은 정부수립에 나섰지만, 온 민족이 열망하던 형태의 정부와는 거리가 먼 단독정부의 수립으로 귀결되고 말았다. 내외적인 제반 요인으로 인해 민족이 하나의 내셔널리즘으로 통합되지 못하고 분열된 때문이었다. 이는 단일민족으로서 민족의 모든 에너지를 결집할 수 있는 내셔널리즘의 도출에 실패한 결과 초래된 현상으로, 미·소 양군의 한반도 점령과 밀접한 관계를 맺고 있다. 식민통치로부터의 해방을 목표로 한 독립운동의 이념과 방법을 놓고 내부적으로 분열되어 별도의 이데올로기를 견지하고 있던 중, 미·소 양군의 한반도 진주가 이루어졌고, 이들이 한민족의 내셔널리즘 형성에 깊이 개입하는 바람에 생겨난 현상이다.

　식민통치 기간 중 이데올로기를 떠나 하나의 민족으로서 견지해야 할 내셔널리즘을 창출하기 위한 움직임이 국내외에서 여러 차례 있었고 이러한 노력은 일시적으로 성공을 거두기도 했다. 그러나 이념과 노선의 차이를 끝내 극복하지 못하고 분열된 채 해방을 맞이했다. 해방된 후에도 중도 진영을 중심으로 분열된 좌우를 통합하려는 노력이 있었으나, 외세의 개입으로 별다른 성과를 거두지 못했다. 좌·우 양 진영이 이념적으로 친화력을 갖고 있는 외세와 결탁하는 현상이 빚어져 38선을 경계로 이념의 정렬이 이루어졌고, 이와 때를 같이하여 남과 북으로 이념에 따른 민족의 이동이 이루어지면서 정부수립을 위한 움직임이 두 갈래로 추진되었기 때문이다.

　이러한 과정을 거쳐 한반도에 별도로 수립된 두 개의 국가는 치열한 정통성경쟁에 돌입하게 되는데, 이것이 종국적으로는 동족상잔의 전쟁을 야기하는 하나의 요인으로 작용하게 된다. 배타적인 정통성을 주장하면서 두 개의 정부는 상대방을 흡수하기 위한 내셔널리즘을 개발하게 되는데, 바로 이것이 북진통일론과 민주기지론으로 나타났다. 남북 모두 내셔널리즘의 완성을 위해 전쟁도 불사하겠다는 각오로 임했기 때문이었다.

　이와 같은 각오는 실제로 전쟁으로 이어졌으나, 전쟁의 결과는 그 이전과 하등 다를 바 없었다. 전쟁이 아닌 평화적인 방법으로 통일을 모색하려고 하기보다는 체제를 공고화하는 작업에 몰입하면서 적대적인 관계를 유지하는 방향으로 나아갔기 때문이다. 이러한 작업은 일차적으로 정적의 제거를 통한 리더십의 강화로 나타났고, 이것이 체제에 대한 비판을 용납하지 않는 사회적 분위기를 조성하여 50년대 말까지 내셔널리즘을 폐쇄적인 상태로 몰아갔다고 생각한다. 그리하여 남과 북 사이에 평화공존이라는 용어 자체가 성립되지 않을 정도로 경직된 관계가 지속되었던 것이다.

2. 해방과 내셔널리즘의 대두

　식민통치를 종식시키기 위해 민족의 역량을 규합하려는 시도가 여러 차례 있었지만, 결실을 보지 못했다. 이 바람에 좌우로 나뉘어 치열한 대립과 갈등이 전개된 것이 바로 해방정국이었다. 해방의 의미와 과제에서부터 내셔널리즘의 본질에 이르기까지 양 진영이 상이한 인식을 바탕으로 상대방을 제압하려고 한 것이었는데, 이러한 대립과 갈등이 외세의 개입으로 인해 민족 내부의 역학관계만으로는 해결될 수 없게 된 것이 해방정국의 또 다른 측면이기도 했다. 이데올로기의 대립으로 내셔널리즘이 공고화되는 현상이 빚어진 것이다.

1) 해방정국과 좌·우의 분열

해방이 되자 많은 사람들이 정치적 야심을 품고 정당과 사회단체를 결성하여 정치일선에 나섰다. 그러나 계급적 기반과 이념적 편향, 그리고 인간적인 친소관계에 따라 맺어진 이들 집단은 통합을 이루지 못한 채 좌우로 나뉘어 거대한 인맥을 형성하며 주도권을 장악하기 위해 투쟁했다. 이 바람에 일제 잔재를 청산하여 새로운 국가를 건설하는 주권회복과업은 순조롭게 이루어질 수 없었다. 좌우 양 진영이 자신이 처한 입장과 노선에 따라 해방의 원인을 별도로 분석하고, 자신의 분석에 기초하여 정국을 이끌어 가기 위해 총력을 기울였기 때문이다.

좌익진영의 경우, 소련과 미국을 위시한 연합국의 승리에 의해 해방이 초래된 것으로 인식했다. 독립을 위한 한민족의 투쟁이 없었던 것은 아니지만, 자력으로 일제를 타도하지 못하고 국제적인 힘에 의해 해방이 이루어졌다는 것이다.[1] 이러한 인식은 2차대전에서 연합국이 승리한 결과 해방된 것이므로 한반도문제는 자연히 국제적인 관련을 맺지 않을 수 없다는 논리로 이어졌고 이에 따라 좌익진영은 해방의 국제적 연관성 즉, 국제성을 강조했다. 여기서 국제성이란 미·영·소 3대 연합국의 국제협조와 2차대전 승리의 결정적 역할을 소련이 했다는 것을 말하며, 이러한 인식과 평가에 기초할 때 한반도의 정세도 국제성에 의해 제약되지 않을 수 없다고 주장했다.[2] 해방의 국제성은 후일 국제적 제약성으로까지 발전되었다.

우익진영의 경우, 연합국의 승리보다는 한민족의 독립운동을 해방의 직접적인 원인으로 파악했으며 독립운동의 핵심에는 중경임시정부가 있다고 주장했다. 그리하여 이들은 임시정부를 정식정부로 맞이하여 완전한 자유 독립정부가 되도록 지지·육성하지 않으면 안 될 것이라고 선언하기

---

1) 李康國, 『民主主義 朝鮮의 建設』(朝鮮人民報社, 1946), 10쪽.
2) 李康國, "民主主義와 國際路線," 文友印書館(編), 『民主主義十二講』(文友印書館, 1946), 5-12쪽.

까지 했다.3) 연합국의 참전으로 인한 2차 대전 승리를 인정하지 않는 것은 아니지만, 보다 근본적으로는 일본에 나라를 빼앗긴 이래 많은 독립운동가들이 투쟁한 덕분에 해방이 되었다는 것이다. 이처럼 우익진영은 민족적인 요인을 강조했는데, 이와 같은 의미로 이들이 해방을 인식한 것은 좌익진영의 국제노선을 견제하기 위한 의도가 포함된 것이기도 했다. 이와 더불어 이들은 좌익진영과 달리 일제시대부터 민족이라는 용어를 선점하고 있던 때문이기도 했다.4)

해방의 원인에 대한 좌우 양 진영의 이같은 견해 차이는 필연적으로 해방의 의미에 대한 인식상의 차이를 불러 일으켰고, 인식상의 차이는 노선상의 대립으로 연결되었다. 그리하여 해방정국에서 양 진영은 사사건건 대결하는 양상을 빚었다.

연합국의 승리가 해방의 결정적인 원인이었다고 파악한 좌익진영은 어느 한 국가의 문제는 세계문제의 해결과 분리·고립시켜 보아서는 안 된다고 인식했다. 그리하여 한반도문제도 국제정세와 연관시켜 해결하려 했고, 그 일차적인 시도로 나타난 것이 조선인민공화국의 수립이었다. 동구의 사회주의화에 크게 고무되어 한반도에도 그러한 성격의 정부를 수립하는 것에서 해방의 의미를 찾으려고 한 것이고, 연합군이 상륙하면 그와 교섭할 기관이 필요할 것이라는 생각과 북한에 진주한 소련군이 인민위원회에 행정권과 치안권을 이양한 것을 연합국의 공통된 정책으로 인식한 때문이기도 했다.5)

이와 반대로 우익진영은 민족의 역량으로 해방이 이루어졌다고 생각했기에 인민공화국을 단호히 거부하고 중경임시정부를 옹립해야 한다는 입장이었다.6) 그리하여 이들은 해방의 의미를 임시정부의 법통을 지지하고 연합군을 환영하는 준비를 하는 것으로 규정하고, 이 규정에 따라 국민대회준비회를 구성했다. 중경에 임시정부가 있음에도 불구하고 이를 부인하

---

3) "韓民黨 創黨 聲明書," 李革(編), 『愛國 삐라全集』 제1집(祖國文化社, 1946), 48-49쪽.
4) 洪命熹, "新幹會의 使命," 『現代評論』 1권 1호 (1927년 1월), 63쪽.
5) 民主主義民族戰線(편), 『朝鮮解放年報』 (文友印書館, 1946), 85-86쪽.
6) <東亞日報>, 1945년 12월 22일.

고 새로 정부를 구성하는 것은 부당하며 연합국으로부터 정권을 인수받아야 한다는 것이다. 이들이 국제적인 역량 즉, 연합국의 공헌을 경시한 것은 아니었지만, 좌익진영보다는 상대적으로 민족적 요인을 강조하고 있었다.

이처럼 해방의 원인에 대한 견해 차이에서 비롯된 좌우 양 진영의 인식 차이는 정부 수립문제로 이어져, 정반대의 노선을 견지하게 되었다. 좌익의 인민공화국 수립에 맞서 우익이 임시정부 봉대를 주장함으로써 좌우 양 진영은 별도로 정부를 수립하겠다는 노선을 분명히 했고, 이를 계기로 좌우는 분열의 길로 접어들게 된 것이다.

2) 좌·우의 대립과 내셔널리즘

국제노선을 견지한 좌익진영의 경우 부르주아 민주주의혁명단계론을 제시하고 친일파의 숙청과 무상몰수·무상분배를 원칙으로 한 토지개혁을 과제로 내세운 반면, 민족노선을 지향한 우익진영의 경우 민주주의정부 수립을 위한 민족의 대동단결을 일차적인 과제로 내세웠다. 이같은 과제는 일제의 식민통치에 협조했던 세력을 어떻게 처리할 것인가 하는 문제로 귀결되었는데, 이는 토지문제와 함께 이데올로기의 본질을 구성하는 핵심적인 요소라고 할 수 있다. 좌우의 이데올로기 대립이 본질적으로 융합될 수 없는 내셔널리즘을 생성하는 방향으로 작용한 것이다.

(1) 좌·우의 대립과 갈등

좌익진영은 민족의 의사를 대변하고 인민의 이익을 대표할 수 있는 정부를 수립하기 위해서는 민족의 통일을 이룩해야 한다고 전제하고, 진보적 민주주의를 표어로 하여 부르주아 민주주의혁명을 실현해야 한다고 주장했다. 부르주아 민주주의혁명의 기본과업으로 박헌영은 민족문제의 해결과 토지문제의 해결 두 가지를 제시했으나, 그는 당시의 단계를 부르주아 민주주의혁명으로 규정한 근거를 명확하게 밝히지는 않았다.

여기서 민족문제의 해결이란 일제의 식민통치에 협력한 친일파를 정부 수립에 참여시키지 않는 것이며, 토지문제의 해결이란 자신이 필요로 하는 경작지 이외의 토지는 무상으로 국유화하여 무상으로 농민에게 분배하는 것을 의미했다.7) 이러한 내용의 부르주아 민주주의혁명론은 좌익 내셔널리즘의 본질을 이루는 것으로, 박헌영은 이것이 완수된 후에는 그 다음 단계인 프롤레타리아 혁명으로 나아갈 수 있다는 견해를 갖고 있었다.

한편 부르주아 민주주의혁명의 추진세력으로 박헌영은 노동자, 농민, 도시 소시민과 인텔리를 들었는데, 부르주아 민주주의혁명을 주장하면서 민족 부르주아지를 배제한 것은 이론상 모순이라고 할 수 있다. 부르주아 민주주의혁명이 생산수단의 사적 소유를 전제로 한 부르주아혁명의 범주에 속하는 것인 만큼 민족 부르주아지도 당연히 혁명의 동력으로 간주되어야 한다는 비판을 받게 되는 것이다.8) 이들 민족 부르주아지와의 협력을 배제했기에 박헌영이 주도하는 공산당은 노선상의 편협성을 띠지 않을 수 없었다. 그럼에도 불구하고 부르주아 민주주의혁명론은 당시 좌익진영 내에서는 '옳은 정치노선'으로 인정되었다.

우익진영은 민족 전체가 하나가 되어 자유 독립국가를 건설할 것을 역설했다.9) 민족의 모든 역량을 집결하여 국가건설에 매진해야 하는 시점이므로 일제시대의 행위로 민족이 분열되는 현상이 나타나는 것은 바람직하지 않다는 입장이었다. 이러한 심리상태를 반영하여 이승만은 귀국하자마자 연합국에서 한민족의 능력을 의심하고 있으므로 사리사욕을 다 없애고 정부를 수립하기 위해 합심협력하면 모든 일이 잘될 것이라고 밝혔던 것

---

7) 朴憲永, "民族統一政府를," 『白民』 創刊號 (1945년 12월), 11쪽.
8) 김남식, "박헌영과 8월 테제," 강만길(외), 『해방전후사의 인식』 2 (한길사, 1985), 117쪽.
9) 한민당의 정치부장으로 우익진영의 이론가였던 장덕수는 민주주의는 다수가 주장한다고 무엇이나 해야 하는 단순한 다수지배를 의미하는 것이 아니라 공동체의 구성원 어느 누구도 풍족하고 자유로운 생활을 누릴 수 있는 기회를 박탈당하지 않도록 하는 것이라고 강조하고, 질서와 통일을 강요하는 러시아식 독재는 외관상 복종을 유지할 수는 있으나 사회제도의 핵심인 개성의 발전을 희생시키는 것이라고 하여 반대한다는 내용의 논문을 발표했다. Duck Soo Chang, *British Method of Industrial Peace: A Study of Democracy in Relation to Labor Disputes* (New York: Columbia University, 1936), p.14.

이다.10)

"뭉치면 살고, 헤어지면 죽는다"는 식으로 대동단결의 기치를 내건 이승만의 주위에 우익진영이 결집하기 시작했고, 이러한 움직임이 구체화되어 독립촉성중앙협의회(독촉)가 결성되었다. 임시정부 주석인 김구도 대동단결론의 범주에서 크게 벗어나지는 않았다. 친일파문제에 대한 언급에서 그는 불순분자가 섞이는 것을 원하는 사람은 없지만, 이들을 먼저 배제하고 통일하는 것이나 통일을 이루고 난 후 배제하는 것이나 결과에 있어서는 마찬가지라고 말했는데,11) 이것이 일반적으로 우익진영이 견지했던 내셔널리즘의 본질이었다.

한편 토지문제에 대해 우익진영은 농민의 소유욕을 어느 정도 반영하는 토지정책을 제시했으나, 수세적인 입장이었고 구체적으로 이를 실천하려는 의지는 보이지 않았다. 지주·소작인 사이의 불합리한 관계를 인식하고 이를 해결하는 것이 필요하다는 것을 의식하고 있었기에 '토지문제의 합리적 재편성'이라는 정책을 제시하기도 했지만, 농민의 욕구를 충족시키는 방향으로 토지문제를 해결하려고 하지는 않았다. 기득권의 상실을 우려한 때문이었다. 이는 우익진영의 중심을 이루고 있던 한민당이 유상매수·유상분배원칙을 고수한 데서 전형적으로 나타난다. 농민에게 토지를 무상으로 분배할 경우 노동자에게는 아무것도 줄 것이 없어 불평등하며, 토지를 무상몰수할 경우 지주로서는 국가산업의 재건을 위해 기여할 기회를 박탈당할 우려가 있다는 이유에서였다.12)

(2) 내셔널리즘의 대두

우익진영이 대동단결을 부르짖자 좌익진영은 즉각 이를 반대했다. 대동단결이라고 하는 것은 일본제국주의자와 친일파를 옹호하는 노선으로, 무원칙에서 출발한 비민주적인 주장이라는 것이다.13) 해방이 되었으므로 민

---

10) 梁又正(編), 『李承晩大統領 獨立路線의 勝利』 (獨立精神普及會, 1948), 92쪽.
11) <自由新聞>, 1945년 11월 25일.
12) <東亞日報>, 1946년 10월 12일.
13) <解放日報>, 1945년 11월 5일.

주주의 강령을 준수하는 원칙 밑에서 친일파와 민족반역자를 배제하고 진보적 민주주의 요소를 결집하여 광범위하고 공고한 통일전선을 결성하는 것이 기본이 되어야 한다는 것이다. 이러한 입장을 견지하고 있었기에 좌익진영은 이승만이 주도한 독촉에의 참가를 거부했다. 독촉이 진정한 의미에서 민족의 통일을 모색하는 통일전선과는 거리가 먼 비민주적인 조직이라는 이유에서였다.14)

이에 대해 우익진영은 친일파와 민족반역자가 일소되어야 한다는 원칙에는 공감하지만 우선 힘을 뭉쳐 정부를 수립한 다음에 처리해도 늦지 않다는 입장이었다.15) 이는 오랜 동안의 식민통치로 사회 각 분야에서 일제와 접촉되는 부분이 너무나도 밀접하고 광범위했다는 것을 전제로 하여, 지나치게 이 문제를 추궁할 경우 교각살우의 폐단이 초래될지도 모른다는 일부의 우려를 반영한 것이었다. 좌익진영의 '선숙청 후통합'론에 대해 '선통합 후숙청'론을 주장한 것으로 요약할 수 있는데, 이 문제를 놓고 각종의 모임에서 좌우는 대립했고, 이로 인해 정계는 행동의 통일을 기할 수 없었다.

한편 공산당이 중심이 되어 '독촉'을 비난하며 참여를 거부하자, 이승만은 1945년 11월 21일 방송에서 "공산당에 대한 나의 관념"이라는 제목의 연설을 통해 공산당을 강력히 비난했다. 공산주의자 중에는 공산정부를 수립하기 위하여 무책임하게 각 방면으로 선동하는 분자가 있으며, 이들이 국민의 분열과 골육상쟁의 참화를 양성하고 있다는 것이다. 이어 그는 애국애족하는 모든 남녀는 정신을 차려서 공산당의 선동에 흔들리지 말고 전국 각지에 단체를 조직하여 선동의 위험한 내용을 알게 하는 것이 폐단을 막는 유일한 방책이라고 주장했다.16) 공산당에 대한 이러한 비난은

---

14) 5개 정당·단체 대표들의 좌담회에서 공산당의 정태식은 일제 잔존세력과 친일파 숙청문제를 묵살하고 있으며, 특정 단체의 대표자는 참가를 거부당하고 있고, 우익단체의 의견만 내세우고 있다는 등의 이유를 들어 독촉이 비민주적이라고 비난했다. "座談會, 政黨統一과 經濟政策,"『春秋』 5권 1호 (1946년 2월), 21쪽.

15) 우남실록편찬회,『雩南實錄』 (열화당, 1976), 96쪽.

16) <서울신문>, 1945년 11월 23일.

1945년 11월 20일부터 개최되어 군정의 해산명령에도 불구하고 인민공화국 사수를 결의한 전국인민대표자대회를 겨냥한 것으로,17) 이를 계기로 좌우의 대립은 본격화된다.

　인민공화국을 사수하려는 좌익진영과 이를 반대하는 우익진영의 대립은 1945년말 신탁통치문제가 대두되면서 더욱 치열하게 전개되었다. 모스크바에서 개최된 미·영·소 3개국 외상회의에서 한반도에 최고 5년간 신탁통치를 실시하기로 결의하자, 이의 찬반문제를 놓고 격렬한 대치상태를 보인 것이다. 이로써 종래의 좌우개념은 찬탁과 반탁으로 재분류되었고, 미소공동위원회의 진행과 보조를 맞추며 정국을 주도하기 위해 온갖 노력을 경주했다.

　반탁진영이라고 할 경우 대부분의 우익진영이 포함되는데, 이들은 임시정부 주도 아래 반탁국민총동원위원회를 결성하고 반탁시위를 벌이며 탁치를 배제한 정부를 수립하기 위한 행동에 나섰다. 찬탁진영의 경우 대부분의 좌익진영이 해당되는데, 이들은 처음에는 탁치를 반대하다가 찬성하는 쪽으로 입장을 바꾸었다는 약점을 지니고 있음에도 불구하고 선전·선동활동을 통해 그 기반을 확대해 나갔다.

　반탁진영은 탁치는 한민족을 노예화하는 조치라고 생각하고 이를 결의한 연합국에 대해 강력한 반감을 나타냈다. 이들은 3상결정을 3천만 민족에 대한 사형선고문과 같은 것으로 여기고 이를 배격할 것을 주장했다. 이들이 탁치를 반대한 이유는 세 가지로 요약할 수 있다. 첫째 탁치는 민족자결원리와 민족적 자존심에 비추어 볼 때 도저히 받아들일 수 없으며, 둘째 한반도 실정에 대한 오해에서 탁치가 비롯된 것이며, 셋째 탁치는 한국을 독립시키기로 한 국제협약에 위배된다는 것이다.18)

---

17) 전국인민대표자대회에서 허헌은 어떠한 탄압이 온다고 하더라도 인민의 뜻대로 인민공화국을 사수할 수밖에 없다고 주장했는데, 허헌의 이러한 발언에 따라 대회는 미국정부는 인민공화국을 원조할 의무는 있어도 국호를 변경할 권리는 없다는 결의문을 채택했다. 全國人民委員會,『全國人民委員會代表者大會議事錄』(朝鮮精版社, 1946), 101쪽.

18) 반탁진영의 인식과 논리에 대해서는 심지연,『해방정국 논쟁사』(한울, 1986), 50

이같은 논리에서 반탁진영은 '신탁통치 결사반대'라는 구호 아래 파업과 철시를 지시했고, 많은 사람들이 참여하여 미군정당국을 당황하게 만들기도 했다. 민족적 자존심과 긍지에 호소한 반탁논리는 상당한 호응을 불러 일으켰고, 이를 바탕으로 해서 김구는 새 출발로서 독립운동을 개최하지 않으면 안 되겠다는 주장을 하기도 했다.[19]

찬탁진영은 초기에는 탁치의 배격을 친일파 제거와 같은 차원에서 다루어야 한다고 주장했으나 곧 태도를 바꾸었다. 그리하여 "3상결정을 바르게 인식하자"는 구호 아래 탁치는 후견이 와전된 것이라고 주장하고, 찬탁논리를 전개했다. 첫째 탁치는 자주독립과 민주주의를 실현하기 위한 것이며, 둘째 일제 잔재를 숙청하기 위한 것이며, 셋째 3상결정이야말로 국제정세에 비추어 한반도문제 해결을 위한 가장 적절한 방법이라는 것이다.[20]

이들이 강조했던 것은 해방의 국제성이었다. 연합국의 승리로 해방이 되었기 때문에 국제적인 제약을 받지 않을 수 없다는 주장인데, 이런 의미에서 3상결정은 현단계서 가장 옳은 해결책이라는 것이다. 이러한 입장이었기에 찬탁진영은 국제적인 원조와 후원을 반대하는 것은 민족자멸을 의미하는 것이라고 주장하고, 반탁운동의 배후에는 파시즘의 음모가 도사리고 있다고 비난하기도 했다.[21]

3상결정에 따라 미·소 양 주둔군 대표들로 구성되는 미소공동위원회가 개최되자 양 진영은 미·소 양국과 연계하여, 자신의 권력 장악에 유리한 방향으로 공위를 이끌기 위해 노력했다. 반탁진영은 탁치반대운동을 광범위하게 전개하는 한편 비상국민회의를 소집하여 과도정권을 수립하려 했다. 이에 맞서 찬탁진영은 진보적 요소를 결집하여 강력한 통일전선체인 민주주의민족전선을 결성했다. 이후 양 진영은 각종의 시위와 집회를 개최하며 자신의 입장과 논리의 정당성을 입증하기 위해 노력했는데,

---

-52쪽 참조
19) 백범사상연구소, 『백범어록』(화다출판사, 1978), 54쪽.
20) 찬탁진영의 인식과 논리에 대해서는 심지연, 『해방정국 논쟁사』, 52-55쪽 참조
21) 李康國, "파씨슴과 託治問題"『人民科學』創刊號 (1946년 3월), 58-60쪽.

이 과정에서 상호 배타적인 내셔널리즘이 형성된 것이다.

3. 내셔널리즘의 분화와 분단국가 형성

한반도에 정부를 수립하는 문제를 협의하기 위해 미소공동위원회가 서울에서 개최되었으나, 견해차이로 아무런 결실도 맺지 못하고 결렬되고 말았다. 소련은 모스크바 3상결정에 반대하는 정당과 사회단체는 미소공위의 협의대상이 될 수 없다고 주장한 반면, 미국은 3상결정을 반대한다고 해서 협의대상이 될 수 없다는 것은 의사표현의 자유를 부정하는 것이므로 받아들일 수 없다고 주장했기 때문이다. 이로 인해 한반도문제는 결국 유엔에 상정되어 선거가 가능한 지역에서 선거를 실시하는 것으로 귀결됨으로써 분단국가가 형성되게 되었고 이를 계기로 내셔널리즘의 분화가 본격적으로 일어났다.

1) 대내외적 환경

모스크바 결정에 따라 미·소 양 주둔군 대표들로 구성되는 미소공위가 1946년 1월부터 개최되었다. 크게 세 시기로 나뉘어 진행된 미소공위는 장차 한반도에 수립될 임시정부에 참여할 정당과 사회단체의 자격문제를 놓고 의견이 엇갈림으로써 결렬되고 말았는데, 이는 회담을 진행하는 과정에서 양측이 자국의 이데올로기에 부합되는 정당·사회단체가 정국의 주도권을 장악하기를 바랬기 때문이었다.

처음에 순조롭게 진행되던 미소공위가 난관에 봉착한 것은 1946년 4월 18일 미소공위 제 5호성명이 발표되면서부터였다. 5호성명에서 미소공위의 협의대상이 되고자 하는 정당·사회단체는 3상결정을 지지하고 이를 실현하겠다고 서약한 선언서를 제출할 것을 요구했기 때문이다. 3상결정을 지지했던 찬탁진영으로서는 크게 환영할만한 것이었지만, 반탁진영으

로서는 지금까지의 노선을 수정해야 했기에 커다란 시련이라고 하지 않을 수 없는 사태가 발생한 것이다.22)

5호성명으로 반탁진영의 당황과 혼란이 초래되자, 하지 사령관은 성명을 통해 3상결정의 내용을 신중히 검토하여 미소공위에 협조할 것을 요청했다. 그는 1946년 4월 27일에는 선언서를 제출한다고 하더라도 찬탁·반탁의 의사표현의 자유는 있다는 내용의 특별성명을 발표하기도 했다.23) 이러한 하지 사령관의 특별성명에 따라 반탁진영이 대거 선언서를 제출하고 미소공위와의 협의에 참가신청을 하게 되자, 소련이 이의를 제기했다. 3상결정을 반대하고 그 실현을 방해한 정당·사회단체와는 협의할 수 없다는 것이다. 미국측은 소련이 탁치를 이용하여 소련식 원리를 한반도에 정착시킬지도 모른다고 우려한 반면, 소련측은 미국이 명백히 반민주적인 정당·사회단체의 대표를 초청할 것을 제의했다고 보고, 동의하지 않은 것이다.

이처럼 양측의 견해가 엇갈리는 바람에 미소공위는 아무런 진전을 보지 못하고 무기 휴회되고 말았다. 그리고 1947년 5월에 재개된 미소공위 역시 협의대상문제로 진전을 볼 수 없게 되자, 미국측은 한반도문제를 유엔에 상정하는 수밖에 없다고 생각하고 1947년 9월 16일 이를 소련측에 통보했다. 미국이 유엔에 상정한 것은 미소공위를 통해서는 정부 수립이 불가능하며, 소련의 주장에 양보할 경우 한반도에 공산국가가 수립될 것이라는 판단 때문이었다.24)

미국이 한반도문제를 유엔에 상정한 것은 미국의 영향력이 절대적으로 미치는 유엔을 통해 미국의 의사를 관철시키려 했기 때문이다. 유엔에서 승리할 자신이 있었기에 유엔 주재 미국대표는 어떠한 국가든 세계여론에 전연 완강하거나 또는 불합리한 태도를 취할 수 없을 것이라고 말하고, 미국의 제안은 한반도의 긴장상태를 종식시킬 것이라고 주장했던 것이다.25)

---

22) 5호성명에 대한 양 진영의 입장에 대해서는 심지연, 『미소공동위원회 연구』 (청계연구소, 1989), 36-40쪽 참조.

23) 朝鮮通信社, 『朝鮮年鑑』 1947年版 (朝鮮通信社, 1946), 31쪽.

24) *FRUS* 1947 Vol. VI, 758-759쪽.

이에 대해 소련대표는 미국은 한반도에서 그리스식으로 군대의 엄호 하에 그리스식으로 선거를 행하려 한다고 비난하고, 이같이 나쁜 예는 전염병처럼 퍼진다고 비난했다.26)

유엔에서 한반도문제를 놓고 논란을 벌인 끝에 미국의 수정 제안이 받아들여져 유엔한국임시위원단의 설치와 총선거에 관한 결의를 했다. 그러나 이 결의는 소련의 협조 없이는 그 목적을 실현할 수 없다는 결정적인 약점을 갖고 있었다. 이는 인구비례에 의한 총선거규정 때문으로 분석되었다. 남한이 북한에 비해 두 배나 많은 인구를 갖고 있었기에 선거가 실시될 경우, 소련에 비우호적인 정부가 수립될 것이라는 계산이 소련으로 하여금 이를 반대하게 했다는 것이다.27) 유엔으로서는 이 안을 포기하거나 남한만이라도 적용하는 두 가지 방안 중 하나를 선택해야 했는데, 미국의 영향력이 강하게 미쳤던 유엔은 결국 후자를 택하게 되었다. 국내외적인 역학관계로 인해 국가 형성이 두 갈래로 나아가게 된 것이다.

2) 내셔널리즘의 분화

한반도문제의 유엔 상정으로 통일정부의 수립이 멀어지게 되자, 미소공위 진행시 정치세력을 분류하던 용어로 사용되던 찬·반탁이라는 용어는 적실성을 상실하게 되었다. 단독정부의 수립이 현실로 대두되었기 때문이다. 이에 대해 정계에는 크게 세 가지 흐름이 나타났다. 소련이 주장한 대로 외군철수 후 자율적으로 정부를 수립하자는 좌익진영의 움직임과 우익진영이 주도하고 미국이 후원하는 것으로 남한만이라도 정부를 수립한 후 통일을 추진하자는 운동, 그리고 중도진영이 중심이 되어 추진한 남북협상을 통해 통일을 실현하자는 운동이 그것이었다.

3상결정을 지지하며 미소공위를 통한 정부수립을 기대하고 있던 좌익진영은 소련의 제안을 지지하여, 한반도에서 모든 외국군대를 철수시키고

---

25) <東亞日報>, 1947년 10월 21일.
26) <朝鮮日報>, 1947년 10월 22일.
27) 金學俊, 『反外勢의 統一論理』(形成社, 1980), 35쪽.

유엔의 간섭을 배제하며 자율적으로 통일정부를 수립하자고 주장했다.28) 이들이 주장한 자율적인 정부수립은 북조선인민회의에서 발표한, 사회주의적인 개혁을 골자로 한 임시헌법 초안을 수용하자는 것으로 요약할 수 있다. 임시헌법 초안이야말로 인민의 권리와 이익을 철저히 보장하는 현실에 가장 적합한 민주적인 헌법초안이므로 이를 지지할 것을 선언한 것이다.29) 이는 사실상 북한체제로의 편입을 지향한 것이라고 할 수 있는데, 분단국가 형성이 가시화되는 과정에서 지도부의 대부분이 월북함으로써 좌익 내셔널리즘은 북한의 내셔널리즘으로 흡수되고 말았다.

중도진영의 경우 남북의 정치지도자들이 만나 허심탄회하게 독립을 관철시키기 위한 방안을 모색하는 남북협상을 제의했다.30) 김구·김규식을 중심으로 한 이들은 단독정부 수립은 냉전체제가 굳어져 가는 국제환경 속에서 민족의 분열을 극대화할 위험이 내포되어 있다고 보고, 김일성과 김두봉에게 편지를 보내 남북요인회담의 개최를 제안한 것이다. 기본적으로 이들은 민족의 일을 미국이나 소련에 맡길 것이 아니라 한민족 스스로 해결해야 하며, 이것도 한 번 해서 안 되면 열 번이고 백번이고 계속해야 한다는 생각이었다.31) 이 때문에 미군정이나 우익진영의 반대에도 불구하고 남북협상차 평양에 갔던 것이다.

한편 우익진영의 경우 총선거를 반대하는 것은 소련의 책략에 빠져 민족적 입장을 무시하는 것이라고 주장했다.32) 이들은 하루빨리 선거를 실시하여 정부를 수립하고 이를 기반으로 하여 국력을 배양해서 통일을 이루겠다는 정치적 결단을 갖고 있었다. 그리하여 우선 남한만이라도 정부를 수립하고 난 다음 민주진영의 기초를 확립하고 점차 국민정신을 앙양하여 남북통일의 자발적 기운을 조장해 나간다는 것이었는데, 이것이 요원한 것처럼 보이지만 통일에 이르는 가장 분명한 첩경이라고 주장했다.33)

---

28) <노력인민>, 1947년 11월 11일.
29) <노력인민>, 1948년 3월 8일.
30) <서울신문>, 1948년 1월 28일.
31) <朝鮮日報>, 1948년 4월 6일.
32) 金俊淵, 『獨立路線』 (時事時報社, 1959), 168쪽.

각 진영의 이러한 입장은 서울에 도착한 유엔위원단이 임시정부 수립방안을 모색하기 위해 정치지도자들을 면담하는 과정에서 나온 것이었는데, 북한의 경우 소련의 거부로 유엔위원단의 활동이 이루어질 수 없었다. 유엔임시위원단의 이같은 활동결과를 토대로 하여 유엔 소총회는 남북한 총선거가 불가능하므로, 선거가 가능한 지역에서만 선거를 실시할 것을 결의했다.

유엔 소총회의 결의에 대해 우익진영은 유엔의 결의대로 급속히 선거를 실시할 것을 요구하고, 선거에 반대하는 것은 동기가 어떠하든 간에 소련의 주장에 동조하여 독립을 지연시키고 군정을 영속시키려는 행위라고 비난했다.[34] 이와 반대로 좌익진영은 유엔의 결정은 한반도 분단을 영구화하고 남한인민을 노예로 전락시키려는 것이라고 비난하고, 유엔결정과 단독선거를 반대하기 위한 구국투쟁을 전개할 것을 선언했다.[35] 중도진영의 경우 평양에서 개최된 정당·사회단체 대표자연석회의에 참가했으나, 북한의 일방적인 계획에 의해 진행된 것이었기에 별다른 성과를 거두지 못하고 돌아왔다. 서울로 온 이들은 선거에 참여하지 않을 것임을 선언했다.[36]

이로써 내셔널리즘의 분화는 기정사실로 되었고, 분화된 내셔널리즘에 입각하여 남북에 별도의 정부가 수립되게 된다. 이데올로기의 대립이 내셔널리즘의 분화로, 이것이 다시 분단국가의 수립으로 이어진 것이다.

---

33) 張德秀, "朝鮮情勢에 關한 簡略한 陳述書," 沈之淵, 『韓國民主黨 研究』 1 (풀빛, 1982), 153쪽 재인용.
34) 仁村紀念會, 『仁村 金性洙傳』 (仁村紀念會, 1979), 540쪽.
35) 남로당은 1948년 2·7구국투쟁에 참가한 인원수만 해도 180여만 명에 달한다고 주장했다. <노력인민>, 1948년 3월 26일.
36) 김구와 김규식이 제안한 남북협상에 대해서는 서중석, 『남북협상: 김규식의 길, 김구의 길』 (한울, 2000), 115-236쪽 참조.

3) 분단국가 형성

앞서 살펴본 것처럼 좌우 양 진영은 해방에 대해 상반된 인식을 갖고 있었고, 해방정국에서 별도의 과제를 수행하려고 했다. 이같은 좌우의 대립과 갈등으로 민족의 역량이 총동원될 수 없었는데, 이러한 양상은 한반도에 미·소 양군이 진주하면서 더욱 두드러지게 나타났다. 자신이 점령하고 있던 지역에 자국의 제도와 이념에 부합되는 국가를 수립하려고 했기 때문이다.

이에 따라 해방정국은 좌우 양 진영의 반목·대립과 미·소의 대립·갈등이 증폭 또는 확대되면서 전개될 수밖에 없었다. 정권 장악을 위한 민족 내부의 투쟁에 동아시아에서의 패권을 추구하려는 민족 외부의 투쟁이 중첩되었기 때문이다. 그러나 당시 내적인 역량보다는 외적인 역량이 우세했기에 좌우 양 진영은 외세에 의존하며 자신이 설정한 내셔널리즘의 과제를 수행하려 했다. 이러한 현상은 남북을 불문하고 공통된 현상이었으며, 이로 인해 외세와 제휴하려 하지 않았던 중도진영은 정치무대에서 소외되었던 것이다.

중도진영의 불참과 좌익진영의 격렬한 반대가 있었음에도 불구하고 1948년 5·10선거는 전체 유권자의 75% 등록과 등록유권자의 95.2%가 투표에 참여함으로써 선거반대투쟁은 소기의 성과를 거두지 못했다. 선출된 의원들은 5월 27일 예비회의를 소집하고 개원일자를 5월 31일로 결정했다. 개원 이후 국회는 헌법 제정작업에 돌입하여 7월 17일에는 자유민주주의를 근간으로 한 헌법을 공포했고, 이 헌법에 따라 국회에서 초대 대통령으로 이승만을 선출했다. 대통령으로 선출된 이승만은 정부조직법에 따라 각료 임명을 완료하고, 8월 15일에는 정부수립을 선포함으로써 대한민국 정부가 탄생하게 되었다.

의도했던 선거반대투쟁이 성과를 거두지 못하고 남한에서의 정부수립으로 이어지자, 북한은 이에 대한 적극적인 대책의 하나로 인민공화국 수립을 서두르기로 했다. 이 방침의 일환으로 남북조선 제정당·사회단체

지도자협의회가 개최되었고, 여기서 8월 25일 새로운 선거에 의해 조선최고인민회의를 창설하고 정부를 수립하기로 한 것이다. 9월 2일에는 최고인민회의가 평양에서 소집되었고, 9월 8일에는 사회주의체제의 수호를 골자로 한 헌법을 채택하고 김일성에게 조각을 위임했다. 조각을 위임받은 김일성은 9월 9일 내각명단을 최고인민회의에 제출하고 조선민주주의인민공화국 수립을 선포했다.

결국 해방정국은 좌우 양 진영이 외세와 결탁하여 자신이 규정한 내셔널리즘을 실현해 나가는 과정이라고 할 수 있는데, 이 과정에서 외세는 서로 상대방을 배제하려고 했다. 이런 식으로 해방정국이 전개되었기에 분단국가의 형성으로 이어져 양 진영이 목표로 했던 내셔널리즘의 완성을 기할 수 없었다. 그리고 이를 위해 별도의 조치를 필요로 했던 것이다.

4. 내셔널리즘의 충돌과 전쟁 발발

남북에 수립된 두 개의 국가는 한편으로는 권력기반의 강화를 위해 내부체제를 정비했고, 다른 한편으로는 권력기반의 확대를 위해 통일을 표방하게 된다. 이것은 내셔널리즘의 완성과 관계가 있는 것으로, 이 과정에서 남북 모두 상대방의 존재를 인정하지 않으려 했기에 충돌은 불가피하게 발생하게 된다.

1) 남·북 내셔널리즘의 형성

남북은 서로 자신이 정통성을 갖춘 국가라는 주장을 굽히지 않았다. 남한의 경우 유엔 감시 하에서 선거가 실시되었고 유엔총회에서 정식 정부로 승인받았기 때문에 한반도의 유일 합법정부라는 것이다. 반면 북한은 남북의 모든 정당·사회단체가 참석한 연석회의와 지도자협의회의 결의에 따라 한반도 전역에서 선거가 실시되어 전체 인민의 의사를 대변하는 정부가 수립되었기 때문에 자신이 중앙정부라고 주장했다. 이처럼 남북 모두 정통성을 주장하며 상대방을 부인했기 때문에 배타적인 내셔널리즘이 형성될 수밖에 없었는데, 이는 기왕에 수립된 정치체제를 강화하는 효과도 지니고 있었다. 북진통일론과 민주기지론이 바로 그것이었다.

(1) 북진통일론

남한정부의 북진통일론은 몇 단계 과정을 거쳐 완성되었는데, 처음에는 대한민국 주도로 북한에서 선거를 실시하여 통일을 실현하다는 주장에서 출발하여 무력에 의한 북한 공산정권 타도라는 방향으로 정리되었다. 5·10선거 참여를 독려하면서 우익진영이 제기했던 통일방안이 정부의 정책으로 공식화된 것이다.

정부 수립 후 이승만 대통령이 통일문제에 대해 최초로 언급한 것은 1948년 12월 18일 제1회 국회 폐회식에서였다. 폐회사를 통해 그는 유엔과 협의하여 북한지역에서 자유선거를 실시해서 100명의 의원을 뽑아 국회에 합류시키는 방식으로 통일을 실현할 것이며, 북한 각 도의 도지사를 임명할 계획이라고 밝혔다.[37] 이미 유엔의 감시 아래 남한에서는 총선가 실시되었기 때문에, 그 방식을 따라 북한지역에서도 총선거를 실시하여 국회에 합류시키면 자동적으로 통일이 된다는 것이다.

다음 해의 기자회견에서 그는 대부분의 국민들은 공산정권 타도를 바라고 있으나, 유엔이 이에 항의할 것이므로 자제하고 있다고 밝혔다.[38] 무력을 사용할 의지가 있다는 것을 간접적으로 내비친 것이다. 그는 또한 미국인 친구 올리버에게 보낸 편지에서 공산주의자들을 소탕할 시기이며, 국민들은 북벌을 갈망하고 있다고 주장하기도 했다.[39]

무력 사용의지를 밝힌 이승만 대통령은 여기서 한걸음 더 나아가 공산정권 타도는 북한주민들도 원하는 바라고 주장하고, 사흘 이내에 평양을 점령할 자신이 있다고 단언하기도 했다. 그럼에도 불구하고 삼가고 있는

---

37) 『國會 速記錄』 제 1회 폐회식 (1948년 12월 18일), 1355쪽.
38) <東方新聞>, 1949년 10월 2일.
39) 朝鮮中央通信社, 『朝鮮中央年鑑』 1951-1952, 229쪽.

이유를 그는 3차 대전이 일어날지도 모른다고 미국이 경고했기 때문이라고 밝혔다.40) 이에 덧붙여 그는 공산주의자들과는 평화롭게 같이 지낼 수 없기 때문에 싸우지 않으면 안 된다고 강조했다.

이처럼 공산주의에 대한 극도의 불신에서 배태된 북진통일론에 기초하여 정부는 기회가 있을 때마다 공산정권 타도를 외쳤고, 북한과의 협상은 공산정권에 대한 묵시적 승인을 의미하는 것이므로 결코 있을 수 없다고 선언했다.41) 북진통일론은 이처럼 북한에서 공산정권의 타도와 자유민주주의체제의 도입을 목표로 한 것이었다. 이러다 보니 협상의 여지를 미리 없애 통일논의에서 남한의 입지를 스스로 좁히는 결과를 빚을 수밖에 없었다. 이로 인해 남한은 평화통일문제가 대두될 때마다 수동적인 입장에 처하게 되었다.

(2) 민주기지론

북한에서 민주기지론은 민주기지의 창건과 민주기지의 강화라는 두 과정을 거쳐 완성되었다.42) 1945년 10월 10일부터 13일까지 개최된 조선공산당 북부조선 책임자 및 열성자회의는 볼세비키 활동과 사업의 확대·강화를 위해 조선공산당 북조선분국의 설치가 필요하다고 주장했다. 이는 민주기지의 창건을 의미한 것이었는데, 여기서 미군의 남한 점령으로 조성된 정세와 혁명발전의 전망을 타산하면서 북반부를 혁명적 민주기지로 전변시킬 데 대한 방침을 제기했다.43)

이같은 방침에 따라 북한에 1946년 2월 8일 임시인민위원회가 창립되어 토지개혁, 중요 산업국유화 등 '민주개혁'44)이 추진·완료되고 정부가 수

---

40) <朝鮮日報>, 1949년 10월 8일.
41) 盧重善(編), 『民族과 統一』 1 (사계절, 1985), 275쪽.
42) 북한은 민주기지를 "혁명이 진행되는 나라에서 다른 지역보다 먼저 혁명이 승리하여 진정한 인민정권이 수립되고 민주개혁이 실시되어 앞으로 전국적으로 혁명과업을 수행할 수 있는 근거지로 되는 혁명의 기지"로 해석하고 있다. 사회과학출판사, 『정치용어사전』 (사회과학출판사, 1970), 260쪽.
43) 필자 미상, 『政黨史』 (혁신사, 1964), 151쪽.

립되면서 북한은 민주기지 강화단계로 돌입하게 된다. 이러한 내용의 개혁은 기존의 제도에 의해 소외당하고 박해받던 노동자・농민계급을 해방하여 이들로 하여금 새로운 사회건설의 주역으로 한다는 정치적 의미를 내포한 것이라고 할 수 있다.

북한은 이러한 개혁으로 인해 북한주민의 기본적 권리가 완전히 보장되었으며, 전국적으로 인민의 기본적 권리가 보장되지 않고서는 전 조선적인 민주건설은 있을 수 없다고 주장했다.45) 이처럼 북한이 개혁의 성과를 확신하며, 이를 지키고 나아가 전체 인민의 권리와 희망을 실현해야 한다고 강조한 것은 북한이 실시한 제반 개혁을 남한에까지 실시하겠다는 의도를 나타낸 것이다.

이는 북한의 정치제도를 기정사실화하고 남한의 제도를 북한체제에 상응하도록 바꾸겠다는 것으로, 이러한 주장대로라면 남한을 북한과 동일한 방식으로 바꾸어 북한에 합류시킨다는 논리라고밖에는 달리 해석할 길이 없다. 북한에 건설된 민주기지를 근거로 강력한 투쟁을 전개하여 한반도 전체를 북한식 사회주의체제로 바꾼다는 전략이 바로 민주기지론인데, 일차적으로 이에 동조하여 합류한 것은 남한의 좌익진영이었다.

이처럼 남한의 체제와 제도를 부인하고 투쟁을 강조하면서도, 북한은 다른 한편으로는 남한에 대해 계속해서 평화통일을 제안했다. 조국통일전선 결성대회에서 민족자주적인 방식으로 통일하자고 제안하는가 하면, 최고인민회의 상임위원회는 평화통일 추진에 관한 결정서를 발표한 것이 바로 그것이다. 즉, 민주기지론을 역설하면서도 평화통일이 노동계급과 근로대중의 이익에 일치한다는 것을 인식시켜야 한다고 주장하는 양면전략을 북한은 취한 것이다.46)

---

44) 북한은 민주개혁을, 김일성의 영도 밑에 1946년에 북한에서 실시한 반제반봉건적 성격을 띤 사회경제적 개혁을 말한다고 풀이하고, "해방 후 민주개혁을 실시하는 것은 우리나라 사회경제 발전의 합법적 요구였다"고 주장했다. 사회과학출판사, 『정치용어사전』, 261쪽.
45) 북로당은 미소공위에 제출한 답신서에서 이같이 주장했다. 북로당 답신서의 분석은 심지연, 『미소공동위원회 연구』(청계연구소, 1989), 107-153쪽 참조

2) 내셔널리즘의 충돌과 한국전쟁 발발

정부 수립 후 남북이 각각 견지했던 북진통일론이나 민주기지론, 모두 상대방의 존재를 부인하는 것이어서 어떤 면에서 전쟁은 예견된 것이기도 했다. 서로가 중앙정부임을 주장하고 무력사용도 불사하겠다는 상황이었기에 대화 자체가 이루어질 수 없었고, 상대방에 대한 불신만 가중되어 갔기 때문이다. 자신의 내셔널리즘 논리 속으로 상대방을 끌어들이는 것 말고는 다른 대안을 강구할 염두도 갖지 않았던 것이다.

이러한 상태는 어느 의미에서는 내전상태라고도 볼 수 있는데, 어느 한편도 이를 종식시키기 위한 노력을 보이지 않았다. 단지 서로가 상대방을 제압하기 위한 기회만을 엿보고 있었는데, 이를 실제 행동에 먼저 옮긴 것은 북한이었다. 민주기지론에 입각, 남조선해방을 목표로 내걸고 전쟁을 일으킨 것이다. 그러나 막상 전쟁이 발발하자 북진통일론은 한낱 구호에 불과한 것이었음이 판명되었다. 아무런 준비도 없이 말로만 북진통일을 부르짖었다는 것이 전쟁 사흘 만에 수도 서울이 점령당함으로써 백일하에 드러나고 만 것이다. 이 때문에 북진통일론은 단지 미국의 군사원조를 얻기 위한 '공갈정책'으로 나온 것이라는 분석이 제기되기도 했다.[47]

이와 반대로 민주기지론의 경우 대외적으로는 평화통일을 강조하면서도 남침준비를 철저히 했기 때문에 전쟁 초기에는 상당한 위력을 발휘할 수 있었다. 그러나 유엔이 개입하면서부터 초기의 우세는 더 이상 지속될 수 없었다. 인천상륙작전의 성공과 뒤를 이은 중국의 참전으로 전쟁이 국제전으로 변모, 교착상태에 빠진 것이다. 여기서 전쟁을 종식시켜야 한다는 국제적인 여론이 일기 시작했다는데, 전쟁 발발 1년 만에 나타난 현상이었다. 결국 전쟁은 양측에 막대한 인적·물적 손실을 초래했으면서도 어느 편도 얻은 것이 없는 상태로 끝나고 말았다. 38선이 휴전선으로 바뀌

---

46) 김일성, "맑스·레닌주의와 프로레타리아 국제주의원칙에 더욱 충직하자," 『김일성선집』 2권 (조선로동당출판사, 1964), 366쪽.
47) 이에 대해서는 김학준, 『한국전쟁』 (博英社, 1989), 91쪽 참조.

었을 뿐, 분단상태는 그대로 지속되었기 때문이다.

　남한의 경우 휴전을 극구 반대했지만, 독자적으로 전쟁을 수행할 능력이 없었기에 미국과 상호방위조약을 체결하는 선에서 이를 받아들이는 수밖에 없었다. 그럼에도 불구하고 남한이 한반도 유일 합법정부이며, 주권이 한반도 전역에 미친다는 입장에는 하등 변화가 없었다. 북한을 반국가단체가 불법적으로 점령하고 있는 지역으로 간주하고, 북한을 정치적으로 흡수한다는 기본방침을 고수한 것이다.

　북한의 경우 소련의 휴전 제안이 있자, 즉각 이를 지지했다. 예상치도 않던 유엔의 개입으로 남조선해방이 불가능한 비현실적인 꿈으로 드러났기 때문이다. 초기에 거두었던 군사적 승리가 무산될 것이 자명해졌고 정권 자체가 소멸될지도 모르는 위기에 처했기 때문이다. 휴전협정 조인 후 김일성은 최고사령관 명령을 통해 전쟁은 승리로 끝났다고 주장했다. 그리고 전쟁 기간 동안 몇 차례 강조했던 남조선해방이라는 말 대신 조국해방전쟁이라는 말을 사용하여 전쟁의 성격을 미국의 무력침공으로부터 북한을 수호하기 위한 투쟁으로 바꾸었다. 이는 남한과 마찬가지로 북한도 자신의 체제를 지키기 위한 노력이 강화되리라는 것을 짐작케 하는 단서가 된다.

5. 내셔널리즘의 공고화

　전쟁이 종식되고 한반도문제를 논의하기 위한 국제회의가 제네바에서 개최되었으나, 아무런 결실도 맺지 못하고 막을 내렸다. 전쟁이 진행되면서 동서냉전이 본격화된 데다가, 남북 양 측이 기존 입장을 고수하는 바람에 양 진영이 공감할 수 있는 통일방안을 마련할 수 없었기 때문이다. 제네바회의에서 전반적으로 남한과 미국은 한반도에서 유엔의 역할과 활동을 합리화하기 위한 정책을 주장한 반면, 북한과 소련은 미국의 침략자적 역할 부각과 외세 배격에 주안점을 두었다.[48] 이처럼 서로 다른 이해관계를 가진 세력들이 개별적인 목표를 추진하는 데 급급해 남북을 통합하는 내셔널리즘의 도출에 실패하고 만 것이다. 이후 남과 북은 국제적인 냉전 상태에 편승하여 자신이 견지하고 있는 내셔널리즘을 강화하기 위해 정적 제거에 돌입했다.

1) 남한: 평화통일론 봉쇄

한미 상호방위조약 체결을 조건으로 휴전을 수용하기는 했지만, 전쟁을 지속했어야 했다는 이승만 대통령의 생각에는 변함이 없었다. 우방의 원조에 대해서는 감사하는 마음을 느끼나 자신의 생각과 달리 우방들은 전쟁이라도 해서 통일을 성공시키겠다는 결심이 부족했다는 것이다.49) 그리하여 그는 우리도 군사적으로나 경제적으로 많이 이루었으므로, 우방에 의존하려 하지 말고 우리의 앞길을 우리의 손으로 개척해 나가자고 주장했다.

민족의 통일문제를 내부의 힘으로 해결해야 한다는 이러한 각오의 배경에는 강력한 힘이 있어야 한다는 논리가 자리잡고 있었다. 공산주의자들은 겉으로는 평화와 공존을 주장하지만 속으로는 무력으로 자유세계를 정복하려는 전략을 갖고 있으므로, 이에 정면으로 대결해야 한다는 것이다. 그리하여 그는 북한 공산주의자들과 상대하는 데는 강경한 이상과 강경한 무력을 가져야 한다고 주장하고, 이 길만이 우리를 살리는 방책이 될 것이라고 단언했다.50) 무력통일 외에는 어떠한 통일방안도 고려의 대상이 될 수 없다는 입장이라고 할 수 있는데, 이는 기존의 북진통일론과 허등 다를 바 없는 것이었다.

냉전논리에 입각한 이같은 통일방안에 대해 진보당 당수 조봉암은 이론적으로 이를 비판하는 평화통일론을 발표했다. 무력에 의한 통일은 국내

---

48) 조정원, "제네바회담과 북한의 평화통일론," 申正鉉(編), 『北韓의 統一政策』(乙酉文化社, 1989), 123쪽.
49) 『大統領 李承晩博士 談話集』, 第2輯 (公報室, 1956), 58쪽.
50) 『大統領 李承晩博士 談話集』, 第2輯, 77쪽.

외적인 여건으로 보아 도저히 불가능하므로 민족이 지혜를 짜내서 정치적·평화적 방법으로 통일을 모색해야 한다고 주장한 것이다.51) 이미 한국전쟁에서 경험했듯이 무력에 의한 통일은 실패로 끝났으며, 또 무력사용은 세계전쟁으로 이어질 것이기 때문에 실현 가능성이 희박하다는 것이다. 전쟁이 아니라, 평화적 수단에 의해 통일하는 것이 민족적 요청이라는 것을 굳게 믿고 있었기 때문이었다. 이어서 그는 자신이 주장하는 평화통일론을 북한에서 주장하는 것과 문구가 같다는 이유로 비판하는 것은 옳은 태도가 아니라고 반박했다.52)

기존의 통일론과는 정반대되는 통일방안이 조봉암에 의해 제기되고 이에 대한 국민적 지지가 일게 되자, 1958년 1월 정부는 조봉암을 비롯한 진보당 간부들을 구속하고 진보당의 등록을 취소했다. 이른바 진보당사건이 발생한 것이다. 대한민국 국법과 유엔 결의에 배치되는 평화통일론을 주장했으며, 진보당 간부들이 북한의 간첩과 접선했고, 공산당의 비밀당원과 그 방조자들을 의원으로 당선시켜 대한민국을 파괴하려고 기도했다는 것이다.53) 이에 대한 사건을 보고받은 이승만 대통령은 조봉암은 벌써 조치되었어야 할 인물이라고 말한 것으로 전해졌는데,54) 이를 계기로 평화통일론은 완전히 설자리를 잃어버리고 말았다.

이처럼 평화통일론 봉쇄를 통해 정적을 제거함으로써 남한의 내셔널리즘은 자연 폐쇄적인 방향으로 나아갈 수밖에 없게 되었다. 북한 공산주의자들과 싸워 이겨 북한 주민을 해방시켜 통일을 이룬다는 승공통일론만이

---

51) 曺奉岩, "平和統一에의 길,"『中央政治』(1957년 10월), 4쪽.
52) 曺奉岩, "平和統一에의 길," 11쪽.
53) 진보당사건 재판에서 1심은 불법 무기 소지 혐의로 조봉암에 대해서는 5년을 선고했고 나머지 간부들에 대해서는 무죄를 선고했다. 이러한 판결에 불만을 품은 반공청년을 자처하는 괴한 3백여 명이 법원에 난입하는 사건이 발생하는 바람에 진보당사건은 정치적인 의도가 개입된 것으로 알려졌다. 이후 2심과 3심에서 조봉암에 대해 사형이 선고되어 재심이 청구되었으나, 1959년 7월 30일 기각되었다. 재심이 기각된 다음날 그는 전격적으로 처형되었다. 서중석,『조봉암과 1950년대』상 (역사비평사, 1999), 207-218쪽 참조.
54) 서중석,『조봉암과 1950년대』상, 212쪽.

허용되는 분위기였기 때문이다. 그리하여 남한의 내셔널리즘은 북한을 포용하겠다는 열린 자세로 나가는 것이 아니라, 무력통일에 대한 무조건적인 지지와 함께 자유민주주의체제에 대한 어떠한 도전도 용납될 수 없다는 식으로 폐쇄적인 태도를 취하게 되었다. 전쟁을 거치면서 내외적인 여건을 적절히 활용, 폐쇄성을 더욱 공고히 한 것이다.

2) 북한: 종파주의 청산

휴전협상이 한창 진행되던 1953년 1월부터 북한에서는 문헌토의사업이라는 명칭으로 사상학습이 전개되었다. 이는 당내 종파주의를 근절하라는 김일성의 지시에 따라 이루어진 일련의 사상검토로 박헌영을 중심으로 한 남로당계를 숙청하기 위한 의도에서 나온 것이었다. 사상검토사업의 결과는 휴전 1주일 만인 1953년 8월 3일부터 시작된 이승엽을 비롯한 남로당 간부 10명에 대한 재판으로 나타났는데, 이들이 간첩 및 테러활동을 통해 북한정권을 전복하려 했다고 발표되었다. 여기에 박헌영은 끼어 있지 않았다. 그는 이 재판이 있은 지 2년 4개월 만에 미제의 고용간첩이라는 죄명으로 사형선고를 받았는데,[55] 이같은 남로당계에 대한 숙청을 계기로 북한에서는 김일성의 유일지도체제 확립을 위한 작업이 시작되었다.

남로당계 숙청이 완료된 후인 1955년 12월 28일 김일성은 사상사업에서 주체의 확립이 필요하다는 내용으로 연설을 했다. 다른 어떤 나라의 혁명이 아닌 조선혁명을 하고 있기 때문에 사상사업은 반드시 조선혁명의 이익에 복종시켜야 한다는 것이었는데,[56] 그가 이같은 방향을 설정한 것은 무조건적인 소련 모방에 대한 비판을 통해 소련파를 공격하기 위한 것이

---

[55] 朴憲永에 대한 재판이 나중에 이루어진 것은 그의 정치적 비중이 너무 커서 그를 李承燁 등과 같이 재판할 경우 남로당계 전원의 결사적인 반항이 일어나거나, 그의 영향을 받은 북한의 당원들이 이에 합세할지도 모른다고 우려했기 때문이라고 분석되었다. 金昌順, 『北韓 十五年史』 (知文閣, 1961), 149쪽.

[56] 김일성, "사상사업에서 교조주의와 형식주의를 퇴치하고 주체를 확립할 데 대하여," 『김일성선집』 4권 (1964), 326쪽.

었다.57) 이와 동시에 주체를 강조함으로써 장기적으로는 당 규율을 강화하고 외국과 연계를 맺고 있는 세력을 제거하여 자신의 권력기반을 더욱 공고히 형성하기 위한 것이었다.

소련파 숙청은 당 서열 4위인 박창옥과 당 중앙위원회 상무위원인 박영빈에 대한 비판으로 시작되었다. 박창옥의 경우 문학과 예술분야에서 반동적 부르주아 사상에 물들어 민족적 전통을 무시하고 남의 것만 모방했으며, 박영빈의 경우 당의 방침을 옳게 집행하지 않고 박헌영이 파견한 작가들과 결탁했다는 것이다.58) 이후 소련파는 남로당이나 연안파와 관련시켜 개별적으로 숙청되었는데, 이들에 앞서 1951년 11월에는 소련파의 1인자였던 허가이가 관문주의에 대한 비판을 받고 해임되기도 했었다.

연안파에 대한 숙청은 1956년 8월에 개최된 당 중앙위원회 전원회의에서 연안파의 서휘와 윤공흠, 최창익 등이 김일성 개인숭배와 개인독재를 비판한 데서 비롯되었다. 이른바 '8월 종파사건'이 발생한 것인데, 이 사건을 계기로 김두봉을 위시한 연안파에 대한 숙청이 대대적으로 이루어졌고 소련파도 여기서 예외가 되지는 못했다. 종파사건이 발생한 지 1년 만에 최고인민회의 대의원선거가 실시되었는데, 1기 대의원 527명 중 75명만 재선된 것으로 미루어 보아 반대세력에 대한 숙청이 얼마나 철저하게 이루어졌는지 짐작할 수 있다. 이에 대해 김일성은 반혁명세력에 대한 독재를 강화하지 않고는 사회주의건설을 보장할 수 없다고 주장하며 숙청을 합리화했다.59)

이처럼 김일성은 1950년대에 걸쳐 단행된 대대적인 숙청을 통해 북한에서 유일적 지도체제를 확립했는데, 그 결과 북한체제는 더욱 경직성을 띠지 않을 수 없게 되었다. 그의 지도노선에 대한 일체의 비판이 허용되지 않는 분위기였기 때문이다. 수령은 언제나 정확한 투쟁노선과 방침을 제시하여 혁명의 승리를 보장하는 데 결정적 역할을 한다는 논리만이 통용되고 있는 상황에서,60) 그가 북한에 구축한 체제 이외의 다른 체제를 포용

---

57) 서대숙, 『김일성』 (청계연구소, 1989), 125쪽.
58) 『김일성선집』 4권, 328-333쪽.
59) 國土統一院(編), 『北韓 最高人民會議 資料集』 제2집(1988), 76쪽.

할 수 있는 논리와 여유를 기대한다는 것 자체가 무리였기 때문이다. 이같이 비판을 용인하지 않는 폐쇄적이고 경직적인 자세는 북한의 내셔널리즘에 그대로 반영되었다. 그리하여 남한의 사회·정치생활에서 '민주주의 제 원칙'이 실현되어야 한다고 주장했는데,61) 이는 북한과 같은 사회·정치체제를 남한이 받아들여야 한다는 논리에 다름 아니었다.

6. 맺음말

지금까지 살펴본 바와 같이 해방 이후 좌우 양 진영이 통합을 이루지 못하고 미·소 양군과 제휴하는 바람에 한반도에는 통일국가가 아닌 분단국가가 형성되고 말았다. 해방정국에서 양 진영의 인식과 노선상의 차이를 극복할 수 있는 기회가 여러 차례 있었음에도 불구하고 이를 실현시키지 못했기 때문에, 내셔널리즘의 수렴을 이루지 못한 것이다.

일차적으로 이는 이념적 차이를 극복하지 못한 민족 내부의 책임으로 귀결된다. 부르주아 민주주의혁명을 주장했던 좌익진영과 계급독재를 거부하고 개인의 자유와 권리의 보호에 우선순위를 두었던 우익진영이 민족의 통일과 독립을 실현하는 방향으로 힘을 모으지 못한 결과 분열의 길로 들어섰다고 할 수 있기 때문이다.

이와 동시에 한반도 전체의 패권을 장악하려고 했던 미·소 양국도 분단의 책임을 면할 수는 없다고 생각한다. 양국은 점령지의 내부적 분열에 편승하여 자국의 이념에 부합되는 정치세력을 적극 후원했고, 이를 바탕으로 상대방이 점령하고 있는 지역까지 영향력을 확대하려고 시도했다. 바로 미·소의 이러한 전략으로 인해 남과 북에 별도의 국가가 형성되는 일이 발생했기 때문이다.

---

60) 엄기현, "항일유격대원들의 수령에 대한 무한한 충직성," 『근로자』 7호 (1967년), 9쪽.
61) 國土統一院, 『朝鮮勞動黨大會 資料集』 제1집 (1980), 540-541쪽.

이처럼 내적인 요인과 외적인 요인이 복합적으로 작용하여 분단국가로 귀결된 것은 역학관계상 어쩔 수 없는 것으로 양보한다고 하더라도 남과 북이 평화적인 방법을 통한 통일을 모색했더라면, 전쟁은 막을 수 있었으리라고 생각한다. 그러나 남과 북 어느 한편도 상대방을 인정하려 하지 않고 배타적인 정통성을 주장하고 있었기 때문에 충돌은 불가피했다. 이런 의미에서 민족 내부에 전쟁 발발의 책임을 또한 묻지 않을 수 없다. 분단 자체가 사실상의 내전상태였다고는 하지만, 먼저 도발한 쪽에 더 큰 책임을 묻게 되는 것이다.

막대한 인적·물적 피해를 초래한 전쟁이 끝난 다음에라도 다시는 그같은 참화를 되풀이하지 않겠다는 각오로 임했더라면, 아마도 상황은 또 달라졌을지도 모른다. 그러나 남북 모두 기존의 입장을 고수했다. 그리고 한발 더 나아가 전쟁을 계기로 남북의 지도부가 권력강화의 길로 들어섰기에, 또 다른 비극이 시작될 수밖에 없었다. 자신의 권력강화를 위해 체제 전복의 혐의를 씌워 정적을 제거하는 작업을 착수했기 때문이다.

이 때문에 남과 북의 체제는 갈수록 경직되어 갔고 그로 인해 내셔널리즘은 대내적인 면에서나, 대외적인 면에서 더욱 폐쇄적인 것으로 변질되어 갔다. 정치적 반대자에 대한 포용과 상대체제에 대한 관용이 결여되어, 내셔널리즘이 민족을 통합하는 역할을 하는 것이 아니라 상대에 대한 적대의식을 고취하는 수단으로 전락해 버린 것이다. 그리하여 내셔널리즘 본연의 역할과 기능은 사상되고, 그 형해만 남은 상태, 바로 그러한 것이 4·50년대 내셔널리즘의 현주소였다고 할 수 있다.

참고문헌

國土統一院(編),『北韓 最高人民會議 資料集』제2집(1988).
國土統一院『朝鮮勞動黨大會 資料集』제1집 (1980).
金俊淵,『獨立路線』(時事時報社, 1959).
金昌順『北韓 十五年史』(知文閣, 1961).
金學俊『反外勢의 統一論理』(形成社, 1980).
김남식, "박헌영과 8월 테제," 강만길(외),『해방전후사의 인식』2 (한길사, 1985).
김학준,『한국전쟁』(博英社, 1989).
盧重善(編),『民族과 統一』1 (사계절, 1985).
民主主義民族戰線(편),『朝鮮解放年報』(文友印書館, 1946).
朴憲永, "民族統一政府를,"『白民』創刊號 (1945년 12월).
백범사상연구소,『백범어록』(화다출판사, 1978).
서대숙,『김일성』(청계연구소, 1989).
서중석,『남북협상: 김규식의 길, 김구의 길』(한울, 2000).
＿＿＿,『조봉암과 1950년대』상 (역사비평사, 1999).
심지연,『미소공동위원회 연구』(청계연구소, 1989).
＿＿＿,『해방정국 논쟁사』(한울, 1986).
梁又正(編),『李承晩大統領 獨立路線의 勝利』(獨立精神普及會, 1948).
엄기현, "항일유격대원들의 수령에 대한 무한한 충직성,"『근로자』7호 (1967년).
우남실록편찬회,『雩南實錄』(열화당, 1976).
李康國, "民主主義와 國際路線," 文友印書館(編),『民主主義十二講』(文友印書館, 1946).
＿＿＿, "파씨슴과 託治問題"『人民科學』創刊號 (1946년 3월).
＿＿＿,『民主主義 朝鮮의 建設』(朝鮮人民報社, 1946).
仁村紀念會,『仁村 金性洙傳』(仁村紀念會, 1979).
張德秀, "朝鮮情勢에 關한 簡略한 陳述書," 沈之淵,『韓國民主黨 研究』1 (풀빛, 1982).
全國人民委員會,『全國人民委員會代表者大會議事錄』(朝鮮精版社, 1946).
曺奉岩, "平和統一에의 길,"『中央政治』(1957년 10월).
朝鮮通信社,『朝鮮年鑑』1947年版 (朝鮮通信社, 1946).
조정원, "제네바회담과 북한의 평화통일론," 申正鉉(編),『北韓의 統一政策』(乙酉文化社, 1989).
洪命熹, "新幹會의 使命,"『現代評論』1권 1호 (1927년 1월).

제2장 박정희 시대와 민족주의의 네 얼굴[*1)]

김일영

1. 국가와 민족의 시대

1961년 5월 16일 군부가 권력을 잡으면서 '국가의 시대'가 개막되었다. 한국 현대사에서 그 어느 때보다도 사회세력이 활성화되었다는 점에서 장면 정부는 '사회의 시대'였다. 이러한 사회 우위는 군사정권이 등장하면서 일거에 국가 우위로 뒤집혔고, 군정의 주도세력이 민정으로 이어지면서 사회에 대한 국가 우위는 1970년대까지 연장되었다.

그러나 1960-70년대에는 국가 우위에 대한 사회의 도전이 끊이지 않았다. 한국전쟁 이후 침체를 벗어나지 못하던 사회세력은 4·19 '혁명'을 계기로 활동성을 회복했다. 이들은 군사쿠데타로 잠시 주춤했지만 한일국교 정상화 반대시위를 계기로 활력을 되찾아 1970년대 말까지 국가에 대한 도전을 이어갔다.

이 시기 끊임없이 갈등하는 국가와 사회세력으로부터 우리는 대략 네

---

* 필자는 일본 규슈(九州)대학에 객원교수로 머무는 동안 이 글을 썼습니다. 필자가 이국땅에서 연구에 집중할 수 있는 쾌적한 환경을 마련해준 규슈대학 법학부의 이즈미 카오루(出水薰) 교수에게 이 자리를 빌어 감사드립니다. 아울러 일본에서 제한된 일차자료에 의존하여 연구를 진행할 수밖에 없었기 때문에 이 글에는 부득이 재인용이 많습니다. 이 점에 대해 독자들의 양해를 구합니다.

가지 목소리를 판별해 낼 수 있다. 먼저 국가와 민족을 앞세우면서 경제발전을 강조하는 박정희의 음성을 들을 수 있다. 이러한 박정희의 성장지상주의를 반민족적이라고 몰아붙이면서 통일의 선차성을 외치는 소리와 경제적 예속 탈피를 통한 민족경제의 수립을 강조하는 목소리도 들을 수 있다. 그런가하면 아직 미약하지만 문제의 근원을 외세에서 발견하면서 중립화나 반미(反美)에서 대안을 찾으려는 소리도 들린다.

주지하듯이 한국은 후발산업화국가이면서 분단국가이다. 이런 나라에서 민족주의의 과제는 근대화의 달성, 통일을 통한 민족국가의 완성, 탈종속을 통한 자립경제 달성, 대미의존 탈피 등으로 다양하게 나타날 수 있다. 이 점에서 위의 네 목소리는 당시 한국 민족주의가 지닌 복합적 과제의 어느 한 측면을 포착하고 있다고 볼 수 있다. 그들 중 어느 한 목소리가 민족주의 개념을 배타적으로 독점할 수 있다고 주장하는 것은 잘못이다. 이 글은 이러한 관점에서 박정희 시대의 민족주의의 다면성을 살펴보고자 한다. 특히 박정희의 '선성장·후분배'론이나 '선건설·후통일'론도 당시 민족주의의 한 차원으로 파악될 수 있음을 보여주고자 한다.

한편 이들 네 목소리 — 특히 첫째와 나머지 셋 사이는 — 는 서로 대립하고 있다는 점에서 차별성이 컸지만 그 못지않게 공통성도 지니고 있었다. 이들은 공히 국가, 민족, 통일, 계급 등의 거대담론을 강조했고, 이러한 거대 담론의 우위 속에서 개인은 그 자체의 독자성을 지니기보다는 민족 속에 용해되어야 하는 존재에 지나지 않았다.

그런데 기존 연구는 이들 사이의 차별성만 지나치게 강조하다 보니 정작 그들이 지닌 공통된 기반에 대해서는 눈을 돌리지 못했다.[1] 차별성만

---

[1] 박정희와 그에 맞서는 세력을 각각 국가주의적 민족주의 경향과 자유주의적 민족주의 경향으로 나눈 예는 있다. 박찬승, "민족주의 시대를 넘어서: 20세기 한국 민족주의에 대한 역사적 고찰," 역사문제연구소 제28회 토론마당『동아시아 민족주의의 수용과 변용』(2004.07.16), 20-24쪽. 그러나 김구나 장준하 등을 과연 자유주의적 민족주의자로 볼 수 있는가에 대해서 필자는 회의적이다. 이에 관한 필자의 생각은 이 글의 제3장 참조. 불충분하지만 이들 사이의 공통성에 눈을 돌리고 있는 연구도 있는데, 대표적인 것으로 윤해동, "한국 민족주의의 근대성 비판,"『역

강조하면 역사는 작용─반작용의 일차원적 대립관계의 굴레에서 벗어나기 어렵다. 이러한 부작용은 최근 진행되고 있는 '과거사 청산 작업'에서 이미 드러나고 있다. 1960·70년대는 '과거사 청산 작업'의 주요 대상 중 하나이다. 이 작업은 이 시기 사회세력에 속했거나 그 전통을 이어받은 사람들이 정권을 쥐고 과거 국가가 저지른 범죄행위에 대해 책임을 묻는 방식으로 이루어지고 있다. 법률적 시효 여부를 떠나 국가적 범죄에 대해 우리가 관대해야 할 이유는 없다. 그러나 동시대를 살았고, 차별성뿐 아니라 공통성도 지녔던 사람들이 상대방의 흠결만 찾아내는 방식의 청산은 미래에 또 다른 청산작업을 예비하는 것일 수도 있다.

이제 역사 해석을 작용─반작용의 악순환에서 자유롭게 해주어야 한다. 그것은 과거사를 단순히 청산의 대상이 아니라 제거, 보존, 고양(高揚)이란 세 가지 의미가 중첩된 '지양(止揚, aufheben)'의 대상으로 생각할 때 가능하다. 이를 위해서는 동시대를 살았던 여러 목소리들 사이의 차별성만이 아니라 공통성에도 주의를 기울여야 한다. 차별성에 대한 인식은 제거만을 가져오지만 공통성까지 인식하면 보존과 고양도 가능하기 때문이다.2)

이 글은 1960·70년대에 들려오던 네 가지 목소리를 각각 방어적 근대화 민족주의, 통일지향적 민족주의, 민족경제지향적 민족주의, 그리고 반미 민족주의로 특징짓고, 그들 사이의 강조점의 차이와 상호비판뿐 아니라 공통점에도 주의를 기울이면서 이 시기의 민족주의를 둘러싼 담론을 정리해보고자 한다. 방어적 근대화 민족주의는 박정희의 연설과 글을 통해, 통일지향적 민족주의는 장준하를 비롯한 사상계 지식인들과 민주화운동가들이 남긴 글을 통해, 민족경제지향의 민족주의는 박현채를 비롯한 비판적 경제학자들이 남긴 글들을 통해, 그리고 반미 민족주의는 신동엽, 남정현, 김남주 등의 문학작품을 중심으로 살펴볼 것이며, 각각은 내용은 가급적 해당 인물들이 스스로 발언하는 방식으로 정리해볼 생각이다.

사문제연구』, 2000년, 제4호, 54-56쪽 참조
2) 김일영, "과거사, 청산만이 능사 아니다," <중앙일보>, 2005년 8월 4일.

본론에 들어가기 전에 이 글이 말하고자 하는 바를 그림으로 간략히 요약하면 다음과 같다.

〈그림 1〉 박정희 시대 네 가지 민족주의의 위상

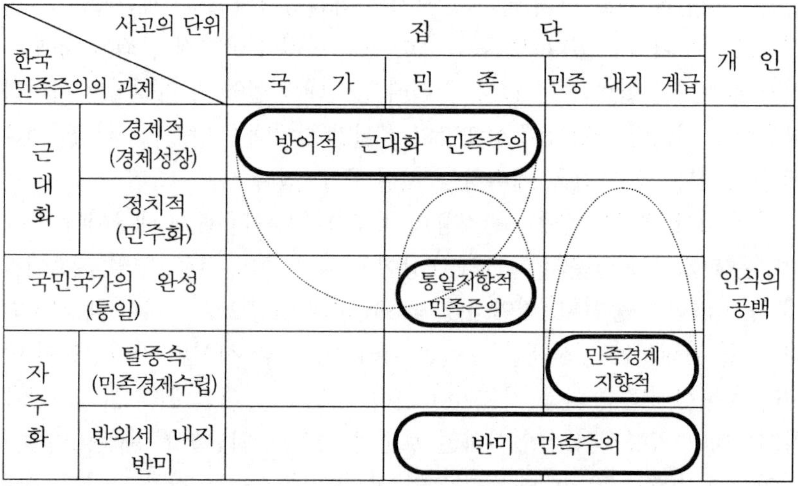

한국 민족주의의 과제		사고의 단위			개 인
		집 단			
		국 가	민 족	민중 내지 계급	
근 대 화	경제적 (경제성장)	방어적 근대화 민족주의			인식의 공백
	정치적 (민주화)				
국민국가의 완성 (통일)			통일지향적 민족주의		
자 주 화	탈종속 (민족경제수립)			민족경제 지향적	
	반외세 내지 반미		반미 민족주의		

2. 방어적 근대화 민족주의

박정희의 머리 속에서 민주주의, 통일, 경제발전, 국가안보, 민족주의 등의 단어들은 어떻게 정리되고 있었을까? 그들은 서로 어떻게 맺어졌고, 우선순위는 어떠했으며, 그 속에서 민족주의는 어떤 위상을 차지했는가?

박정희에게 민주주의라는 단어는 버릴 수는 없었지만 우선순위에서 뒤로 밀리는 것이었다. 이 점은 그가 민주주의라는 단어 앞에 항상 무엇인가 수식사를 붙이고 싶어 했다는 점에서도 드러난다. 집권 초기부터 그는 서구식 자유민주주의를 무능하고 부패하며 사대주의적인 구(舊)정치인들이 맹목적으로 추종하는 것으로 비판하고 대신 "민족이념을 바탕으로 한 자유민주주의," 즉 "민족적 민주주의"를 내세웠다. 그는 민주주의 자체보다는 그것을 실현하기 위한 전제로서 민족적인 것에 더 강조점을 두었던 것이다.

나는 혁명 시기에 있어서의 우리가 바라는 민주주의란 서양식의 민주주의가 아니라 우리 사회와 정치형편에 알맞은 민주주의를 해나가야 된다고 생각한다.3)

우리나라의 현실을 재건하는 데 있어서, 다른 나라에서 온 문화나 정치제도에 너무 의존해서 자기가 딛고 서 있는 한국이라는 땅에서 전개되어 온 이 나라의 역사를 저버리거나, 거기서 떠나서는 아무 일도 되지 않는 것이다.4)

남들이 그렇게도 좋다는 민주주의, 또 우리가 가져보려고 그렇게도 애쓰던 자유민주주의가 왜 이 나라에서는 꽃피지 않는 것인지 아십니까? 그 이유는 간단합니다. 자주와 민주를 지향한 민족적 이념이 없는 곳에서는 결코 자유민주주의는 꽃피지 않는 법입니다. 민족의식이 없는 사람들에게는 자유민주주의는 항상 잘못 해석되고 또 잘 소화되지 않는 법입니다.5)

시간이 지나면서 박정희의 강조점은 "민족적 민주주의"에서 그것을 실현하기 위한 전제인 경제적 자립으로 점차 옮아갔다. 민주보다 민족이 앞서고 민족에 선행하는 것이 경제발전이 된 것이다.

우리가 이상으로 하는 진정한 자유민주주의가 확고한 경제적 기반 없이 실현되기 어렵다는 것은 너무나도 명백한 사실입니다.…… 자주적인 정신과 자조의 노력, 자율적인 행동과 자립경제의 기반 없이는 형식상의 민주주의가 우

---

3) 박정희, 『우리 민족의 나아갈 길』(1962); 박정희, 『하면 된다! 떨쳐 일어나자』 (서울: 동서문화사, 2005), 178쪽.
4) 박정희, 『우리 민족의 나아갈 길』(1962); 박정희, 『하면 된다! 떨쳐 일어나자』, 74쪽.
5) "중앙방송 대통령 정견발표"(1963년 9월 23일). 이 글에서 인용된 박정희의 연설문이나 회견문은 대부분 대통령비서실에서 매년 펴낸 『박정희 대통령 연설문집』에 실려 있기 때문에 출처를 생략했다.

리에게 혼란과 파멸의 길만을 걷게 한다는 지난날의 경험을 다시 한번 상기해야 하겠습니다.6)

민족적 민주주의의 제1차적 목표는 '자립'에 있습니다. '자립'이야말로 민족 주체성이 세워질 기반이며, 민주주의가 기착 영생할 안주지인 것입니다. '민족자립'이 없이 거기에 '자주'나 무슨 '주의'가 있을 수 없는 것이며, 자립에 기반을 두지 않는 민족주체성이니 민주주의니 하는 것은 한갓 가식에 불과하다는 것이 나의 변함없는 신조입니다.7)

진정한 민주주의는 무엇보다도 먼저 (경제의) 건전한 토대 위에 확립될 수 있다.8)

분단국가의 지도자였던 박정희에게 통일은 피할 수 없는 목표였지만, 일차적 관심사라기보다는 중간단계를 거쳐 먼 미래에 성취되어야 하는 이차적 관심사였다. 그에게 통일보다 앞서는 것은 경제발전이었다. 발전을 통해 한편으로는 남한 내부의 단결을 이루고 다른 한편으로는 북한을 따라잡은 상태에서의 통일만이 그에게는 의미가 있었다. 이 점에서 그의 통일론은 '선(先)건설·후(後)통일' 또는 '경제개발을 통한 승공통일'이라는 '2단계 통일론'이었다.

먹여 놓고 살려 놓고서야 정치가 있고 사회가 보일 것이며 문화에 대한 여유가 있을 것…… 이 경제재건 없이 적을 이길 수도 없고 자주독립도 기약할 수 없는 일이다.9)

노동자의 낙원을 입으로만 떠들어 대는 소련이나 중공, 북한과 같은 무자비한 공산주의에 이기는 길은 우리가 '더 살기 좋은 사회', 다시 말하면 '굶주리

---

6) 박정희, "1962년 신년사," 박정희, 『한국 국민에게 고함』(서울: 동서문화사, 2005), 32-34쪽.
7) "자립에의 의지 방송연설"(1967년 4월 14일).
8) 박정희, 『국가와 혁명과 나』(1963)' 박정희, 『하면 된다! 떨쳐 일어나자』, 414쪽.
9) 박정희, 『국가와 혁명과 나』(1963); 박정희, 『하면 된다! 떨쳐 일어나자』, 396쪽.

지 않고 배고프지 않은 사회'를 하루 속히 이룩하는 것이다.10)

안전과 평화를 위협하는 것은 비단 '밖으로부터의 침략'만이 아니다.…… 더 무서운 적은 우리 안에 있음을 명심해야 하겠다.…… 내부에 이 빈곤을 두고서 반공이나 승공을 할 수 있다고 생각하는 것은 얼마나 무용한 도로(徒勞)이며…… 그러기에 정부는 승공이나 반공의 관건이 빈곤의 추방에 있음을 누누이 역설하였으며, 온 국민이 경제적 번영을 이룩하는데 총력을 기울여 줄 것을 호소해왔던 것이다.11)

우리는 …… 더욱 차원 높은 승리의 길을 모색해야 한다. 그것은 적으로 하여금 감히 우리의 경제력과 군사력 앞에 도전을 꿈꾸지 못하도록 침략 의도를 포기하도록 하는 것이다…… 경제적으로 군사적으로 실력의 절대 우위를 확보하여……(북한으로 하여금: 필자 추가) 승복하게 하자는 것이다.……경제개발 5개년 계획은 그대로 조국통일운동이요, 전쟁을 막는 길이요, 북한동포를 구출하여 우리 민족의 평화와 복지를 약속하는 길이다.12)

이러한 '2단계 통일론'에 입각하여 박정희는 1967년 지방기자회견에서 '남한의 경제력이 어느 정도 궤도에 올라가는 1970년대 후반에 가서야 통일을 논의할 수 있다'는 입장을 피력했고, 그 후로도 비슷한 말을 계속했다.

북괴에 대하여…… 전쟁 준비에 광분하는 죄악을 범하지 말고 보다 선의의 경쟁, 즉 ……개발과 건설과 창조의 경쟁에 나설 용의는 없는가 …… 묻고 싶은 것이다.…… 통일 노력의 본격화는 1970년대 후반기에나 가능할 것이다.13)

그러면 박정희는 민주(주의)나 통일에 앞서는 경제발전을 어떤 방식으로 이룩하겠다는 것인가? 여기서 우리는 '선(先)성장·후(後)분배'의 논리

---

10) 박정희, 『우리 민족의 나아갈 길』(1962); 박정희, 『하면 된다! 떨쳐 일어나자』, 197쪽.
11) "자유의 날 담화문"(1965년 1월 23일).
12) "국군의 날 유시"(1968년 10월 1일).
13) "광복절 경축사"(1970년 8일 15일).

및 수출지향산업화의 논리와 조우(遭遇)하게 되며, 경제발전이 궁극적으로 달성해야 하는 목표로 제시되는 '자립경제'와도 만나게 된다.

> 노임이 비싸서 상품가격이 올라 수출이 적어지면 어떤 결과가 일어나겠는가?……노임이 적정 수준에서 유지되어야 물건을 값싸게 생산하여 많이 수출할 수 있는 것이며, 수출증대가 공업발전과 고도성장을 촉진하여 고용증대와 임금향상을 가져오게 되는 것이다.14)

> 국민생활의 보호를 위해 현재와 같은 경제사정 하에서는 노임을 올려주는 것도 중요하겠지만 더 중요한 문제는 고용의 기회를 확대하는 데 있다.15)

> 천연자원이 빈약하고 국내시장이 협소한 우리나라의 경우, 유일한 성장 잠재력인 풍부한 인적 자원을 최대한 활용하기 위해서는 수출에 역점을 둔 외향적 개발전략이 유일한 활로였던 것이다.16)

> 모든 문제를 해결하는 근본적인 문제, 또……여러 가지 어려움과……병폐를 근본적으로 해결하는 가장 관건이 되는 문제는 오로지 우리나라의 경제를 빨리 건설해서 자립경제를 확립하는 것이다.17)

한편 박정희가 경제발전과 같은 비중으로 중요시한 것이 국가안보였다. 이것은 반공의 이름으로 그의 집권 초기부터 나타났지만 북한의 대남공세가 적극화된 1968년 이후 보다 강화되었다. 1968년부터 이듬해까지 북한은 무장게릴라를 내려 보내 청와대를 기습하거나 울진·삼척지역을

---

14) 박정희, "각 노조간부들에게 보낸 친서"(1970년 2월 4일), 김보현, "박정희 정권기 경제개발: 민족주의와 발전, 그리고 모순" 성균관대학교 정치학박사논문, 2005, 54쪽에서 재인용.
15) "연두기자회견"(1975년 1월 14일).
16) 박정희, 『민족중흥의 길』(1978); 박정희, 『나라가 위급할 때 어찌 목숨을 아끼리』(서울: 동서문화사, 2005), 283쪽.
17) "대통령 선거유세"(1967년 4월 29일), 김보현, "박정희 정권기 경제개발," 55쪽에서 재인용.

유린하는 등의 호전적 대남공세를 펼쳤으며, 미국에 대해서도 정보수집함 푸에블로(Pueblo)호를 동해상에서 나포하거나 해군 정찰기 EC-121을 동해 상에서 격추시키는 등의 대결적 자세를 보였다. 이같은 북한의 공세에 대해 미국이 적극 대응하기는커녕 미온적인 태도를 보이고, 더 나아가 중국과 화해하고 주한미군까지 일방적으로 철수시키려 하자 박정희의 안보적 위기감은 극도로 고조되었다.18) 이러한 북한에 대한 두려움과 미국에 대한 불신 위에서 나오는 것이 '자주국방'이다.

    1970년대 초의 우리나라 사정은 세계열강이 이 땅에서 각축하던 1세기 전 구한말 당시의 그것과 비슷했다. 당시 열강들은 그들 위주의 질서와 이익을 위해 중소(中小) 국가들을 희생의 제물로 삼는 것을 지극히 당연한 것처럼 생각하는 경향이 없지 않았다.…… 70년대에 일어난 국제정세의 격변을 눈앞에 보면서 나는 불행하게도 이 땅에 그 쓰라린 역사의 전철이 되풀이되는 징후를 경계하지 않을 수 없다.19)

    긴장완화라는 이름 밑에 이른바 열강들이 제3국이나 중소국가들을 희생의 제물로 삼는 일이 충분히 있을 수 있다는 점을 우리는 경계해야 한다.20)

    자기 나라의 국방을 어떤 강대국에 의지해 오던 그런 시대는 지났다.……앞으로는 전적으로 미국에만 의지하겠다는 그런 생각은 깨끗이 버려야 하는 것이다.21)

---

18) 자세한 설명은 김일영, "미국의 주한미군 정책변화와 한국의 대응: 주한미군에 관한 '냉전적 합의'의 형성과 이탈, 그리고 '새로운 합의'의 모색," 한용섭(편) 『자주냐 동맹이냐』 (서울: 오름, 2004), 201-208쪽; Victor D. Cha, 김일영·문순보(역), 『적대적 제휴』 (서울: 문학과 지성사, 2004), 106-117쪽 참조.
19) 박정희, 『민족중흥의 길』(1978); 박정희, 『나라가 위급할 때 어찌 목숨을 아끼리』, 258쪽.
20) "특별선언문"(1972년 10월 17일), 매일경제신문사(편), 『박정희 대통령의 지도이념과 행동철학』 (서울: 매일경제신문, 1977), 182쪽.
21) "연두기자회견"(1972년 1월 11일), 김보현, "박정희 정권기 경제개발," 52쪽에서 재인용.

박정희에게 (국가)안보는 민주(주의)와 통일을 먼 과제로서 뒤로 밀치고 일차적 과제의 자리를 차지했던 (경제)발전과 같은 반열(班列)에 설 수 있는 과제였다. 그는 안보와 발전은 동전의 양면과 같은 관계이며, 그 바탕 위에서 장차 민주와 통일이 이룩될 수 있다고 생각했다. 발전 없는 안보는 공허하고, 안보 없는 발전은 맹목적이었다. 안보와 발전 사이의 이러한 관계를 가장 잘 드러내는 말이 당시 유행하던 "싸우면서 건설하자"는 슬로건이었으며, 그것은 후발산업화 국가에서 나타나는 '방어적 근대화(defensive modernization)'의 한국적 표현이었다.

이 무렵 잠시 뒤로 물러나 있던 민족주의가 다시 강조되기 시작했다. 그것은 국가와 민족과 나를 무매개적으로 연결시키면서 나를 국가와 민족 속에서 용해시켜버리고 있다는 점에서 유기체론적 성격을 띠었다.[22]

> 나를 확대한 것이 즉 우리 국가다. 우리 민족이라고 할 때의 우리도 역시 마찬가지이다.……따라서 국가가 잘 되는 것은 내가 잘 되는 것이며, 국가를 위해서 내가 희생을 하고 봉사를 하는 것은 크게 따지면 나 개인을 위해서 봉사하는 것이고 우리 자신을 위해서 희생하는 것이다.[23]

> 국민의 한 사람 한 사람이 '나'와 '국가'를 하나로 알고 국력배양을 위해 총력을 기울여야 할 것이다.[24]

> 민족과 국가라는 것은, 이것은 영생하는 것입니다. 특히 하나의 민족이라는 것은 영원한 생명체입니다. 따라서 민족의 안태와 번영을 위해서는 그 민족의 후견인으로서 국가가 반드시 있어야 하겠습니다. 국가는 민족의 후견인입니다. 국가 없는 민족의 번영과 발전이라는 것은 있을 수 없는 것입니다.[25]

바로 이 지점에서 "싸우면서 건설하자"는 방어적 근대화 논리는 유기체

---

[22] 김정훈, "분단체제와 민족주의: 남북한 지배담론의 민족주의의 역사적 전개와 동질이형성," 『동향과 전망』, 2000년 봄호, 179-180쪽.
[23] "연두기자회견"(1970년 1월 9일).
[24] "제8대 대통령 취임사"(1972년 12월 27일).
[25] "연두기자회견"(1973년 1월 12일).

적 민족주의 논리와 만나 결합하면서 박정희의 '방어적 근대화 민족주의'가 탄생하는 것이다.

정리하면 분단된 후발산업화 국가인 한국의 민족주의가 직면한 근대화, 통일, 자주화의 과제 중 박정희가 주목한 것은 경제적 근대화(산업화)와 국가안보였다. 그는 그것을 자립경제와 자주국방으로 표현하면서 이를 통해 궁극적으로 한국 민족주의의 또 다른 과제인 자주성에 다가설 수 있다고 생각했다. 이 와중에 정치적 근대화(민주주의)와 민족국가의 완성(통일)은 '선성장·후분배,' '선건설·후통일'의 구호가 보여주는 것처럼 우선순위에서 뒤로 밀릴 수밖에 없었다.

3. 통일지향적 민족주의

박정희의 방어적 근대화 민족주의에 대한 첫 번째 반발은 통일을 한국 민족주의의 최우선 과제로 생각하는 집단으로부터 나왔다. 이들에게 민족통일의 문제는 민족의 삶 전체와 밀접하게 연관되어 있었다. 우선 이들은 통일을 이루지 못함에서 오는 정치적 비민주성을 문제 삼는다. 분단 상황이 권위주의 정권의 '폭력과 테러' 그리고 원시적 매카시즘(McCarthyism)을 합리화시켜주는 근거가 되고 있다는 것이다. 다음으로 이들은 분단으로 인한 경제적 모순을 문제삼는다. 식민지 하에서 형성된 예속적이면서 파행적인 경제구조가 해방 이후에도 분단 때문에 시정되지 못하고 있다. 분단 때문에 한국 경제는 대미 및 대일 예속성을 탈피하지 못하고 있으며, 균형발전도 하지 못하고 있다는 것이다. 결국 남한의 정치적 비민주성과 경제적 종속 및 저발전을 모두 분단 문제로 귀결시킨다는 점에서 이들은 '분단 환원론자'이며, 통일 민족국가를 완성해야만 이 문제가 궁극적으로 해결된다고 본다는 점에서 '통일지향적 민족주의자'라고 할 수 있다.

통일지향적 민족주의 입장에서는 박정희 정부가 민족주의라는 용어를 사용하는 것조차 용납하기 어려웠다. 그들은 박정희의 '민족적 민주주의'

를 반민족적·반민주적인 것으로서 '이미 오래 전에 죽어버린 시체'로 간주하고 그에 대한 장례식을 거행하기도 했다.26) 따라서 그들의 노력은 박정희 정부의 민족주의가 허구임을, 다시 말해 박정희 정부의 반민족성을 밝히는데 집중되었다.

통일지향적 민족주의 세력이 박정희의 민족주의를 인정할 수 없는 첫 번째 이유는 박정희의 원죄(原罪), 즉 일제 하에서 그의 행적 때문이다. 이 점은 광복군 출신인 장준하에게서 가장 극명하게 드러난다.

> 그 동안 광복군 출신자로서 일군장교 출신인 박정희가 주도하는 정권이 이 나라를 지배하는 이 세상에서, 참 치욕스럽게 살아왔다. 그래서 누구보다도 나는 박정희를 미워했다.27)

그러나 이러한 소박한 원죄론은 당사자의 노력을 통한 구원(救援)의 가능성을 원천봉쇄한다는 점에서 지나치게 정태적이다. 초기의 정당성 부족은 그 후 업적이나 효율성 증진을 통해 얼마든지 상쇄 내지는 만회가 가능하기 때문이다. 거꾸로 처음에는 상대적으로 정당성을 지녔지만 통치과정에서의 형편없는 업적 때문에 초기의 정당성마저 훼손되는 경우도 적지 않은 데, 김일성이 대표적 예다.

통일지향적 민족주의 세력이 박정희를 반(反)통일분자라고 몰아붙이는 두 번째 근거는 박정희가 내세운 '선건설·후통일'론 때문이다. 이미 설명했듯이 이 세력은 통일 없이는 한국이 직면한 어떤 모순도 제대로 해결될 수 없다고 보았으며, 이 점에서 통일을 아무도 부인할 수 없는 민족의 최우선 과제로 전제했다.

> 통일에의 길은 아직도 멀고 험난하다. 그렇지만 그 길은 기필코 우리가 가야 할 길이다. 우리 한 사람, 몇 사람의 재산과 지위와 명예가 희생되어서라도 가

---

26) 김영일(김지하), "민족적 민주주의 장례식 조사"(1964년 5월 20일), 박태순·김동춘, 『1960년대의 사회운동』(서울: 까치, 1991), 187-188쪽.
27) 『장준하 선생 20주기 기념학술토론회』(1995), 598쪽, 김보현, "박정희 정권기 경제개발," 150쪽에서 재인용.

야 할 길이다.[28]

이런 통일 지상주의자들에게 먼저 건설하고 나중에 통일하자는 박정희 식의 2단계 통일론은 결국 반(反)통일론에 다름 아니었다. "우리가 지향하는 조국근대화야 말로 남북통일을 위한 대전제요, 중간목표인 것입니다. 통일의 길은 조국근대화에 있고, 근대화의 길이 경제자립에 있는 것이라면 자립은 통일의 첫 단계가 되는 것"[29]이라는 박정희의 주장은 이들에게 통일회피론으로 비쳐졌고, 이 때문에 그들은 박정희를 반민족주의자로 규정하는 것이다.

이러한 비판은 두 가지 점에서 문제가 있다. 우선 이 비판은 어떤 주장이나 정책이 통일을 지향할 경우에만 민족주의적이고 그 밖의 다른 목표, 예컨대 경제발전 같은 목표를 지향할 경우는 반민족적이라는 논리적 전제 위에 서 있다. 그러나 이미 지적했듯이 후발산업화 국가는 근대화와 자주화라는 이중의 목표를 지니고 있고, 각각은 정치적 근대화, 경제적 근대화, 안보 확립을 통한 주권수호, 국민(민족)국가 완성 등을 내용으로 하고 있다. 따라서 후발산업화 국가의 민족주의가 이러한 복수의 목표 중 어느 것을 더 우선시해야 하는가에 대해서는 합의를 보기가 쉽지 않다. 해방 이후 한반도가 분단됨으로써 민족통일이 중요한 과제가 된 것은 사실이다. 하지만 그것이 정치·경제적 근대화나 안보를 능가하거나 선결되어야만 하는 과제인가에 대해서는 의문의 여지가 있다. 더구나 경제개발이 후진국 민족주의의 주요 과제임은 통일지향적 민족주의에 속하는 사람들 — 특히 사상계 지식인들 — 에 의해서도 시인되고 있다.

> 우리나라는 먼저 산업화에 치중해야 한다고 믿는데, 그렇게 하는 것이 민주화의 터전을 닦는 셈이 되기도 하는 것이다. 우리는 근대화란 다름 아닌 산업화임을 명심하고 경제건설에 총력을 기울여 경제자립을 서둘러야 하며……[30]

---

28) 장준하 선생 10주기 추모문집간행위원회(편), 『장준하문집』, 제1권, 1985, 59쪽.
29) "연두기자회견"(1966년 1월 12일).
30) 차기벽, "오용된 민족주의," 『사상계』, 1965년 5월호, 106쪽.

> 60년대 우리의 관심권을 지배한 것은 발전이요 산업주의 사상이다.…… 후진국의 근대화론은 한마디로 말해서 민족주의의 경제적 표현이요, 경제적 민족주의 운동이다.31)

따라서 이런 상태에서 통일만을 우선시하여 민족주의를 규정하는 태도는 또 다른 도그마를 낳을 수도 있다.

한편 박정희의 2단계 통일론을 반민족적이라고 몰아붙이는 태도는 최근까지도 진보진영에서 이어지고 있다. 하지만 탈냉전 이후 진보진영이 통일에 관해 주장하는 논법과 박정희의 2단계 통일론 사이에 '논리구조'상 별 차이가 없다는 점에서 최근 진보진영이 박정희에 대해 가하는 비판은 자기발등 찍기가 될 수도 있다. 1980년대 말 이후 사회주의의 붕괴로 냉전이 끝나고 남북관계에서 북한이 완전히 열세에 처해 남한주도의 흡수통일 가능성이 논의되기 시작했다. 그러자 한국의 진보진영은 과거의 통일 지상주의에서 통일은 나중 문제이고 남북간의 장기적인 공존이 우선이라는 입장으로 재빠르게 변신했다. 이것이 '선(先)공존·후(後)통일'론인데, 문제는 이들의 논법과 과거 박정희가 주장했던 '선건설·후통일' 사이에 논리구조상 다른 점이 없다는 점이다. 차이가 있다면 한쪽은 건설(경제발전)을 우선시하고 다른 쪽은 공존(교류)을 우선시하는 것일 뿐 결국 통일을 일정한 전제조건이 충족된 뒤로 미룬다는 점에서는 둘 다 2단계 통일론이다. 양자는 시대변화 — 주로 경제발전 정도와 국제환경의 변화 — 에 따라 한국이 처한 조건의 차이를 반영한 것일 뿐 논리구조상 다르지 않기 때문에 하나는 반통일 내지 반민족적이고 다른 하나는 진보 내지는 민족주의적이라고 평가하는 것은 옳지 않다.32)

통일지향적 민족주의 세력이 박정희를 비판하는 세 번째 근거는 그가 민족주의를 목적이 아니라 수단으로 악용했으며, 유기체론적 민족주의는

---

31) 안병욱, "창조와 혼돈의 장," 『사상계』, 1968년 8월호, 139쪽.
32) 자세한 설명은 김일영, "한국정치의 새로운 이념적 좌표를 찾아서: '뉴라이트'와 '뉴레프트' 그리고 공통된 지평으로서의 자유주의," 『한국정치외교사논총』, 27집 2호, 2005년, 13-16쪽 참조.

진정한 민족주의가 아니라는 점이다. 박정희는 민족주의를 국민을 동원하기 위한 수단으로 이용했고, 집권연장과 경제개발의 수단으로 사용했으며, 국가가 민족에 앞서고 개별 구성원에 선행한다는 점에서 전체주의적이라는 것이다.

이러한 비판은 어느 정도 타당하다. 실제로 박정희의 민족주의에는 국가주의적 색채가 짙게 깔려 있기 때문이다. 그러나 통일지향적 민족주의자들도 민족과 통일을 위해 개인을 희생시킬 수 있다고 생각하는 점에서는 박정희 못지않았다.

> 민족적인 생명과 따로 존재하는 자기, 민족의 생명이 끊어진 뒤에도 살아있는 자기, 민족이 눌리고 헐벗고 있을 때 그렇지 않은 자기는 이미 자기 아닌 자기이며, 그렇기에 자기의 생명을 실현하는 인간이 아닌 것이다……민족의 생명, 민족의 존재가 이미 없어져 버릴 때는 민족의 한 사람인 그의 개인적인 인간적인 생명과 존재조차 없어져 버리는 것이다.[33]

> 정치이념도 생활조건도 심지어 사생활까지가 통일을 위해서 방해가 된다면 이에 대한 집착을 탁 털고 홀홀히 나서는 인간이 되어야만 통일을 말할 수 있고 통일운동에 가담할 수 있다.[34]

통일과 민족을 위해 개인의 삶을 희생할 수도 있다는 통일지향적 민족주의자들의 주장은 통일과 민족 대신 발전과 국가를 그 자리에 대입시킨 박정희의 주장과 논리구조상 별반 다를 것이 없다. 아울러 국가, 민족, 통일, 발전 같은 거대 담론에 매몰되어 개인이 그 존립근거를 찾기 어려운 점은 양자 모두 비슷하다. 이 점에서 어느 한쪽이 다른 쪽을 향해 전체주의적이라고 일방적으로 몰아붙일 수 있는 근거는 없다.

이런 식의 민족주의관은 박정희 정부 하에서는 많은 민중들에게 그들의 피와 땀을 조국건설에 바치도록 요구했지만, 반대세력에게는 일부 젊은

---

33) 장준하, "민족주의자의 길", 『씨알의 소리』, 1972년 9월호, 『장준하 문집』, 제1권, 1985, 50쪽.
34) 『장준하 문집』, 제1권, 1985, 40쪽.

학생들에게 그들의 생명을 민족의 제단 앞에 받치도록 만드는 의도치 않은 결과를 가져왔다. 1975년 서울 농대생 김상진은 "민족과 역사를 위한 길이고,……조국의 민주주의를 쟁취하는 길이며……사회정의를 구현하는 길이라면 이 보잘 것 없는 생명, 바치기에 아까움이 없다"35)고 하면서 할복자살했다. 그리고 이런 행렬은 1980년대까지 이어져 1986년에는 전방입소교육을 '양키의 용병교육'이라고 거부하면서 서울대생 김세진, 이재호가 분신자살하는 사태까지 일어났다.

통일지향적 민족주의 세력이 박정희를 비판하는 네 번째 논거는 박정희의 민족주의가 반공을 앞세웠기 때문에 반민족주의적이라는 것이다. 박정희 정부가 반공을 앞세워 북한을 적대시하고, 반공의 이름으로 반대파를 탄압하는 등의 무리를 범한 것은 부인할 수 없는 사실이다. 그러나 반공 남용을 비판하는 것과 반공에 대한 강조 자체를 반민족주의적이라고 비판하는 것은 별개의 문제이다. 냉전 하에서 반공은 미국 중심의 강대국 논리에 편승하는 것이면서 동시에 북한의 위협이 실재(實在)하고 있는 상황에서 안보 확립을 통한 주권 수호라는 양면성을 동시에 지니고 있었다. 이 점에서 반공에는 민족주의와 양립할 수 있는 여지가 있었다. 만약 이 점을 부인한다면 통일지향적 민족주의 진영의 지도급 인사 중 상당수도 반민족주의적이라는 비난에서 자유롭지 못하게 된다. 왜냐하면 당시 반공과 국가안보는 박정희의 전유물이 아니라 반대진영도 정도의 차이가 있을 뿐 공유하는 것이었기 때문이다. 다시 말해 통일지향적 민족주의 진영은 통일을 지상과제로 설정했다는 점에서는 박정희 정부와 대립했지만, 그 경우 통일은 반공이나 국가안보를 전제로 하는 것이었다.

> 민족통일은 …… 지상과업이다. ……이 때 우리에게 지켜야 할 마지막 선은 …… 통일된 이 나라 …… 를 위한 최선의 제도와 정책이 국민에게서 나와야

---

35) 서울대생 김상진, "양심선언"(1975년 4월 11일), 한국기독교교회협의회 인권위원회 편, 『1970년대 민주화운동』 2권 (서울: 동광출판사, 1987), 652쪽, 김보현, "박정희 정권기 저항엘리트들의 이중성과 역설," 2004년 제2회 비판정치학대회 발표논문, 4쪽에서 재인용.

한다는 민주주의의 대헌장이다. …… 승공의 길, 민족통일의 첩경은 민주역량을 기르는 일이다. 이것이야말로 …… 온 겨레가 새 역사 창조에 발 벗고 나서는 길이다.36)

3·1 민주구국선언은 …… 국가안보를 위한 민중의 선언이며 …… 민족생존권을 보장하기 위한 유일한 길은 …… 민주주의의 실현이다.37)

요컨대 통일지향적 민족주의는 한국 민족주의가 직면한 여러 과제 중 특히 민족국가의 완성, 즉 통일에 주목했으며, 그 관점에서 박정희의 근대화 우선논리를 반민족적이라고 몰아붙였다. 하지만 분단된 후발산업화 국가인 한국의 민족주의는 근대화, 통일, 자주화 등 복수의 과제를 지니고 있기 때문에 그 얼굴 또한 다양하게 나타날 수밖에 없다. 따라서 그 중 어느 한 과제에만 선차성을 부여하여 나머지의 민족주의적 성격을 부인하기는 어렵다.

4. 민족경제지향적 민족주의

1960년대 말부터 민족통일을 중시하면서도 상대적 강조점을 경제적 예속탈피를 통한 자립적 민족경제의 수립에 두는 흐름이 점차 생겨났다. 당시 반대진영이 박정희의 수출지향적 경제개발방식을 반민족적이라고 비판하는 주요한 논거 중 하나는 그것이 경제의 대외종속성과 대내적 불평등을 심화시켰다는 것인데, 이 흐름은 바로 이 점과 연결되는 것이었다. 사실 집권 초기에는 경제 구상 면에서 박정희와 비판세력 사이에 근본적 차이를 찾기 어렵다. 양자는 1960년대 중반을 지나면서 점차 차이를 노정하기 시작한다. 이 무렵 박정희가 산업화 방식을 내포적인 것에서 외향적

---

36) "민주구국선언서"(1976년 3월 1일).
37) 천주교정의구현전국사제단, "정의와 평화를 위한 선언"(1977년 2월 8일).

인 것으로 전환시키면서 여전히 내포적 방식에 집착하는 비판세력과의 틈이 점차 넓어지기 시작한 것이다. 특히 1960년대 말경부터 비판세력 내에 기존의 내포적 공업화론을 단순히 공업화방식에 그치는 것이 아니라 보다 계급적 관점에서 실천이론적으로 만들려는 움직임이 생겨났는데, 여기서는 그것을 민족경제지향적 민족주의로 범주화하고자 한다.

4·19 '혁명'을 전후하여 한국에서는 민족주의적 지향이 고조된다. 그것은 경제부문에서는 자립화 요구, 즉 경제개발을 통한 자립경제 확립에 대한 열망으로 나타났다. 당시 경제개발 방식을 둘러싸고 많은 논의들이 있었다. 내자와 외자, 민족자본과 매판자본, 경공업과 중공업, 균형발전과 불균형발전, 국가(계획)와 시장(자율), 수입대체와 수출지향 등 다양한 쟁점에 대해 여러 얘기들이 오갔다.38) 하지만 민족주의의 물결 속에서 무게중심은 항상 내자, 민족자본, 중공업, 균형발전, 국가(계획), 수입대체 쪽으로 쏠렸고, 그 근저에 내포적 공업화론의 발상이 공통분모로 자리잡고 있었다.

내포적 공업화론의 궁극 목표는 식민지형 산업구조를 탈피하여 자립경제를 확립하는 것이다. 식민지형 산업구조란 "선진공업에 예속되어 있는 원시산업(광업 및 농업)과 역시 선진국의 중화학공업 내지 소비재공업의 매판시장이 되어 있는 소비재가공업 혹은 단순 소비시장 밖에 없는 산업구조"이다. 한국이 이러한 경제적 예속성을 벗어나기 위해서는 소비재가공업이나 소비용역 중심으로 화폐소득만 성장해서는 안 된다. "원시산업과 소비재가공업 사이에 가교(架橋)역할을 하는 기초적 생산재공업을 건설하여 내포적(intensive) 또는 내향적(inward-looking) 공업화를 달성"해야만 자립경제를 이룰 수 있다.39)

이를 위해 내포적 공업화론자들은 내자의 적극 동원을 강조했다. 이들은 외자(도입)의 필요성 자체를 부인하지는 않지만 국가가 그것을 주체적으로 이용하는 것이 중요하다고 했다. 국가는 동원된 물적, 인적 자원을

---

38) 이에 관해서는 홍석률, "1960년대 지성계의 동향," 한국정신문화연구원(편), 『1960년대 사회변화연구: 1963-1970』(서울: 백산서당, 1999), 216-226쪽; 박태균, "1956-1964년 한국 경제개발계획의 성립과정," 서울대 박사논문, 2000, 39-61쪽 참조.
39) 박희범, 『한국경제성장론』(서울: 고려대학교 출판부, 1968), 71-73쪽, 81쪽.

경제적 예속성을 탈피하기 위한 산업구조의 변혁에 집중 배분해야 한다. 구체적으로는 수입대체산업을 육성하되 국가가 계획을 세워 투자의 내용이 매판적 소비재가공업으로 가는 것을 막고 기계, 금속, 화학 등의 기초공업에 집중될 수 있도록 해야 한다는 것이다.[40] 그래야 '국민경제가 일국단위에서 어느 정도의 대내적 완결성을 지니는' 자립경제가 달성될 수 있다.

이런 내포적 공업화론은 보수, 진보를 가릴 것 없이 당시 지식인 사회에서 상당히 일반화된 견해였으며, 경제관료들의 생각도 비슷했다. 민주 사회주의의 실현이나 민족혁명을 추구하는 논자도 있었지만, 그들 역시 기본적으로는 내포적 공업화론의 발상을 공유하고 있었다. 따라서 장면 정부가 만든 '경제개발 5개년계획안'이나 군정 하에서 시행된 '제1차 경제개발 5개년계획안'(이하 '1차 계획')은 모두 이러한 내포적 공업화론에서 자유롭지 못했다. 이 점은 대표적인 내포적 공업화론자인 박희범, 박동묘, 최문환 등이 군정의 경제고문으로 참여한 데서도 드러난다. 그리고 장면 정부의 계획안을 참조해서 박정희 정부가 만든 '1차 계획'의 내용을 살펴보면 더 잘 드러난다.[41]

'1차 계획'은 '한국 경제의 자립적 성장과 공업화의 기반 조성'을 목표로 했다. 이를 위해 "자유기업의 원칙을 토대로 하되 기간부문과 그 밖의 중요부문에 대해서는 정부가 직접 관여하거나 간접적으로 유도정책을 쓰는 '지도받는 자본주의체제'를 견지"해야 한다고 했다.

이러한 방침에 따라 '1차 계획'은 투자의 우선순위를 다음과 같이 제시했다: ① 전력, 석탄 등 공업화의 원동력이 되는 에너지 자원 확보에 최대 노력을 기울인다. ② 농업부문에 중점적인 개발목표를 두어 농업생산력 증대에 의한 농가소득 향상과 국민경제의 구조적 불균형을 시정한다. ③

---

40) 위의 책, 73쪽, 81쪽, 89-93쪽.
41) 장면 정부의 계획안에 관해서는 유광호, "장면정권기의 경제정책," 한국정신문화연구원(편), 『한국현대사의 재인식 제5권: 1960년대의 전환적 상황과 장면정권』 (서울: 오름, 1998), 123-143쪽 참조. '1차 계획'안은 대한민국정부, 『제1차경제개발 5개년계획』(1962) (이것의 요약본은 한국개발연구원, 『한국경제반세기 정책자료집』(서울: 한국개발연구원, 1995), 203-207쪽) 참조.

경제성장의 주도적 역할을 할 기간산업과 사회간접자본의 확충에 커다란 비중을 둔다. ④ 국토보전과 개발을 위해 국토건설사업을 계속 추진한다. ⑤ 국제수지 개선을 위해 수출을 증대시킨다. ⑥ 낮은 생산력을 극복하기 위해 기술증진에 노력한다.

우선 눈에 띄는 것은 수출이 우선순위에서 다섯 번째로 고려되고 있다는 점이다. 수출은 투자우선순위에서 밀렸을 뿐 아니라 그것의 주 품목으로는 1차 산품이 주로 고려되었다. 대신 투자의 중심은 농업과 기간산업 및 사회간접자본에 가 있었는데, 수출의 내용을 주로 1차 산품으로 고려한 것으로 보아 공업에 대한 투자는 수출과는 거리가 있는 것, 다시 말해 수입대체적 성격을 지닌 것임을 알 수 있다. 공업에 대한 투자와 관련하여 이 계획안은 기간산업의 기틀을 마련하기 위해 비료, 시멘트, 정유, 제철 등의 중화학공업을 발전시키고, 에너지 자원 확보를 위해 석탄생산의 배가와 전력 증산을 도모하며, 운수, 통신시설 등의 사회간접자본 형성에 집중 노력할 것을 강조하고 있다.42) 그리고 이러한 중화학공업 및 사회간접자본 형성에 투자될 재원에 관해서는 "국내자원을 최대한으로 동원하고 외화소요의 조달에 있어서는 외자도입에 중점을 두며 정부보유불은 사업목적을 위하여 계획적으로 사용한다"43)고 밝힘으로써 가급적 내자동원에 중점을 두도록 했다. 보다 구체적으로는 총소요자금의 72.2%를 국내저축 증대와 증세 등을 통해 내자에 의존하고 9.2%는 정부보유불로, 그리고 나머지 18.5%는 차관, 원조 및 기타로 이루어지는 외자로 충당토록 했다.44)

요컨대 '1차 계획'안은 수출보다는 수입대체, 소비재보다는 중화학과 기간산업, 농공간의 균형, 외자보다는 내자, 자율보다는 계획과 지도 등으로 요약될 수 있는데, 이런 내용은 앞서 살펴본 내포적 공업화론과 별반 차이가 없다. 이런 맥락에서 내포적 공업화론자로서 군정의 경제고문이었던 박희범은 '1차 계획'안을 "금속, 기계, 기초화학 공업 육성을 통해 자립적

---

42) 대한민국정부, 『제1차 경제개발 5개년계획』(1962), 49쪽, 91쪽, 149쪽.
43) 위의 책, 16쪽.
44) 박동철, "한국에서 '국가주의적' 자본주의 발전방식의 형성과정," 서울대 박사논문, 1993, 108-109쪽.

생산능력의 기초를 배양"하려 했다고 긍정적으로 평가하고 있다.45)

그러나 '1차 계획'안은 초기(1962-63년)에 소기의 성과를 내지 못했다. 경제사정은 날로 어려워졌고 박정희 정부는 곤경에 빠졌다. 평소부터 '1차 계획'안이 지닌 내포적 성격에 불만을 품었던 미국도 계획 수정을 강하게 요구했다. 이에 박정희는 수정안을 만들게 되는데, '조국근대화론'으로 통칭되는 박정희 모델은 이때부터 만들어지며, 그것은 곧 모태(母胎)였던 내포적 공업화론과 어느 정도 거리를 두는 것을 의미했다.46) 이러한 방향전환은 1965년 한일국교정상화와 베트남 파병 등을 통해 본격적으로 외자가 들어오고 수출시장이 열리면서 더욱 굳어지게 된다.47)

박정희의 방어적 근대화 민족주의에 대한 비판으로서의 민족경제지향적 민족주의가 의미를 지니는 것은 적어도 이 시점 이후라고 할 수 있다. 민족모순과 계급모순이 착종(錯綜)된 한국적 조건을 반영한 것이라고도 볼 수 있는 이 입장을 대표하는 사람 중 하나가 박현채이다. 그는 1978년『민족경제론』48)이란 책을 펴내면서 이 입장을 체계적으로 대변하지만, 1960년대 말과 1970년대 초에도 다른 사람의 이름을 빌어 자신의 생각을 피력하곤 했다.49) 그 대표적인 것 중의 하나가 1971년 대통령 선거 당시 신민

---

45) 박희범,『한국경제성장론』, 72-73쪽, 105쪽.
46) 하지만 수정안과 '1차 계획'안 사이의 관계가 반드시 단절적인 것만은 아니다. 둘 사이의 복잡한 관계 및 수정안의 내용과 의미에 관한 자세한 설명은 김일영, "조국근대화론 대 대중경제론," 정성화(편),『박정희 시대와 한국현대사』(서울: 선인출판사, 2006), 190-201쪽 참조.
47) 자세한 설명은 Jiyul Kim, "U.S. and Korea in Vietnam and the Japan-Korea Treaty: Search for Security, Prosperity, and Influence," M.A. Thesis, Harvard University, 1991; Dong-Ju Choi, "The Political Economy of Korea's Involvement in the Second Indo-China War," Ph.D. Dissertation, University of London, 1995; 김일영,『건국과 부국』(서울: 생각의 나무, 2005), 356-377쪽 참조.
48) 박현채,『민족경제론』(서울: 한길사, 1978).
49) 박현채는 소년 빨치산 출신의 진보적 경제학자로서 인민혁명당(인혁당) 사건으로 체포되어 고생을 한 후 상당 기간 동안 자신의 이름으로 글을 발표하는 데 제약을 느껴 다른 사람의 이름으로 글을 내곤 했다.

당의 후보였던 김대중의 선거공약으로 발표된 『대중경제론』50)이다.

　대중경제론은 박정희식 특권경제와 대중경제를 대비시킨다. 특권경제는 대외의존성과 구조적 파행성 및 이중구조를 특징으로 한다. 박정희식 성장은 외국에서 원료나 반제품을 도입하여 가공·수출하는 형식을 주로 취한다. 이것은 수출증대가 더 큰 수입수요를 유발하고, 수출품을 만드는 데 필요한 생산재의 대부분을 수입에 의존해야 하며, 이러한 수입수요를 감당하기 위해 외자를 계속 도입해야 한다는 점에서 한국 경제의 매판성과 대외의존성을 심화시킬 뿐이다. 이러한 이식형(移植型)적 산업화는 국내 분업연관과 무관하게 이루어진다는 점에서 한국 경제의 구조적 파행성을 심화시킨다. 박정희식 특권경제는 소수의 특정인(부문·지역)에게 내·외자 및 행정적 특혜를 제공하여 경제를 건설하기 때문에, 필연적으로 산업간, 기업간, 지역간 소득의 심각한 격차를 초래한다. 그것은 저임금에 기초한 수출산업을 축으로 하기 때문에 계층간 격차를 심화시키며, 도·농간에도 이중구조를 극대화한다.

　이에 반해 대중경제는 자립적 국민경제 건설과 구조적 균형성을 지향한다.51) "대중경제가 추구하는 바는 대외의존도가 높은 국민경제의 파행성을 극복하는 것으로서 자립적 국민경제 구조의 실현이다." 여기서 자립적 국민경제란 "일정한 지역적 분업의 토대 위에서 지역적 시장권을 형성케 하고 지역적 시장권에 입지하는 중소기업과의 유기적 관련 하에 생산재 생산부문을 선도로 하는 국민적 산업에 의한 상대적 자급자족체제를 실현"하는 것이다. 이것은 "국민경제의 이중구조와 공업구조의 파행성을 시

---

50) 정식 명칭은 『김대중 씨의 대중경제 100문 100답』이다. 이 책은 박현채가 후에 남민전에 관여하게 되는 임동규, 전 홍익대 교수 정윤형, 그리고 김대중의 비서였던 김경광 등의 도움을 받아 작성한 것이다. 코리아포커스—전집발간위원회 공동기획: 박현채와 나 ① — 임동규, "살아 있으면 현 정부와 전면전 벌이겠지" http://www.coreafocus.com/news/service/article/messprint.asp?P_Index=3501(2005년 11월 24일 검색). 하지만 대중경제론의 출생을 둘러싼 비밀은 이보다 훨씬 복잡하다. 이에 대한 자세한 추적은 김일영, "조국근대화론 대 대중경제론," 201-212쪽 참조.
51) 대중경제연구소(편), 『김대중 씨의 대중경제 100문 100답』(1971), 56-63쪽.

정하고 국내시장, 국산원자재와 긴밀히 관련 지워진 공업 구조를 갖는" 것이며, "국민경제의 이식형적 특수성이 가져온, 국내에 분업연관을 갖고 있지 않는, 그리고 생산재 생산부문이 없는 국민적 산업을 생산재 생산부문을 선도로 한 국내적 분업관련을 갖는 산업으로 전환하여 국내 농어업 및 광업 등 추출산업과 긴밀히 관계 지워지도록 하는" 것을 의미한다.

대중경제론은 일견 앞서 살펴본 내포적 공업화론이 목표로 하는 자립경제론과 별반 다를 것이 없어 보인다. 대신 이것은 상대적으로 높은 대외의존성을 보이고 있고 국내산업연관효과보다는 대외시장과의 연관성을 중시하는 박정희식 발전모델과는 뚜렷이 대비된다.

그러나 시간이 경과하면서 그리고 타인 명의로 발표해야만 했던 대중경제론이 자신의 이름으로 출간된 민족경제론으로 집약되면서 기존의 내포적 공업화론과 민족경제론 사이의 차별성은 점차 가시화된다. 가장 큰 차이는 한국경제의 대외종속성과 그것을 극복할 수 있는 실천방안을 문제의 중심에 두는가의 여부였다. 민족경제론의 관점에서는 경제구조의 이중성 속에서 외국자본에 기생하는 매판적 부문과 토착시장에 기초를 둔 민족적 부문을 구분하고, 후자(민족경제부문)에 속하는 중소기업이나 농업부문의 협업에서 모순 극복의 동력을 모색하는 것이 무엇보다도 중요했다.52)

> 국민경제의 자립이 자생적 성장유형 또는 내포적 공업화에서 구해질 수밖에 없다고 한다면 농업의 현상은 변혁적으로 극복되어야 한다. 그것은…… 최소한 국민경제의 성장과정에 있어서 농공업의 동시적 발전, 균형적 발전을 실현하는 것이어야 한다.53)

> 이 과정은 …… 대외적 관련으로서는 국민경제의 원격지간 분업에 의한 대외의존을 청산하는 것이어야 하고, 대내적으로는 농업과 공업을 구조적으로 관련지어 국민경제의 자율적 재생산구조를 확립하여야 한다는 것이다. 이를 위한 농업내적 담당주체는 직접적 생산자인 소농민의 협동적 경영인 협업에서 구해야 한다.54)

---

52) 정윤형, "민족경제론의 역사적 전개," 정윤형·전철환·김금수 외, 『민족경제론과 한국경제』(서울: 창작과 비평사, 1995), 22쪽.
53) 박현채, "경제발전과 농업발전의 제문제," 박현채, 『민족경제론』, 129쪽.

국민경제에 있어서 중소기업의 위치가 통일된 경제구조의 중간항으로 될 수 없는 데서 중소기업은 식민지종속 하에서 부단히 쇠잔·소멸하면서도 생존을 위해 명맥을 유지하지 않을 수 없는 국민경제의 후진적 부분, 즉 민족경제의 공업생산력의 담당자로 된다.…… 우리나라에 있어서 식민지종속에 따른 자본주의 국민경제 전개의 계기는 그 후의 자본주의 국민경제의 전개에서 중소기업문제를 민족자본의 문제로 제기케 한다.55)

자립적 경제의 실현을 위한 과정은 그것이 종래의 식민지적 유제(遺制)에 대한 투쟁인 데서 경제적 실천만이 아니라 정치적인 실천을 동반하는 것이어야 한다. 곧 정치적으로는 대외적으로 낡은 식민지 지배의 현대적 변형에 대항하고 대내적으로는 이들 낡은 식민지배의 잔존 유제에 기식하거나 외국 독점자본과 결합된 매판(買辦) 및 전근대적 세력을 청산하는 것이어야 한다.56)

요컨대 통일지향적 민족주의가 민족국가의 완성(통일)에 주목했다면, 민족경제지향적 민족주의는 (경제적) 자주성 확보에 착목하여 (경제적) 근대화를 우선시하는 박정희의 방어적 근대화 민족주의에 맞섰다. 다소 낭만적인 통일 민족주의에 비해 민족경제지향적 민족주의는 보다 체계적이면서 '과학적'인 면모를 보여주었다. 특히 민족경제론은 단순히 박정희의 방어적 근대화 민족주의를 비판하고 대안적 지향점으로 자립적 국민경제를 제시하는 데 그치지 않고, 자립경제가 확립되기 어려운 원인을 대외적 종속관계에서 찾으면서 그것을 극복할 구체적 동력까지 발견하려 했다는 점에서 기존의 통일지향적 민족주의론과는 차별성이 있었다.

하지만 당시의 현실적 조건에서 민족경제론적 주장이 과연 실현 가능했을까에 대해서는 여전히 의문이다. 자본과 자원이 부족하고 시장이 협소한 한국에서 민족경제론이 보여주는 내부지향성이 과연 현실의 벽을 넘을

---

54) 박현채, "농공병진이란 무엇인가," 박현채, 『한국농업의 구상』 (서울: 한길사, 1981), 91-92쪽.
55) 박현채, "중소기업문제의 인식," 박현채, 『민족경제론』, 141-145쪽.
56) 박현채, "계층조화의 조건,"『정경연구』, 1969년 11월호, .89쪽, 정윤형, "민족경제론의 역사적 전개," 19쪽에서 재인용.

수 있었을까? 지면 제약 때문에 여기서 이 문제를 자세히 논할 여유는 없다.57) 하지만 이에 대한 답은 이미 역사적·경험적으로 나와 있다. 박정희식 발전모델에 입각해 한국이 이룩한 놀라운 경제적 성과는 국제적으로 공인된 지 오래다. 반면 민족경제론과 유사한 국가자본주의적 길을 택했던 인도나 국가사회주의적이면서 자력갱생의 길을 걸었던 중국은 오랜 기간 만성적 정체를 벗어나지 못하다가 개방노선으로 돌아선 후 경제적 활력을 되찾고 있다.58) 그러나 '주체의 나라' 북한은 여전히 고립과 폐쇄의 틀 속에 갇혀 많은 국민을 기아선상에서 허덕이게 만들고 있을 뿐이다. 자주성을 추구하던 노선이 오히려 자주성의 기반을 훼손하는 역설적 결과를 지켜보면서 우리는 이 시기 민족경제를 지향했던 민족주의 노선의 유효성에 대해 다시 한번 의문을 품게 된다.

5. 반미 민족주의: 시작은 미약하나 끝은 장대하리라?

비록 민족경제론을 통해 종속성에 대한 인식의 심화가 일어났다고 하나 이 시기 노골적으로 반미 내지는 반외세를 말하기는 쉽지 않았다. 4·19혁명 이후 장면 정권 하에서 일부 반미적 기운이 싹튼 것을 제외하면 미국은 여전히 민족주의자들에게 금단(禁斷)의 영역이었다.

그런데 드물지만 이 시기 금단의 영역을 넘은 사람들이 있었다. 그들은 주로 문인들로서 상징의 세계를 통해 보이지 않는 높은 장벽을 넘었다. 첫 번째 주자는 4·19 '혁명'의 시인 신동엽이었다. 그는 자신의 시 속에서 직

---

57) 이에 관한 자세한 설명은 김일영, "조국근대화론 대 대중경제론," 217-225쪽; 野副伸一, "韓國の開發戰略をめぐって: '內包的工業化'論批判," 『アジアトレンド』, 1982年 春 참조.

58) 이런 입장에서 중국과 인도를 살펴보는 것으로는 渡辺利夫, "隣國は何を達成したのか," 『中央公論』, 1987년 3월호; 繪所秀紀, 『開發經濟學』(東京: 法政大學 出版局, 1991), 57-160쪽 참조.

접적으로 반미를 외치기보다는 모든 외세를 거부하는 중립화론과 반전(反戰)론을 펼쳤다. '한라에서 백두까지' 이어지는 이 땅에서 '쇠붙이'로 상징되는 '껍데기'는 가고 '아사달과 아사녀,' '흙가슴'과 '중립'으로 상징되는 '알맹이'만 남으라고 부르짖고 있는 것이다.

> 4월도 알맹이는 남고
> 껍데기는 가라
> ……
> 그리하여, 다시
> 껍데기는 가라.
> 그곳에선, 두 가슴과 그곳까지 내논
> 아사달 아사녀가
> 中立의 초례청 앞에 서서
> 부끄럼 빛내며
> 맞절할지니
> ……
> 한라에서 백두까지
> 향기로운 흙가슴만 남고
> 그 모오든 쇠붙이는 가라.[59]

반미 문제를 보다 노골적으로 제기한 첫 번째 주자는 남정현이었다. 그는 『홍길동전』을 패러디(parody)한 본격적인 반미소설 『분지』(糞地)를 써서 필화(筆禍)사건에 휩싸였다. 홍길동의 10대 손인 홍만수는 독립투사인 아버지를 기다리며 어머니와 여동생 분이와 살고 있었다. 해방이 되어 아버지를 마중 나갔던 어머니는 미군에게 겁탈당해 그 충격으로 죽고, 여동생은 미군 상사 스피드와 동거하며, 홍만수 자신은 스피드에게 기대 미군물품 장사를 하며 살아간다. 그러던 어느 날 홍만수는 남편을 만나러 온 스피드 상사의 부인을 겁탈하고 향미산(向美山)으로 쫓겨 가 죽음을 기다린다는 것이 소설의 줄거리다.

---

[59] 신동엽, "껍데기는 가라."

이 소설은 노골적으로 반미적 줄거리도 화제였지만, 적나라한 표현방식도 당시로서는 충격적이었다. 남정현은 미국에 종속된 한국의 처지를 이렇게 그렸다. 펜타곤 당국의 주장처럼, 당대 현실에서 살아남기 위해서는 "어디까지나 성조기의 편에 서서 미국의 번영과 그리고 인류의 자유를 확장시키는 작업에 뜻을 같이한 자유세계의 시민"이 되어야 한다. 그것이 곧 "역사적인 사명"이고 동시에 사회적 명성을 얻고 지위를 획득할 수 있는 방법이다. 그렇지 않으면 "신이 잘못 점지하여 이 세상에 흘린 오물"에 불과한 존재로 전락할 수밖에 없다.

남정현은 주인공 홍만수의 입을 빌어 미국에 고개 숙인 한국 사회를 향해 다음과 같이 일갈(一喝)하고 있다.

이 견딜 수 없이 썩어버린 국회여, 정부여, 나 같은 것을 다 뺵으로 알고 붙잡고 늘어지려는 주변의 이 허기진 눈깔들을 보아라. 호소와 원망과 저주의 불길로 활활 타는 저 환장한 눈깔들을 보아라. 너희들이 도대체 뭣을 믿고 밤낮없이 주지육림(酒池肉林) 속에서 헤게모니 쟁탈전에만 부심하고 있는가. 나오라, 요정에서 호텔에서 관사에서, 그리고 민중들의 선두에 서서 몸소 아스팔트에 배때기를 깔고 전세계를 향하여 일대 찬란한 데몬스트레이션을 전개할 용의는 없는가. 진정으로 한민족(韓民族)을 살리기 위해서 원조를 해줄 놈들은 끽소리 없이 원조를 해주고 그렇지 않은 놈들은 당장 지옥에다 대가리를 처박으라고 전세계를 향하여 피를 토하며 고꾸라질 용의는 없는가. 말하라, 말하라.60)

이런 경향은 김남주에 오면 반미로 집중되면서 보다 노골화되고 적의(敵意)와 전투성까지 띠게 된다.

미군이 있으면
삼팔선이 든든하지요
삼팔선이 든든하면
부자들 배가 든든하고요61)

---

60) 남정현, 『분지(糞地)』(서울: 한겨레, 1988), 332쪽.

> 미군이 없으면
> 삼팔선이 터지나요
> 삼팔선이 터지면
> 대창에 찔린 깨구락지처럼
> 든든하던 부자들 배도 터지나요62)
>
> '조국은 하나다'
> 이것이 나의 슬로건이다
> 꿈속에서가 아니라 이제는 생시에
> 남 모르게가 아니라 이제는 공공연하게
> '조국은 하나다'
> 권력의 눈 앞에서
> 양키 점령군의 총구 앞에서
> 자본가 개들의 이빨 앞에서
> '조국은 하나다'
> 이것이 나의 슬로건이다 63)

김남주는 1970년대 말 '남조선민족해방전선'(이하 남민전)이라는 조직사건에 관련되어 오랜 투옥생활을 거친 시인이다. 그의 전투성은 이런 개인적 배경과 연관시키면 이해되는 측면도 있다. 하지만 남민전 자체가 당시로서는 획기적으로 남한 사회를 매판성과 종속성이 강한 신식민지사회로 보고, 그에 대항하는 반제(反帝)투쟁, 즉 '민족해방민중민주주의혁명'을 지향했다는 점을 고려한다면 김남주의 시가 보여주는 미국에 대한 전투성은 단순히 개인사적 배경만으로 환원시킬 수는 없다.64)

물론 1960-70년대에는 이러한 반미 민족주의의 목소리가 아직 미약했기 때문에 주의를 기울여야만 들을 수 있었다. 하지만 이 목소리는 1980년대를 거치면서 점차 시민권을 점차 얻어갔고, 오늘날은 마침내 권력의 핵심

---

61) 김남주, "쓰다 만 시."
62) 김남주, "다 쓴 시."
63) 김남주, "조국은 하나다."
64) 자세한 것은 김남주, "김남주의 삶과 문학 (1)-(2)," 『시와 사회』, 1994 참조

부까지 진출했다.65) 시작은 미약했으나 끝이 장대(?)한 듯이 보이기 때문에 이 글에서는 이들을 별도의 장으로 살펴보았다.

6. 국가와 민족 속에서 실종된 개인을 찾아서

이상에서 박정희 시대 민족주의의 네 가지 흐름을 그들 간의 차별성뿐 아니라 공통성에도 주의를 기울이면서 살펴보았다. 민족주의를 둘러싼 네 가지 목소리는 각각 자신들만이 진정한 민족주의요 다른 것들은 거짓이라고 주장했다. 특히 통일지향적 민족주의와 민족경제지향적 민족주의 그리고 반미 민족주의 입장에서 볼 때 박정희의 조국근대화론이 지닌 민족주의적 성격(방어적 근대화 민족주의)을 인정하기 어려웠다.

그러나 후발 산업화 국가에서 민족주의의 과제는 근대화의 달성, 통일을 통한 민족국가의 완성, 자립경제 달성을 통한 탈종속, 대미의존 탈피 등으로 다양하게 나타날 수 있다. 이 점을 생각한다면 그들 중 어느 한 쪽이 민족주의 개념을 배타적으로 독점할 수 있다고 주장하는 것은 잘못이다. 그들 각각은 당시 한국 민족주의가 지닌 과제의 어느 한 측면을 포착하고 있다고 보는 것이 더 타당할 것 같다.

더구나 이들 네 목소리 사이에는 차별성 못지않게 공통성도 적지 않았다. 그들은 모두 국가, 민족, 통일, 민주, 자주 등의 거대 담론에 집착하면서 그 속에서 개인이 지닌 의미에 대해서는 관심을 기울이지 않았다. 오늘날 과거 조국근대화 세력(방어적 근대화 민족주의)에 반대하던 민주화 세력(통일지향적 민족주의와 민족경제지향적 민족주의 그리고 반미 민족주의의 혼합체)이 집권했지만 여전히 개인에게 허용되는 자유의 공간이 문제시되고 있다. 그 이유가 무엇일까? 그것은 전자 못지않게 후자도 집합적 목표 추

---

65) 한국에서의 반미주의에 관한 역사적 개관은 김일영·조성렬, 『주한미군: 역사·쟁점·전망』(서울: 한울, 2003), 제1장 참조.

구를 우선시한 나머지 그 속에서 개인이 가지는 의미에 대해 심각하게 고민한 적이 없기 때문이다. 양자는 정도의 차가 있을 뿐 근본적으로 집체주의적(集體主義的) 속성을 지니고 있었던 것이다.

그 동안 우리에게 민족주의와 민주주의는 만병통치약이었다. 냉전(분단)과 권위주의 통치 하에서 통일과 민주화가 지상과제로 인식되는 것은 당연했다. 그러나 1987년 민주화 이후에도 그리고 탈냉전 이후에도 민주주의와 민족주의는 여전히 우리를 짓누르면서 현실 정치 및 담론 세계에서 헤게모니를 행사하고 있다. 현재의 모든 병폐는 실질적 민주주의가 채 실현되지 않았기 때문이고 '진정한' 남북화해가 실현되지 않았기 때문이라고 치부되고 있다. 거꾸로 말해 민주주의가 심화되고 외세의 간섭이 없는 진정한 남북화해가 이루어지기만 하면 모든 문제는 해결될 것이라는 발상이 현재의 한국 사회에 짙게 퍼져 있다.

과연 민주주의와 '진정한' 남북화해는 만병통치약일까? '참여정부' 아래서 국민의 정치참여가 획기적으로 증대되었음에도 불구하고 국민들의 정치적 소외감과 불안감 그리고 정치적 갈등은 왜 줄지 않는 것일까? 민주주의의 진전 속에서도 특정 문제에 대해 사람들이 '표현의 자유'를 제약당하고 있다고 느끼는 것은 필자만의 기우(杞憂)일까? 보수진영은 말할 것도 없고 개혁과 혁신을 외치는 진보진영의 주장과 행태에서 심심찮게 국가주의 내지 집단주의의 그림자를 발견하는 것은 필자만의 편견일까? 왜 한국의 민족주의나 민주주의는 북한 앞에만 서면 한없이 작아지고 마는 것일까? 어째서 한국의 민주주의는 인권이나 자유 같은 인류 보편의 가치 면에서 남한과 북한에 대해 이중의 잣대를 가지게 되었을까? 이 모든 현상의 중요한 원인 중 하나는 우리가 그 동안 민족주의와 민주(주의)만을 문제로 인식하고 그 속에서 개인의 자유(주의)의 문제를 고민하지 않았기 때문은 아닐까?

우리는 그 동안 국가권력의 부당한 개입으로부터 표현의 자유를 지키기 위해 애썼으며, 그 과정에서 국가보안법 등을 문제 삼았다. 하지만 우리는 민주화 이후, 특히 '참여정부' 출범 이후 국가권력과 무관하게 시민사회 내에서 온-오프라인(on-off line)을 넘나들며 자행되는 자발적 (언어)폭력에 의해서도 표현의 자유가 심각하게 제약될 수 있다는 점에 대해서는 관심을 기울이지 않았다. 이러한 (언어)폭력은 때로는 정파(政派)적으로, 때로는 민족주의의 물결을 타고 광풍(狂風)처럼 몰아쳤다. 이럴 때 다름(difference)의 인정에서 나오는 관용(tolerance)을 찾아보기는 어려웠으며, 표현의 자유는 법적으로는 보장되었지만 실제로는 위축될 수밖에 없는 상황이 조성되었다. 그런데도 우리 사회에서 자유는 민족이나 민주보다 후순위를 차지하는 주제였다.

민주화된 이후에도 우리는 우리 몸 안에 체화된 채 남아 있는 국가주의나 민족주의 또는 집단주의의 깊은 흔적을 쉽게 발견할 수 있다. 이 점은 진보진영이라고 해서 예외가 아니다. 운동권 학생들이 스스로를 '애국애족의 전사'라고 칭하는 데에서 한 외국인 연구자는 한국 사회의 곳곳에 스며들어 있는 국가주의 내지 민족주의의 잔영(殘影)이 진보진영이라고 비껴가지 않음을 찾아내고 있다.66) 이런 관찰은 "일본 제국주의와 한국 민족주의, 북한 사회주의와 남한 자본주의, 우익 국가주의와 좌익 인민주의를 서로 대립하면서도 친밀하게 만들어주는 요소"가 바로 국가, 국민, 민족이라는 한 문학평론가의 지적으로 이어진다.67) 그는 한 '진보적' 지식인이 '진보적' 신문에 "붉은 악마는 그들의 핏속에 여전히 민족과 국가라는 유전적 인자가 자리잡고 있음을 보여주었다"(유홍준, <한겨레>, 2002. 6)고 자신있게 서술하는 것에서 한국 진보진영에 내장되다(embedded)시피 한 국가주의 내지 민족주의의 그림자를 보고 있다. 또 다른 역사학자는 유신 말기 YH무역 노동자들이 신민당사 점거 농성을 마치면서 부른 노래가 노총가(勞總歌)와 함께 '애국가'였으며, 전태일 열사에 대한 묵념과 함께 조국과 민족을 위한 묵념이 행해졌다는 사실을 지적하면서 "일상생활 속에서 체험된 '국민적 정체성'이 그 국가에 대한 저항 과정에서도 불쑥 튀어 나온다"68)는

---

66) 박노자, 『당신들의 대한민국』(서울: 한겨레신문사, 2001), 20쪽, 149-156쪽.
67) 김철, 『'국민'이라는 노예』(서울: 삼인, 2005), 11-12쪽; 신형기, 『민족이야기를 넘어서』(서울: 삼인, 2003), 17-45쪽도 참조.
68) 황병주, "박정희 체제의 지배담론과 대중의 국민화," 임지현·김용우 엮음, 『대중독재: 강제와 동의 사이에서』(서울: 책세상, 2004), 507-508쪽.

점이 오래된 현실임을 일깨워주었다.

한때 통일과 민주 그리고 자유의 이름으로 박정희의 '민족적 민주주의'와 '한국적 민주주의'를 비판하던 세력이 오늘날에는 과거 박정희가 구사하던 것과 유사한 논리로 북한의 김정일 체제를 옹호하고 있다. '민족'의 이름으로 그리고 '북한의 특수성'을 고려하여 북한을 포용하자는 것이 이들의 논리이다. '한국적 민주주의'를 용납하지 못하던 이들은 '북한적 민주주의'에 대해서는 한없는 관용을 보이고 있다.

이러한 변전(變轉)이 손쉽게 가능한 이유가 무엇일까? 그것은 그들이 본래부터 자유나 민주보다 통일이나 민족의 가치를 앞세운 탓은 아닐까? 아울러 과거 권위주의 정권 하에서는 통일이나 민족과 함께 자유를 주장했으나 민주화와 탈냉전 이후에는 그나마 지녔던 자유의 가치마저 망각한 탓은 아닐까? 그 결과 그들은 북한에 대해 정당하게 발언하고 개입할 수 있는 기회를 스스로 봉쇄하고 만 것은 아닐까?

이제 개인의 자유 문제는 단순히 남한만이 아니라 한반도 차원에서 고민해야 할 문제이다. 우리는 남한의 민주주의와 민족주의를 올바른 방향으로 심화시키기 위해서도 자유의 문제를 성찰해야 하지만, 북한을 개혁과 개방으로 이끌기 위해서도 같은 문제를 숙고해야 한다. 이 점에서 한국에서는 민족주의와 민주주의뿐 아니라 자유주의 역시 '미완(未完)의 기획(project)'임을 명심해야 하며, 과거 한국의 민족주의도 바로 이런 관점에서 재조명될 필요가 있다.

참고문헌

김영일(김지하), "민족적 민주주의 장례식 조사"(1964년 5월 20일), 박태순·김동춘, 『1960년대의 사회운동』(서울: 까치, 1991).
김일영, "미국의 주한미군 정책변화와 한국의 대응: 주한미군에 관한 '냉전적 합의'의 형성과 이탈, 그리고 '새로운 합의'의 모색," 한용섭(편) 『자주냐 동맹이냐』 (서

울: 오름, 2004).
김일영 · 조성렬, 『주한미군: 역사 · 쟁점 · 전망』 (서울: 한울, 2003).
김정훈, "분단체제와 민족주의: 남북한 지배담론의 민족주의의 역사적 전개와 동질이
　　　형성," 『동향과 전망』, 2000년 봄.
김철, 『'국민'이라는 노예』 (서울: 삼인, 2005).
남정현, 『분지(糞地)』 (서울: 한겨레, 1988).
대중경제연구소(편), 『김대중 씨의 대중경제 100문 100답』(1971).
박노자, 『당신들의 대한민국』 (서울: 한겨레신문사, 2001).
박동철, "한국에서 '국가주의적' 자본주의 발전방식의 형성과정," 서울대 박사논문,
　　　1993.
박정희, 『민족중흥의 길』(1978); 박정희, 『나라가 위급할 때 어찌 목숨을 아끼리』 (서울:
　　　동서문화사, 2005).
＿＿＿, 『우리 민족의 나아갈 길』(1962); 박정희, 『하면 된다! 떨쳐 일어나자』 (서울: 동
　　　서문화사, 2005).
박현채, "농공병진이란 무엇인가," 박현채, 『한국농업의 구상』 (서울: 한길사, 1981).
＿＿＿, 『민족경제론』 (서울: 한길사, 1978).
박희범, 『한국경제성장론』(서울: 고려대학교 출판부, 1968).
신형기, 『민족이야기를 넘어서』 (서울: 삼인, 2003).
임지현 · 김용우 엮음, 『대중독재: 강제와 동의 사이에서』 (서울: 책세상, 2004).
정윤형, "민족경제론의 역사적 전개," 정윤형 · 전철환 · 김금수 외, 『민족경제론과 한
　　　국경제』 (서울: 창작과 비평사, 1995).
홍석률, "1960년대 지성계의 동향," 한국정신문화연구원(편), 『1960년대 사회변화연구:
　　　1963-1970』(서울: 백산서당, 1999).

제3장 소련과 북한: 1945-1956

下斗米伸夫

조선민주주의 인민공화국(이하, 북한으로 칭함)은 어떠한 나라이며 그것은 어떻게 형성되었나? 김일성(金日成) 주석이 1930년대 이후 전개한 항일혁명투쟁에 의해서 형성된 '주체의 나라'라는 설은 1998년에 개정된 북한 헌법 등에서 보듯이 북한당국이 선전하고 있는 주장인데 한국에서도 일부 세력이 이러한 주장을 지지하고 있다. 그러한 정치신화와는 별개로 구미의 학자들 사이에서도 북한을 한반도 내에서의 반식민지 저항운동의 전통에 입각하여 형성된 자립적 권력으로 보는 견해가 있다(와다 하루키[和田春樹], 찰스 암스트롱, 브루스 커밍스 등).[1]

다른 한편으로는 북한이 제2차 세계대전 말기의 1945년 8월 대일참전을 목적으로 한반도를 점령한 소련적군(제25군)의 강력한 지도 아래 만들어진 일종의 포츠담 국가라는 설도 존재한다. 냉전기의 정치 슬로건이 아닌 사료면에서 북한을 소련이 만든 '괴뢰국가'라고 규정한 것은 현대 러시아의 역사가 안드레이 랑코프(Andrei Lankov)이다. 그에 의하면 북한 형성과정에서 소련이 행한 역할과 그 개입의 정도는 동구권에 대한 개입과 간섭 이상

---

[1] 和田春樹, 『北朝鮮―遊撃隊國家の現在』(岩波書店, 1998年) [서동만·남기정 역, 『북조선: 유격대국가에서 정규군국가로』돌베개, 2002]; Charles K. Amstrong, *The North Korean Revolution 1945-1950* (Cornell Univ., 2003) ; Bruce Cumming, *Korea's Place in the Sun* (A Modern History, 1997).

이었다고 한다. 한편 랑코프 자신도 1945년 8월 이후의 전개, 1948년 9월의 건국에서 1949년의 중국공산당 정권의 탄생과 중국·소련동맹의 성립, 그리고 한국전쟁을 포함한 시기에 걸친 북한의 소련으로부터의 자립과정을 논하고 있다.2)

점령자였던 소련과 북한의 관계는 실제로는 어떠했는가? 김일성 자신이 자립해가는 과정에는 어떠한 문제가 있었을까? 이러한 의문을 해결할 열쇠는 공개된 소련의 역사자료와 연구를 조사 검토하는 일일 것이다. 하지만 그 역사자료 공개의 정도는 불균형하다. 필자는 구 소련의 역사자료, 특히 공산당 국제부 관련의 역사자료를 단서로 1956년의 스탈린(Stalin)비판에서 8월의 종파사건, 9월의 중국과 소련의 조선노동당에 대한 개입의 좌절과 김일성 체제의 확립 등에 관해 소련과의 관계를 중심으로 재구성하여 검토해보고자 한다.

1. 소련 참전에서 건국까지

1945년 2월의 얄타회담에서 소련의 반일참전이 결정되자 일본제국의 패전을 예측한 동북아시아의 새로운 정치지도가 그려지기 시작했다. 냉전사 연구자 웨더스비(Kathryn Weathersby)는 스탈린은 적어도 1950년 2월까지는 한반도 전체를 통제할 예정은 없었고 오히려 당초 미국이 제안한 38도선에서의 분할에 만족하고 있었다고 주장하고 있다.3) 이 주장은 대체로 수긍할 수 있는 주장이다. 카이로 회담에서는 미국의 주장에 따라 한반도

---

2) A. Lankov, *From Stalin to Kim Il Sung, The Formation of North Korea, 1945-1960* (Rulgers University Press, 2002); Crisis in North Korea, The Failure of De-Stalinization, 1956 (Univ.of Hawai2005).

3) Kathryn Weathersby, Soviet Aims in Korea and the Origin of the Korean War 1945-1950, New Evidence from Russian Archives, Cold War International History Project, Working paper, No.8.

의 독립이 보장되었지만 그 후의 얄타회담 등에서 미·소는 한 반도를 '상당 기간' 동안 신탁통치 하에 두기로 결정했다. 하지만 7월의 포츠담회담에서도 아직 미·소간에 구체적인 합의는 없었다.

8월 8일 소련의 대일 참전 후, 일본의 한반도 지배는 급속히 와해됐다. 이러한 이유로 스탈린은 미국정부의 제안대로 38도선을 상호 경계선으로 할 것을 결정하고, 8월 29일에 미·소는 이에 정식으로 합의했다. 이렇게 해서 한반도 북부는 소련군의 점령지역이 되었다. 소련군사령부는 치스차코프(Chitiakov) 대장, 군사평의회 레베지프(Lebedev) 소장이 이끄는 제25군에 한반도 북부의 점령을 명령했다. 일본군과의 투쟁이 목적이었던 제25군은 점령준비가 거의 안 되어 있었으며, 처음에는 통역도 불충분한 상황이었다. 소련은 38도선 이북의 점령 및 지배를 확고히 하고, 반(半) 폐쇄적인 점령체제를 구축, 남한과의 우편과 철도관계까지도 봉쇄했다. 하지만 사람들의 왕래까지 봉쇄한 것은 아니었다.4)

스탈린에게 이 지역에 사회주의와 소비에트형 질서를 구축하려는 구상은 적어도 점령 당초에는 없었다. 이것은 9월 20일에 스탈린과 최고사령부가 연해군관구·제25군의 바실리예프스키 장군에게 내린 지령을 보아도 분명하다. 그 내용을 보면 ① 북한점령의 목적이 소비에트권력 수립도, 소비에트질서의 도입도 아니었고 ② 반 일본·민주주의 정당 조직으로 구성되는 광범위한 블록을 기초로 하여 '부르주아 민주주의 권력 확립'에 협력하라고 지시되었다. 또 적군(붉은 군)은 '일본 침략자를 분쇄하기' 위하여 온 것이지 소비에트 질서의 도입을 위해 북한에 온 것은 아니라는 것, 사적 소유를 지지한다는 것 등을 강조하고 있다.5) 스탈린은 당시 북한에서 사회주의는커녕, 동구권 형의 '인민 민주주의 국가'가 될 가능성조차 먼 훗날의 과제로 생각하고 있었다. 소련의 관점에서는 한반도 전체가 사회주의를 지향하기에는 너무나 뒤처진 농업지대였다. 실제로 노동자와 사무직원의 수는 3퍼센트밖에 되지 않았다.6)

---

4) *Ibid*, pp.8-9.
5) 시모토마이(下斗米) 개인사료, SD12628.
6) V.P.Tkachenko, Koreiskii poluostrov i interesy Rossii, M., 2000, p.18.

스탈린의 이 지역에 대한 관심이 주로 중국 동북부, 소련극동의 회랑(복도)으로서 지정학적 이득을 획득하는 것이었다는 것은 1946년 3월 미소합동위원회의 소련측 대표 T. 슈티코프(Shtikov)대장이 아래와 같이 말한 점에서 알 수 있다. 곧 조선이 독립하여 민주적이고 소련에 우호적인 정부가 되는 것에 관심이 있으며, 장래 소련에 대한 공격의 전진기지가 되지 않을 것을 진실로 소망한다.7) 스탈린에게는 종래 동쪽으로부터 소련에 대한 최대의 위협이었던 일본의 영향을 조선으로부터 배제하는 것이 목적이었다. 2002년에 간행된『러시아 외무성 200년사(ロシア外務省200年史)』저자도 소련의 북한 점령목적은 이전에 일본이 (조선을) 만주지역 확보를 위한 회랑으로 이용한 것과 같은 지정학적 목적을 달성하는 데 있었다고 지적하고 있다.8)

스탈린 등의 소련지도자들은 1948년 9월에 이르러 완성된 북한과의 동맹 관계는 종전 당초에는 논의할 생각조차 없었다.9) 실제 소련이 (북한에 대해) '동지적 원조'를 한 것이 아니었다는 점은, 소련이 북한에게 점령지역에서의 소련군의 주둔부담을 요구한 것에서도 나타나 있다[바닌(Vanin)].10) 북한은 자원 확보의 목적에서도 중요했다. 핵폭탄 제조에 불가결한 우라늄과 그 원료를 확보할 목적도 있었다.11) 이 목적에 따라서 북한의 회

---

7) 이 위원회의 소련측 대표 T. 슈티코프 대장은 48년 9월의 건국 후 초대대사가 되었다. 레닌그란드의 공산당서기였고 한때는 스탈린의 후계자라고도 불렸던 A. 지다노프(Zhidanov) 제1서기(1918-1947)와의 개인적 관계도 깊었기에 1939-40년의 핀란드와의 겨울전쟁, 41년 6월부터의 독일과 소련전쟁을 지휘했고, 그 후 극동에 파견되었다. 대사가 된 후에 조선인민군의 고문에 취임하는 등, 북한의 사실상의 지배자였다. 50년 말에 좌천되지만, 54년부터 노보시비르스크, 그 후 연해지방의 제1서기, 59년부터 60년까지 헝가리대사를 역임했다. Ministerstvo Inostrannikh Del, t. 2, 2003, M., p.370.
8) Ocherki Istorii ministerstva inostrannikh del Rossii, t.2, 2002, p.369.
9) V.P.Tkachenko, Koreiskii poluostrov i interesy Rossii, M., 2000, p.18.
10) Voprosy Dalnego Vostoka, No. 5, 1996, p.119. 슈티코프 대사가 이것을 그만두게 하려고 했으나 성공하지 못했다고 한다.
11) Ocherki istorii ministerstva inostrannikh del Rossii, t. 2, 2002, p.369. 木村光彦, 安部桂

령에서 연해지방을 지나는 철도건설을 1948년부터 서두르게 된다.

점령정책을 속행하기 위하여 1945년 9월에는 소련 민정국이 로마넨코(Romanenko) 소장의 지휘하에 움직이기 시작했다. 말단에서는 인민위원회와 같은 권력이 점령권력과 협력하면서 태어났다.12) 하지만 한반도에는 동구와 달리 이와 같은 통치를 지지하기 위한 그 고장 공산당 조직과 유력한 모스크바 망명지도자도 거의 없었다.13) 북한에는 첫째가 김용범(金鎔範)과 같은 코민테른에서 북한에 파견된 인물, 둘째가 김두봉(金枓奉)과 같은 중국공산당계 조선족 당원, 셋째가 조만식(曺晩植)과 같은 민족주의자,14) 넷째가 허가이(許哥而 혹은 許哥誼?)와 같은 1945년 이후에 온 소련계 조선인이 있었다. 하지만 스탈린이 선택한 것은 결국은 다섯번째 집단인 빨치산 출신의 소련군 대위 김일성이었다. 그는 1930년대에 중국공산당 당원으로서 만주에서 빨치산 활동에 종사한 경력을 가지고 있었지만, 1940년부터는 소련군인으로서 하바로프스크 교외의 제88저격사단에서 활동한 인물이었다. 군사 사료관에 보존되어 있는 추천문서에는 김일성이 '군사적으로 충분히 훈련되어 있고, (중략), 레닌(Lenin)·스탈린의 사업에 헌신하고 있다'고 적혀 있었다. 하지만 1940년 이전에 그가 만주에서 전개한 빨치산활동에 관해서는 거의 아무런 언급도 없었다.15) 스탈린이 군사전문가를 북한지도자로 선택한 것은 스탈린 자신이 점령군을 통하여 자신의 지령을 충실히 실천해가는 인물이었기 때문이었다. 이렇게 하여 김일성은 스탈린의 지명에 따라 지도자가 되었다. 하지만 당시 조선 북부를 점령하고 있었던 소련 제25군 정치장교에 의하면, 김일성은 1945년 8월 중순에는 결코 본국귀환에는 별 관심이 없었으며, 그 후에도 익숙하지 않은 정치보

司, 『北朝鮮の軍事工業化』, 知泉書館, 2003, 215쪽.
12) 櫻井浩 편, 『解放と革命』, 아시아경제연구소, 1992년, 9-10쪽.
13) Voina v Koree 1950-1953 Vzglyad cherez 50 let, M. 2001, pp.71-3.
14) 조만식은 모스크바 외상회담에 반대했기에 소련의 지지를 잃어버렸다. 슈코이코프는 '과연 조만식은 혼자인가'라며 그 저항이 큰 것을 인정했다 (Osvobozhdenie Korei, vospominanina i stat'i, M., 1976, 56.)
15) Voina v Koree 1950-1953 Vzglyad cherez 50 let, M., 73.

다는 군사, 게다가 모스크바에서의 군무에 귀환 하는 것을 소망하고 있었다고 한다.16) 그러던 김일성이 결국 소련의 지시에 의해 귀국하여 10월 14일에는 평양의 대중집회에서 소련군복을 입고 새로운 지도자로 등단하게 된다.

그런데 조선반도의 장래에 관하여 미·소는 1945년 12월의 모스크바 외상회담에서 조선의 독립을 회복하기 위하여 영·미·소·중에 의한 5년간의 '후견', 신탁통치를 결정했다. 이 제안은 원래 미국측이 제안한 것으로서 미·소 두 명의 사령관이 단일 행정부를 만든다고 하는 것이었다. 모스크바 외상회담에서 소련에 의해 수정된 안에서는 신탁기간을 5년으로 하며, 임시정부 형성을 위하여 미·소가 협력하기로 되어 있었다.17) 이 신탁통치안을 소련을 지지하는 공산당계 세력이 찬성했다. 하지만 국내 특히 서울에서는 좌파를 포함하여 즉시 독립을 요구하는 목소리가 강해지고 신탁안에 대한 불만이 높아졌다.

이러한 상황 속에서 1946년 1월 15일에 미·소의 군사령관은 서울에서 미·소 합동위원회에 관한 대화를 시작했다. 당시 미·소관계가 아직 낙관적으로 보였던 것은 당시 본국에 귀임하는 해리먼(Harriman) 대사와 몰로토프(Molotov) 외상과의 회담에서도 엿볼 수 있다.18) 하지만 임시정부를 형성하기 위하여 최초의 미·소 합동위원회가 3월 20일부터 5월 6일까지 열리자 미·소간의 의도의 차이가 나타났다. 최초의 회의에서 소련측 대표 슈티코프는 모스크바 외상회의에서의 결정인 신탁통치를 진전시키기 위하여 임시 조선민주정부를 조직하고 이 방침을 지지하는 민주정당과 당파로 형성된 세력만이 참가하는 정부를 만드는 방침을 제안했다.19) 이것은

---

16) "김정일에게 '유라'라고 하는 러시아명이 부여되었던 것은 하바로프스크 교외의 뱌츠코예에 있었던 김일성이 조선에 돌아가는 것이 아니라, 군무에 종사, 소련군의 장군이 되는 것을 확고한 미래상으로 하고 있었다"고 어느 소련군 관계자는 회상하고 있다. A. Lankov, From Stalin to Kim Il Sung, 2002, p.8.

17) Vneshnyaya politika Sovetskogo Soiuza, 1946 god.,1952, p.88.

18) Sovetsuko-Amerikanskie otnosheniya 1945-48, dokumenty, M., 2004, p.151, p.154.

19) Sovetsuko-Amerikanskie otnosheniya 1945-48, dokumentry, M., 2004, pp.182-183.

자동적으로 민족주의적인 반대파들을 배제하자는 것이었다.

한편 미국측은 좌우를 막론하고 남쪽에서 높아지고 있는 신탁통치 반대의 강력한 여론도 고려하여 이것에 반대하기 시작했다. 결국 미국은 신탁통치에 반대하는 좌파세력 및 즉시 독립파와 협조하게 되었고 한편 남부의 좌파세력은 소련이 '고집'한 신탁통치안을 둘러싸고 분열되었다. 이렇게 하여 임시민주정부형성에 관한 이야기는 진전되지 못하고, 5월 초순에 합동위원회는 휴회하게 되었다. 그 후에도 소련은 미·소위원회 활동재개에 대한 지령 속에서도 모스크바 외상회의 지지세력만으로 형성되는 정권을 고집했다. 소련측의 정부형성안 (7월)에서도 북측세력과 남측의 '민주파'가 주요 각료를 장악할 수 있다는 생각이었다.[20] 이러한 이유로 합동위원회는 암초에 부딪히게 되었다.

다른 한편, 실제 38도선을 경계선으로 한다고 하는 미·소 분단의 기성사실은 차츰 남북에서의 분극화를 가속시켰고 상호불신도 높아지기 시작했다. 5월 20일 미합중국의 파우리 대표가 38도선을 넘어서 북한을 방문하려는 것을 소련외무성은 거절했다.[21] 다음날 로조프스키(Rozovskii) 외무차관은 미국정부가 요구했던 평양의 총영사관 개설을 거절했다. 한편 소련측은 19세기 이후 러시아 총영사관이 서울에 있다는 것을 명분 삼아 서울에 소련 총영사관을 설치했다. 어쨌든 미·소 점령지역에서 양자의 관계는 비틀리게 되었다.[22]

이렇게 하여 소련은 북측에서의 점령체제를 강화하고 영향력의 확보를 지향하게 되었다.

실제 슈티코프 대장은 6월12일에는 소련공산당 중앙위원회에 미·소 합동위원회에 관한 결정을 채택하고 그 성과가 없다는 것을 이유로 북한에 대한 소련의 영향력을 강화할 것을 요구했다.[23] 일본의 자산을 북한에 양도하고 공업과 군사 행정의 간부를 북한에 파견하고 또한 연료, 의료,

---

20) *Ibid*, p.300.
21) *Ibid*, p.230.
22) *Ibid*, p.239.
23) *Ibid*, pp.264-266.

식량, 상품 등을 제공한다고 했다. 북한에의 원조를 늘리는 정책이었다. 7월 26일 소련정부는 산업, 철도 등의 원조를 결정했다. 하지만 그 속행은 늦어졌다.24) 미·소는 1946년 11월부터 합동위원회 재개를 위한 활동을 활성화시키고, 1947년 5월 21일에는 제2차 회의를 개최하기에 이르지만, 양자의 대립은 격해가는 냉전 속에서 더욱 격렬해졌다.

2. 점령 권력과 북한 체제의 형성

미·소 점령권력의 의도가 달라지자 국내에서도 정치세력의 분열과 분극화가 가열되었다. 미·소는 각기의 점령권력에 유리한 정치체제를 양성하고 지배를 위한 지렛대를 강화하기 시작했다. 그 중에서도 소련군의 지원을 받은 김일성은 조선공산당 북한분국을 1945년 10월에 설립, 남부에서의 국내파 공산주의 조류를 만들어갔다. 더욱이 소련측은 남쪽에서의 이데올로기적 활동으로부터 일체 손을 떼고 남쪽의 조선공산당을 지지하지 않았다.25) 1945년 말의 모스크바 외상회담에서의 신탁문제를 둘러싸고 북한 내부에서도 일정한 영향력이 있었던 조만식 등의 민족파로부터 영향력을 박탈했다.

점령정치에서 가장 중요한 것은 점령자의 방침과 함께 그것을 통역하고 실행하는 '통역의 권력' 혹은 '권력의 통역'이다. 점령군에 일상적으로 접촉하고 그들의 이름으로 활동 가능하기 때문이었다. 당초 제25군에서의 선전을 담당한 소련계 조선인은 그 후에도 교사, 통역, 컨설턴트 등으로

---

24) A. V. Torkunov. Zagadochnaya voina: koreiskii konflikt 1950-1953 godov, M., 2000. p.8. A. 토르쿠노프, 下斗米伸夫, 金成浩, 『朝鮮戰爭の謎と眞實』, 草恩社, 2001, 25쪽.

25) Kathryn Weathersby, Soviet Aims in Korea and Origin of the Korean War 1945-1950, New Evidence from Russian Archives, Cold War international History project, Working paper, No.8.

활약했다. 더욱이 그들은 본국에서 파견되었다. 이것을 재촉하기 위하여 소련공산당 정치국은 1947년부터는 중앙아시아 등의 '소련파' 조선인들을 양성, 입국시키기로 결정했다. 사실 당초 이 '소련파'는 1948년 전후에는 노동당 정치국의 3분의 1을 차지하고, 중앙위원회의 4분의 1을 차지하여, 초기에는 강력한 영향력을 발휘했다.

한편, 1945년 초기까지는 중국 공산당계 조선족의 영향을 억제하고, 조선의용군 등의 중국계 조선인 세력의 입국에도 신중을 기했다. 하지만 1946년 2월이 되면서 중국공산당도 소련주도의 신탁통치 방침을 지지하게 되었다.

이러한 상황 속에서 1946년 2월에는 북조선 임시 인민위원회가 김일성을 위원장으로 하여 결성되었다. 사실상의 정부형성이었다. 하지만 미·소 합동위원회 전에 슈티코프가 정치국에 승인을 요구한 임시조선정부 구상 초안에서는 인민당의 여운형(呂運亨)을 수상으로, 김일성은 내상(국방상)에 내정되어 있었기에 결코 확정된 구상은 아니었다. 1945-46년에는 소련의 영향을 크게 받는 김일성은 남한과의 통일에는 거의 무관심했고, 일찍부터 '평양이 조선의 수도'라고도 말하고 있었다.26)

통일정부를 지향했던 미·소 합동위원회가 점차 기능을 상실해가자 북한에 독자적 정권을 만든다는 생각이 굳어졌다. 3월에는 중국파의 김두봉이 중심이 되어 조선신민당을 만들었다. 그들의 영향력도 있어서 '민주기지론', 곧 북한의 권력을 강화하여 남한과의 통일에 대비한다는 생각이 강해졌다. 이 이론은 정권당인 북측의 권력이 남측의 운동을 지도한다는 것으로 원래는 연안파 계열의 구상이었다고 일본의 북한전문가 모리 요시노부(森善宣)는 보고 있다.27)

1946년 8월의 북조선노동당의 결성도 이같은 구상의 연장선상에 있었지만 그것은 스탈린의 주도에 의한 것이었다. 7월에는 김일성과 박헌영(朴

---

26) 森善宣, "소련군 점령하 북조선에 있어서의 (민족해방운동)의 한 측면"(『국제정치』 99호, 1992년, 93쪽). 모리에 의하면 후에 김일성이 채용하는 민주기지론은 당초에는 김두봉의 연안파의 생각이었다.

27) 森善宣, 위의 글, 93쪽.

憲永)이 모스크바에 불려가서 신민당과의 합동을 시사받았다.28) 이렇게 하여 북한노동당이 8월말에 생기고 김두봉이 초대위원장에, 김일성이 부위원장이 되었다. 스탈린이 명예의장이 되었다.29) 실제 소련공산당이 보기에 조선노동당을 만든 것은 군인출신의 김일성이 아니라 소련 공산당계의 조선족활동가, 그 중에서도 하바로프스크 출생의 허가이였다.30) 극동 시베리아에 있었던 조선인들은 대부분 친 소련적이었으며 허가이도 그 중 한 명이었다. 그는 1930년대 스탈린이 만든 당 중앙위원회 서기였던 P. 포스티셰프(Postyshev) 아래에서 일한 경력을 가지고 있었다. 실제 허가이는 노동당 내에서 '당사정의 교수'라고도 불렸으며 인사와 조직을 담당했다. 허가이는 남로당의 박헌영(朴憲永)과도 관계가 좋았다. 또한 허가이는 박헌영과 홍명희(洪命憙)와 같은 남부출신 정치가를 지도부에 임명하고 있었다. 박헌영이 추방된 1952년 12월 전원총회(全員總會) 후에, 허가이는 '반정부 음모'에 협력하고 있었다고 공격을 받았다. 박헌영이 처형된 후, 1953년 7월에 허가이가 자살한 것도 그 때문이라는 설도 있으나, 타살설도 있다.

북한의 군대, 조선인민군은 정식으로 국가가 형성된 1948년 9월보다도 이른 동년 2월 8일에 발족한 것으로 되어 있다. 실제는 그보다도 이전부터 소련의 원조에 의해서 형성되어 왔으며 소련군이 고문과 무기를 제공했다. 1946년 2월의 임시인민위원회의 군사부문은 빨치산파의 최용건(崔庸健)이 지도자가 되었다. 경찰과 치안기관도 소련의 내무인민위원부가 조직했다.31)

법 제도와 인민위원회 등의 정치제도가 차차 정비되어 갔으며 최종적으로 1948년 9월 독자의 국가형성에 이른 것은 1946년 6~8월이 계기였다고 하지만(藤井新), 이 해 7월에 스탈린은 김일성과 모스크바에서 회담을 가진 바 있다. 소련의 영향력을 제외하고는 북한정권의 탄생은 생각하기 힘들

---

28) 和田春樹, 『北朝鮮─遊擊隊國家の現在』, 岩波書店, 1998, 74쪽.
29) A. Lankov, Severnyaya koreya, M., 1995, p.98.
30) 알렉세이 이바노비치 헤가이(Aleksei Ivanovich, Khegai)라고 이름을 칭하고 1945년부터 북조선에서 노동당서기로서 활약했다.
31) 櫻井浩 편, 『解放と革命』, 아시아경제연구소, 1992, 30쪽.

었다.32)

그 국가기구도 소련이 모델이었다. 구상은 1947년경까지는 나와 있었지만 사실상의 분단국가로서 북한국가의 설립을 모스크바가 최종적으로 결정한 것은 1948년 4월 24일이었다. 스탈린 별장에서의 회담에서 헌법제정과 독립으로의 절차도 결정된 것이 슈티코프 대사의 일기에서 판명된다.33) 헌법은 1947년부터 소련헌법을 기초로 하여 준비되었다. 그 일부는 스탈린 자신이 집필하고 또 당초 있었던 임시헌법이라고 하는 표현에서 임시라는 표현을 삭제한 것도 스탈린이었다.34)

이 헌법에 의하여 북측은 형식적으로는 남측을 해방되지 않은 영토로 규정했으며, 남측의 인사를 정부와 당에 포함시켰다. 통일은 북측의 체제를 남에 확대할 수 밖에 없게 되었다. 이 회의에서의 결정대로 1948년 8월에는 남북한 전체에서 조선인민 최고회의 선거가 치러지고 9월 2일에 제1회 회의를 개최, 8월에는 헌법을 채택, 9월에는 인민공화국 창설이 선언되었다. 조선민주주의인민공화국이라는 국명도 러시아어로부터 직역한 것이다.

3. 북한 건국 후와 소련

이렇게 하여 1948년 9월, 북한의 제도형성이 시작되었다. 9월 8일의 최고인민회의는 공화국 헌법을 채택, 김일성을 수상으로 선택했다. 즉시 소련 등 사회주의국가와 국교를 수립하고 18일에는 연내(年內)에 소련군을 철병하기로 약속했다. 스탈린은 10월 13일, 북조선과 국교를 수립할 것을 약속하는 전보를 보냈는데, 그 속에서 조선민족이 통일 독립국가를 건설할 권리를 인정했다.35) 국교 수립과 동시에 슈티코프가 초대대사가 되었

---

32) 위의 책, 152쪽, 161쪽.
33) Lankov, *op. cit.*, pp.43-44.
34) *Ibid.*, p.44.

다. 소련군의 철병은 약속되었지만 고문단은 계속 잔류할 뿐만 아니라 소련의 이 지역에 대한 통제는 여전히 계속되었다. 북조선에서의 많은 전략적 결정은 소련의 승인이 필요했다.36)

그 중에서도 1949년 6월말에 조선노동당이 창당되는 과정에도 북조선노동당의 주도권이 발휘된 일은 없었을 것이다. 북한노동당이 남한의 노동당을 흡수하는 형식으로 조선노동당이 형성 되었지만, 대회를 개최하는 일도 없이 남북 조선노동당의 통일위원회를 비밀리에 창설할 것에 관해 1948년 4월말에 스탈린의 승낙을 얻고 있었던 것이다. 덧붙여 말하자면, 이 회의에는 북한지도자는 누구도 참가하지 않았다.37) 남로당은 결국 통일대회를 개최하는 일도 없이 흡수 되었다는 것이 사실이었다. 조선노동당 위원장은 김일성, 부위원장은 남로당계의 박헌영과 소련계의 허가이가 차지했다.

1949년 3월, 김일성 대표단이 소련을 공식 방문하게 되었다. 이에 앞서 김일성, 박헌영은 소련대사와 면담하고, 상호원조 조약채결의 가능성을 타진했지만, 소련측은 일관되게 이 요구를 거절했다. 스탈린으로부터 흐루시초프(Khrushchev)까지 소련지도부가 이 나라(북한)와의 동맹의 가능성을 의심하고 있었다고 하는 트카첸코(Tkachenko)의 주장은 타당하다.38) 1949년 3월에 김일성이 모스크바를 방문하여 이루어진 스탈린과의 회담에서도 김일성의 남진통일론에 스탈린은 냉담했다. 1949년 3월에 김일성이 소련을 방문한 결과로써 경제, 문화 협력에 관한 11개의 협정이 채결되었다. 이를 전후하여 비밀리에 유상으로 무기 등의 양도협정도 체결되었다.39)

---

35) AVPRF, fond 1, Delo1, Opros8, Delo. 1, Papka. 6 (cited in K. Weathersby, p.19).
36) K. Weathersby, p.23. 웨더스비도 지적하고 있듯이 북조선이 모두 꼭두각시였던 셈은 아니지만, 북조선의 국내사정에 사실상 소련은 관여하고 있었다.
37) A.Lankov, from stalin to Kim Il Sung, p.44. 스즈키 마사유키(鐸木昌之)에 의하면 1948년 8월, 남북조선노동당 연석중앙위원회가 김일성을 중심으로 생겼다고 한다 (櫻井浩, 앞의 책, 71쪽). 어쨌든 북의 당이 남로당을 지도하게 되었다.
38) V. P. Tkachenko, Koreiskii poluostrov i interesy Rossii, M., 2000, p.18.
39) 토르쿠노프, 앞의 책, 116쪽, 418쪽.

하지만 차츰 38도선에서 대립이 격화되는 상황을 우려하고 있었다. 북측이 빨치산 전투를 행하면, 마찬가지로 이승만의 남측 정부도 이를 시도했다. 남북모두 유사한 방법으로 신경전을 벌였다. 이러한 상황 속에서 4월 9일에는 '스탈린의 지시로' 조선인민군 최고군사 고문에 슈티코프 대사가 착임했다.40)

남진 통일의 사고방식은 결코 김일성에게 한정된 것이 아니라 당시 허가이 등의 소련파 당원간에도 있었다. 9월 직전에 김일성은 옹진반도와 개성 등 38도선에서의 한정적인 전투를 스탈린에게 타진, 남의 빨치산 무대의 활동을 활성화시키고 있었다. 중국은 소련보다 적극적으로 1949년 6월, 모택동도 북한의 김일(金一) 정치국원과의 회견에서 중국의 내전이 종료될 때에는 한반도통일에 협력할 것을 약속했다. 그렇지만 스탈린은 남진통일에 냉담했고 9월의 슈티코프 대사에게 보낸 외무성 지시와 다음날의 정치국 지시에서도 거듭 남진통일에 쐐기를 박고 있었다. 허락된 것은 남쪽에서의 빨치산 활동뿐이었다.41)

하지만 중국혁명이 성공하는 10월에 이르자 정치기상에 변화가 발생했다. 1949년초 NATO의 성립에 굴욕감을 느낀 스탈린이었지만, 이에 대항하는 중·소 동맹의 성립으로 스탈린은 세계관을 수정했다. 1950년 2월의 모택동의 방문으로 중·소 동맹이 성립된 것이 아시아의 정치상황을 변화시켰다.

이때에 이르러, 아시아의 냉전구조를 결정지은 중·소 간의 은밀한 결정, 이른바 권력분담의 틀이 잡힌 것이다. 세계정치의 원칙적 과제는 소련과 상담하는 것을 조건으로 아시아의 개별문제는 중국의 지도에 맡긴다는 분업을 중·소는 결정했다.42) 이것은 1949년 7월 유소기(劉少奇)와 스탈린의 회담에서 대략 합의했다. 이 직후 장개석(蔣介石) 군이 대만에서 퇴거하자 중화인민공화국이 성립되었다. 1949년 12월, 스탈린의 70살 생일기념일에 소련을 방문한 모택동이 스탈린과 나란히 크레믈린에서의 기념식전에

---

40) 시모토마이 개인사료, SD0228.
41) 토르쿠노프, 앞의 책, 86쪽.
42) V. P. Tkachenko, Koreiskii poluostrov I interesy Rossii, M., 2000, p.18.

임하여, '스탈린과 모택동이 이끄는 사회주의 연방'의 결속을 과시했다. "세계정치의 초점이 동쪽으로 이동하고 혁명의 파도는 아시아에 이르렀다"고 모택동(毛澤東)의 통역 사철(師哲)도 회상하고 있다. 1950년 2월에 '일본 군국주의'를 가상적으로 한 동맹조약이었지만 말할 것도 없이 미국이 진짜 표적이었다.

동시에 70살을 넘은 독재자의 판단력도 쇠퇴했다. 그 중에서도 국제협조의 조직인 UN을 둘러싸고 UN에서의 중국대표권 문제로 인민공화국을 지지했던 소련이 중국의 미승인을 이유로 안전보장이사회를 거부한 것 때문에 비싼 대가를 치르게 되었다. 이로 인하여 미국은 한국전쟁이 시작되자 미국이 주체가 되어 UN군의 깃발을 올릴 수 있게 되었다. 소련은 UN보다도 중·소 동맹을 중시한 것 때문에 큰 손해를 보게 되었다.

4. 조선전쟁의 원인과 과정

그러면 한국전쟁은 왜 발생했나? 1948년 남북한에 두 개의 정부가 생기고 분단이 고정화됨에 따라 통일의 움직임은 내전으로 전환되고 이것이 동맹관계를 통해서 국제분쟁으로 발전하게 될 것은 뻔한 사실이었다. 실제 소련지도부는 신중했지만, 내전하의 상황에서도 이미 1949년 5월에 모택동은 북한의 요구에 응하여 중국 동북부의 조선인 사단을 파견했다. 스탈린은 7월에 아시아에서의 중국공산당의 패권을 유소기 대표단에 승인했다. 하지만 중국지도부 내에서는 대만해방 우선론이 있어서 이것에 소극적인 스탈린과의 관계에 대립이 존재했다. 7월의 유소기·스탈린 회담에서 유가 이 목적을 위하여 화기와 항공기의 공급을 요구했을 때, 스탈린은 제2차대전에 의해 소련경제는 타격을 받았으며 소련이 홍콩·대만의 해방을 지원하면 미국과의 대립은 피할 수 없고, 세계대전의 구실이 될 수 있다고 응답했다. 이렇게 하여 1950년 1월 12일에 애치슨(Acheson) 국무장관이 미국의 방위선에서 제외한 한반도에서의 분쟁이 소련 지도부에게는 대만분쟁보다 위험성이 적다고 생각되었다.

이같은 변화를 야심적인 김일성이 간과할 리가 없었다. 1950년에 김일성이 몇 번이나 스탈린과 회담했는가에 관해, 역사가의 견해는 나누어져 있다. 1950년 초에 김일성은 스탈린에 무력통일론을 다시 제기했다. 1950년 4월 25일의 김일성과의 회담에서 스탈린은 김의 모험적인 남진통일에 군 수뇌부의 지지도 있었기에 공격명령을 부여했다.[43] 다만 스탈린은 동아시아에서의 파트너가 된 모택동에게도 의견을 구하도록 요구했다. 이에 호응하여 김은 5월에 북경을 방문, 남진통일에 관한 승낙을 얻게 되었다.

이렇게 하여 6월 25일, 북조선이 무력통일을 하기 위한 전쟁이 시작되었다. 북조선의 군사평의회는 수상 김일성을 중심으로 부의장 박헌영, 홍명희(洪命熹), 김책(金策), 민족보위상 최용건, 내상 박일우(朴一禹), 국가계획위원회 정준택(鄭準澤)이 구성원이었다. 소련은 어디까지나 대미 충돌을 피하고, 무기와 항공기를 제공하는 데 머물렀다. 흐루시초프도 그 자신은 적극론자였는데, 스탈린 지도부는 신중했었다고 회고하고 있다. 소련은 경제회복도, 제3차 세계대전에의 준비도 마련되어 있지 않았기 때문이다.

그렇지만 오산(吳算)이 속출했던 것을 소련문서에서도 볼 수 있다. 소련이 불참한 UN안보리는 북조선의 침략을 비난하고 이에 대응하여 미국 정부는 맥아더(MacArthur)를 UN군사령관으로 임명했다. 미국은 급속히 중국 포기론에서 아시아에 대한 관여정책으로 되돌아왔다.

한편 북한군은 서울을 함락시켰지만 근대전의 경험을 가지지 않았던 김일성은 군인, 전략가로서의 자질이 낮다는 것이 곧 노출되었다. 29일에는 미국군이 평양을 비행하자 불안이 퍼졌다. 그렇지만 8월 28일 스탈린은 전 연방 공산당으로부터 해방전쟁에서의 눈부신 성공을 축하하는 메시지를 김일성에게 보냈다. 그래도 전쟁에는 우여곡절이 있기 마련이라고 주의를

---

43) 토르쿠노프의 다른 논문에 의하면 1950년 전반 스탈린은 김일성과 두 차례 만났다. 첫 만남인 2월에는 전략을 재검토해야 한다고 되돌려 보냈다. 하지만 두 번째인 4월말은 몇몇 정치가와 군인이 김일성의 안에 찬성했다. 또 5월에 협의한 모택동이 지지했기에 스탈린도 참전 지지로 기울어졌다고 한다. Koreiskii poluostrovov: ozhidaniya i realinost, M., 2001, chast2. p.134.

환기시켰다. 하지만 남쪽까지 늘어난 보급선을 9월 15일 UN군이 인천에 상륙하여 공격하자 상황은 역전, 북한군은 패주했다. 모택동 등으로부터 인천작전에 관한 지적이 있었지만 김은 이를 무시했다. 9월말에는 서울이 탈환되었다. 소련과 중국정부는 북한측으로부터 정보가 끊긴 것에 대하여 조급함을 감추지 못했다. 스탈린은 9월 말 슈티코프대사와 군사고문을 질책했다. 김일성은 소련군의 지원을 요구했지만, 스탈린은 10월 13일 북한정부의 전면탈출을 권고했다. 19일에는 평양도 함락, 북한 지도부는 마비상황에 빠졌고 패색이 짙어졌다. 이때 스탈린이 미국이 이웃이 된다 하더라도 상관않는다고 말한 것은 어떤 의미에서는 소련지도부의 본심이었다.44) 그런 생각의 저변에는 스탈린은 미국과 소련이 38도선을 경계선으로 하여 조선을 공동 점령할 의무(권리)가 있다는 생각이 깔려 있었기 때문이기도 하다. 실제 10월 9일 모스크바에서 주은래(周恩來)와의 회담에서 스탈린은 북한의 정권붕괴를 용인할 생각이라고 언급했다.45)

한국전쟁에서 중·소 간의 동맹관계가 어떻게 기능했나, 또는 기능하지 않았는가의 문제는 흥미롭다. 스탈린의 주저함을 아랑곳 않고, 모택동 자신은 이 분쟁에 적극적이었고, 10월 13일 참전을 결정, 25일에는 팽덕회(彭德懷) 장군이 이끄는 100만 명의 중국 인민지원군의 참전이 이루어졌다. 12월초에 평양을 탈환, 익년 1월초에는 서울을 재점령했다. 사태는 UN군과 중국군의 국제적인 전쟁으로 성격이 바뀌었다. 맥아더가 일본의 재군비를 시사한 것에 이어서 덜레스(Dulles) 국방장관이 일본을 방문하여 일본의 독립과 미·일 안보체제로의 틀을 짜넣는 신호가 된 것은 이때였다.

이런 것에 관하여 소련 자료에서는 스탈린이 '필리포프'(Pilipov)란 이름으로 한국전쟁의 세세한 전술까지 지휘하고 있었음을 알려주고 있다. 그 후 1951년 중순에 전황이 교착된다. 6월 중국 공산당의 고강(高崗)과 북한의 김일성이 모스크바에 갔다. 김은 일찍이 정전을 희망했다. 7월부터 휴전회담이 열렸다. 그 교섭은 모택동이 관할했지만 최종적 판단은 스탈린

---

44) Tkachenko, p.18.
45) 토르쿠노프, 앞의 책, 175쪽.

에게 맡겨졌다. 하지만, 중국과 북한의 반복된 휴전요청에도 불구하고 1951년 6월 스탈린은 전쟁계속이야말로 공산주의 진영에 유리한 것이라며 김일성의 조기휴전 요청을 일체 거절했다. 중국은 한국동란을 통해 근대전을 배울 수 있다는 이유에서였다.

그 중에서도, 1952년 8월 한국전쟁의 정전협의를 위해 스탈린을 방문한 중국의 주은래에게 스탈린은 제3차 세계대전을 지연시키기 위해 이용하고 싶다고 직접적으로 언급하고 북조선이 요구한 정전을 인정하지 않았다.46) 북한에 공황적 분위기가 있는 것을 알면서 전쟁을 계속할 것을 바랬던 것이다. 이리하여 1953년 3월에 스탈린이 사망하기까지 이 전쟁은 끝나지 않았다.

러시아 자료에는 한국전쟁에서 북한과 중국의 사망자는 200-400만 명, 한국 40만 명, 미국 14만 명이라고 적혀 있다. 미국의 전문가 오버도퍼 (Oberdorfer)의 추정에 의하면 중국인 병사 90만 명, 북한 병사 45만 명이 사망했다. 약 40만의 UN병사도 사상, 이 중 3분의 1 가까이는 한국 병사였다. 미군의 사망자는 5만 4,000명이었다. 덧붙여 말하자면, 소련은 중국 동북인민군에 항공부대를 제공, 항공기 335대와 비행사 120명을 잃었다. 소련은 전체적으로 사관 138명과 161명의 병사를 잃었다.47)

소련의 외상이면서 한국전쟁 때 미움을 사서 외상을 물러났다가 스탈린 사후 외상에 복귀한 몰로토프(Molotov)도 추예프(Chuev)라는 인물에게 말한 회고담에서 "스탈린 사후, 한국전쟁을 끝내기로 했다. 이 문제는 우리들에게는 불필요했다. 조선인이 우리들에게 강요한 것이었다"고 솔직히 적고 있다.48)

하지만 아시아에서 이 분쟁은 냉전의 마지막 고아가 되는 남북의 무장 대립과 1972년의 미·중 접근에 이르기까지의 시기에 중국의 국제사회로

---

46) A. Ledovskii, SSSR i Stalin v sud'bakh kitaya, 1999, pp.153-175. 토르쿠노프, 앞의 책, 354-361쪽.
47) Grif sekretnost snyat, poteri voorushennikh sil SSSR v voinakh, voevikh deistviyakh n voennikh konfliktakh, M., 1993. p.395.
48) Molotov Remembers, Inside Kremlin Politics, ed. by Albert Resis, Chicago, 1993, p.75.

부터의 고립을 결정했다. 한반도의 남북 두 나라의 UN가입도 냉전 후를 기다리지 않으면 안 되었다. 모택동, 김일성, 그리고 소련지도자 사이의 상호 비뚤어진 관계도 또 이 전쟁을 통하여 그 기초가 형성되었다. 스탈린이 죽은 뒤 비로소 1953년 7월 휴전이 되었다. 하지만 1954년 제네바에서의 교섭은 북한측이 외국군의 철퇴를 주장한 데 반해, 한국이 전쟁처리에서의 UN의 관여를 요구했기에 해결되지 않고 오늘날에 이르고 있다.

5. 한국전쟁 후의 북한정세

한국전쟁은 북한의 사회와 경제에 심각한 피해를 끼쳤다. 1956년 소련 정부의 북한경제에 관한 보고서에서는, 인구는 852만 8,000명이었다. 전쟁의 경제적 손해는 4,200억 원, 8,700여의 기업, 60만의 가옥, 5,000 이상의 학교가 손실되었다.

정전 후인 1954년 4월에 북한은 1956년까지 3개년계획 아래 경제재건에 박차를 가했다. 하지만 그것은 기대되었던 평시노선으로의 전환은 아니었다. 그것은 조선전쟁 전의 수준을 총 생산고에서 1.5배로 늘린다는 것이었으며, 오히려 한층 더 강력한 공업화 노선으로의 전환이기도 해서, 여전히 중공업중시, 대결자세를 버리지 않았다. 당내에는 최대 파벌이었던 연안파 등을 중심으로 경공업 중시로의 정책전환을 요구하는 목소리도 있었다. 하지만 독재적 색채를 강화 한 김일성은 중공업우선을 멈추지 않았다. 다른 한편 희생이 된 소비재 재건은 뒤로 미뤄지게 되었다.

이와 같은 곤란한 상황은 북한의 엘리트에게도 충분히 느껴지고 있었다. 부수상에서 과학원장이 된 홍명희는 1956년 6월, 생활수준이 전전 레벨에도 달하지 않고 있다고 이와노프 대사에게 고했다. 특히 1955년의 곡물조달정책이 '왜곡'되고, 농민들이 권력에 대항하여 큰 불만을 품고 있다고 지적했다. 그는 통일을 위해서는 북의 생활수준이 남보다 높지 않으면 안 되지만, 그러기 위해서는 최저 10년은 걸린다고 지적했다.[49]

소련은 전후의 북한 정세도 주의 깊게 감독하여 왔다. 김일성 수상도 다시 1953년 9월, 그리고 1955년 4월 말, 소련을 방문, 특히 경제재건에의 협력을 요구했다. 소련측이 김일성의 독자적이고 특이한 측면을 강조한 것은 1955년 방문전인 1월, 소련 당 중앙위원회의 각료회의가 북한문제를 다룬 때였다. '노동당내와 국내에서는 여전히 개인숭배가 강화, 선전되고 있다. 그때 당지도부에서는 이렇게 하는 외에 지금은 달리 방법이 없다고 했다. 김일성은 여전히 당 의장직과 수상직, 조선인민군의 최고사령관을 겸임하고 있다. 그리고 많은 다른 당과 국가기관을 지도하고 있다. 그의 목소리는 결정적이고 통상심의의 대상 밖의 것이다'라고 결의는 언급하고 있다.50)

실제, 1955년 4월의 조선노동당 중앙위원회 전원회의에서는 당의 단계적 교육강화라고 칭하면서 김일성 수상은 강경한 노선을 더욱 진전시켰다. 착취자 계급의 절멸이라는 목적에서 사적 교역과 사적 기업가가 대상이 되었다. 평양에서는 모든 사적 기업이 일시에 모두 폐쇄되었다.

그 뒤를 이어 1955년 4월말 김일성은 모스크바를 방문했다. 그 때 소련측에 건네진 1957년 이후의 5개년 계획안에는 '사회주의 공업화 기초의 완성' 중공업화의 추진, 개인농가의 완전한 개혁이라는 전형적인 스탈린형 경제모델이 나란히 있었다. 소련공산당은 이 단계에서 김일성에 대해 개인숭배의 부정적 효과에 대하여 주의를 촉구했다. 실제, 소련공산당의 "조선 지도자와의 회견에서의 기본문제"라는 내부문서에서는 '조선노동당의 활동에 현저한 결함이 발생했고 그 제거를 지원해야만 한다'며 당, 정부, 군의 최고권력을 유지하고 있는 김일성의 개인숭배에도 주의가 환기되었다.51)

---

49) RGANI (Rosiiskii Gosudararstvennikhyi Arkhiv Noveishei Istorii 러시아국립현대사 문서관), otdel Tsk KPSS posvyazam s inostranimi kompartiyam 1953-57, Delo, 410, p.258. 일본에서 자란 이 인물은 북한의 상황이 남쪽보다 나쁘다고 보고 있었다. 김일성에게도 이같은 것을 말했다.
50) Kommersant-vlast, 28 iyulya-3 avg., 2003, p.57.
51) RGANI, Delo. 314, 1.1.50.

소련의 김일성 지도부에 대한 비판은 외교에도 관여했다. 북한의 독자노선과 평화공존 노선을 요구하는 소련 신지도부의 간격은 넓어지기 시작했다. 1955년 1월의 노동당 내부의 "현단계에서의 우리 혁명의 성격과 북조선의 사회주의 건설 사업에서의 기본문제"라고 하는 강령적 문서에 관하여, 소련대사관은 외무성에 '많은 올바르지 못한 명제'가 있다는 점과 '조선반도 통일의 평화적 수단에 관해 언급하고 있지 않다'고 지적하고 있다.52)

　귀국 후, 6월의 확대정치위원회에서, 개인숭배에 대한 다소의 비판이 나왔다. 김일성도 정부, 당 중앙의 실수를 인정했다. 9월 김일성은 자기는 당무에 전념하고 수상직에 최용건을 제안하고 싶다고 말했다. 하지만 최의 자질이 낮다는 이유로 반대론이 많았다.53)

　이러한 상황 속에서, 김일성에 의한 강경노선을 완성한 것은 1955년 12월 2일~3일에 행하여진 조선노동당 중앙위원회 전원회의였다. 당시 노동당의 지도부는 한 덩어리로 볼 수 없는 4개의 파벌, 곧 연안파, 소련파, 남로당 등의 국내파, 그리고 김일성의 빨치산파의 미묘한 균형으로 이루어져 있었다. 한국전쟁을 통하여 김일성의 빨치산파의 독재권한이 강화되었다. 이 중 국제적인 지원이 없었던 박헌영 외상(1900~1956?) 등의 국내파(남로당계)가 가장 빨리 권력중추에서 추방되었고, 이 회의에서 박은 종파주의라고 단죄되어 처형이 결정되었다.54) 다음 희생은 연안파, 곧 중국 공산당계의 조선족 거물인 박일우였다. 한국전쟁시는 중국의 인민지원군 총사령 팽덕회의 부 지령을 지냈으며, 내상이기도 했지만, 1955년 초, 체포되었다.

---

52) Delo. 314, I. 13-14.
53) Delo. 412, I. 80. 박영빈의 소련대사관원 필라토프(Filatov)에 대한 1956년 2월 말의 설명.
54) 덧붙여 말하자면 1956년 4월 제3회 노동당 대회에 브레즈네프 서기가 참가하는 건으로 이바노프 대사가 김일성과 만났을 때 소련 KGB의 의견으로서 극형을 회피해야만 한다는 것을 말했더니 김일성은 화를 냈다고 한다 (Delo. 412. I. 220.) 그때까지는 살아 있었던 것이다.

12월 중앙위원회 전원회의에서 김일성은 ① 최용건, 박금철(朴金喆)을 당부의장으로 앉혔다. ② 임해(林海)를 당 통제위원회 의장 ③ 당 선전선동부장 박영빈(朴永彬)의 해임 등의 인사를 행했다. 그 중에서도 최용건은 최근까지 형식적으로는 민주당의 의장이었지만 유격대활동 이후 김일성과 가까운 인물이었기에 이와 같은 인사는 당 중앙을 김일성 집단의 빨치산파로 굳건히 한 것이라고밖에는 말할 수 없었다.

동시에 소련파 조선인에 대한 김일성 등의 주류파로부터의 공격으로 소련의 영향력을 배제하는 성격을 띠기 시작했다. 소련파도 비판을 면할 수 없었다. 최초의 희생자는 허가이였다. 그의 당내지위는 제3위였지만, 소련공산당의 조직이론을 노동당에 적용한 인물이라고 알려져 있었다. 하지만 1951년 말의 한국전쟁 때부터 김일성과 대립했고, 1953년 자살했다고 전해지고 있다. 1955년 12월 말 김일성은 고급간부가 소련으로부터 온 허가이파라고 비난했다. 그 중에서 쟁점은 '문화전선'이었다. 1956년 1월 18일의 당 중앙위원회 간부회 결정 "문학, 예술에서의 반동 이데올로기에 대한 전투강화에 관하여"는 북조선의 문화정책이 '민족문화의 개화와 신속한 발전'에 있다고 지적했다.[55]

이 문제는 소련계 조선인에 대한 비판으로 발전, 그 중에서도 소련파의 거물인 박창옥(朴昌玉) 부수상에 대한 비판으로 발전했다. 소련대사관은 대체로 김일성 비판자에는 동정적이고 그들이 분파주의자라고는 생각하지 않았다. 소련파 조선인의 영향력 배제는 북한 외무성에도 미쳤다. 1월 초, 참사관 라자레프(Lazarev)와 회담한 외무차관은 김일성 지지자가 '외무성에서 일하는 소련계 조선인의 분쇄'를 외쳤다고 지적했다.

---

55) Delo. 412. I. 155.

6. 스탈린 비판과 북한

하지만 김일성 체제로의 생각지 않은 변동의 큰 파도는 모스크바로부터 왔다. 1956년 2월 14일부터 25일에 개최된 제20회 소련 공산당대회에서의 스탈린 비판이 그것이었다. 조선노동당은 제20회 당대회에 막 부의장이 된 빨치산파 장로 최용건을 대표로 하는 사절단을 보냈다.56) 노동신문은 당대회 보고를 소개했지만, 2월 16일 흐루시초프 보고를 보고한 뒤의 논문에서는, 김일성의 이름을 8번이나 인용하고 있는 것에 나타나 있듯이 평양은 흐루시초프의 개인숭배 비판을 무시했다. 실제 최용건은 3월 20일, 대표단의 방문결과를 노동당 중앙위원회 회의에서의 3시간에 걸쳐 보고했지만, 개인숭배라고 하는 최대의 문제를 언급하는 일은 없었다. 대신 숙청된 반대파, 특히 박헌영 등 '미 제국주의에 고용된 대리인', 각종 분파주의가 문제되었다. 한편, 당은 항상 집단지도체제를 유지해 왔다고도 했다.57) 조선노동당은 4월 초까지 당조직에 "소련공산당 제20회 당 대회의 흐루시초프 보고의 학습에 관련한 다소의 문제"라는 장문의 비밀서한을 송부했다. 그 내용은 제20회 당대회에서 폭로된 오류는 소련공산당 고유의 것이기에 조선노동당과는 무관하다는 것이었다.

하지만 소련대사관 내부에서의 반응은 달랐다. 소련대사관은 4월 14일부로 소련공산당 외국공산당 연락부 포노마료프(Ponemarev)에게 보낸 보고서 "조선민주주의 인민공화국 당내 정세의 다소의 문제점에 관하여"라고 하는 문서를 제출했다. 이것에 의하면, 1955년의 정치적 위기 특히, '농민

---

56) Doklad N.S.Khrushcheva o kul'te lichnosti stalina na XX s'ezde KPSS, dokumenty, M., 2002, p.252. 이 제20회 당대회보고와 관련자료를 사전에 읽었던 외국공산당 최고 간부의 리스트에는 제1위에 오른 중국공산당의 주덕(朱德)과 나란히, 조선노동당의 최용건의 이름도 있었다.

57) Delo.411.I.220.

동맹의 강화'의 위기로부터 다소의 개선조치가 취해졌지만, ① 여전히 도시와 농촌주민의 생활이 힘들다. ② 시민의 민주적 권리의 침해, 국가와 경제기관의 활약의 약화. ③ 조선노동당의 비 프롤레타리아층 및 소부르주아층에 대한 잘못된 정책이 있다고 한다. 이 때문에 북조선은 국토의 분열을 충분히 의식하지 못하고 있으며, 평화통일의 과제가 무산되어 가고 있다는 것이다.58) 이러한 분석을 토대로 하여 소련 외무성은 에스 루먄체프(Rumyantsev)의 내부문서 "북조선에서의 개인숭배에 관하여"를 제출했다. 여기에서도, 김일성의 개인숭배가 점차 확산되고 김일성 개인이 모든 권력을 장악하고 있으며 추종행위가 있다. 그의 공적이 과장되어 오류를 수정하는 데 장해가 되고 있다고 지적했다.59)

　스탈린 비판의 영향이 국제적으로도 그리고 조선노동당 내부에서도 나오기 시작했다. 규약의 심의에서는 "마르크스・엥겔스・레닌・스탈린의 가르침"이라고 하는 문서에서, 스탈린의 이름을 삭제하여야만 한다는 호소도 나왔다. 이러한 상황 속에서 제3회 노동당대회가 열리고 브레즈네프 서기가 소련공산당으로부터 참가했다. 소련대사관은 5월 중순, "제3회 조선노동당대회의 총괄"이라는 문서를 본국에 송부했다. 여기에서는 북한의 상황이 비판적으로 분석되었다. 레닌주의적인 당 규범, 집단주의적 원칙이 지켜지지 않고 선거도 거의 이루어지지 않았다. 또한 개인숭배는 숙청된 박헌영에게만 결부되어 있고 아직까지 김일성의 찬가가 불리고 있다. 곡물조달 위기에서는 사회주의적 합법성의 위반이 있었다. 형식주의 및 교조주의와의 경쟁이란 반소 캠페인이 되어가고 있다고 상당히 비판적 입장에서 논평했다. 이 당대회에서는 소련파 중앙위원회는 많은 사람이 재선되지 않았다.60) 소련계 조선인이 문예분야에 '부르주아 이데올로기의 정신을 낳고 있다'는 등의 비판이 시작되었다. 인사에서는 최용건 등 30년대부터 김일성에 가까운 인물이 들어갔다. 소련파 조선인을 추방하고 국내파로 바꾼다는 노선을 명백히 했다. 불가리아대사 그리고로프(Grigorov)가

---

58) Delo.412.I.137.
59) Delo.410.I.58.
60) Delo.411.I.193.

소련대사에게 언급한 것처럼, 개인숭배문제에 관하여서는 '조선과 중국에서는 달리 보고 있었다.'61)

그러함에도 소련 신 지도부와의 교섭과 자금도입의 필요를 느낀 김일성은 다시 6~7월에 모스크바를 방문했다. 남일(南日) 외상이 소련과 체코슬로바키아, 동독으로부터의 '원조 없이 우리들은 해 나갈 수 없다'고 방문목적을 언급했다. 6월 1일부터 8월 초까지, 김일성은 소련, 동독, 루마니아, 헝가리, 체코슬로바키아, 불가리아, 알바니아, 폴란드, 그리고 몽골을 방문했다. 동행자는 박정애(朴正愛), 남일 외상, 국가계획위원회의 이종옥(李鍾玉) 등 총30명이었다. 그 결과를 8월 당 중앙위원회 회의에서 김일성 자신이 보고했다.62) 그 중에서도 '적(敵) 사회주의 진영은 국가의 일부의 불건전한 현상을 이용하여 반 소비에트, 반 사회주의운동을 조직하고 있는' 상황하에서 소련공산당이 6월 30일 "개인숭배의 극복과 그 결과에 관하여"를 제출한 것, 그래서 개인숭배가 사회주의자체의 성격에서 나온 것도 아니며, 또한 그 약점에서 생긴 것도 아니라는 것이 밝혀졌다고 언급했다. 개인숭배는 오직 박헌영과 그 일파와 관련된 분파적 현상으로 간주해 버리고 만 것이다.

7. 8월 종파사건

김일성의 여행 중, 반 김일성 캠페인을 시작한 것은 소련파가 아니라 최창익(崔昌益) 부수상집단 등이 이끌고 있는 연안파였다. 김일성이 출국한 틈을 이용하여 '개인숭배'와 '합법성의 왜곡'을 비판하고 김일성 추방을 도모하려 했다고 한다. 주류파의 남일 외상이 8월 6~7일에 소련대사관에 전한 바에 의하면, 7월 20일 박창옥의 주택에 김두봉, 최창익, 서휘(徐輝),

---

61) Delo.412.I.243.
62) Delo.422.I.83.

윤공흠(尹公欽), 김승화(金承化), 고봉기(高峯起) 등이 모였다. 김두봉은 김일성의 지도력을 의심했고, 최는 10년간의 김의 통치가 활동가를 한 사람 한 사람 모략하여 추방하고 있는 방법이라고 비판했다. 8월 2일 소련공산당 중앙위원회는 김일성에게 권고하고, 김일성 자신이 정부와 노동당 활동의 결함을 비판하도록 권했다.

8월 18일, 조선노동당 중앙위원회 간부회에서는 소련공산당으로부터의 서간문제가 토의되고, 반대파인 최창익이 비판적 발언을 했다. 김두봉도 같이 비판을 반복했고, 이들의 목소리가 결의에 반영되었다.63) 21~23일, 간부회의 자리에서는 최창익이 박정애, 정일용(鄭一龍) 부수상의 무능을 비판하고, 그들의 해임을 제기했다.

8월 중앙위원회 회의 내용은, 소련과 중국 공산당의 공개요구에도 불구하고 김일성은 이것을 내부논의에 지나지 않는다고 하여 공표하지 않았다. 그렇지만 이바노프(Ivanov) 대사의 보고와, 일지(日誌)에서 상당 정도 이 활동의 윤곽을 나타내 준다. 28일, 이 총회에 앞서 중앙위원회 간부회의가 열리고 김일성이 보고의 내용을 제기했다. 이에 대하여 김두봉과 최창익이 반대의견을 펼침으로써 격한 대립이 발생했다. 김일성 보고의 골자가 소개되었다. 김일성의 보고는 비판을 면할 수 없었다. 극심한 경제난에 대한 책임을 추궁당했다. 또 당내 문제에서는 소련의 개인숭배 비판과 관련해서, 북한에서는 개인숭배에 대한 비판이 불충분하다고 지적되었다. 반대파에서는 윤공흠이 등단하여, 제3회 당대회활동에는 제20회 소련공산당대회의 정신이 반영되어 있지 않았다는 점과 김일성이 이것을 중단시켰다는 점, 그리고 그의 측근 최용건이 민주당 의장에서 갑자기 당 규약을 무시하고 노동당 부의장이 되었다는 점 등을 비판했다.

이장상(李藏相)과 남일 외상은 주류파를 지지하는 연설을 반복했고, 남일은 윤공흠에 대한 비판도 했다. 민주청년동맹의 박용국(朴容國)도 개인숭배를 퍼뜨린 것은 오히려 박헌영이고 관료제폐단을 퍼뜨린 것은 허가이라고 말했다. 최용건도 윤공흠의 비판은 당과 정부를 뒤집기 위한 집중적인

---

63) Delo.411.I.337.

강령이라고 비판을 강화했다. 이에 대하여, 김두봉, 최창익은 개인숭배 문제를 비판적으로 정리해야 한다고 호소했다.

8월 30일, 중앙위원회 회의에서 김일성은 형제국 방문의 정부대표단 보고, 경제상황 그리고 당의 당면임무에 관하여 한 시간 조금 넘게 보고했다. 김일성은 이바노프대사에게 활동의 중심은 간부문제이고, 개인숭배문제는 아니라는 점, 박정애, 박금철(朴金喆) 등 김일성파 신간부에 대한 비판은 옳지 않다는 것, 간부문제를 제기한 김두봉에게는 배후에 '외국 당'의 지지가 있다고 말한 점 등을 지적했다. 이바노프 대사가 김두봉과 관련되어 있다는 외국이란 어느 나라를 말하는 것인가라고 물었지만, 김일성은 이에는 직접 대답하지 않았다. '소련대사관에 관하여는, 나쁘게 생각하지 않는다'고 김일성은 전했다.64) 덧붙여 반대파의 박은 대사관측에 말하기를 김두봉은 그저 '형제당이었다면 어떠한 처분이 있을까'라고 말했을 뿐인데, 김일성이 왜곡한 것이라고 지적했다.

김일성이, 이바노프 대사에 설명한 바에 따르면, 제20회 당대회를 빙자하여 가장 강하게 주류파를 비판한 것은 상업상 윤공흠이었다. 조선노동당은 제20회 소련공산당대회 결의를 거부했다고 말한 것이다. 이에 대해 일부의 참가자는 발언취소를 요구했다. 그 밖에 직업총동맹 위원장인 서휘, 전 내무성차관 이필규(李弼圭) 등이 김일성 체제에 대한 비판에 가담했다. 하지만 격렬한 저항에 부딪혔다. 그들은 총회 도중에 중국으로 탈출하다가 중국국경 경비대에 체포되어 안동에서 구류되었다.

김일성이 말한 바에 의하면 이러한 반당활동 때문에, 서휘, 이필규 (내각 기계 공업국장), 윤공흠, 김강(金剛. 문화선전성 부상) 등이 당에서 제명당했다. 반대파 간부들도 화를 입었다. 최창익은 간부회에서 퇴출되었다. 박창옥 부외상도 해임되고, 중앙위원에서 퇴출당했다. 결국 김일성은 이미 외국의 지지를 필요로 하지 않았다. 소련방문에서 돌아온 김일성은 교묘히 이 움직임을 봉쇄하고, 역으로 8월 31일 당 중앙위원회에서는 직접 가담하지 않았던 장로 김두봉을 포함한 연안파가 일소되었다.

---

64) Delo.411.I.331.

8. 이상조 대사의 김일성 체제 비판

그 사이 연안파계의 소련주재 대사였던 이상조는 소련공산당 제1서기 흐루시초프에게 9월 3일부로 김일성 체제를 비판하는 장문의 서간을 제시했다.65) 9월 5일 소련외무차관 에누 페도렌코가 이상조 대사의 요구에 따라 그와 회견했다. 이상조는 흐루시초프에게 보낸 조선노동당 내부사정에 관한 개인적 성명을 흐루시초프에게 건네도록 의뢰했다. 남일 외상이 소련공산당 중앙의 지지라고 칭하면서, 노동당 내부에서 김일성, 최용건에 대한 비판을 봉쇄하고 있다는 것을 이 대사는 지적하고, 이 문제에 대하여 소련공산당의 개입을 요구했다.66)

이상조 대사의 성명내용은 지극히 세부에 걸친 당시의 북한에 관한 설명이기에 소개할 가치가 있다.

이 서간을 요약한 소련측의 요약은 다음과 같다.

① 노동당 중앙위원회 8월 총회에서는 북한에서도 개인숭배가 있다는 것이 처음 인정되었다. 하지만 이에 대한 비판과 투쟁을 행하는 대신에 김일성 체제에 대한 비판자가 제거되고 있는 지지하기 어려운 결과가 나타나고 있다고 이 대사는 비판했다. 김일성 비판이 정부와 당의 전복으로 간주되고 있다. 봉건시대와 일제시대와 마찬가지로, 권력을 비판하는 것이 반역으로 간주되는 이론이 당내에서 만연하고 있다.
② 김일성의 당·정부에 대한 완전한 권력장악이 일어나고 있다. 그의 저작은 자신의 손에 의한 것은 아니다.
③ 김일성, 박정애, 남일은 소련공산당의 권고를 무시하고, 다른 당원에게 전하지 않고 있다. 그뿐인가, 소련공산당이 김일성 비판을 금했다는 소문을 흘리고 있다.

---

65) Delo.411.I.261.
66) Delo.410.I.253.

④ 총회까지, 김일성에 비판적인 동지가 분파활동으로 간주되어, 또 발언 예정자가 북경 등에 추방되었다.
⑤ 중국 공산당과 관계가 있었던 500명 이상의 간부들이, 그 내부에는 여러 가지 유형이 있지만 '연안파'라고 일괄적으로 비판받고 추방된 것을 비롯하여, 김일성의 '조선광복회' 이외의 집단 출신의 당원은 소련파도 포함하여 반당활동이라고 낙인을 찍혔다.
⑥ 김일성 집단이 당 규범을 위반하고 있다. 당내에서 김일성의 권력남용, 횡포의 분위기가 있다.
⑦ 3만 명 이상의 사람들이 옥중에 있다. 군 내부에서만 일개사단 이상의 사람들이 체포되었다. 8,000명이 정치범으로 몰려 있고, 일만 명이 다른 범죄로 책임을 추궁 당했다. 곧 북조선에서는 300명 중에 한 명이 범죄자로 취급 받고 있다. 사형에 이르는 형벌은 매우 자의적이다. 이러한 억압적 수단과 현물세문제로 김일성에 반대했던 박일우 내상, 정치국원은 체포되고, 가족도 평양에서 추방되었다. 김일성의 초상을 연필로 수정한 것만으로 반혁명죄가 적용된 당원도 있다.
⑧ 1954~55년의 곡물 조달기에는, 곡물을 물리적인 폭력을 동원해 농민으로부터 곡물을 거둬들였다. 이것은 외국인에게 김일성이 곡물문제는 해결 가능하다고 큰 소리를 치고 있기 때문에 300만 톤을 조달하라는 명령을 내렸기 때문이다. 이 조달 과정에 300명이나 넘는 농민이 자살했다. 함경도에서는 완전히 곡물이 바닥났다. 나는 개성에서 조사를 해보았더니, 현물세와 식료를 제외하면 0.5%밖에 곡물은 농민의 수중에 남지 않았다. 300만 톤은 커녕 15만 톤밖에 제공할 수 없었다. 덧붙여 말하자면, 이때 김일성의 초상을 가리키면서 "국민의 실정을 너는 모른다"고 했던 농민은 7년형에 처해졌다. 개인숭배의 영향인 것이다.
⑨ 사실상 1940년부터 1945년까지 활동을 정지하고 있었던 김일성의 빨치산파만이 민족해방투쟁을 수행했다고 역사위조를 자행하고 있다. 실제 이 빨치산파는 아직 가능성이 있었음에도 불구하고 투쟁을 정지하고 있었다. 하지만 중국에서의 항일활동은 더욱 조건이 나빴던 곳에서도 활동을 계속했다. 지하활동도 그만두지 않고 있었다. 곧 김일성의 집단은 대중적인 기반이 없었기에 활동을 그만두었던 것이다.
⑩ 역사를 위조하고 있다. 통상의 기습공격에 지나지 않을 정도의 보천보 전투가 역사적 대전쟁이 되어 있다. 김일성의 집단, 조선광복회는 100명

정도에 지나지 않지만 그 역할이 과장되어 있다.
⑪ 조선전쟁 시, 모택동은 인천에서의 UN군 공격의 가능성을 지적했지만, 김일성은 이를 무시하고 공격을 계속했기 때문에 패배했다. 당 조직도 무기도 없었던 북한군은 포로가 되었다. 포로의 수는 압도적으로 조선인 민군이 많았다.
⑫ 주민의 생활수준은 힘들다. 노동자의 평균임금은 600-1,000원이지만, 고기 1킬로그램이 600원이나 한다. 주민의 주거면적은 2.5평방미터이다.
⑬ 그럼에도 불구하고 김일성을 지도부에 남겨두는 것에 반대하지 않지만 이러한 결함을 제거하는 일이 중요하다고 이상조는 생각했다.[67]
이상이 요약이다.

9. 소련공산당·중국공산당의 개입

이러한 긴박한 북한정세를 듣고, 소련공산당 간부회(정치국—필자)는 9월 6일, 간부회에서 이 문제를 심의했다. 흐루시초프는 결석했지만 간부회원, 미코얀, 카가노비치, 보로실로프, 말렌코프, 페르부힌, 수슬로프, 포노마료프, 알리스토프, 사부로프, 브레즈네프 외에 외무성에서 그로미코, 페도렌코가 참가했다.[68] 미코얀이 사회를 보았다. 거기에서는, 북한대사를 공산당 국제부의 노마료프(Nomrev)가 접견할 것과 중국 공산당대회에 가는 대표단이 조선인과 진지하게 이야기를 나눌 것을 요구했다. 중국대사에게도, 당대회 대표단이 중국공산당과 의견교환을 하고 싶다고 회답했다.

이렇게 하여 미코얀 간부회원, 포노마료프 등이 중국에 파견되었다. 중국공산당도 친중국파의 추방에는 분노를 나타내었다. 이때 개최된 중국공산당 제8회 대회에 파견된 대표단은 중국측과 의견을 교환하고 미코얀과 국방상 팽덕회가 평양에 파견되었다.

러시아의 연구자 안드레이 랑코프는 미코얀 사절에 동행한 바 있는 북

---

67) Delo.410.I.23970.
68) Presidium TSK KPSS 1954-64, M., 2003, 166.

한과 일본을 담당하는 당중앙위원회 코비젠코(Kovyzhenko)와 인터뷰를 했다. 그에 의하면, 모택동은 김일성에 관하여 말하기를, 이 인물은 어리석은 전쟁을 개시했고 평범하기에 해임할 필요가 있다고 말했다고 한다.69) 조선문제에 경험이 많은 팽덕회 장군이 미코얀과 함께 평양에 파견되기로 했다. 팽덕회도 김일성의 군사면에서의 자질이 낮음을 알고 있었던 한편, 연안파의 정치국원 박일우와의 관계가 좋았다. 9월 23일, 미코얀과 팽덕회는 평양에 가서 이 문제에 관여했다. 팽덕회는 김일성에게 이전에 인민지원군의 부지령이었던 박일우를 중국으로 송환하도록 요구했다.70) 이들의 북한방문은 당내에는 비밀로 감추어졌다.

23일, 노동당 중앙위원회 전원회의에서 김일성은 8월 중앙위원회 전원회의의 결의의 많은 부분을 삭제하고, 김일성도 형식적으로 자기비판을 했다. 이 결의는 다음날의 신문에도 공표되었기에 주의 깊은 독자는 이 변화를 눈치챘을 것이다. 하지만 미코얀은 정세를 알아차리지 못하고 있었으며, 소련과 중국에 의한 개입은 김일성을 해임시키려는 의도가 만일 있었다고 하더라도 이것은 실패하고 말았다. 미코얀과 팽덕회는 8월사건 관계자의 당복귀와 대규모의 숙청을 자숙하겠다는 것을 김일성으로부터 약속받는 것에 만족하지 않으면 안되었다. 김일성에 의한 당의 장악을 완벽한 것으로 보고 있었다. 김은 오진우(吳振宇) 소장이 이끄는 군을 평양에 전개시키고, 반란에 대비했다. 팽덕회가 조선전쟁 이후 김일성과의 관계가 좋지 않았던 것도 작용했다. 이바노프 대사도 팽덕회가 조선인 사이에서 '존경받지 않고 있다'는 나쁜 평판에 주의를 기울였다.71) 결국, 8월 총회 결정의 일부가 취소되었다. 최창익은 평양에 돌아왔고 박창옥은 시멘트공장의 공장장으로 복귀했다. 제명된 당원은 복귀하고, 소련파 당원도 일부는 외교를 포함한 활동에 복귀했다.

한편, 미코얀, 팽덕회, 김일성 사이에 8-9월의 양 총회의 합의사항을 완

---

69) A. Lankov, *Crisis in North Korea, The Failure of De-Stalinization 1956*, Univ. of Hawaii, 2005, 138.
70) Delo.410.I.239.
71) Delo.486.I.16.

전히 공표한다는 합의가 이루어져 있었다.72) 하지만 이 합의는 김일성 자신도 알고 있었지만, 당 중앙위원회는 총회결정의 공표문제에 관해서는 아직 아무런 결정을 하지 않고 있다고 했다.73) 28일, 노동당이 마지못해 공표한 총회결정의 짧은 보고에는 '노동당에 의한 자기비판'의 내용도 없었으며 또한 '레닌주의의 규범엄수'라는 부분도 생략되어 있었다.

9월 총회의 의사(義事)의 공표에 관하여, 10월 8일 김일성은 공약에 있었던 9월 중앙위원회 전원회의 결의를 완전히 공표하는 것을 뒤집었다. '형제당이 당내문제에 개입하는 인상을 준다,' '8월 당 총회의 조직문제 결의에 형제당의 압력이 있었다'는 것이 되기 때문에 공표하지 않는다고 했다. 김일성은 마치 미코얀과 펑덕회의 합의도 존재하지 않는 듯이 전했다.74)

10월의 헝가리사건과 폴란드 정세는 북한지도부에도 마음에 걸리는 일이었다. 하지만 그것이 중·소 그리고 동구 여러 나라에서 정치적인 대사건이 되었기 때문에, 역으로 북한에 대한 중·소의 압력은 저하하기 시작했다. 소련정부는 이 사건들이 한창인 10월 30일, 다른 사회주의 제국과의 우호협력관계를 강화한다는 성명을 발표했다. 평등·독립·주권존중을 내세운 것이었다. 이것은 보기에 따라서는 북한의 입장을 호전시키는 것이기도 했다. 특히 11월 4일의 헝가리에 대한 소련군의 개입 때문에 생긴 중·소간의 갈등을 김일성은 놓치지 않았다. 남일 외상은 중국 외무차관이 몽골, 베트남, 그리고 북한 대사를 초대하여 소련군의 헝가리 침공은 용인할 수 없다고 말했다고 전했다. 북한 외무성은 이바노프 대사에게 10월 말, 이상조 대사에게 내린 귀환명령을 그가 지키지 않고 있다고 소련측을 비판했다. 결국 김일성은 중국파, 소련파를 대거 처단하는 것으로 대응했다. 소련·북한관계는 악화되고 주 소련대사 이상조까지 망명했다. 소련 유학생들 사이에서도 김일성 비판이 발생했다.

하지만 소련정부는 헝가리에 대한 소련군 개입이 행하여진 후의 11월 14일, 이상조(李相朝)를 대신할 북한대사에게 아그레망(신임장)을 부여했다.

---

72) Delo.411.I.21.
73) Delo.486.I.334.
74) Delo486.I.226.

이것을 전한 이바노프 대사에게 남일 외상은 이상조 비판을 반복했다. 남일 외상은 그럼에도 불구하고 이상조가 중국에 가는 것에는 이의가 없다고 했다. 북한노동당의 선전선동부 부부장 김도만(金道滿)이 소련국내의 북한학생과 북한계 시민에 대하여 '헝가리국가와 당은 미련하게도 소련의 모델을 흉내낸 끝에 국가가 쇠퇴하고 소련처럼 개인숭배와 싸움으로써 사멸에 이르렀다'고 호언했다.[75]

8월과 9월의 총회와 그 후의 정치적 변화는, 특히 김일성 지도부와 중국공산당 지도부의 관계의 악화, 그리고 북조선 내부의 민족주의적 조류의 강화로 되어 나타났다. "재중화 인민공화국 소련대사관 보고 1956년"은 북한과 중국의 관계를 '중화 인민공화국과 조선민주주의 인민공화국의 상호에는 많은 대외관계의 문제, 및 조선내부의 문제평가에 관하여 완전한 의견의 일치가 없다. 그 내정에 관한 중국 동무의 견해는 만족하는 것은 아니다'라고 하고 있다.[76]

1956년 11월, 북한정부는 중국정부와 대립하고, 비망록을 보내고, 상담의 형태로, 조선문제해결을 위해 UN조직을 끌어들이는 것의 합목적성에 관하여 추궁했다. 북한과 중국은 UN(國際連合)의 개념 자체에 관하여 생각이 달랐다. 북한의 생각은, 싸움의 대상이 되어 있는 'UN'과 UN은 구별되어야만 한다. 'UN군'으로 북한에 개입해오고 있는 국가 이외에 UN에는 다른 국가도 참가하고 있다는 것이었다.

이에 대하여, 중국정부는 소련정부와도 협의한 후, 12월 8일에 북한정부에 비망록을 보내고, 미국이 UN을 조선문제에 대한 개입의 도구로 간주하고 있다는 점, 북한과 중국을 비롯하여 사회주의 국가는 항상 UN의 개입에 반대하여 왔다고 전통적 견해를 전했다. 소련정부측도 이 점에서는 중국측에 가까웠고 '중국과 북한을 침략자'라고 부르고 있는 UN을 한반도문제 해결에 끌어들이는 것에 회의를 나타냈다.[77] 여기서는, 북한정부가 굳이 이 단계에서 이와 같은 UN 중시책을 게다가 중국이 받아들일 수 없는

---

75) Delo.486.I.46.
76) Delo.409.I.40-2.
77) Delo.486.I.18.

형태로 보낸 것 자체에 주목하고 싶다.

그 배경에 있는 북한에서의 대중관계의 악화에 관하여, 조선인민지원군 군인들이 북한에서 마치 점령군인 것처럼 행동하고 있으며, 북한권력에 대하여 내전간섭을 하는 사례가 있다고 보고 있다. 신화사(新華社)의 비밀 정보에 의하면, "현재의 상황에서 많은 조선인은 인민지원군 부대를 마치 점령군처럼 보고 있다. 조선에서의 장래의 주둔은 바람직하지 않으며 조선민주주의 인민공화국의 주권을 위협하고 있다"고 보았다.78) 중국이 50만 명에 달했던 인민지원군을 완전히 철병시킨 것은 1958년 10월이었지만 중국과 북한의 관계악화는 북한의 민족주의를 고무시키고 독자외교로의 걸음을 강화시키게 되었다.

이바노프 대사도 또 12월 28일부 "조선노동당과 조선민주주의 공화당의 정세에 부쳐"라는 문서를 흐루시초프 등의 소련공산당 간부회 구성원과 외무성 수뇌에게 보냈다.79) "김일성에 의한 체제는, 억압에 의한 압력을 사용하고 개인숭배 등의 과오는 교정되지 않았다. 노동자, 농민, 지식인의 생활수준은 아직 전전 레벨에 이르고 못하고 있다. 개인숭배에 대한 두려움이 심화되고 있다. 소련의 북한인들에 대한 억압이 강화되고 있다. '우인(友人)'들은, 북한에서는 개인숭배로 인한 부정적 결과는 없다고까지 말하고 있다. 중국공산당과 조선노동당의 관계는 비틀리고 있다. 특히 중국과의 관계가 한국전쟁의 발생과 방법을 둘러싸고 발생, 근년 특히 악화되고 있지만, 김일성 개인이 분명히 우방의 지지에 어울리는 평가를 하지 않고 있다"고 비판적이었다.

이리하여, 1945년의 김일성이 소련의 꼭두각시 인형이었다고 한다면, 그 10년 후에는 본래의 '제조자' 소련과 한국전쟁에서 협력한 중국의 의도를 넘어선 존재로 변신하기 시작했다. 중·소 대립이라고 하는 그 후의 역사적인 분쟁은 이 '자주성'을 더욱 진전시키는 계기가 되었다. 김일성 수상은 당내 반대파를 일소하고 1956년 스탈린 비판에 동반하는 당내 위기

---

78) Delo.409.I.141.
79) Delo.486.I.14.

를 극복하자 점점 더 억압의 강도를 강화하며, 이전의 호스트(Host)국가 소련의 의도까지도 넘어선 항로를 달리기 시작한 것이다.

참고문헌

木村光彦, 安部桂司, 『北朝鮮の軍事工業化』(知泉書館, 2003).
櫻井浩 편, 『解放と革命』(아시아경제연구소, 1992).
和田春樹, 『北朝鮮―遊撃隊國家の現在』, 岩波書店, 1998年 [서동만·남기정 옮김, 『북조선; 유격대국가에서 정규국가로』 돌베개, 2002].
토르쿠노프, A., 下斗米伸夫, 金成浩, 『朝鮮戰爭の謎と眞實』(草恩社, 2001).

Amstrong, Charles K., *The North Korean Revolution 1945-1950* (Cornell Univ., 2003).
Cumming, Bruce, *Korea's Place in the Sun* (A Modern History, 1997).
Lankov, A,. *Crisis in North Korea, The Failure of De-Stalinization 1956* (Univ. of Hawaii, 2005).
_____, *From Stalin to Kim Il Sung, The Formation of North Korea, 1945-1960* (Rulgers University Press, 2002).
Weathersby, Kathryn, Soviet Aims in Korea and the Origin of the Korean War 1945-1950, New Evidence from Russian Archives, Cold War International History Project, Working paper, No.8.

제4장 북한의 체제이데올로기와 내셔널리즘

김영수

1. 서 론

　북한 당국은 현재 '위로부터의 변화'를 적극적으로 시도하고 있다. 기존의 경제운용 작동체계를 전환하기 시작한 2002년의 7·1경제관리개선조치가 대표적인 예이다. 당국의 주도로 경제작동 시스템을 변환하면서 체제 작동의 주도권을 당국이 장악하겠다는 의도이다. 최근 2006년 1월 초에는 김정일 국방위원장이 중국을 방문하면서, 앞으로 북한 체제가 나아갈 진로를 지도자 스스로 보여주는 등 위로부터의 변화 주도 의지를 더욱 강하게 보여주고 있다. 이와 함께 북한 당국은 외부 정보의 유입 차단에 총력을 기울이고 있다. 당국이 주도하는 '위로부터의 변화'가 초래하는 주민들의 의식 변화를 당국이 철저히 통제하겠다는 뜻을 강하게 표현하고 있다. 즉, '위로부터의 변화'를 시도하더라도 결코 김일성·김정일 중심체제의 작동체계를 훼손시키거나 약화시킬 수 없다는 통치 방침을 실천하고 있다. 그 결과 전면적인 변화가 아니라, 제한적인 형태의 '위로부터의 변화'가 북한 사회에서 진행 중이다.
　그런데 이와 같은 북한 당국의 목표와 노력에도 불구하고, 7·1조치가 초래한 사회계층의 변화는 서서히 진행 중이다. 신흥계층의 출현이 분명해지고 있으며, 부의 불평등 현상이 심화되고 있다. 특히 '요구'(demand)와

'공급'(supply)의 불균형이 심화되고 있다. 따라서 이런 양상이 지속될 경우, 체제 변동의 계기로 작용할 가능성도 배제하기 어렵다.

한편, 현재 북한 당국은 '위로부터의 변화'를 중심으로 한 중장기적인 계획을 구상하고 있다고 본다. 일년 단위의 단기적인 계획이 아니라, 주체 100년이 되는 2011년, 그리고 김일성 탄생 100년(주체 만100년)이 되는 2012년까지의 계획을 수립한 후 이를 실천하고 있다고 본다. 북핵 카드도 이러한 북한 당국이 세운 국가전략을 실행해 가는 유효한 수단으로 활용하고 있다고 본다.

아울러 한국의 2007년 대통령 선거와 2012년의 대통령 선거를 북한 국가전략의 주요변수로 삼고 있으며, 미국의 2008년, 2012년 대통령 선거도 북한 국가의 진로에 중대한 영향을 주는 변수로 계산하고 있다고 본다. 따라서 북한 당국은 주체 만100년과 김일성 탄생 100주년이 되는 2012년을 북한의 '결정적 시기'로 보고 있을 가능성이 크다. 이런 중장기적 구상 아래 민족공조에 기초한 대남 전략, 북핵 카드 중심의 대미·일전략 및 대중국·러시아 전략을 세우고 있다고 본다. 흔히 생각하는 것과는 달리 체제 유지를 위해 1-2년의 현상에 집착하거나 단기적인 이해득실에 매달리고 있지 않을 가능성이 높다.

이런 상황에서 북한은 대내외적으로 '통일강성대국' 건설을 내세우면서 '자주'와 '민족' 개념을 전례 없이 강하게 표출하고 있다. 2006년 1월 1일 발표한 신년공동사설에도 '우리민족끼리의 날'을 정해놓고 제도적으로 민족공조를 강화해 나갈 것을 주장하고 있으며, 우리 민족이 힘을 합쳐, '거족적인 주한미군철수 투쟁'을 벌일 것을 촉구하고 있다. 최근 신년공동사설을 보면, '우리', '민족', '자주', '선군' 등의 용어가 부쩍 많이 나타나고 있다.[1]

---

1) 1995년부터 2005년의 신년공동사설을 분석해보면, '우리'와 '군'이라는 단어가 평균 100회 정도 쓰일 정도로 제일 많이 나타나고 있고, '민족'이란 표현도 평균 30회 정도의 빈도수를 보이고 있다. 반면, '계급'은 많아야 5회 정도밖에 쓰이지 않고 있다. 김영수, "조선민주주의인민공화국 신년사 분석(1995~2005)," 통일부, 『1995~2005년간 북한 신년사 자료집』(서울: 통일부, 2005), 245-246쪽.

반면, 그간의 국가이데올로기이자 통치이데올로기였던 '주체사상'에 대한 강조는 평균 2-3회 정도밖에 안 될 정도로 언급 횟수가 매우 적다. 물론 '주체'와 '사상'이란 표현은 평균 20여 회 정도 나타나고 있지만, '주체사상'이란 표현은 '선군'이란 표현이 쓰이기 시작한 이후 그 쓰임이 현격하게 줄어든 양상을 보이면서, 마치 주체사상이 과거 시대의 통치 또는 체제이데올로기인 것 같은 인상을 주고 있다.[2]

그렇다면 실제로 체제이데올로기의 근간인 주체사상의 위상이 변한 것인가? 그 이유는 무엇인가? 주체사상을 대신하고 있는 '김정일 시대'의 새로운 체제이데올로기는 무엇인가? 이 글에서는 이런 문제의식 아래, 주체사상 이전의 체제이데올로기, 주체사상의 체계화 과정 및 변화 과정, 주체사상과 내셔널리즘의 관계 및 전망 등의 순으로 북한의 체제이데올로기를 고찰하고자 한다.

2. 주체사상 이전의 이데올로기

1) 체제이데올로기의 보편성과 특수성

북한 정권이 출범한 직후 북한의 체제이데올로기는 마르크스-레닌주의에서 출발했다고 할 정도로 소련에 대한 이데올로기적 의존도가 높았다. 그러나 마르크스-레닌주의의 영향을 받아 국가를 건설해 가는 과정은 마르크스-레닌주의가 제시한 보편적 특성과는 매우 달랐다.

즉, 김일성이 통치하게 된 북한에는 진정한 프롤레타리아도 없었고, 미

---

[2] 연도별로 '주체사상' 언급 빈도수를 보면, 1995년 3회, 1996년 3회, 1997년 2회, 1998년 1회, 1999년과 2000년 언급 없음, 2001년 1회, 2002년 10회, 2003년 3회, 2004년 9회, 2005년 2회, 2006년 언급 없음으로 나타난다. 특히 2006년에는 '주체성'이란 표현이 1회 언급된 것 빼고는 '주체'관련 표현이 나타나지 않는 특징을 보이고 있다. 김영수, "조선민주주의인민공화국 신년사 분석(1995~2005)," 252-253쪽.

위할 부르주아 계급도 거의 없는 상태였기 때문에, 일반적인 공산화와는 달리 타도해야 할 뚜렷한 투쟁 상대도, 그리고 그 적을 미워할 주체도 없는 상황에서 출발할 수밖에 없었다.3) 그 결과 북한의 체제이데올로기는 처음부터 적을 밖으로부터 찾을 수밖에 없었으며, 마르크스-레닌주의를 승계한 김일성 지배체제의 정당화를 위해 '남조선'과 '미제국주의자'를 계급의 적으로 만들지 않으면 안 되었다.

한반도 전체를 하나의 사회로 전제하고 '남조선'을 부르주아 착취체제로 가정하고 남한 내의 프롤레타리아를 북한 인민과 결코 뗄 수 없는 대상으로 전제해야 계급투쟁 이데올로기로서의 공산주의가 설 자리가 생기게 되기 때문에, 초기 국가건설 단계에서의 체제이데올로기에서는 '남조선혁명'을 스스로의 존립을 위한 필수요건으로 삼을 수밖에 없었다.

요컨대, 북한은 소련·중공·월남과는 달리 소련군 점령 아래 공산주의 체계를 고스란히 '전수'받게 됨으로써, 북한의 체제이데올로기는 처음부터 자기정당화의 도구로 출발할 수밖에 없었다.4) 마르크스주의는 19세기의 초기 자본주의체제에 대한 저항에서 그리고 레닌주의는 19세기말의 제정 러시아의 전제체제에 대한 저항에서 모두 명백한 투쟁대상과 개혁대상 체제를 가지고 나타난 이데올로기들이었던 반면, 북한 체제이데올로기는 소련 점령군이 만들어놓은 공산체제를 승계받으면서 그 체제를 정당화하기 위한 기능을 떠안았던 것이다.

이와 같은 생래적이며 본원적 배경을 안고 출발한 북한체제는 그 동안 반세기 이상의 통치기간을 거치면서 사회주의 국가로서는 매우 특이한 평가를 받고 있다. 즉, 소련군 점령이라는 특수 환경 속에서 공산혁명의 주객관적인 모든 여건이 갖추어지지 않은 상태에서 출발한 이후, 마르크스-레닌주의의 이름을 빌어 김일성 중심의 통치체제를 구축해 온 결과 '부자세

---

3) 이상우, "오늘과 내일: 정치이념, 사회변화와 대남정책,"『한국의 안보환경』, 제2집 (증보판) (서울: 서강대학교출판부, 1986), 388-389쪽.
4) 소련 점령군에 의한 공산화를 '외부로부터의 혁명,' '외부로부터 강요된 혁명,' '소련 화물열차에 실려 온 정권'(baggage-train regime)이라고 부른다. 이는 유고나 중공과 같은 토착공산주의혁명 유형과 구별하기 위함이다.

습체제', '김일성-김정일 봉건왕조체제'와 같은 용어로 평가받고 있다.

주로 북한체제를 비판하려는 의도에서 나온 표현들이지만, 이런 표현의 이면에는 북한은 흔히 말하는 사회주의 국가 또는 공산주의 국가가 아니라는 의미가 함축되어 있다. 즉, 마르크스-레닌주의를 국가건설이념으로 수용하여 사회주의 사회를 건설해 온 결과, 사회주의 진영의 보편성과는 거리가 먼 변형 체제를 형성했다는 뜻이 담겨 있다. 왜 사회주의 체제의 일반적 특성이 아닌 특수성이 북한체제에 두드러지게 나타나고 있는가? 어떤 요인이 작용하여 공산주의를 표방하면서 마르크스-레닌주의국가로 출발한 국가가 '전체주의'나 '일당독재'라는 표현에 그치지 않고, '동양적 전제주의국가', '유교적 공산주의국가', '가족국가', '신정체제' 등으로 평가받게 되었는가?

앞서 언급한 바와 같이 북한의 체제이데올로기는 처음부터 혁명을 지도하는 혁명 이데올로기로 발전된 것이 아니었다. 즉 김일성을 비롯한 지도집단이 통치권을 장악한 후 이를 정당화하는 이론으로 만든 것이어서, 처음부터 현실정당화를 그 목표로 하는 방어적 사상체계의 특성을 지닐 수밖에 없었다. 실질적인 일인지배체제에서 민주를 논할 수 없고, 이미 공산국가로 인정받은 이후에 마르크스주의를 버릴 수 없고, 북한 내에 존재하지 않는 부르주아 계급에 대해 프롤레타리아의 투쟁을 내세우기 곤란하고, 제3세계의 지도자가 되겠다고 스스로 국제주의를 주장한 터에 다시 민족주의를 논하기 어려운 상황을 안고 있었다. 이런 어려움 속에서 북한 통치엘리트들은 1960년대 중·후반부터 많은 노력을 기울여 1970년대에는 '맑스-레닌주의의 창조적 발전 형태'로서의 김일성 주체사상을 내놓기 시작했다.

2) 주체사상 이전의 체제이데올로기

그 동안 북한의 체제이데올로기는 '주체사상'이라는 도식 아래 주체사상 이전 북한의 체제이데올로기가 어떠했는지에 대해 큰 관심을 두지 않았다. 이에 여기서는 주체사상이 본격적으로 체계화되기 이전까지 북한의 체제이데올로기가 어떻게 형성·변모해 왔는지 보고자 한다.

주체사상이 체계화되기 이전의 과정을 대략 3단계로 나누어 볼 수 있는데, 첫 단계는 북한 사회구성원들 사이에 국가건설의 개념이 인식되고 교육되는 1945년부터 한국전쟁이 끝나는 시기라고 볼 수 있다.

이 기간 동안에는 새로운 국가건설에 대한 개념을 인식시키기 위해 통일전선정책에 입각한 민족의식을 함양하는 방법이 사용되었으며, 이른바 새로운 가치 기준으로 등장한 마르크스-레닌주의에 입각한 '유물사관'이 마치 인류역사의 절대적인 발전방향이나 진리로서 전파되었다. 이 과정에서 북한 사회의 가치 및 의식구조는 일반적인 문화형성 유형과 같은 자연발생적이고 장기적인 생성이 아니라 의도적인 수립계획에 의해 단기적으로 형성되어 갔다.

이 단계에서는 새로 수립되기 시작한 당성·인민성·계급성을 강조하는 가치체계가 북한 주민들에게 하나의 절대적인 규범으로 강요되었다. 그리고 북한 통치엘리트들은 봉건사회의 관습과 친일적 사고방식을 제거하기 위해 '애국적 민주주의'와 '반제'사상을 교육시켜 사회구성원들로 하여금 민족의 주인의식을 갖게 함으로써 대중들이 위대한 민족국가건설 대열에 동참하도록 노력했다. 해방 후 즉시 신설된 인민회의, 인민위원회와 같은 정치제도가 이 사업에 적극 동원되었다.

사상교육의 과제는 토지의 재분배, 공업의 국유화, 가정 일로부터의 여성해방 등 제반 민주개혁조치에 따른 이론적 근거를 제시해주고 설득시키는 것이었는데, 실제 대다수의 사회구성원들이 실행 중인 개혁으로 인해 수혜자가 됨으로써 인민들의 지지를 확보할 수 있었다. 이 과정에서 민주주의원칙은 지금까지 소외계층에 속했던 자들에게 혜택을 주는 데 활용되었고, 독재는 지주 및 친일분자들에게 가해졌다.5)

그러나 지식층, 종교계, 중산계층 출신의 보수적인 전통적 관념에서 오는 저항도 적지 않았다. 특히 전통적 관습과의 차이에서 오는 갈등은 무시할 수 없는 것이었다. 그리하여 북한 통치엘리트들은 국가건설 초기 단계

---

5) 김일평, 『북한정치경제입문』(서울: 한울, 1987), 68-69쪽.

에서는 일반주민의 생활풍습에 지나친 간섭을 하지 않고, 전통문화나 관습이 설혹 국가정책과 다소 상반되더라도 그대로 묵인했다. 그러나 훈련된 공산당원을 핵심요원으로 하여 새로운 가치관 확산작업과 의식구조의 재정립을 시도한 결과, 1950년경에는 이전의 전통사회와는 다른 새로운 가치체계가 북한 사회 내에 수립될 수 있었다.

하지만 당시 대부분의 북한 사회구성원들은 이전의 전통과 관습에 여전히 집착하는 모습을 보였다. 그러면서도 새로운 공산주의적 가치체계에 대하여 강력히 부정적인 반응을 보이기에는 이미 힘을 잃은 상황이었다. 마치 일제시대의 조선 사람들의 경우처럼 내면적으로 두 개의 가치체계에서 오는 갈등을 겪으면서 점차 외적인 상황의 강력한 흐름에 추종될 수밖에 없는 위치에 놓여 있었다. 한편, 한국전쟁은 공산주의에 기초한 새로운 가치체계를 적극적으로 반대했던 사람들이 북한 사회를 탈출하여 월남할 수 있는 기회를 제공함으로써 결과적으로 북한 사회 내의 저항요인을 감소시키는 효과를 가져왔다.

둘째 단계는 전후복구 3개년 계획과 사회주의적 공업화의 기반을 조성하기 위한 5개년 경제계획이 실시된 1954년부터 1960년까지의 시기이다. 이 기간 동안 북한 통치엘리트들은 농업의 집단화 및 모든 사적 상공업의 국유화 정책에 따른 급진적인 사회경제적 변화에 대응하는 사회의식구조 및 정치문화를 창출하기 위해 대중정치교육계획을 추진했는데, 이 계획의 기본과제는 새로운 사회주의 사회에 합치되는 '사회주의적 인간형'을 주조하는 일이었다. 특히 이 시기에는 사회주의체제에 적합한 '집단주의 정신'의 함양이 공산주의 교양에서 가장 중요시되었는데, 이 과정에서 집단주의 정신 및 문화라는 가치체계가 북한사회에 서서히 정착되기 시작했다.

더욱이 전후복구사업을 추진하면서부터 전개된 집단주의적 노력경쟁운동은 사회주의적 생활을 조직화하는 데 큰 계기가 되었으며, 전후복구사업에서 상당한 성과를 거두었다. 1954년 초부터 '애국적 노동'이란 명목 아래 '복구돌격대 운동', '증산돌격대 운동', '민청순회우승기 쟁취운동', '내각순회우승기 쟁취운동' 등의 각종 사회주의 노동운동이 전개되었으며, '청년'이란 호칭이 붙은 각종 건설운동이 노력경쟁운동의 차원에서 전개

되었다.6) 이 시기의 대표적인 노력경쟁운동의 예가 1957년부터 전개된 이른바 '천리마 운동'이다.7)

'주체' 개념이 제기되기 시작한 것도 바로 이 기간이었다. '주체'라는 개념이 처음으로 제기된 것은 1955년 12월 28일 '당선전선동 일군들 앞에서' "사상사업에서 교조주의와 형식주의를 퇴치하고 주체를 확립할데 대하여"란 제목으로 행한 김일성의 연설에서였다.8) 이 연설은 주로 사상사업에서의 주체를 강조하면서 소련파, 연안파 등의 과오를 주체적인 기준에서 비판했는데, 연설내용에 당시 북한이 '사상에서의 주체'를 들고 나올 수밖에 없었던 상황이 잘 나타나 있다.9)

당시 북한으로서는 1953년 휴전 이후 거의 폐허가 되다시피 한 경제를

---

6) 도흥렬, "북한 주민의 통제정책," 김창순 편, 『북한사회론』 (서울: 북한연구소, 1977), 200쪽.
7) '천리마 운동'은 천리마기수, 천리마기세, 천리마속도, 천리마작업반, 천리마인민반, 천리마학교, 천리마직장, 천리마공장, 이중천리마작업반 등 다양한 구호와 명칭이 결합되며 활발히 전개되었는데, 생산의 효율성을 제고하는 데 일차적 목적을 둔 이러한 집단주의적 노력경쟁운동은 새로운 체제가 요구하는 공산주의적 인간형을 주조하는 인간개조사업의 일환으로서도 적극 활용되었다.
8) 현재 북한에서는 1930년 만주 길림성 소재 장춘현 카륜에서 진행된 '공청 및 반제청년지도간부회의'에서 김일성이 조선혁명에 관한 주체적인 혁명노선과 방침을 제시했다고 주장하고 있다. 김정일, "주체사상에 대하여"(1982년 3월 31일, 위대한 수령 김일성동지 탄생 70돐기념 전국주체사상토론회에 보낸 논문), 경남대학교 극동문제연구소, 『북한자료집 김정일저작선』 (서울: 경남대학교출판부, 1991), 70쪽.
9) "우리 당 사상사업에서 주체는 무엇입니까? 우리는 무엇을 하고 있습니까? 우리는 어떤 다른 나라의 혁명도 아닌 바로 조선혁명을 하고 있는 것입니다. 이 조선혁명이야말로 우리 당 사상사업의 주체입니다. 그러므로 모든 사상사업을 반드시 조선혁명의 리익에 복종시켜야 합니다. 우리가 쏘련공산당의 력사를 연구하는것이나, 중국혁명의 력사를 연구하는것이나, 맑스-레닌주의의 일반적원리를 연구하는것이나 다 우리 혁명을 옳게 수행하기 위해서 하는것입니다.…조선혁명을 하기 위해서는 조선력사를 알아야 하며 조선의 지리를 알아야 하며 조선인민의 풍속을 알아야 합니다.…쏘련에서 나온 사람들은 쏘련식으로 중국에서 나온 사람들은 중국식으로 하자고 했습니다." 김일성, 『김일성 저작집』, 제9권 (평양: 조선로동당출판사, 1980), 468-478쪽 참조.

복구하고, 아직까지 확고하다고 볼 수 없는 김일성의 당내 지배권을 확립하는 것이 절박한 문제였다. 게다가 당시의 국제공산주의운동의 상황이 각 공산국가에 미치는 영향은 매우 복잡했다. 한마디로 말해, '주체'가 처음 등장한 1955년 말은 소련의 심한 내정간섭과 거기에 편승한 당내 파벌투쟁, 전쟁으로 인한 국내경제문제 등 북한정권이 총체적 위기에 처해 있었던 시기라고 볼 수 있다.

이런 상황에서 김일성은 '주체'라는 명분을 내세워 1956년의 '8월 종파사건'을 전후해서 소련이나 중국에 의존하면서 김일성 중심체제에 반대하던 자들을 당의 단결을 파괴하는 반당종파분자, 수정주의자, 교조주의자, 사대주의자, 대국맹종주의자, 그리고 민족허무주의자란 낙인을 씌워 권력의 핵심으로부터 제거해 나갔는데, 이 과정에서 김일성은 반대파와의 권력투쟁에서 자기 입장을 정당화하고 합리화하는 사상적 무기로서 '주체'를 내세웠던 것이다.

한편, 이러한 대내적 계기는 흐루시초프의 스탈린 비판을 거치면서 심화된 중소이념분쟁과 국제공산주의운동의 분열이라는 대외적 계기와 불가분의 관계를 맺고 있었다. 즉 국제환경이 동서간의 평화공존과 국제긴장완화의 분위기로 변하게 되자 스탈린주의를 따르던 김일성은 위기의식을 갖게 되었고, 사회주의 진영내부와 미소관계의 변화로 인한 외부영향이 북한에 파급되는 것을 방지하지 않을 수 없었던 국제적 상황도 '주체'를 제기할 수밖에 없는 결정적인 요인이었다. 또한 중소분쟁의 와중에서 어느 한 쪽에의 편향 및 경사에서 오는 불이익과 피해를 모면하기 위한 노선설정의 필요에서 즉, 실리외교의 차원에서도 '주체'가 제기되었다.

이런 상황에서 1956년 말부터 '주체'를 인식시키려는 교육은 국내의 권력 갈등 속에서 김일성 자신의 입지를 강화하고 권력을 집중화하려는 필요성에서 전국에 걸쳐 실시되기 시작했다. 특히 8월 종파사건 이후부터 '항일혁명전통'과 관련된 공산주의 교양사업이 새롭게 활발히 전개되었다. 항일혁명전통과 관련된 교양교육이 강조된 이유는 김일성과 그의 빨찌산 동료들이 조선독립운동사에서 가장 활동적이고 중요한 그룹이었다는 사실을 북한 사람들에게 인식시켜 항일빨찌산 출신으로 이루어진 통치체제의 정통성을 창출하는 데 있었다.

이에 따라 1958년에 김일성의 항일혁명전통이 강조된 리나영의『조선민족해방투쟁사』가 발간되었으며, 1959년부터는 항일무장투쟁 참가자들이 엮는『항일빨찌산 참가자들의 회상기』등 많은 항일무장투쟁 관련 저술이 발간되었다.10) 그 결과 항일무장투쟁에 참가했던 지도자들이 인민들로부터 존경의 대상이 되기 시작했고, 모든 교육에서 항일유격전통이 강조되기 시작했다. 이후 주체사상이 체계화되는 동안 항일유격전통은 주체사상이 내재화된 가치체계 및 의식구조를 형성해내는 중요한 요소로 자리잡게 되었다.

셋째 단계는 '주체' 개념에 입각한 공산주의 이념교육이 전국에 걸쳐 시행된 1960년 이후 1970년대 초반의 시기라고 할 수 있다. 이 기간은 북한이 김일성의 개인숭배와 우상화 및 자주노선의 확립과 관련된 정책을 실시함으로써 주체사상체계를 본격적으로 형성하려고 노력한 시기이다.

이 시기의 특징은 1950년대 후반부터 강조하기 시작한 천리마운동, 천리마작업반운동과 같은 대중정치활동의 핵심인 '대중노선' 방식의 적극적 활용을 통한 사회개조 및 정치문화 형성 작업이었다.

1960년대 초반의 '청산리 정신과 방법'으로 시작된 대중노선은 1970년대 초 사상·기술·문화의 '3대 혁명'을 제시하면서 더 한층 체계화되었는데, '3대 혁명'을 통한 대중동원정치의 목적은 기술혁명을 도입하여 사회를 재건하며 사상혁명과 문화혁명을 통해 통치방법과 그와 관련된 가치의 근본적 변화를 일으키는 데 있었다. 즉, 기술혁명을 통해 근대화를 위한 물적 자원을 축적하며, 사회화 과정을 활용한 사상혁명을 통해 주체사상에 입각한 정치문화를 창출하고, 문화혁명을 통해 과거로부터 물려받은 관습, 태도, 신념, 행동양식을 철저히 개조하려는 데 목적이 있었다.11)

---

10) 김일평,『북한정치경제입문』, 72쪽.
11) "만약 우리의 전진을 방해하는 낡은 제도, 낡은 사상, 낡은 활동방법, 낡은 생활습관을 청산하지 않으면 우리는 새로운 사회주의 사회를 건설할 수 없다"고 주장한 김일성의 말에서 '3대 혁명'을 제기하게 된 이유를 단적으로 알 수 있는데, 한마디로 새로운 사회주의 사회를 건설하는 과정에서 전면적인 변화를 사회 속에 흡수하

3. 체제이데올로기로서의 주체사상: 체계화 과정과 이데올로기적 특성

1) 주체사상의 체계화 과정

앞에서 서술한 바와 같이 1955년 당 차원에서 '주체'의 개념이 제기된 이후 1960년대의 복잡한 대외환경에 대응해 나가면서 주체사상은 점차 그 체계를 갖추게 된다. 특히 1965년 4월, 반둥회의 10주년을 기념하여 인도네시아를 방문중이던 김일성의 연설에서 주체사상은 체계화되기 시작하는데, 주체 확립에 관한 내용인 이른바 "사상에서의 주체, 정치에서의 자주, 경제에서의 자립, 국방에서의 자위"의 4개 노선이 그것이다.[12]

이후 김일성은 1966년 8월 12일 "자주성을 옹호하자"는 <로동신문>의 논설에서 당의 자주노선을 천명했는데, 당 지도사상으로서의 주체사상은 1967년 12월에 열린 최고인민회의 제4기 1차 회의에 이르러 비로소 국가 차원에서 다루어지게 된다. 이 회의에서 김일성은 국가활동의 당면과업인 '공화국정부 10대 정강'을 발표하면서, 주체사상의 구현을 국가 모든 부문의 기준으로 제시하게 된다.

한편 1960년대 후반에 이르면서 주체사상은 "맑스-레닌주의의 창조적

고 또한 조직행동을 일으키기 위해서는 사회의 전통적인 구조 및 제도, 그리고 의식구조가 근본적으로 바뀌지 않으면 어렵다는 뜻이다. 이 말은 거꾸로 북한이 아직까지 '낡은 것'으로부터 완전히 벗어나지 못하고 있음을 나타내주는 것으로, 그만큼 전통사회의 유산이 뿌리깊이 박혀 있어 쉽게 변하지 않고 있음을 암시해 준다. 김일평, 『북한정치경제입문』, 77쪽 참조.

12) 김일성, 『김일성 저작집』, 제19권 (평양: 조선로동당출판사, 1982), 278-329쪽 참조. 주체사상의 4개 노선의 구체적 내용 및 제시시기에 대해서는 Yang Ho-min, "Juche Idea: North Korean Ideological Setting," Chung Chong-Shik, Kim Gahb-chol (eds.), *North Korean Communism: A Comparative Analysis* (Seoul: Research Center for Peace and Unification, 1980), pp.156-168 참조.

적용"이라는 기존인식에서 "가장 정확한 맑스-레닌주의"라는 것으로 탈피하는 모습을 보이게 되는데, 이 현상은 김일성 개인숭배와 상승작용을 일으키면서 1968년경부터 본격화되었다. 이러한 배경에서 1968년 8월에 개최된 사회과학부문 토론회에서는 주체사상을 "가장 정확한 맑스-레닌주의적 지도사상"13)으로 규정했을 뿐 아니라, 1969년의 사회과학자 토론회에서는 "주체사상만이 맑스-레닌주의와 로동계급의 혁명위업에 끝까지 충실할 수 있는 유일하게 정확한 지도사상"14)으로 규정했다. 이런 관점은 1970년에 개최된 제5차 당대회를 통해 더욱 분명히 나타나게 된다.15)

1970년대 들어서서 주체사상의 체계화 작업은 더욱 본격화되었는데, 1972년부터 주체사상을 "혁명과 건설의 주인은 인민대중이며 혁명과 건설을 추동하는 힘도 인민대중에게 있다는 사상," 즉 "자기운명의 주인은 자기자신이며 자기운명을 개척하는 힘도 자기자신에게 있다는 사상"이라고 규정함으로써 주체사상이 점차 보편적 이론으로 체계화되어 가게 된다.16) 즉, 주체사상에 자주성을 핵심개념으로 하는 '사람중심의 철학원리'를 도입하면서 이론적 체계화 작업을 본격화하게 된다.17)

또한 1973년을 기점으로 주체사상은 마르크스-레닌주의에 대한 계승성보다는 독창성이 강조된 '김일성주의'로도 불리는데,18) 이는 1967년부

---

13) <로동신문>, 1968년 8월 30일.
14) <로동신문>, 1969년 4월 29일.
15) 1970년 제5차 당대회에서는 새로 개정된 당규약 서문에 "조선로동당은 맑스-레닌주의와 우리나라 현실에 맑스-레닌주의를 창조적으로 적용한 김일성 동지의 위대한 주체사상을 자기 활동의 지도적 지침으로 삼는다."라고 규정했다.
16) 김일성, 『김일성 저작집』, 제27권 (평양: 조선로동당출판사, 1984), 390-391쪽.
17) 그 결과 1972년 12월 27일 개정된 사회주의헌법 제4조에서 "조선민주주의 인민공화국은 맑스-레닌주의를 우리 나라의 현실에 창조적으로 적용한 조선로동당의 주체사상을 자기활동의 지도적 지침으로 삼는다"고 규정함으로써, 당의 유일사상이 바로 김일성의 주체사상임을 명백히 하는 단계를 밟게 된다.
18) 1973년부터 통일혁명당이나 재일조총련에서 주체사상을 '김일성주의'로 부르기 시작했으며, 1974년 10월 동경에서 열린 주체과학토론 전국집회에서 '김일성주의'가 공개적으로 거론되었다. 이종석, 『조선로동당연구: 지도사상과 구조변화를 중

터 본격적으로 진행된 개인숭배현상의 이론화 결과라고 할 수 있다. 결국 1970년대의 주체사상 체계화 작업은 주체사상을 단순한 노선 차원의 것이 아니라 철학적 원리를 가진 하나의 사상으로 만드는 기간이었다고 볼 수 있다.

1980년 제6차 당대회에서 주체사상이 당의 유일적 지도사상으로 규정된 이후, 1982년에는 주체사상을 '전면적으로 심화발전시킨 것이며 전일적으로 체계화한' 김정일의 "주체사상에 대하여"를 발표하게 되는데, 여기서는 그 동안 불분명하게 다루어지던 '철학적 원리'가 자주성, 창조성, 의식성의 입장에서 세분화되었으며, 이에 기초한 '사회력사원리'와 '지도적 원칙'이 제시되어 마치 김일성의 거의 모든 것을 하나의 체계 속에 담을 수 있는 체계화가 시도되었다.19) 이런 체계화 작업은 조선로동당 창건 40주년을 기념하여 1985년에 발행된 『위대한 주체사상총서』(전10권)를 통해 더욱 구체적으로 제시되었다.

이상에서 주체사상은 1955년에 '사상에서의 주체'라는 형태로 처음 제시되고, 1970년대에 철학적 원리가 도입된 후, 1982년의 김정일에 의해 철학적 원리, 사회역사원리, 지도적 원칙이 다듬어지면서 주체의 사상, 이론, 방법인 이른바 '주체사상의 전일적 체계'가 이루어져 왔다고 볼 수 있다.

2) 주체사상의 이데올로기적 특성

이상의 체계화 과정을 볼 때, 주체사상에는 '주체' 이전의 마르크스-레닌주의의 영향도 반영되어 있으며, '주체' 제기 이후의 북한의 대내외의 '역사'와 오래 전부터의 '전통'이 반영되어 있다고 볼 수 있는데, 그 결과 주체사상에는 다음과 같은 이데올로기적 특성이 내포되어 있다고 할 수 있다.

심으로』 (서울: 역사비평사, 1995), 89쪽.
19) 주체사상의 '탈마르크스-레닌주의화' 경향은 1980년 제6차 당대회에서 채택된 당규약과 1992년에 개정된 헌법의 지도사상 관련조항에서 마르크스-레닌주의 언급을 삭제함으로써 더욱 분명해진다.

우선, 마르크스-레닌주의적 특성을 들 수 있다. 체제 출현의 생래적이며 본원적인 특성으로 인해 주체사상에는 마르크스-레닌주의적 요소가 적지 않게 내포되어 있다. 예컨대, 사회개혁목표와 관련하여 근로대중의 해방과 근로대중이 지배하는 사회체제를 이상으로 한다는 점, 개인소유제의 부정, 전체주의적 가치관 등의 마르크스주의적 요소와 혁명의 성취방법에서 당 중심의 대중동원을 주축으로 하는 레닌주의적 요소가 사상체계의 근간을 이루고 있다.

이런 특성을 내포하고 있는 이유는 무엇보다도 북한정권의 출현과정에 있다. 즉, 토착세력에 의한 혁명을 거치지 않고 소련의 적극적인 후원 아래 출현한 정권이었기에 권력의 정통성이 갖는 약점을 보완하기 위해 이념적으로 순수성을 고수하려고 했던 것이다. 그 결과 주체사상에는 마르크스-레닌주의에 기초한 전체주의적 특성이 강하게 내재되어 있다.

최근 북한은 변화하는 국제정세를 감안하여 지역특성에 부합되지 않는 마르크스주의를 공식적으로 포기한다고 주장하면서 이른바 '우리식 사회주의'를 내세우고 있으나, 아직 기본골격에 있어서 마르크스-레닌주의의 틀을 벗어나지 않고 있다. 북한의 경제체제의 구조와 그 운영방식은 마르크스주의 이론인 프롤레타리아 독재, 프롤레타리아 국제주의, 생산수단의 사회적 소유, 계급투쟁 및 유물사관, 잉여가치론 등을 떠나서는 그 해석이 불가능하며, 역시 북한의 정치체제의 구조 및 운영방식도 레닌주의 이론인 집단주의원리, 제국주의론, 직업혁명론, 당의 향도적 역할론, 민주집중제 원리, 새 사회주의자적 생활규범 또는 행동지침 등을 벗어나서는 그 분석이 불충분하다.

둘째, 전제적 권위주의 특성을 들 수 있다. 북한체제는 원래 '가지지 않은 자들의 독재'라는 이른바 '프롤레타리아 독재'의 원칙을 수용하여 수립된 정치체제였다. 그러나 오늘날 북한체제는 '봉건왕조체제', '부자세습체제' 등으로 평가되고 있다. 이는 다수의 가지지 않은 자들로 시작된 '좌'의 전제형태가 오늘날 강한 자 그리고 우수한 자의 지배형태인 '우'의 전제형태로 바뀌어 왔음을 뜻한다. 이런 특성은 수령의 절대적인 권한과 특출한 자질을 기초로 하여 체계화되고 있는 주체사상의 수령론에 잘 나타나고 있으며, 김일성-김정일 부자세습체제를 정당화하는 후계자론에도 강하게 내재되어 있다.

이렇게 주체사상 이론체계에 전제적 권위주의 특성이 나타나고 있는 원인은 전통문화의 영향력과 이를 통치차원에서 활용한 북한 통치엘리트들의 통치철학에서 찾을 수 있다. 북한의 경우는 공산화 과정에서 전통적 봉건성을 씻어내는 과도기로서의 혁명적 근대시민사회 단계를 거치지 않았다. 그 결과 조선조의 정치사회구조가 일제식민통치를 지나면서도 크게 변하지 않았다. 예컨대, 조선조 전통사회의 사회작동원리인 삼강오륜에 따른 가부장적 전통, 주자학적 왕도정치사상, 전통적 중앙집권통치 경향 및 관료제 전통, 신분제에 따른 사회구조와 계급의식, 그리고 일제의 무단적 식민통치, 관존민비적 사고방식 등의 전통적 요소가 존속될 수 있었다. 한편 이런 문화적 요소를 지배체제의 정통성을 확립하는 데 활용하고자 했던 통치엘리트들의 통치철학이 결과적으로 주체사상의 권위주의적 특성을 배태시킨 원인이라고 할 수 있다.

요컨대, 마르크스주의가 러시아 풍토와 결합하여 레닌주의를 낳고 이 마르크스-레닌주의가 중국문화에 접합되면서 모택동 사상으로 각색되었듯이, 해방 이후 소련에 의해 유입된 마르크스-레닌주의가 이전의 전통문화와 결합하는 과정에서 전제적 권위주의적 특성이 형성되었던 것이다. 특히 북한 정치체제는 레닌주의에서의 일당지배체제를 일인지배체제로 변형시킴으로써 레닌주의에서의 일당독재론과도 다른 통치형태를 만들어냈다. 즉 레닌은 사회주의를 위해서 전제주의를 내세웠던 반면, 북한은 이와는 달리 사회주의를 위해서라기보다는 김일성 수령을 위하는 전제주의를 목표로 삼았던 것이다.

셋째, 강한 민족주의적 특성을 들 수 있다. 주체사상의 민족주의적 특성은 1980년대 중반부터 본격적으로 표면화되었는데, 이 특성은 이미 '주체'를 제기하면서 시작되었다고 할 수 있다. 정권수립 초기단계에서도 새로운 국가건설에 대한 개념을 인식시키기 위하여 민족의식을 고취시키는 방법의 일환으로 민족문화 및 민족역사연구가 강조되기도 했지만, 그 당시는 프롤레타리아 국제주의에 입각한 국제공산주의운동이 주도하던 시기였고, 더욱이 소련의 지원을 받는 북한으로서 민족주의를 내세워 소련에 대한 반사대주의적 행동을 할 수 없었다.20) 그러던 중 1950년대 중반의 소련 내 반스탈린운동과 당내 권력투쟁이 빚은 국내외적 절박한 국면을 극복하기 위해 '주체'가 제기되면서 체제이데올로기의 민족주의적 특성이 드러나기 시작했다.

위기 극복의 기제로서 반사대주의적 입장의 '주체'를 강조한 것은 전통적인 측면에서 새로운 것이 아니었다. 한민족의 역사가 바로 외침에 대한 끈질긴 항쟁, 인접한 강대세력들 사이에서의 민족적 자주국가로서의 존속과 발전, 고유한 민족문화전통 보존의 노력 등으로 점철되어 왔기 때문이다. 따라서 북한 통치엘리트들이 제기한 '주체' 개념은 마르크스-레닌주의 관점에서는 이질적이지만 일제식민 경험을 겪은 북한 주민들에게는 민족적 자긍심을 심어주는 것이었다. 결국 주체사상의 민족주의적 특성은 '주체'를 제기할 수밖에 없었던 당시의 북한 통치엘리트들의 정치적 필요성과 전통적인 반사대주의적 정향이 서로 복합적으로 작용하면서 형성된 것이었다.

'주체'의 이러한 성격에도 불구하고 북한은 정권수립 당시부터 '프롤레타리아 국제주의'를 천명해 왔기 때문에, 북한은 줄곧 '민족주의'를 "계급적 이익을 전민족적으로 가장하는 부르주아의 사상"이라고 부정해 왔다.21) 그 대신 '사회주의적 애국주의'라는 용어를 사용하면서, '자주성', '민족의식', '민족적 자부심', '민족적 대단결', '사대주의 반대', '자력갱생', '민족적 자주의식' 등 다분히 민족주의적인 성향을 인민들의 정치사상교양의 중요한 요소로 강조하는 이중성을 보여 왔다.

이러한 이중적인 태도는 '프롤레타리아 국제주의'라는 원칙을 형식상 고수하면서 실제로는 북한사회에 내재화되어 있는 민족주의적 정향에 편승, 이를 자극하는 방법을 선택한 데 기인한다고 볼 수 있다. 즉 지정학적 요인으로 인해 일찍이 민족의식 내에 잠재해 있던 성향, 그리고 한국전쟁

---

20) 김영수, "북한 역사관에 나타난 유물론," 『동아연구』, 제24집 (서울: 1992), 163-166쪽.

21) 김일성, 『김일성선집』, 제5권 (평양: 조선로동당출판사, 1960), 236쪽.

으로 형성된 북한주민들의 반미의식을 자극하여 잠재의식의 현재화 및 정치화를 적극적으로 유도해 온 통치전략에서 비롯된 성격이라 할 수 있다. 아울러 북한 체제이데올로기의 이런 특성은 궁극적으로 김일성 개인숭배를 목적으로 하고 있는데, 다음 구절에 잘 나타나 있다.

> 우리 민족의 민족적 자부심의 가장 중요한 내용을 이루는 것은 우리 당과 우리 인민의 위대한 수령 김일성 동지를 모시고 혁명한다는 높은 긍지와 자랑, 그이께서 세워주신 세상에서 가장 우월한 사회주의제도에서 산다는 우월감, 그이께서 몸소 이룩하신 빛나는 혁명전통의 영예, 그이의 령도밑에 혁명과 건설에서 이룩한 거대한 업적을 가지고 있다는 자부심이다.[22]

결국 민족적 자부심의 근거는 김일성에게 있는 것이고 김일성의 '혁명전통'에 있는 것임을 알 수 있다. 따라서 북한 체제이데올로기의 민족주의적 특성에는 흔히 말하는 민족 및 민족주의가 아니라 오히려 쇼비니즘에 가까운 폐쇄적 민족주의 특성이 담겨 있다고 하겠다.

이상에서 북한정권 수립 이후의 역사와 통치엘리트의 통치철학과 정권수립 이전의 전통의 영향력이 서로 복합적으로 작용하여 주체사상의 이데올로기적 특성을 이루고 있다고 할 수 있다.

4. 체제이데올로기와 '우리민족제일주의', '민족공조'

1982년 김정일에 의해 이른바 '전일적 체계'를 갖춘 주체사상은 제일 먼저 '사회정치적 생명체론'과 결합하게 되는데, 이는 북한 주민들이 지도자를 어떻게 인식해야 하는가에 대한 논리적 기초를 제공하는 역할을 담당했다. '사회정치적 생명체론'은 1969년에 제기된 '혁명적 수령관'에 의해 파생된 것인데, 그 근간은 유기체적 체제관이다.

---

[22] 『정치사전』 (평양: 사회과학출판사, 1973), 429쪽.

생명의 이분법에서 출발하는 '사회정치적 생명체론'은 당 조직과 당이 영도하는 정치조직의 한 성원으로 조직생활에 적극 참가함으로써 수령과 혈연적 관계를 맺을 때 정치적 생명을 받게 되고 유지·공고화됨을 강조한다. 즉, 수령-당-대중은 사회정치적 생명체 내에서 '혈연적 관계'로 맺어진다는 것인데, 이때부터 주체사상은 마르크스주의를 능가하는 사상이 된다는 것이다.

1980년대 주체사상에 결합된 또 다른 통치이론체계 및 용어는 '조선민족제일주의론'과 '우리식 사회주의론'이다. '조선민족제일주의'는 1986년 7월 김정일의 담화 "주체사상교양에서 제기되는 몇가지 문제에 대하여"에서 처음 제기되었는데, 민족적 우월성을 내세우면서 붕괴된 여타 사회주의 국가와의 차별성을 부각시킴으로써 주민들의 사상적 동요를 막고 체제결속을 도모한다는 의도에서 주조된 논리체계이다.23) 즉, 조선민족은 소련과 동구권 등의 사회주의 진영과는 '피줄'과 '언어'가 다른 민족이기 때문에 사회주의를 걷는 방식에서 독자성을 띨 수밖에 없다는 뜻이다. 그 결과 북한은 독자적인 '우리식 사회주의' 노선을 고수하겠다는 것이다.24)

'우리민족제일주의' 강조는 1989년 간행된 고영환의 『우리 민족제일주의론』에서 더욱 구체화되고 있는데, 여기서 "자기 민족제일주의의 본질과 기초는 민족적 자존심과 민족적 자부심으로 형성되는 투철한 민족자주정신이며, 이는 우리 민족만이 가지고 있는 혁명전통과 위대한 수령의 령도에 의해서 마침내 그 위대한 생활력을 가지게 됨"을 역설하면서 "우리 식대로 살아나갈 것"을 강조하고 있다.25) 민족 자주성의 강조는 1991년 김정일의 "인민대중 중심의 우리식 사회주의는 필승불패이다"라는 담화에서 인민대중보다 민족이 우위임을 명시함으로써 주체사상의 이론체계에서 민족이 계급의 상위에 서는 개념임을 공식화하고 있다.

---

23) 고유환, "김정일의 위기 대응과 생존 전략," 『현대북한연구』, 제3권 2호(2000), 20-25쪽 참조.
24) 북한은 '우리식 사회주의'를 영원불멸의 탁월한 주체사상에 기초한 가장 독창적이고 우월한 사회주의라고 주장하고 있다.
25) 고영환, 『우리 민족제일주의론』(평양: 평양출판사, 1989), 66-198쪽 참조.

한편, 북한은 1993년 10월 사회과학원의 고고학 보고서를 근거로 단군이 신화적 인물이 아닌 실존인물임을 주장해 오고 있는데, 여기에는 '주체의 나라' 창건자를 신화 속의 인물이 아닌 실존인물로 환치시킴으로써, 평양중심의 고조선·고구려·고려로 이어지는 역사의 주체성을 높이고 '단군'에서 김일성·김정일로 이어지는 세습통치의 정통성의 확보하려는 전략적인 의도가 담겨 있다고 하겠다.26) 1993년 5월의 고구려 동명왕릉과 1994년 1월의 고려 태조 왕건 왕릉 복원과 함께 최근 북한이 주력하고 있는 일련의 '민족문화유산 계승사업'이 바로 '조선민족제일주의'을 입증하려는 의도에서 비롯된 것이라고 할 수 있다.

이런 일련의 작업은 주체사상에서 사회주의적 색채와 계급적 관점을 완화 내지는 은폐시키는 대신, 민족주의적 색채를 전면화시켜 민족적 동기를 크게 강화하려는 체제이데올로기의 전략적 활용과 깊은 연관이 있다.

요컨대, 1980년대 중반 이후 밀어닥친 국내외의 위기국면을 타개해 나가는 방어기제로서 '조선민족제일주의'나 '우리식 사회주의'를 내세워 북한체제를 유지해 나가는 명분과 논리를 창출해 낸 것이다. 1990년대부터 현재까지 부쩍 강조하고 있는 '민족대단결론', '민족공조' 등도 같은 맥락에서 해석할 수 있다. '전민족대단결론'을 내세움으로써 남한에 의한 흡수통일론을 차단하고, 통일전선전략의 전개 속에서 북한에게 유리한 국면을 조성해 간다는 것이다.

한편, 김일성 사후 '붉은기 사상'에 대한 강조가 두드러지게 나타난 바 있는데, 이것 또한 그 시대상황에 맞는 이데올로기적 '기치'이며 '구호'라고 할 수 있다.27) 즉, 주체사상을 대신하는 이데올로기가 아니라 주체사상

---

26) 김영수, "북한의 민족주의 부각 및 역사재해석 실태와 그 대응방안," 『정책연구』 (1995년 제1호) 참조.

27) '붉은기 사상'은 1994년 10월 김정일의 "사회주의는 과학이다"라는 글에서 "이 글은 나의 사상이 붉다는 것을 밝힌 것"이라는 내용이 언급된 이후 주목받기 시작했는데, "붉은기를 높이 들고 나가자"는 논설이 1995년 8월 28일 <로동신문>에 게재되면서부터 북한의 각종 언론보도에 본격적으로 등장하기 시작했다. 1996년 당보·군보·청년보 신년 공동사설에서 "붉은기를 높이 들고 새해의 진군을 힘차게

의 체계 속에서 작동하는 일종의 '시대적 구호'라고 볼 수 있다. 더욱이 이데올로기의 주요 구성요소인 미래상 제시, 현실 설명능력, 현실과 미래의 연결체계에 대한 이론적 틀이 분명하게 제시되고 있지 않다는 점에서, 주체사상을 대체하는 새로운 체제이데올로기로 보기도 어렵다. 또한 '붉은기 사상'의 독자적인 이론적 체계를 제시한 적이 없으며, 혁명의 상징을 나타내는 '붉은기 사상'이 주체사상의 요구대로 자기 힘을 믿고 자기 운명을 개척해 나가는 자주와 창조의 철학임을 강조하고 있는 데서 주체사상의 대체물이 아님을 분명히 알 수 있다.

따라서 '붉은기 사상' 또한 김일성 사후 김정일 시대로 넘어가는 과도기의 불안정한 상황을 타개해 나가기 위해 제시된 일종의 정신적 단결을 위한 '모토' 내지는 '구호'라고 볼 수 있다. 즉, '붉은기 사상'은 위대한 영도자인 김정일과 북한주민인 대중을 하나로 잇는 가장 강력한 구호이며 윤리인 '일심단결'의 핵심개념이라고 할 수 있다. 그리고 이 사상을 통해 사회주의 국가들의 변신과 그로 인해 초래된 북한체제의 위기 속에서 '우리식 사회주의'를 결사적으로 지켜내겠다는 결의를 나타낸 것이라고 할 수 있다.28)

현재 '붉은기 사상'과 관련한 구체적인 내용이 더 이상 언급되지 않고 있다. 김일성 사후 김정일의 이름으로 발표된 글에서도 '붉은기 사상'에 대한 새로운 언급되지 않고 있다. 결국 '붉은기 사상'은 김정일 체제를 유지하기 위한 김정일 시대의 새로운 이데올로기적 기치이자 모토였음을 알 수 있다. 김일성 사망 이후 체제이데올로기의 해석권을 독점한 김정일이 자신에 대한 무한한 충성을 인민들에게 요구하고 유도하기 위한 선동사업으로서 '붉은기 사상'과 '붉은기 철학'이라는 상징적 표현을 택한 것으로 해석할 수 있다. 그렇게 함으로써 다른 잡사상이 쉽게 끼어들지 못하도록

다그쳐 나가자"를 강조하면서부터 붉은기 사상의 비중은 더욱 두드러졌다.
28) 북한에서 '붉다'는 말은 이른바 항일유격대원들이 혁명적이라는 뜻으로 '붉은 동무', '붉은 마음', '붉은 사람', '붉은 탄알' 등으로 말을 만들어 쓴 데서 유래되었다고 한다. 이런 연유로 붉은 색을 상징색깔로 선호하고 있다. 『문화어 학습』, 1967년 4호 참조

한 것이다. 그 결과 김일성 시대의 '주체사상의 기치'라는 대중적 용어 대신에 '붉은기 사상'과 '붉은기 철학'이 회자하게 된 것이다.

최근에는 '선군사상'과 '선군정치'라는 개념이 북한체제와 사회 전반을 지배하고 있다. 특히 '선군'과 김정일 국방위원장의 관계를 앞세워 김정일의 영도력과 능력을 부각시키는 체제유지 기제를 작동시키고 있다.

이처럼 1980년대 이후부터 '사회정치적 생명체론', '혁명적 수령관', '조선민족제일주의', '우리식 사회주의', '민족대단결론', '붉은기 사상', '붉은기 철학' 등, 언뜻보면 주체사상의 대체용어 내지는 대용이데올로기와 같은 뉘앙스를 풍기는 용어가 지속 또는 간헐적으로 제기되었다. 그리고 '고난의 행군' 이후에는 '강성대국', '통일강성대국', '선군정치', '선군사상', '민족공조'란 새로운 용어가 북한 체제유지의 기제로 활용되고 있다.

이런 새로운 용어는 주체사상을 대신하는 새로운 체제이데올로기가 아니라, 주체사상의 틀 속에서 의미를 가질 수 있는 이데올로기적 '기치' 내지는 '구호'라고 할 수 있다. 즉, 그 시대 상황과 조건에 맞는 이데올로기적 변용물인 것이다. 그만큼 주체사상은 북한체제이데올로기로서 확고한 위상을 갖고 있으며, 또한 이데올로기적 가변성과 탄력성을 지니고 있다. 이는 "주체사상의 력사는 조선민주주의인민공화국의 력사 그 자체"라는 김일성의 말과 "혁명의 지도사상은 어느 한 시점에서 단번에 완성되어 나올 수 없으며 시대적·력사적 조건과 무관할 수 없다"는 김정일의 지적에 잘 나타나 있다.[29]

즉, 북한의 주체사상은 체제 내에서 일정한 자기 구속력을 유지해 오기도 했지만, 한편으로는 상황에 따라 지배체제의 안정을 위해 '자기수정적'인 변용을 실행해 온 것이다. '사회정치적 생명체론', '혁명적 수령관', '조선민족제일주의', '우리식 사회주의', '민족대단결론', '붉은기 사상', '붉은

---

29) 김일성, "일본 정치리론잡지『세까이』편집국장과한 담화"(1972년 10월 6일),『김일성 저작집』, 제27권 (평양: 조선로동당출판사, 1984), 421쪽; 김정일, "주체사상에 대하여"(1982년 3월 31일, 위대한 수령 김일성동지 탄생 70돐 기념 전국주체사상 토론회에 보낸 론문), 경남대학교 극동문제연구소,『북한자료집 김정일저작선』, 70쪽.

기 철학', '통일강성대국', '선군정치', '선군사상', '민족공조' 등이 그 대표적인 변용의 예이다.

요컨대, 주체사상은 상황변화에 따라 새로운 논리와 명분을 갖춘 용어를 이데올로기적 '기치' 또는 '구호'로 차용함으로써 북한체제 전반을 지도하는 원리로서 그 포괄성과 총체성을 유지해 왔다. 이것이 통치 또는 지배이데올로기로서 주체사상이 갖는 강점이다. 동일한 언어의 지속적인 반복이 일상화되는 경우, 그것이 인민대중에게 주는 설득력이 그만큼 반감되거나 약화될 수 있다는 점에서도 주체사상의 탄력적인 변화 양상은 장점을 지니고 있다.

그러는 동안 주체사상은 북한체제 내에서 김일성·김정일 우상화에 기여해 왔고, 국가신앙적 차원의 정통성 확보와 체제유지 기능을 수행해 왔다. 그리고 혁명과 건설을 위한 대중동원의 기능, 대남혁명과 통일노선의 합리화 및 대외정책의 정당화 기능, 권력세습의 정당화 기능, 국내외적 도전에의 자기방어 기능 등을 수행해 왔다.

특히, 주체사상은 시간이 지남에 따라 무엇보다도 북한의 권력구조에서 김일성·김정일 가계에 대한 미화 및 절대화 작업을 우선 과제로 하는 정치사회화 과정을 통해 주체사상의 수령론을 정립해 왔을 뿐 아니라, 절대적 권위와 무조건적 복종과 충성이 창출되도록 함으로써 김일성·김정일 유일지배체제를 구축하는 데 기여해 왔다.

또한, 주체사상은 이와 관련하여 권력세습체제의 합리화 기능까지 성공적으로 수행해 왔다. 북한체제는 사회주의건설의 각 단계마다 주체사상에 근거하여 김일성 수령체제의 계승적 성격을 더욱 분명히 해 왔으며, 이와 더불어 유일적 후계체제의 논리전개와 정당성 확보를 위해 후계자론, 수령결정론, 혁명적 수령관, 지도자론 등을 개발하여 이 사실을 주민들에게 꾸준히 학습시켜 왔는데, 이러한 노력이 세습적 권력승계를 합리화시키고 기정사실화하는 효과를 만들어냈다.

한편, 주체사상은 주민들을 '우리식 사회주의' 이론으로 교화시켜 견고한 단결을 맺게 하는 결합수단으로서의 기능을 수행함으로써 대중동원의 극대화 기능을 추구해 왔다. 또한 '수령에 대한 충성심', '혁명동지간의 형제애'라는 가치 주입을 통해 체제운영원리의 하나인 집단주의 정신을 구현하는 데 크게 기여해 왔으며, 증오에 기초한 인내심 강조는 대내외적 도전에 대한 자기방어의 기제역할을 성공적으로 수행해 왔다.

이러한 주체사상의 기능은 1980년대 이후 김정일에 의해 주체사상이 체계화되고 그 절대적 권위가 강화됨으로써 더욱 촉진되었는데, 그 핵심내용은 주체사상에서 제시하는 이론과 방법을 구현하는 것이 사회주의, 공산주의 건설의 지름길이라고 규정하고 인민대중에게 주체사상 교양을 더욱 강화하는 것이었다. 다시 말해 혁명과 건설에서 결정적 역할을 하는 것은 인민대중이며 혁명과 건설의 성과는 인민대중의 창조력을 어떻게 조직 동원하느냐에 달려 있다고 주장함으로써 수령이 제창한 주체의 영도방법, 혁명적 군중노선의 관철을 강조했다.

결국, 상황에 따른 논리와 명분의 변용과 차용을 통해 주체사상은 통치의 정당성과 체제의 정통성을 담보하는 관제 이데올로기로서의 역할을 수행해 오고 있다. 더욱이 시간이 지남에 따라 이데올로기로서의 역할뿐만 아니라 이제는 북한 사회구성원 전체를 규제하는 이른바 북한식 체제의 '정치문화'로서의 역할을 수행하고 있다. 즉, 북한 사회 전반에 '주체'가 관통하고 있고 내재화되어 있다는 점에서 북한사회에는 주체사상에 의한 '주체'가 하나의 강력한 문화체계를 이루고 있다.30)

---

30) 1972년 10월 21일 조선노동당 기관지인 <로동신문>은 "주체사상은 봉건윤리에 기초한 전통적 정치문화에 대신하여 새로운 정치문화로 등장했으며 이제 다가올 10년 동안 우리의 혁명과 건설을 성공적으로 수행하기 위한 안내 나침판이 되었다"는 내용의 사설을 실은 바 있는데, "주체사상이 곧 새로운 정치문화"라는 단순한 표현 속에는 전통의 유교 이데올로기가 차지하던 위치에 주체사상이 대신 들어섰다는 뜻과 함께, 유교 이데올로기 중심의 전통정치문화에 대신하여 주체사상에 맞는 새로운 문화체계를 형성하겠다는 정치적 의지가 표명되어 있다.

5. 결론: 체제이데올로기의 변화 전망

현재 북한은 "주체사상은 력사상 처음으로 사람이 자기운명의 주인이라는 독창적인 운명개척 원리와 방도를 가장 과학적으로 천명한 위대한 사상"이며, "조선에서는 주체사상에 의해 사람들이 자기운명을 자기 손에 틀어쥐고 자기 처지를 끊임없이 개선하며 자기발전의 끝없는 행로를 걸어가고 있음"을 강조하면서, 김정일이 주체사상을 전일적 체계로 발전시켜 왔음을 학습시키고 있다.[31] 그리고 주체사상은 당과 국가활동, 혁명과 건설의 지도원칙을 결정지어 온 최고의 지도이념이며, 당과 국가활동의 유일한 지도적 지침임을 주입시키고 있다.

주민들도 주체사상의 위상과 역할에 대해 별다른 거부 반응 없이 받아들이고 있다. 더구나 지금까지 주체사상을 대체할 대항이데올로기를 한번도 접한 적이 없기 때문에, 설사 체제이데올로기의 효용성에 대한 불만은 형성되어 있을지라도 체제이데올로기 자체의 정당성을 조직적으로 거부할 정도의 행동은 기대하기 어려운 상황이다. 따라서 김일성 시대가 김정일 시대로 바뀌어 진행된다고 해서 주체사상의 위상이 결정적으로 흔들릴 가능성은 그렇게 높지 않다. 신년공동사설에 '주체사상'의 언급이 현저하게 줄어든 것을 '주체사상'의 위상 하락으로 해석할 수 없을 만큼, 북한체제의 주체사상 의존도는 매우 높다. '주체사상'이 체제와 사회 전반에 확고하게 내재화되어 있기 때문에, 새삼스럽게 강조하지 않고 있을 뿐이다. 더욱이 현재 북한은 주체사상의 핵심인 '어버이 수령 김일성'을 부인하

---

[31] 현재 주체사상 학습은 당의 조직지도부와 선전선동부의 지도 아래 각급 당 위원회에서 실시하고 있으며, 주민들의 사상통제는 주로 국가안전보위부와 인민보안성에서 담당하고 있다. 그 외 당의 외곽단체인 '조선직업총동맹', '김일성사회주의청년동맹', '조선민주여성동맹' 등에서 사상교육을 실시하며 각급 학교와 언론 매체를 교육 수단으로 활용하고 있다.

지 않고 오히려 '영원한 주석'으로 섬기면서 "위대한 어버이 수령은 우리와 함께 영원히 계신다"는 인식을 확산시키고 있다. 김일성 사망 이후 '유훈통치'를 앞세워 김일성의 권위를 그대로 체제유지의 기반으로 삼으면서, '선대수령'의 위신을 그대로 통치에 활용하고 있다.

이는 김정일을 비롯한 북한의 통치엘리트들이 김일성 없이 주체사상이 온전할 수 없고, 주체사상의 기반이 흔들려서는 북한체제 자체를 제대로 유지하기 힘들다는 인식을 하는 데서 나오는 결과라고 할 수 있다. 사실 주체사상의 체계화 과정 및 이론 체계를 볼 때, 주체사상의 핵심이 '어버이 수령 김일성'임을 부인할 수 없다. 김일성은 단순한 권위주의형 통치자가 아니라 북한 인민의 '어버이'로 각인되어 왔으며, 특히 이런 권위 관계가 수령-당-인민중심의 체제조직원리에 반영되면서 권력이 사랑과 은혜로, 통제가 귀속감으로, 그리고 권력자의 요구와 의지가 공권력으로 대체되는 양상을 보여 왔다. 따라서 북한의 주체사상이 체제의 원동력으로서 얼마나 효율적으로 작동하느냐는 모두 김일성 수령의 존재에 달려 있다고 할 수 있었다. 이것이 북한 정치체제의 가장 큰 특징이었다.

또한 주체사상은 체제 내에서 일정한 자기 구속력을 유지해 오면서도 상황에 따라 지배체제의 안정을 위해 '자기수정적'인 변용을 해 왔다는 점에서 앞으로도 큰 이상 없이 북한체제이데올로기로서의 역할과 기능을 수행할 것으로 본다. 특히 사회주의권의 변화가 초래한 대내외의 위기에 당면하여 '우리식 사회주의'라든가 '조선민족제일주의'를 내세우면서 주체사상의 민족주의적 특성을 적극 활용한 시도와, 민족 개념에 기초한 '통일강성대국'을 앞세우고 있는 데서 주체사상의 생명력과 자기수정적인 적응력을 새삼 확인할 수 있다.

한편, 그 동안 권력승계와 체제유지를 위해 그 이론적 체계를 경직시켜 왔고, 더욱이 사회주의권의 붕괴에 대응하는 필요성에 의해 주체사상이 지닌 사회발전의 역동성을 약화시킨 결과, 현재 이데올로기로서의 '자기수정적' 능력이 매우 취약하다는 평가도 제기되고 있다. 그러나 그 동안 보여주었던 체제이데올로기로서의 가변성을 감안하면 주체사상의 운용에는 큰 이상이 없을 것으로 예상된다. 특히 주체사상의 체계화와 함께 세습체제를 정당화한 장본인이 바로 김정일이란 점에서 체제이데올로기의 급격한 위상 변화는 없을 것으로 보인다. 따라서 앞으로 개최될 제7차 조선로동당 대회에서도 주체사상의 위상에는 큰 변화가 없을 것으로 예상된다.

그러나 문제는 지금까지 북한체제의 특성을 유지하는 데 결정적인 역할을 해 온 체제의 폐쇄성을 어떻게 지속할 수 있는가에 있다고 본다. 즉, 주체사상이 체제유지 기능을 제대로 발휘하기 위해서는 지금까지 지켜 온 폐쇄의 효율성을 담보해야 하는데, 이를 어떤 방법으로 지킬 수 있을지 의문스럽다. 사회구성원들의 이동의 자유와 대외정보접촉의 기회를 효율적으로 통제하거나 차단함으로써 형성된 지상낙원이라는 이른바 '복토' 관념에 기초한 민족적 자부심은 폐쇄성이 보장되는 한도에서 그 의미를 유지할 수 있는 취약성과 한시성을 지니고 있다는 점에서 더욱 그렇다. 따라서 김일성 없는 공백은 김정일의 존재로 메워 나갈 수 있으나, 경제위기 극복이라는 체제당면과제가 체제 개방을 물고 들어 올 때, 이를 기존의 체제이데올로기로 어떻게 대응해 나갈지가 북한당국이 풀어야 할 당면과제인 것이다.

현재 북한체제는 예상과는 달리 '조선로동당 창당 60주년'이란 시간을 차분하게 넘기고 있다. 후계자 결정이 가시화되리라는 예측도 한바탕 호들갑으로 마무리되고 있다. 그만큼 외부세계에서 북한체제의 특성과 작동원리를 잘 모르고 있음을 새삼 확인시켜준 결과만 낳았다. 북한 체제 향방에 대한 예측이 빗나가고 있는 것은 북한 당국이 무엇을 생각하고 있고 원하고 있는지를 정확하게 모른다는 것을 단적으로 말해준다. 우리의 시각으로 익숙한 잣대로 북한체제를 측정하다보니 잘못된 계산만 내놓고 있다.

최근 북한 식량배급 제도 변화를 놓고도 갖가지 해석이 쏟아졌다. 식량이 절대적으로 부족한 상황에서 어떻게 식량 배급을 재개할 수 있느냐는 것이 핵심의문이었다. 답은 간단하다. 2005년 신년사에서 올해는 '먹는 문제'를 우선적으로 해결한다는 것을 천명했기 때문에 북한 당국이 이를 실천하는 것이라고 보면 된다. 농업문제를 '주공전선'으로 삼고 먹는 문제를 해결한다고 했기 때문에, 북한 당국은 10월 10일이라는 조선로동당 창당 60주년을 계기로 식량 배급체제를 다시 작동시켰던 것이다. 그리고 2006

년 신년공동사설에서 다시 한번 '먹는 문제'에 힘을 쏟겠다는 의지를 표명하고 있는 것이다.

이런 조치는 북한 당국의 치밀한 계산과 준비 아래 시행되고 있다. 식량이 부족한 상황에서 무리하게 밀어붙이고 있는 것이 아니라, 식량의 매점매석 상황, 외국 원조 실태, 한국으로부터의 지원 가능성, 미국·일본·중국과의 관계 등을 고려한 조치인 것이다. 그 결과 250그램을 받던 사람들이 하루에 500그램을 받고 있다. 폭등하던 쌀값도 정부가 시장유통을 통제하기 시작하면서 완전한 모습은 아니지만 어느 정도 국가의 통제력 아래 놓이는 양상을 나타내고 있다.

새로운 제도의 실시에 불안해하던 일반 주민들도 조금씩 적응해 가고 있다. 일부 부작용은 아직 남아 있지만, 식량 공급의 안정성에 대해 많은 기대를 나타내고 있다. 당국에 대한 신뢰도 전례 없이 높아지고 있다. 북한 당국의 예상은 크게 빗나가지 않고 북한 주민들의 호응을 얻어내고 있다. 문제는 이런 식량배급 조치를 언제까지 이어갈 수 있겠는가에 있지만, 새로운 조치를 통해 북한 당국의 능력과 통제력을 재확인 시켜주었다는 것, 특히 북한 주민들과의 약속을 지켜냈다는 것이 북한체제를 이끌어갈 수 있는 힘, 즉 체제 유지의 정통성으로 이어지고 있는 것은 분명하다. 그만큼 북한 당국은 북한체제를 어떻게 운영해 나갈 것인가에 대한 비전과 방안을 갖고 있다고 볼 수 있다.

앞에서 언급한 바와 같이, 현재 북한 당국은 '위로부터의 변화'에 대한 중장기적인 계획을 구상한 후 이를 실천해 가고 있다. 일년 단위의 임기응변식 프로그램이 아니라, "주체 100년"이 되는 2011년, 그리고 "주체 만100년"이 되는 2012년까지의 계획을 수립한 후 이를 실천해 나가고 있다. 북핵 카드도 이러한 북한 당국이 세운 국가전략을 실행해 가는 유효한 수단으로 활용하고 있다. 북한 당국은 주체 만100년과 김일성 탄생 100주년이 되는 2012년을 북한의 '결정적 시기'로 보고, 모든 국가 전략을 여기에 집중시키고 있다.

이런 중장기적 구상 아래, 민족공조에 기초한 대남 전략, 북핵 카드 중심의 대미·일 전략 및 대 중국·러시아 전략을 세우고 있다. 따라서 북한 외부에서 예상하는 것처럼 1~2년의 현상에 집착하거나 단기적인 이해득실에 매달리는 조급함이 북한 체제 내부에는 오히려 적다. 대신 경수로 건설 요구나 주변국가와의 관계 정상화 등의 제반 계획을 이런 북한 중심의 일정표에 의해 진행하려고 준비하고 있다.

2006년 1월, 김정일의 전격적인 중국방문은 북한 당국이 무엇을 지향하고 있는지를 단적으로 말해 준다. 지난 60년 동안의 '조선혁명'을 마무리 짓고, 향후 '조선혁명'의 새로운 진로를 어디로 잡아 나갈 것인가를 보여주는 상징적인 행동이다. 대외적 효과와 대내적 효과를 극대화하기 위해 전격 방문, 방문지의 철저한 보안, 비밀 협상 등을 활용하여 김정일의 위상과 북한 체제의 공고함을 과시하면서, 동시에 중국의 경제적 성공을 모범 사례로 하여 북한식 경제발전 모델을 추구하겠다는 의지를 단적으로 보이고 있다.

그러나 현재 북한 당국이 추구하는 최우선 목표는 개혁·개방이 아니라 체제유지이다. 따라서 경제발전을 위한 다각적인 '위로부터의 변화'를 시도하더라도, 결코 김일성·김정일 중심체제의 작동을 훼손시키거나 약화시킬 수 없다는 것이 김정일 위원장의 통치 방침이다. 따라서 북한 내부에서는 매우 제한적인 형태의 '위로부터의 변화'가 진행 중이다. 이를 위해 북한 당국은 외부 정보의 유입 차단에 총력을 기울이고 있다. 또 '위로부터의 변화'가 초래하는 주민들의 의식 변화를 당국 차원에서 통제하기 위해 노력하고 있다.

그런데 이와 같은 북한 당국의 목표와 노력에도 불구하고 7·1조치가 초래한 사회 변화는 예상하기 어려울 정도로 확산되고 있다. 경제력에 바탕을 둔 신흥계층의 출현이 점점 가시화되고 있으며, 이로 인한 부의 불평등 현상이 심화되고 있다. '요구'와 '공급'의 불균형도 심화되고 있다. 앞으로 이런 양상이 지속될 경우 체제 변동의 계기로 작용할 수 있을 정도로 북한 사회는 전례 없는 변화와 동요를 경험하고 있다.

이런 상황을 직시하고 있는 북한 당국은 7·1조치 이후부터 최근까지 체제정비 사업에 주력하고 있다. '수정주의 날라리 풍을 빼기 위한 사상검토'를 전국으로 확산하고 있으며, 체제 정비를 위한 '전투'와 그루빠를 동원한 비사회주의 경향 단속 사업을 주기적으로 실시하고 있다. 당 차원에서 외화벌이 사업체를 집중 검열하여 실적이 미흡한 곳을 폐쇄조치하는 철저함까지 보이고 있다.

그러나 이런 각종 통제장치를 통한 차단 노력에도 불구하고 북한 주민들의 기대치가 상승하면서 그 파급효과가 빠른 속도로 확산되고 있다. 그래서 북한 당국은 '북한식' 체제유지에 더욱 신경을 쓰고 있다. "우리 제도가 붕괴되면 사회 내에 숨어 있던 적대계급이 머리를 들 것이며, 사회 간부들은 모조리 처형될 것이다. 결국 계급적 원수가 주인이 되고 우리는 노예가 된다"는 점을 강조하고 있다. 이런 연유로 북한 당국은 정상회담 이후 북한 사회에 형성되고 있는 각종 소문과 주민들의 동향에 대해 촉각을 세우면서 철저한 통제 및 차단 정책을 실시하고 있다. 특히 이산가족 상봉에 따른 후유증의 최소화에 주력하고 있다.

한편, 이런 상황에서 북한은 대내외적으로 '통일강성대국' 건설을 내세우면서 '자주'와 '민족' 개념을 전례 없이 강하게 표출하고 있다. 또한 미국 중심의 세계화에 대해서는 적대적인 태도를 보이면서도 미국 중심이 아닌 세계화 흐름이라면 동참할 의사가 있다는 이른바 '선택적'인 논리와 명분을 내세우고 있다. 특히, 1990년대 말부터 과학기술 중시를 강조해 온 이후, '정보화'는 북한 체제를 빠른 시일 내에 발전시킬 수 있는 '단번도약'의 방안으로 내걸고 있다.

문제는 급속하게 달라지고 있는 북한의 안보환경이다. 핵문제 해결과 함께 위폐문제와 인권문제 등을 새로운 대북압박 카드로 들고 나오는 미국의 대북 정책을 어떤 명분과 능력으로 막아내면서 체제를 유지할 수 있는지, 또한 위로부터의 제한된 변화가 얼마만큼 체제유지에 도움을 줄 수 있는지 등이 북한 앞에 놓인 당면과제이다.

요컨대, 변화하는 대내외 안보환경 속에서 북한 체제가 어떤 변화의 경로를 걸어 나갈 것인가이다. 체제유지의 관건인 '주체'와 폐쇄체제의 효율성을 떨어뜨리지 않으면서도 외부와의 협력관계를 심화시켜 나갈 수 있을 것인지, 위로부터의 체제 주도적 변화를 북한 사회가 그대로 받아들이면서 이른바 '정해진' 변화의 길을 걸어 나갈 수 있을 것인지, 아니면, 북한

체제의 유지 및 수용능력을 넘는 북한 사회의 질적 변화가 초래될 것인지, 향후 나타날 북한 사회의 양상이 관심의 대상이 되고 있다.

이런 상황에서 사람들의 의식 변화는 변화 중의 가장 큰 변화라고 할 수 있다. 사회 구성원들의 사고방식과 의식구조에 변화가 일어나기 시작하면 제도와 체제운영원리도 바뀔 수밖에 없기 때문이다. 이를 바꾸지 않고 그대로 유지하려면, 이를 통제하고 억제하는 국가운영의 능력과 체제 통합력을 더욱 강하게 만드는 방법밖엔 다른 방법이 없는데, 그렇지 못할 경우 그 체제는 심한 저항에 부딪히게 되고, 결국은 체제 전환의 국면에 다다르게 될 수밖에 없게 된다.

이와 같은 사실을 잘 알고 있는 북한 당국은 현재 '선군정치'를 통한 내치안정에 주력하고 있다. 이를 위해 농업문제 해결을 통해 먹는 문제부터 해결하겠다는 의지를 그 어느 때보다 우선시하고 있다. 북한은 이런 선택을 위해 주체농법의 기본방식마저 바꾸고 가족단위 경작제도를 시행할 준비를 진행하고 있다. 자기 땅, 내 것에 대한 이기심을 제도적으로 허용하지 않고서는 먹는 문제를 해결할 수 없다는 점을 받아들인 것은 매우 중요한 선택이며 변화이다. 집단을 위한 것이라는 사회주의 원칙만 깨지 않는 한, 농업 생산량을 늘릴 수 있다면 어떤 시도라도 해보겠다는 것이다.

그러나 먹는 문제를 해결하기 위해 농업개혁 및 농업 생산량 증가에 '다 걸기(올인)'하는 정치적 선택이 과연 어떤 결과를 가져올 것인지는 북한 당국도 자신하지 못하고 있다. 북한 당국이 목표한 성과를 거둘 수 있을 것인지, 제도의 변화, 즉 '위로부터의 변화'가 사회 구성원인 북한주민의 의식에 어떤 변화를 가져올 것인지 장담하기 어려운 상황이 북한체제의 현 주소이다.

'페레스트로이카'와 같이 소련 당국이 시도한 위로부터의 변화가 소련 사회 전체를 각성시킨 것처럼 북한 당국의 새로운 선택이 어떤 결과를 초래하게 될 것인지. 시장사회주의라고는 하지만, 시장 기능의 파급 효과로 인해 효율적인 폐쇄체제 운영이 더 어려워지는 것은 아닌지. 시장의 활성화로 초래되는 부의 불평등 현상과 이로 인해 출현하는 신흥계층은 어떻게 통제해 나갈 것인지.

만약 위로부터의 변화 시도가 북한체제의 불안정 요인을 촉발시키고 이를 억제하는 요인을 상대적으로 약화시킨다면, 그리고 새로운 경제정책의 운용으로 인해 상대적 박탈감을 느끼는 계층이 증가하게 되면 체제 부담도 그만큼 늘어날 수밖에 없다. 반대로, 일심단결을 앞세운 체제 통합력을 유지하고, 사회 구성원들의 이동의 자유와 대외정보 접촉의 기회를 원천적으로 통제하거나 차단해낼 수 있다면 북한 당국이 그동안 만들어놓은 허상과 허위의식은 당분간 지속될 수 있다. 그러나 이런 기능을 제대로 수행하지 못할 경우에는 '평양의 봄', '평양 사태'라는 국면에 부딪힐 가능성이 매우 높다.

체제를 살리고 주민들의 먹는 문제를 해결하기 위해 새로운 선택을 시도하는 북한 당국에게는 한번도 경험하지 못한 위험부담이 기다리고 있다. 이런 상황에서 북한 당국은 새로운 선택을 통해 북한체제의 내구력을 판단할 수 있는 중요한 실험을 시작하고 있다. 이것이 60년 동안의 '력사'가 안겨준 '북한 체제'의 현실이며 당면 과제이다.

참고문헌

고영환, 『우리 민족제일주의론』(평양: 평양출판사, 1989).
고유환, "김정일의 위기 대응과 생존 전략," 『현대북한연구』, 제3권 2호(2000).
김영수, "북한 역사관에 나타난 유물론," 『동아연구』, 제24집 (서울: 1992).
_____, "북한의 통치이데올로기 변화," 『현대북한연구』, 제4권 1호(2001).
_____, "북한의 민족주의 부각 및 역사재해석 실태와 그 대응방안," 『정책연구』 (1995년 제1호).김일성, 『김일성 저작집』, 제27권(평양: 조선로동당출판사, 1984).
_____, "조선민주주의인민공화국 신년사 분석(1995~2005)," 통일부, 『1995~2005년간 북한 신년사 자료집』(서울: 통일부, 2005).
김일성, 『김일성 저작집』, 제27권(평양: 조선로동당출판사, 1984).
_____, 『김일성 저작집』, 제9권(평양: 조선로동당출판사, 1980).
_____, 『김일성 저작집』, 제19권(평양: 조선로동당출판사, 1982.)
_____, 『김일성선집』, 제5권(평양: 조선로동당출판사, 1960).

김일평, 『북한정치경제입문』(서울: 한울, 1987).
김정일, "주체사상에 대하여"(1982년 3월 31일, 위대한 수령 김일성동지 탄생 70돐기념 전국주체사상토론회에 보낸 논문), 경남대학교 극동문제연구소, 『북한자료집 김정일저작선』(서울: 경남대학교출판부, 1991).
_____, 『주체사상은 인류의 진보적 사상을 계승하고 발전시킨 사상이다』(평양: 조선로동당출판사, 2005.
김창하, 『불멸의 주체사상』(평양: 사회과학출판사, 1985).
김현환, 『김정일장군 조선민족제일주의론』(평양: 평양출판사, 2003).
김혜연, 『민족, 민족주의론의 주체적 전개』(평양: 평양출판사, 2002).
<로동신문>, 1968년 8월 30일.
<로동신문>, 1969년 4월 29일.
도홍렬, "북한 주민의 통제정책," 김창순 편, 『북한사회론』(서울: 북한연구소, 1977).
박재규 편, 『새로운 북한읽기를 위하여』, 증보판(서울: 법문사, 2005).
오성길, 『선군정치-주체사상의 생명선』(평양: 평양출판사, 2003).
이상우, "오늘과 내일: 정치이념, 사회변화와 대남정책," 『한국의 안보환경』, 제2집(증보판)(서울: 서강대학교출판부, 1986).
이종석, 『조선로동당연구: 지도사상과 구조변화를 중심으로』(서울: 역사비평사, 1995).
정성장, "주체사상의 이론적 체계와 성격," 『북한연구학회보』, 제3권 제2호(1999).
『정치사전』(평양: 사회과학출판사, 1973).
최기환, 『6.15시대와 민족공조』(평양: 평양출판사, 2004).

Yang Ho-min, "Juche Idea: North Korean Ideological Setting," Chung Chong-Shik, Kim Gahb-chol (eds.), *North Korean Communism: A Comparative Analysis*(Seoul: Research Center for Peace and Unification, 1980).

제3편

내셔널리즘과 글로벌리즘

제1장 내셔널리즘의 기원과 전개

박동천

1. 서 론

내셔널리즘(nationalism)은 통상 한국어로 민족주의라고 번역된다. 그러나 '민족'이라는 한국어 단어에 내포될 수 있는 의미의 영역은 네이션이라는 영어 단어에 내포되는 의미의 영역과 전부가 아니라 단지 일정 부분만 겹친다. 단적인 예로 미국과 같은 다인종 사회에 대해서 내셔널리즘을 운위할 수는 있지만 민족주의를 말하기는 어렵다. "단일민족 국가인 한국에서 내셔널리즘은 곧 민족주의를 의미하지만, 다민족국가인 미국의 내셔널리즘을 민족주의라고 할 수는 없다"[1])는 강준만의 생각은 이와 같은 어감상의 차이에서 비롯된 것으로 보인다.

물론 강준만이 이 단어들을 사용하는 방식은 단지 통념에 기초한 것으로, 엄밀한 차원에서는 많은 문제를 안고 있다. 예컨대 "민족이 성립하기 위해서는 동질적인 혈연을 전제해야 하는가?," "한국은 과연 혈통의 차원에서 단일 민족국가인가?," 이와 같은 질문들은 소위 엄밀한 방식으로 논의하더라도 명쾌한 해답이 나오기 어려운 문제로서, 말하는 사람의 가치

---
1) 강준만, "'정치적 상징'으로서의 민족주의: 한국민족주의의 역사," 김영기 편,『한국사회론』, (전북대출판부, 2005), 25.

지향성이나 정치적 이상 그리고 언어감각에 따라서 무한한 논쟁이 가능한 주제들이다. 그리고 본 논문 역시 민족이 무엇인지에 관하여 표준적인 정답을 제시하는 데 목표를 두고 있지는 않다. 그러나 민족주의의 기원과 전개를 논의하기에 앞서서 하나의 선결 요건으로 필자가 민족을 어떤 방식으로 이해하고 있는지에 관한 기본적인 윤곽은 제시되어야 할 것이다. 따라서 제2절을 할애하여 이 주제를 논의하기로 한다.

한편 민족이 어떤 요소들로서 구성된다고 보든지, 민족주의 또는 내셔널리즘은 서양 특히 근대 이후의 서양에서 나타난 현상이라는 것이 통설이다. 고대와 중세의 유럽에서는 원초적인 형태의 혈연공동체에서 자연스럽게 발전한 정도의 민족의식만이 있었고, 더구나 국가라는 것이 일정한 영토의 안과 밖을 나누는 의미보다는 지배자와 피지배자의 신분을 나누는 의미를 더 무겁게 가지고 있었는데, 이른바 '민족국가' 또는 '국민국가'라는 것이 탄생하면서 신분, 지위, 재산, 교양의 정도에 상관없이 하나의 정치적 단위 안에 속한 사람들을 모두 한데 아울러 하나의 네이션(nation)으로 간주하는 의식이 생겼다는 것이다.

본고에서는 이와 같은 통설을 그대로 받아들이기로 한다. 유럽 정치사에서 근대 국가가 중세 또는 고대의 국가 형태에 비해서 얼마나 특징적으로 다른지에 관해서는 논란이 충분히 있을 수 있다. 예컨대 스키너는 "결정적인 이행은 통치자가 '자신의 국가를 유지한다'는 발상에서 어떤 법률적이며 헌정적인 질서, 즉 국가라고 하는 질서가 따로 존재하며 통치자는 그것을 유지할 의무를 가진다는 발상으로 바뀐 데 있다"[2]고 주장한다. 아래에서 구체적으로 논의하겠지만 콘(Kohn, 1992)이나 겔너(Gellner, 1983) 등 내셔널리즘 연구에 지대한 영향을 미친 학자들도 근대 국가의 성격에 관해서는 스키너와 입장을 같이 하고 있다. 이에 대하여 오크쇼트는 국가라는 것이 그처럼 추상적인 원리와 질서를 표방하지 않았던 적이 언제였느냐고 반문한 바 있다.[3] 필자가 보기에 오크쇼트의 반문에는 분명히 일리

---

[2] Skinner, Quentin, 박동천 역, 『근대정치사상의 토대 1』(한길사, [*The Foundations of Modern Political Thought*, vol. I, Cambridge University Press, 1978], 2004), p.64.

[3] Oakeshott, Michael "Book Review: The Foundations of Modern Political Thought", *The*

가 있지만,4) 근대 국가의 성격에 관한 논의는 본고의 주제에서 벗어나기 때문에 다만 반론의 가능성만을 인정하면서 통설을 받아들이기로 한다.

내셔널리즘의 기원과 관련하여 본고에서 다루려는 쟁점은 콘과 같은 자유주의적 해석과 박호성5)과 같은 마르크스주의적 해석 사이의 차이이다. 자유주의적 해석은 자유, 평등, 박애와 같이 어떤 보편적 가치를 향한 동경과 기획이 근대 민족국가 형성의 원동력이었다고 보는 반면에, 마르크스주의적 해석은 하나의 사회세력으로서 자본이 자신의 주도력을 공고화하는 과정에서 민족국가가 태어났다고 본다. 그러므로 민족국가가 표방했던 가치들은 겉으로는 보편성의 허울을 쓰고 있지만 실상은 자본의 지배력을 호도하기 위한 허위의식에 불과했다는 것이다. 본고의 제3절에서 이 논쟁을 검토하면서 두 해석의 차이가 어디에서 기인하는 것인지에 관한 분석을 시도할 것이다.

내셔널리즘과 근대의 연관은 서유럽의 경우뿐만 아니라 동유럽 및 유럽 이외의 지역에서도 두드러진다. 어쩌면 그 연관은 비서구 지역에서 더욱 긴밀하다고도 할 수 있다. 비서구 지역에서 현재 나타나고 있는 바와 같은 민족의식이 19세기 이전에도 비슷한 폭과 강도로 존재했는지 여부는 물론 일률적으로 답할 수 있는 문제는 아니다. 인도, 중국 및 라틴 아메리카와 아프리카의 여러 나라들과 일본이나 한국의 사정이 다르고, 나아가 인도

Historical Journal, 23:2, 1980, pp.452-453.

4) 9세기 웨섹스의 왕 알프레드는 율령을 반포하면서 "이 법들을 한데 모아 우리 선조들이 준수했던 다시 말하여 내가 좋아하는 그 많은 법들이 문서로 적히도록 명했다"고 했다(Hollister, 1983: 52). 여기서 "내가 좋아하는"이라는 문구가 恣意性을 뜻한다고만은 볼 수 없다. 바넷 스미스(Barnett Smith, 1894: 14)에 따르면 앵글로-색슨의 왕은 "인민 중에서 선출되어 인민에게 응답해야 했다는 점에서 결과적으로 민족의 대표(the national representative)였다." 동양의 경우에도 사정은 비슷하다. 단적인 예로 『書經』, "大禹謨"의 "人心惟危 道心隱微 惟精惟一 允執厥中" 16자를 생각해 보라. 유가 정치사상의 聖王論이 추상적이고 보편적인 가치를 얼마나 지향하고 있었는지는 장현근(2004)에 잘 정리되어 있다.

5) 박호성, "유럽 근대민족 형성에 관한 시론," 『역사비평』 19(역사문제연구소, 1992).

와 중국, 브라질과 멕시코, 중앙아시아와 이탈리아의 사정 역시 서로 다르기 때문이다. 그러나 현재와 같은 국가의 형태가 성립하기 전에 이들 사회에서 민족이 있었는지, 있었다면 어떤 문화적 자연적 동질성에 어느 정도로 기반을 두고 있었는지에 관한 고려와는 상관없이, 이러한 지역들에서 현재 나타나고 있는 형태의 민족의식 또는 내셔널리즘이 서구 근대문명과 조우한 결과로 폭과 깊이에서 지금과 같은 모습을 띠게 되었다는 점은 분명한 사실이다.

영국이나 프랑스에서 내셔널리즘이 자유나 정의와 같은 헌정원리를 향한 열망과 추구를 — 설령 허위의식이었다손 치더라도 — 구심점으로 해서 성립할 수 있었다면, 비서구지역 또는 심지어 독일이나 이탈리아의 경우에서조차 내셔널리즘은 선발 민족국가들을 본받고 따라잡아야 할 필요가 원동력을 제공했다. 이처럼 하나의 국가 목표와 결합된 내셔널리즘은 전체주의 또는 거기에 가까운 강력한 국가주의로 연결될 소지가 있다. 채터지6)는 이를 "자유주의의 딜레마"라 부른다. 하나의 보편적 가치로서 자유를 구심점으로 하여 내셔널리즘이 태어났지만, 비서구 지역의 나라들은 그것을 본받으려고 하면서 오히려 억압적인 체제로 흘러가는 경향을 보였다는 것이다. 이는 단순히 근대화와 억압체제의 관계뿐만이 아니라, 비서구지역에서 내셔널리즘이라는 것이 어떤 종류의 과제를 던져주는지를 상징한다. 내셔널리즘이 한편으로는 해당 사회의 고유한 정체성을 확보하려는 노력이지만, 동시에 그 사회가 서유럽 민족국가와 맺는 관계의 모든 층위에서 내셔널리즘은 비서구지역의 사회들에게 엄청난 모순을 부과하게 된다. 본고의 제4절은 이와 같은 문제들을 논의하게 될 것이다.

---

6) Chatterjee, Partha, *Nationalist Thought and the Colonial World*(University of Minnesota Press, 1986), p.4.

2. 민족, 국가, 그리고 내셔널리즘

현재 지구상에는 수많은 민족들이 존재하고 있다. 각 민족들은 각기 특성을 지니고 있는데, 그런 점들을 추출하여 그것들을 다 포괄하는 민족개념을 귀납적으로 설정한다는 것은 사실상 불가능하다. 특히 민족이란 것 자체가 하나의 역사적 현상이므로 각 민족의 특성 또한 고정불변적인 것이 아니라 역사의 진전과 함께 가변성을 — 물론 단기간에 변모하는 것은 아니지만 — 띠고 있다는 점에서 볼 때도, 그리고 각 민족이 겪어온 역사적 과정이 상이하다는 점에서 볼 때도 그러하다.[7]

민족이 형성되는 것은 일정한 객관적 유대들이 한 사회적 집단의 한계를 정해줄 때부터이다. 하나의 민족은 일반적으로 이러한 속성 중 몇 가지를 가지고 있으며 그 속성들을 전부 갖고 있는 민족은 거의 없다. 그 중에서 가장 보편적인 속성은 공통의 혈통, 언어, 영토, 정치적 실체, 관습과 전통 그리고 종교이다. 조금만 토론해 보면 이들 중 어떤 것도 민족의 존재나 그 정의를 내리는 데 필수적인 것이 아님을 알게 될 것이다.[8]

민족의 핵심은 모든 구성원들이 많은 것을 공유한다는 점이며, 동시에 그 일 중 많은 부분을 그들 모두가 이미 망각했다는 점이다. 프랑스의 모든 시민은 13세기 중엽에 있었던 학살들과 성 바르톨로메오 축일의 학살을 망각한 채 살고 있다. 프랑크 왕국의 후예라는 증거를 내놓을 수 있는 집안은 프랑스에 열도 안 될 것이다.[9]

---

[7] 노태돈, "한국민족의 형성시기에 대한 검토," 『역사비평』 19, (역사문제연구소, 1992), 16-25.

[8] Kohn, Hans, 박순식 역, "민족주의의 개념," 백낙청 편, 『민족주의란 무엇인가』(창작과비평사, ["Introduction: The Nature of Nationalism", *The Idea of Nationalism*, 1944] 1988), 31쪽.

[9] Renan, Ernest, 신행선 역, 『민족이란 무엇인가』(책세상, ["Qu'est-ce qu'une nation?" *Oeuvres Complètes*, Paris: Calmann-Lévy, Vol. 1, 1947-61, 2002), 892쪽.

앤더슨[10])은 "아무리 작은 민족이라도 그 구성원들이 나머지 구성원들 대부분을 알거나 만나지 못하지만, 그러면서도 그들 각자의 마음속에는 자기들 사이에 어떤 유대가 있다는 상이 살아 있기 때문에 민족은 상상의 산물"이라고 한다. 그러나 앤더슨이 뜻하는 바는 민족이라는 것이 실제로는 없는 것인데 사람들이 만들어 낸 허상이나 허구 또는 착각이라는 말이 아니다.[11]) 왜냐하면 "내셔널리즘이란 민족들이 깨어나 자의식을 가지게 된 결과가 아니라, 민족이 존재하지 않는 곳에서 내셔널리즘이 민족을 발명한다"는 겔너[12])에 대하여, "상상"이나 "창조"를 운위해야 할 곳에서 "발명"을, 그것도 "날조"(fabrication)나 "허위"(falsity)와 같은 의미로 운위한다고 비판하고 있기 때문이다.

앤더슨이 지적하는 바는 콘이 다른 표현으로써 부각한 바와 비슷한 것으로 보인다. 콘[13])은 가까이 있는 자에 대한 사랑(Nächstenliebe)과 멀리 있는 자에 대한 사랑(Fernstenliebe)을 구분한 니체의 시각을 원용했다. 즉, 민족적 동질감이란 가까이 있는 자에 대한 사랑에서 멀리 있는 자에 대한 사랑으로 넘어가는 추상화의 매개가 반드시 필요한 정서라는 것이다. 위에 인용한 문장에서 콘이 혈통, 언어, 영토, 정치적 실체, 관습과 전통, 그리고 종교 등과 관련된 공통성이 민족의 자연적 구성소로서 자주 운위된다고 인정하고서도, 바로 그러한 공통성이 전부 발견되는 경우는 없다고 말하는 까닭도 같다. 면대면 사회의 경우 혈통이나 언어나 종교 등의 요소 가운데 하나 또는 몇 가지에서 나타나는 공통성을 찾기는 어렵지 않다. 따라서 면대면 사회가 하나의 공동체로 성립하는 데에는 모종의 자연적 특

---

10) Anderson, Benedict, *Immagined Communities* (London: Verso, 1991), p.6.
11) '상상된 공동체'라는 표현으로서, 다시 말해서 민족이라는 것이 성립하기 위해 사람들의 상상력이 작용한다는 점을 부각하여 강조함으로써 앤더슨이 말하고자 하는 바가 무엇인지는 필자에게 사실 분명하지 않다. 어쩌면 그의 주지는 다만 민족의 구성에 당사자들의 주관성이 얼마나 작용하는지를 강조하는 데에서 그치는지도 모른다.
12) Gellner, Ernest, *Thought and Change*(London: Weidenfeld and Nicholson, 1964), p.169.
13) Kohn, Hans, 앞의 책, 23쪽.

질이 있다고 볼 수도 있을 것이다.14) 그러나 면대면 사회 이상의 공동체를 두고 어떤 자연적 동질성을 꼬집어 찾아낸다는 것은 불가능하다.15)

그러나 이와 같은 난점은 내셔널리즘에 관한 하나의 보편적 이론을 추구하는 관심이 맞닥뜨리는 문제일 뿐이다. 근대 이후에 출현한 정치사회 가운데에는 러시아, 중국, 미국, 인도처럼 광활한 영토 안에서 종교적, 언어적, 혈연적, 문화적 등등 어떤 관점에서 보더라도 공통성보다는 다양성이 눈에 띄는 나라들이 있다. 이러한 나라들을 민족국가에서 제외하기도 결코 쉽지 않거니와, 설령 이론적인 편의를 위해 그들을 제외한다고 하더라도 실상 이탈리아, 프랑스, 에스파냐, 심지어 일본이나 한국과 같은 나라에서도16) 어떤 동질성이 먼저 있어서 그것을 바탕으로 민족국가가 성립되었다고 말하기는 쉽지 않다. 오히려 국가가 자리를 잡은 다음 국가가 주도하여 언어적 문화적 통일성을 창출했다고 보아야 할 것이다. 물론 그와 같은 국가의 주도 과정은 같은 공동체에 소속된다는 의식이 사회구성원들 사이에 널리 퍼져 있을 것을 요구했다. 그러므로 이 과정은 동시에 바로 그와 같은 공유 의식을 창조하고 강화하는 과정이기도 했던 것이다.

임지현17)은 민족을 이렇게 이해하는 관점을 도구론(instrumentalism)이라 부르면서 원초론(primodialism)과 대비한다. 도구론 즉 주관주의적 민족이론은 국가민족(Staatsnation)이라는 민족 개념에서 출발하여 민족공동체에 기꺼이 자신을 귀속시키고자 하는 민족 성원의 주관적 의지가 민족을 만든다고 본다. 반면에 원초론 즉 객관주의적 민족이론은 문화민족(Kulturnation) 이라는 민족 개념에서 출발하여, 언어, 문화, 종교, 관습 등과 같은 객관적

---

14) 아리스토텔레스 이래 전해 내려온 씨족-부족-고대 국가의 발전 경로마저도 앤더슨은 상상의 소산임을 잊지 않고 지적한다(B. Anderson, 1991: 6).
15) 종족, 언어, 종교, 기타 그 무엇도 민족의 동질성을 운위할 근거가 될 수 없다는 논의로는 르낭(Renan, 2002)을 참조하라.
16) 일본인들이나 한국인들이 스스로 萬世一系나 단일민족의 신화를 얼마나 사실로 받아들이든지, 일례로 토네슨과 안틀뢰프(Tønnesson and Antlöv, 2000: 859)는 종족적 종교적 기반 위에 국가가 창조된 유형이 아니라 기존의 국가가 범위를 넓혀서 민족성을 만들어낸 유형에 한국과 일본을 넣고 있다.
17) 임지현, 『민족주의는 반역이다』(소나무, 1999), 22-23쪽.

기준을 민족의 기초로서 강조한다는 것이다. 이 대조에 덧붙여 임지현은 한 가지 흥미로운 시각을 제시하고 있는데, 이 두 관점 사이의 논쟁을 운동사적으로 이해할 필요가 있다는 것이다.

"핵심 교리를 추출해서 그것을 이론적으로 정형화하는 것은 민족주의의 경우 사실상 불가능할 뿐만 아니라 무의미하다. 중요한 것은 민족주의가 구체적인 역사조건과 맞물려 어떠한 기능을 하며 또 역사 조건의 변화에 따라 그것이 어떻게 그 성격과 역할을 변모시켜 왔는가 하는 점이다." 즉, 구체적인 역사적 맥락 안에서 특정 지역 특정 사회 (또는 사회들) 안에 속하는 구성원들 사이에서 발생한 특정한 운동과 관련하여 내셔널리즘이 어떤 기능을 했는지, 또는 내셔널리즘 자체가 어떤 특정 운동을 인도하는 지도적인 이념으로 기능했는지 등을 살피는 쪽으로 민족주의 연구의 방향을 잡을 필요가 있다는 말이다.

하지만 임지현 자신은 이 입장을 일관적으로 유지하지 못하고 다시 얼버무림(obscurantism)으로 빠지고 만다. "민족주의에 대한 운동사적 접근은 민족이 주관적 집단 의지를 넘어서는 사회적 실재임을 인정하는 데서부터 출발한다. 그렇다고 해서 민족이 객관적 기준을 지닌 영원한 실재라고 주장하는 것은 아니다. 오히려 그러한 생각은 '상상된 공동체'로서의 민족 개념과 마찬가지로 비역사적이다(Ibid)." 상상과 날조를 혼동한다고 앤더슨이 겔너에 대해서 가한 비판이 임지현에게 그대로 적용될 수 있음을 알 수 있다. 민족과 비민족을 가르는 경계를 어떤 객관적 자연적 기준에서 구하려고 하기보다 역사와 문화에서 찾는 것이 주관주의의 핵심이다. 기능과 운동에서 민족의 소재를 확인하려는 태도가 곧 도구론인 것이다. 필자가 보기에 임지현이 상상과 날조를 혼동하게 된 데에는 사회적 실재가 무엇이냐는 질문에 대하여 물리주의적 강박관념을 탈피하지 못한 까닭이 있는 것으로 보인다. 민족이 상상의 소산이라고 할 때 곧 날조를 연상하는 경향, 즉 실재에 관한 물리주의적 강박관념은 아마도 현대의 지식인 사이에서 아주 널리 퍼져 있는 것으로 보아야 할 것이다. 그리고 앤더슨의 희망에도 불구하고 그 자신 '상상된 공동체'의 실재성을 충분히 그리고 명확히 정형화하지는 못했다. 그러나 의식과 실재의 관계, 특히 실재성이 성립하는 데에 의식이 어떤 경로와 깊이로 작동하는지의 문제를 파고들게 되면 본고에서 원래 다루려던 주제들을 다룰 수 없게 되기 때문에 여기서는 더 이상 추적하지 않겠다.18)

민족이 어떤 종류의 실재인지를 이해하는 데에 도움이 될 수 있으며, 민족과 내셔널리즘의 관계에 관한 복잡한 논란을 (약간 편의주의적인 면이 없지는 않지만) 정리해 줄 수 있는 구분으로는 스미스19)의 것이 있다. 고대에나 근대 이후에나 일정한 지역을 배경으로 살아가는 사람들이 느끼는 정서상의 유대에는 무수한 종류가 있고, 그 가운데 상당수는 민족이라는 개념과 관련이 있다. 민족 개념과 관련이 있는 유대 중에서 구분이 필요하다고 스미스가 말하는 지점은 둘인데, 그 첫째는 유아론적 유대와 다원론적 유대 사이의 구분이고,20) 둘째는 민족의식과 내셔널리즘 사이의 구분이다.

이 두 가지 구분을 명확하게 이해하기 위해서는 스미스 자신이 제시하는 사례가 필요하다. 민족과 관련된 사회적 유대감의 고대적 사례로 스미스는 서력기원 전후 시대의 유태인 사회와 기원전 5~3세기의 그리스 사회를 제시한다. 유태인 사회는 자신들의 왕국이 멸망한 후 바빌로니아에서 로마에 이르는 외세의 지배를 겪는 동안 때때로 매우 강력하게 저항하는 모습을 보였다. 이러한 저항 과정에서 열심당(Zealots)이라는 것이 생겨났고, 열심당이 저항운동을 주도했다. 열심당의 성격은 일차적으로 유태교라는 종교적 차원에서 이해해야 되겠지만, 유태교라는 것이 혈연적 유대와

---

18) 이 문제는 비트겐슈타인(Ludwig Wittgenstein), 베버(Max Weber), 윈치(Peter Winch) 등의 일생에서 핵심적으로 중요한 주제였다. 그들이 이 문제를 어떻게 이해하고 논의했는지는 박동천(2000b)을 참조하라.
19) Smith, Anthony D., *Theories of Nationalism*(London: Gerald Duckworth & Company, 1971), ch. 7.
20) 스미스가 사용하는 대표 명칭은 영어로 각각 ethnocentrism과 polycentrism이다. 전자는 구성원들이 스스로 소속감을 느끼는 공동체에만 관심을 기울이고 그 바깥에 위치하는 공동체들을 단지 무대 위의 소품이나 배경 정도로만 여기는 형태를 가리키는 용어이기 때문에 그 측면을 부각하기 위해서 여기서는 유아론(唯我論)으로 번역한다. 실제로 스미스(1971: 159) 역시 ethnocentrism의 주요 특성으로서 유아론적(solipsistic) 성향을 언급하고 있다.

불가분리로 연관되어 있기 때문에 이는 또한 민족과 관련된 일련의 현상에 포함되는 데에 전혀 손색이 없다. 한편 에게 문명을 주도하는 시대의 그리스에서는 혈통이나 언어 심지어 종교의 차원에서도 헬라스 사람들을 하나로 묶는 개념적인 공통분모가 실제로 있었고 그들 자신에 의해 자각되기도 했는데, 헬라스 전체를 하나의 정치적 단위로 설정하는 발상이 거의 나타나지 않았다는 것이다. 그리스 세계가 폴리스를 단위로 작동하고 인식된 것은 그리스 문명권이 주변 문명에 대해 우위를 점하고 있을 때만이 아니라, 심지어 페르시아와 전쟁을 하거나 알렉산드로스의 지배를 받고 나아가 그 이후 문명 전체가 쇠퇴를 경험할 때에도 마찬가지였다.21)

이 두 사례 사이의 차이를 스미스는 민족의식과 내셔널리즘의 차이로 본다. 그리스 세계나 유태인 사회나 민족의식이 있었지만, 유태인 사회에 비해서 그리스 사회에서는 헬라스를 하나로 묶어서 하나의 정치 공동체를 이룩해야 한다는 내셔널리즘이 없었다는 것이다. 반면에 이 두 사례는 모두 유아론적 유대감이 작동한 사례에 해당한다. 즉 유태인 사회에 출현한 내셔널리즘도 어떤 보편적인 표준으로서 세상의 모든 민족은 하나의 독립된 정치 단위를 이루면서 살아야 하기 때문이 아니라, 보다 즉각적인 의미에서 외세의 지배가 탐탁지 않다는 이유에서 출현한 것이기 때문이다. 이에 비해 예컨대 메이지 시대 일본에서 출현하는 내셔널리즘은 민족국가를 하나의 정상적인 표준으로 설정한 위에 "만국에 대치하여 해외열강과 어깨를 같이 하는 지위에 일본을 올려놓으려는 욕구의 채찍질을 받아" 나타났다는 것이다.22) 이처럼 민족국가라는 현상을 표준으로 보고 자신의 사회를 표준에 맞도록 정상화한다는 관념이 바탕에 깔려 있는 형태를 스미스는 다원론적 유대로 보고 유아론적 유대와 구분할 필요가 있다는 것이다.

본고에서는 민족, 민족국가, 내셔널리즘 등의 용어를 지금까지의 논의가

---

21) Smith, *op.cit,* pp.153-158.
22) *Ibid,* p.159. 인용 부호 안의 문구는 마루야마 마사오(마루야마, 1988: 281)의 표현이다. 스미스와 마루야마가 일본 내셔널리즘을 바라보는 시각이 이 지점에서는 일치하지만, 마루야마는 전체적으로 이를 일본 특유의 문제로 간주하는 반면에 스미스는 이와 같은 다원론적 유대감이 근대 사회의 특징이라고 본다.

지향하는 의미로 사용하기로 한다. 즉, 민족(nation)이라는 개념이 혈연, 언어, 관습, 종교 등을 근대 국가보다 훨씬 좁은 규모의 일정 지역에서 공유하던 사람들의 삶, 또는 그러한 면대면 사회에 대한 현대인의 기억 또는 상상에 어떤 경로로든 기반을 두는 것은 사실이지만, 어쨌든 가까이 있는 자에 대한 사랑이 아무 매개 없이 멀리 있는 자에 대한 사랑으로 연결될 수는 없다고 본다. 이 매개로서 가장 중요한 요소는 국가 다시 말해서 정치적으로 대내적 통합과 대외적 주권의 경험을 과거나 현재나 또는 상상 속에서라도 해보았는지 여부라고 생각한다.23) 이는 임지현 식으로 말하자면 국가민족(Staatsnation)에 착안하는 시각이지만,24) 민족국가라는 용어는 ― 국가민족이나 국민국가라고 쓰지 않고 ― 그대로 사용할 것이다. 다만 본고에서 민족국가라는 용어는 근대 사회에서 민족이라는 개념 자체의 성립이 국가의 형성 및 작용과 내면적으로 얽혀 있다는 전제 위에서 사용할 것이다.

다음으로 내셔널리즘은 스미스의 제안대로 민족의식과 구분되는 의미로 사용할 것이다. 스미스의 구분은 본고의 주제와 관련하여 논의의 주제를 한정해 주는 이점이 있다. 즉, 위에서 밝힌 바와 같이 내셔널리즘의 기원을 근대 민족국가의 출현에서 찾는 통설이 본고에서 바탕을 이루는 만큼, 고대나 중세에 민족의식이 없었다는 듯한 함의를 배제해야 할 필요가 있기 때문이다. 유태 민족, 그리스 민족, 독일 민족, 슬라브 민족, 중화 민족 등이 언제 형성되었는지를 명쾌하게 구명하기는 불가능하다. 그렇다고 해서 고대나 중세에 그러한 민족이 없었다고 말한다는 것은 명백한 잘못으로 보인다. 한국 민족의 경우도 고구려, 백제, 신라인들 사이에 어떤 정

---

23) 필자는 이 시각이 기본적으로 타당하다고 보지만, 여기서 이를 민족에 관한 하나의 보편적 시각으로 제안할 생각은 전혀 없다. 지금까지의 논의는 민족주의와 관련된 용어들에 대한 표준적 주해로서가 아니라 본고에서 그 용어들을 어떤 의미로 사용할 것인지를 공지했을 따름이다. 다만 이와 같은 주관주의적 시각이 민족에 관한 '날조'를 허용하는 것처럼 우려되는 사람은 상상이나 주관에 어떤 한계가 얼마나 강하게 작용하는지를 한번 고려해 보기를 권하고 싶다. 즉, 박동천이라는 개인은 아무리 상상력을 발휘해도 영국 민족의 일원이라고 생각하기가 불가능하다.
24) 차기벽(1990: 76)도 동일한 의미로 스테이트-네이션과 네이션-스테이트를 구분한다.

도로 혈연적, 언어적 공통성이 있었는지, 그들 가운데 서로를 하나의 민족으로 인식한 의식의 분포가 어느 정도였는지, 또는 심지어 고려나 조선에서 남사당패나 노비, 아니면 양민이라 할지라도 토호나 귀족을 동포로 인식하는 개념적인 틀이 얼마나 있었는지도 긍정적으로 확언하기에는 많은 곤란이 따른다. 그러나 적어도 지식인 사회에서는 민족의식이 있었던 것이 거의 분명하며(역사문제연구소, 1992: 46-52), 이러한 의식이 바탕이 되어 몽고 침략기나 서세동점기의 민족주의적 저술들이 나올 수 있었다고 보아야 할 것이다. 그러므로 본고에서는 내셔널리즘은 어떤 계기에서 하나의 운동 또는 이념으로서 출현하는 것이지만 민족의식은 내셔널리즘이 없는 곳에서도 분포하는 것이 보통이라는 입장에서 내셔널리즘의 기원과 전개를 서술해 나갈 것이다.[25)]

3. 내셔널리즘의 기원

내셔널리즘의 기원에 관한 논의는 크게 자유주의적 해석과 마르크스주의적 해석으로 나뉜다. 이 논의는 양 진영 모두 민족국가라는 현상이 근대에 특유한 것이었다는 점에서 일치하므로, 결국 유럽사에서 근대국가의 성립에 관한 설명을 어떤 이론적 도식에 따라 제시하느냐는 문제와 겹치게 된다. 자유주의적 해석은 결국 자유, 평등, 박애와 같은 추상적인 원리를 향한 가치지향의 공통성이 민족의 외연을 넓혀 민족국가의 성립을 가능하게 했다고 보는 반면에, 마르크스주의적 해석은 근대 국가라는 것이 자본가 계

---

25) 스미스는 여기서 한 걸음 더 나아가 민족의식이 바탕에 존재하지 않는 곳에서도 내셔널리즘은 가능하다고 본다. 아프리카 사회의 여러 사례들에서 식민지 과정에 만들어진 경계에 따라서 — 토착적인 차원의 민족의식이 없는 상태에서 — 내셔널리즘이 발생한 다음 내셔널리즘을 구심점으로 해서 민족의식이 생겼다는 것이다 (Smith, 1971: 169). 차기벽(1990: 76)도 스테이트-네이션의 대표적인 예로 아프리카를 거론한다.

급의 지배 체제에 불과하다고 보는 만큼 민족은 그러한 지배 체제를 호도하기 위해 동원된 하나의 허위의식에 불과했다는 것이다. 이 절의 논의는 먼저 한스 콘의 설명을 중심으로 자유주의적 해석을, 다음에는 박호성의 설명을 중심으로 마르크스주의적 해석을 요약하여 제시한 다음 양 시각의 차이에 관해 필자가 취하는 입장을 밝히는 순서로 진행할 것이다.

콘의 화두는 앞에서 언급했듯이 가까운 자에 대한 사랑이 어떻게 멀리 있는 자에 대한 사랑으로 확대될 수 있었느냐는 문제다. 위에서 거론한 그리스 세계의 경우가 보여주듯이 혈연이나 지역 또는 언어나 종교의 공유가 내부적으로 통합되고 대외적으로 배타성을 가지는 하나의 정치적 단위를 구성하려는 열망으로 발전하는 연결고리는 결코 자동적이지도 필연적이지도 않다. 뿐만 아니라 범그리스주의에 내재했다고 흔히 운위되는 민족의식이라는 것은 실상 매우 엉성하고 희미한 것이어서, 언어적으로는 수많은 방언들이 존재했고26) 폴리스마다 종교와 신화에서도 차이가 있었다. 이러한 사정은 근대 이전의 브리튼 섬이나 프랑스에서도 마찬가지였다. 민족국가를 통한 정치통합은 따라서 이와 같은 차이를 국가라는 강제 기제를 동원하여 통일하여 표준화하는 과정이 필수적으로 수반될 수밖에 없었는데, 민족이라는 추상적인 관념이 이러한 강제를 구성원들로 하여금 수용하도록 만드는 데 어떻게 기여할 수 있었을까?

근대 내셔널리즘의 최초의 완전한 형태는 17세기 영국에서 일어났다. 영국은 17세기에 처음으로 유럽사회의 지도적 국민으로서 등장했거니와 영국은 근대를 특징지으며 전 시대와는 뚜렷이 구별되는 온갖 영역, 즉 과학정신과 정치사상 및 정치활동, 그리고 상업활동 분야에서 주도적인 역할을 했다. 새로운 발전의 가능성이 트임에 따라 엄청난 신념에 의해서 고무된 영국인은 역사의 사명을 양어깨에 걸머지고 있다고 생각했다. 영국의 평민들인 그들은 참된 새 종교개혁이 시작되려던 일대 전환기에 있어서 선택을 받은 백성들이었다.

---

26) 방언과 외국어의 구분 역시 지극히 역사적인 구분이다. 광동어와 북경어를 방언 관계라 부르고 홀란드어와 독일어를 외국어 관계라 부르는 구분의 근저에 현실 정치의 맥락 안에서 획정된 국경의 구분이 두꺼운 바탕을 이루고 있음을 부인할 수는 없을 것이다.

교회와 국가가 의거하고 있던 권위주의적 전통은 처음으로 인간의 자유를 위한 17세기 영국혁명에 의해서 도전당했다.27)

크롬웰의 혁명은 물론 왕정복고로 귀결되었지만 그 여파는 계속되어 결국 명예혁명으로 이어졌다. 나아가 자유를 향한 영국인들의 추구는 북미대륙에서 혁명을 초래했고, 프랑스에도 전해져서 18세기 필로조프들이 교회와 국가의 권위주의, 불관용, 검열에 맞서 싸운 것은 자유주의적인 영국 내셔널리즘의 영향 아래에서였다. 그리고 결국 1789년 프랑스 네이션의 폭발이 일어났다. 그리고 프랑스 혁명은 국민의회, 인권선언, 제2혁명, 국민공회 등을 거치면서 자유와 인권이라는 이상을 전체 구성원에게 확산시킴으로써 "국민적(national) 통일을 처음으로 이루어냈다".28)

영국 내전과 명예혁명이 자유라는 이상에 의해 인도되었다는 콘의 서술은 너무나 도식적인 것으로 오늘날 영국사를 전공하는 미시 사학자들에게는 거의 실소를 자아낼 만한 수준이다.29) 하지만 민족국가의 성립이나 내셔널리즘의 기원과 같이 추상적이고 거시적인 주제를 공략하기 위해서는 때때로 세부 사항에 대한 무시는 정당화될 수도 있을 것이다. 적어도 영국이나 프랑스처럼 몇 십만 평방킬로미터의 영토와 수천만의 인구로 구성되는 인간 집단이 하나의 민족이라는 정서를 공유하게 되는 과정의 시발점을 시민혁명으로 잡는 것은 대안이 떠오르지 않을 정도로 당연한 일인지도 모른다.

하지만 마르크스주의자들은 전혀 그렇게 생각하지 않는다. 중세에서 근대로의 이행은 억압에서 자유로가 아니라 단지 억압의 외양이 바뀐 데 불과하다. 중세에서 느슨하고 산만한 수준의 민족의식이 생겨났다가 근대의 민족국가로 바뀐 과정을 엥겔스는 다음과 같이 해석한다.

---

27) Kohn, *op. cit.*, pp.34-45.
28) *Ibid*, p.41.
29) 크롬웰과 자유주의 사이의 관계에 관한 논란의 일부는 박동천(2000a)에 요약되어 있다.

중세 초기의 민족 혼란으로부터 새로운 민족체들(die neuen Nationalitäten)이 발전해 나왔다. 이는 대부분의 이전 로마지역에서 피정복자가 승리자를, 농부와 도시민이 게르만 영주를 동화시킨 과정이었다. 따라서 근대적 민족체들은 억압당하던 계급의 산물이다. 언어집단이 일단 경계설정을 완료하게 되면 민족체가 주어진 토대 위에서 국가건설(Staatenbildung)에 복무하게 되고 민족(Nation)으로 발전하게 된다는 것은 자연스러운 일이다. 모든 민족체는 유럽에서 특정 대국가로 대표되었다. 그리고 점점 더 명백하고 의도적으로 나타나는 민족국가(nationale Staaten) 건설경향은 중세의 가장 중요한 진보적 지렛대의 하나를 형성한다.30)

지리상의 발견으로 식민지가 개척되어 원시자본이 축적되고, 도시와 기술 및 교통의 발달로 생산력이 증대하여 부르주아계급이 등장했는데, 이는 결국 새로운 생산관계를 요구하게 되었다. 그러나 부르주아는 전면적 사회 변혁을 일으킬 힘이 없어 권력강화를 바라는 군주와 손을 잡아 절대국가가 등장함으로써 민족적 단일 시장권이 형성되었다.31) 부르주아 혁명 이후에 출현하는 민족국가의 특성으로 흔히 운위되고 있는 조세, 도량형, 화폐의 통일, 교통망 설치, 상비군 및 관료체제의 확립, 국내시장의 단일화 등은 사실 절대국가 시대에 이루어졌다. 그러한 시대를 지나는 사이에 부르주아는 마침내 체제 변혁을 성사시킬 힘을 얻어 혁명을 일으키고, 그와 같은 지배구조를 호도하기 위해 민족의 개념을 부른다. "형제적 우애라는 프랑스 혁명구호 중 하나는 바로 신분적으로 분열되었던 봉건 사회를 동질적 민족사회로 통합하고 결집시키기 위해 동원되었던 것이다.32)

자유주의 역사 서술과 마르크스주의 역사 서술 사이의 차이를 해소하는

---

30) 박호성, "유럽 근대민족 형성에 관한 시론," 『역사비평』 19(역사문제연구소, 1992), 29쪽에서 재인용.
31) 페리 앤더슨(P. Anderson, 1990)은 절대국가는 오히려 새로이 대두하는 생산양식에 귀족의 지배를 맞추어 나가는 과정으로 해석함으로써 고전적 마르크스주의 해석에 도전한 바 있다.
32) 민족국가에 관한 마르크스주의적 해석의 고전적인 도식은 박호성(1992: 36)에 요약되어 있다. 마르크스주의와 민족문제의 관계에 관한 논의의 핵심적인 일부는 임지현(1986)에 의해서 한 권의 책으로 모여 번역되어 있다.

것은 필자의 관심과 능력 바깥에 있는 일이다. 다만 동일한 역사의 진행을 두고 이처럼 상반되며, 상호 침투의 여지가 거의 없는 서술이 양립하는 까닭이 어디에 있을까? 이를 따져 보기 위해서는 먼저 이토록 상반되어 보이는 두 서술이 민족의 개념과 관련해서 드러내는 놀라운 공통점 하나를 지적할 필요가 있다. 즉, 두 서술 모두 민족국가의 성립을 설명하는 형식을 취하고 있지만, 두 설명에서 공히 민족은 정치적 동원의 도구로 이용된 수사였을 뿐 실재성을 가지지 못한 것으로 취급되고 있다는 사실이다.

카는 1945년까지 유럽에서 민족주의의 전개를 세 시기로 구분하여 설명한다. 제1기는 절대국가를 무너뜨린 프랑스 혁명에서 나폴레옹 시대까지이다. 절대국가의 중상주의에서 내셔널리즘의 싹이 텄지만, 확고한 기초는 인민주권의 원리 위에 설립된 프랑스 혁명 정부 아래서 놓였다는 것이다. 나폴레옹은 이를 유럽 전체에 전파했다. 제2기는 1815년에서 1914년까지 소위 '백년의 평화' 기간이다. 이 시기에는 자유로운 시장경쟁이 평화와 진보를 낳는다는 영국 자유주의의 착각이 현실과 괴리를 끊임없이 드러냈지만, 우월한 경제력과 해군력으로 지탱된 영국의 헤게모니 덕택에 수면 아래 잠복하던 시기다. 그러나 새로이 대두한 독일과 이탈리아의 내셔널리즘과 영국의 내셔널리즘이 충돌할 수밖에 없었다는 것이다. 제3기는 베르사이유 체제에서 2차 세계대전까지의 시기이다. 민족자결주의가 표방되어 동유럽 나아가 비유럽 지역에서 내셔널리즘이 일어나고 그 결과 2차 세계대전이 발발했다. 이 시기에 두드러지는 현상으로 카는 민족국가(nation)의 사회화,[33] 경제적 내셔널리즘과 사회화된 민족의 결합, 그리고 민족국가 수의 증가를 꼽았다. 2차 세계대전은 내셔널리즘이 절정에 도달한 셈이라는 것이다.

카가 지적하는 자유주의의 착각이 콘에 대한 직접적인 비판이라면, 간접적으로는 마르크스주의에 대한 비판이기도 하다.[34] 근대국가처럼 커다

---

[33] 각 민족국가가 전에 없던 수준으로 정치적으로 통합되어 총동원 체제가 가능하게 되었다는 뜻이다. 카와 오랜 논적 관계에 있었던 벌린도 20세기의 특유한 현상으로 획일화를 들고 있다(Berlin, 2002)..

[34] 겔너(1988: 127-129)도 민족을 공허한 개념으로 다룬 것이 자유주의와 마르크스에

란 규모의 국가 생활이 민족이라는 개념에 의해서 표상되는 바와 같은 동질성에 의해 지탱되는 현상을 면대면 사회에나 해당되는 공통성에 입각해서 설명할 수는 없는 일이다. 그러므로 현실 역사에서 성립한 국가의 매개가 내셔널리즘의 발흥에서 필수적인 역할을 맡는다는 분석은 타당하다. 자유주의와 마르크스주의는 이러한 분석을 공유하면서 다만, 현실 안에 실현된 근대국가의 지도 이념을 한 편에서는 승인하는 반면에 다른 편에서는 허위의식으로 보는 차이가 있을 뿐이다. 따라서 자유주의와 마르크스주의의 내셔널리즘 이론은 결과적으로 근대국가의 지도 이념을 둘러싼 규범적이며 정치적인 입장을 표현하는 데에 하나의 도구로 활용된 셈이며, 그렇기 때문에 양 진영의 내셔널리즘 이론 안에서 공히 민족은 하나의 허구인 것처럼 다루어지고 만 것이다.

민족국가라는 현상은 유럽에서 처음 나타났다. 보다 세밀하게 말하자면 영국과 프랑스에서 출현한 형태의 근대국가를 언제부터인지 민족국가라고 부르기 시작했고, 이 용어가 이런저런 맥락에서 각 상황에 고유한 이유로 수용되었을 뿐이다. 이 용어가 초기에 정착될 때에 민족이 무엇인지, 국가가 무엇인지, 그리고 양자의 관계는 어떠한지에 관해 엄밀하고 분석적인 통찰을 거친 것은 물론 아니다.35) 그러나 영국인과 프랑스인이 각기 자신이 속한 정치공동체에 대해 민족적 일체감을 느낀 정도만큼 민족국가라는 말은 하나의 사회과학적 서술어로서 호소력을 확보하고 있었다. 이 호소력의 바탕에 무엇이 있는지, 스미스36)가 에트니(ethnie)라고 부르는 것 또는 홉스

공통되는 오류임을 지적한다. 네언(Nairn, 1975: 3)은 "내셔널리즘에 관한 이론은 마르크스주의의 역사적 대실패를 대표한다"고 했다.

35) 심지어 현재에 이르러서도 우리가 통상 예컨대 영국이나 프랑스나 미국을 민족국가라고 일컫고 있지만, 민족과 국가가 각각 무엇이며 그 사이의 관계가 어떠한지 엄밀한 분석을 거쳐서 그러한 명칭이 합당하다는 결론에 도달한 것은 아니다. 우리의 처지가 그와 같다는 사실은 민족국가의 시작을 미국 혁명에서(B. Anderson, 1991: 46) 찾아야 할지, 프랑스 혁명에서(Hobsbawm, 1994: 제3장) 찾아야 할지, 아니면 영국은 그보다 훨씬 전부터 민족국가였다고(Hastings, 2000; Greenfeld, 1992) 보아야 할지에 관한 논의가 어디로 수렴하게 될지 예상할 수 있는 근거가 전혀 없다는 점에서도 극명하게 드러난다.

봄37)이 원형민족(proto-nation)이라고 부르는 것이 이 호소력의 생성에 얼마나 기여했는지를 정밀하게 측량하기는 불가능하다. 그러나 분명한 점은 근대 이전의 잉글랜드나 프랑스에 민족이라고 일컬을 만한 것이 실체와 개념으로 분명히 있었고, 그와 같은 원형민족의 존재가 그 지역에서 근대에 출현한 중앙집권적인 국가 형태를 민족국가로 일컫는 용례가 확산되고 정착하는 데 크게 기여했다는 것이다. 나아가 그 후의 역사 진행 역시 민족국가라는 용어의 호소력을 강화하고 확산하는 방향으로 나아갔다.

다만 근대국가의 인민이 단지 하나의 정치적 권위 아래 통합되었을 뿐이라면 국민이라 불러야 맞고, 민족이라는 용어로 지칭하기 위해서는 근대국가와 원형민족 사이에 어떤 자연적이며 필연적인 연관이 있어야 한다고 보는 태도는 사회적 실체의 본질에 관한 치명적인 오해에 기인하는 것으로 보인다. 왜냐하면 규모나 시대 또는 층위의 여하를 막론하고 어떤 인간 집단을 하나의 집단이게 만드는 정체성이 무엇인지는 모든 집단에 관하여 제기될 수 있는 질문인 바, 그런 질문들은 자연적이거나 필연적인 경계가 제시됨으로써 해소되는 것이 아니라 정체성의 경계 문제와 실존적으로 연결된 당사자들의 관심이 진행하는 방향에 따라 해소되거나 아니면 집단 자체의 붕괴로 이어지거나 하는 것이기 때문이다.

사실은 원형민족과 관련해서도 경계의 문제는 발생할 수 있다. 위에 언급했던 대로 스미스38)는 고대 그리스 반도에 살던 사람들 대부분에게 자기들이 하나의 민족이라는 의식이 있었다고 하면서 헬라스 민족의 존재를 의심하지 않는다. 그러나 근대 국가의 형식 아래 프랑스라는 이름으로 한데 묶이는 사람들을 하나의 민족이게 만드는 자연적인 공통 특질이 무엇이냐는 질문에 대답하기가 어려운 만큼이나, 고대 헬라스 사람들을 하나의 민족으로 만드는 자연적인 공통 특질이 무엇이냐는 질문 역시 대답하

---

36) Smith, Anthony D., *The Ethnic Origins of Nations*(Oxford: Blackwell, 1986).

37) Hobsbawm, E, J, 강명세 역, 『1780년 이후의 민족과 민족주의』(창작과비평사, [*Nations and Nationalism since 1780*, Cambridge University Press, 1990], 1994), 제2장.

38) Smith, Anthony D., *Theories of Nationalism*(London: Gerald Duckworth & Company, 1971), pp.153-158.

기 어려운 것은 마찬가지다. 예컨대 아테네와 스파르타 사이에 어떤 차이가 있었더라도 아테네와 페르시아 사이에 있었던 차이보다 크지 않았다는 말에 반대할 사람은 없을 것이다. 이와 같은 상대적 분별이 헬라스 민족을 운위할 수 있는 바탕의 구성소일 것이다. 그러나 프리지아나 사모스 또는 밀레토스 지방 거주민들의 민족적 정체성이 자연에 입각해서 헬라스와 페르시아 중 어디에 더 가까운지, 그들의 정체성이 애당초 헬라스나 페르시아 중 하나에 속해야 하는지와 같은 질문은 언제나 열려있는 문제일 수밖에 없다. 이것이 열려있는 문제라는 말은 이 문제에 대하여 이치에 입각해서 최종적인 대답을 확정할 수는 없다는 말이다.

한편 헬라스와 페르시아의 경계가 어디까지인지, 헬라스를 하나로 묶는 정치공동체가 있어야 하는지, 마케도니아나 트라키아는 헬라스 정치공동체에 속해야 하는지, 이 정치공동체가 그 안에 포함된 구성원들에 대해서 어느 만큼의 권력을 행사할 수 있는지 등의 문제는 실제 당사자들의 관심과 이익 그리고 현실 안의 실력에[39] 의해서 결정된다. 아테네 사람들과 이오니아 사람들이 하나의 민족이라고 말할 수 있는 자연적 근거에 관한 논의는 언제나 가능할 것이다. 그리고 정치공동체의 경계가 어디서 설정되어야 옳으냐는 문제에 관한 논의도 언제나 가능할 것이다. 이 두 논의를 합해서 민족의 경계와 정치공동체의 경계가 일치해야 한다는 주장도 언제나 가능할 것이다.[40] 그러나 정치공동체의 경계가 실제로 어디서 그어지느냐는 문제는 이와 같은 논의들의 결과에 따라서 정해지는 것이 아니라 역사적 현실이 실제로 흘러가는 바와 같이 흘러가도록 만드는 힘에 의해서 결정된다. 이 힘이 형성되거나 해체되는 데에 민족의 정체성에 관한 관

---

39) 물론 이 때 '실력'에는 주장과 명분의 정당성, 사회 집단의 일체감과 같은 사회적이며 주관적인 요소들이 물리적인 힘이라는 자연적이며 객관적인 요소들에 못지않게 중요한 구성소로서 포함된다.
40) 앞에서 언급한 바와 같이 유태인 사회에 비해 그리스 사회에서는 이 주장이 득세하지 못했다. 뒤에서 논의하겠지만, 민족 단위와 정치공동체의 단위가 일치하는 것을 하나의 표준으로 상정하는 발상이야말로 근대 내셔널리즘을 구성하는 핵심 내용이다.

심이나 민족과 정치공동체의 관계에 관한 관심이 어떤 방식으로든 작용하는 것은 분명하겠지만 반드시 결정적인 영향을 미치는 것은 아니다.

영국에서 자유가, 그리고 프랑스에서 자유, 평등, 박애가 사람들로 하여금 민족국가의 일원으로서 일체감을 느끼도록 일정 부분 인도했다고 한다면, 그것을 내셔널리즘이라는 이데올로기로 바꾼 계기는 무엇보다도 1792년부터 나폴레옹 시대까지 계속된 전쟁이었다. 전쟁은 언제나 우리-저들의 이분법을 강화한다.[41] 고대 그리스에서 범그리스주의적 민족의식이 전시에조차 범그리스 내셔널리즘으로 연결되지 않았던 것은 무엇보다도 범그리스주의적 민족의식이 하나의 정치공동체로 실현되어 있지 않은 상태였기 때문이다. 프랑스 혁명 이후 촉발된 전쟁은 이미 혁명을 통해 하나의 민족국가를 형성하기 시작했던 영국과 프랑스 민족에게 아직 느슨한 상태에 있던 민족의식을 보다 긴밀하게 통합적인 내셔널리즘의 수준으로 발전시킬 수 있을 정도의 이분법을 제공했다. 나아가 이 전쟁은 아직 민족국가가 형성되지 않았던 곳에까지 민족국가로 되는 것이 정상이라는 발상의 준거를 또한 제공했다.

4. 내셔널리즘의 전개

1) 유럽의 내셔널리즘

내셔널리즘은 독일의 내셔널리즘을 통하여 근본적인 전기를 맞게 된다.

---

[41] 전쟁이 근대 민족국가의 형성에 기여한 측면에 관해서는 틸리(Tilly, 2000)를 참조하라. 일례로 틸리는 1492~1992의 500년 동안 러시아와 그 인근 지역에서 100차례의 국제전쟁이 벌어졌다고 정리하고 있다(337-340). 이와 같은 전쟁들을 수행하는 와중에 러시아 및 인근 지역의 국가들이 형태를 갖추게 되었다는 것이다. 물론 전쟁으로만 국가의 형성을 설명한다는 것은 어불성설이며, 틸리의 의도도 아니다. 다만 이처럼 전쟁이 국가라는 정치적 기제가 어떤 종류와 성격의 권력을 담보하면서 출현하게 되는지에 커다란 영향을 미친다는 데에는 의문의 여지가 없다고 보인다.

나폴레옹 전쟁기에 영국과 프랑스에서 출현한 민족의식 및 내셔널리즘은 아직 다분히 유아론(唯我論)적인 형태였고, 혹시 프랑스 내셔널리즘 안에 일민족 일국가의 이념이 정상적인 상태에 관한 하나의 개념적 투사(投射)로서 자리잡고 있었음을 인정하더라도[42] 나폴레옹 제국이라는 현실에 비추어 볼 때 그런 투사는 단지 구두선일 뿐이었다. 이에 비해 독일의 내셔널리즘은 시작부터 일민족 일국가를 표준으로 설정하는 이론적 세계관을 바탕으로 삼으면서 출발했다. 19세기 초의 영국과 프랑스는 산업화와 근대화에서 앞서 나간 대표적인 나라였고, 그 비결을 찾고 싶은 지식인에게 민족국가의 성립은 그럴듯한 대답이 되기에 충분한 매력을 가지고 있었다. 특히 프로이센의 애국적 지식인들에게 그 매력은 더 크게 나타났다. 독일의 내셔널리즘은 이처럼 나폴레옹 전쟁으로 말미암아 강화된 '우리-저들' 이분법과 산업화 및 근대화에서 영국과 프랑스를 따라잡자는 애국심이 결합한 배경 위에 민족자결주의, 즉 일민족 일국가라고 하는 이념적 표준이 첨가됨으로써 완성된 형태를 갖추었다. 그리고 이는 다시 이탈리아, 발칸, 동유럽, 나아가 전세계로 퍼져나가는 내셔널리즘의 모델이 되었다. 임지현(1999)이 도구론과 원초론의 차이에서 영국 시각과 독일 시각의 차이를 발견한 것은 이 때문이다.

이 문제는 다시 헤르더(Johann Gottfried von Herder: 1744-1803)와 피히테(Johann Gottlieb Fichte: 1762-1814) 사이의 관계와 연결된다. 피히테의 "독일 국민에게 고함"은 나폴레옹이 점령하고 있던 베를린에서 1807년부터 1808년까지 행해진 강연 원고의 모음인 반면에, 내셔널리즘의 철학적 뿌리 중의 하나로 자주 거론되는 헤르더의 주요 저작들은 기본적으로 프랑스혁명 이전, 최대한 양보하더라도 나폴레옹이 유럽의 지배자로 군림하기 전에 쓰여졌다. 헤르더 인류학과 언어학의 정수를 담고 있는 "언어의 기원에 대

---

[42] 이러한 투사는 예컨대 국민을 주권과 등치시키는 발상에서 나타나고 있다. 시에예스(Siéyès)는 "국민은 모든 것에 앞서 존재하며 모든 것의 원천이다. 그 의지는 언제나 합법적으로 그것이 곧 법 그 자체"라고 말했고, "인간과 시민의 권리 선언" 제3조는 "모든 주권의 원리는 본질적으로 국민에게 있다"고 천명했다(최갑수, 1999: 114).

한 소고"는 1772년, 그리고 최대 저작 『인류 역사의 철학에 관한 이념』은 1784년에 시작해서 1791년에 완결되었다. 피히테는 헤르더에서 전거를 열심히 구했지만 케두리43)는 피히테가 헤르더를 왜곡했다고 한다. 헤르더가 언어를 기둥 삼아 민족을 분류하고 나아가 민족성을 논하기까지 했지만, 민족자결주의는 결코 그의 이념이 아니라 헤르더의 일반적인 언어인류학을 정치적으로 해석하여 적용한 사람들의 작품이라는 것이다.

이처럼 독일 내셔널리즘은 헤르더의 언어인류학을 전거로 삼아 원초론적 견지에서 민족자결주의를 표방했다.44) 영국인 이론가들이 아무리 원초론을 비판하고 피히테와 헤르더의 차이를 강조해도 현실 내셔널리즘의 세계에서는 원초론적 함의를 담고 있는 민족자결주의에 대한 호응이 압도적으로 높았다. 물리적 생존을 위해 산업화가 필요하다는 요청만도 절박하기 짝이 없는 터에, 근대화를 곧 인간적 긍지의 원천으로 간주하는 진보사관이 역사에 관한 하나의 진리로 전세계의 모든 지식인을 사로잡아 버린 상황에서, 식민제국주의의 수탈과 억압까지 경험한 후발국 또는 후후발국의 애국자들은 객관적인 처지에서나 주관적인 심리에서나 케두리 식의 권고에 따라 헤르더를 정독하면서 비정치적으로 일반적인 철학적 사색의 결실을 음미하기보다는 피히테에게서 정치적으로 배타적인 내셔널리즘을 받아들일 준비가 되어 있었기 때문이다.

독일식으로 용모를 바꾼 내셔널리즘은 그리스와 이탈리아와 독일에서 민족국가를 탄생시켰다. 그리고 베르사이유에서 민족자결주의가 국제정치의 원칙으로 승격되고 러시아와 오스트리아-헝가리와 터키 제국이 붕

---

43) Kedourie, Elie, 황의방 역, "민족자결론의 연원과 문제점," 백낙청 편, 『민족주의란 무엇인가』(창작과비평사, ["National Self-determination", *Nationalism*(1960)], 1988).
44) 오토 단(Dann, 1996: 42-43)도 "시민적인 민중계층의 국민적 애국주의"의 원조로 헤르더를 든다. 이에 비해 벌린(Berlin, 1997: 315-330)은 헤르더의 민족주의는 시종일관 비정치적이었으며 보편주의와 병행했다고 본다. 피히테를 위시하여 노발리스, 슐라이어마흐, 셸링, 심지어 "위대한 자유주의자" 실러마저도 나폴레옹의 침공 이후 반동주의 애국자, 낭만주의적 비이성주의자로 태도를 바꾸었지만, 괴테와 훔볼트 그리고 헤르더는 그렇지 않았다는 것이다.

괴하게 되자, 내셔널리즘은 세계의 도처에서 폭발했다. 폭발의 광휘와 연기가 워낙 강해서 민족자결주의가 원초론적 민족 개념을 전제로 삼고 있다는 사실도, 원초론적 민족 개념을 민족국가의 이념으로 바로 연결하는 데에는 가까이 있는 자에 대한 사랑과 멀리 있는 자에 대한 사랑 사이의 논리적 거리를 아랑곳하지 않는 지적 폭력이 개입된다는 사실도, 민족자결주의가 사실은 영국과 프랑스를 경쟁 상대로 설정하고 시작된 독일 내셔널리즘의 한 표현이라는 사실도 묻혀버렸다. 카(Carr, 1945)의 은유를 빌자면, "백년의 평화" 동안 자유주의의 착각을 수호하느라 내셔널리즘의 모순을 억누른 영국 헤게모니의 덮개가 두꺼웠던 만큼, 그것을 깨뜨리는 데 필요한 폭발력도 컸던 셈이다.

폭발은 내셔널리즘이 나아갈 방향의 폭을 넓혀 주었다. 지적 폭력이 일단 용인되고 나자, 내셔널리즘은 더 이상 민족의 문제에만 국한되지 않고 일반적인 현실 정치의 문제로 확산되었기 때문이다. 무솔리니는 파시스트 체제의 정당화 근거로 내셔널리즘을 동원했고 히틀러는 파시즘의 무기고에 인종주의라고 하는 아주 잘 드는 칼을 추가했으며, 스탈린은 민족을 경시하는 사회주의 특유의 국제주의를 명분 삼아 다민족국가 내부 민족간 통합을 추진함으로써 종래의 러시아 내셔널리즘에다가 사회주의 국가 소련에 대한 애국심을 교묘하면서도 엉성하게 결합한 또 하나의 변형을 창출했다.45)

2) 유럽 바깥의 내셔널리즘

민족주의 또는 내셔널리즘이란 본질적으로 유럽의46) 근대라고 하는 시

---

45) 콜라코프스키(1986, 69)는 이 점을 이렇게 표현했다. "사회주의 국가는 정의상 '민족적 억압'을 가할 수 없다고 주장한 후에 러시아 제국은 민족정책을 포함한 모든 새롭고 보다 효과적인 정통성을 획득했다." 폴란드의 사회주의자에게 소련은 러시아 제국의 연장에 불과하다는 사실이 여기서 뚜렷이 나타난다.
46) 본고에서 유럽이란 지리적인 의미에 더하여 미국, 캐나다, 오스트레일리아 등, 유럽의 후예들이 인구의 다수를 점하고 문화적으로 유럽과 유사한 지역까지를 포함

대 및 그 시대에 특유하게 발현된 여러 현상들과 연관되는 개념이다. 근대 이전의 유럽에서 민족이라는 용어를 통해 합당하게 서술할 수 있는 집단적 활동을 찾을 수 없는 것은 아니지만, 민족이라는 것이 대내적 동질성과 대외적 구분을 가진 사회적 실체로서 존재하며 나아가 정치사회는 민족의 경계를 따라서 구획되고 구성되어야 한다는 발상이 정치사회의 단위에 관하여 하나의 표준으로 자리잡게 된 것은 분명히 유럽 근대의 개막 및 전개와 궤를 같이하는 일이다. 그러다보니 내셔널리즘에 관한 논의에서 동원되고 사용되는 여러 전제나 개념들이 다분히 유럽 근대의 맥락에서 태어난 것들이다.

한편 19세기 말 이래 내셔널리즘이 현실 정치적으로나 학문적으로나 많은 관심을 받게 된 가장 큰 이유로는 무엇보다도 유럽의 주변부와 유럽 바깥 지역에서 벌어진 일련의 상황 때문이라고 보아야 할 것이다. 즉, 아시아와 아프리카와 라틴 아메리카에서 수많은 민족국가들이 등장하면서 유럽의 헤게모니에 대항하는 명분으로, 그리고 내용상으로 서구화와 크게 다를 바 없는 근대화의 동력을 각 민족국가 내부에 배양하기 위한 이데올로기로 내셔널리즘을 주창했기 때문이다. 이러한 현실 정치의 흐름 안에서 다양한 유형과 다양한 정도의 폭력과 배타성이 섞여 들어가게 되었다. 이 때문에 유럽의 시각에게 이러한 현상은 하나의 '문제'로, 보다 평화롭고 보다 개방적인 세계 질서를 위해 어떻게든 해소해야 할 우환인 것처럼 각인되었다.

내셔널리즘이 인간과 사회의 본성과 필연적으로 연관된 것이라고 볼 수는 없다. 그러나 그것을 마냥 하나의 '문제'로만 치부하는 발상은 이론적으로나 실천적으로나 지탱될 수 없다. 우선 실천적으로, 민족국가의 수가 유럽 안팎을 막론하고 증가한 것은 지금까지 논의해 온 바와 같이 이미 엄연한 현실일 뿐만 아니라, 각 민족국가 내부에서 정치통합의 구심점 역할을 위해 — 고안된 것이든 전승된 것이든 — 부각되는 가치지향점들이 반드시 소외나 왜곡의 소산이라고 할 수는 없다. 독일의 민족주의가 영국

하는 의미로 사용한다.

이나 프랑스에게, 아랍 민족주의가 미국에게, 티베트 민족주의가 중국에게 '문제'일 수는 있겠지만, 일반적으로 민족주의가 인류 역사의 진보를 위해 바람직하지 않다는 식으로 말하는 어법은 애당초 성립할 수 없는 것이다.

유럽 이외 지역의 내셔널리즘을 일종의 병리현상으로 인식하는 데에는 유럽의 역사적 경험을 다른 지역의 역사에 대해서도 적용될 수 있는 표준으로 간주하는 방법론적 오류가 깔려 있다. 위에서 논의했던 바와 같이 유럽에서 내셔널리즘은 민족국가의 대두라든지, 프랑스 혁명과 그 뒤를 이은 전쟁, 그리고 독일, 이탈리아, 러시아 등지의 특정 상황 등과 같은 역사적인 맥락 안에서 태어난 것이고, 따라서 그러한 유럽근대사의 맥락 안에서만 의미를 지닐 수 있다. 유럽 이외 지역에서 내셔널리즘이 고개를 들어 마침내 무시할 수 없는 정치적 세력으로 자라난 것은 주로 유럽과의 접촉에서 받은 반향 때문이라고 주장할 수 있을 것이지만, 그와 같은 인과적인 고리가 있다는 점 때문에 유럽 이외 지역의 내셔널리즘의 의미를 포착하는 데에 내셔널리즘의 유럽근대사적 의미를 준거로 삼아야 한다는 결론이 도출되지는 않는다. 유럽의 경험이 유럽 이외 지역의 역사에 적용될 수 있는지 여부는 사전에 답할 수 있는 문제가 아니라 오로지 해당 지역의 구체적 역사 경로에 견주어 가름할 문제이기 때문이다.

유럽의 경우 근대성이 민족국가를 낳았든 아니면 민족국가의 성립으로 근대가 시작되었든, 민족국가는 근대 특히 18세기 이후의 근대와 맞물려 있는 현상이다. 민족은 그 이전에도 있었고, 한 민족이 하나의 정치적 단위를 이루어야 한다는 발상도 그 이전에 있었다.[47] 그러나 민족의 개념은 면대면 사회와는 다른 차원의 일체감, 즉 멀리 있는 이웃에 대한 사랑을 포함하는 만큼 주관적인 의미가 들어가지 않을 수 없기 때문에, 정치적 공동체의 핵심 기반으로서 '우리'의 경계를 어디까지 잡을지에 관해 사람마다 다른 생각을 가지는 상황은 어쩔 수 없는 것이다. 반면에 국가 관할권이

---

[47] 영국에서 nation이라는 단어가 이러한 의미로 사용된 용례는 확인할 수 있는 범위 안에 국한해도 14세기까지 거슬러 올라간다. Hastings, Adrian, "The Nation and Nationalism", John Hutchinson and Anthony Smith eds,, *Nationalism: Critical Concepts in Political Science*, Vol, II(Routledge, 2000), pp.516-522.

미치는 범위의 경계는 각자의 주관성에 맡겨진 상태로 방치될 수 없다. 국가의 경계에 관해서 주관적 의미의 다양성이 허용되는 여지는 오로지 당사자들이 영토 및 국민의 구획에 관심을 기울이지 않는 정도에 달려 있다. 고대나 중세에도 일반인들이 일체감의 경계를 어떻게 구획할지에 기울인 관심에 비해 국가가 영토의 경계에 기울인 관심이 당연히 높았고, 나아가 근대 국가는 과거의 국가에 비해서도 훨씬 높은 관심을 그 문제에 기울였다. 일체감의 경계 부분에 허용되던 흐릿함과 모호함 가운데 상당 부분이 국경선이 명료해지면서 사라진 것이다.

역사적으로 이 과정은 여러 가지 변화들을 수반했는데, 두 가지만 적시하기로 한다. 첫째 일체감의 주체가 외연을 확장했다. 민족 단위의 일체감을 가지기 위해서는 상당한 수준의 추상화 능력, 즉 지성이 필요하다. 고대나 중세에 비해 근대 민족국가에서는 중앙집권화 과정에서 민족적 동질성을 민중에게 내면화하기 위해 자유나 평등과 같은 추상적인 가치가 촉매제로 활용되었을 뿐만 아니라, 인쇄술이 개발되어 지성의 확산을 위한 물리적 수단도 구비되었다. 둘째 산업화를 통해 민족국가의 물리적 역량이 커졌다. 이는 내부적으로 풍요를 약속함으로써 일체감을 증진하기도 했지만, 민족국가 사이에 경쟁을 자극하기도 했다. 경쟁은 인간 행위자들을 승패에 따라 서열화하고, 스스로 아래쪽에 위치한다고 느끼는 사람에게 무력감과 두려움을 안겨 준다. 이로부터 국제경쟁을 위해 개인의 희생을 정당화하는 발상이 태어날 수 있다. 카가 민족국가의 사회화 및 경제적 내셔널리즘이라고 부른 것, 그리고 벌린이 획일화라고 부른 것이 바로 그것으로서, 독일, 이탈리아, 러시아에서 나타난 전체주의는 그러한 경향이 유독 현저하게 나타난 사례일 따름이다.

유럽 이외 지역에서도 민족국가의 탄생 및 발전 경로는 이와 같은 변화에 주목하여 서술할 수 있다. 그러나 그러한 서술만으로는 이 나라들의 역사가 유럽의 역사와 다르다는 점을 간과하게 된다. 유럽 이외 지역에서 모든 내셔널리즘은 유럽 열강의 제국주의에 대한 반발 또는 대응을 기본적인 동력으로 해서 명확한 형태를 띠기 시작했다. 즉 이들은 서구 세력이라는 대조의 준거를 바탕으로 새삼스럽게 민족적 자의식을 명료화하게 되어 민족국가의 확립이라는 역사의식을 가지게 된 것이다. 하지만 여기서 민족국가의 형성이란 곧 근대화를, 그리고 근대화란 곧 서구화를 의미했다. 이렇게 서구 세력에 대한 대응 방식 안에 서구에 대한 추종이 함축될 수밖에 없었던 데서 이 나라들의 내셔널리즘은 서구의 경우에 비해 — 영국, 프랑스, 독일, 미국, 이탈리아, 에스파니아 등의 근대사에서 나타난 굴절에 비해 — 혼동과 좌절의 요인 하나를 처음부터 더 가지고 있었다.

한국의 경우 이러한 상황을 김영작[48] 교수는 "침략에 대한 대응이 내부 분열을 수반하고 내셔널리즘의 사상은 일찍 생성되면서도 실제 운동은 좌절되는 것과 같은 기형적 특질"로 요약한다. 반봉건, 산업화, 반침략이라는 내셔널리즘의 목표들이 위정척사파(봉건체제 유지, 산업화 반대, 친중척양), 개화파(부분적 개혁, 산업화, 친왜양 반중국), 동학농민군(반봉건, 반근대, 친중척양) 사이에서 분화되어 뒤엉키면서 실천적인 효과를 거두지 못했다는 것이다. 서양 세력이 위력으로 압박해 들어오는 침략자라는 의미와 선진 문물의 보유자라는 의미를 동시에 가지고 있으며 내셔널리즘은 침략에 대항하여 민족의 자존을 지키면서 부국강병을 추구하는 데에 목표를 둔다고 할 때, 이러한 목표들은 일종의 논리적 모순과 같아서 서구 열강에게 어떻게 대응하더라도 온전히 달성하기는 불가능한 것으로 보일 수 있다.

이에 관하여 채터지[49]는 "'근대적'이지만 그럼에도 불구하고 서구적이지는 않은 민족문화를 자아내는 일"이야말로 내셔널리즘이 내놓을 수 있는 "가장 강력하고 창조적이며 역사적으로 의미 있는 기획"이라고 말한다. 1820년대에서 1870년대까지 인도의 사회개혁기에 인도인 개혁파들은 제국주의 국가의 힘을 빌어서라도 전통적인 관습과 제도를 혁파하고자 했지만, 국가의 개입이 '민족문화'를 건드리는 지점에 이르면 강하게 저항했다는 것이다. 전통과 근대의 변용을 통한 토착화로써 새로운 전통을 발명할 수 있는 가능성은 레인저도 포착한 바 있다. "아프리카 사회의 발명된 전통은 과거를 왜곡했지만 그 자체가 현실로 되어, 이질적인 사회 사이의 접

---

48) 김영작, 『한말 내셔널리즘 연구: 사상과 현실』(청계연구소, 1989), p.378.
49) Chatterjee, op. cit., p.941.

측이 표현될 수 있는 창구가 되었다".50)

물론 이러한 시각은 아주 중요한 부분을 여백 상태로 남겨놓고 있으며, 그 여백이 채워지지 않는 한 그저 "끝이 좋으면 다 좋다"는 식의 사후적 정당화에 불과할 뿐 이론으로서 논의해 볼 가치를 지니지 못할 것이다. 여백이란 전통과 근대를 어떻게 변용해서 어떻게 토착화하느냐는 문제다. 이는 모든 정치사회가 늘 당면할 수밖에 없는 진짜 문제(genuine question) 가운데 하나로, 일반이론 수준의 해답을 결코 허용하지 않기 때문에 구체적인 맥락과 현안과 관련해서 논의하지 않으면 거론 자체가 무의미하다. 다만 근대화의 필요와 서구 세력의 침입에 대한 방어라는 두 목표가 반드시 모순일 필요는 없다는 점을 강조하기 위해 여기서 거론한 것이다.

5. 맺음말 — 한국민족주의 담론에 대한 제언

물리적인 성과에서 우세한 외래 문명과 접촉하는 과정에서 한국과 비슷한 경험을 겪은 나라에서 내셔널리즘은 정치사회의 구심점을 표상하는 상징이지만 동시에 구체적인 실천의 지향점을 찾아내는 데에는 준거가 되지 못하는 이데올로기이다. 그 까닭을 정치공학적인 시각에서 찾아나가면 이내 내부분열을 예외 없이 만나게 되고, 내부분열의 원인은 다시 내부 세력들이 각기 서로 다른 외세와 이런저런 형태로 연결될 수밖에 없기 때문이라는 악순환에 봉착하게 된다. 그러므로 내셔널리즘이 외세에 대항하여 내적 동질성을 강조하는 데도 정작 외세의 개입에 말려들어 내부분열로 귀결하는 까닭은 보다 근본적인 곳에서 찾아야 할 필요가 있다.

이 필요에 부응하기 위해 먼저 고찰해보아야 할 쟁점이 있다. 정치사회를 혈연공동체로 이해하는 관점이 가능한가? 혈연적 동질성은 빠짐없이

---

50) Ranger, Terence, "The Invention of Tradition in Colonial Africa", Eric Hobsbawm and Terence Ranger eds, *The Invention of Tradition*(Cambridge University Press, 1983), p. 212.

확인하기가 불가능하고 수많은 예외를 허용할 수밖에 없기 때문에 느슨하고 모호한 상태에 머무를 수밖에 없는 상징으로 보고 정치적 통합이라는 내셔널리즘의 과제는 실천적인 가치에 초점을 맞추어야 하는 것이 아닌가? 한국 민족의 동질성을 구성하는 요소들은 모두 과거의 역사에서만 찾아야 하는가? 앞으로 열어갈 미래의 역사, 현재의 시점에서 우리의 지향에 따라 투영된 미래의 역사에서 한국 민족 형성의 기틀을 구하는 것은 민족의 개념에 대한 배신인가? 한국 사회에서 민족과 관련된 담론에서는 ― 특히 현실 정치판에서는 ― 이와 같은 질문들에 대해 진지한 관심이 별로 기울여지지 않은 채, 민족을 주로 혈연중심적이고 과거지향적인 차원에서 이해하는 관념들이 부지불식간에 전제되어 왔다.

일례로 이민호는 "어떤 민족주의의 거대 이론으로도 해결될 수 없는 고유한 역동성을 해결하는 데에" 한국민족주의의 과제가 있다고 보면서, "강압된 아이덴티티의 탯줄을 끊"고 "개인을 사회의 궁극적 단위로 삼아 …… 진정한 시민사회"의 형성을 추구하는 시민적 민족주의를 제안한다. 여기까지는 필자가 제안하는 바와 같이 민족의 동질성을 구성하는 요소로 미래지향적 가치를 포함시켜야 한다는 입장으로 보인다. 그러나 그조차도 "한반도는 918년부터 1910년까지 …… 단일민족 구성이 단일국가 속에서 공통한 역사적 경험을 나누어 문화적 단위와 정치적 단위가 합쳐져 왔다"고 함으로써 단일민족의 신화에서 벗어나지 못하고 있다.

필자는 '단일민족'이라는 문구가 어떤 '단일성'을 가리키는지 이해하지 못할 뿐만 아니라, 이해를 위한 어떤 실마리도 상상력의 범위 안에서 포착하지 못하고 있다. 이민호 자신이 고려의 성립에서부터 조선의 멸망까지를 운위하고 있는 데서도 나타나듯이, 단일민족 신화를 구성하는 '단일성'이란 거의 전적으로 한반도에 통일왕조가 있었다는 사실에 의존하고 있는 것이다. 그러므로 그 시대에 대하여 새삼스럽게 "단일민족이 단일국가 속에서 공통한 역사적 경험을 나누"었다고 말하는 것은 민족국가를 둘러싼 서양 근대사의 논의에서 파생하는 관념을 맥락의 차이에 대한 사전검토 없이 한국사에 마구 적용해버린 지적인 소외에 지나지 않는다.

민족국가라는 개념 자체가 근대국가의 성격과 연관되어 있기 때문에 고려나 조선에 대해 민족국가라는 용어는 의미를 가지지 못한다는 것이 필자의 생각이지만, 현재의 논의와 관련하여 이보다 더 중요한 것은 한국 민족이 단일민족임이 설령 확실하게 입증된다고 하더라도 실천의 문제, 예컨대 한말 내셔널리즘 세력들 사이에서 나타났던 바와 같은 목표의 착종을 해소하는 데 아무런 도움이 되지 못한다는 점이다. 위에서도 언급한 바와 같이 19세기 말에 정치체제의 변혁, 산업화, 열강과의 관계설정 등의 과제는 조선 정치사회가 실존적으로 맞닥뜨렸던 진짜 문제에 해당한다. 진짜 문제란 어떤 준거나 표준을 통해서 해결할 수 있는 것이 아니라 그 문제에 어떻게 접근하는지가 곧 행위 주체의 정체성으로 연결되는 문제를 말한다.51)

이 상황은 지금도 마찬가지다. 현재 대한민국 사회가 풀어야 할 문제들을 푸는 데에 '민족'이나 '내셔널리즘'은 아무런 준거가 될 수 없다. 왜냐하면 정치적 현안에 대하여 입장이 서로 다른 여러 세력이 존재한다는 사실과 그 세력들이 '민족사의 미래'나 '세계체제에 대한 민족적 대응' 등의 문구에 부여하는 의미들이 서로 다르다는 사실이 논리적으로 중첩되기 때문이다. 정치사회의 바람직한 조직원리를 강구하여 조화로우면서도 활력이 넘치도록 사회질서를 편성하고 국제경쟁의 환경에 자존을 유지하면서 적응하는 것은 한말이나 지금이나 한국 사회가 (사실은 모든 사회가 언제나) 추구하는 목표다. 이 형식적인 목표에 어떤 실질 내용을 부여하고, 그 실질 목표를 얼마나 그리고 어떻게 달성하는가, 그 과정에서 소통과 통합이 얼마나 이루어지고 배제와 소외는 얼마나 발생하는지에 따라 미래 한국 민족의 정체가 결정될 것이다. 내셔널리즘을 역사적으로 이해하지 않으면 안 되는 인식론적 요청이 현재의 정치적 실천에 대하여 지니는 함축이 바로 이것이라고 생각한다.

---

51) 윤리적 문제의 실존적 측면에 관해서는 박동천(2002)에 일부 논의되어 있다.

참고문헌

강준만, "'정치적 상징'으로서의 민족주의: 한국민족주의의 역사," 김영기 편, 『한국사회론』 (전북대출판부, 2005), 25-63.
김영작, 『한말 내셔널리즘 연구: 사상과 현실』 (청계연구소, 1989).
노태돈, "한국민족의 형성시기에 대한 검토," 『역사비평』 19 (역사문제연구소, 1992).
마루야마 마사오,, "일본의 내셔널리즘," 백낙청 편, 『민족주의란 무엇인가』 (창작과비평사, [丸山眞男, "日本におけるナショナリズム,"『現代政治の思想と行動』] 1988).
박동천, "올리버 크롬웰과 자유주의," 『정치사상연구』 2집, 2000a.
＿＿＿＿, "사회적 규칙과 사회 연대," 『정치사상연구』 3집, 2000b.
＿＿＿＿, "소크라테스의 윤리적 이데아: 누스바움(Nussbaum)의 해석에 대조하여," 『정치사상연구』 6집, 2002.
박호성, "유럽 근대민족 형성에 관한 시론," 『역사비평』 19 (역사문제연구소, 1992), 26-45.
백낙청 편, 『민족주의란 무엇인가』 (창작과비평사, 1988).
임지현, 『민족주의는 반역이다』 (소나무, 1999).
임지현 편, 『민족문제와 마르크스주의자들』 (흔겨레, 1986).
장현근, "고대 유가의 성왕론," 장동진 편, 『이상국가론』 (연세대학교 출판부, 2004).
최갑수, "프랑스 혁명과 "국민"의 탄생," 한국서양사학회 편, 『서양에서의 민족과 민족주의』 (까치, 1999).
차기벽, 『민족주의원론』 (한길사, 1990).

Anderson, Benedict, *Immagined Communities* (London: Verso, 1991).
Anderson, Perry, 김현일 외 역, 『절대주의 국가의 계보』(베틀, [*Lineages of the Absolutist State,* Verso, 1974] 1990).
Berlin, Isaiah, 이종흡·강성호 역, 『비코와 헤르더』(민음사, [*Vico and Herder*], 1997).
＿＿＿＿, "Political Ideas in the Twentieth Century", *Liberty*(Oxford University Press, 2002).
Carr, E. H., *Nationalism and After*(Macmillan, 1945).
Chatterjee, Partha *Nationalist Thought and the Colonial World*(University of Minnesota Press, 1986).
＿＿＿＿, "Whose Imagined Community?" John Hutchinson and Anthony Smith eds,, *Nationalism: Critical Concepts in Political Science,* Vol, III(Routledge, 2000).
Dann, Otto, 오인석 역, 『독일 국민과 민족주의의 역사』(한울, [*Nation und Nationalismus in Deutschland 1770-1990,* Verlag, C, H, Beck: München, 1993]m 1996).
Gellner, Ernest, *Thought and Change*(London: Weidenfeld and Nicholson, 1964).

_____, 백낙청 역, "근대화와 민족주의," 백낙청 편, 『민족주의란 무엇인가』(창작과비평사, ["Nationalism", Thought and Change, ch, 7], 1988).
_____, *Nations and Nationalism*(Cornell University Press, 1983).
Greenfeld, Liah, *Nationalism: Five Roads to Modernity*(Harvard University Press, 1992).
Hastings, Adrian, "The Nation and Nationalism", John Hutchinson and Anthony Smith eds,, *Nationalism: Critical Concepts in Political Science,* Vol, II(Routledge, 2000).
Hobsbawm, E, J, 강명세 역, 『1780년 이후의 민족과 민족주의』(창작과비평사, [*Nations and Nationalism since 1780*, Cambridge University Press, 1990], 1994).
Hollister, C, Warren, *The Making of England, 55 B.C, to 1399*(Lexington, Mass,: D, C, Heath and Company, 1983).
Kedourie, Elie, 황의방 역, "민족자결론의 연원과 문제점," 백낙청 편, 『민족주의란 무엇인가』(창작과비평사, ["National Self-determination", Nationalism(1960)], 1988).
Kohn, Hans, 박순식 역, "민족주의의 개념," 백낙청 편, 『민족주의란 무엇인가』(창작과비평사, ["Introduction: The Nature of Nationalism", *The Idea of Nationalism*, 1944] 1988).
_____, 차기벽 역, "민족주의," 『민족주의/독일의비극/역사주의의 빈곤』, 삼성판 세계사상전집 42(삼성출판사, [*Nationalism; Its Meaning and History,* 1955] 1992).
Kolakowski, Leszek, 임지현 역, "마르크스주의 철학과 민족의 실체," 임지현 편, 『민족문제와 마르크스주의자들』, ["Marxist Philosophy and National Reality: Natural Communities and Universal Brotherhood", Round Table, no, 253 (January, 1974)], 1986,
Nairn, Tom, "The Modern Janus", *New Left Review 94,* Novermber-December, 1975.
Oakeshott, Michael "Book Review: The Foundations of Modern Political Thought", *The Historical Journal,* 23:2,, 1980.
Ranger, Terence, "The Invention of Tradition in Colonial Africa", Eric Hobsbawm and Terence Ranger eds, *The Invention of Tradition*(Cambridge University Press, 1983).
Renan, Ernest, 신행선 역, 『민족이란 무엇인가』(책세상, ["Qu'est-ce qu'une nation?" *Oeuvres Complètes,* Paris: Calmann-Lévy, Vol. 1, 1947-61, pp,887-906], 2002).
Skinner, Quentin, 박동천 역, 『근대정치사상의 토대 1』(한길사, [*The Foundations of Modern Political Thought,* vol. I, Cambridge University Press, 1978], 2004).
Smith, Anthony D., *Theories of Nationalism*(London: Gerald Duckworth & Company, 1971).
_____, *The Ethnic Origins of Nations*(Oxford: Blackwell, 1986).
Smith, G. Barnett, *History of the English Parliament: Together with an Account of the Parliament of Scotland and Ireland,* vol. 1(London: Ward, Lock, Bowden & Co., 1894).
Tilly, Charles, 『유럽 혁명 1492-1992: 지배와 정복의 역사』(새물결출판사, [*European Revolution, 1492-1992,* Basil Blackwell, Oxford, 1993], 2000).
Tonnesson, Stein and Hans Antlöv, "Asia in Theories of Nationalism and National Identity", John Hutchinson and Anthony Smith eds., *Nationalism: Critical Concepts in Political Science,* Vol. III(Routledge, 2000).

제2장 글로벌리즘과 동아시아 지역질서, 그리고 대한민국

정윤재

1. 머리말

필자가 볼 때, 오늘의 인류사회는 지구 어느 구석에서든 개인의 권리가 계속 신장되고 강화되는 역사적 추세 속에서 문화적으로는 '쾌락주의'가 편만하고, 경제적으로는 '자본주의적 세계체제'가 우세하며, 정치적으로는 '글로벌리즘'이 상식화된 상태에서 새로운 국제질서 형성을 위한 이론적 모색과 현실적 경쟁이 날로 치열해지는 시대에 들어섰다. 특히 정치적 논의의 주대상인 국가의 성격 혹은 형태와 관련하여, 정치적 결사체로서의 국가는 고대의 계곡이나 해변중심의 도시국가(city-state)에서, 중세의 제국(empires) 혹은 왕조(dynasties)를 거쳐, 근대의 국민국가(nation-state)로 변해 왔으며, 오늘에 와서는 세계주의의 시대적 추세와 함께 이른바 세계국가(world-state) 혹은 세계정부의 형성이 신세계질서 담론의 핵심으로 자리잡아가고 있다.

냉전체제의 종식으로 시장체제의 지구적 확산이 이미 본격화되었고, 이념쇠퇴의 흐름은 경제적 무역과 거래의 현실적 중요성을 강화했으며, 텔리커뮤니케이션의 고속발전과 확대보급은 지구곳곳의 개인들을 '지구촌 시민'(global citizens)으로 만들어 놓은 지 오래다. 지구화 추세 속에서 개인들과 국가들은 모두 '유목민들'처럼 유랑하며 욕구를 채우고자 바삐 움직이고 있으며, 미국을 필두로 대외 영향력이 큰 국가들은 그것이 자기확대의 방략이건 자기방어의 전략이건 서로 자국의 영향권을 유지 혹은 확대하고, 국제정치적 주요 이슈에 대한 발언권을 강화시키기 위해 각종 전략들을 구사하고 있다. 이러한 공공연한 현실적 경향들은 자연히 학자들로 하여금 오늘의 국제정치적 흐름들을 어렵지 않게 '제국들'의 출현과 그들 사이의 경쟁으로 묘사하고, 진단하게 만들고 있는 것이다.1)

그런데 21세기 한국의 선택을 논의하는 국내의 주요 연구들은 일견할 때, 필자는 적어도 다음 두 가지 점에서 이같은 시대적 추세와 매우 동떨어진 느낌을 감출 수 없다. 첫째, 세계화 추세에 대한 장기적 전망 빈곤이다.2) 그래서 대부분의 논의는 여전히 근대적 국민국가들 사이의 국제관계적 맥락에 머물고 있다. 둘째, 뿐만 아니라 특정 지역국가간의 협력체제를 모색하고 구상하는 논의들도 대부분 기존 개별 국민국가들 사이의 역사적 교섭과정과 협력체제구축이라는 당위적 목표들을 다시 검토하는 수준을 벗어나지 못하고 있다. 즉, 지구화라는 시대적 추세를 감안한다면 마땅히 지역질서 구축의 문제점과 여기에 조응하는 단위 국가들의 전략과 목표를 지구적 차원의 추세들과 연관하여 논의해야 함에도 불구하고 그러한 시도는 아직 크게 부족한 것 같다. 다만 최근 김명섭 교수는 참여정부 2년의 국제관계를 검토하는 글에서 한국의 국제관계를 '세계판'(world-plate), '지역판'(region-plate), 그리고 '민족판'(nation-plate) 등 3차원에서 분석, 평가하는

---

1) 예컨대, 김명섭, "참여정부 2년의 국제관계: 제국과 민족의 임계," 연세대학교 국가관리연구원 2005년 춘계학술회의 논문집, 『노무현정부의 국가관리: 중간평가와 전망』(2005. 2. 21-22), 9쪽; Z. 브레진스키, 김명섭 역주, 『제국의 선택: 지배인가 리더십인가』(황금가지, 2004).

2) 최근 백낙청 교수도 "비판적 지성을 자부하는 지식인들도 세계 전체에 대한 장기적인 전망과 과제를 진지하게 거론하는 일은 흔치 않은 것 같다"고 지적하고 이는 '거대담론' 또는 '대서사'를 비판하고 냉소하는 포스트모더니즘 사조의 영향 때문인 것으로 설명했다. 백낙청, "21세기 한국과 한반도의 발전전략을 위해," 백낙청 외, 『21세기의 한반도 구상』(창비, 2004), 15쪽.

이른바 '판구조론'(plate tectonics)적 시각의 중요성을 지적하면서, 3개의 판에 대한 개별적인 분석과 아울러 3개의 판이 어떻게 맞물리면서 한국의 국제관계에 영향을 미치는지를 예의주시해야 한다고 제안한 바 있다.[3] 그래서 필자는, 비록 거친 생각들에 불과한 것이지만, 내셔널리즘과 글로벌리즘에 대한 평소의 착안들과 책읽기의 일단을 정리하고,[4] 그 바탕에서 동아시아에서의 새로운 지역질서를 가늠해 볼 것이다. 그리고 이러한 미래전망을 전제로 '내셔널리즘'[5] 차원에서 대한민국의 가능하고 바람직한 선택이 무엇일지에 대한 토론을 시도하고자 한다. 이는 글로벌리즘 시대에 도래할 수밖에 없을 현실적 도전들과 이에 대한 대응방안을 미리 따져보는 예방적 논의에 해당될 것이다.

2. 약화되는 내셔널리즘과 국민국가

18세기 근대 국민국가시대가 열린 이후 적어도 20세기 중반에 이르기까지 인류역사는 내셔널리즘의 시대를 구가했다고 할 수 있다. 그러나 그 사이에 수많았던 정치적 격변과 함께 산업혁명, 과학기술혁명, 지리상의 발견, 제국주의적 식민지 확보 경쟁, 세계규모의 자본주의적 시장체제의 형성, 개인인권과 자유의 신장, 등으로 인류의 공동체 형성 단위와 범위는 기존의 국민국가로 국한될 수 없게 되었고, 또 국민국가는 그 자체의 존립

---

3) 김명섭(2005), 앞의 글. 여기서 '민족판'은 '국가판'으로 보아도 무방할 것이다.
4) 이 글에서 시도된 내셔널리즘과 글로벌리즘에 관한 논의는 졸고, "내셔널리즘 이후의 신세계질서에 관한 연구," 한국유럽학회, 『유럽연구』, 창간호 (1994년 가을), 79-97쪽에 의존했음을 밝힌다.
5) 이를 민족주의라 하지 않은 것은 동아시아의 미래를 가늠할 때, 처음부터 남한과 북한을 섞어서 생각하는 어리석음을 피하고, 현재 필자가 소속된 대한민국이라는 단위 국가를 주체로 미래의 남북한관계 및 동아시아지역 차원의 미래를 전망하기 위함이다.

이 심각하게 도전받게 되었다는 평가가 흔한 상황에까지 이르렀다. 미국의 사회학자 다니엘 벨(Daniel Bell)은 후기자본주의사회의 지구적 파장의 하나로 오늘날 "국민국가는 생활상의 큰 문제들을 해결하기에는 너무 작고, 작은 문제를 해결하기에는 너무 크다"는 인식이 보편화되고 있다고 지적했다.6) 그래서 필자는 우선 역사학자 E. H. 카아의 내셔널리즘과 국민국가의 그 미래에 대한 견해와 오늘날 갈수록 국가의 기능이 거대해지기는 하지만 새로운 도전들에 노출되어 있다고 보는 미래경영학자 P. 드러커의 견해를 살피고자 한다.

1) '역사적 존재'로서의 국민국가: E. H. 카아

에드워드 카아 (Edward H. Carr, 1892-1982)는 구체적인 현실성에 입각해서 국제정치와 세계평화의 문제를 내셔널리즘에 입각해서 분석했던 영국의 역사학자며 정치학자였다. 그는 국제사회란 어떤 이상적인 윤리적인 원칙에 의해 만들어지는 것이 아니라 각국 사이의 이해관계가 서로 부딪히는 가운데 여러 가지 종류의 조약 혹은 전쟁의 수단으로 그것을 조절하고 해결하기 위해 노력하는 장이라고 보았다. 그래서 세계평화는 국제연맹이나 세계정부 같은 인위적인 기관을 만들어 국제법을 강력하게 시행한다고 해서 실현되기는 어렵고 대신, 갈등 당사자들 사이의 이해관계가 교차되는 냉정한 거래와 힘의 역학관계를 고려하는 '협상과 타협'을 통해 그 실마리를 만들 수 있다고 생각했다.7)

그런데 카아는 근대시기를 풍미했던 근대 국민국가(modern nation-state)는 2차 세계대전 이후의 상황에서 적어도 다음 2가지 차원에서 그 존재가 도전받고 있다고 보았다. 첫째, 도덕적 차원에서 오늘날 국가라는 조직체는

---

6) Daniel Bell, *The Coming of Post-Industrial Society: A Venture in Social Forecasting* (New York, 1973); 서규환 역, 『2000년대의 신세계질서』(디자인하우스, 1991), 52-55쪽 참조.

7) 진덕규, "국제정치학에 대한 E. H. Carr의 관점," E. H. Carr저, 진덕규 역, 『민족주의와 그 이후』(학문과 사상사, 1984), 98-104쪽 참조.

필연적으로 전체주의적 성격을 고유 속성으로 하고 있다는 비판을 받고 있다. 이같은 비판은 특히 국제사회에서의 권위체는 국가를 위해서가 아니라 모든 남녀 개인의 복지와 권리를 옹호하는 데 그 존재의 가치가 있다는 도덕적 확신에 근거하는 것이다. 다음으로 국가는 날로 발전하는 기술로 인해 점차 그 기능과 영향력이 현실적으로 약화되고 있다. 즉, 기술의 발전은 군사나 경제적 조직단위로서의 국가의 의미를 약화시켰으며, 점차 효과적인 결정과 통제능력은 '거대한 다국적 조직단위'(great, multi-national units)으로 급격하게 집중되고 있다. 이같은 입장에서 카아는 국민국가란 가족과 같이 자연적(natural)이거나 생물적(biological) 집단이 아니며, 그 구성원인 개인들은 각자의 자연권(natural rights)을 소유했지만, 국가는 자연권을 소유하지 않았다고 주장했다. 그리고 국민국가가 근대시기를 풍미했던 것은 사실이나, 전반적인 역사과정으로 볼 때, 그것은 근대라는 특정시기에서만 존재했던 현상이며, 또 전세계 지역에서도 특정지역에만 존재하는 사실에 불과한 것이라고 부언했다. 즉, 근대 국민국가란 "하나의 역사적인 집단"(a historical group)인 것이며, 이제는 국가라는 집단이 정치전략의 "유일하고, 절대적이며, 최고의 담당자이며, 세계차원의 조직에 있어 궁극적인 구성단위"라고 주장하는 내셔널리즘적 주장과 요구는 더 이상 수용될 수 없는 사실이라고 보았다.8)

한편, 카아는 2차 세계대전 이후의 국제질서의 성격과 형태는 분석적으로 3가지가 있을 수 있다고 보았다. 즉, 다수의 독립주권국가들이 산재한 국제질서, 하나의 세계적 권위체가 절대적인 지배권을 행사하는 상태, 그리고 다수의 독립주권국가들과 하나의 세계적인 권위체가 절충한 상태가 그것인데, 카아는 이 셋 중 만약 세 번째의 절충형태가 나타날 경우 ─ 그것은 다민족국가들(multinational states)이 중심을 이루는 가운데 각 문명권(civilizations)의 힘에 따라 다른 형태로 존재할 것이며, 또 이 문명권들은 전통적 의미의 국가단위의 영역 속에만 머무르지는 않을 것이라고 예견했다. 또 카아는 앞으로의 새로운 국제질서가 세계국가적 연합의 형태로 될 수

---

8) 같은 책, 51-52쪽 참조

도 있겠지만, 그것은 의식적으로 만들어진 정치적 구호나 강제적 구속력이 있는 조약 혹은 장엄한 의식과 함께 하는 선서로 되는 것이 아니라 오히려 "보다 더 평범하면서도 조금도 시끄럽지 않은" 방식으로 추진되어야 성공할 수 있을 것이라고 생각했다. 즉, 국제적으로 문제가 되는 특정 이슈를 다룰 때는 관련 국가들이 조용히 만나 특별한 협정을 체결하는 것이 성공률이 높은 국제 협력 방식이며, 국제평화를 위해서는 국제위원회나 국제평의회 등을 우선 만들어 손쉽게 해결할 수 있는 문제부터 다루어 나가는 것이 바람직하다. 그리고 이러한 국제기구들이 제반문제들의 해결과정에서 효과적으로 그 기능을 수행할 때, 그것은 궁극적으로 힘을 얻을 것이며, 결국 각국의 내셔널리즘 성향도 약화시키고, 배타적인 독립주권 의지도 서서히 제한을 받게 될 것이다.9)

그러나 카아는 현실적으로 새로운 국제질서의 창출에는 여러 가지 문제들이 있다고 지적했다. 특히, 그는 어떠한 권력구조의 세계질서여야 하는가? 특정 세계 기관에 대한 인정과 불인정의 결정은 누가 혹은 어떤 기관이 담당해야 하는가? 등이 중대한 과제라고 지적했다.10) 그는 또 새로운 국제질서는 제도적인 구상만으로 만들어질 수 없으며, 이는 범세계적인 사회정의의 추구와 같은 공동노력이나 진취적인 정신에 기초해야 가능한 것으로 생각했다.11)

2) 존립 자체가 도전받는 '거대' 국민국가들: P. 드러커

우리에게 『새로운 현실』(1989)의 저자로 잘 알려진 미국의 미래경영학자 피터 드러커는 그 이후 『자본주의 이후의 사회』(1993)란 책을 통해 앞으로 인류가 접할 미래의 사회는 결코 마르크스가 예견한 공산주의 사회가 아니며, 그것은 '비사회주의 사회'(non-socialist society)이고 동시에 '자본

---

9) 같은 책, 52, 65-66쪽 참조.
10) 같은 책, 67-68쪽.
11) Kenneth W. Thompson, *Masters of International Thought* (Baton Rouge: Louisiana State University Press, 1980); 정진위 역, 『현대국제정치사상』(박영사, 1989), 106-107쪽.

주의 이후의 사회'(post-capitalist society)라고 단언했다. 그에 의하면 자본주의 이후의 시대는 시장경제가 계속 남아 있지만, 사회적으로는 지식이 가장 중요한 자원이며, 부르주아나 프롤레타리아계급이 '지식근로자'와 '서비스근로자'로 대체된다. 또 자본주의 이후의 시대가 여전히 조직의 사회가 될 것이지만, 그것은 기존의 주권국가가 유일한 정치적 통합체가 더 이상 아닌 시대다. 기존의 국민국가들은 범국제적 조직들, 지방조직들, 지방정부들, 종족집단들 등과 함께 공존하며 또한 경쟁한다. 그리고 드러커는 2차대전 이후부터 지상에는 후기자본주의 사회가 출현했는데, 이 시기 동안 국민국가들은 여러 가지 새로운 현실들에 의해 그 존립이 크게 위협받고 있다고 진단했다.[12]

그런데 드러커는 지난 100여 년 동안 국민국가들은 당초 절대군주들의 자의적인 행동에 맞서 개인들과 시민의 생명, 자유, 그리고 재산을 보호하기 위한 목적에서 조직된 것이었지만, 시간이 흐름에 따라 점점 그 본래의 목적에서 벗어나 그 정부의 기능이 점차 국가전반적인 부분으로 확대되어, 결국 근대 국민국가들은 그 기능과 영향력의 범위가 커진 이른바, 거대국가(megastate)로 변화했다고 주장했다. 즉, 과거 장 보댕(Jean Bodin)의 구상했던 국민국가는 재산을 포함한 시민사회의 유지를 그 첫째 기능으로 삼는, 따라서 지극히 방어적인 역할을 담당하는 실체였지만, 오늘날의 국가들은 적어도 1970년부터 과거의 국가들과 같은 종(種)이기는 하나 전혀 다른 모습으로 거대한 실체로 변화했다는 것이다. 예컨대, 거대국가적인 면모가 가장 약한 영국이나 미국에서도 시민의 재산은 국가의 처분에 달려 있을 정도로 국가는 시민사회에 비해 상대적으로 강력한 존재가 된 것이다. 드러커에 의하면, 국민국가의 거대화 현상은 역사적으로 국가가 국민들은 요람에서 무덤까지 돌본다는 복지국가를 지칭하는 '유모국가,' 미국의 대공황 이후 국가는 조세를 징수하여 시민사회의 유지와 소득재분배를 위해 각종 정책을 강력하게 추진, 집행하는 '경제지배자' 혹은 '조세국가'로, 그리고 평화시에도 전쟁을 대비하며 시민사회와 시민경제를 통제하는 '냉전

---

12) Peter Drucker 저, 이재규 역, 『자본주의 이후의 사회』(한국경제신문사, 1993), 23쪽.

국가' 등의 형태로 나타났으며, 각 시기마다 이 거대국가들은 나름대로의 성과들을 낸 것이 사실이지만, 세계차원의 평화체제 구축과 경제정의 실현에는 대체로 실패했다.13)

그런 한편 오늘날 국민국가들은 시민사회에 비해 비록 강력한 힘을 발휘하기는 하지만, 사실상 새롭게 등장한 국제적 흐름의 대세로 그 존립이 크게 위협받고 있다. 우선 지구차원으로 확대된 시장경제체제에서 "돈과 정보는 조국을 모른다"는 말이 시사하듯, 오늘날 돈과 정보의 흐름이 단위 주권국가의 통제밖에 있은 지 이미 오래다. 아무리 강력한 국가라도 이미 세계시장으로 흐르고 있는 돈흐름의 향방을 완벽하게 통제할 수 있는 나라는 없으며, 정보의 자유로운 흐름은 또한 국민국가들의 문화적 정체성을 사실상 파괴하고 있다. 이러한 가운데 초국가적 기관들의 영향력은 국민국가들의 그것보다 훨씬 막강한 것으로 나타나고 있다. 다른 한쪽으로는 환경오염, 테러리즘, 군비통제의 필요성 등과 같은 지구적 차원의 문제들이 점점 심각한 수준에 이르면서 단위 국가들의 주권제약에 관한 심각한 논의들이 진행되고 있는 것이다.14)

뿐만 아니라, 오늘날 주권 국민국가들은 지역주의(regionalism)과 종족주의(ethnicism)에 의해서도 그 존립 자체가 위협받고 있다. 지역주의는 유럽공동체(EC)에 의해 촉발되었고, 그 파장은 현재 북미대륙과 아시아지역으로 퍼지고 있다. 오늘의 지역주의가 당장 국민국가를 대체하는 현실이 아니고 또 당장 그럴 만한 초대형 국가를 창조하는 것은 아니지만, 지역주의가 경제적 블럭화현상과 함께 점점 "주권국가를 꼼짝 못하게 만든다."15) 그리고 종족주의가 지구적 차원에서 유행하면서 기존의 국민국가들은 안으로부터의 위협에 직면하고 있다. 미국 내의 수그러질 줄 모르는 인종분규, 소련의 분열 및 현 러시아 내에서의 종족간 갈등, 유럽에서의 반유대주의, 캐나다의 인종대립, 스페인의 카스틸랴와 카탈로니아의 대립, 동아시아국가들 사이의 민족주의적 대립, 등으로 세계는 바야흐로 종족주의 혹

---

13) 같은 책, 187-213쪽 참조
14) 같은 책, 214-225쪽 참조
15) 같은 책, 225-229쪽 참조

은 민족주의라는 새로운 '질병'으로 허덕이고 있다.16) 드러커는 그렇지만 국민국가들이 이같은 다양한 위협과 도전들에도 불구하고 당장 시들고 사라지는 것은 아니라고 말한다. 그는 국민국가가 앞으로도 계속 강력한 정치조직으로 남아 있을 것으로 생각하지만, 다만 "국민국가가 이제 더 이상 절대 필수불가결한 것은 아닐 것이다"17)고 단언했다.

3. '세계국가'에의 비전과 그 가능성

그런데 앞서 논의한 대로 내셔널리즘의 효용성이 약화되고 국민국가의 위상이 전과 달리 저하될 것이라는 전망과 그와 관련된 현실적 변화들은 곧장 국제정치상의 적지 않은 혼란과 무질서를 동반하는 것으로 예견되고 있다. 국민국가가 앞으로의 세계에서 대규모 경제문제나 새로이 태동할 지구적 경제체제에 비효율적이라 하더라도 이른바 '국가적 이해관계'는 계속 남을 것이고, 또 그런 상황에서 국가나 정부의 역할이 점점 심각한 도전에 직면할 것이다. 따라서 오늘날 각 부문에서 지구화의 추세가 강화되고 있는 세계현실 속에서 이른바, '정치'를 어떻게 재배열할 것인가 하는 문제는 매우 심각한 과제로 제기되지 않을 수 없는 것이다.18) 그리고 21세기는 소비자들의 다양한 욕구를 기동력 있게 최대로 만족시켜주는 '유목상품'(nomadic objects)의 생산과 판매가 산업의 주종을 이루는 '초공업사회'(super-industrialized society)가 될 것으로 예견했던 자크 아딸리(Jacque Attali)는, 오늘의 세계가 과거 어느 때보다도 '돈의 법칙'에 얽매이고 글로벌리즘과 함께 내셔널리즘이 득세하여 "다가오는 세계질서는 위험에 가득할" 것으로 단언했다. 그러면서 앞으로 세계질서는 시장과 돈이 숭배되어

---

16) 같은 책, 229-235쪽 참조.
17) 같은 책, 33쪽.
18) Daniel Bell, "The Future Worder Disorder: The Structural Context of Crises," Daniel Bell, 서규환 역, 위의 책, 57-58쪽.

갈수록 경제적 요인의 사회, 정치적 중요성이 커지는 상황이 될 것이라고 전망했다.19) 그래서 이 장에서는 이렇게 불확실하고 불안한 세계정치상의 각종 문제들을 해결하고 지구상의 질서를 유지하기 위한 방법으로 제기된 바 있는 '세계정부' 혹은 '세계국가'에 대한 견해들을 살펴 볼 것이다.

1) '국가의 역설'과 세계정부론: 칼 W. 도이치

칼 도이치(Karl Deutsch)는 미국의 대표적인 정치학자로서 탁월한 행태주의적 사회과학 연구를 수행하면서도 보기 드물게 중후한 '사상의 대가'다운 면모를 보였던 학자로 평가받고 있다. 그는 하버드대학교의 정치학과 교수로 재직하면서도 상아탑에만 머물지 않고 미국무성의 요청으로 인도, 독일, 체코슬로바키아, 폴란드, 워싱턴, 도쿄, 리우데자네이로 등지를 바쁘게 오가며 각종 연구임무를 정열적으로 수행했다. 그는 대표저서 중 하나인 『내셔널리즘과 사회커뮤니케이션』(1963)에서 서유럽 국가들, 동유럽 국가들, 그리고 여타 개발도상국가들에 대한 연구를 대상으로 "내셔널리즘이 왜 특정 시대와 장소에서만 폭넓은 반응을 받으면서, 다른 상황에서는 왜 불가능한가?"라는 문제를 제기했고, 지구적 차원에서 "지난 수십년간 벌어진 사건들은 세계를 하나로 통합하는 경향을 보였는가? 아니면 세계를 이전보다 더 분열시켰는가?"라는 질문에 대한 답을 구하고자 했다.20)

그 결과, 도이치 교수는 모든 지역에서 내셔널리즘의 전개과정이 놀라울 정도로 흡사했음을 발견하고, "정착이 이루어지고, 도로시설의 확장과 커뮤니케이션의 개선, 그리고 경제활성화가 이루어짐에 따라 여러 거주집단들이 서로 통합되었고, 그 결과 사람들은 자신들의 집단을 하나의 국가로 인식하기 시작했다"고 주장했다. 이러한 맥락에서 도이치 교수는 내셔널리즘의 발달은 곧 커뮤니케이션 공동체의 형성이며, 비교적 성공적인

---

19) Jacque Attali, 유재천 역, 『21세기의 승자: 다가오는 신세계질서에의 도전과 응전』 (다섯수레, 1993), 143-144쪽 참조.

20) Karl W. Deutsch, *Nationalism and Social Communication* (New York: John Wiley, 1953), v-1쪽.

정치통합을 이루는 과정이라고 결론지었다.21) 그러나 도이치는 지구적 차원에서 "불평등과 불안성의 극단적인 현상이 완화되지 않고, 아시아, 아프리카에 만연한 빈곤이 산업화와 생활수준과 교육의 향상을 통해 근본적으로 해결되지 않는다면, 그리고 내셔널리즘이나 민족분열의 시대가 끝나지 않느냐면, 인간은 종말의 시작을 보게 될 것이다"는 어두운 전망을 제시하기도 했다.22)

그러나 도이치 교수는 국민국가가 앞으로 점점 그 존재의 이유를 상실해 갈 것으로 생각했다. 즉, 도이치는 미래에 개별 국가들이 핵전쟁이나 환경공해 같은 지구적 차원의 재난으로부터 해당 국민들의 생명과 재산을 보호한다는 본래의 기능을 감당할 수 없는 상황을 회피하기 어렵게 될 경우, 국가들은 그 존재의 이유를 상실하게 될 것이라는 이른 바, '국가의 역설'(the paradox of nation-state) 현상이 나타날 것으로 예견했다.23) 그에 의하면 이제까지 국가는 국민들의 필요를 충족시켜주거나, 각종 요구를 들어주는 유일한 기관이었지만, 스스로 "국민들의 잠재적 죽음의 함정이 되지 않으면서(without becoming potential deathtraps for citizens), 많은 인명피해를 초래할 전면전쟁이나 그와 유사한 수준의 전쟁을 치를 수 없다는 것이다." 그리고 그렇기 때문에 도이치 교수는 앞으로 정치지도자들이나 학자들은 "국가가 국민들의 생명을 보호할 능력이 없다"(these same nation-states cannot defend the lives of their people)는 역설적인 상황이 오게 될 것임을 심각하게 인식해야 한다는 것이다.24)

다른 한편, 도이치 교수는 국민국가를 국제 정치사회의 기본단위로 여겼던 근대 내셔널리즘 시대 이후를 논하면서, 앞으로의 신세계질서를 분석적으로, '로컬리즘과 자유방임적 상태'(localism and laissez-faire), 그리고 '세계정부에의 비전'(the vision of world government), 2가지 차원에서 검토했

---

21) Karl W. Deutsch, *Nationalism and Its Alternatives* (New York: Alfred A. Knopf, 1969), 6, 19쪽.
22) 같은 책, 49쪽; 정진위, 앞의 책, 163쪽.
23) Karl W. Deutsch, 앞의 책, 171쪽.
24) 같은 책, 172쪽.

다.25) 먼저 첫째로, 그는 장차 세계는 로컬리즘과 각종 구속으로부터 탈피하려는 자유방임적 상태가 일반화될 수 있다고 보았다. 즉, 사람들은 기존의 국민국가 체제를 벗어나려는 또 다른 형태의 '탈정치화'(depoliticization) 경향을 보이며 각종 규제나 구속으로부터 벗어나고자 하며, 세계경제는 보다 방임적인 상태에서 시장의 자율조정기능에 맡겨지게 되는 것이다. 그리고 각종 후생복지와 교육 등의 문제는 더 이상 국가의 책임이 아니고 돈 많은 개인자선가들의 사업에 의존하게 되어 국가나 정부의 기능은 초보적인 법질서 유지와 전쟁억지 및 평화보장의 범위에 국한되는 고전적인 '야경국가'의 수준으로 축소된다. 그러나 도이치는 이러한 형태의 자유방임적 야경국가는 비대해진 사회세력들과 경제집단의 도전에 매우 취약하며, 더 많고 더 좋은 복지정책을 추진해야 할 상황에서 오히려 더 많은 사람들을 좌절시킬 것이라고 비판했고, 궁극적으로 이같은 상태는 정치적 파산으로 끝나고 말 것이라고 평가했다.

다음으로, 분석적으로 가능한 내셔널리즘의 미래는 세계정부의 수립이다. 여기서 도이치는 '제한적 세계정부'(a limited world government)와 '광범위한 책임을 수반한 세계정부'(a world government with a broad scope of the responsibilities)를 상정하여 검토했다. 먼저 제한적 세계정부는 과거 로마군단이 로마제국 전체를 통치했던 것처럼, 군사면 군사, 경제면 경제 어느 한 부문만 장악하여 세계질서를 담당, 관리하는 세계정부를 가리킨다. 따라서 이러한 세계정부하에서의 각국 정부는 특정부문만을 제외하고 웬만한 문제와 정책에 관한 결정권을 그대로 유지한다. 이에 대해 도이치 교수는 이같은 제한적 세계정부가 비록 가능성이나 실현성은 있을지 몰라도, 복잡다단한 문제들이 얽혀 있는 오늘날의 국제정치상황에서는 실용적이지 못하다고 평가했다.

다음으로 도이치 교수는 광범위한 책임을 수반하는 강력한 세계정부를 상정했다. 이 경우 세계정부는 말 그대로 정치, 경제, 군사, 전쟁, 문화, 등 모든 부문의 정책과 문제해결을 책임지는 것이다. 도이치 교수는 그러나

---

25) 이하의 내용은 같은 책, 168쪽의 요약임.

이같이 강력한 세계정부의 가능성은 적어도 다음 2가지 면에서 한계를 지닌다고 지적했다. 첫째, 오늘날 세계는 이같이 막대한 업무를 담당, 처리할 수 있는 인적·제도적·지적 기반을 충분히 갖추지 못하여 막상 그러한 세계정부가 성립된다 하더라도 정치, 행정적으로 당면 임무를 수행할 수 없을 것이다. 둘째, 이같이 광범위하고 강력한 세계정부는 하위직 공무원들과 상위직 공무원들 사이의 원활한 의사소통이 어렵고, 지배층과 피지배층 사이의 인간적 커뮤니케이션이 매우 곤란하기 때문에 각종 정보의 순환에 근본적인 한계가 있다.

2) '지구국가'의 필요성: S. 탤보트

미국 시사주간지 『타임』의 칼럼니스트를 지냈고, 클린턴행정부의 국무부 부장관으로 외교정책 수립과 집행과정에 깊게 참여한 바 있던 스트로브 탤보트(Strobe Talbott)는, 1992년 7월 20일자 『타임』에 "지구국가의 탄생"(The Birth of Global Nation)이란 장문의 칼럼을 통해 앞으로의 세계질서에 대한 그의 견해를 압축하여 피력했다. 그는 근대국가란 조직은 결코 영구불변한 공동체 형태가 아니며 앞으로 세계는 국가와 국가를 연결하는 세력이 보다 강력한 영향력을 행사하는 시대로 될 것이며, 그 연장으로서의 '지구국가'는 미국을 모델로 하여 민주주의와 연방제를 근간으로 하는 것이 바람직하다고 주장했는데, 이를 상론하면 다음과 같다.

냉전시대가 종식된 이후, 심각하게 제기되었던 질문은 국가들을 통합시키는 세력과 반대로 서로 분리시키는 세력 중 어느 편이 더 강력하게 세계정세를 주도할 것인가? 하는 것이었지만, 앞으로는 분열보다는 통합현상이 대세를 이루어 앞으로 21세기말쯤이 되면 '국가'(nationhood)란 존재는 사라질 것이고 '세계시민'(citizens of the world)이란 말이 보다 실제적인 의미를 갖게 될 것이다. 역사적으로 보아도 국가란 영구불변의 존재가 아니고 '인위적이고 순간적인'(artificial and temporary) 존재이며, 이해관계나 상황에 따라 그 모양을 달리하는 '사회적 장치'(social arrangement)의 하나이다. 오늘날 세계 186개국 중 10%에 해당되는 국가들만이 혈연적 동질성을 유지할 뿐, 그 외 국가들은 여러 종족들이 섞여사는 '다종족국가'(multinational state)이다. 이 국가들은 이전의 제국(empires)들과 마찬가지로 군사력을 통한 타국 점령과 대외팽창을 기도하여 세계는 국가들 사이의 지속적인 전쟁상태를 면치 못했다.

그러나 비록 이제까지의 경험은 그렇다 하더라도, 인류는 세계평화와 그것의 실현을 위한 세계정부의 창설에 길고 진지한 논의의 역사를 지니고 있다. 14세기 이래 단테, 에라스무스, 그로티우스와 같은 선견지명이 있는 학자들은 국제법의 시행으로 국가 사이의 분쟁과 갈등을 해결하고자 했다. 만약, 세계 각국들을 공통으로 다스릴 수 있는 '하나의 보편이데올로기'(a universal ideology)가 있다면 각국가들의 활동을 제어하기 위한 새로운 계약을 체결할 수도 있을 것인 바, 영구적인 세계평화를 위해 1795년 임마뉴엘 칸트가 '민주국가들 사이의 평화연맹'(a peaceful league of democracies)의 창설을 제안한 것도 이러한 맥락에서였다. 그러나 세계평화를 위한 여러 노력들이 오늘날과 같이 세계정부의 창설이란 차원으로 진전된 것은 금세기 동안 수많은 사건들이 일어나고 지나간 이후의 일이다. 각종 수송 및 통신기술이 발전, 확산되면서 세계는 전보다 훨씬 더 작아졌고, 국제무역이 성행하고 국가들이 서로 상호의존적이 되었지만, 국가 사이의 갈등은 훨씬 더 폭력적으로 변했다. 1945년의 히로시마에서 보듯, 힘에 의한 국제분쟁의 해결은 패자는 물론이고 그 승자에게도 엄청나게 많은 대가를 요구하는 것이었다.

그런 가운데 아인슈타인, 간디, 까뮈, 토인비와 같은 지도적인 지식인들까지도 단위국가들의 당장의 가시적인 이익보다도 그 상위의 차원에 해당되는 이익에 더 많은 정치적 관심을 기울이자는 의견에 찬동했다. 그 결과로 2차례의 세계대전이 있은 후, 1920년대에 국제연맹이, 1940년대에 국제연합이 각각 만들어진 것이다. 그렇지만 나치독일과 소련의 팽창주의적 전체주의가 극성했을 때는 민주주의가 위협을 받았고 세계는 분열되었다. 세계정부를 논하는 사람들은 의심받기 십상이었고, 1950년대까지만 해도 '하나의 세계 옹호자'(One worlder) 란 말은 아주 순진한 사람들이나 비밀 공산당원으로 의심받는 사람들에 대한 경멸적인 용어였다. 그러다가 냉전이 본격화되면서 양 진영이 서로 집단안보(collective security) 정책을 폄으로써, 서로 적대하는 국가들 사이의 상호의존도가 오히려 높아졌고, 국가주권이 집단안보 논리에 의해 약화되었다. 또 자유진영국가들은 서로 협력하여 다국적 금융기관들을 창설하고 서로 자발적으로 일정 정도의 주권을 포기했다. 그 사이에 유럽공동체(EC)는 지구주의(globalism)를 향한 지역통합(regional cohesion)을 선구적으로 이루었다.

또 각국 정부의 재정금융정책에 대한 국제통화기금(IMF)의 개입이 일상화되었고, 오늘날 WTO 등과 같은 국제기구들은 '하나의 통합된 세계'(a united world)를 여는 전도사와 같은 존재들이다. 국제기구들의 개별 국가들에 대한 '인도주의적 개입'(humanitarian intervention)이 일상화되어 가고 있고, 1992년 리우환경지구정상회담에서 환경문제에의 공동대처를 위해 모리스 스트롱(Maurice Strong)이 제안한 '초월적 자연주권'(the transcending sovereignty of nature) 개념은 참석자들에 의해 반대없이 받아들여졌다. 컴퓨터의 보급과 장거리통신기술의 발달과 보급은 전세계 사람들 사이의 커뮤니케이션을 가능케 했으며, 새로운 국가들의 등장과 종족분리현상이 가속화되는 가운데에서도 '권력화'(empowerment) 현상은 소단위 지방과 지역, 그리고 지구적 차원의 조직들에게 집중되고 있다.

이같은 지구적 통합의 트렌드 속에서 장차 세계질서는 막강한 중앙집권형태의 정부보다는 민주주의와 연방제를 핵심으로 하는 세계정부로 다스려지는 것이 바람직하다. 이는 칸트가 구상했던 세계평화론과 통하는 것으로, 현실적으로는 각 주정부 및 개인들의 자유가 주어지는 가운데 연방체제를 효율적으로 제도화하여 운용하고 있는 미국이 '다종족 연방국가'(a multinational federal state)로서의 미래 세계정부의 훌륭한 모델이다. 만약 미국을 모델로 하는 세계정부의 형태가 정착된다면, 그것은 미국의 건국의 아버지들이 발휘했던 지혜가 오늘날까지 연장됨을 의미하여, 세계정부 내의 미국 국민들은 각별한 자부심을 가질 것이다.

이상의 견해들을 간단히 평가하면 다음과 같다. 첫째, 이 장에서 검토한 신세계질서에 대한 견해들은 대체로 독일의 철학자 임마뉴엘 칸트의 '영구평화론'이나 영국의 역사가 아놀드 토인비가 위기에 처한 서구문명의 파멸을 가능한 한 늦추기 위한 처방으로, 그리고 그가 최선이 아닌 차선으로 생각했던 제도적 처방으로 제시했던 '세계정부'안과26) 상통하는 것으로, 앞으로의 국제정치나 세계질서의 향방에 대한 논의에 중요한 키워드가 될 것이다. 둘째, 앞으로 세계정부의 성립과 그 형태에 대한 논의가 진행될 때, 그것이 제한된 정부형태이든, 강력한 정부형태이든, 칼 도이치 교수에 의해, 세계정부 성립의 장애물로 여겨졌던 문제점들 — 즉, 인적, 지적, 제도적 기반의 미비와 효과적인 의사소통의 문제 — 이 오늘날에는 크게 해소되었고 또 이 문제들은 갈수록 발전하는 커뮤니케이션 기술능력으로 극복될 것으로 보인다. 셋째, 내셔널리즘이 약화되고 국가의 기능과 역할이 줄어들어 가는 가운데 앞으로 세계정부의 형성은 민주적이고 비폭력적인 방법이 선호되겠지만, 그 과정에서 주도권 쟁탈과 해당 국가들의 생존을 둘러싼 매우 치열한 경쟁이 전개될 것이다.

4. 글로벌리즘과 동아시아 지역질서: 중국과 일본의 움직임

앞서 살펴본 대로 오늘날 글로벌리즘과 세계국가 혹은 세계정부에 대한 여러 견해들이 제시되고 있다고 해서, 21세기의 신세계질서에서 단위 국가들이 완전히 사라질 것이라고 예단하는 것은 비현실적이다. 각국 지방자치단체들의 재정형편이 개선되고 그들의 시장개척을 위한 국제적 활동이 증가하는 한편, 동시에 다양한 활동을 벌이며 영향력을 행사하는 국제기구들이 많아지고 있기 때문에, 근대 세계정치사상 국제적 교섭과 갈등의 핵심단위였던 국민국가의 기능과 위상이 적어지고 저하되는 것처럼 보이는 것이 사실이다. 그러나 그렇다고 해서 국가 자체가 완전히 소멸될 것

---

26) 이에 대해서는 특히, Arnold J. Toynbee의 *Surviving the Future*의 번역본인 원창엽 역, 『토인비와의 대화』(홍신문화사, 1994); 졸고, "Arnold Toynbee's Theory of World Government: An Analysis of His Visions, Diagnosis, and Prescription." 미발표논문을 참조함.

으로 기대하는 사람들은 드물다. 다만 그런 가운데 오늘날 세계정치에서 눈에 띄게 두드러진 현상은 블록화 경향과 함께 단위 국가들 중에서 정치적, 경제적·군사적 측면에서 비교적 우위에 있는 국가들은 서로 경쟁적으로 각자 속해 있는 지역과 블록에서 지역 내 국가들 사이의 협력과 지역공동체 형성을 도모하는 선도적인 이니셔티브를 취하고 있는 점이다. 예컨대, 중동지역에서 사우디아라비아가 그렇고 미주지역에서 미국이, 남미지역에서는 브라질과 아르헨티나가 경쟁하며, 동아시아지역에서는 중국과 일본이 그렇다. 남아시아에서 인도의 위상은 독보적이다. 이들은 각기 세계주의 차원의 변화과정을 인식하고 인정하면서도 각기 속해 있는 지역 내에서의 새로운 지역질서의 창출 필요성을 강조하면서 그 과정에서 자신의 지위를 확보하고 영향력을 강화하고자 하는 것이다. 그리고 글로벌리즘 차원에서 세계국가를 꿈꾸거나 신세계질서의 배타적 경영을 시도하는 국가들은 경쟁적으로 이같은 지역 내 강국들과 서로 연계를 꾀하거나 경우에 따라 배제 혹은 견제하기도 하는 것이다. 21세기 한국의 선택과 관련하해서는 마땅히 동아시아 지역에서 갈등과 대립의 가능성이 큰 중국과 일본의 예상되는 미래선택을 미리 고려해야 할 것이다.

1) 과거 '제국'의 복원을 꿈꾸는 중국

근대 이전부터 중국인들은 "한족(漢族)을 중심으로 한 중화세계, 즉 중원(中原)을 차지한 한족의 최고 유덕자인 천자(天子, emperor, 皇帝)가 사위(四圍)의 세계를 통일한다"는 의미의 '중화세계질서'(Chinese world order)사상을 지니고 있다. 그리고 이러한 국제질서의 기본원리는 삼강오륜과 같은 유교적 가치들이며, 이를 바탕으로 하는 예법질서가 곧 중화세계질서인 것이다. 중국인들은 이러한 예법의 유무 혹은 다과를 기준으로 사람과 민족들을 '화'(華)와 '이'(夷)로 구분하고, 또한 인(人)과 비인(非人), 문명과 야만을 구별하는 기준으로 삼는다. 그리고 "온 천하 중에서 가장 중심적인 위치에 있으면서 문화가 가장 발달된 지역"을 '중화'(中華)라 칭하고, 이를 세계의 중심으로 간주한다. 그래서 최고 유덕자인 천자가 다스리는 중화세계질서에의 편입 여부는 단순한 정치권력에의 참여 혹은 복속의 문제가 아니라 문명과 야만, 인간과 비인간의 갈림길로 인식되었다. 그리고 이러한 중화세계질서는 공자의 사해동포주의 혹은 유교적 세계가족주의의 정치적 표현인 바, 바로 이 질서 속에 중국은 '아버지'로서 그 아들이나 동생이 되는 소국들을 잘 보살펴야 하고, 소국들은 중국을 잘 섬겨야 한다는 이른바, '사대자소'(事大字小)의 동양적 국제질서관이 자리잡은 것이다.27)

이러한 사상적 전통에서, 근대중국의 캉유웨이(康有爲, 1858-1927)는 그의 명저 『대동서』(大同書)를 통해 동양지식인으로서는 유일하게 유교적 전통에 바탕을 둔 세계차원의 이상국가, 즉 '대동세계'를 폭넓게 생각하고 그 구체적인 내용들을 그려 제시했다.28) 캉유웨이는 인류사회에 영구평화를 구현하기 위해서는 국가와 국가 사이의 경계를 없애고 세계를 하나로 통합해야 한다고 주장했다. 중국인에 있어서 국가관념의 출발은 도를 알고 행하는 핵심주체로서의 개인이고 그 종착점은 천하이며, 국가는 이 도정에서 정거장일 뿐이다. 이를 바탕으로 캉유웨이는 나라가 있음으로 해서 살생과 유혈참극이 빚어지며 따라서 국가가 있는 한, 약육강식과 경쟁과 전쟁을 피할 수 없다고 단언했다. 그는 국가나 전쟁의 종식이 갑작스럽게 이루어질 수는 없을 것이나, 보편적 논리나 인심의 동향, 그리고 천하의 대세로 보아 "대동의 세계는 반드시 오고야 말 것이다. 다만 세월이 걸리고 곡절이 있을 뿐이다"고 역설하고 확신했다. 그리고 캉유웨이는 다음과 같은 세 가지 단계를 거쳐 대동세계가 이루어질 수 있다고 구상했다.

먼저 '거란세'(據亂世) 단계에서 각국은 군축과 무장해제를 위한 협상과 동맹을 실천한다. 역사적으로 춘추시대에 세력이 비슷했던 진과 초, 고대 그리스에서 도시국가들이 시도했던 동맹체제, 그리고 근대유럽의 비인회의 이후 여러 조약들이 있으며, 이러한 선례에 따라 각국들은 예컨대, 만국평화회의를 열어 평화를 위한 초보적인 수준의 결의를 다지고 실천하는

---

27) 이홍종, "동서양 국제정치관의 비교," 강태훈 외, 『동아시아 지역질서와 국제관계』 (오름, 2002), 143-145쪽 참조.

28) 이에 대한 국내의 연구로는 최성권, 『康有爲의 政治思想』(일지사, 1988), 특히 제5장을 참조 바람.

것이 필요하다.

다음 '승평세'(昇平世)에서는 각 국가들이 연합하여 연방을 결성하는 것이다. 중국고대의 하은주 3대, 춘추시대의 제 환공, 진 문공, 독일의 연방체제에서와 같이 연방정부가 전 연방을 규율하는 법과 군대를 가지고 통할은 하지만 각국의 내치에는 간섭하지 않는 것이다.

마지막 단계인 '태평세'(太平世)에서는 각국이 호칭과 직제를 폐지하고, 자발적으로 주군을 세워 세계차원의 공의정부 아래로 통일하는 것이다. 예컨대, 미국이나 스위스의 연방 정부형태를 갖추는 것이다. 캉유웨이가 이처럼 세계정부 형성을 통해 세계평화를 적극적으로 모색한 것은 칸트와도 상통하는 것이며, 또 중국학자 강일유(姜逸維, John Kiang)도 캉유웨이의 대동사상과 유사한 '천하일가'(one world) 사상에 입각하여 세계평화를 이루어 인류의 보편적 복리의 추구를 논한 바 있다[29]

이러한 사상적 전통을 배경으로 하고 있는 중국은 최근 경제적으로 급부상하면서 세계적으로 연계망을 갖추고 있는 화상들을 연계하여 전통적인 중화주의적 국제질서를 우선 역내인 동아시아에서 구축할 것을 기대하고 있는 것이 분명하며, 나아가 지구적 차원에서 서구의 기독교문명권에 대해 가장 영향력 있고 도전적인 대안세력으로 부상할 가능성이 가장 큰 국가다.[30] 지난 2000년 동안 동아시아의 가장 막강한 나라였던 중국은 그러한 역사적인 역할을 되찾고자 기회를 노릴 것이며, 가까이는 1842년에

---

29) 같은 책, 268-284쪽.
30) 그러나 전통적 자부심을 지키려는 중국은 결코 패권적 발언이나 행동을 드러내지 않고 위상을 확보하고자 하는 이른바 '평화로운 등장'(a peaceful rise), 혹은 '화평굴기'(和平崛起) 전략을 쓰고 있으며, 최근 6자회담에서 동북아 지역평화를 위한 자신들의 주도적 역할을 국내적으로는 매우 고무적인 일로 칭송하고 있는 것도 이같은 맥락에서 읽을 수 있는 사례다. 이에 대해서는 Zbeng Bijian, "China's 'Peaceful Rise' to Great-Power Status," *Foreign Affairs*, Vol.84, No.5 (September-October 2005), 18-24쪽; 전성흥, "중국 자본주의의 발전과 세계정치에서의 위상: 중국의 부상을 둘러싼 논쟁과 시각," 서강대『사회과학연구』제13집제2호(2005), 284-313쪽; 박승준, "왜 중국은 6자회담에 열심인가," <조선일보>, 2005년 9월 24일자 '차이나칼럼'.

영국의 강압에 의해 체결되었던 난징조약을 시작으로 "지난 100년 이상 서구와 일본에게 당해야 했던 기나긴 굴욕과 종속의 시대"에 종지부를 찍고자 할 것이다.31) 다만 이의 성공 여부는 일본과 같은 역내 국가간 힘을 겨루는 정치과정에 여타 역내국가들이 어떻게 대응하느냐에 달려 있다고 하겠다.

2) 동아시아의 '맹주'가 되고자 하는 일본

주지하는 바와 같이, 일본은 신아시아공영권의 구축을 위해 군사력을 키우면서도 이른바 비정치적 차원의 문화교류, 학술지원, 경제협력 등을 앞세워 그가 주도하는 새로운 지역질서의 형성을 기도하고 있다. 그리고 이러한 의도와 목적을 지닌 일본에서는, 특히 걸프위기를 전환점으로, 외부 세계와 새로운 관계를 설정할 필요성에 대한 논의가 시작되었고, 이러한 논의의 핵심은 크게 "지역주의"와 "양극주의"로 정리될 수 있다.32)

먼저, 지역주의는 일본 외교정책의 방향설정에 있어서 가장 중요한 요소로 일본과 여타 아시아국가들과의 연계를 의미하는 지역적 축(regional axis)을 중요시하는 패러다임이다. 그리고 이 지역주의는 첫째, 유럽과 북미 지역경제의 블록화에 대한 대응으로 일본중심의 아시아 경제권 형성과, 둘째, 일본의 '재아시아화'를 통해 일본은 중국과 함께 아시아의 공동의장국이 되어야 한다는 것과, 셋째, 일본은 경제력을 바탕으로 하여 아시아의 정치외교적 질서 형성에 능동적으로 참여해야 한다는 내용을 포함하고 있다.33) 이러한 지역주의에 따라 1988년과 1990년 사이 대만, 홍콩, 태국, 말

---

31) Samuel P. Huntington, 소순창 역, 『문명의 충돌과 21세기 일본의 선택』(김영사, 2001), 151쪽.
32) 지역주의와 양극주의에 대한 내용은 김용신, "일본의 외교전통과 대북한, 동북아 정책," 강태훈 외, 『동아시아 지역질서와 국제관계』(오름, 2002), 283-285쪽에 전적으로 의존하여 소개했음을 밝힌다.
33) 오늘날 일본우익들은 일본의 '보통국가화'라고 규정하며 경제력에 걸맞는 정치적·군사적 능력의 제고를 지향하는 것이다.

레이시아, 싱가포르, 인도네시아에 대한 일본의 직접투자가 176억 달러에 달했고, 이는 46억 달러에 불과했던 당시 미국의 투자액을 훨씬 능가하는 것이었다. 또 일본은 1989년 천안문사태로 어려운 처지에 있던 중국에 대한 경제원조의 필요성을 주장함과 동시에, 서방국가로서는 최초로 경제협력을 재개하여 중국 근대화를 적극 지원하고 나선 사실은,34) 일본이 아시아 지역의 대변자 또는 대표자로서의 역할을 적극 수행하겠다는 의지를 표명한 것으로 봐야 할 것이다.

다음으로, 일본의 양극주의는 전통적인 대미 우호협력관계를 바탕으로 한 미국과의 연계를 축으로 세계적 동반자 관계를 형성하자는 정책지향이다. 이에 따라 일본은 미국의 아시아에서의 지속적인 영향력 유지를 위해 노력해야 하며, 재정적인 어려움에 처한 미국이 국제적인 역할을 보다 원활하고 안정적으로 수행할 수 있도록 일본은 미국의 세계주의를 뒷받침하는 동반자로서 협력하는 데 더욱 능동적인 자세를 취해야 한다는 것이다. 대부분의 일본정치엘리트들은 미국과의 연계가 단절된 일본은 곧 국제적 고아를 의미하는 것으로 상정하고 있으며, 이렇게 "미국으로부터 이탈된 일본을 다루기를 원하는 아시아 국가는 아무도 없을 것이다"라는 측면에서도 일본의 미국과의 협조체제는 계속 유지되어야 한다는 견해35)를 취하고 있다. 이러한 양극주의적 정책지향은 지난 반세기 동안 미국과 일본 관계라는 프리즘으로 구체적인 외교정책을 수행해 온 대부분의 일본 정책결정자들에게 있어서 별로 새로울 것이 없는 것이지만, 지역주의가 아시아에서 일본의 자율성과 적극적 이니셔티브를 강조하는 데 비해, 양극주의는 일본의 미국과의 쌍무관계에 더 중점을 두며 '지구적 동반자관계'(global partnership) 형성을 의도하고 있다는 점에서 대조적이다.

그런데 이 양극주의와 지역주의는 오늘날 일본의 국제적 역할 증대를 목표로 구상되었다는 공통점에서 상호배타적일 수 없다. 오히려 지역주의는 "일본민족의 독립보전과 아시아에서의 영토 확장을 추구해온 일본 민

---

34) 김장권, "일본의 대소, 대중관계," 『일본연구논총』, 제8집(1933), 306쪽.
35) Eugene Brown, "The Dabate over Japan's Strategic Future: Bilateralism Versus Regionalism," *Asian Survey*, Vol. 33, No.6 (June 1993), pp.546-556 참조.

족주의의 다른 표현인 '아시아 연대주의'36)를 바탕으로 하는 외교정책노선이며, 양극주의는 2차대전을 전후한 시기에 미국, 유럽, 그리고 일본의 주요엘리트들이 이미 구상한 바 있는 "삼각주의"(Trilateralism)37) 세계질서론의 일본적 표현이자 구체적인 실천방법에 불과한 것이다.

5. 몇 가지 생각들: 대한민국의 성공적인 적응과 생존을 위하여

앞 장들에서의 논의를 전제로 할 때, 앞으로 21세기의 신세계질서는 가까운 장래에 하나 혹은 그 이상의 문명권을 효율적으로 통제할 수 있는 국가들이 세계국가 혹은 세계정부 차원의 주도권을 차지하거나 스스로 그것의 핵심주체가 되고자 치열하게 경쟁대립하거나 합종연형의 외교전략이 교차되는 가운데 형성될 것으로 예상할 수 있다. 그리고 동아시아 지역의 경우, 보통국가론을 내세우며 '아시아의 맹주'가 되고자 하는 일본과 '패권경쟁'을 하고 있는 것으로 평가되는 중국은 중화주의적 세계관에 의한 신세계질서의 창출과정에서 구미국가들과 경쟁적 혹은 대립적 위치에 있으면서 미국과 유럽연합으로부터 전략적 견제를 받고 있다. 그리고 대한민국은 지구적 차원에서 삼각주의동맹에 가담하고 있으면서 역내국가들에게는 지역주의를 내세우고 친아시아정책을 구사하고 있는 일본과 신세계질서 구축 차원에서 특히 미국에 의해 견제받고 있으면서 동북아지역 내 영향력의 유지와 확대를 노리는 중국 사이에 끼어 있다. 즉, 대한민국은 '친대륙, 친중국, 반삼각주의'와 '친해양, 친일본, 친삼각주의' 사이에서 어

---

36) 그리고 일본의 "아시아 연대주의"의 이면에는 "아시아 지배와 아시아의 지도자라는 맹주의식"이 자리잡고 있다. 이에 대해서는 한상일, 『아시아 연대와 일본제국주의』(오름, 2002), 26-27, 30쪽 참조.

37) 이에 대해서는 Holly Sklar, ed., *Trilateralism: Trilateral Commission and Elite Planning for World Management* (New York: South End Press, 1980); K.S. Nathan, *Trilateralism in Asia* (Honolulu: University of Hawaii Press, 1987) 참조.

느 하나를 국가경영의 국제적 틀로 택할 수 있는 것이다. 그렇다면 이에 대해 대한민국은 내셔널리즘에 입각하여 어떻게 대응해야 할 것인가? 이러한 국제정치적 틀 속에서 대한민국을 어떻게 경영해 갈 것인가? 이 문제는 기존의 정치노선과 대외적 친소관계를 떠나 이 시대의 지도자들과 지식인들이라면 누구나 진지하고 냉정하게 고민해야 할 공동과제라 하겠다.

첫째, 정치리더십의 질적 향상[38])을 통한 한국정치의 정상화가 시급하다. 현재 대한민국의 '3류정치'는 일본의 '한국정치 때리기'와 북한의 '통일전선전략'에 의해 협공당하고 있는 양상이다. 그리고 정치의 저급화는 곧 국가의 위상저하를 초래할 뿐 아니라 지구화 추세에 따라 그렇지 않아도 약화되어 가는 국가성(stateness)과 국가 자체의 존재이유에 대한 의식이 박약해지는 경향에 대해 속수무책일 가능성이 많다.[39]) 따라서 이제부터라도 각급 교육기관에서는 청소년들의 리더십 함양과 리더십 있는 시민의 양성에 적극 임해야 한다. 또 청소년기부터 한반도의 국제정치 혹은 동북아의 국제정치에 대한 읽기와 토론을 통해 국제적인 감각과 소통능력이 있는, 인재로 키우고 훈련시키는 장기적인 교육정책과 프로그램이 필요하다. 이것을 전제로 정파나 정당을 달리할 경우라도 지구적, 지역적 차원에서 각국과 연계될 수 있는 인적 네트워크의 유지확대를 위한 긴밀한 노력을 경주해야 한다. 전세계에 퍼져 있는 한인공동체(Korean community)와의 연계에 각별히 유의하면서, 동시에 이 지역의 유능한 인재들을 조기에 발굴하여 정책적으로 교육하고 훈련시켜 해당지역의 전문인력으로 활용할 뿐 아니라, 유능한 국제활동가로 육성해가는 장기적인 인적자원 육성 정책이 매우 필요하다.

둘째, 한국의 정치엘리트들이 각각 '친해양, 친삼각주의'로 결집된 정당

---

38) Paul Kennedy 교수도 21세기를 대비해서 진지하게 고려해야 할 사항으로 지적한 것은 '교육의 역할과 여성의지위'와 함께 '정치리더십 문제'였다. Paul Kennedy, 변도은/이일수 역, 『21세기 준비』(한국경제신문사, 1993), 429-441쪽 참조
39) 한국정치에 대한 이러한 맥락에서의 논의는 졸고, "'민주화 정치'의 위기와 정치리더십," 장준하기념사업회, 광복60주년/장준하 선생 30주기 학술심포지엄 논문집, 『동북아질서의 재편과 한민족의 선택』(2005. 8. 16), 121-142쪽을 참고함.

과 '친대륙, 친중화주의'로 결집된 정당으로 대별되어 상호경쟁하는 가운데 글로벌시대의 지역질서 형성에 참여하는 것이 필요하다. 다만 이 경우 하나의 독립된 정치공동체로서의 '네이션' 즉, 순우리말로 '겨레'는 어원적으로 안으로 '결리워서'(to be organized, to form inner solidarity), 바깥과 '겨루는'(to compete, to duel) 존재인 만큼,40) 공화공생(共和共生)의 정치를 실천하는 것이 절대필요하다. 이것은 토론 등 자기표현 행동이 활발하고 다이내믹한 한국인들의 적극성에 조응하는 방식에 의한 한국민주주의 제도화 전략일 수 있으며, 동시에 구한말 우리의 엘리트들이 각각 연고가 있는 국가들의 전략전술에 국가차원에서 통합적으로 대처하지 못하고 겨우 인접국가들의 '정보원' 혹은 '협력자'의 수준에 불과했던 과거를 청산하는 한 방법일 수 있다. 이제 주변강대국들의 파워게임에 휘말렸던 구한말의 과오를 다시는 되풀이하지 말아야 함은 시대적 당위(當爲)이다.

셋째, 그러나 우리에게는 보다 구체적인 전략적 선택이 요구되는 바, 대한민국이 고려해 볼 만한 모델이 여러 가지가 있을 수 있겠지만, '세계국가' 수준의 어느 기존 국가와의 공고한 동맹관계 속에서 협력과 협상을 지속하며 자국의 자주(율)성 확대와 안전, 그리고 번영의 기틀을 확보하며 전 세계 유대인들의 구심체로 기능하는 '이스라엘 모델'이 가장 바람직하다. 앞에서 논했던 '친대륙노선'(중화주의적 세계질서)과 '친해양노선'(삼각주의적 세계질서)은 모두 '이스라엘 모델'에 의해 선택될 수 있는 것으로,41) 이 경우, 대한민국은 국내정치적으로 '친대륙적' 정당과 '친해양적' 정당이 각각 기본적으로 국가이익의 최대확보 차원에서 긴밀하게 협조, 단결하면서도 서로 치열하게 경쟁하는 고도의 정치방식으로 국가를 경영해 갈 수 있어야 한다. 다만, 우리의 집권당이 '친해양노선'을 취했을 때 현재의 미

---

40) 이에 대한 것은 안재홍, 『신민족주의와 신민주주의』(민우사, 1945), 21-22쪽; 졸저, 『다사리국가론: 민세 안재홍의 사상과 활동』(백산서당, 1999), 24쪽 참조

41) 이스라엘의 리쿠드당과 노동당은 서로 대별되는 정책노선을 가지면서 서로 날카롭게 대립하면서도 대팔레스타인, 대미, 대유럽외교에서 민족통합의 '시온주의 정치'(the Zionist politics)로 아랍세계의 도전과 국제사회에서의 정글전에 성공적으로 대처하고 있는 것이다.

국이 점차 일본을 동북아시아에서의 전략적 중추를 삼아 지역차원의 리더십을 일본에게 위임하는 정책을 취할 경우, 이에 대한 대한민국의 대응방식을 둘러싸고 적지 않은 정치적 논란이 예견되는 바, 이에 대한 전략적 대비가 필요함을 지적하지 않을 수 없다.

넷째, 만약 대한민국이 이러한 '이스라엘 모델'을 분명하게 선택하지 않은 상태에서, 예컨대, 자동차산업, 조선업, 생명공학, 유전공학, 반도체산업, 유기농업, 기타 서비스업 등에서 우리가 유지하고 있는 높은 경쟁력과 시장점유율을 너무 신뢰하여 혹시라도 '대등한 동반자' 혹은 '균형자'와 같은 용어로 표현되는 대한민국의 독자적 역할을 확대, 강화하는 방향으로 나갈 경우, 대한민국은 자칫 지구적 차원의 전략적·외교적 가치를 상실한 상태에서 그 국가적 위상이 딜레마에 처하는 일종의 '대만화 현상'(the Taiwanization of Korea)을 피할 수 없을 것이다. 대한민국의 동반자 혹은 균형자 역할도 기존의 동맹관계를 지속하는 가운데 긴밀한 상호 협의와 문제제기를 통해서 수행해야만 소기의 목적을 달성할 수 있는 것이다.

다섯째, 그러나 우리가 미래의 국가경영전략으로 앞에서 언급한 '이스라엘 모델'을 택할 경우, 우리는 곡절은 있겠지만, "북핵문제 해결 이후 머지 않은 장래에 국제사회에 나올 북한"과 계속해서 상호 경쟁하며 평화공존을 추구할 수밖에 없을 것이다. 그럴 경우, 우리의 정부가 '친해양적'이든 '친대륙적'이든, 대한민국은 모든 면에서의 경쟁력을 확보, 유지하여 '정신적'으로나 물질적으로, 또 '민족주의' 차원에서나 세계주의 차원에서나 북한을 넉넉하게 이끌어 갈 수 있는 확고한 리더십을 갖추는 일이 필수다. 대한민국의 정치지도자들은 글로벌 트렌드에 적응하는 한편, 북한과의 경쟁과 평화공존의 과제도 동시에 떠맡아야 하기 때문에, 다른 나라의 정치지도자들보다 배 이상 부지런하고 슬기로워야 한다. 그리고 지역 차원의 돌발변수도 언제 나타날지 전혀 예상치 못하기 때문에 정치지도자들과 국민들 사이의 긴밀한 상호관계의 형성과 유지의 중요성은 언제라도 아무리 강조해도 지나치지 않을 것이다.

참고문헌

김용신, "일본의 외교전통과 대북한, 동북아 정책," 강태훈 외, 『동아시아 지역질서와 국제관계』(오름, 2002).
김장권, "일본의 대소, 대중관계," 『일본연구논총』, 제8집(1933).
드러커, P., 이재규 역, 『자본주의 이후의 사회』(한국경제신문사, 1993).
백낙청, "21세기 한국과 한반도의 발전전략을 위해," 백낙청 외, 『21세기의 한반도 구상』(창비, 2004).
벨, D., 서규환 역, 『2000년대의 신세계질서』(디자인하우스, 1991).
브레진스키, Z., 김명섭 역주, 『제국의 선택: 지배인가 리더십인가』(황금가지, 2004).
안재홍, 『신민족주의와 신민주주의』(민우사, 1945).
이홍종, "동서양 국제정치관의 비교," 강태훈 외, 『동아시아 지역질서와 국제관계』(오름, 2002).
최성권, 『康有爲의 政治思想』(일지사, 1988).
카, E. H., 진덕규 역, 『민족주의와 그 이후』(학문과 사상사, 1984).
한상일, 『아시아 연대와 일본제국주의』(오름, 2002).

Daniel Bell, *The Coming of Post-Industrial Society: A Venture in Social Forecasting* (New York, 1973); 서규환 역, 『2000년대의 신세계질서』(디자인하우스, 1991).
Eugene Brown, "The Dabate over Japan's Strategic Future: Bilateralism Versus Regionalism," *Asian Survey*, Vol. 33, No.6 (June 1993).
Holly Sklar, ed., *Trilateralism:Trilateral Commission and Elite Planning for World Management* (New York: South End Press, 1980).
K.S. Nathan, *Trilateralism in Asia* (Honolulu: University of Hawaii Press, 1987).
Karl W. Deutsch, *Nationalism and Its Alternatives* (New York: Alfred A. Knopf, 1969).
_____, *Nationalism and Social Communication* (New York: John Wiley, 1953).
Kenneth W. Thompson, *Masters of International Thought* (Baton Rouge: Louisiana State University Press, 1980); 정진위 역, 『현대국제정치사상』(박영사, 1989).
Zbeng Bijian, "China's 'Peaceful Rise' to Great-Power Status," *Foreign Affairs*, Vol.84, No.5 (September- October 2005).

제3장 글로벌화에 대한 시점과 글로컬 공공철학

山脇直司

1. 서 론

　냉전 붕괴 후의 국제 정세는 크게 흔들리고 있다. 1992년 리오 지구환경 서미트를 계기로 NGO 등이 정치를 움직이는 힘으로 등장, 1999년 11월 말부터 12월 초에 걸쳐 시애틀에서 개최될 예정이었던 WTO 각료회의를 저지하는 등 그 영향력이 커지고 있는 한편, 경제·정치·군사 등의 영역에서 미국의 힘이 증대되어 '새로운 제국'이라고까지 일컬어지게끔 되었다. 특히 2001년 9월 11일의 동시다발테러사건 이후, 아프가니스탄 공습 뿐 아니라 대의 없는 이라크 전쟁을 UN의 결의 없이 일으키는 등, 미국 부시 정권의 단독 행동은 세계의 빈축을 사기에 이르렀다. 한편, 유럽에서는 극히 최근에 25개국 확대 EU가 발족되었으나 구 유고에서는 보스니아 헤르체고비나 및 코소보 내란이 계속되고 있으며, 구 소련에서도 체첸 등의 내분 상태가 계속되고 있다. 일본이 속한 동아시아에서도 고이즈미 수상의 독단적인 야스쿠니 참배 등의 이유로 안타깝게도 중국 및 한국과의 관계가 삐걱거리고 있는 상태이다.
　이와 같이 냉전시대의 뒤를 이어 글로벌시대라 불리는 현대는 여러 가지로 불안정한 양상을 보이고 있으며, 미래의 불확실성을 안고 있다. 종래의 고립적인 학문체제를 타파하는 학제적 학문으로서의 상관사회과학은 지역적인(Domestic) 연구 영역에 머물지 않고 이러한 글로벌화의 향방을 찾지 않으면 안 된다. 그러나 혼미해져가는 글로벌화를 단순히 방관자적인 시점에서 기술하고, 사태를 방관하는 실증 연구만으로는 너무나도 시니컬하다는 비난을 면치 못할 것이다. 상관사회과학이 기술적·분석적 실증 연구로 시종일관하는 것이 아니라 철학이나 사상을 포함한 학문으로서 자리매김하고 있는 이상, 글로벌화에 대한 상관사회과학 연구는 기술적·분석적 실증 연구뿐 아니라 글로벌화에 관한 다양한 '사상 연구' 및 '연구자 자신의 입장(Stance)의 자각'이 동반되어야 한다.

본고는 이같은 상관사회과학관에 입각하여, 현재의 글로벌화 문제에 대한 필자의 생각을 제시하고자 하는 것이다.

먼저, 본론으로 들어가기 전에, '글로벌화(Globalization)'와 '글로벌리즘'을 개념적으로 구별해 두고자 한다. 왜냐하면 이 2가지는 사회과학자들 사이에서는 구별하여 사용하는 경우가 많으나 일반적인 일상용어에서는 구별 없이 사용되는 경우도 많기 때문이다. 본고에서는 '글로벌화'를 상당한 정도까지 가치 자유적인 이념형에 의해 인식 가능한 경제, 정치, 문화 등에 걸친 트랜스내셔널 사회 프로세스를 가리키는 개념으로서, '글로벌리즘'을 이러한 글로벌화를 긍정적으로 주장하는 사상 내지는 이데올로기로서, 또, '반 글로벌리즘'을 이런 글로벌리즘에 반대하는 사상 내지는 이데올로기로서 각각 사용하기로 한다.

이러한 개념 구별을 전제로, 이하에서는 '글로벌화의 여러 국면과 그에 대응하는 사상적 대립의 축'을 모색하고(제1절), 다음으로 각각에 대해 필자가 구상중인 '글로컬 공공철학 이론과 비전'을 대치시켜 보고자(제2절) 한다.

2. 글로벌화의 여러 국면과 사상적 대립축: 경제, 정치, 문화·종교

좋든 싫든 1990년대 이후에 더욱더 현저해지고 있는 글로벌화의 진행은 고립화된 기존의 사회과학으로는 충분히 파악할 수 없다는 의미에서, 그 야말로 상관사회과학적인 이슈이다. 이 이슈를 경제, 정치, 문화·종교 등 각 국면으로 분절화하고, 거기서 펼쳐지고 있는 사상적 대립축을 밝혀보고자 한다.

1) 경제의 글로벌화와 사상적 대립의 축

글로벌화를 촉진시키고 있는 가장 큰 팩터(Factor)가 '경제'라는 사실에 이의를 제기하는 사람은 거의 없을 것이다. 실제로 1971년의 달러 쇼크를 계기로 선진공업국의 변동시세제로의 이행이 일어나 통화의 시장화가 진행되었으며, 1980년대 이후 컴퓨터와 인터넷 등의 발달과 맞물려 금융의 글로벌화가 가속적으로 진행되었다는 현상이 무엇보다도 현재의 글로벌화를 잘 나타내주는 지표라 할 수 있을 것이다. 그리고 다국적기업의 발전, 브레튼우드 체제의 산물인 IMF와 세계은행의 정책에 1995년에 설립된 WTO의 정책이 합세하여, 금융뿐 아니라 경제 전체의 글로벌화가 진행된 것이다.

이와 같이 경제의 글로벌화는 한때 소련형 사회주의체제의 붕괴로 인해 필연적인 프로세스인 것으로도 받아들여졌다. 그러나 1997년 7월 태국을 시발점으로 한 아시아 금융위기는 경제의 글로벌화에 내포된 위험성을 사람들에게 널리 인지시키는 결과가 되었으며, 멕시코나 아르헨티나 등을 비롯한 중남미의 경제위기는 경제의 글로벌화의 그림자 부분을 그대로 드러내고 있다. 이러한 상황을 둘러싸고 경제 사상적인 대립의 축을 나타내어 본다면 다음의 3가지로 크게 분류할 수 있을 것이다.

① 현재의 경제의 글로벌화가 여전히 인류 전체의 번영으로 이어진다고 주장하는 '신자유주의(Neo Liberal)적 글로벌리즘'
② 현재의 경제의 글로벌화를 궤도수정함으로써 인류의 복지 개선을 기대할 수 있다고 주장하는 '수정 글로벌리즘'
③ 현대의 IMF, 세계은행, WTO체제의 발본적 개혁 및 해체까지도 시야에 둔 급진적(Radical) '반 글로벌리즘'

① '신자유주의적 글로벌리즘'은 신고전파 경제학이론과 리버타리아니즘이 결합, 시장경제는 막스가 그린 것과 같은 약육강식의 프로세스가 아니라 글로벌한 차원에서 사람들에게 널리 번영을 가져온다는 보편 사상을 제시한다. 1980년대의 레이건, 대처 정권에 의해 국내적으로 추진되어 온 신자유주의는 이제는 경제의 글로벌화를 열심히 뒷받침하는 경제 글로벌리즘이 된 것이다.

이 사상은 경제의 글로벌화를 세계의 빈곤층 감소를 위해 불가결한 프로세스라고 간주한다. 신자유주의적 글로벌리즘에 따르면, 예를 들어 200년이라는 오랜 세월에 걸쳐 계속되다가 1975년에 피크를 맞은 중국이나 인도의 빈부 격차는 1980년대 이후 경제의 글로벌화에 의해 크게 개선되었다. 빈곤층의 소득은 이전보다 훨씬 증대되었으며, 생활환경도 좋아졌다. 또, 무역과 투자의 글로벌화를 수용한 개도국일수록 경제성장률도 높아지고 있어, 글로벌화가 빈부의 차를 확대한다는 반 글로벌리즘은 근거가 없는 것으로, 경제의 글로벌화야말로 전 지구규모의 '열린 사회' 및 민주주의의 실현으로 이어질 것이다.[1]

IMF, 세계은행, WTO의 논객이나 『이코노미스트』(Economist)의 저널리스

---

[1] 현재 진행중인 글로벌화를 적극적으로 긍정하는 논객은 스스로 신자유주의라 나서기 보다는 반 글로벌리즘에 대항하는, 이른바 ' "반"반 글로벌리즘'의 입장에서 글로벌화를 옹호하는 경우가 많다. 예를 들어 David Dollar and Aart Kraay, "Growth is Good for the Poor," in: F. J. Lechner and J. Boil(eds.), *The Globalization Reader*(Blackwell, 2004), pp.177-189나 Phillip Legrain, *Open World: The Truth about Globalisation* (London: Aracus, 2002) 등을 참조할 것.

트 등이 지지하고 있는 이러한 신자유주의적 글로벌리즘은 ③의 반 글로벌리즘과 정면으로 대립한다. 그리고 또, 글로벌화가 인류에게 복지를 가져오기 위해서는 어떤 형태로든 궤도수정이 불가결하다고 보는 다음의 ②의 입장과도 다른, 낙천주의로 치장되어 있다.

② 위에서 서술한 바와 같이 세계은행은 IMF, WTO와 함께 경제 글로벌리즘의 추진 주체로 여겨져 왔다. 그러나 최근 세계은행은 종래의 입장을 궤도 수정하려는 움직임을 보이기 시작했으며, 그 움직임은 세계은행 총재를 역임한 조셉 스티글리츠(Joseph Stiglitz)의 최근 발언이나 이단 경제학자인 아말티아 센(Amartya Sen)의 영향 등에 나타나고 있다. 본고는 이 두 사람의 글로벌화에 대한 입장(Stance)을 '수정 글로벌리즘'이라고 부르기로 한다. 수정 글로벌리즘은 글로벌화 그 자체에는 반대하지 않는다는 점에서 반글로벌리즘과 구별되나, 신자유주의자들과는 달리, 글로벌화의 추진에는 '사회적 정의(공정)'의 관점이 불가결하다고 보는 것이 큰 특징이다.

스티글리츠는 세계적으로 파문을 불러일으킨 '글로벌화의 불만' 등에서 IMF가 주도하는 금융과 자본의 글로벌화가 라틴아메리카 국가들 등 경제에 큰 재난을 가져왔다는 점을 지적하면서, 글로벌화가 궤도 수정되어야 한다고 강조했다. 스티글리츠에 따르면 IMF의 개발도상국에 대한 경제간섭은 거만하고 보호 통제적(Paternalistic)일 뿐 아니라 지극히 비민주적이고 자의적인 방법으로 의사결정이 이루어지고 있다. 그런 방식으로 이루어진 자본의 자유화가 아르헨티나의 경제 파탄을 일으킨 것이며, 또, 무역의 자유화가 많은 나라에서 실업자가 생겨나게 했다. 또한 사하라 사막 이남의 아프리카에서는 구미각국에 유리한, 불공정 교역 조건으로 인해 많은 손실을 입게 되었다. 그리고 미국 등 일부 기업의 특허권 때문에 남아프리카에 AIDS 치료를 위한 의약품이 고가로 팔리는 바람에 많은 환자들을 구하지 못하는 사태를 낳고 있다.[2]

이러한 글로벌화의 왜곡을 시정하기 위해 스티글리츠가 주장한 것은 반

---

[2] Joseph Stiglitz, "Globalism's Discontents," in: *The Globalization Reader*, pp.200-207, *Globalisation and its Discontents*(Penguin Books, 2002). (스티글리츠, 鈴木主稅 역, 『세계를 불행하게 한 글로벌리즘의 정체』, 德間書店, 2002).

글로벌리즘도, '효율'이라는 규범에 의해 추진되는 글로벌화도 아닌, '사회적 정의(공정)'이라는 규범과 함께 추진되는 글로벌화이다. 신자유주의에 가난한 사회정의라는 규범을 바탕으로 빈곤의 감소 및 보다 좋은 환경 창조를 지향하는 수정 글로벌리즘이야말로 그가 제창하는 경제사상이라 할 수 있다.

한편, 스티글리츠보다 먼저 노벨 경제학상을 수상한 센도 현재 일어나고 있는 반 글로벌리즘 운동의 근본적인 문제는 글로벌화 운운이 아니라, 글로벌화의 '분배문제'라고 보고 있다. 센에 따르면 반 글로벌리즘 운동도 글로벌화의 은혜 없이는 수행할 수 없는 것이며, 글로벌화의 움직임을 막을 수는 없다. 따라서 진정으로 필요한 쟁점은 글로벌화가 가져오는 '이익의 분배' 문제이며, 그 이익을 가능한 한 사람들에게 '민주적인 방법으로 공정하게 분배'할 수 있도록 사회제도를 구축·재정비해야 한다. 경제 글로벌화의 은혜·이익이 경제뿐 아니라 인간의 자유의 가능성을 여는 것으로서, 교육, 보험, 의료 등 여러 차원에 미치도록 하는 방향으로 세계은행 등 국제 공공정책이 개선되어야 한다고 센은 설명한다.3)

이러한 수정 글로벌리즘은 기존의 대규모 제도 개혁 등을 통한 경제 글로벌리즘의 궤도수정을 외치고 있다는 것이 큰 특징이라 하겠다.

③ 이에 비해 '반 글로벌리즘'은 그러한 사상을 위로부터의 개혁으로 보고, 어디까지나 '아래로부터의 요구'에 입각해서 자본주의적 글로벌리즘과는 다른 경제질서를 모색하고 있다는 것이 큰 특징이다. 경제의 글로벌화 그 자체에 반대하는 반 글로벌리즘 운동은 1999년 12월 초에 시애틀에서 열린 WTO 각료회의를 중지시키고, 2001년 제네바 서미트에서는 수십만 명이 항의행동을 전개했다. 그리고 그런 움직임은 선진자본주의국가의 정관재계의 탑(top)이 참가, 매년 다보스에서 열리는 세계경제포럼에 대항하여 2001년 브라질 포트알레그레에서 '세계사회포럼'을 결성, 현재에 이르고 있다.

---

3) Amartya Sen, "How to Judge Globalism," in: *The Globalization Reader*, pp.16-21, *Development as Freedom* (New York: Anchor Books, 1999).

'또 하나의 세계는 가능하다'는 슬로건 하에 반 글로벌리즘은 사상으로의 신자유주의적인 글로벌리즘뿐 아니라, 과정(Process)으로서의 경제의 글로벌화 그 자체에 반대하거나 또는 그것의 급진적인 개혁을 주장한다. 세계사회포럼에 따르면 경제 엘리트들에 의해 주도되는 신자유주의적 글로벌화는 빈부의 격차를 증대시킬 뿐 아니라, 환경이나 생태계 파괴를 가져오는 등 폐해가 있으므로 저지해야 한다. 그에 대한 대안은 로컬(Local) 차원에서의 거버넌스(Gorvernance) 및 자급자족경제를 제창하는 운동에서, 각 지역의 커뮤니티 및 어소시에이션에 뿌리를 둔 '연대(連帶)경제'의 네트워크화를 지향하는 운동, 나아가서는 글로벌 투자가 계급에 대항하기 위해 글로벌 차원의 금융거래에 0.1%의 세금을 매기는 '토빙세(통화거래세)'의 실시를 통해, 방임상태인 금융의 글로벌화를 저지, 거기서 나온 세금을 빈곤 퇴치를 위해 활용하고자 하는 운동(ATTAC)에 이르기까지 다양하다. 또, IMF나 WTO는 부유한자들을 위한 엘리트 기관이며, 근본적으로 개혁되어 UN의 지휘 아래 놓이거나 해체되어야 한다고까지 주장하고 있다.[4]

이상의 '반 글로벌리즘 운동'은 경제 글로벌리즘에 반대하면서 세계사회포럼이라는 형태로 다양한 목소리를 결집시켜 나가는 '글로벌화 운동'이라고 볼 수 있을 것이다.

2) 정치의 글로벌화와 사상적 대립의 축

그러나 글로벌화를 단순히 경제라는 국면으로만 파악할 수는 없다. 글로벌화는 경제로 환원할 수 없는 '정치'라는 국면에서의 고찰을 필요로 한다. 역사적으로 돌이켜보면 1970년대 유럽에 의한 식민지 지배가 적어도 형식적으로 거의 끝나고, 1990년대 초 소련이라는 거대한 '제국'이 해체됨으로써 정치단위로서 200에 가까운 주권국가가 전세계를 뒤덮게 되었다. 물론 한반도의 분단국가 등 예외는 있으나 1648년 웨스트파리아 조약 이

---

[4] William Fisher and Thomas Ponniah, *Another World is Possible*(Canada: Frenwood Publishing LTD, 2003). (윌리엄 피셔/토머스 포니아, 加藤哲郎 감수, 『또 하나의 세계는 가능하다』, 일본경제평론사, 2003년).

후 주권국가체제의 글로벌화가 여기서 거의 실현된 것처럼 보인다.

그러나 다른 한편으로 서유럽에서는 주권국가체제를 초월하는 것 같은 EU의 움직임이 가속화되어 왔다. 서유럽의 주권국민국가 체제는 과거의 봉건적인 신분제를 대신하여 '자유, 평등, 박애'라는 원칙 아래, 입헌정치에 의해 국민들의 은혜를 창출해 냈으나, 식민지 지배를 둘러싼 영토쟁탈전의 가속화 및 국민국가끼리 상극이 되는 사태를 가져왔다. 20세기의 2차례에 걸친 큰 전쟁은 주권국가체제의 가장 큰 부의 유산이라고 해도 좋을 것이다. 현재 'EU'의 움직임은 경제합리성의 이론 이상으로 이와 같은 과거의 부의 유산을 청산하고자 하는 동기(motivation)에 의해 추진되고 있다.5)

이와 같이 정치적 글로벌화는 주권국가체제와 함께 탈 주권국가체제의 구축도 촉진하고 있다. 게다가 국경없는 의사단, OXFM, CARE, SAVE the Children, Green Peace, 지뢰금지국제캠페인(ICBL), 쥬빌리 2000 등 인권·평화, 어린이의 권리, 여성의 사회참가, 지구환경문제, 대인지뢰의 금지와 폐기, 중채무 최빈국에 대한 채무 면제를 둘러싼 국가를 초월한(Trans National) NGO(INGO) 및 시민사회의 연대는, 국제정치의 주역이 각국 정부 이외에도 존재한다는 것을 기존사실화 했다. 그러나 그러한 가운데 2001년 9·11 동시다발테러 사건 이후, 압도적인 군사력 우세 하에서 이루어진 미국의 돌출된 단독행동으로 인해 '주권국가 미국의 제국화'가 활발하게 논의되게끔 되었다. 또, '마약조직' '테러리스트' '광우병' 'SARS' 등의 글로벌화 현상과, 그것을 박멸하기 위한 정치적 글로벌화의 필요성도 선전되고 있다. '리스크(RISK)'의 글로벌화의 진행으로 그것을 극복하는 것이 글로벌한 정치적 어젠다(Agenda)라고 할 수 있으리라.6)

---

5) 지금부터 11년 전에 간행된 『라이브러리―상관사회과학』 중에서 필자는 이러한 유럽관과 거기서의 새로운 쟁점을 제시했다. (山脇直司, "현대유럽과 사회사상의 전환―낡은 쟁점에서 새로운 쟁점으로," 樺山紘一 / 長尾龍一편, 『유럽의 아이덴티티』, 新世社, 1993, 20-38쪽) 현재에도 이 시점은 유효하다고 느끼고 있다.

6) Ulrich Beck, *Das Schweigen der Worter: Uber Terror und Krieg*, Suhrkamp(Frankfurt am Main), 2002 (베크, 島村賢一역, 『세계 리스크사회론』, 平凡社, 2003) 등을 참조

그럼, 이와 같은 정치의 글로벌화를 둘러싼 사상적 대립의 축을 어디서 찾아야 할 것인가? 본고에서는 그것을 국가관이나 시민관에서 찾아보고자 한다. 그런 관점에서 보았을 때, 정치적 글로벌화를 둘러싼 사상의 여러 조류에는 다음과 같은 사상 등이 존재하며, 대립 축을 제공하고 있는 것으로 여겨진다.

① 미국 주도의 글로벌화에 대항하는 '글로벌 테러리즘' 사상
② 글로벌화에 대한 불안의 소산이라 할 수 있는 '네오 내셔널리즘' 사상
③ 글로벌한 차원에서 민주주의나 자유를 실현하기 위해서는 거대국가에 의한 정치개입을 촉진해야 한다는, 미국 등지에서 나타나는 '네오콘' 및 '리버럴 호크' 사상
④ 미국의 제국화 및 경제의 글로벌화에 대항, 다시 주권국가의 의의를 정립하고자 하는, 프랑스 등지에서 나타나는 '공화국' 사상
⑤ EU 등의 움직임에 대응하여 과거 칸트가 그렸던 것과 같은 연방국가 체제를 이상시하는 하버마스류의 '포스트 국민국가' 사상
⑥ 네그리와 하트의 '제국'론의 영향을 받은 '네오 막스주의적인 멀티튜드(Multitude)' 사상

① 현재의 '글로벌 테러리즘' 사상은 알카이다를 이끄는 빈 라덴과 자바힐리로 대표되며, 이슬람의 이름을 빌린 미국 공격사상이다.[7]
② 이 '네오 내셔널리즘'(Neo Nationalism)은 과거의 식민지 지배에 대한 '저항의 내셔널리즘'과는 달리, 시대착오적인 국민통합주의에 의해 글로벌화가 가져온 불안정한 상태에 대처하고자 하는 것이 특징이다. 이 정치사상 내지는 이데올로기는 미국 주도의 글로벌화에 대항하는 반 글로벌리즘의 형태를 취하는 경우도 있는가 하면, 미국을 따르는 형태를 취하기도 한다. 일본의 경우 아프가니스탄 공습이나 이라크 전쟁을 둘러싸고 과거

---

[7] 국제 테러리즘 사상이 이슬람의 이름을 빈, 성스럽지 못한 사상이라는 점에 대해서는 John Esposito, *Unholy War, Terror in the Name of Islam*(Oxford University Press, 2002). (존 에스포지토, 塩尻和子/杉山香織(감역) 『글로벌 테러리즘과 이슬람: 더럽혀진 성전』, 明石書店, 2004) 참조.

의 내셔널리스트들이 분열된 것은 이 사실을 상징한다. 그러나 이 사상은 어디까지나 정치적 주체로서 국민을 중심에 두고 있을 뿐, '국민 이외의 타인(타국민)'에 대해서는 아무런 적극적인 비전도 제시하고 있지 못하다.8)

③ 이에 비해 특히 9·11 사건 이래로 미국에서 대두된 '네오콘'(신보수주의)과 '리버럴 호크'(리버럴한 독수리(강경)파)는 미국류 민주주의나 자유를 국내에 멈추지 않고 글로벌화하고자 하는 정치적 글로벌리즘이라 할 수 있다. 이 두 파는 전자가 엘리트주의 및 종교원리주의와도 결합되기 쉬운 데 비해, 후자는 인권과 분배적 정의를 중시하여 좌파라고 불리는 것을 꺼리지 않는다는 점에서 서로 다르다. 그러나 독재자에 의해서 사람들의 자유를 억압하는 정권을 타파하기 위해서는 무력행사도 피해서는 안 된다는 독수리파적인 강경자세라는 점에서는 양파 모두 일치한다. 그러나 부시 정권의 부당하고 어리석은 이라크전쟁을 지지한 리버럴 호크 내에서, 최근 자기비판의 소리도 들려오고 있다.9)

④ 이와 같은 미국 중심의 경제적·정치적 글로벌리즘에 대항하여 프랑스 등에서는 독자적인 '공화국 사상'을 제시하는 조류도 존재한다. 고인이 된 브르듀(Bourdieu)가 만년에 이 사상에 접근, 최근에는 알랑 족스(Alain Joxe)가 선언하고 있으며, 또 정치가로는 보기 드물게 슈베누만 등이 이 사상을 내걸고 있다.10) 그들은 현재의 글로벌화가 대량의 실업자 및 빈곤층

---

8) 일본에서 볼 수 있는 네오 내셔널을 선전하는 문헌은 친미파, 반미파를 불문하고 너무나도 비학술적인 수준이므로 여기서는 다루지 않겠다. 단, 그 영향력은 의외로 크므로 무시할 수 없다고 생각된다.
9) 네오콘의 대표적인 문헌으로는 Robert Kagan, *Of Paradise and Power*(New York: Vintage Books, 2003). (로버트 케이건, 山岡洋一역, 『네오콘의 논리』, 光文社, 2003) 참조. 리버럴 호크의 체계적인 학술문헌은 별로 많지 않으나 『뉴욕타임즈』의 컬럼니스트인 토머스 프리드먼 등 외에 저명한 사상가인 이그나티에프도 이 계통으로 꼽히기도 한다. Nycholas Guiyatt, *Another American Century?: The United States and the World since 9/11*(London and New York: Zed Books, 2003) 특히 pp.254-282 참조. 아울러 토머스 프리드먼의 이라크전에 관한 자기 비판에 관해서는 Thomas Fiedman, "Dancinf Alone,": in *The New York Times*, May 13, 2004를 참조할 것.
10) Pierre Bourdieu, *Contre-feux: Propos pour server a la resistance contre l'invasion*

의 확대를 낳고 있다고 보면서, 그런 사태에 대항하기 위해서는 새로이 '복지장치로서의 공화국'을 강화할 필요성이 있다고 역설한다. 물론 그들은 EU가 관료주도로 좌우되는 것에 반대, 민중의 목소리를 반영하여 NGO를 좋은 파트너로 삼는 주권 공화국을 단위로 한 정치의 모습에 글로벌화의 장래를 맡긴다.

⑤ 유럽에서는 한편으로 그런 공화국이 아니라 어디까지나 주권 국가를 넘어선 연방국가체제에 글로벌화의 장래를 맡기려는 '포스트 국민국가' 사상도 강력하다. 그 대표주자가 정치적 입장은 동일하게 좌파라고 불려온 하버마스(Jurgen Habermas)이며, 그는 현재의 국제법과 리버럴화된 UN의 힘을 바탕으로 주권국가를 상대화시키고, 칸트가 1795년에 『영원한 평화를 위하여』에서 제시한 '항상 평화를 추구하며 확대되는 연방국가체제'를 이상이라고 보고 있다.11) 미국의 일국 지배에 반대하면서도, 그 반대가 내셔널리즘에 빠지는 것에도 결단코 반대, 주권국가를 초월한 EU헌법을 실현하고자 하는 이 사상은, 독일의 현 외무장관인 피셔 등에게도 강항 영향력을 미치고 있다.

⑥ 그러나 이러한 하버마스류의 사상을 유럽 중심주의의 잔재로 보고, 인민(Peaple)이 아니라 전세계의 멀티튜드(multitude)에게 글로벌화된 사회의 변혁을 맡기는 '네오 마르크스주의'적인 사상도 유력하다. 네그리(Antonio Negri) 와 하트(Michael Hart)의 공저인 『제국』(2000)에서 제시된 이 사상은 국민국가시대의 종언을 말한다는 점에서는 ⑤와 공통되면서도, 대신에

---

neo-liberalism(Raisons d'Air(Paris), 1998), *Contre feux2: Pour un movement social europeen*, Raisons d'Agir, 2001(브르듀, 加藤春久역, 『피엘 브르듀 방일기념 200─새로운 사회운동─네오 리버럴리즘과 새로운 지배형태』, 惠泉女學園大學, 2001), Alain Joxe, *L'Empire du chaos:les Republiques face a la domination americain dans l'apres-guerre froide*(La Decouverte, 2002) (알랑 죡스, 逸見龍生역, 『공화국과 제국』, 靑土社, 2003) 등 참조

11) Jurgen Habermas, *Die postnationale Konstellation* (Frankfurt am Main: Suhrkamp, 1998), Wege aus Weltunordnung, Blatter fur deutche und internatnake Politik, January, 2004(하버마스, 瀨尾育生역 "세계질서 극복에의 길." 『세계』, 2004년 4월호, 5월호 게재) 등 참조

'주권국가'의 출현을 강조, 그러한 제국의 횡포에 저항하기 위해서 '국가를 초월한 멀티튜드(Transnational Multitude)'의 연대를 부르짖는다. 과거 마르크스의 프롤레타리아트 사상을 방불케 하는 반자본주의와 민주주의적 코스모폴리타니즘뿐 아니라, '지적 노매드 주의'를 제창, 전술한 세계사회포럼과도 영향 관계를 지닌다.12)

3) 문화·종교의 글로벌화와 사상적 대립의 축

현재의 글로벌화는 경제나 정치뿐 아니라, 문화와 종교의 측면에도 이르고 있다. 문화의 글로벌화에 대해 말하자면, 코카콜라나 맥도널드의 세계재패가 전부터 예로 들어지곤 했으나, 1990년대 이후 인터넷의 급속한 보급으로 사람들의 통신의 글로벌화, 미디어의 글로벌레벨에서의 동시 향유를 들 수 있을 것이다. 그러나 문화를 둘러싼 보다 하드한 쟁점(issue)은 '서로 이질적인 문화와 종교' 간의 관계이며, 본고에서는 여기에 초점을 맞추도록 하겠다.

이질적인 문화를 정치적으로 승인하는 사상으로서의 다문화주의는 1990년대에 테일러(Chales Taylor)나 킴리카(Will Kymlicka) 등 캐나다의 정치철학자들에 의해 제창되었다. 같은 북미에 속하면서도 미국과는 다른 캐나다사회를 배경으로, '문화적 마이널리티'의 존중 및 '다문화의 승인'을 부르짖은 것이다.13) 그러나 1990년대의 글로벌화의 진전은 과격한 이슬람 원리주의운동을 낳았으며, 또, 미국에서도 기독교 원리주의의 영향이 증대

---

12) Michael Hart and Antonio Negri, *Empire*, Harvard University Press, 2000(하트/네그리, 永島一憲역, 『제국: 글로벌화의 세계질서와 멀티튜드의 가능성』, 以文社, 2003)

13) Chales Taylor, Amy Gutmann et., *Multiculturalism: Examing of Politics of Recognition*(Princeton University Press, 1994) (테일러 외, 佐々木毅외 역, 『멀티컬쳐럴리즘』, 岩波書店, 1996), Will Kymlicka, *Multicultural Citizenship: A Liberal Theory of Minority Rights*(Oxford University Press, 1995) (킴리카, 角田猛之외 역, 『다문화적 시민권: 마이널리티의 권리와 시민권』, 晃洋書店, 1998)

되고 있다. 이러한 상황 속에서 문화·문명과 종교에 관한 사상적 대립의 축을 선명히 하기 위해, 여기서는
  ① 글로벌화 시대의 새로운 국제정치의 테마로서의 '문명의 충돌'론
  ② 글로벌화 시대에 있어 '문명간 대화'와 '다문화주의'사상
  ③ 각종교에서 보이는 원리주의 사상
  ④ 각종교에서 보이는 리버럴 사상을 들어보고자 한다.

① 이것은 말할 필요도 없이 미국의 국제정치학자인 헌팅턴(Sammuel Huntington)의 저서『문명의 충돌』에 의해 널리 알려지게 된 사상이다. 이 책에 따르면 냉전 종결 후의 글로벌화 시대에서 심각한 큰문제가 되는 것은 기독교권, 이슬람교권, 유태교권, 힌두교권, 불교권 등으로 나뉘는 각 문명간의 충돌이며, 정치가는 이 문제에 충분히 대응하지 않으면 안 된다고 하고 있다.14) 그러나 이 사상은 미국이나 유럽, 인도 등지의 무슬림, 아시아의 기독교인 등 각 지역에서의 다문화 상황을 주제화할 수 없다.
② ①과 대조적인 이 사상은 리버럴화된 이란의 현 대통령 하타미의 '문명의 대화'론에 의해 제시되었다. 하타미에 따르면 글로벌화시대의 '서로 다른 문명간의 대화'야말로 평화나 환경 등 글로벌한 제반 문제를 해결하기 위해 정치가나 종교인, 철학자들이 추진해야 하는 과제라고 한다.15) 이 사상은 UN의 어젠다(Agenda)로서 받아들일 수 있는 것이나 하타미의 영향력 저하와도 맞물려 그다지 효과를 올리지 못하는 것 같다. 또한 정치철학의 레벨에서는 테일러(Chales Taylor)나 킴리카(Will Kymlicka)류의 일국 다문화주의를 넘어서려는 파렉의 '글로벌한 다문화주의'의 시도가 주목할 만하다.16) 이 사상에서는 글로벌한 차원에서 존재하는 '부당하게 차별을

---

14) Sammuel Huntington, *The Clash of Civilization and the Remaking of World Order*, (New York: Touchstone, 1996) (헌팅턴, 鈴木主稅 역,『문명의 충돌』, 集英社, 1998)
15) 하타미,『문명의 대화』, 平野二郎역(교도통신사, 2002).
16) Bhikhu Parekh, *Rethinking MulticulturalismL Cultural Diversity and Political Theory*(Harvard University Press, 2000).

당하고, 승인되지 못하는 여러 문화'의 이해와 승인이 큰 어젠다(Agenda)가 된다.

그러나 현재의 사태를 헌팅턴처럼 '기독교 대 이슬람교'라든지, 일본의 일부 논자가 선전하는 것 같은 '일신교 대 다신교'라는 공식으로 파악하는 것은 너무 경솔하고 착오적인(Misreading) 시각에 지나지 않는다. 오히려 심각한 것은 '각 종교 내부에 존재하는 윤리주의와 리버럴한 사상의 대립'이라 해도 좋을 것이다. 그 점에서 ③은 자기가 믿는 종교원리나 경전을 초역사적으로 절대화하고, 다른 종교를 절대적 오습이라며 배척하는 사상이다. 이는 기독교, 유태교, 이슬람교, 힌두교, 불교, 신도 등을 불문하고 어느 종교에서나 부분적으로 찾아볼 수 있는 것이며, 파시스트나 나치즘, 우익사상뿐 아니라 경직된 좌익사상에서도 찾아볼 수 있는 사고형태이다.

④는 자기가 믿는 종교나 경전의 역사적 규정성을 충분히 자각하면서, 다른 종교와의 공통성도 대화 등을 통해 찾아가고자 하는 사상이다. 이는 기독교, 유태교, 이슬람교, 힌두교, 불교, 신도 등을 불문하고 여러 종교에서 충분히 실현 가능한 사상이며, 또 유연한 좌익사상뿐 아니라 유연한 우익사상에서도 가능한 사고 형태이다.

이러한 것들에 대해 말하자면, 만약 ①과 ③이 결합하면 글로벌화 속에서 반갑지 않은 마이너스적인 사태가 생길(가속화 될) 것이며, ②와 ④가 결합된다면 글로벌화 속에서 종교가 수행하는 플러스적인 역할이 클 것이다.

이상과 같이 글로벌화는 경제, 정치, 문화·종교 등 각 국면에서 다양한 사상적 대립의 축을 만들어내고 있으며, 사태는 아직도 유동적이다. 남은 지면에서 필자는 현재 구상중인 '글로컬 공공철학'을 이러한 사태에 대치시켜보고자 한다.

3. 글로컬 공공철학의 이론과 비전

1) 로버트슨의 글로컬라이제이션론

현재 진행중인 글로벌화가 글로벌한 것(지구적인 것)과 로컬한 것(지역적인 것)(국가적인 것도 포함)의 만남을 활성화시키는 '글로컬라이제이션'의 성격을 지닌다는 것은, 사회학자인 롤랜드 로버트슨(Roland Robertson)에 의해 강조되고 있다. 필자의 글로컬 공공철학을 논하기 전에 세계적으로 저명하면서도 일본에서는 별로 알려져있지 않은 그의 글로컬라이제이션론을 소개하도록 하겠다.[17]

로버트슨은 글로벌화를 서양화나 미국화 등과 동등시하는 균질적인 글로벌화론이나, 근대화의 산물로 보는 기딩스(Giddings)적인 글로벌화론을 비판하고, '글로벌한 사회 변동'이라는 의미에서의 글로벌화가 프리모던(pre-modern)의 시기부터 시작되었다고 본다. 또, 그는 경제의 측면만을 중시하는 월라스틴의 세계 시스템론과는 대조적으로, '여러 종교·여러 문화의 조우'라는 측면에 주목하여 글로벌화를 논의하고 고찰해야 한다고 주장, 현재 진행중인 글로벌화를 '국가를 초월하는 동시에 각국간의 상호의존관계의 정도를 더욱 증대시키는 '세계의 압축'이라 정의한다. 그리고 그 '세계의 압축'을 '국가 내부의 여러 사회, 개개의 자아, 여러 사회의 국제관계, 인간'이라는 4가지 레벨에서 파악할 것을 제창하고 있다.[18]

---

17) 로버트슨의 최근의 업적으로는 전6권으로 이루어진 Roland Robertson and Kathleen White(eds.), *Globalization: Critical Concepts in Sociology*(London and New York: Routledge, 2003)의 편집이 있는데, 그의 글로벌화에 대한 가장 컴팩트한 견해는 *Handbook of Social Theory*, edited by Georgi Ritzer and Barry Smart, (London: Sage, 2001), pp.456-471에 수록된 "Globalization Theory 2000+: Major Problematics"이리라. 부언하자면 필자가 그의 업적을 알게 된 것은 극히 최근의 일이다.

로버트슨에게 있어 '문화'란, 사람들을 공동체에 얽매이게 하는 역사적으로 계승된 다양한 가치관, 신앙, 심벌의 패턴이라기보다는, '우리가 본질적으로 도전할 수 있으며, 계획적으로 구축 내지는 재구축할 수 있는 것'이다. 따라서 문화론은 역동적인 자기 및 세계의 아이덴티티론과도 밀접하게 관련지어져야 한다. 미시적인(micro) 레벨에서 거시적인(macro) 레벨에 이르기까지 고찰되는 '세계의 압축'으로서의 글로벌화는 문화의 균질화와 동시에 문화의 새로운 다양화를 낳고 있으며, 그런 현상을 로버트슨은 '보편주의와 특수주의의 상호 침투' 및 '글로컬라이제이션'(Glocalization)이라 부른다. 글로벌화에 의해 더욱 많은 사람들이 글로벌하면서도 로컬하게 생각하고 행동하게끔 되었다는 진단을, 그는 내리고 있는 것이다.

필자는 이러한 로버트슨의 상관사회과학적 글로컬라이제이션론을 필자가 지금까지 구상해 온 '글로컬 공공철학'의 관점과 링크시킴으로써, 사상적으로 심화시켜보고자 한다.

2) 글로컬 공공철학의 '자기(나)—타인(남)—공공세계' 론: 응답적·다차원적 네트워크를 위하여

글로컬 공공철학은 각자가 놓인 각각의 '현장이나 지역성'(Localities)에 뿌리를 두고, 다양한 글로벌 이슈에 대해 논고를 시도하는 학문이다.[19] 이 학문은 인간이 살아가는 '현장이나 지역'에 대한 언급 없이는 성립되지 않

---

18) Roland Robertson, *Globalization: Social Theory and Global Culture*, (London: Sage, 2002) (로버트슨, 阿部美哉(초역), 『글로벌라이제이션』, 동경대학출판회, 1997, 특히 일본판의 서장, pp.1-17 및 "Interpreting Globality", in: *Globalization*, Vol. I, pp.86-95. "Globalization or Glocalization?": in: *Globalization*, Vol. III, 31-59 참조.
19) 이 구상에 대해서는 山脇直司, "글로컬 공공철학의 구상," 佐々木毅·김태창 편, 『21세기 공공철학의 지평』(동경대학 출판회, 2002), pp.1-23, 동 "글로컬 공공지(公共知)와 동아시아 공공지의 미래," 佐々木毅·山脇直司·村田雄二郎 편, 『동아시아에 있어서의 공공지의 창출』(동경대학 출판회, 2003), pp.231-242, 및 『공공철학이란 무엇인가』(치쿠마신서, 2004), 제6장 등을 참조하기 바란다.

는다. 다시 말해 글로컬 공공철학은 초(超)문화적· 초(超)역사적인 보편적 주체가 아니라, 무언가 '문화적·역사적 상황'에 의해 규정된 인간의 '자기(나)-타인(남)-공공세계'의 이해에 입각한다. 사람은 누구나 자신의 신체적인 자연(自然)을 자유로이 선택할 수 없으며, 또 자신이 태어나 자라는 가정·언어·민족·국가 등의 문화환경을 미리 고를 수는 없다. 게다가 어떤 시대상황에 태어날 것인가는 완전히 우연이라고밖에 할 수 없을 것이다.

이와 같은 인간의 자연적·문화적·역사적 규정성을 중시하면서, '자기(나)-타인(남)-공공세계'론을 전개한다는 점에서 글로컬 공공철학은 그런 존재론적인 접근을 불필요하게 여기는 롤즈(정치적 리버럴리즘)나 하버마스(토의논리학)류의 '보편주의'적인 공공철학과는 구별된다.20) 그러나 또, 글로컬 공공철학은 이러한 무거운 규정성을 숙명지어지는 것이라 받아들이지 않고, 개선·변혁이 가능하다고 보는 점에서 '문화적 본질주의'나 '역사적 결정론'에 반대한다. 인간을 자연·문화·역사적으로 규정된 존재자로 이해하는 동시에, 그 규정성을 무언가의 실천활동이나 커뮤니케이션을 통해 변혁 가능한 것이라고 생각하는 것이다. 또한 글로컬 공공철학은 단순한 생활 세계와는 다른 '공공세계의 상호이해'가 어떤 '보편적 이념(평화, 정의, 복지, 환경보호 등등)'을 매개로 하여 이뤄진다는 것을 인식한다는 점에서 '문화적·역사적 상대주의'까지도 비판하는 것이다.

주어지는(所與) 문화나 역사에 의해 규정되면서도 그것을 타인과의 커뮤니케이션을 통해 변혁시키고, 새로운 공공세계를 만들어 가는 '자기(나)-타인(남)-공공세계'의 관계는 응답적인 '자기(나)-타인(남)-공공세계'론이라고 부를 수 있을 것이다. 이는 로버트슨이 말한 로컬라이제이션의 시대상황에 대응하기 위해, 국가를 초월한(transnational) 네트워크 사회의 인

---

20) John Rawls, *Political Liberaism*(Columbia University Press, 1993); *The Law of the Peaples*(Harvard University Press, 2002); Jurgen Habermas, *Fakitzutat und Geltung: Beitrage zur Diskurs Theorie des Rechts und demokratischen Rechtssttats*, (Frankfurt am Main: Suhkamp, 1992) (하버마스, 河上倫逸외 편, 『사실성과 타당성(상)(하)』, 未來社, 2002-03).

간론적·윤리적 기초가 되지 않으면 안 된다. 이는 타인을 자신의 지평에 맞추려는 제국주의적인 관계성을 거부하고, 어디까지나 대등한 상호작용을 바탕으로 인간의 존재를 풍요로운 것으로 만들어가는 이론이다. 이 논리에 따라 '트랜스내셔널한 공공세계'는 균질적인 것이 아니라 다양하고 역동적인 성질을 띠게 될 것이다.

이와 같은 응답적인 '자기(나)-타인(남)-공공세계'론은 글로벌화를 국민적 여러 사회, 개개의 자기, 여러 사회의 국제관계, 인간이라는 4가지 레벨로 파악하는 로버트슨의 관점과 호응하여, 다차원적인 '자기(나)-타인(남)-공공세계' 관으로 귀결된다. 다차원적인 '자기(나)-타인(남)-공공세계'관은 자기가 전 우주와 연결되어 있다는 '코스모폴리탄적인 나', 각자가 속한 국민적 책임·응답을 맡고 있다는 '국민적인 나', 어떠한 문화적 배경을 맡고 있다는 '문화적(ethnic)인 나', 지자체, 기업, NGO·NPO, 교회(또는 그에 준하는 협동의 형태), 학교, 가족 등에 소속된 일원으로서, 책임·응답을 맡은 '부하가 있는 나' 등등에 걸쳐, 자기 자신의 다차원성을 인식·이해하고 받아들이는 동시에, '타인'의 다차원성도 인식·이해하고 받아들이며, 나아가서 '공공세계'도 지구 전체, 트랜스내셔널한 지역, 국가, 지자체, NGO나 NPO, 종교, 교육현장이라는 다차원에서 받아들이는 세계관이다. 이러한 다차원적인 '자기(나)-타인(남)-공공세계'관은 국가를 최상위에 놓는 내셔널리스틱한 '자기(나)-타인(남)-공공세계'관에도, 지구 전체를 균질화시켜버리는 모노컬처럴(mono-cultural)한 '자기(나)-타인(남)-공공세계'관에도 반대하며, 각자가 놓인 문화적·역사적·경제적·정치적 제반 상황이나 로컬리티(localities)를 각각 배려하면서 트랜스내셔널한 차원에서 인간관계를 활성화시키고, 유연한 공공세계를 창출해 갈 것이다.

마지막으로 제1절에서 언급한 여러 조류와 대비한다면, 이상의 글로컬 공공철학은 경제사상에서의 ①, 정치사상에서의 ①과 ②와 ③, 종교사상에서의 ①과 ②과는 양립이 불가능할 것이 분명하다. 그리고 많든 적든 양립 가능한 나머지 조류들과 어떻게 타협해 갈 것인가는 각자가 놓인 글로컬한 상황에 입각하여 숙고하고 판단하지 않으면 안 된다.

3) 글로컬 공공철학의 학문론과 방법론:
상관사회과학적인 협동을 위하여

이러한 인간관·세계관에 입각하여 글로벌한 경제, 정치, 문화의 여러 문제를 논고해 가는 글로벌 공공철학은 기본적으로 통제를 벗어난 학문으로, 그런 의미에서 그야말로 상관사회과학적인 협동을 필요로 한다. 이 점을 강화하기 위해 마지막 절에서는 글로컬 공공철학의 '학문론'과 '방법론'을 정식화해 보도록 하겠다.

필자가 다른 책이나 논문에서 강조해 온 것처럼, 공공철학은 사회가 현재 '어떤' 모습의 경험적 고찰과, '있어야 할 바람직한' 이상사회에 대한 이념적 구상과, 그런 이상사회를 실현 '할 수 있는' 가능성의 추구를 각각 구별하면서도, 완전히 분리하지 않고 논의·고찰하는 학문으로서 스스로를 정립한다. 그리고 그런 학문관을 바탕으로 글로컬 공공철학에의 상관사회과학적 접근은 다음 두 가지 방법으로 생각할 수 있다.

만약 글로컬 공공철학이 평화, 정의, 인권, 환경보호, 공공의 선, 다문화의 승인, 종교간의 대화, 역사적 화해 등 철학적 이념을 중시하는 입장에서 출발, 생생한 현실 속에서 그 이념의 실현가능성을 냉철하게 모색하는 방법을 취한다면, 그 방법론은 '이상주의적 현실주의'라 부를 수 있을 것이다. 이는 주로, 철학이나 논리학에서 접근하기 쉬운 어프로치이다. 이러한 접근방법에 있어서는 사람들이 지닌 유토피아(이상향)는 가능성의 차원에서 크게 존중되며, 그것을 비현실적(공상)이라는 이유로 멸시하지 않는다. 이상주의적 현실주의에 있어 현실 추종주의나 체념주의는 피해야 할 시니키즘(Cynicism)이며, '가능성(potential)으로서의 이상사회'에 대한 꿈이나 희망은 그 자체로 가치를 지닌다. 그러나 동시에 이 입장은 단순한 비판주의와는 다르며, 그런 꿈이나 희망이 실제 사회에서 실현가능한지 여부는 '냉정한 사회과학적 인식'을 통해 숙고되어야 하며, 상황에 따라서는 차선책이나 보다 피해가 적은 쪽을 선택하는 것을 꺼려서는 안 된다.

이에 대해 만약 글로컬 공공철학이 리얼한 현실사회의 고찰에서 출발하여, 그 고찰 속에서 보다 이상적인 사회의 실현가능성을 모색하는 방법을 취한다면, 그 방법론은 '현실주의적 이상주의'라 부를 수 있을 것이다. 이는 경험적인 사회과학의 입장에서 접근하기 쉬운 어프로치이다. 현실주의적 이상주의는 이념에서 출발하는 어프로치와는 구별되며, 출발점을 현실적인(Real) 사회 분석에 두면서도 단순히 현상의 분석에 머물지 않고, 그 현상 분석을 바탕으로 현상 타개의 길을 모색하며, 보다 좋은 사회의 실현가능성을 추구해간다. 이는 그러한 이상 추구 및 '당위론'(해야 한다론)을 배제시키는 실증주의와는 근본적으로 다른 입장이다.

이 두 가지 어프로치야 말로 글로컬 공공철학을 하는 데 있어서 상호보완적인 역할을 담당하지 않으면 안 된다. 즉, 이 두 가지는 접근방법의 차이를 넘어서서 시니키즘(Cynicism), 공상주의, 개념론, 레토릭(Rhetoric)주의, (단순한) 비판주의, 실증주의 등에 대항하여 '현실적인(Real) 사회인식'과 '이상 실현'의 통합을 시도한다는 점에서 서로 협력하며, 상관사회과학으로서의 글로컬 공공철학을 추진해가지 않으면 안 되는 것이다.[21]

참고문헌

Amartya Sen, "How to Judge Globalism," in: *The Globalization Reader,* Development as Freedom (New York: Anchor Books , 1999).
Bhikhu Parekh, *Rethinking MulticulturalismL Cultural Diversity and Political Theory* (Harvard University Press, 2000).
David Dollar and Aart Kraay, "Growth is Good for the Poor," in: F.J.Lechner and J.Boil(des.), *The Globalization Reader* (Blackwell, 2004).
John Esposito, *Unholy War, Terror in the Name of Islamm* (Oxford University Press, 2002).
John Rawls, *Political Liberaism,* Columbia University Press 1993, *The Law of the Peaples*

---

21) 필자는 이 구상을 발전시켜『글로컬 공공철학: 사회이론의 근본변혁(가제)』란 제목으로, 동경대학출판회에서 1년 반 정도 후에 간행할 예정임.

(Harvard University Press, 2002).
Joseph Stiglitz, "Globalism's Discontents," in *The Globalization Reader, Globalisation and its Discontents* (Penguin Books, 2002).
Jurgen Habermas, *Fakitzutat und Geltung: Beitrage zur Diskurs Theorie des Rechts und demokratischen Rechtssttats* (Frankfurt am Main: Suhrkamp, 1992).
Michael Hart and Antonio Negri, *Empire*(Harvard University Press, 2000).
Phillip Legrain, *Open World: The Truth about Globalisation* (London: Aracus, 2002).
Pierre Bourdieu, *Contre-feux: Propos pour server a la resistance contre l'invasion neo-liberalism*(Paris: Raisons d'Air, 1998).
Robert Kagan, *Of Paradise and Power*, Vintage Books (NewYork, 2003).
Roland Robertson and Kathleen White(eds.), *Globalization: Critical Concepts in Sociology*, Routledge (London and New York), 2003.
Roland Robertson, *Globalization: Social Theory and Global Culture*(London: Sage, 2002).
Sammuel Huntington, *The Clash of Civilization and the Remaking of World Order*(New York: Touchstone, 1996).
Ulrich Beck, *Das Schweigen der Worter: Uber Terror und Krieg*(Frankfurt am Main: Suhrkamp, 2002).
William Fisher and Thomas Ponniah, *Another World is Possible*(Canada: Frenwood Publishing LTD, 2003).

제4장 변화하는 세계와 한반도의 선택[*]

하영선

1. 뒤늦은 역사의 선택

21세기 한반도는 빠르게 변화하고 있는 세계 속에서 또 한번 역사적 선택의 순간을 맞이하고 있다.

한반도가 자리 잡고 있는 동아시아 무대는 역사적으로 오랫동안 천하질서를 주도한 중국과 그 질서 속에서 상대적 자율성을 지켜온 정치세력들의 공연장이었다. 한국을 비롯한 중국과 일본의 동아시아 3국은 19세기에 들어서서 새로운 역사의 주인공을 맞이해야 했다. 근대유럽의 역사적 주인공으로 등장한 영국, 러시아, 독일, 프랑스와 같은 제국형 국민국가들이 지구차원에서 힘의 각축을 벌이기 시작했던 것이다. 동아시아는 20세기에 들어서서 한국이나 중국에 비해서 상대적으로 먼저 유럽의 부국강병국가 모형을 받아들인 일본이 무리하게 추진한 지역제국주의의 어려움을 겪었다. 역사적 선택에 뒤 늦었던 한국은 무대에서 완전히 쫓겨나는 역사적 수모를 당해야 했다.

2차 세계대전의 종전과 함께 세계무대는 미국과 소련을 주인공으로 하

---

[*] 이 글은 서울대학교 사회과학연구원의 "광복60주년기념 우리는 어디에 와 있는가?" 연속강좌(2005/10/27)에서 발표한 내용을 수정 보완한 것임.

는 냉전의 막을 올렸다. 두 초강대국은 외교, 군사, 이념의 무대에서 단독 주연을 맡기 위한 본격적 대결을 시작했다. 근대국가의 형성이라는 첫 단추를 제대로 끼지 못해 일본의 식민지로 전락했던 한반도는 일본의 패전으로 해방을 맞이할 수 있었다. 그러나 해방의 기쁨은 잠시였다. 미국과 소련의 갈등의 골이 깊어가는 속에 분단의 아픔이 느닷없이 찾아왔다. 분단된 남북한은 한반도의 근대국가 건설 즉 통일의 주도권 장악을 위한 치열한 싸움을 할 수밖에 없었다.

따라서 한반도의 남북한관계는 미국과 소련의 압도적인 영향 속에서 상대방의 존재부정을 통해 자신의 존재를 확보하려는 적대관계의 모습으로 시작되었다. 1948년에 단독정부를 수립한 북한은 초기에는 남한이라는 상대방에 대해서 군사전을 주로 하고 정치전을 종으로 하는 방향으로 추진했다. 북한의 이러한 노선이 결과적으로 한국전쟁에서 실패로 돌아감에 따라, 북한은 1960년대에 들어서서 대남정책을 정치전을 주로 하고 군사전을 종으로 하는 방향으로 추진했다. 따라서 북한은 남북한의 이해갈등을 3대혁명역량강화 - 북한혁명역량강화, 남한혁명역량강화, 세계혁명역량강화 - 를 통한 민족해방 인민민주주의 혁명으로써 풀어 나가겠다는 기본 입장을 밝히고 이를 구체적으로 실천하려는 노력을 기울였다.

1970년대 초 미국 닉슨행정부의 주한 미군감축 결정과 함께 한국의 박정희정부는 데탕트 3중 생존전략을 모색했다. 이제까지 적대관계에 있었던 소련과 중국 같은 사회주의국가들과의 관계개선을 모색하는 북방정책을 신중하게 검토하기 시작했다. 동시에 박정희 정부는 남북한의 관계개선을 위한 자주, 평화, 민족대단결의 3원칙을 핵심으로 하는 7·4공동성명(1972)에 합의했으나, 본격적 관계개선에 실패했다. 이와 함께 박정희 정부는 북한의 김일성 체제에 상응하는 위로부터의 동원체제인 유신체제를 추진했다.

1980년대 후반 사회주의권의 빠른 쇠퇴와 해체 속에서 미국과 소련중심의 냉전 무대는 서서히 막을 내리게 된다. 1991년 소련의 해체와 함께 북한은 외교와 군사의 대외적 기반을 잃고 심각한 경제적 어려움을 겪게 됨에 따라, 체제유지를 위한 탈냉전 3중 생존전략을 새롭게 모색하게 된다.

따라서 북한은 일차적으로 핵을 포함한 폭력적 기반과 수령체제의 확고한 옹위를 위한 이념적 기반을 중심으로 국내역량을 강화하고, 동시에 소련의 해체에 따른 국제역량의 약화를 미국과 일본 등의 자본주의 국가들과의 관계 개선을 통해 보완해 보려는 노력을 시작했다. 그리고 북한은 국내 및 국제역량의 강화를 위한 한도 내에서 남북관계의 개선을 추진했다.

북한의 탈냉전 3중 생존전략은 구체적으로 남북관계에서는 1992년의 남북기본합의서 채택의 가시적 성과를 가져왔다. 그러나 7·4공동성명이 부딪쳤던 운명과 마찬가지로, 남북기본합의서는 실질적 이행단계로 넘어가지 못하고 좌초했다. 한반도의 남북한이 냉전국가로 남아 있는 채, 한반도의 탈냉전화는 현실적으로 불가능하다는 현실을 재확인한 것이다.

북한의 김정일체제는 핵문제로 인한 체제 불안정성이 급격히 증가하고 국내경제의 지속적 악화에 따라, 일단 북핵문제 해결을 위한 1994년 북·미 기본합의서에 서명했다. 그러나 수령체제의 확실한 옹호를 위해서 북한은 핵능력을 지속적으로 개발함에 따라 제 2의 핵문제를 제기했다. 2005년 9월 베이징 4차 6자회담은 제2의 북핵문제를 해결하기 위한 기본 원칙을 공동성명으로 발표했다. 그러나 9·11 테러 이후 미국의 강력한 반 대량 살상무기 테러정책과 함께, 수령체제 옹호의 물적 담보에 대한 합의는 현실적으로 제1의 핵문제 당시보다 훨씬 더 어렵다. 따라서 베이징 6자회담 공동성명의 이행합의는 북한의 전략적 결단 없이는 제네바 기본합의서의 운명을 쉽사리 극복하기 어렵다.[1]

북·미관계개선이 지연되는 속에 북한은 그 동안 오랫동안 주장해 왔던 당국간 대화상대의 3대 전제조건인 반외세자주, 연공연북, 그리고 국가보안법, 통일부, 안기부 등 '파쇼'제도의 철폐와 해체를 유보하고, 한국 김대중정부의 햇볕정책을 활용하여 2000년 6월 남북정상회담을 개최했다. 정상회담의 지나친 기대와는 달리, 남북한간의 교류협력의 심화 확대에도 불구하고 탈냉전국가인 한국과 냉전국가인 북한과의 장래는 여전히 예측

---

1) 하영선/전재성 "제2차 개정본 북핵문제와 6자회담: 평가와 전망" 동아시아연구원 외교안보센터 국가안보패널 정책보고서 11 (2006년 1월 2일) (http://www.eai.or.kr)

하기 어렵다.

　탈냉전질서는 미국이라는 단독주연의 일방적 무대에 그치지 않고, 주인공과 무대의 복합화라는 '탈' 탈냉전 질서의 새로운 변화를 겪기 시작했다. 국가가 여전히 주연이지만, 국가 밖의 지역조직, 세계조직 및 네트워크, 국가 안의 시민사회조직, 개인을 포함한 새로운 연기자들이 무대에서 과거보다 중요한 역할을 맡기 시작했다. 그리고 무대도 복합화되기 시작했다. 근대무대의 중심인 군사와 경제는 국가이익뿐만 아니라 국가안과 밖의 이익을 함께 고려하는 안보와 번영으로 새로 꾸며지고 있다. 동시에 지식, 환경, 문화, 조종외교의 새로운 무대가 빠르게 부상하기 시작했다.[2]

　근대의 선택, 탈냉전의 선택에 이어 복합화의 선택이 21세기 새로운 문명의 표준으로 등장하고 있다. 그러나 북한은 21세기 위정척사인 '강성대국 건설'이라는 뒤늦은 역사의 선택을 하고 있다. 한국도 복합화의 변환을 충분히 인식하지 못한 채 협력적 자주와 균형자라는 또 하나의 뒤늦은 역사의 선택을 하고 있다.

　그렇다면 뒤늦은 역사의 선택이 아니라 앞선 역사의 선택을 하려면 어떻게 해야 할까? 오늘 우리가 겪고 있는 변화가 어제와 완전히 단절된 혁명은 아닐지라도, 더 이상 어제의 단순한 지속은 아니다. 21세기에 변화하는 것과 변화하지 않는 것이 절묘하게 어울려서 엮어내는 변환의 모습을 제대로 보고, 스스로를 창조적으로 변환시킬 수 있는 정치세력은 역사의 주인공으로 활약하게 될 것이며, 역사적 선택에 실패한 세력은 무대에서 밀려나게 될 것이다.

---

[2] 하영선, "젊은이들이여 세계의 변화를 바로 보자," 하영선 편, 『변화하는 세계 바로 보기』(서울: 나남, 2004).

2. 변화하는 세계: 복합화

21세기 세계무대의 변화를 제대로 보기 위해서는 주인공, 무대, 연기의 변화에 주목해야 한다.

1) 21세기 세계정치의 주인공

21세기 세계무대의 주인공을 제대로 전망하기는 쉽지 않다. 오랜 세월 동안 천하 무대의 주인공이었던 중국이 19세기 근대 국제무대의 등장과 함께 뒤늦은 역사의 선택으로 주연의 자리를 일단 일본과 구미열강들에게 양보해야 했다. 20세기 중반 냉전 무대의 개막과 함께 동아시아 무대에서는 미국과 소련이 주연을 맡고, 중국과 일본이 조연으로 등장했으며, 마지막으로 한반도의 남북한이 제한된 역할을 담당했다. 20세기말 냉전 무대의 폐막과 함께, 소련은 더 이상 주연의 자리를 유지할 수 없었다. 미국이 단독 주연의 자리로 발돋움하면서, 세계무대는 복합화라는 새로운 변환을 겪고 있다. 이에 따라서, 무대의 주인공을 둘러싸고 새로운 질문들이 제기되고 있다. 우선, 미국이 21세기 세계무대에서 얼마나 오랫동안 단독 주연의 자리를 유지할 것인가라는 질문이다. 다음으로, 빠르게 부상하고 있는 중국이 21세기 동아시아 무대에서 어떤 역할을 맡게 될 것인가라는 질문이다. 그리고 마지막으로는 일본, 유럽연합을 비롯한 다른 주인공들의 역할에는 어떤 변화가 올 것인가라는 질문이다.

200여 년 전에 독립한 이래, 국내안보에 커다란 위협을 직접적으로 겪어 보지 못했던 미국이 21세기에 들어서자마자, 3천 명 이상의 일반시민이 사망하는 9·11테러를 겪었다. 21세기 세계질서의 주인공논의는 훨씬 복잡해졌다. 논의는 크게 세 유형으로 나눠 볼 수 있다. 우선, 미국우세론이다.[3] 이 논의의 대표주자인 스테판 브룩스(Stephen G. Brooks)와 윌리엄 볼포스

(William C. Wohlforth)는 21세기 국력평가의 기준으로 군사, 경제, 기술력을 사용하여 미국우세의 장기 지속가능성을 예측하고 있다. 군사력을 보면, 미국은 군사비를 미국 다음으로 군사비를 많이 쓰는 15~20개 국가들의 군사비 총합계보다 더 쓰고 있다. 그리고 미국은 핵력, 재래식 군사력, 첨단 군사력의 모든 영역에서 압도적 우세를 보이고 있다. 미국의 경제력우위는 근대 이래 제2차 세계대전 직후의 경우를 제외하고는 가장 높은 수준을 보여주고 있다. 미국경제는 현재 세계2위의 일본경제보다 두 배가 훨씬 넘는 규모를 유지하고 있다. 21세기 국력의 가장 중요한 요소로서 부상하고 있는 기술력의 경우에도, 미국의 연구개발비가 미국 다음의 7대 부국 연구개발비 총합계와 맞먹는다. 이들이 특히 강조하는 것은 역사상 미국만큼 국력의 모든 요소에서 우위를 점한 경우는 없었다는 것이다. 그리고 당분간 미국에 대항할 만한 세력의 등장을 예상하기 어렵고, 반미 역량결집도 어렵다는 것이다.

다음으로 쇠퇴론이다.[4] 세계체제론의 대부인 임마누엘 왈러슈타인(Immanuel Wallerstein)은 이라크전이 시작되기 전에 쓴 글에서 미국이란 독수리가 불시착할 수밖에 없는 이유를 군사, 경제, 이념적인 면에서 설명하고 있다. 우선 군사적인 면에서, 미국이 전 세계에서 가장 강한 군사력을 보유하고 있지만, 1960년대의 월남전같이 부시행정부는 이라크를 공격하거나, 신속하게 승리하거나, 우호적이고 안정적인 정권을 수립하기 어려울 것으로 전망했다. 다음으로 경제적인 면에서, 1980년대에 경제 기적을 이뤘던 일본이 오늘의 어려움을 겪고 있는 것처럼, 오늘의 미국 경제도 보장된 것이 아니라는 것이다. 특히 역사적으로 군사에 주력한 패권국들이 경제에 주력한 도전국에 의해 교체됐다는 것을 강조하고 있다. 마지막으로, 이념적으로 부시행정부의 오만한 강경론은 국내외적으로 설득력이 없고,

---

3) William F. Wohlforth, "The Stability of a Unipolar World," *International Security* 24, no.1 (summer 1999) 5-41.; Stephen G. Brooks & William C. Wohlforth, "American Primacy in Perspective," *Foreign Affairs* (July/August, 2002)

4) Immanuel Wallerstein, *The Decline of American Power: The US in a Chaotic World* (New York: The New Press, 2004), 13-30

호응이 약하다는 것이다.

마지막으로, 신중론이다.5) 1980년대 미국의 상대적 쇠퇴론에 대해 반론을 제기했던, 조셉 나이(Joseph S. Nye Jr.)는 21세기 미국 우세론에 대해 조심스러운 신중론을 펴고 있다. 그는 21세기 세계질서를 복합 3차원 서양장기에 비유하고 있다. 맨 위의 군사 장기판에서는 핵력과 재래식 군사력에서 압도적 우위에 있는 미국이 단극적 위치를 차지하고 있다. 중간의 경제 장기판에서는, 미국이 유럽, 일본과 함께 세계생산의 ⅔를 차지하면서, 다극의 모습을 보여주고 있다. 두 장기판만 들여다보면 세계는 단다극질서로 보일 것이다. 그러나 세계는 훨씬 더 복잡해지고 있다. 맨 밑의 장기판에서는 테러나 지구금융거래같이 정부통제 밖에서 국경을 넘어서는 초국가관계가 활발하게 진행되고 있다. 이 장기판에서는 힘이 단극이나 다극을 넘어서서 훨씬 넓게 퍼져 있다. 따라서 미국이 21세기 세계질서를 계속 주도하기 위해서는 세 개의 장기판을 동시에 잘 두어야 한다. 특히 그는 군사력과 경제력에 못지않게 상대방이 자진해서 따르도록 만드는 매력의 중요성을 강조하고 있다. 따라서 군사와 경제 초강대국인 미국은 오만과 일방주의의 위험을 벗어나서, 상대방들의 도움과 존경을 얻을 수 있어야 한다는 것이다.

이러한 21세기 미국의 장래에 관한 논의들은 2003년의 이라크전을 치르면서 희비의 엇갈림을 겪어야 했다. 쇠퇴론의 예상과 달리 미국은 악의 축의 대표 주자로 분류한 이라크의 후세인 정권을 제거하기 위한 군사전을 적극적으로 전개하여 예상 밖의 신속한 승리를 얻었다. 결과적으로 신보수주의자들의 우세론의 득세와 비판 지식인들의 쇠퇴론의 악화 가능성이 커졌다. 그러나 부시행정부는 전후 질서 구축에 예상을 넘어서는 어려움에 직면함에 따라, 우세론 대신에 신중론이 21세기 미국의 미래에 관한 담론의 중심에 자리잡기 시작하고 있다. 신중론이 21세기 미국의 장래에 대한 담론을 본격적으로 주도하기 위해서는 보다 깊이 있는 논의를 필요로

---

5) Joseph S. Nye, Jr., *The Paradox of American Power* (New York: Oxford University Press, 2002); Joseph S. Nye, Jr., Soft Power: *The Means to Success in World Politics* (New York: PublicAffairs, 2004).

한다. 왜냐하면, 미국의 21세기 세계질서 주도논쟁의 역사적 평가는 21세기 문명표준을 제대로 전망하고, 미국의 역량을 새로운 문명표준에 따라 얼마나 정확하게 측정하느냐에 달려 있기 때문이다.6)

세계질서의 문명표준은 국민 부국강병국가에서 그물망복합국가로 변환하고 있다. 21세기 세계질서의 주도국이 되기 위해서는 안과 밖으로 그물망을 친 국가의 모습으로서 안보, 번영, 지식, 문화, 환경, 조종외교의 무대에서 주인공으로 활약할 수 있어야 한다. 이러한 복합론의 시각에서 보면, 미국은 21세기 세계질서의 조건부 주도국의 위치에 있다. 우선 근대 문명 주인공의 표준에서 보자면, 미국은 전 세계국가들 중에 당분간 타의 추종을 불허하는 위치에 있다. 그러나 미래 문명 주인공의 표준에서 보자면, 미국이 현재의 주도적 위치를 유지하려면 무대 위의 다른 연기자들을 얼마나 성공적으로 그물망 속에 엮어 나가느냐에 달려 있다. 동시에, 미래 문명 무대의 표준에서 보자면, 그물망국가로서 미국이 근대 문명 무대의 표준인 일국 중심의 부국강병 무대를 넘어서서, 복합 공생의 안보 번영 무대를 주도할 수 있어야 하며, 또한 지식, 문화, 환경, 조종외교 무대에서 두각을 나타낼 수 있어야 한다. 따라서 21세기 미국은 근대의 패권적 지배나 탈근대의 상호 협력을 넘어 서는 복합시대의 새로운 담론과 행동 양식을 필요로 하고 있다.7)

---

6) Michael Hardt & Antonio Negri, Empire, (Cambridge, Massachusetts: Harvard University Press, 2000); Chalmers Johnson, *Blowback: The Costs and Consequences of American Empire* (New York: Henry Holt, 2000); John J. Mearsheimer, *The Tragedy of Great Power Politics* (New York: W.W. Norton & Company, 2001); Emmanuel Todd, Après L'Empire (Paris: Gallimard, 2001); G. John Ikenberry, ed., *America Unrivaled: The Future of the Balance of Power* (Ithaca: Cornell University Press, 2002); Charles A. Kupchan *The End of the American Era* (New York: Knopf, 2002); Michael Mann, *Incoherent Empire* (London: Verso, 2003); Zbigniew Brzezinski, *The Choice: Domination or Leadership* (New York: Basic Books, 2004); Niall Ferguson, Colossus: *The Price of America's Empire* (New York: The Penguin Press, 2004)

7) Anne-Marie Slaughter, *A New World Order* (Princeton: Princeton University Press, 2004).

21세기 역사의 주인공으로 미국에 이어 주목받고 있는 나라는 중국이다. 그러나 21세기 중국을 전망하기는 생각보다 쉽지 않다.[8] 우선 낙관론의 시각에서 보자면, 중국이 21세기 주인공으로 부상할 가능성은 확실하다. 1960년대와 1970년대를 거쳐서 문화대혁명이라는 장기간의 고난의 행군을 겪은 중국이 1978년부터 개혁개방정책을 추진하여 지난 사반세기동안 지속적으로 연 9%라는 고도성장을 이뤄왔다. 중국경제는 21세기에 들어서서 드디어 1인당 국민소득 천 달러, 전체 국민소득 1조 3천억 달러를 넘어서서 세계 제6위의 경제대국으로 부상했다. 한 걸음 더 나아가서, 중국정부는 2020년까지 중국 국내 생산총액을 네 배로 늘려 중등 사회생활을 전면적으로 건설할 꿈을 공식적으로 밝히고 있다.[9] 이 꿈이 실현된다면, 중국은 일본과 어깨를 나란히 하는 세계 제2위권의 경제대국으로 자리잡게 될 것이다. 더구나 두 나라 화폐의 실질적 구매력을 감안하면, 사실상 중국경제력이 미국경제력을 능가할 수 있다는 전망이 가능하다.

그러나 이러한 낙관론에 대해서는 만만치 않은 반론이 제기되고 있다. 중국경제가 지난 사반세기 고도성장을 성공적으로 지속해온 것은 사실이지만, 당면하고 있는 빈부격차, 실업, 부패 등으로 불가피하게 조정기를 맞이할 수밖에 없다는 것이다. 더구나 결정적으로 중요한 것은 중국경제가

---

8) Michael E. Brown, ed., *The Rise of China* (Cambridge, Massachusetts: MIT Press, 2004); Gordon Chang, *The Coming Collapse of China* (New York: Random House, 2001); Avery Goldstein, Rising to the Challenge: *China's Grand Strategy and International Security* (Stanford: Stanford University Press); Kokubun Ryosei & Wang Jisi, eds., *Rise of China and a Changing East Asian Order* (Tokyo: Japan Center for International Exchange, 2004); Michael D. Swaine & Ashley J. Tellis, *Interpreting China's Grand Strategy: Past, Present and Future* (Santa Monica, California: Rand Corporation, 2000).

9) 江澤民, "全面建設小康社會, 開創中國特色社會主義事業新局面-在中國共産党第十六次全國代表大會上的報告"2002/11/8(http://www.idcpc.org.cn/cpc/16da.htm): 中共中央 關于制定"十一五"規劃的建議 2005/10/14(http://www.china.com.cn/chinese/zhunanti/5zqh/985977.htm):中國的和平發展道路(http://www.china.com.cn/chinese/book/1069398.htm)

중장기적으로 지속적 고도성장을 하기 위해서는 현재의 공산당 일당독재를 넘어선 21세기형 중국 정치체제의 마련이라는 커다란 숙제를 풀어야만 한다는 것이다. 따라서 현재의 경제지표에만 의존한 21세기 중국의 미래 전망은 보다 신중해야 하며, 정치 개혁의 성패 여부에 따라서는 상당한 기간의 조정기를 맞이할 수도 있다는 것이다.

이러한 낙관론과 비관론을 넘어서서 보다 21세기의 시각에서 중국의 미래 주인공을 점치는 경우에 우선 조심해야 할 것은 중국경제의 비약적 성장에도 불구하고, 주인공의 필수 조건인 군사력과 경제력에서 미국과 비교하면 눈에 띄는 열세라는 것이다. 군사력의 경우에는 미국이 9·11 테러 이후 반 대량살상무기 테러전의 수행과 함께 연군사비를 4천억 달러 이상 지출함으로써 연 세계군사비총액의 50%를 육박하고 있다. 한편 중국도 군사비를 꾸준히 증가해서, 2005년 공식 발표로는 300억 달러, 비공식 추정으로는 600억 달러 규모에 접근하고 있다. 간단히 말하자면, 중국의 군사비 지출은 미국의 1/7 수준이다. 경제력의 경우에도, 중국의 총국민소득이 2조 달러인 것에 비해서 미국은 11조 달러를 넘고 있다. 중국 경제는 미국 경제의 약 1/5정도 인 셈이다.[10] 21세기의 주인공이 되기 위한 새로운 조건이라고 할 수 있는 정보·지식력, 문화력, 환경력의 경우도 중국은 미국과 비교하면 경제력이나 군사력보다도 더 뒤늦게 달리고 있는 형편이다.

중국이 미국을 따라 잡기 위해서는 미국이 오만과 일방주의 때문에 21세기 제국운영에 결정적으로 실패해서 장기적인 침체기를 맞이하고, 반면에 중국은 지속적 고도성장을 거듭하면서 21세기의 새로운 주인공 조건까지를 갖춰 나가야 한다. 그러나 현실적으로는 이러한 극단의 가능성은 희박하다. 따라서 미국은 우여곡절 속에서도 여전히 21세기 역사의 주인공으로 활약할 것이다. 한편, 중국은 미국과 대등한 주연이 아닌 주연급 신인으로서 무대에 서게 될 것이다. 따라서 중국은 전면적 소강사회(小康社會)를 건설하여 2020년까지 21세기 초 국내 총생산의 네 배로 증가할 때까지

---

10) 中國的軍控, 裁軍与防擴散努力 2005/9 (http://www.chiana.com.cn/chinese/zhuanti/book/956904.htm)

는 기본적으로 빛을 감추고 그믐이 지나가기를 기다리는 도광양회(韜光養晦)의 길을 걸을 것이다. 그러나 국내 경제성장을 최우선의 역사적 선택으로 삼지만 대외적으로 국가이익을 위해 반드시 해야 할 바는 하겠다는 유소작위(有所作爲)를 강조하고 있다. 따라서 중국은 21세기 외교의 단중기 목표를 평화, 발전, 협력으로 내세우고 있다. 그러나 중국이 소강사회를 넘어서 대동사회(大同社會) 건설을 목표로 하는 21세기를 장기적으로 맞이할 수 있다면, 중국은 유소작위에 머무르지 않고 하지 않는 바가 없는 무소불위(無所不爲)를 조심스럽게 생각할 수 있을 것이다.

미국과 중국의 주연 가능성과 함께, 일본과 유럽연합이 조연의 주인공 역할을 하게 될 것이다. 일본은 21세기에 들어서서 경제적으로는 4조 달러를 넘는 총국민생산으로 여전히 세계 2위의 경제대국이며, 동시에 군사적으로도 연군사비지출이 400억 달러를 넘어섬으로써 세계 2~3위 규모의 군사비지출국가로 부상했다. 2004년 12월 신방위계획대강은 21세기 일본자위대를 변화하는 세계군사질서에 발맞춰 다기능 탄력적 방어력으로 육성할 것을 강조하고 있다.11) 한편, 21세기 동아시아무대에서 주연으로 서서히 부상하는 중국에 대해서 예민하게 촉각을 곤두세우고 있는 일본은 21세기 외교의 기본방향으로 미국의 보조 동반자의 길을 선택했다. 2005년 2월 미국과 일본의 외교와 안보관련장관이 함께 만난 미·일 안보협의회 공동성명은 21세기 공동 파트너십을 선명하게 재확인하고 있다.12) 마지막으로 일본은 동아시아 주변 국가들과의 갈등과 협조 관계를 조정하기 위하여 뒤늦게 '동아시아 공동체론'을 조심스럽게 제기하고 있다.13)

---

11) "平成17年度以降に係る防衛計劃の大綱について" 2004/12/10/ (http://www.kanfei.go/kakugikettei/2004/1210taikou.html); 安全保障と防衛力に關する懇談會, 『"安全保障と防衛力に關する懇談會"報告書未來への安全保障・防衛力ビジョン―』, 2004/10 (http://www..kantei.go.jp/jp/singi/ampobouei/dai13/13siryou.pdf)

12) *Joint Statement of the U.S.-Japan Security Consultative Committee* 2005/2/19 (http://www.state.gov/r/pa/prs/ps/2005/42490.htm)

13) 谷口 誠, 『東アジア共同体』岩波新書919(東京: 岩波, 2005); 小原雅博, 『東アジア共同体』(東京: 日本經濟新聞社, 2005).

한편, 근대 국민국가를 중심으로 한 무대에서 힘의 배분 변화에 따른 주인공 국가의 변화와 달리, 21세기 지역화의 구체적 표현인 유럽연합은 새롭게 등장한 주인공이다. 유럽연합은 2004년 5월 1일에 동 유럽의 10개 국을 회원국으로 새로 받아들여서 25개 국으로 커졌다. 인구 4억 5천만 명, 국내총생산 11조 달러의 유럽연합은 이중구조의 복합국가를 보다 구체화해가고 있다. 그러나 유럽연합이 21세기의 새로운 주역으로 보다 중심적 역할을 담당하기 위해서는 상당한 기간의 실험기간을 거쳐야 할 것이다.

21세기 세계무대의 새로운 특징은 근대 이래 지난 500년 동안 대표적 주인공의 형태였던 국가 이외에 새로운 형태의 주인공들이 국가의 안과 밖에 나타난 것이다. 근대 국민국가의 지구적 확산이었던 19세기의 국제화와는 달리 사고와 행동이 국가를 넘어서서 지구를 기반으로 이루어지는 21세기의 지구화 추세가 나타나기 시작하고 있다. 구체적 예로서는 전 세계에 6만 개의 본사와 50만 개의 지사를 자랑하는 초국가기업들과 9·11테러 이후 세계적 각광을 받고 있는 초국가 테러조직을 대표적 예로 들 수 있다. 초국가 주인공들은 시간이 갈수록 빠르게 증가하고 있다.

국가 안에도 현안 문제에 따른 다양한 시민사회조직과 지방화에 따른 지방자치단체들이 새로운 주인공으로서 등장하고 있다. 과거에는 국가 안과 밖의 주인공들이 명실상부한 국가라는 주연에 종속되어 있었으나, 점차 상대적 자율성을 키워 가면서 단역에서 조역으로, 조역에서 주연으로 서서히 성장하고 있다.

마지막으로 주목해야 할 것은 현실 무대를 넘어 선 사이버 공간의 새로운 주인공인 그물코(node)들이다. 디지탈화한 정보에 기반을 두고 형성된 그물코들은 다중심 또는 무중심의 유비쿼터스 그물망으로 서로 엮어져서 21세기 우리들의 삶 깊숙이 파고들고 있다. 따라서 21세기 역사의 진정한 주인공은 이러한 다양한 주인공들이 국가를 중심으로 안과 밖으로 입체적으로 그물망화된 모습에서 찾아 볼 수 있다.[14]

---

14) 하영선 편, 『21세기 한반도 백년대계: 부강국가를 넘어서 지식국가로』 (서울: 풀빛, 2004).

2) 21세기 세계정치의 무대

21세기 세계의 무대도 바뀌고 있다. 오랜 역사 동안 한국과 중국, 일본을 포함하는 동아시아의 중심무대는 사대교린의 틀에 따라 생각하고 행동하는 예(禮)의 무대였다. 19세기 중반에 영국을 비롯한 구미열강들이 동아시아 무대에 새로운 주인공으로 등장함과 함께 중심 무대도 부국과 강병으로 바뀌었다. 부국과 강병무대에서 벌어진 일국중심의 치열한 경쟁은 두 차례의 세계대전과 그 뒤를 이은 냉전의 비극을 가져 왔다. 한반도를 제외한 전 세계의 냉전이 막을 내리고 21세기를 맞이하면서 무대의 내용은 서서히 변환하고 있다.

국제정치 무대의 가장 중심을 이뤄왔던 전쟁과 평화의 무대는 탈냉전과 함께 새로운 변화를 겪고 있다. 탈냉전의 기대는 일국중심의 생존극대화를 모색하는 군사무대가 초래하는 공멸이라는 안보의 자기모순을 극복하기 위해 지구 및 지역의 안보와 사회 및 개인의 안보를 함께 고려하는 안보무대의 등장을 기다렸다. 그러나 기대와는 달리 세계안보질서를 주도하는 미국이 9·11테러를 겪게 됨에 따라 21세기 세계안보질서의 최우선적 성격을 반테러전 질서로 규정하고, 새로운 질서 구축에 나섰다. 미국은 지구적으로 그물망화되고, 대량살상무기 사용의 위험성이 높은 21세기 테러조직과 싸우기 위해 테러조직을 파괴하고, 테러 지원국을 제거하며, 테러 발생의 잠재적 조건들을 약화시키고, 마지막으로 국내외의 미국 사람과 미국의 이익을 방어한다는 전략을 추진하고 있다. 보다 구체적으로, 세계를 대량살상무기테러 조직과 지원국가라는 악의 축과 반대량살상무기 테러국가와 지원국가라는 선의 축으로 양분했다. 그리고 악의 축 세력에 대해 군사전, 정치전, 외교전, 경제전, 법치전, 정보전의 6면전을 시도하고 있다. 군사전은 대량살상무기 테러세력과 지원국가에 대한 공격과 미국본토를 테러에서부터 보호하려는 국토방위전을 수행하고, 정치전은 대량살상무기 테러세력과 지원국가들의 정치세력들의 변화를 추진한다. 한편 외교전은 반테러전의 정보, 병참, 군사지원을 확보하기 위한 국제협력을 도모하며, 경제전은 테러조직의 자산을 동결하고, 테러리스트 재정지원 목록을 작성하며, 법치전은 테러용의자를 찾아내고 체포하며, 그리고 정보전은 테러의 단서들을 찾아내고, 위협을 분석하고 있다.15)

9·11 테러 이후의 미국은 세계안보질서의 재구축 노력을 동북아에서도 구체적으로 수행하고 있다. 우선 미국의 21세기 동북아 정책 중에 단기적으로 가장 중요한 것은 반대량살상무기 테러전의 틀 속에서 진행하고 있는 북핵문제의 해결이다. 부시 행정부는 9·11 테러 이후 지구 안보를 위한 핵확산금지정책의 시각에서 다루던 북핵문제를 반대량살상무기 테러전의 시각에서 새롭게 다루기 시작했다. 미국은 북한을 테러 조직에게 대량살상무기를 지원할 위험성이 있는 대표적 '악의 축' 국가로서 분류하고, 완전하고 돌이킬 수 없고 검증 가능한 북핵 폐기를 미국 안보의 필수 조건으로 삼았다. 이 조건을 충족시키기 위해서, 미국은 6자회담의 외교적 수단과 경제 제재, 육상, 해상, 공중의 정지 및 나포, 군사적 선택으로 구성돼 있는 확산안보구상(Proliferation Security Initiative)의 비외교적 수단을 동시에 추진했다.16)

부시 2기 행정부는 국내외적 명분을 확고하게 마련하기 위해서 6자회담과 확산안보구상을 경직화된 2단계로 설정하는 대신 북한이 리비아식 핵폐기를 거부하는 경우에 북한과 같은 '폭정의 전초기지'에 자유를 확산하는 정책을 추진하겠다는 결의를 보이고 있다.17) 미국의 이러한 노력은 상

---

15) The White House, The State of the Union 2002, January 29, 2002 (http://www.whitehouse.gov/news/releases/2002/01/20020129-11.html);The White House, *The National Security Strategy of the United States of America*, 2002/9/17 (http://www.whitehouse.gov/nsc/nss.htm); The White House, National Strategy to Combat Weapon of Mass Destruction, December 2002(http://www.whitehouse. gov/news/releases/2002/12/WMDstrategy.pdf); The White House, *National Strategy for Combating Terrorism*, February 2003(http://www.whitehouse.gov/news/releases/2003/02/20030214-7. html)

16) The White House, "Remarks by the President to the People of Poland," 2003/5/31(http://www.whitehouse.gov/news/releases/2003/05/20030531-3.html)

17) The White House, "President Sworn-In to Second Term," 2005/1/20 (http://www.

당한 우여곡절을 겪게 될 것이다. 왜냐하면, 북한은 북핵 문제의 원인을 미국의 대북 적대시 정책에서 찾고 있기 때문이다. 그 중에서도 부시 2기 행정부에 들어와서는 북한은 김정일 수령체제의 '제도전복 시도'를 가장 중요한 원인으로 강조하고 있다. 따라서 핵문제 해결의 기본 열쇠는 미국이 '제도전복'을 노리는 대북 적대시 정책을 포기하고 '조미평화공존정책'으로 전환하는 데 있다는 것이다. 그리고 미국 정책을 전환시키기 위해서는 협상의 방도와 핵 억지력의 방도가 있다는 것이다. 북한은 협상의 방도로서 동시행동원칙에 기초한 일괄 타결의 방법을 제안하고, 구체적 일괄 타결의 내용으로서는 군사적 위협을 완전무결하고, 검증 가능하고, 되돌아 설 수 없게 제거하는 '서면안전담보', 북미관계 수립, 북일, 남북경제협력 실현, 전력손실 보상 및 경수로 완성을 요구하고 이의 대가로 핵무기 제조 포기와 사찰 허용, 핵시설의 궁극적 해체, 미사일 발사 보류와 수출 중지를 제시했다. 2005년 2월 10일 북한의 핵무기 보유 공식 선언 이후 7월에 재개된 베이징 4차 6자회담은 9월 19일 일단 북핵문제를 해결하기 위한 공동성명을 발표했다.[18]

2005년 공동성명은 1994년 기본합의서의 기본골격과 대단히 유사하게 북핵의 포기, 경제지원, 관계정상화, 평화체제라는 마(魔)의 사각기둥 위에 세워졌다. 1994년 기본합의서의 좌절원인은 중유가 공급되기 시작하고 한반도에너지개발기구(KEDO) 주관아래 경수로 건설이 진행되었으며, 북미 간에 연락사무소를 비롯한 관계정상화를 위한 노력이 계속되었음에도 불구하고, 북한이 핵프로그램이라는 마지막 카드를 버릴 수 없었기 때문이다. 북한의 입장에서 보자면 합의서의 소극적 안전보장이라는 서면 담보

---

whitehouse.gov/news/releases/2005/01/20050120-1.html); The White House, "The State of the Union 2005," 2005/2/2(http://www.whitehouse.gov/stateoftheunion/2005): Condoleeza Rice, "Opening Remarks by Secretary of State-Designate Dr. Condoleeza Rice," Senate Foreign Relations Committee, 2005/1/18 (http://www.state.gov/secretary/rm/2005/40991.htm)

18) 하영선/전재성, "제2차 개정본 북핵문제와 6자회담: 평가와 전망," 동아시아연구원 외교안보센터 국가안보패널 정책보고서 11 (2006년 1월 2일) (http://www.eai.or.kr)

만으로는 수령체제의 옹위라는 북한체제의 최우선 목표를 확보할 수 없었기 때문이다.

북핵문제의 역사적 교훈은 분명하다. 마의 4각기둥 위에 한반도 비핵화의 집을 제대로 짓기 위해서는 경제지원, 관계정상화라는 기둥이 중요하다. 그러나 북한은 최종적으로 수령체제 옹위의 확고한 물적 담보로서 평화체제의 기둥이 마련돼야 현실적으로 핵포기 기둥의 완성을 추진할 것이다. 문제의 핵심은 북한이 지난 10년간 제시해 왔던 물적 담보로서 평화체제의 기본내용이다. 북한 수령체제의 직접 위협 대상은 한국이 아니라 미국이다. 따라서 한반도 평화체제의 핵심은 남북이 아니라 북미다. 북한이 위협 내용으로 강조하고 있는 것은 미국의 제도전복 정책, 주한미군, 한미 군사동맹이다. 북한이 요구하는 평화체제의 물적 담보는 현실적으로 제공할 길을 찾기 어렵다.

기본합의서에서 공동성명까지 지난 10년 동안 북한의 기본 입장이 크게 바뀌지 않았다면 미국은 9·11 테러 때문에 전혀 새로운 입장에서 북핵문제를 다루고 있다. 북핵문제를 과거처럼 핵확산 금지정책의 시각에서 다루는 것이 아니라 대량살상무기 테러의 현실적 위협을 막기 위한 국내안보의 시각에서 다루고 있다. 미국 부시행정부는 핵폐기 기둥을 사실상 나머지 세 기둥의 초석으로 삼고 있다. 따라서 1994년 기본합의서처럼 경수로의 건설 과정과 연동하여 북핵 동결과 폐기를 진행하는 방식은 받아들이기 어렵다.

2005년 11월의 제5차 1단계 6자회담에 이어 2006년에 열릴 예정인 제5차 2단계 6자회담에서 공동성명의 이행논의에서 성과를 거두려면 경제지원과 관계정상화 논의도 중요하지만 미국이 우선적으로 원하는 핵포기 기둥과 북한이 최종적으로 원하는 수령체제 옹위의 기둥을 상호 모순의 위치에서 상호 보완의 위치로 바꿔놓아야 하는 세기의 난제를 풀 수 있어야 한다. 6자회담이 공동성명의 이행 합의를 마련하지 못하면, 북한은 다시 핵 억제력의 공개 위협을 할 것이며, 미국은 '자유의 성전'(聖戰)을 보다 적극적으로 추진하고 확산안보구상을 보다 구체화시켜 나갈 것이다. 그리고 이러한 위기 국면이 궁극적으로 북핵 문제의 해결에 기여할 수 있도록, 미국은 중국과의 긴밀한 협력 아래 또 한번의 조종을 시도하게 될 것이다.

부시행정부는 단기적으로 최대 현안 문제인 대량살상무기 테러전의 위험을 지구적으로 조종해 가면서, 동시에 중장기적으로 당면할 수 있는 불확실하고 다양한 위험들에 효과적으로 대비하기 위해 새로운 군사변환(transformation)전략을 추진하고 있다.[19] 군사변환의 핵심은 탈냉전 9·11 테러 이후 21세기 군사질서가 산업화시대에서 정보화시대로의 변환을 겪고 있는 것으로 파악하는 것이다. 전쟁 무대에 산업화시대의 주인공이었던 국가뿐 아니라 정보화시대의 새로운 주인공들인 비국가조직들이 지구 그물망화 등장한 것이다. 동시에 산업혁명에 힘입은 대량살상무기보다 정보혁명에 힘입은 정보무기의 중요성이 빠르게 증가하게 증가하고 있다. 새로운 안보환경의 변화에 직면해 부시 행정부는 본격적 군사변환의 지구 조종을 시도하고 있다.

군사변환의 첫 번째 특징은 주둔군의 유동군으로의 전환이다. 미 국방부는 현재 유럽과 동북아의 해외 주둔 병력을 냉전의 역사적 유물로 보고, 유사시 보다 광범한 지역에 보다 신속하게 투입할 수 있는 유동군으로 바꾸려는 작업에 들어갔다. 정보기술 혁명의 도움으로 근대적 시간과 공간의 제약을 넘어서는 21세기 신출귀몰 군을 창설하기 시작한 것이다. 이에 따라 미국은 냉전시대 군사동맹 체제의 변환을 추진하고 있다. 냉전시대의 소련과 같은 확실한 가상 적이 사라지고, 대량살상무기 테러, 지역 분쟁, 장기적 갈등 등과 같은 불확실한 위협에 직면해서, 미국은 지구 그물망의 새로운 군사 동맹 질서를 짜나가고 있다. 미국은 새로운 동맹국들에게 최소한의 병력을 배치하고, 유사시 추가 배치를 위한 기반 시설과 물자를 마련한 다음, 위기 상황에 따라서 동맹국들과 함께 국제안보지원군을 동원하도록 계획하고 있다. 군사변환의 두 번째 특징은 수가 아니라 능력의

---

19) U.S. Department of Defense, Transformation Planning Guidance, April 2003 (http://www.oft.osd.mil/); Office of Transformation, *Military Transformation: A Strategic Approach*, Fall 2003 (http://www.oft.osd.mil/): U.S. Department of Defense, Facing the Future: Meeting the Threats and Challenges of the 21st Century, February 2005 (http://http://www.defenselink.mil/transformation/features/Facing_the_Future/).

강조이다. 산업화시대에는 상상을 초월하는 대규모 병력이 대량살상무기로 전면전을 수행했다면, 정보화 대에는 상대적으로 소수의 병력이 첨단 정보무기로 정보전을 시작하고 있다.[20]

부시행정부는 동아시아에서도 군사변환을 구체화하고 있다. 이에 따라서 한국과 일본에 있는 미국의 동북아 해외 주둔군은 위치, 규모, 임무에서 새로운 변화를 겪게 될 것이다. 미국의 해외 주둔군이 유동군으로 변환하는 전반적 추세에 따라, 냉전의 대표적 상징인 한국 전쟁을 계기로 한국의 최전선에 장기적으로 주둔해 온 주한미군도 한강 이남으로 옮겨져서, 고도의 유동성을 갖춘 동아시아 신속 대응군으로서 새로운 역할을 수행하게 될 것이다. 동시에, 수가 아니라 능력을 강조하고 있는 군사변환의 추세에 따라 37,000명의 주한미군은 상대적으로 소수 정예의 첨단 정보군으로 바뀌게 될 것이다. 새로운 변환을 겪고 있는 주한미군은 전통적인 한반도 안정의 임무를 넘어 서서 21세기 미국이 당면하게 될 단기, 중기, 장기의 위험과 전쟁 가능성에 대비하기 위한 새로운 임무를 동아시아에서 동시에 수행하게 된다.

21세기의 세계안보무대는 미국이 주도하는 반대량살상무기 테러전과 군사변환의 영향으로 커다란 변화를 겪고 있다. 한반도도 과거의 냉전과 탈냉전시기와는 전혀 성격이 다른 북핵문제, 주한미군 감축문제, 한국군 해외파병문제, 전시작전통제권문제를 전혀 새로운 시각에서 해답을 찾아야 하는 어려움에 직면하고 있다.

국제정치 무대 중에 강병의 군사무대 다음으로 주목을 받아온 부국의 경제무대도 21세기를 맞이하면서 일국중심의 번영극대화가 가져오는 공빈(共貧)의 위험을 피하기 위해 지구 및 지역의 번영과 국내 복지를 함께 추구하는 번영무대를 마련해야 하는 어려운 과제를 안고 있다.

연 국민 총생산량이 11조 달러를 넘어서서 세계 경제 규모의 30%를 차

---

20) Douglas Feith, "Transforming the U.S. Global Defense Posture" 2003/12/3 (http://www.defenselink.mil/speeches/2003/sp20031203-0722.html); U.S. Department of Defense, "Defense Department Background Briefing on U.S. Global Defense Posture" 2004/6/9 (http://www.defenselink.mil/transcripts/2004/tr20040609-0843.html).

지하고 있는 미국은 세계 경제의 지속적 성장을 위한 투자, 세계 금융질서의 안정, 그리고 자유 무역의 확대를 필요로 하고 있다. 미국은 이러한 경제 목표를 쌍무 협상, 다자적 접근, 그리고 국제통화기금(International Monetary Fund), 세계은행(World Bank), 세계무역기구(World Trade Organization) 등과 같은 지구 조직들을 활용하여 추진하고 있다. 동시에 세계경제의 성장을 위해서, 미국은 빈국들의 외자유치, 금융위기, 공정무역 문제들을 복합적으로 조종하고 있다.21)

미국은 세계 자본주의경제 질서의 한 중심축을 이루고 있는 동북아 경제 질서를 주도적으로 이끌어 가려는 노력을 계속하고 있다. 일본경제가 비록 '잃어버린 10년'의 아픔을 겪었지만, 단일 국가의 경제규모로서는 여전히 세계 제2위의 위치를 유지하고 있다. 미국이 세계 자본주의 질서를 주도하기 위해서 일본과의 협력은 불가피하다. 덩샤오핑의 과감한 개혁개방 정책을 밑거름으로 지난 25년간 10% 가까운 고도성장을 계속해 온 13억 인구의 중국 경제는 이미 세계 경제 규모의 4%를 넘어 섰다. 따라서 미중 경제관계는 동북아의 지역경제나 세계경제의 핵심적 구성 요소를 이루게 되었다.22) 다만 현재의 중국경제가 당면하고 있는 정치 및 경제의 제약 요건들을 얼마나 성공적으로 극복하고 고도성장을 지속할 수 있는가의 여부와, 중국 경제가 중국 정부의 장기 발전 계획처럼 20년 내에 현재 경제 규모의 네 배로 늘어나는 경우의 동북아 번영무대는 어떤 모습이 될 것인가가 커다란 숙제다.

안보와 번영의 무대와 함께 21세기는 정보기술혁명에 힘입어서 새롭게 지식무대를 선보이고 있다. 19세기 산업혁명이 경제력의 비중을 기하급수적으로 높였다면, 21세기 정보기술혁명은 지식력의 중요성을 예측하기 어려울 정도로 높이고 있다. 따라서 지식무대의 경연은 전쟁을 방불케 하고

---

21) The White House, *The National Security Strategy Report of the United States of America*, 2002/9/17.

22) U.S.-China Economic and Security Review Commission, *Annual Report To Congress of the U.S.-China Economic and Security Review Commission*, 2002/2004/2005 (http://www.uscc.gov/)

있다. 그리고 지식무대가 다른 무대들에게 본격적 영향을 미치기 시작하고 있다. 군사적으로 핵무기대신에 정보무기가 중요해지고 있으며, 경제적으로 사이버 경제의 중요성이 꾸준히 증가하고 있으며, 지구 첨단기업이 되려면 지식경영은 필수적이다. 외교무대에서도 군사, 경제외교 못지않게 정보/지식 외교의 중요성이 빠르게 증가하고 있다. 따라서 지식력의 기반 없는 군사력과 경제력, 그리고 외교력으로는 21세기에 살아남을 수 없다.[23]

21세기 세계질서의 새로운 무대로서 동시에 주목해야 할 것은 문화무대다. 탈냉전과 함께 그 동안 군사와 경제에 밀려 있었던 문화무대가 부상하기 시작했고, 9·11테러 이후 중요성을 더해가고 있다. 인간들이 자신의 행복한 삶을 위해 다른 집단과 차별되게 자연을 가꾸는 생각, 활동, 그리고 제도 형성의 무대가 주목을 받게 된 것이다. 인간은 폭력과 금력의 영향으로 상대방을 따르기도 하지만, 동시에 문화력의 영향으로 머리와 가슴이 움직여서 상대방을 따르기도 하고 멀어지기도 하기 때문이다. 이러한 21세기 세계문화무대에서 미국은 세계질서 운영비용을 상대적으로 줄이기 위해서 미국적 가치와 행동 양식을 전 세계적으로 전파하는 노력을 하고 있다. 부시행정부는 이라크전에서 후세인 제거를 위한 군사전에서는 기대 이상의 성과를 거두었음에도 불구하고, 전후 질서 재건전에서는 예상치 못한 고전을 치르고 있다. 따라서 미국은 테러전의 공격과 방어의 군사적 측면에 못지않게 사상적 측면을 강조하기 시작하고 있다. 미국은 테러리즘을 노예제도, 해적행위, 대량학살 등과 마찬가지로 보도록 만들 수 있는 사상전을 전개하면서, 이슬람 세계를 비롯한 비구미 지역에 구미 유형의 근대 민주복지 제도를 전파하려는 노력을 강화하고 있다. 미국은 장기적으로 구미 유형의 민주제도를 전 세계적으로 확대하기 위하여 개별, 다자, 그리고 지구적 노력들을 복합 조종하고 있다.

부시 2기 행정부는 테러와의 전쟁을 보다 국내외의 축복 속에 치르기 위해 자유를 특별히 강조하고 있다. 평화의 희망은 자유의 전 세계적 확산

---

23) 하영선 편, 『21세기 한반도 백년대계』.

에서 찾아야 한다는 것이다. 따라서 부시 대통령은 2기의 정책 기조를 세계의 폭정 종식이라는 목표를 위해 모든 국가와 문화의 민주주의운동과 제도의 성장을 모색하고 지원하는 데 두겠다고 공언하고 있다.24)

폭정 종식을 위한 자유 정책의 자세한 구상의 골격은 라이스 국무장관의 인준 청문회 발언에서 찾아 볼 수 있다. 라이스는 2기 행정부의 3대 외교 과제로 민주주의 공동체의 단결, 민주주의 공동체의 강화, 자유와 민주주의의 지구적 확산을 들고 있다. 이 말은 단순한 수사학적 표현이 아니라 3개의 자유의 동심원을 그리겠다는 것이다. 첫 번째 동심원은 미국식 자유민주주의를 공유할 수 있는 유럽과 동아시아의 동맹 국가들을 포함하고 있다. 두 번째 동심원은 자유민주주의를 선택하고 추진하는 국가들을 포함하고 있으며, 이들의 노력이 결실을 맺도록 지원한다는 것이다. 마지막으로 폭정의 전초기지로서 쿠바, 미얀마, 북한, 이란, 벨로루시, 짐바브웨의 6개 국을 들고, 이 지역에도 자유와 민주주의를 전파하는 외교를 추진하겠다는 것이다.25)

미국은 동아시아에서 미국적 가치와 행동 양식의 전파를 꾸준히 노력하고 있다.26) 보다 구체적으로는 시장민주주의를 동아시아 지역에서 어떻게 확대시키고 심화시키느냐는 문제다. 미국이 동아시아에서 당면한 가장 시급한 문제는 북한의 김정일 정권을 어떻게 미국이 생각하는 지구 문명 표준에 맞게 생각하고 행동하게 만드냐는 것이다. 부시 행정부는 김정일 정권이 미국형 지구 문명 표준을 거부하는 경우에, 중국을 비롯한 주변국들의 도움을 얻어서 북한에 새로운 지도력의 창출을 모색할 것이다. 다음으

---

24) The White House, "President Sworn-In to Second Term," 2005/1/20 (http://www.whitehouse.gov/news/releases/2005/01/20050120-1.html); The White House, "The State of the Union 2005," 2005/2/2 (http://www.whitehouse.gov/stateoftheunion/2006/index.html/2005)

25) Condoleeza Rice, "Opening Remarks by Secretary of State-Designate Dr. Condoleeza Rice," Senate Foreign Relations Committee, 2005/1/18 (http://www.state.gov/secretary/rm/2005/40991.htm)

26) The White House, "President Discusses Freedom and Democracy in Kyoto, Japan, November 16, 2005 (http://www.whitehouse.gov/news/releases/2005/11/20051116-6.html)

로 미국에게 중요한 것은 고도 경제 성장을 거듭하고 있는 중국에 어떻게 시장민주주의를 깊이 뿌리내리게 하느냐 하는 것이다. 중장기적으로 미중 관계가 갈등 아닌 협력관계 중심으로 원만하게 이루어지기 위해서는 양국의 정치, 경제, 사회, 문화적 이질성이 얼마나 빨리 동질화되어 가느냐에 크게 좌우될 것이다. 마지막으로는 한국과 일본의 시장민주주의의 심화 문제이다. 특히 한국의 경우에 민주화 과정을 거치면서 나타나고 있는 반미주의를 어떻게 풀어 나가느냐 하는 것이 커다란 현안 문제로 대두해 있다.

21세기 세계정치 무대 중에 또 하나 중요한 새로운 무대는 환경무대이다. 환경무대는 인간과 자연을 이분법으로 구분하는 근대인들이 경제 성장을 위해 무리하게 파괴한 자연환경이 역설적으로 인간을 파괴하기 시작하면서 주목을 받기 시작했다. 더구나 이 문제를 풀기 위해서는 국가뿐만 아니라 국가 안과 밖의 다양한 주인공들이 함께 노력해야 하는 현실 때문에 뒤늦게 세계정치적으로도 주목을 받게 되었다.

지구적 차원에서 보면 1980년대의 오존층 보호를 위한 몬트리올의정서 체결이나 1990년대의 기후변화협약의 교토의정서 체결 등이 대표적이다. 동아시아 지역 차원에서 보면, 산성비, 황사현상, 해양오염 등의 문제가 등장하고 있다. 환경 문제는 단순히 세대를 걸친 장기적 삶과 죽음의 문제가 아니라 현안 경제 문제로서 우리에게 다가와 있다.

21세기 세계정치 무대 중에 마지막으로 가장 중요한 무대는 군사, 경제, 정보·지식, 문화, 환경 무대에서 벌어지는 다양한 이해 갈등을 성공적으로 조종하기 위한 외교 무대다. 동아시아의 전통외교가 예를 기반으로 한 사대교린 외교였다고 하면, 구미 주도의 근대외교는 일국중심의 부국강병을 기반으로 한 국가이익 추구 외교였다. 21세기 외교는 그물망국가들이 복합무대에서 벌어지고 있는 다양한 이해의 갈등을 복합적으로 조종하기 시작하고 있다. 21세기 외교무대에서도 여전히 주연을 맡고 있는 미국은 일차적으로 반대량살상무기 테러 외교를 진행하고 있다. 동과 서의 이분법이었던 냉전외교가 반테러 적극 동참세력, 비동참세력, 동참 주저세력의 삼분법에 기반을 둔 반테러외교로 바뀐 것이다. 다음으로는 21세기 세계질서의 정치적 주도권을 유지 강화하기 위한 지정학 외교를 벌이고 있다. 유럽에서는 나토가 21세기 미국의 변환에 걸맞게 새로운 모습을 갖추고, 미국과 공동보조를 취해 주기를 바라고 있으며, 그 한계 내에서, 유럽연합과의 협력 관계를 모색하고 있다. 동아시아에서는 일본을 중심으로 해서 한국, 호주, 동남아 국가들과 전통적 우호 관계를 유지하면서, 동시에 21세기의 새로운 변화를 유연하게 공동 대응할 수 있는 새로운 관계를 정립하려고 하고 있다. 그리고 마지막으로, 잠재적 강대국인 러시아, 인도, 중국과의 관계를 건설적으로 구축해 나가려고 노력하고 있다. 그리고 미국은 세계자본주의 질서의 지속적인 성장을 위해 유럽경제권과 아시아경제권을 선도해 가려는 지정학 외교를 추진하고 있다.

3) 21세기 세계의 연기

주인공과 무대의 변환과 함께 연기의 내용도 바뀌고 있다. 21세기에도 여전히 주역의 위치를 유지하고 있는 국가는 과거와는 달리 안과 밖의 다양한 주인공들을 그물망으로 입체적으로 엮은 그물망국가의 모습으로 과거의 예(禮)의 무대나, 부국강병의 무대보다 훨씬 복잡해진 안보, 번영, 지식, 문화, 환경, 조종외교의 복합무대에서 변환의 연기를 보여주고 있다.

21세기 변환 연기의 핵심은 국가 활동과 그물망 활동의 복합적 성격이다. 그물망활동의 특징은 거미의 움직임을 유심히 관찰하면 쉽게 알 수 있다. 거미는 무중심 내지는 다중심으로 수많은 그물코들을 입체적으로 연결하여 그물망을 만든 다음에, 그물망을 흐르는 물처럼 끊임없이 유동하면서, 그물망 모든 곳에 거의 동시에 존재하는 모습으로 움직이려고 노력한다. 21세기 정보기술혁명은 현실적으로 시간과 공간의 엄청난 축약을 가져다줌으로써, 무대의 주인공이 거의 완벽한 거미 연기를 할 수 있도록 도와주고 있다. 한편 명실상부한 세계정부가 없는 지구공간의 국가 활동은 여전히 늑대의 움직임을 크게 벗어나기 어렵다. 국가는 일국중심으로 생존과 번영을 추구할 수밖에 없으며, 그러고도 부족하면 외세를 다양하게 활용하려는 노력을 하게 된다. 21세기 변환 연기는 늑대와 거미의 움직임을 동시에 품고 있다.

따라서 21세기 세계역사 무대의 주인공들이 보여주고 있는 가장 대표적 연기인 세계화도 이러한 양면성을 잘 보여 주고 있다. 21세기 인간의 삶의 공간이 확대되는 것을 바라보면서, 지구화론자는 인간의 삶의 기반이 비로소 국가중심에서 지구중심으로 확대되고 있다고 주장한다. 한편 반지구화론자는 인간의 삶의 기반은 여전히 국가이며, 19세기의 국제화와 마찬가지로 현재의 공간확대 현상은 단순히 국가 활동의 지구적 확대를 의미한다고 주장한다. 또 하나의 반지구화론자는 인간의 삶의 기반은 계급이며, 현재의 지구화론은 세계자본주의체제의 명분론에 불과하다고 말한다. 따라서 하나같이 보이는 지구는 사실상 계급으로 나뉘어 있다는 것이다.

지구화론과 반지구화론의 이분법적 경직성을 극복할 것을 주장하는 복합론자는 21세기 인간의 삶의 공간을 전통적인 국가, 계급과 미래적인 지구의 복합공간이라고 주장한다. 그러므로 정말 중요한 것은 국가냐 지구냐, 또는 계급이냐 지구냐가 아니라, 국가, 계급, 지구가 어떤 모습으로 다양한 무대에서 복합화되는가를 밝히는 것이라고 지적하고 있다. 비유적으로 말하자면, 늑대냐 거미냐가 중요한 것이 아니라 늑대와 거미를 복합화한 '늑대거미'의 연기 원칙을 찾아내는 것이다.

3. 21세기 한반도의 선택: 매력국가

21세기 세계의 주인공, 무대, 연기가 새로운 변환의 역사를 겪고 있다. 한반도가 뒤늦은 역사의 선택이라는 잘못을 다시 반복한다면 한반도는 또 한번 21세기 세계무대에서 변방으로 밀려날 것이다. 복합화라는 변환의 세기에 살아남고 보다 중요한 주인공의 역할을 담당하려면 5중 그물망국가의 건설, 지식기반 복합국가의 건설, 한국적 세계화세대의 양성이라는 앞서가는 역사의 선택을 과감하게 실천에 옮겨서 전 세계가 부러워하는 매력국가를 건설할 수 있어야 한다.[27]

1) 5중 그물망국가의 건설

중국 중심의 천하공간 속에서 우리 나름의 삶의 공간을 만들어 살아왔던 한국은 19세기 중반 구미 중심의 근대 국제질서와 만나면서 국민국가라는 새로운 삶의 공간을 마련해야 했다. 새로운 공간 마련에 실패한 한국은 결국 식민지 생활의 아픔을 겪어야 했다. 제2차 세계대전에 힘입어 한국은 부활의 해방공간을 다시 맞이할 수 있는 기쁨을 누렸다. 그러나 해방의 기쁨은 잠시였고 국제 역량의 냉전화와 국내 역량의 분열 갈등 때문에 분단국가라는 현실에 머물러야 했다.

21세기 삶의 공간을 확보하기 위한 첫 걸음은 한반도 통일의 그물망 짜기다. 분단국가의 극복은 사실 21세기가 아닌 19세기 삶의 공간 확보를 위한 노력이다. 그러나 19세기의 뒤늦은 숙제를 풀지 않고 바로 21세기의 숙제를 풀 수 있는 역사의 지름길을 찾기는 어렵다. 그러나 21세기의 통일론은 더 이상 19세기의 통일론이 돼서는 안 된다. 19세기가 닫힌 통일론의 세기였다면 21세기는 열린 통일론의 세기다. 남과 북이 하나 되는 것(一統)은 안과 밖의 주인공과 모두 통하기 위한 것(全統)이라야 한다. 21세기의 시각에서 보면 닫힌 통일은 차라리 열린 분단보다도 못하다.

한반도 통일의 그물망과 함께 21세기 삶의 공간을 극대화하기 위해서는 동아시아의 그물망을 제대로 짜야 한다. 100년 앞의 동아시아 무대를 전망하기는 쉽지 않다. 미국이 오만과 일방주의의 유혹을 넘어서서 절제의 미학을 성공적으로 실천할 수 있다면, 미국은 21세기에도 동아시아 질서를 일본과의 긴밀한 협력 아래 주도적으로 조종해 나갈 것이다. 중국의 부상은 21세기 동아시아 질서 변화의 폭풍의 눈이다. 따라서 한반도의 21세기 용외세정책은 미·일 관계를 상대적으로 중시하되 중국을 동시에 품는 '복합 외교'를 추진할 수밖에 없다.

---

27) 하영선 편, 『21세기 한반도 백년대계』; 하영선 편, 『변화하는 세계 바로보기』; 김상배 편, 『매력국가 만들기: 소프트 파워의 미래전략』, 평화포럼21, 통권 제2호, 2005 여름.

21세기 삶의 공간을 확대하기 위한 동아시아 공간의 활용은 보다 신중한 검토를 필요로 한다. 노무현 정부는 한반도의 동북아 경제 중심에 많은 기대를 걸고 있다. 그러나 문제는 그렇게 간단하지 않다. 유럽이 근대의 노년기를 맞이해서 비로소 유럽연합을 건설하고 있으나, 아직까지 근대의 청춘기를 겪고 있는 동아시아는 상당한 기간 동안 협력과 함께 갈등의 만남을 벗어나기 어렵다. 따라서 닫힌 동아시아 중심보다는 열린 동아시아 그물망 짜기에 노력을 기울여야 한다.

21세기 삶의 공간 확대를 위해서 세계화의 그물망 짜기는 필수적이다. 문제는 세계화냐 반세계화냐가 아니라 어떤 세계화냐는 것이다. 그것은 구미 일부에서 논의되는 소박한 의미의 지구화가 돼서는 안 된다. 동시에 단순한 국가이익의 지구적 확대라는 국제화나 세계자본주의의 명분론이 돼서도 안 된다. 그것은 한반도 이익과 지구 이익을 동시에 충족시킬 수 있는 한국적 세계화의 모습을 갖춰야 한다.

다음으로 사이버 공간의 그물망 짜기에 주목해야 한다. 사이버 공간은 디지털 정보에 기반을 둔 집단상상에 의해 구성된 다양한 그물코(node)들이 상호 작동하는 그물망(network)으로 복잡하게 얽혀 있는 모습을 보여주고 있다. 인터넷이 1990년대에 접어들면서 본격적 대중화의 길에 들어서게 됨에 따라 사이버 공간은 폭발적 성장을 거듭하고 있다. 사이버 공간과 현실 공간이 어떤 관계를 가지게 될 것인가는 조심스럽게 지켜볼 필요가 있다. 그러나 사이버 공간이 이미 현실 공간의 제약을 일부 해소하고 있다.

마지막으로 나라 밖의 공간에 못지않게 나라 안의 공간 그물망 짜기가 중요하다. 21세기는 국가 공간의 전성시기에서 국가·사회·개인 공간의 복합적 공존기로 변모를 겪고 있다. 따라서 21세기 한반도 통일국가는 국내의 다양한 정치·사회 세력들과 개인까지도 그물망을 짜서 상이한 이해들을 정책결정 이후가 아닌 이전에 조종함으로써 다양한 세력들의 갈등을 최소화해야 한다. 동시에 국가 밖의 중요 국제 역량, 지역 그물망, 지구 그물망들을 촘촘하게 연결해서 그물망 국가를 완성해야 한다. 19세기가 일통(一統)의 시대라면, 21세기는 전통(全統)의 시대다.

2) 지식기반 육각형 복합국가의 건설

예(禮)의 무대에 오랫동안 익숙했던 한국은 19세기 중반 강병과 부국이라는 새로운 무대에 올라가야 했다. 그러나 새로운 변신에 재빨리 성공하지 못하고, 결국 무대에서 내려와야 했다. 한반도의 남과 북은 20세기 중반 뒤늦게 19세기의 밀린 숙제인 부국강병의 길을 걷기 시작했다. 지난 반세기의 노력은 한반도의 남북에 각기 다른 결과를 선물했다. 북한은 근대국가 건설의 발판을 마련하지 못하고 고난의 행군을 계속하고 있다. 21세기에 들어서서도 강성대국이라는 미완의 숙제 풀기에 어려움을 겪고 있다. 한국은 우여곡절을 겪으면서도 근대국가 건설에 일정한 성과를 거뒀다. 21세기에 들어서서는 국민소득 2만 달러의 꿈을 키우고 있다.

21세기를 맞이하면서 문제는 더욱 복잡해지고 있다. 근대문명의 상징이었던 부국강병의 무대가 새로운 변모를 겪고 있다. 부국강병의 무대는 새로운 치장을 하고 있고, 지식, 문화, 생태균형의 무대가 새롭게 등장하고 있다. 21세기 힘의 내용이 바뀌고 있는 것이다. 21세기에는 군사력과 경제력이 여전히 중요하지만 지식력, 문화력, 그리고 생태균형력이 새로운 힘의 구성요소가 되고 있다. 따라서 21세기 무대에서 제대로 살아남기 위해서는 군사경제대국에서 육각형 복합국가로 새롭게 태어나야 한다. 육각 중에 지식 무대를 특히 주목해야 한다. 19세기 산업혁명이 경제력의 비중을 기하급수적으로 높였다면, 21세기 정보기술혁명은 지식력의 중요성을 예측하기 어려울 정도로 높이고 있다. 군사무대에서는 핵무기 대신에 첨단정보기술이 중요해졌으며, 경제무대에서는 전자상거래의 급증과 정보산업의 선도적 역할이 이루어지고 있다. 지식무대에서는 세계 지식질서의 재구성이 진행되고 있으며, 문화무대에서는 사이버 자아와 사이버 공동체의 형성이 이루어지고 있다. 그리고 외교무대에서는 사이버 외교의 중요성이 빠르게 증가하고 있다. 따라서 지식력의 기반 없는 군사력, 경제력, 문화력, 생태균형력, 외교력으로는 21세기에 살아남을 수 없다.

한반도에 21세기 육각형 복합국가를 건설하기 위해서는 우선 21세기 한반도와 동아시아, 그리고 세계질서에 걸맞은 안보번영국가를 건설해야 한다. 한반도가 뒤늦게 통일의 숙제를 풀더라도 21세기 동아시아와 세계질서에 적절하게 대응하기 위해서는 소박한 평화국가를 넘어선 방어적 안보국가를 구축해야 한다. 방어적 안보국가는 국가 안보뿐만 아니라 지역 및 지구 안보와 개인 및 사회 안보를 동시에 품을 수 있어야 한다. 그러나 21세기 안보국가 건설은 19세기형 자주국방이나 20세기형 협력적 자주국방의 발상으로는 불가능하다. 21세기에도 최소한의 자기보존 능력은 여전히 필요하지만, 보다 중요한 것은 빠른 속도로 신용 사회화되고 있는 세계군사무대를 최대한 활용할 수 있어야 한다. 21세기 한미군사동맹도 이러한 새로운 안목에서 평가해야 한다. 이러한 탄탄한 안보국가위에 지구번영과 국내복지와 상충되지 않게 국민경제를 향상시킬 수 있는 번영국가를 건설해야 한다. 특히 국민소득을 선지구의 3만 불 수준으로 높이려면, 현재의 노사관계와 국제경쟁력을 전면적으로 개선해야 한다.

한반도 복합국가는 안보 번영국가인 동시에 지식 문화 생태균형국가여야 한다. 그 중에도 지식국가의 본격적 구축이 시급하다. 이를 위해서는 첨단정보기술의 전사회적 기반 구축만으로는 부족하다. 이러한 기반 위에서 정부·학계·기업이 삼위일체가 되어 세계 지식질서의 첨단을 집요하게 추적하고 주도해 보려는 지식전쟁을 본격적으로 시작해야 한다. 이 전쟁의 성패가 21세기 한반도의 운명을 좌우할 것이다. 현재와 같이 대학의 세계경쟁력보다는 국내평준화가 우선하고 있는 교육연구 제도로 세계지식강국을 꿈꾼다는 것은 허망한 기대이다.

다음으로, 문화국가 건설이다. 지구문화와 전통문화를 성공적으로 복합하고, 우리의 행복한 삶을 위한 한반도 특유의 생각과 행동을 창조해서, 남들이 표준을 삼을 수밖에 없는 국가를 건설하는 것이다. 최근 관심을 끌기 시작한 동아시아의 '한류현상'은 21세기 아시아적 공감(共感)을 선도하는 수준의 초보적 홀리기 단계를 크게 벗어나고 있지 못하다. 이 홀리기를 보다 영구적이고 심층적인 수준으로 끌어 올리려면 공지(共知)와 공감의 세계적 기반위에서 한반도가 동아시아와 세계적 문제들을 선도적으로 풀어 나가고 느끼도록 노력해야 한다. 따라서 이런 노력이 국가적 차원에서 마련되지 않는 한, 현재의 초보적 한국매력론은 한번 지나쳐 가는 물거품에 그치게 될 것이다.

6각형 복합국가의 다섯 번째 각은 생태균형국가이다. 한반도가 당면하고 있는 환경위험으로는 지구차원의 기후변화, 종 다양성의 보존, 오존층의 파괴, 지역차원의 산성비, 해양오염, 황사현상, 국내차원의 대기 및 수질오염 등을 대표적으로 들 수 있다. 이러한 환경위험들을 지구환경기구, 지역환경조직, 관련당사국 행정부처, 시민환경단체들의 복합적 노력으로 모범적으로 풀어 나갈 수 있는 선진생태균형국가로 발돋움해야 한다.

마지막으로 21세기 한반도 복합국가는 그물망 외교국가여야 한다. 미국, 중국, 일본, 러시아라는 제국에 둘러싸인 비제국으로서의 분단 한국은 상대적으로 열세인 물리력을 극복하고 자신의 생존번영을 입체적으로 추진할 수 있는 그물망 외교능력을 키워야 한다. 이를 위해서는 냉전시대의 유물인 친외세나 반외세, 협력과 자주외교와 같은 구시대적 발상을 하루 빨리 청산하고, 21세기 세계무대의 주인공들을 촘촘하게 엮어낼 수 있는 그물망외교를 하루 빨리 추진해야 한다.

3) 한국적 세계화 세대의 양성

한국적 그물망 복합국가 구상이 한반도에서 구체적으로 현실화되기 위해서는 구상만으로는 부족하다. 이러한 구상을 현실화 하려는 정치 주도세력이 등장하여, 국내정치, 사회역량을 결집하고, 국외역량을 최대한 활용하면서, 구상을 현실의 풍토 위에 뿌리내리게 할 때, 21세기 한반도 백년대계는 풍성한 결실을 맺을 수 있을 것이다. 19세기 한국은 국망을 피하기 위한 국내 역량 결집에 실패했다. 근대국민국가 건설을 위한 개혁의 주도세력들은 국내외 역량들을 성공적으로 활용한 것이 아니라 활용당하는 비극을 겪었다. 21세기 한반도 그물망 복합국가를 건설하기 위해서 우리는 다시 한번 국내 역량의 결집을 절실하게 필요로 하고 있다.

그러나 문제는 심각하다. 근대화시기에 성장한 기성세대는 더 이상 오늘의 변화를 감당하기 어렵다. 새롭게 떠오른 386세대도 마찬가지다. 이

세대는 1980년대의 냉전과 권위주의와의 투쟁 분위기 속에서 21세기를 제대로 준비하지 못한 세대이다. 탈냉전과 반권위주의는 1980년대의 투쟁구호일 수는 있지만, 21세기의 한반도가 직면하고 있는 문제들을 푸는 데는 냉전과 권위주의만큼이나 쓸모가 없다.

그렇다면 대안은 무엇인가? 역사에는 지름길이 없다. 21세기 한반도 정치 사회의 주도 세력이 하루 빨리 경직화된 2분법적 사고와 행동을 졸업하는 동시에 새로운 세대를 새로운 안목으로 키워야 한다. 밖으로는 한국적 이익과 지구적 이익을 동시에 품을 줄 아는 한국적 세계인으로서 지구적 경쟁력을 갖추어야 한다. 안으로는 우리 사회의 다양한 이해갈등을 투쟁이 아닌 조정으로써 풀 수 있는 능력을 갖추어야 한다.

20세기 국난에서 21세기 국흥으로의 길은 우리 사회가 얼마나 빨리 19세기와 20세기의 해묵은 숙제들을 마무리하고 21세기의 새로운 과제들을 남들보다 앞서 풀어서 전 세계의 매력국가로 부상하느냐에 달려 있다.

참고문헌

하영선, "젊은이들이여 세계의 변화를 바로 보자," 하영선 편, 『변화하는 세계 바로보기』(서울: 나남, 2004).

谷口 誠, 『東アジア共同体』岩波新書919 (東京: 岩波, 2005).
小原雅博, 『東アジア共同体』(東京: 日本經濟新聞社, 2005).

Anne-Marie Slaughter, *A New World Order* (Princeton: Princeton University Press, 2004).
Avery Goldstein, Rising to the Challenge: *China's Grand Strategy and International Security* (Stanford: Stanford University Press).
Chalmers Johnson, *Blowback: The Costs and Consequences of American Empire* (New York: Henry Holt, 2000).

Charles A. Kupchan *The End of the American Era* (New York: Knopf, 2002).
Emmanuel Todd, *Après L'Empire* (Paris: Gallimard, 2001).
G. John Ikenberry, ed., *America Unrivaled: The Future of the Balance of Power* (Ithaca: Cornell University Press, 2002).
Gordon Chang, *The Coming Collapse of China* (New York: Random House, 2001).
Immanuel Wallerstein, *The Decline of American Power: The US in a Chaotic World* (New York: The New Press), 2004.
John J. Mearsheimer, *The Tragedy of Great Power Politics* (New York: W.W. Norton & Company, 2001).
Joseph S. Nye, Jr., Soft Power: *The Means to Success in World Politics* (New York: PublicAffairs, 2004).
Joseph S. Nye, Jr., *The Paradox of American Power* (New York: Oxford University Press, 2002).
Kokubun Ryosei & Wang Jisi, eds., *Rise of China and a Changing East Asian Order* (Tokyo: Japan Center for International Exchange, 2004).
Michael D. Swaine & Ashley J. Tellis, *Interpreting China's Grand Strategy: Past, Present and Future* (Santa Monica, California: Rand Corporation, 2000).
Michael E. Brown, ed., *The Rise of China* (Cambridge, Massachusetts: MIT Press, 2004).
Michael Hardt & Antonio Negri, Empire, (Cambridge, Massachusetts: Harvard University Press, 2000).
Michael Mann, *Incoherent Empire* (London: Verso, 2003).
Niall Ferguson, Colossus: *The Price of America's Empire* (New York: The Penguin Press, 2004).
The White House, *The National Security Strategy Report of the United States of America*, 2002/9/17.
Zbigniew Brzezinski, *The Choice: Domination or Leadership* (New York: Basic Books, 2004).

찾아보기

(ㄱ)

가족공동체　89
가치관　22
갈등구조　16
갑신정변　159
갑오개혁　25, 134, 159
개화사상　22
개화파　117, 159
건전한 내셔널리즘　83
계급노선　31, 52
계급모순의 해결　36
고려공산당　31
공화국 사상　504
공화주의론　29
국가국민　88
국가민족　59
국가민족주의　65, 73
국가의 역설　479
국가주의　93
국가지상주의　81, 93
국권확장　103
국내체제관　22
국민국가　141, 469, 472
국민적 독립　117
국민적 정체성　59
국민적 통합　117

국민통합　60
국민협회　275
국제냉전　28
국제법　94
국제위원회　474
국제평의회　474
국제평화　474
군민공치　134
그물망국가　541
글로벌 테러리즘　503
글로벌리즘　469, 471, 496
글로벌화　496
글로컬 공공철학　495
글로컬라이제이션　509
기회와 위협론　57

(ㄴ)

남조선민족해방전선　362
내부분열　21
내선융화운동　274, 287
내셔널리즘　15, 51, 103, 437
내셔널리즘 혁명　95
내셔널리즘의 처녀성　80
내셔널리티　91
네오 내셔널리즘　503
네오콘　504

네이션　87, 437

(ㄷ)

다민족국가　437
다종족국가　482
단다극질서　523
단일국가　464
단일민족　464
단일민족 국가　437
단일성　464
도구론　443
도덕주의　186
동도서기론　121
동북공정　74
동아시아 공동체론　527
동아시아 지역질서　469
동학　142
동학농민혁명　148, 159
동학사상　22
동화형협력　272

(ㄹ)

리버럴 호크　504

(ㅁ)

마르크스-레닌주의　416
몬트리올의정서　538
무정부주의　200
문명개화　121
문화운동론　203
물산장려운동　33, 201

미국보다 중국우선론　57, 58
미국우세론　521
민권신장　103
민족개조론　33
민족경제지향적 민족주의　337, 351
민족공동체　93
민족국가　141
민족노선　52
민족대단결론　423
민족모순 해결　36
민족사상　145
민족자결론　241
민족적 공산주의　34
민족적 민주주의　339
민족적 확산　18
민족전선　38
민족종교　145
민족주의　117, 437
민족주의운동　198
민족해방　236
민족혁명 유일전선　34
민족혁명당　38
민족협동전선　251
민주공화국론　35
민주공화제　52
민주기지론　48, 306, 322

(ㅂ)

반미 민족주의　337, 359
반봉건　17, 26
반지구화론　540
반침략　26
반파시즘인민전선론　260

방어적 근대화 민족주의　337
복벽주의　29
복합론　540
부국강병　121
북진통일론　306, 322
분리형협력　272
비사회주의 사회　474
비타협적 적극투쟁노선　31

(ㅅ)

사회주의운동　198, 235
사회주의적 인터내셔널리즘　104
새로운 제국　495
서비스근로자　475
서학금절론　175
세계국가　469
세계정부　469
손병희　29
쇠퇴론　522
승공통일론　328
신간회　30
신간회운동　224
신중론　523
신탁안　49
실력양성론　33
실학　142

(ㅇ)

아시아 연대주의　490
양극주의　488
양물금단론　175
온건 타협노선　31

외압의 특수성　21
우리식 사회주의　423
원초론　443
위정척사론　25
위정척사사상　22
유길준　25
을사보호조약　29
의병투쟁　26
인민공화국론　35
인종적 민족주의　93
인종중심주의　66
일본주의　81
입헌군주론　29

(ㅈ)

자본주의 이후의 사회　475
자유민권운동　103
자주독립　118
자치운동론　218, 224
저항 내셔널리즘　17
저항민족주의　27
저항적 민족주의　165
전선적 협동전선　254
정치적 독립　88
정치적 통일　88
제국주의　81, 94
조선공산당　30
조선민족제일주의　423, 434
조선민주당　45
존황양이론　99
종족주의　476
종족집단　60
좌우합작운동　50

주체사상   407
중국위협론   57
중화민족론   71
중화주의   65, 146
지구국가   481
지구적 동반자관계   489
지구화론   540
지방민족주의   66
지방적 정체성   59
지식근로자   475
지역주의   476, 488

(ㅊ)

참정권청원운동   286
척사위정사상   183
척식성조선제외운동   274, 291
천황제 내셔널리즘   81
체제관   20
초내셔널리즘   108
촌락공동체   89
친대륙노선   492
친해양노선   492

(ㅋ)

코민테른   251

(ㅌ)

탈중화   25
통일민족주의   50
통일지향적 민족주의   337

(ㅍ)

판구조론   471
평화통일론   328
포스트 국민국가   505
프랑스 인권선언   152

(ㅎ)

한 민족 한 국가   92
한국민족주의   15, 159, 166
한국민주당   43
한국전쟁   409
합법적 민족운동   203
향토애   88
혈연중심   464
화이내외   22

한국 내셔널리즘의 전개와 글로벌리즘
초판 제1쇄 찍은날 : 2006. 9. 15
초판 제1쇄 펴낸날 : 2006. 9. 20

엮은이 : 김 영 작
펴낸이 : 김 철 미
펴낸곳 : 백 산 서 당

등록 : 제10-42(1979.12.29)
주소 : 서울 서대문구 홍제동 330-288
전화 : 02)2268-0012(代)
팩스 : 02)2268-0048
이메일 : bshj@chol.com

※ 저작권자와의 협의 아래 인지는 생략합니다.

값 28,000원

ISBN 89-7327-391-4 03340